珍藏本
纪念版

汉译世界学术名著丛书

法兰克人史

〔法兰克〕都尔教会主教格雷戈里 著

〔英〕O.M.道尔顿 英译

寿纪瑜 戚国淦 译

2017年·北京

Gregory of Tours

THE HISTORY OF THE FRANKS

Translated with an Introduction

by

O. M. Dalton, M. A., F. B. A., F. S. A.

Keeper of the Department of British and

Medieval Antiquities in the

British Museum

OXFORD

AT THE CLARENDON PRESS

1927

根据牛津大学出版社克拉伦登 1927 年版翻译

汉译世界学术名著丛书
（120 年纪念版·珍藏本）
出版说明

2017 年 2 月 11 日，商务印书馆迎来 120 岁的生日。120 年前，商务印书馆前贤怀揣文化救国的理想，抱持“昌明教育，开启民智”的使命，立足本土，放眼寰宇，以出版为津梁，沟通中西，为中国、为世界提供最富智慧的思想文化成果。无论世事白云苍狗，潮流左右激荡，甚至战火硝烟弥漫，始终践行学术报国之志，无改初心。

迻译世界各国学术名著，即其一端。早在 20 世纪初年便出版《原富》《天演论》等影响至今的代表性著作，1950 年代后更致力于外国哲学和社会科学经典的译介，及至 1980 年代，辑为“汉译世界学术名著丛书”，汇涓为流，蔚为大观。丛书自 1981 年开始出版，历时三十余年，迄今已推出七百种，是我国现代出版史上规模最大、最为重要的学术翻译工程。

丛书所选之书，立场观点不囿于一派，学科领域不限于一门，皆为文明开启以来，各时代、各国家、各民族的思想与文化精粹，代表着人类已经到达过的精神境界。丛书系统译介世界学术经典，引领时代思想，为本土原创学术的发展提供丰富的文化滋养，为推动中国现代学术和现代化进程做出了突出的贡献。

为纪念商务印书馆成立120周年，我们整体推出"汉译世界学术名著丛书"120年纪念版的珍藏本，寄望既利于文化积累，又便于研读查考，同时向长期支持丛书出版的译者、编者和读者致以敬意。

两甲子后的今天，商务印书馆又站在了一个新的历史时间节点上。我们不仅要铭记先辈的身影和足迹，更须让我们的步伐充满新的时代精神。这是商务人代代相传的事业，更是与国家和民族的命运始终紧密相连的事业。我们责无旁贷，必须做好我们这代人的传承与创造，让我们的努力和成果不仅凝聚成民族文化的记忆，还能成为后来人可以接续的事业。唯此，才能不负前贤，无愧来者。

商务印书馆编辑部

2017年10月

中译本序言

《法兰克人史》是六世纪法兰克国家历史的主要著作。作者都尔主教格雷戈里于公元538年[①]出生在一个高卢-罗马的世家望族，父母两系都是罗马元老的后裔。法兰克人侵入高卢后，这类家族在社会上依旧保持高贵的地位，并在基督教会里占居重要的教职。从格雷戈里的外曾祖父朗格勒主教格雷戈里算起，在他父母两系的长辈中任主教者，可以说是代不乏人。[②] 格雷戈里在书中引用过法兰克国王洛塔尔一世称赞其外曾祖父朗格勒主教格雷戈里一家是“名门贵胄”的话（第四卷，第十五章）。在另外一处又写道：“都尔的历任主教除了五位以外，都与我的家族有关系。”（第五卷，第四十九章）可见他家世之显赫及其与教会关系之密切。

格雷戈里幼年丧父，寄养于伯父加卢斯处。加卢斯当时任克莱蒙主教，格雷戈里在这里先后从伯父及阿维图斯主教读书。后来他在《教父列传》书中自承：“我不曾在语法方面受过训练，也不曾从异教作家的完善风格方面受到教益，但是神圣的奥弗涅主教[③]阿维图斯教父的影响把我专门引向教会作品。”这一点，从《法

---

① 另说生于公元539或540年。

② 朗格勒主教格雷戈里之后，尚有里昂主教尼塞提乌斯、克莱蒙主教加卢斯、都尔主教尤夫罗尼乌斯等人。见本书第3卷，第15章；第4卷，第5、15、36章。

③ 即克莱蒙主教。

兰克人史》的撰写和引证中，是看得十分清楚的。

公元 563 年，格雷戈里任克莱蒙教区副主祭，从此开始了他的教会生涯。公元 573 年，在奥斯特拉西亚国王西吉贝尔特的护持下，受任为都尔主教，在任二十一年，于公元 594 年去世。

格雷戈里勤于著述。他在《法兰克人史》的最后一章里为自己的著作开列了一张清单："我写过十卷《历史》、七卷《奇迹集》、一卷《教父列传》；我编撰过一卷《诗篇》注释；我还写过一卷关于教会祈祷仪式的书。"（第十卷，第三十一章）《奇迹集》一书以大部分篇幅记载都尔前主教马丁演示"灵异"的事迹，另外也记载了其他一些教会人士的类似事迹。《教父列传》包括二十篇高卢地区主教、修道院院长和隐士的传记。《诗篇》注释已佚。最后面的那本《教会祈祷仪式》是讲根据星辰运行位置以确定晨祷和夜祷时间的书。这些著作的宗教迷信色彩极其浓厚，就史料价值而言，是无法与《法兰克人史》相比拟的。

《法兰克人史》的撰写时间，约开始于格雷戈里就任都尔主教之后的两年间，最后一章完成于他去世之年，前后历时近二十载。全书所包括的时间始自《圣经》所宣扬的"创世"，止于公元 591 年，共分十卷，详近而略古。第一卷叙至公元四世纪末，着重于基督教的早期传播。第二卷主要记述法兰克人征服高卢的经过，写至公元 511 年克洛维死为止。格雷戈里在这两卷的撰写中曾使用了大量的文献材料，包括各种编年史、年代记、传记、信札以及地方大事记等，所引材料之名，部分见于书中，但许多都已散佚。另外他还采用了一些口头传说。从第三卷的中间起，格雷戈里已在记述他所生活的时代，但全书中最有价值的部分则是第五卷以后各卷。

在这些卷所包括的时间里，格雷戈里已就任都尔主教。都尔是高卢的一个大主教管区，地位重要，一向为法兰克诸王所瞩目。在格雷戈里任主教期间，这个地区曾先后隶属于西吉贝尔特、希尔佩里克、贡特拉姆、希尔德贝尔特二世诸王治下。格雷戈里出入国王宫廷，结识朝中显贵，出席宗教会议，并有时旅行各地。都尔地处南北高卢之间，水陆交通便利，是过往官员、商旅和外国使节必经之地。当地的圣马丁教堂常为一些政治逃犯当作避难处所。圣马丁的坟墓又往往是一些患病和遭难的人祈求医疗和救助的地方。这一切，为格雷戈里广泛接触各阶层人士和大量收集各方面材料，提供了极其有利的条件。

《萨利克法典》和《法兰克人史》通常被视为墨洛温王朝早期最重要的两部史料。如果说前者为五、六世纪法兰克人的社会制度勾画出一张清晰图景，那么后者则为六世纪，特别是它的后半期的法兰克国家生活描绘了一幅生动画面。

到六世纪后期，法兰克人徙居高卢已经约一个世纪，社会生活发生了很大变化。《法兰克人史》没有专门记述社会经济的章节，但在字里行间却不时透露一些这方面的情况。法兰克人定居高卢后，在土地制度方面存在着两种占有形式：一种是马尔克土地制度，另一种是大土地占有制度。马尔克土地公有制到此时已经破坏，村社成员的份地已成为占有者的自由财产——自主地。《萨利克法典》曾有“土地遗产无论如何不得传给妇女”的条文，以防止土地落到村社之外；此时希尔佩里克国王的一项敕令加以修改，规定土地遗产可以由妇女继承，正是这种变化的反映。但是，某些旧日习俗继续保存下来，书中几次出现血族复仇和交付偿命金的记载。

大土地占有制度在继续成长。法兰克国王在征服高卢的过程中占有大量土地。接着，他们“把属于全体人民的辽阔土地，尤其是森林，占为已有，并把它们当作礼物，慷慨地赠送给他们的廷臣、将军、主教和修道院院长。这就构成了后世贵族和教会的大地产的基础。”①原来的高卢-罗马大土地占有者大部分被保存下来，继续拥有其地产。法兰克和高卢-罗马的上层统治者与早在罗马时代业已拥有不少地产的教会共同构成了恩格斯在《法兰克时代》一书中所说的“大土地占有主阶级”。这个阶级的地产在六世纪后期继续扩大，而教会由于采用捐献、勒索、诈骗等手段巧取豪夺，其财富更是急剧增加。希尔佩里克国王有过一段话：“你们看！我的国库一向是多么贫乏，你们看！教堂是怎样地把我们的财富给汲干了！”（第六卷，第四十六章）

这个时期，高卢社会的阶级结构也在发生变化。由国王、贵族、主教等大土地占有者构成了统治阶级。国王是这个阶级的总代表，如格雷戈里所描绘，王室子弟蓄着长发，作为天潢贵胄的特征。国王的儿子一生下来就有资格进行统治，女儿也保持“后”的尊号，拥有大片地产。法兰克贵族主要来自国王的亲兵和随从②，为了酬答战功和继续取得支持，国王赐以大片土地。一部分法兰克贵族在国王宫廷和地方担任官职。高卢-罗马贵族凭着所受到的较好的教育和保存下来的统治经验，不但独占高卢教会的教职，而且分享一部分宫廷和地方的官爵。此时，自由农民还保持相当

① 恩格斯：《马尔克》，见《马克思恩格斯全集》，第19卷，第362页。

② 亲兵和随从在当时的史料中分别为 antrustiones 和 leudes，亲兵选自随从，经过特别宣誓后，在国王身边任护卫。

数量，包括法兰克人和高卢-罗马人，他们享有人身自由，一般只占有小块土地。他们在战时构成法兰克军队的主体，[1]在军队中有时还可以行使一下传统的民主权利。我们在书中看到洛塔尔的战士强迫国王对萨克森人进行战争(第四卷，第十四章)；也看到希尔德贝尔特二世的部众反对国王与希尔佩里克修好，并对为国王出谋划策的埃吉迪乌斯主教进行攻击(第六卷，第三十一章)。这仍是从前的军事民主制的遗风。但是战争也使得自由农民的处境日渐恶化，“他们被战争和掠夺弄得破产，不得不去乞求新贵人或教会的保护”，“不过这种保护使他们不得不付出很高的代价”。[2] 这种代价就是逐渐地丧失其人身自由。构成法兰克社会中被统治阶级的非自由人，包括隶农、半自由人、农奴和奴隶。我们从格雷戈里的书中只看到关于后两类人的记载。农奴和奴隶听任主人随意转让，任性驱使。希尔佩里克国王将女儿远嫁到西班牙时，征调大批农奴随往服役。格雷戈里在书中以一段感人的笔墨描绘了这幅生离死别的景象(第六卷，第四十五章)。至于劳辛一类的小暴君，对于农奴和奴隶的虐待，就更加惨无人道(第五卷，第三章)。此时的奴隶为数仍然不少。法兰克贵族也和高卢-罗马贵族一样地蓄养奴隶。奴隶的处境更加悲惨。弗蕾德贡德王后本人犯下谋杀罪行，却把一个奴隶送去抵罪(第八卷，第四十一章)。不过，这一剥削制度毕竟已属过时。我们从书中几次看到释放奴隶的记载。各

① 普非斯特教授指出，法兰克人征服高卢后，其军队成分发生变化，高卢-罗马人可以参加军队。见《剑桥中世纪史》，1957 年版，第 2 卷，第 141 页。

② 恩格斯：《家庭、私有制和国家的起源》，见《马克思恩格斯选集》，第 4 卷，第 150 页。

类非自由人与失去土地的自由农民，地位开始在接近。但是还需要两个世纪的漫长岁月，他们才全部汇合成为广大的农奴阶级队伍。而上文提到的那个大土地占有主阶级实际上就是封建主阶级的雏形。可见，封建社会的两个基本阶级此时刚刚处于形成之中。

统治者与被统治者之间存在着深刻的矛盾。法兰克诸王向百姓征课重税，地方官吏勒索骚扰，而当战争之际，军队烧杀抢掠，为害更烈。对此，广大居民奋起反抗。格雷戈里在书中留下了不少这方面的记录。例如特里夫斯、利摩日的居民反抗重税，攻击税官（第三卷，第三十六章；第五卷，第二十八章）；香巴尼居民驱逐温特里奥公爵，昂热居民驱逐提奥杜尔夫伯爵（第八卷，第十八章）；图卢兹居民惩罚肆行骚扰的贡特拉姆军队（第八卷，第三十章）；都是十分珍贵的材料。

格雷戈里对于墨洛温王朝国家生活的记载是十分详尽的。他通过苏瓦松广口瓶到剪除诸"小王"的一系列故事，勾画出克洛维建立强大王权的过程。他也记下了法兰克人同阿瓦尔、阿勒曼尼、勃艮第、西哥特、伦巴德等族人的战争和高卢统一的经过。根据法兰克人习俗，国王死后，诸子分袭疆土，因之几次出现数王共治的局面。由于争夺领土，经常发生兄弟阋墙、叔侄反目的事。加之布隆希尔德和弗蕾德贡德两王后之间的不解冤仇以及弗蕾德贡德的阴狠毒辣，更增添了宫廷阴谋和疆场喋血的场面。

随着高卢地区的征服，形成了法兰克国家。法兰克诸王经常驻跸于巴黎、梅斯、苏瓦松等城，国王宫廷成为国家的统治中心。国王宫廷里聚集着大批的官员，书中出现过的有总管、宫相、宫伯、秘书官、司马官、司库等职称。这些职务原来都由国王的近侍充任，后来改由贵族承担，成为国王的重要辅弼。在此期间，权势最重的是总管一职，掌管宫廷财务和地方王庄，地位在伯爵之上。宫相（书中一作王室总管）一职在本书中只出现很少几次，此时还未拥有多大的权力，要等到七世纪时，权势日大，逐渐取得真正的"相"的地位。

书中多次出现公爵和伯爵的名称，他们此时还是宫廷官员的一部分，与后来世袭爵号、割据一方的封君并非同一概念。法兰克王国沿袭罗马帝国旧制，将全国划分成许多以城市为中心的地区，各区均由国王派遣一个伯爵作为其代表前往治理。公爵地位在伯爵之上，一个公爵管辖几个伯爵，平时除香巴尼、阿尔萨斯等地设置外，其他地区一般不设，遇有战争则临时委派，指挥伯爵所率军队作战。公元590年，希尔德贝尔特国王进攻伦巴德人时，派出公爵达二十名之多（第十卷，第三章）。伯爵作为常设的地方官，掌管司法治安，监督国王税收，战时征调自由人从军等事务。伯爵之下设有伯爵代理、治安官等职。伯爵对于当地百姓任意敲诈勒索，干尽坏事。法国著名历史学家普菲斯特曾说："在都尔主教格雷戈里的著作里面，一个诚实的伯爵的名字也找不到。"

墨洛温王朝的国家机构就是这个样子，不过直到本书结尾之年，它还保持了相当强的王权，这主要是因为王室依然保有大量土地和统率所征召的军队的权力，并得到教会的支持。但是就在此时，奥斯特拉西亚的贵族已经开始觊觎国家权力，出现了以劳辛为首的阴谋集团（第九卷，第九章）。公元613年，布隆希尔德在奥斯特拉西亚贵族的反对下，终于落得个国破家亡的下场。弗蕾德贡德最小的儿子洛塔尔二世和孙子达戈贝尔特虽然一度将整个国家

置于自己的统治之下，但是好景不长，由宫相摄政的“懒王”时期就要到来了。

关于宗教迷信活动的记载在《法兰克人史》中占了相当多的篇幅。到格雷戈里的时代，基督教在高卢的传布已有四百年之久，主要流行于城镇。西哥特人和勃艮第人徙居高卢中南部，又带来阿里乌斯教派。格雷戈里关于基督教在高卢的传播及其与阿里乌斯教派等异端的论战的记载，都有一定的参考价值。公元496年克洛维率领法兰克战士领受洗礼，这是法兰克王权和基督教会密切结合的开始。此后，墨洛温诸王无论对内进行统治或对外进行战争，都获得教会的支持。而这里的教会不但避免了其他日耳曼人入侵地区所遭受的破坏，而且在当地享有崇高地位和许多特权。这从书中墨洛温诸王对待格雷戈里及其他主教的友善态度可以得到证明。正因如此，克洛维的种种贪暴行径在格雷戈里的笔下却成了“秉着一颗正直的心在上帝面前行事，他的所作所为在上帝的眼里颇为可喜”。（第二卷，第四十章）

这时崇拜偶像、信奉奇迹等迷信活动在法兰克人中间十分盛行。按照格雷戈里的说法，“这一族人似乎一向崇拜偶像，对真正的上帝毫无所知。”（第二卷，第十章）而此时的基督教会也正利用“圣徒”的遗物遗骨和“奇迹”骗取财物。还有一些巫觋和骗子也在玩弄这套把戏（第十卷，第二十五章）。正如马克思和恩格斯在《德意志意识形态》书中指出的那样，在中世纪早期文化教育十分低落的情况下，人们对于“灵感、启示、救世主、奇迹创造者”的信仰，必

然是“采取粗野的、宗教的形式”[1]。生活在这个时代并受到更多薰陶渐染的格雷戈里并不例外。他虽然痛斥过异教、异端，但对基督教的“圣徒”、教父们的“奇迹”却深信不疑，特别是对于在高卢地区久负盛名的“圣徒”、都尔教区早先的主教马丁，更是赞颂备至。《奇迹集》和《教父列传》两书就是以这类内容写成的。因此，作为教会历史家的格雷戈里在他这部著作中不时穿插进一些荒诞不经的东西作为插曲，也就不足为怪了。这些材料诚然没有多少价值可言，却反映了这一历史时期的社会意识形态的一个侧面。S. 迪尔教授在论及格雷戈里这本书中关于宗教迷信的记载时指出：“假如他不是这样做，那就会违背他自己最深挚的信仰，也会为他的时代留下一幅残缺不全、使人误解的画面。”[2]

总起来看，格雷戈里的《法兰克人史》记载了法兰克国家历史上的一个时期，在此期间，法兰克社会开始走上封建化的道路。许多史料是有价值的。普菲斯特在《剑桥中世纪史》的“墨洛温法兰克人统治下的高卢”一章中指出：“六世纪仍然有两个著称于文学史上的名字，即诗人福尔图纳图斯[3]和历史家都尔的格雷戈里。……如果说福尔图纳图斯是墨洛温时代唯一诗人的话，那么都尔的格雷戈里差不多也是唯一的历史家了。在他的《法兰克人史》著作中，这个多事的时期连同它的弊病、罪恶和痛苦都重新复

① 《马克思恩格斯全集》，第 3 卷，第 630 页。

② 迪尔：《墨洛温时期高卢的罗马社会》，伦敦 1926 年版，第 395 页。

③ 福尔图纳图斯与格雷戈里为同时代人，生于意大利，在拉文纳学习拉丁文学，擅长写诗；从公元 564 或 565 年起住在高卢，与法兰克诸王、贵族相识，并与格雷戈里等教会人士交往；曾任神父，后任普瓦提埃主教；著有马丁等圣徒传记及诗歌、韵文多种，记载时事，可以补充《法兰克人史》所未及。

活了。……他可以公正地称作蛮族的希罗多德。”[1]这个评论是公允的。

《法兰克人史》用拉丁文写成，留传下来有四种手抄本，到十六世纪印刷成书。十七世纪初出现最早的法文译本。英文译本目前见到两种，一种为 E. 布雷豪特的节译本，1916 年美国哥伦比亚大学出版；另一种是 O. M. 道尔顿的足译本，1927 年英国牛津大学出版。中译本根据道尔顿译本并参考布雷豪特译本译出。两英译本的序言均略去未译，注释选译了一部分，另由中译者补充了一些。由于水平有限，书中可能存在不少错误，希读者指正。

戚国淦

1980 年 1 月

① 《剑桥中世纪史》，1957 年版，第 2 卷，第 156—157 页。

目　　录

都尔教会主教格雷戈里的序言 2
自此开始

当前，在高卢的城市里，当人们对文字的运用每况愈下，不，更确切地说是已告终竭的时候，那里已找不到一个在层次分明的写作艺术方面训练有素的学者，来把发生过的事情以散文或韵文的形式描绘出来。可是这里却已经发生了许多好事和许多坏事；各族人在暴怒；国王们的怒火日益炽烈；教堂遭到异端信仰者①的攻击，也受到天主教徒的护持；对基督的信仰在许多人的心灵里烧得炽热，但是冷淡的却也不少；虔信的人使得教堂富裕，而不信教的人却把它们抢个精光。因此之故，悲叹的声音不断地迸发出来，人们说道："唉！我们这个时代啊！学问的研究已经离开我们而消逝，在我们各族人中间也找不出一个能够把当代的事件写成一本书的人了。"

当我听到一再有人发出这种的或类似的哀叹时，不由得内心感动，尽管言辞粗鄙，我也要把往事的记忆留传后世，决不使那些邪恶的人和正直的人之间的斗争湮没无闻，由于我时常诧异地听

① 异端指阿里乌斯教派。阿里乌斯于四世纪初在亚历山大城先后任副主祭和神父，他反对基督教关于三位一体的教义，否认耶稣具有神性，由此产生阿里乌斯教派。该教派当时在日耳曼各族中流传甚广。——译者

到人们说:深奥的作者很少有人理解,语言朴素的人却有广泛的听众,因此我越发受到鼓舞。

再有,为了更好地计算年代,我认为在这第一卷里——下面即是它的各章——最好先从世界的创立讲起。

第　一　卷 3

都尔主教乔治乌斯·弗洛伦提乌斯(或称格雷戈里)所著教会历史的第一卷,以基督的名义,自此开始

一、亚当和夏娃

二、该隐和亚伯

三、正直的以诺

四、洪水

五、最初制作偶像的古实

六、巴比伦

七、亚伯拉罕和尼努斯

八、以撒,以扫,约伯和雅各

九、约瑟在埃及

十、渡过红海

十一、沙漠居民和约书亚

十二、以色列人被掳,他们传到大卫的诸世代

十三、所罗门,神殿的修建

十四、以色列王国的分裂

十五、巴比伦囚禁

十六、基督诞生

4

第一卷诸章至此结束
（本卷所记自创世起，至公元397年止。）

5 历史的第一卷，以基督的名义，自此开始

在打算把国王同敌对的人民、殉教者同异教徒、教会同异端之间的战争记录下来的时候，我愿意首先表明我自己的信仰，以便不论谁读这本书，都不致对我信奉天主教这一点有所怀疑。我还认为，通过对于前人的编年史或历史的摘录，从而清楚地说明，自从开始有世界以来，所经历的岁月已有多久，这对于那些当世界末日临近时感到心惊胆战的人，是会有好处的。但是，谁读到我的著作，要是我恰巧在文字或者音节方面违反了我所不甚精通的学艺——文法的规律时，那么我就首先向他们请求宽恕。我知道，一个易于犯罪的人只要通过纯朴的信仰尚且会得到我们仁慈的主的怜悯，因此在我的心里就只有这一件事，就是以我内心的至诚和坚信，牢牢地奉持着教会所谕令信遵的一切。

因此，我坚信全能的圣父上帝，也坚信他唯一的圣子、由圣父所生而非圣父所造的我们的主耶稣基督；我相信他永远与圣父同在，早在任何时间之前，而不是在若干世代之后，就是如此。因为一个要是没有圣子就不能称为圣父，而另一个要是没有圣父也就不能称为圣子。对于那些宣扬曾经有过一个时期基督并不存在[①]

① 这是阿里乌斯教派的一个重要论点，格雷戈里这段话系针对该派而发。——译者

的人，我要用咒诅来加以弃绝，并且声明，他们同教会的会众是背道而驰的。我认为这位基督就是创造万物的圣父之圣子。我相信这位圣子被赋有肉体，由于他的受难，世界才得拯救；我认为他是在他的人性方面而不是在他的神性方面受难的。我相信他在第三天复活，他拯救迷途的人，他升入天堂，现在正坐在圣父的右边；他要降临，对生者和死者进行审判。我相信圣灵来源于圣父和圣子，在时间方面，他既不早于，也不晚于，而是同于他们，上帝与圣父和圣子永远是一致的，在性质方面，他们是同质的，在全能方面，他们是同等的，在本质方面，他们是同垂永世的。因此之故，圣灵既从 6
未离开圣父和圣子而存在，也从未较圣父和圣子为晚出。我相信这神圣的三位一体的存在是有着位的区别的，即圣父是一位，圣子是一位，而圣灵又是一位。但是我认为在这三位一体之中只有一种神性，一种力量和一种本体。我相信神圣的马利亚在生子以前是处女，在生子以后同样是处女。我相信灵魂是不灭的，但它与神性却毫无关联。对于尼西亚的三百十八位主教所规定的一切，[①]我都诚心信奉不疑。至于谈到世界末日的问题，我对于前人所教导于我的一切，都是相信的。反对基督者会首先来到，传来割礼，自称是基督；然后他会把自己的偶像安置在耶路撒冷的神殿里，供人礼拜，就像我们读到的主所说过的那样："你们看见……，那行毁坏可憎的，站在圣地。"[②]至于那个末日的问题，主自己说得很明

① 公元325年，罗马皇帝君士坦丁在尼西亚召开第一届"全基督教会议"，参加者据传说为三百十八人，实际数字可能有出入。会上规定上帝是三位一体，无大小先后之分，阿里乌斯教派被定为异端。——译者

② 《圣经·马太福音》，第24章，第15节。（原译本无删节号。——译者）

白:“但那日子,那时辰,没有人知道,连天上的使者也不知道,子也不知道,唯有父知道。”[①]在这里我要对那些攻击我们,并且根据圣子不知道那个日子这件事而主张圣子不如圣父的异端信仰者们做出答复。因此要叫他们懂得,子的名称在这里指的是信奉基督教的人们,关于这些人,上帝这样说道:“我要作你们的父,你们要作我的儿女。”[②]假使上帝在这里指的是他的独生子,那么他就决不会把天使摆在他的前面,因为他这样说:“既不是天上的天使,也不是子。”这就表明他所说的这些,并非指他的独生子,乃是指他所收纳的人们而言。但是我们的目标却是基督本身,只要我们皈依于他,这位充满仁慈的基督就会赐我们以永生。

关于以何种方式来计算世界的年代,凯撒里亚主教尤塞比乌斯和耶罗姆神父[③]所著的编年史都作了明确的训示,他们把所有的年代都按照顺序排列出来。奥罗西乌斯[④]在这些问题上也做了极其勤奋的探索,他把从创世以来直到他那个时代之间的年代,排成了完整的系列。维克托里乌斯[⑤]在确定复活节的日期时,又把
7 这项工作重新做了一遍。因此,在轮到我的时候,我愿意遵循上述
作家的前例;倘蒙上帝施以助力,我愿把全部的年代一直推算到今

① 《圣经·马可福音》,第13章,第32节。

② 《圣经·哥林多后书》,第6章,第18节。

③ 尤塞比乌斯为四世纪时教会历史的重要作家,其主要著作有《编年史》和《教会史》。《编年史》几经修订,后来并由耶罗姆续编至378年。耶罗姆(约公元347—419或420年),为基督教教父之一,曾任安条克神父,并订定《圣经》的通俗拉丁文译本。——译者

④ 神学家,生于西班牙(或谓生于今葡萄牙境内的布拉加),五世纪初著成《历史》七卷。——译者

⑤ 五世纪时阿奎丹人,根据教皇希拉里一世的请求,制成复活节日期表。

天。这一工作纵或以亚当作为开始，我也会更加欣悦地去完成它。

一　起初，上帝创造了天和地，天地寓于万物之源的基督之中，也就是说，寓于他的圣子之中。等到世界的各种因素都创造出来之后，他取来一块柔软的泥土，然后按照他自己的相貌和形象，做成一个男人，并且把生气吹在他的脸上，使他成为一个有灵魂的活人。在他睡着的时候，从他身上取下一条肋骨，于是女人夏娃就造成了。不容置疑，这第一个男人亚当在犯罪之前，呈现为我们的主和救世主的仪范。当基督在受难中气绝的时候，从他的肋旁流出了水和血，这便奉献给他自己一个圣洁而没有瑕疵的教会，它受到血的拯赎和水的清洗，因之既无玷污，也无皱纹，[①]也就是说，由于水的冲洗，去掉了所有的污痕，由于在十字架上的绷拉，去掉了每一条皱纹。因此，这最初的人们在天堂的愉快中享受着天福；但是，他们由于受到蛇的诡谲的诱惑，违犯了圣诫。他们被赶出天使的住所，弃置于尘世的劳苦之中。

二　这女人和她的伴侣同房以后，便怀了孕，生下两个儿子。但是当上帝中意地接受了其中一个的供物以后，另外一个妒火中烧，怒气填胸。他成了第一个起来使自己的弟弟流血的人；他把他摔倒在地，打败了他，并且杀死了他——自己的亲兄弟。

三　从此以后，整个人类陷入了可憎的罪恶之中，只有正直的以诺遵行上帝之道，上帝鉴察他的正直，亲自把他从有罪的人们中间取出，使他得救。因此，我们读到："以诺与上帝同行，上帝将他

① 见《圣经·以弗所书》，第5章，第27节。

取去，他就不在世了。”①

8 四 上帝对于这一支不遵奉他的道路而行的人的不义行为感到震怒，他发出洪水，用洪水的浪潮毁灭了地面上的一切生灵。他只是在方舟内搭救了他那最忠诚的奴仆和自己的典型挪亚，连同他的妻子和三个儿妇，为的是传留人类的种嗣。异端信仰者就据此攻击我们，质问何以《圣经》把上帝描绘成怒火暴发。因此，应该叫他们知道，我们的上帝并不是像世人那样地发怒，因为他之所以震怒，乃是为了以畏惧来警告；他之所以驱逐，乃是为了召回；他之所以发怒，乃是为了我们可以改过自新。我也毫不怀疑这点，即方舟的形式体现了我们慈爱的教会的典型，它穿行于尘世的波涛和岩石之间，温存慈爱地负载着我们，使我们免受灾难的威胁，用她的抱持和守护来保卫我们。

从亚当到挪亚共是十代：亚当、塞特、以挪士、该南、玛勒列、雅列、以诺、玛土撒拉、挪亚。② 这十代共经历了二千二百四十二年。亚当葬于亚衲人的地方，这地方以前叫做希伯仑，见于《约书亚记》。③

五 在洪水以后，挪亚有三个儿子：闪、含和雅弗。从雅弗，同样也从含和闪，都传留下人的后代；正如古史所传，从他们传续下来的人类广布于普天之下。含的第一个儿子是古实，他由于受了魔鬼的启示，成为整个魔术和偶像崇拜的首创者。他在魔鬼的指使下，最先树立起一尊供人崇拜的偶像，并且使用他骗人的法术，

① 《圣经·创世记》，第 5 章，第 24 节。

② 原文在玛土撒拉之后漏掉拉麦。见《圣经·创世记》，第 5 章。——译者

③ 见《圣经·约书亚记》，第 14 章，第 15 节。

让人们看到星和火从天上降落下来。他去到波斯人那里，波斯人称他为琐罗亚斯德，意思是活着的星。波斯人受到他关于拜火习俗的教导，尊他为神，因为他是被自天而降的火所烧毁的。

六　当人们不断增殖并且散布到整个地球上的时候，他们走
出东方，发现了示拿草原。他们在这里兴建了一座城；他们极力想
建立起一座直通霄汉的高塔。但是上帝把他们的徒劳无益的幻
想、他们的语言，连同他们自身，都一齐打乱了；他把他们分散到这 9
辽阔的世界上的每一个地方。这个城的名字叫做巴别，就是变乱
的意思，因为上帝在这里把他们的语言搅混了。这就是巴比伦，由
古实的儿子、巨人希伯仑[①]所兴建。根据奥罗西乌斯的历史记载，
它呈方形，被安置在一片奇异的平原上。它的城墙是用沥青砌合
烧砖垒成，城墙厚达五十腕尺，高达二百腕尺。城的周围长达四百
七十斯塔德，每一斯塔德等于五阿里彭尼斯。[②] 每一边设有二十
五座城门，合起来共有一百座。这些城门的门扉十分巨大，用青铜
铸制而成。上述那位历史家对于这座城市还作了许多其他叙述，
另外并添上这段话："但是尽管它建造得如此堂皇壮丽，它却被人
征服和破坏了。"[③]

七　挪亚的长子是闪，由他传到第十代，就是亚伯拉罕，亦即：挪亚、闪、亚法撒、沙拉、希伯、法勒、拉吴、西鹿和生下亚伯拉罕的

① 应作宁录。(《圣经·创世记》第10章称宁录为世上英雄之首、英勇的猎户。——译者)

② 一腕尺为自肘至中指尖的长度，约合四十四厘米半；一斯塔德约合一百八十五米；一阿里彭尼斯约合三十七米。——译者

③ 奥罗西乌斯：《历史》，第2卷，第6章。

他拉。[1] 从挪亚到亚伯拉罕的十代共经历九百年。[2] 在当时执政的是尼努斯，他修建尼努斯城，也称作尼尼微。[3] 先知约拿断定它的广度相当于三天的路程。[4] 在他执政的第四十三年，亚伯拉罕降生了。这位亚伯拉罕就是我们信仰的开端。正是他接受了许诺，我们的主基督向他默示说，他将要降世，并且要为我们受难，以酬答对他的燔祭。他自己在《福音书》中说道："亚伯拉罕欢欢喜喜的仰望我的日子；既看见了，就快乐。"[5]根据塞韦鲁斯[6]在其编年史中的叙述，亚伯拉罕这次献祭是在髑髅地的山上举行的，那就是我们的主被钉于十字架的地方，今天公认为在耶路撒冷城内。在这座山上树立着救世主被钉的神圣的十字架，从这里流出了他那神圣的血。这位亚伯拉罕接受了割礼之约，从而说明他所受之于身者，我们则应铭记于心，正如先知所说："你们当自行割礼，归耶和华，将心里的污秽除掉。"[7]又说："不随从事奉别神。"[8]还有："身
10 心未受割礼的，都不可入我的圣地。"[9]在亚伯拉罕的名字上面增

① 原文在西鹿之后漏掉拿鹤，见《圣经·创世记》，第 11 章。——译者

② 原文版本在 DCCCC 之后有四个空格，但其他版本有作 DCCCC XLII 者，即九百四十二年。

③ 亚述传说尼努斯建尼尼微城，其事亦见于希腊神话。——译者

④ 见《圣经·约拿书》，第 3 章，第 3 节。

⑤ 《圣经·约翰福音》，第 8 章，第 56 节。

⑥ 苏尔皮西乌斯·塞韦鲁斯（约公元 353—五世纪初），生于阿奎丹，曾隐居从事写作，著有《圣史》（Historiae Sacrae）两卷和关于马丁的传记及对话集等。——译者

⑦ 《圣经·耶利米书》，第 4 章，第 4 节。

⑧ 同上书，第 35 章，第 15 节。

⑨ 《圣经·以西结书》，第 44 章，第 9 节。

添了一个音节，上帝称他为多国的父。[①]

八　他在一百岁的时候生下了以撒。在以撒六十岁的时候，利百加为他生下双胞儿子。先生下来的一个叫以扫，又叫以东，就是“凡俗”的意思，他为了贪吃，卖掉了他的长子名分。他是以东人的始祖，从他往下传到第四代，就是约巴，即：以扫、流珥、谢拉、约巴，约巴也叫约伯。约伯活了二百四十九岁；他在八十岁的那年才从苦境转回，在此之后，他又活了一百七十年。他的财富被加倍地归还给他，他从前失去了儿子，现在又如数都有了。[②]

九　以撒的第二个儿子是雅各，他是上帝所钟爱的，正如上帝凭借先知而传示的：“我却爱雅各，恶以扫。”[③]他在同天使角力以后，被称作以色列，以色列人即因他而得名。他生下十二个部落的始祖，他们的名字是：流便、西缅、利未、犹大、以萨迦、西布伦、但、拿弗他利、迦得和亚设。在他九十二岁那年，继这些儿子之后，又由拉结为他生下约瑟，他喜爱约瑟甚于其他诸子；拉结还为他生下最后的一个儿子便雅悯。约瑟在十六岁的时候，显示了一种救世主的仪范。他做了几个梦，都讲给他的哥哥们听：他梦见他在捆禾稼，而他的哥哥们所捆的禾稼都向他的那些捆下拜；另一次是太阳和月亮与十一颗星向他下拜。这件事使他的哥哥们的心中对他产生了强烈的憎恨，因之他们妒火中烧，以二十枚银币把他卖给某些前往埃及的以实玛利人。但是当一场饥荒降临到他哥哥们头上的

① 根据《圣经·创世记》第17章，第4、5节，亚伯拉罕原叫亚伯兰，上帝耶和华叫他改名为亚伯拉罕。——译者

② 见《圣经·约伯记》，第42章，所记约伯年岁与本书有出入。——译者

③ 《圣经·玛拉基书》，第1章，第2节。

时候，他们也去到埃及，约瑟认出了他们，可是没有被他们认出。约瑟几度审问他们，让他们把同他是一母（即拉结）所生的便雅悯带到他那里去，并且向他们说明了自己的身份。从此以后，所有的以色列人都前往埃及，并且由于约瑟的关系而享受到法老优厚的
11 恩惠。雅各在向他的儿子们祝福以后，死在埃及，他被葬在他父亲以撒在迦南地方的坟墓里。可是在约瑟和法老死后，整个这一族人都被贬为奴隶，等到埃及发生过十次瘟疫之后，他们被摩西解救出来，法老则溺死在红海里面。

十　关于渡海的事，既然有许多作家作了不少的记述，我认为在这卷书中插入一些有关他们渡越的地点和渡越的方式的叙述，是适宜的。如所深知，尼罗河流过埃及，以它的洪水灌溉它，因此之故，埃及人通称为尼罗河上的居民。许多旅行家讲到尼罗河谷今天布满了圣洁的修道院。在它的岸上有一座巴比伦城，这不是前面提到的那座，而是同名字的另外一座。① 约瑟在这里以奇异的技巧用方块的石头和灰泥修起了谷仓，这些谷仓底部甚宽，顶上狭窄，因之谷物是通过一个小洞而注入的；这些谷仓直到今天仍可看到。② 国王带领成队的战车和大量的步兵追赶希伯来人，就是从这座城出发的。上述这条河流来自东方，朝着红海的方向向西方流去。③ 可是从红海伸展出来的一个湖泊，或者说是海湾，④却

① 在旧开罗城原址上。

② 谷仓即指金字塔而言，中世纪的传说归之为约瑟所建。

③ 古老传说谓尼罗河发源于印度，格雷戈里或许信以为真。

④ 即苏伊士湾。

自西向东流，它长约五十里，[①]宽约十八里。在这片海水的顶端修
建起克利斯马城，倒不是由于这地方肥沃（因为它是无比贫瘠的），
而是由于港口的关系；来自印度的船舶由于该地往来便利而在这
里停泊，在这里收集的货物散发到埃及全境。希伯来人穿过沙漠
走向这个海湾，来到海的本身，由于他们发现了甜水，就安下营帐。
他们在这块沙漠和大海之间的狭窄空地上停了下来，正如前人所
记："法老听说海和沙漠已经把他们困住，无法再前进了，就命令要
把他们赶上。"[②]当军队迫近的时候，人们就向摩西呼喊。摩西根
据上帝的吩咐，把他的杖伸向海水上方，海水便被分开，他们从干
地上走了过去。正如《圣经》所说，[③]一道水的墙垣从四面护住他 12
们，他们在摩西的率领下走了过去，毫无折损地来到西奈山对面的
海岸上，而埃及人却全都淹死了。正如我已经谈过的，关于这次渡
海的记述是很多的，但是我所注意的是只把那些我认为真实的东
西安插在这卷书里，这些东西是我从有学问的人和曾经到过当地
的人那里听来的。他们说，战车轮子所造成的辙印甚至一直存留
到今天，就人们目力之所及，可以看到它们留在海底。如果它们由
于海的运动而被稍稍掩盖起来，那么等到风平浪静的时候，它们就
会奇迹般地恢复原状。又有人说，以色列人在海里绕了一个小圈
子以后，又回到他们原来从那里下水的海岸来了。也有人断言，他
们在一个地方全部下了海；可是还有人错误地引证《诗篇》里"那把

① 古罗马一里约合一千四百七十八米。——译者

② 见《圣经·出埃及记》，第 14 章，第 3 节。但此处与天主教会公认的《圣经》通俗拉丁文译本（下称经文）出入甚大。

③ 见前此书，第 14 章，第 21、22 节，此处系意译。

红海分成几部分的”[1]这句话，宣称在每一个部落的面前都打开了一条各自的路。但是这里所谓的几部分不能按照字面而应作为譬喻来理解。因为世界被人们譬喻为海，它也包括许多部分，并不是所有的人都是同样走过去的，也不是由同一条路走向永世的。有些人在第一时[2]就走过去了；这些人因领受洗礼而再生，他们能够坚持到尘世生命的末日而不受一切肉体污秽的沾染。有些人，纵使是在年纪比较大的时候才皈依上帝的那些人，是在第三时走过去的。另外一些人，纵使是克制肉欲的那些人，则是在第六时走过去的。正如《福音书》作者所说，每一个人都是在自己那个时刻里，依照自己的信仰，受雇在上帝的葡萄园里工作。这就是渡过这个海时所划分的那些部分。但是为了支持那种认为他们来到海边以后又沿着海岸返回的意见，人们引用了上帝晓谕摩西的话：“以色列人转回，安营在比哈希录前，密夺和海的中间，对着巴力洗分靠近海边安营。”[3]毋庸置疑，渡海和云柱就是我们的洗礼的象征，正如神圣的使徒保罗所说：“弟兄们，我不愿意你们不晓得，我们的祖
13 宗从前都在云下，都在云里海里受洗归了摩西。”[4]火柱则象征着圣灵。

从亚伯拉罕的降生到在摩西八十岁时发生的以色列人离开埃及和渡过红海，共计四百六十二年。

---

① 《圣经·诗篇》，第 136 篇，第 13 节。原译文作：“那分裂红海的。”为了与后文衔接，此处文字作了变动。——译者

② 古时人们以日出和日落划分白天和夜晚，各划分为十二时。——译者

③ 《圣经·出埃及记》，第 14 章，第 2 节。

④ 《圣经·哥林多前书》，第 10 章，第 1、2 节。第 1 节中略去最后一句。

十一　此后四十年间，以色列人居住在沙漠里，并且被传授戒律。他们在接受戒律以后，跟着约书亚渡过约旦河，获得应许给他们的土地。

十二　约书亚死去以后，他们玩忽圣诫，因此多次遭到外族的奴役。但当他们带着呻吟而忏悔的时候，根据上帝的意旨，他们依靠强有力的人们的力量，得到解放。这些事情过后，他们通过撒母耳向上帝祈求，希望也像其他各族人那样，有一个王，他们起初得到扫罗，后来得到大卫。

从亚伯拉罕到大卫共传十四代：亚伯拉罕、以撒、雅各、犹大、法勒斯、希斯崙、亚兰、亚米拿达、拿顺、撒门、波阿斯、俄备得、耶西、大卫。拔示巴给大卫生下所罗门，所罗门受到他的兄弟先知拿单和他的母亲的推戴而登上王位。

十三　大卫死后，他的儿子开始统治的时候，上帝向他显现，并且应许赐给他所要求的任何东西。但是他轻视尘世的财富，宁愿寻求智慧。这件事得到上帝的赞许，他向所罗门说：由于你既不追求世上的王国，也不追求那里的财富，而是祈求赐予智慧，那么就把它赐给你。在你以前的人都不如你聪明，在你以后的人也都不如你聪明。这点后来在他判断两个妇人争执一个孩子的案件中得到了证明。[①] 这位所罗门修建了一座神殿，奉献给上帝的名下，这座神殿建造奇巧，上面使用了大量的金、银、铜、铁，因之有些人说，世界上的建筑物从来没有一座修得能与它相媲美。

从以色列人走出埃及到所罗门统治的第七年开始兴建神殿， 14

① 见《圣经·列王纪上》，第3章，第11—27节。——译者

正如《列王纪》所证实的，共计四百八十年。[1]

十四　所罗门死后，由于罗波安的严峻，王国分裂为两部分。有两个部落继续从属罗波安，他们得名为犹大；[2]耶罗波安拥有十个部落，他们称作以色列。从此以后，他们堕落到崇拜偶像的地步，无论是先知们的预言，或者是死亡，或者是土地上的灾害，甚或是他们国王的覆灭，都不足以制服他们。

十五　等到后来，上帝赫然震怒，并且扶持尼布甲尼撒来反对他们，尼布甲尼撒把他们连同神殿的一切装饰，都掳到巴比伦去了。那位处于饿狮之中而无所伤害的伟大先知但以理、那三位身在烈火之中而蒙受甘露庇护的人，[3]都被掳去沦于囚禁。在这次囚禁期间，以西结也作了预言，先知以斯拉诞生了。

从大卫到神殿的破坏和被掳到巴比伦，共传十四代，即：大卫、所罗门、罗波安、亚比雅、亚撒、约沙法、约兰、乌西雅、约坦、亚哈斯、希西家、玛拿西、亚门、约西亚；这十四代共包括三百九十年。所罗巴伯把人们从囚禁中解救出来，后来他又使神殿和城市恢复旧观。我认为这次囚禁象征着犯罪的灵魂堕落到了何种境地，它除非得到所罗巴伯——他就是基督——的拯救，否则就得经受流亡的苦难。因为上帝自己在《福音书》里说道："所以天父的儿子若叫你们自由，你们就真自由了。"[4]因此，愿上帝就在我们的内心深处为自己修建一所神殿以供居住，在这里，信仰会像黄金一般地闪

① 见《圣经·列王纪上》，第6章，第1节。
② 《圣经》中作犹大，即犹太。——译者
③ 见《圣经·但以理书》，第3、6章。——译者
④ 《圣经·约翰福音》，第8章，第36节。

烁，祈祷词有如白银一样地发光，在这里，那座有形的神殿的一切饰物在我们纯正的心灵里显得光辉灿烂。愿上帝使我们的善念顺利地实现。因为，“若不是耶和华建造房屋，建造的人就枉然劳力。”[1]这次囚禁据说共经历了七十六年之久。

十六　以色列人被所罗巴伯带了回来，已如上述，这时他们忽而埋怨上帝，忽而贸然崇奉偶像，并且效法异教徒们可憎厌的行为。正当他们一面藐视上帝的先知们的时候，一面却被抛给了异 15
教徒，受到奴役，遭到屠杀，直到我们的主为了拯救这族人以及所有其他各族人，按照凭借始祖和先知们所作的许诺，通过圣灵而投胎到童贞女马利亚的腹内，屈尊纡贵地降世为止。

从掳到巴比伦至基督降世共计十四代：耶哥尼雅、撒拉铁、所罗巴伯、亚比玉、以利亚敬、亚所、撒督、亚金、以律、以利亚撒、马但、雅各、约瑟，约瑟就是生育我们的主耶稣基督的马利亚的丈夫。这位约瑟被列为第十四代。

十七　但是，为了不至于使我们好像除了希伯来人之外对于其他各族都毫无所知似的，在这里要提一提其他的王国，谈一谈在以色列人的时代都有哪些王国，它们是什么样子。在亚伯拉罕的时代，尼努斯统治着亚述人；尤罗普斯统治着西锡翁人；[2]统治着埃及人的是第十六个政权，用他们的话来说，政权就是王朝。在摩西的时代，特罗法斯作为第七代君王统治着阿戈斯人；[3]塞克罗普斯作为第一代君王而临御阿提卡；覆没于红海的森克里斯是埃及

① 《圣经·诗篇》，第127篇，第1节。

② 西锡翁，古希腊城市。——译者

③ 阿戈斯，古希腊城市。——译者

人的第十二代君王；阿加塔迪斯是亚述人的第十六代统治者；马拉提斯统治着西锡翁人。当所罗门统治着以色列的时候，西尔维乌斯是拉提乌姆的第五代君王；费斯图斯统治着拉栖第梦人；[①]奥克西翁是科林斯人的第二代君王；提费作为第一百二十代君王统治着埃及人；尤特罗普斯君临着亚述人；阿加萨斯图斯是雅典人的第二代君王。在亚门统治着犹太和人们被俘到巴比伦的时候，阿尔格乌斯是马其顿人的君王；吉格斯是吕底亚人的君王；瓦夫雷斯是埃及人的君王；把以色列人掳去为囚的尼布甲尼撒统治着巴比伦；塞尔维乌斯是罗马人的第六代君王。

十八　在这些人以后，第一位帝国的统治者是尤利乌斯·凯撒，他获得整个帝国的独一无二的统治权。第二位是屋大维，他是尤利乌斯的外孙，[②]通称奥古斯都，8 月即由他而得名。[③] 就我们所确切了解的情况来说，高卢的城市里昂就是在他统治的第十九
16 年建立起来的，[④]这座城市后来由于殉教者的流血而著称，它在所有的城市中享有最崇高的名誉。

十九　在奥古斯都统治的第四十四年，正如我在前面已经谈到的，我们的主耶稣基督，按照肉体来说，由童贞女马利亚诞生在大卫的城市伯利恒。博士们在东方看到他的巨大的星，他们带着礼物走来，向他奉献，恭敬地参拜这位上帝的儿子。希律王[⑤]为他

① 即斯巴达人。——译者

② 屋大维是凯撒的甥孙。——译者

③ 罗马古历的 6 月相当于儒略历和现行公历的 8 月。公元前 8 年，奥古斯都将该月改名为 Augustus(读如奥古斯都)。——译者

④ 里昂城实际建立于公元前 43 年。

⑤ 犹太王。——译者

的国家担心，极力想找出我们的主基督，就把娇嫩的婴儿都杀死了。可是他自己后来也遭到了天谴。

二十　我们的主和上帝耶稣基督劝诫人们忏悔，赐予施洗礼的恩惠，把天国应许给各族人，在众人中间创造神迹和奇迹。他使水中生出酒来，使热病退烧，使盲人有了视力，使已经埋葬的人恢复生命，使遭受恶魔缠附的人得到解脱，使那些皮肤上患有不幸的疾病而污秽不堪的麻风病人得到康复。他一面做出这些奇迹或许多其他奇迹，一面向众人公开承认他的神性，终于使得犹太人怒火中烧，嫉恨填膺；于是这一族受过先知们的鲜血哺育的人这时却背离正义，处心积虑地要除掉这位正义的人。为了应验古时候先知们的预言，他遭到自己门徒的出卖，遭到祭司长们恶毒的定罪，遭到犹太人的嘲弄，与罪犯们一同被钉死在十字架上。在他气绝以后，他的身体由兵士们看守着。等到这些事情做完以后，一片黑暗笼罩了整个大地，很多人带着哀吟皈依了，他们承认耶稣是上帝的儿子。

二十一　约瑟将耶稣的身体用香料裹好，安放在他自己的坟墓里之后，遭到逮捕，被关在一间牢房里，由祭司长们亲自看守。正如上呈给提贝里乌斯皇帝的《彼拉多行传》[①]中所讲的，在这个问题上，他们显示了对约瑟比对我们的主本身还怀有更为强烈的仇恨，因为我们的主不过是由兵士们来看守，而他却是由祭司们来看守的。可是在耶稣复活的时刻，看守的人看见了天使，吓得要

① 彼拉多为公元一世纪时罗马驻犹太总督，《圣经》中称耶稣死于其任内。《彼拉多行传》属于《经外书》（或称《伪经》），在中世纪颇为流行。——译者

死，而在坟墓里却没有找到耶稣。当夜，关押约瑟的那间牢房的墙
17 壁离开地面高高升起，一位天使替他松了绑，把他从囚禁中释放出来，然后墙壁又回复原位。当祭司们斥责看守，并且要他们马上交出圣体的时候，兵士们就对他们说："你们找回约瑟，我们就找回基督；但是，说老实话，你们既无法找回上帝的恩人，我们也无法找回他的儿子。"因此，祭司们十分狼狈。由于这番辩解，他们容许兵士们自由地离开那里。

二十二　据说使徒雅各看到我们的主已经死在十字架上的时候，曾经发誓断食，直到看见我们的主复活为止。到了第三天，我们的主在胜利地征服了地狱之后，终于重新来临，使自己显现给雅各，并说："雅各，起来进食，因为现在我已经从死亡中复活了。"这就是那位义人雅各，人们称他为主的兄弟，因为他是约瑟和马利亚以外的另一个妻子所生的儿子。

二十三　今天，在我们的信仰中，耶稣复活是在第一天，[①]而不是像许多人所认为的，在第七天。这是我们的主耶稣基督复活的日子，我们根据主的神圣的复活这件事，把这一天恰当地称为主日。由于在创世的时候，就是第一天看见了光，因之同样是第一天才配得上首先看见主从坟墓中复活。

从耶路撒冷的俘囚和神殿的破坏到我主耶稣基督的受难，即提贝里乌斯[②]在位的第十七年，共计〔六百六十八年〕。[③]

---

① 指一周的第一天，即星期日。——译者

② 公元14—37年在位。——译者

③ 该年代在原稿中已被抹掉，这一数字据《日耳曼历史文献》(Monumenta Germaniae Historica)补上。

二十四　于是，耶稣就复活了，他同他的天国的门徒们讲了四十天的道，然后在一片云彩中，离开了他们的视线，被接进了天堂，在那里光荣地坐在圣父的右侧。彼拉多向提贝里乌斯·凯撒送上一份关于事实经过的报告，告诉他基督的奇迹，他的受难和复活。这份报告以书面的形式一直保存在我们手里，直到今天。提贝里乌斯把它提交元老院，但是元老们由于这份报告不是首先提交给他们而愤怒地加以拒绝。从此便滋长了仇恨基督教徒的第一批种子。可是彼拉多也未能逃脱由于他的邪恶和罪愆——他残暴地处 18
死我们的主耶稣基督——而应受的惩罚，他亲手杀死了自己。许多人根据《福音书》所说的："有人将彼拉多使加利利人的血搀杂在他们祭物中的事，告诉耶稣"，[①]断定他曾经是一个摩尼教徒。[②]同样，疯狂反对主的使徒的希律王，也因罪大恶极而遭天谴，他周身肿胀，爬满了虫子，他想拿刀子来减轻病痛，因而亲手杀死了自己。[③]

二十五　在从奥古斯都算起的第四代皇帝克劳狄乌斯[④]的统治下，神圣的使徒彼得来到罗马，并在那里布道，他根据基督的种种德操，明确地证实他是上帝的儿子。从那时起，罗马城内就开始有了基督教徒。可是等到基督的名字在人们中间传播得越来越广

① 《圣经·路加福音》，第13章，第1节。

② 摩尼教派系波斯人摩尼于公元后三世纪所创。此处所引的说法，显属错误。

③ 此处把希律和尤塞比乌斯所记的希律·阿格里帕一世两者的死亡混为一谈。见《圣经·使徒行传》，第12章，第23节。

④ 公元41—54年在位。——译者

的时候，就产生了以往蛇的嫉妒[1]来反对它。一股强烈的毒念充塞在皇帝的心头。荒淫、虚荣而又傲慢的尼禄[2]和男宠们厮混，恣纵放荡。他对他的母亲、他的姊妹以及所有同他在血缘关系上最为亲近的妇女都加以淫猥的蹂躏，此时为了使自己恶贯满盈，变成了第一个对信徒掀起迫害和反对崇拜基督的人。他身边有一个西门·马古斯，[3]这是一个邪恶满腹而又精于全部魔术的人。这个人遭到主的使徒彼得和保罗的摈弃。皇帝因为他们两人宣扬圣子基督和不屑于崇拜偶像而赫然震怒，就命令把彼得放在十字架上处死，把保罗用剑杀死。他自己在逃避一次起来反抗他的叛乱时，在城外第四块里程碑的地方，亲手杀死了自己。

二十六　在那个时候，耶稣的兄弟雅各和《福音书》作者马可，为了基督的名字，也获得了殉教的光荣。可是最先走上这条道路的却是那位副主祭和殉教者斯蒂芬。[4] 使徒雅各死后，重大的灾难降临到犹太人的头上，因为韦斯帕芗[5]来到他们的土地上，圣殿遭到烧毁，
19 六十万犹太人在战争期间死于饥馑和刀兵。多米提安[6]是继尼禄之后的第二个狂暴反对基督教徒的皇帝，他将使徒约翰流放到帕特莫斯岛，并施行种种暴政凌虐人民。在他死后，使徒和《福音书》作者

① 典出《圣经·创世记》第2—3章。上帝禁止亚当摘食伊甸园中一棵叫做分别善恶树上的果子。在狡猾的蛇的引诱下，夏娃违禁摘其果与亚当共食之。——译者

② 公元54—68年在位。——译者

③ 西门·马古斯在《圣经》中称为行邪术的西门，magus在拉丁文中意为玩弄魔术的人。见《圣经·使徒行传》，第8章，第9—18节。——译者

④ 《圣经·使徒行传》，第6、7章。斯蒂芬在《圣经》中译本中作司提反。——译者

⑤ 公元69—79年在位。——译者

⑥ 公元81—96年在位。——译者

神圣的约翰从流放中归来；当他年纪老迈，去日已多，并且全心倾向上帝度过了一生的时候，他还活着就躺到坟墓里面去。据说直到主在最后审判的时刻重新降临之前，他是尝不到死亡滋味的。因为主自己在《福音书》中说过："我要他等到我来的时候。"[①]

二十七　在尼禄以后，第三个从事迫害基督教徒的是图拉真。[②] 在他的统治下，罗马教会的第三任主教神圣的克利门特遭受死刑。据说，克利奥法斯之子、耶路撒冷主教神圣的西缅，同样为了基督的名字被钉死在十字架上；安条克主教伊格纳提乌斯被押解到罗马，投给了野兽。这些事都发生在图拉真的时代。

二十八　在他以后，赫利乌斯·哈德良[③]被立为皇帝。从多米提安的这位继承者开始，耶路撒冷根据皇帝赫利乌斯·哈德良的名字而得名为赫利亚。在这些圣徒们殉教的事件发生以后，魔鬼并不以激起不信教的人对于基督的信徒的敌视为满足，他必然还要挑起基督教徒中间的分裂。他煽动异端，天主教的信仰被分裂为不同的宗派。在安托尼乌斯[④]统治时期，出现了马尔西翁和瓦伦提努斯的疯狂的异端；哲学家查士丁在写出了他的捍卫天主教会的著作之后，得到了为基督的名字而殉教的光荣。在亚细亚，宗教迫害也开始了。使徒和《福音书》作者约翰的门徒、最神圣的波利卡尔普，在他八十岁的时候，通过火焚被献给主，成为一次最纯洁的燔祭。在

① 《圣经·约翰福音》，第21章，第22节。（原中译文为"我若要他……"。——译者）

② 公元98－117年在位。——译者

③ 公元117－138年在位。——译者

④ 公元138－161年在位。——译者

高卢，同样有许多人戴上了天国的珠宝，成为保卫基督名字的殉教者，他们受难的历史在我们中间一直虔诚地保存到现在。[①]

二十九　在这些人中间，第一位就是里昂主教福提努斯，他以风烛残年，经受各种刑拷的考验，为了基督的名字而受难。神圣的
20 波利卡尔普派往这个城市接替这位殉教者的最神圣的伊雷内乌斯闪烁着令人钦敬的光辉和德操。在一段短短的时间里，他主要通过讲道，使全城都信奉了基督教。可是当宗教迫害到来的时候，魔鬼假手一位暴君在这里进行了如此经久的迫害，基督教徒由于承认主的名字而在这里惨遭杀戮的是如此之多，以致基督教徒的鲜血在街道上流成了河，因之我们已经无法说出他们的人数或收集他们的名字了。可是主已经把他们写在生平善恶录里。这个刽子手命令当着他的面把种种刑罚加到那位神圣的伊雷内乌斯身上，然后通过殉教把他献给我们的主基督。[②] 在伊雷内乌斯以后，另有四十八位殉教者死难，在他们中间，我们知道韦提乌斯·埃帕加图斯是头一位。

三十　在德西乌斯皇帝[③]的统治下，发生了许多次迫害，来反对基督的名字，信徒们遭到屠杀的是如此之多，以致无法统计。安条克主教巴比拉斯连同三个孩子乌尔班努斯、普里利达努斯和埃波隆，还有罗马教会主教西斯图斯、副主教劳伦提乌斯以及希波利图斯，都由于承认主的名字而得到殉教者的结局。[④] 瓦伦提尼亚

---

① 这里主要指公元177年在里昂和维恩所进行的宗教迫害。

② 公元202年。

③ 公元249—251年在位。——译者

④ 巴比拉斯死于公元250年；西斯图斯死于公元258年；劳伦提乌斯即第2卷第20章，第6卷第6章的劳伦斯，死于公元258年；希波利图斯死于公元238年。

努斯和诺瓦提亚努斯这时成为异端的主要首领，在恶魔的鼓励下，疯狂地反对我们的信仰。正如我们在神圣的殉教者萨图尔尼努斯的受难史中所读到的，在此期间，有七个人受任为主教，被派往高卢布道。书中写道："根据确实的记载，在德西乌斯和格拉图斯任执政官时期，图卢兹城业已从神圣的萨图尔尼努斯身上获得它的第一位而且是最伟大的主教。"被派出去的主教名单如下：派往都尔的是卡提努斯[①]主教，派往阿尔的是特罗菲穆斯主教，派往纳尔榜的是保罗主教，派往图卢兹的是萨图尔尼努斯主教，派往巴黎的是狄奥尼西乌斯主教，派往克莱蒙的是斯特雷莫尼乌斯主教，派往利摩日的是马尔提亚尔主教。在这些人中间，巴黎主教神圣的狄奥尼西乌斯，为了基督的名字而经受种种拷问之后，在刀剑下结束了现世的生命。当萨图尔尼努斯确信自己即将殉教的时候，他就对他的两个神父说："你们看，我现在已经被弄成一件牺牲，我死亡的时刻已经近在咫尺。我请求你们，在我注定的结局到来以前，都 21
不要离开我。"但是当他被捕之后，在被带往朱庇特神殿的时候，他是独自被牵曳到那里去的，因为这两个人抛弃了他。因此，当他发现他们已经背弃了他的时候，据说他曾做过这样的祈祷："主耶稣基督啊，请从你神圣的天国倾听我的请求，并且答应，这个教堂永远不要由一个图卢兹城的居民充任它的主教，直到时间终止。"就我们所知，直到今天，那座城里还从来不曾发生过这种事情。萨图尔尼努斯被绑在一头激怒了的公牛的后蹄上，头朝下面，从朱庇特

① 应作加提亚努斯。

神殿里被赶了出来，因而结束了他的生命。[①] 加提亚努斯、特罗菲穆斯、斯特雷莫尼乌斯、保罗和马尔提亚尔，都最为圣洁地度过了他们的一生。在此期间，他们赢得了许多人皈向教会，并将对基督的信仰播向每一个人，然后在对信仰的愉快申明中离开了这个世界。这样，起初的一些人以殉教者，其余的人以申信者[②]，离开了这个世界，他们在天国里全都会合起来。

三十一　这时，他们的一位门徒[③]到布尔日城去，给人们带去了全人类通过我们的主基督而得救的消息。只有少数几个人相信了，这些人被授任为神父，并学习唱圣诗的方式；同时还传授给他们怎样修建教堂和怎样恰当地举行与全能的上帝相称的仪式。由于他们还只有微少的资金用于修建，他们就乞求把某一位居民的房屋作为教堂之用。但是，那些出身于元老家族的人和当地的其他重要人物，在当时都陷于异教崇拜的桎梏之中，而新信徒却又出身贫苦，正如主在斥责犹太人时所说的那段话："税吏和娼妓，倒比你们先进上帝的国。"[④]因此，他们无法得到他们所寻求的房屋，只好去找某一位柳卡迪乌斯，这是高卢的第一位元老，出身于我在前面记载的那位为了基督的名字而在里昂死难的韦提乌斯·埃帕加图斯的家族。当他们向他说明了自己的信仰和请求以后，他作了这样的答复："如果我在布尔日保有的这所房子证明竟配得上这等

① 约公元257年。

② 申信者，原指在宗教迫害中被审讯时坚决申明其信仰，但未殉身的信徒；四世纪时，渐用以指生前坚持信仰，持身圣洁，获得善终之人，如本书中的希拉里等。——译者

③ 乌尔西努斯。

④ 《圣经·马太福音》，第21章，第31节。

用处，我不拒绝把它捐赠出去。”他们听见这话，就拜倒在他的脚下，献给他三百枚金币连同一个银制托盘，并说这所房屋对于这种
宗教仪式极为适宜。于是他收下了三枚金币以期蒙荷天庥，慷慨 22
地免除了他们下余的款项。尽管他在当时还被牢牢地束缚在偶像崇拜的错误之中，可是现在他已经变成了一个基督教徒，把他的房子变成了一座教堂。今天，它是布尔日的第一座教堂，用精工巧技造成，以第一位殉教者斯蒂芬的圣物而驰名于世。

三十二　坐在罗马皇帝宝座上的是瓦雷里安和加利努斯，[①]按照世系计算是第二十七代皇帝。在他们的时代开始对基督教徒实行严厉的迫害。在那个时候，科尔内利乌斯洒出了光荣的热血，使罗马因此而享有崇高地位；西普里安之对于迦太基亦复如此。[②]也是在那个时候，阿勒曼尼人的王克罗克起兵蹂躏高卢。这位克罗克据说是一个极其傲慢的人。据说，他受到他的邪恶的母亲的怂恿，做出种种坏事以后，就像我刚才提到的那样，召集起阿勒曼尼人，蹂躏了整个的高卢，把所有在古代修建的建筑物从地基上统统推倒。来到克莱蒙的时候，他焚烧，破坏，并且整个摧毁了那座高卢人用自己的语言称之为瓦索·加拉太的神殿，那是一座修造奇巧的建筑物，带有一道复壁，墙壁内侧用细石子砌成，外侧用切成方形的巨石砌成，厚三十尺。[③] 神殿内部由于大理石和镶嵌装

① 瓦雷里安于公元253－260年在位，加利努斯是瓦雷里安之子，当时为共治者，后来继其父为帝（至公元268年）。——译者

② 科尔内利乌斯于公元251－252年任教皇（根据罗马天主教会的信条，从彼得开始的历任罗马教座的占有者都称为教皇。——译者），西普里安于公元248－258年任迦太基主教。

③ 古罗马一尺约合二十九厘米半。——译者

饰而异彩纷呈，地面铺以大理石，屋顶覆以铅板。

三十三　在这座城市附近，长眠着殉教者利米尼乌斯和安托利亚努斯。在这里还有卡西乌斯和维克托里努斯，他们出于对基督的敬爱而结成弟兄，并洒出他们的鲜血，一起到达了天国。从前的人说，维克托里努斯是上述神殿里一个祭司的奴隶。他时常到那块称为基督教徒居住区的地方去，迫害当地的居民。他在那里遇见了这位基督教徒卡西乌斯，卡西乌斯的讲道和奇迹如此地感动了他，竟致使他信仰了基督。他离弃了那卑贱的异教徒的身份，领受洗礼而献身于上帝，并且成为一位著名的奇迹创造者。此后不久，正如我方才说过的，这两位曾经是尘世伙伴的人，又从那里一道进入天国。

三十四　当阿勒曼尼人侵入高卢期间，雅沃尔主教神圣的普
23 里瓦图斯在邻近芒德的一个山洞里被找到了，他正在那里专心致志于祈祷和斋戒，这时人们已经隐蔽在格莱兹要塞的防御工事里面。由于这位善良的牧人不肯把他的羊群[①]委弃于豺狼，他们就打算把他作为献给恶魔的牺牲。他用诅咒来拒绝这种丑恶的行为，因而遭到棍棒的笞挞，直到人们认为他已经死去为止。过了几天之后，他终于因为这种粉身碎骨的殴打而真的断了气。克罗克在高卢的阿尔城被俘，备受非刑，最后死于刀剑之下，正好成为他加诸上帝的圣徒们之身的苦难的报应。

三十五　在第三十三代罗马皇帝戴克里先[②]的统治下，发生

① 基督教会往往把信徒比作羊群，把管理信徒团体的圣职人员比作牧人。——译者

② 公元284—305年在位。——译者

了一次历时四年之久的对基督教徒的大迫害，竟而有一次，甚至是在最神圣的复活节那天，就有大批大批的基督教徒由于礼拜真正的上帝而遭到屠杀。在那个时候，西锡亚教堂的主教奎里努斯为了基督的名字而光荣殉教。残忍的异教徒在他的脖子上系了一块磨石，把他投入河里。但是当他落进河里以后，由于神的力量，他长久地浮在水面，对于一个身上没有罪恶重担的人，河水也不会把他吞没的。站在周围的群众对于所发生的一切感到惊讶，他们不顾异教徒的愤怒，跑来搭救他们的主教。但是他明白了他们的意图以后，不能容忍别人把他从殉教拉回来，就举目向天说："我主耶稣，光荣地坐在圣父的右边的您，请不要让我从我所遵循的道路上被人拉开，接受我的灵魂，并俯准把我加添到您的处于永世安息中的殉教者的行列中去。"他说着这些话就死了。他的遗体被基督教徒捞起来，恭敬地埋葬在土里。

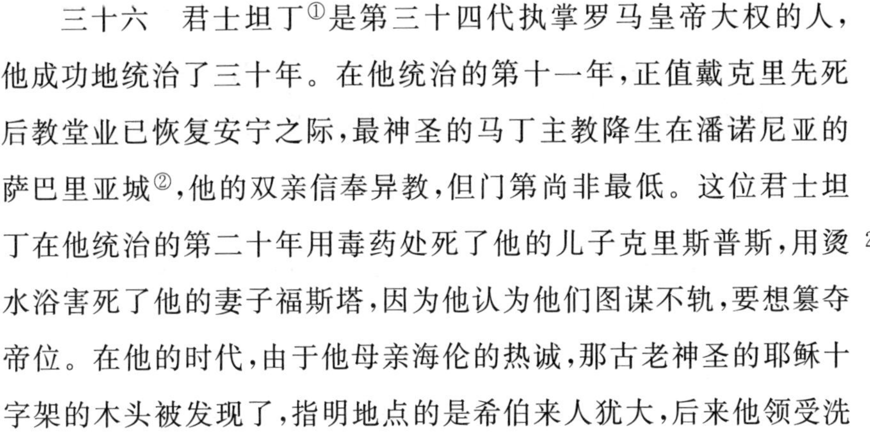

三十六　君士坦丁[①]是第三十四代执掌罗马皇帝大权的人，
他成功地统治了三十年。在他统治的第十一年，正值戴克里先死
后教堂业已恢复安宁之际，最神圣的马丁主教降生在潘诺尼亚的
萨巴里亚城[②]，他的双亲信奉异教，但门第尚非最低。这位君士坦
丁在他统治的第二十年用毒药处死了他的儿子克里斯普斯，用烫 24
水浴害死了他的妻子福斯塔，因为他认为他们图谋不轨，要想篡夺
帝位。在他的时代，由于他母亲海伦的热诚，那古老神圣的耶稣十
字架的木头被发现了，指明地点的是希伯来人犹大，后来他领受洗

① 公元 306—337 年在位。——译者

② 其地在今匈牙利西境桑博特海伊。

礼，改名奎里亚库斯。

历史家尤塞比乌斯的编年史一直写到这个时候。从君士坦丁的第二十一年起，它又由耶罗姆神父续编下去；他记载道，尤文库斯神父[①]遵循这位皇帝之请，把《福音书》改写成为诗体。

三十七　尼西比斯的詹姆斯生活在君士坦斯[②]的统治时期，他的祈祷受到圣慈的谛听，因而使他那座城市躲过了许多危险。特里夫斯主教马克西米努斯在一切圣行中同样证明是非凡的。

三十八　在小君士坦丁统治的第十九年，[③]享年一百零五岁的修道士安托尼乌斯[④]逝世了。普瓦提埃主教最神圣的希拉里由于异端信仰者的谗害遭到放逐。他在流放期间写出维护天主教信仰的著作，[⑤]送呈君士坦提乌斯，[⑥]君士坦提乌斯在他流放的第四年下令赦免了他，允许他回到家里。

三十九　在那时候，我们的黎明也到来了，它以新的光芒照彻了整个高卢。我这句话的意思指的是最神圣的马丁这时开始在高卢布道，他用许多奇迹向众人宣示上帝之子基督本身就是真正的上帝，并将异教徒的疑惑拨向一旁。他破坏神殿，压制异端，建立

---

①　即凯乌斯·韦提乌斯·阿奎利努斯，公元330年前后西班牙的神父。

②③⑥　君士坦丁死后，公元337年9月，其子君士坦丁二世（即小君士坦丁）、君士坦提乌斯、君士坦斯均称奥古斯都，实行共治。公元338年，三人划定管辖范围。君士坦丁二世死于公元340年，注③十九年之说不确；君士坦斯死于公元350年；君士坦提乌斯死于公元361年。——译者

④　即圣安东尼（公元250或251—355或356年）。——译者

⑤　希拉里约于公元350—355年任主教，曾要求君士坦提乌斯皇帝制止阿里乌斯教派信徒对基督教徒的迫害，因此于公元356年被流放到小亚细亚的弗里吉亚，公元360年获准返回普瓦提埃。流放期间著有《论三位一体》（De Trinitate），死于公元368年。——译者

教堂，并在通过许多其他奇迹而赢得令名盛誉之后，又使三个人死而复生，从而享尽荣誉。在瓦伦提尼安和瓦伦斯统治的第四年，[①]神圣的希拉里，充满圣洁和虔诚，秉赋着各种德性，在普瓦提埃离开尘世，进入天堂。据说他也曾使死人复活。

四十　一位居住在罗马的尊贵的妇人梅拉尼亚，出于虔诚，把她的儿子乌尔班努斯留在罗马，自己前往耶路撒冷。所有人都看到她怀着如此的善良和圣洁而奔走，因之居民们赠给她提克拉[②]的称号。

四十一　在瓦伦提尼安死后，瓦伦斯继任为全帝国的统治者。25
他下令强迫所有的修道士服兵役，并对抗拒者施以鞭挞。后来，罗马人在色雷斯进行了一场最大的血战，厮杀如此激烈，以至于骑兵们失掉马匹，徒步而逃。他们由于哥特人的凶残杀戮而遭到痛击。瓦伦斯身受箭伤，逃进一间破旧的茅屋里。敌人赶来向他袭击，放火烧房，茅屋坍塌在他的头上。这样他就未能得到人所共愿的安葬。[③] 这就是由于他杀害圣徒而终于落到自己身上的天谴的报复之道。

耶罗姆的记载到此为止。此后发生的事情是奥罗西乌斯神父写的。

四十二　格拉提安皇帝[④]看到他的国家处于毫无防御的状

① 瓦伦提尼安一世于公元364－375年在位。瓦伦斯为共治者。——译者

② 一世纪时人，据称系第一个女殉教者，被尊为圣徒，在希腊教会中尤受崇敬。——译者

③ 此次战役即公元378年阿德里亚堡之役。——译者

④ 公元375－383年在位。——译者

态，就使提奥多西乌斯成为他的帝国的共治者。[①] 这位提奥多西乌斯把他全部的希望和信赖都寄托在上帝的仁慈上。他之能够防止许多外族，赋予国家新的力量，并且胜利地进入君士坦丁堡，与其说是凭借武力，毋宁说是凭借守夜和祈祷。

四十三　马克西穆斯在强制不列颠人从属于他的暴政之下并取得胜利以后，被兵士们立为皇帝。他驻在特里夫斯，用诡计捉住了格拉提安皇帝，把他处死。神圣的马丁这时已经是一位主教，他曾经拜访过这位马克西穆斯。上述那位将一切希望寄托于上帝的提奥多西乌斯接替格拉提安掌握了整个的帝国，后来他依靠神力的支持，剥夺了马克西穆斯的皇帝权力，将他处死。[②]

四十四　在克莱蒙，主教兼传道士斯特雷莫尼乌斯的继任人是乌尔比库斯主教，他是一个出身于元老家族的改宗者，已结过婚。按照教会的习惯，他的妻子和他分开，虔诚地过日子，不与主教同居，两人都专心致志于祈祷、慈善事业和善行，这就是他们的生活方式。可是一向嫉视圣洁的恶魔激发起对这位妇人妒忌的恶念，他挑起她对丈夫的情欲，使她成为一个新的夏娃，因之她欲火中烧，在罪恶的黑幕掩蔽下，趁着夜色昏暗去到教堂的住所。[③] 她发现一切都紧闭着，就开始敲打房门，并喊一些这类的话：“主教

---

① 公元379年。——译者

② 马克西穆斯是罗马军官，后来在不列颠统率罗马军团。公元383年，被部下拥立为皇帝，遂进入高卢，打败格拉提安，并加杀害。387年，马克西穆斯进攻意大利，次年，提奥多西乌斯一世前来讨伐，马克西穆斯避居阿奎雷亚，被提奥多西乌斯所杀。——译者

③ 教堂住所与教堂毗连，供主教或主管该教堂的神父居住，或用以接待过往客人。已婚主教之妻一般不能住入。

呀！你还要睡多久？你还得多久才肯打开这些紧闭的门？你为什 26
么不肯理睬你的妻子？你为什么对于保罗写的‘你们仍要同房，免得撒旦引诱你们’[1]这项训诫充耳不闻？瞧，我现在真的回到你的身边来了，回到我自己的人，而不是外人的身边来了。”由于她在一段长时间里接连不断地叫喊这些或类似的话，主教的顾虑终于逐渐消失了，他使得她获准来到他的卧室，和她同房以后，叫她离开那里。事后他醒悟过来，可是已经太晚了。为了忏悔罪行，他退居到他的主教管区内的一所修道院里。他在这里用悲吟和涕泪赎免了他的罪过以后，又回到他那座城里去。他在走完了生命的路程之后，离开了这个世界。他的妻子受孕生了一个女儿，这个女儿在修行中度过了一生。这位主教连同他的妻子和女儿安葬在尚都安地方靠近公路的一座地下墓穴里面。雷戈努斯继他任主教。

四十五　雷戈努斯死后，由神圣的希利迪乌斯继任，这是一位圣洁卓著、德性超群的人，他的圣洁是如此地出众，以致他的声名甚至远播异域。由此就发生了这件事情：他被皇帝[2]召请到特里夫斯，从缠附的恶鬼手中把他的女儿解救出来；这一切我都记载在我所撰写的关于他的生平的那本书里。[3] 据说他得享高龄，在度过了漫长的岁月和行善的一生以后，去到基督那里，他被安葬在克莱蒙郊外的一座地下墓穴里。他有一位名字取得很好，叫尤斯图斯的副主教。[4] 这位副主教在走完充满善功的生命旅途之后，被

[1] 《圣经·哥林多前书》，第7章，第5节。

[2] 马克西穆斯。

[3] 《教父列传》(Liber vitae Patrum)，第2章。

[4] justus是拉丁文“正直，公道”之意。——译者

安葬在他的上司的那座坟墓里。在这位神圣的申信者希利迪乌斯逝世之后，在他光荣的坟墓上显现了这样多的奇迹，以致有关这方面的故事既无法全部记录下来，也无法全把它们记住。他的继任者是神圣的内波提亚努斯。

四十六　这位神圣的内波提亚努斯算来是克莱蒙的第四任主教。正在这个时候，有一批使节从特里夫斯被派往西班牙，其中有个阿尔提米乌斯，是一个聪明秀美、年华正富的人，他突然患染严
27 重的热病。其余的人继续行进，把他留在克莱蒙养病。他在特里夫斯已经订过婚。经过神圣的内波提亚努斯的探视并且涂了圣油以后，由于上帝的恩典，他恢复了健康。他接受了这位神圣的人的劝告之后，把他尘世的配偶和财产一起忘掉，加入了神圣的教会。他成为一名教士，由于他在圣行方面造诣如此之深，后来就接替神圣的内波提亚努斯看管上帝的羊群。

四十七　在同一时期，一位出身于奥弗涅的元老家族的富人英尤里奥苏斯，求得一位门第相当的少女结为婚姻；妆奁已经送过，吉期也已确定。男女双方都是独生子女。当吉期来临，婚姻仪式举行以后，按照习惯，这对夫妇被安置在同一张床上。可是这位少女却十分悲痛，面向墙壁，哀哀哭泣。新郎向她问道："你为什么烦恼？我请你告诉我。"她依然保持沉默，他接着说："我求你看在上帝之子耶稣基督的份上，对我说明原委，我好了解你为什么悲伤。"于是她转过身来向他说："纵然我终朝每日哭泣，我也流不出足够的眼泪，以洗净我此时胸中的无限悲伤。因为我已经下定决心，要使我可怜的身体保持纯洁，不与男人接触，以便奉献给基督。可是，多么伤心啊！我在这种情况下遭到他的抛弃，因而无法实现

我的愿望。现在在这个我但愿没有活着看到的日子里，我已经失去自从有生以来我一直保持着的东西。瞧！那位把天堂许给我作嫁妆的永生的基督既然抛弃了我，我的命运就只能是给一个世人作妻子了。失去了不谢的玫瑰，我只有枯萎的玫瑰，不能增饰美观，只能益彰丑恶。由于施在羔羊身上的四股泉水的冲洗，[1]我本来应当披上纯洁的法衣，现在这套袍服只是一种负担，而不是什么光彩。可是，怎么会引起我们这番谈话呢？我真不幸，本来命运注定要进天堂，今天却落入深渊。咳，假如我命该如此，为什么我不在生下来头一天就马上死去呢？咳，我宁愿在母亲怀里受到哺育
以前就已经走进了死亡之门！咳，我宁愿最慈爱的双亲在我死后 28
赐给我大量的亲吻！这个世界上的珍贵物品在我看来都是可憎的，我仰望着救世主为拯救世人而被钉穿的双手。我再也不看一眼珠光宝气的王冠，因为我从心眼里凝注的却是那荆棘之冠。我憎恨你这延伸到四面八方的巨大产业，因为我向往着天堂的快乐。当我看见主高坐在星辰之上，我便觉得你的寝室是可厌的。”她带着大量眼泪倾述了这些哀怨，打动了少年的同情心，他便这样答道：“我们是双亲的独生子女，他们是奥弗涅最高贵的人，他们希望我们的结合能够延续他们的宗嗣，以免等到他们死后，由异姓宗支来继承他们。”她回答说：“尘世是虚幻，财富是虚幻，世界上的荣华是虚幻，我们所享受的这种生活同样也是虚幻。但是我们不如寻求那种不会为结束一切的死亡所终止，不会为任何疾病所消耗，也

① 在早期基督教艺术中，描绘着羔羊站在锡安山上，山上流出四股天堂的泉水，象征四部《福音书》。

不会为任何事故所割断的生活。在那里，人们居住在永世的天福之中，生活在不落的阳光里面，而且，比这一切更为重要的是，人们转化为天使的状态，在上帝的面前，领会着清新的不尽沉思，享受着无穷的欢乐。”对此，他答道：“通过你这最美妙的口才，永世的生活就像一道强烈的光辉一样，已经照射到我的身上。因此，如果你愿意断绝肉欲，我愿意与你共此决心。”她回答说：“男性对女人应许这件事情是不容易的。可是如果你能安排妥当，使我们在这个世界上一无沾染，我愿和你共享我的丈夫，也就是主耶稣基督所应许给我的妆奁，我曾向他发誓充当他的侍女和新娘。”至此，他划了一个十字，答道：“我愿意遵照你的吩咐去做。”他们紧紧握手，就安歇了。此后许多年，他们都睡在一张床上，以一种令人钦敬的贞操生活在一起。这件事是后来他们死的时候才宣布的。当这个贞女结束了她生活的战斗，去到基督那里的时候，这个男人为她安排了全部的后事，当他把她安放在坟墓中的时候，他是这样说的：“永世的主，我感谢你，我把你委托我保管的这件瑰宝以它完全纯真的形式归还到你的爱抚之下。”这时，她带着微笑回答说：“并没有人问
29 你，你为什么说这些话呢？”此后不久，他追随她进了坟墓。他们两座坟墓的位置分别靠近不同的墙壁，这时却显示了一种举世无双的奇迹，以表明他们的贞操。因为当人们在清晨来到这个地方时，尽管他们曾经把这两座坟墓安置得相隔很远，可是看到的却是两座贴近的坟墓。这件事表明了，当两个人在天堂结合时，埋葬他们肉体的坟墓是不能把他们分开的。当地的人选择了“一双爱侣”的称号来称呼这两个人，相沿直到今天。我自己已经在我那卷关于

奇迹的作品中记述了他们的事迹。[①]

四十八　阿尔卡迪乌斯皇帝和荷诺里乌斯皇帝[②]在位的第二年，那位极有德性，至为圣洁，给病人做了许多好事的都尔主教神圣的马丁，在他的主教管区境内的康德村离开人世，去到基督那里，[③]享年八十一岁，时值他任主教职务的第二十六年。他死于一个星期日的午夜，当时正是阿提库斯和凯撒里乌斯任执政官期间。许多人在他去世的时刻听见天空中有一阵歌唱的声音，这件事我在关于他的奇迹的书集的第一卷里有比较详尽的记载。[④] 正像我所说过的，当这位上帝的圣徒刚刚在康德村卧病，普瓦提埃和都尔的居民就一起到来，给他送终。在他死去之后，两处居民之间发生了激烈的争吵。普瓦提埃人说："作为修道士，他是属于我们的，他是在我们那里当修道院院长的，我们要求把托付给你们的人归还我们。当他在尘世任主教时，你们享受到他的讲话，同他一起进餐，因他的祝福而增添力量，更为他的奇迹而喜悦，因此，你们应该以这些为满足，而许可我们至少运走他的遗体。"都尔人对于这点回答说："你们宣称我们应该满足于他在我们中间所做的奇迹，可是你们应该知道，当他在你们中间任职的时候，他做出的奇迹可比

① 《荣列精修圣人录》(Liber in gloria Confessorum)，第31章。(精修圣人在译文中作申信者，《荣列精修圣人录》为《奇迹集》中的一卷。——译者)

② 阿尔卡迪乌斯(公元395－408年在位)为东部帝国皇帝，荷诺里乌斯(公元395－423年在位)为西部帝国皇帝。——译者

③ 公元397年11月8日。——译者

④ 《记真福马丁主教的德操》(De virtutibus beati Martini episcopi)(通称《圣马丁的奇迹》(Miracula S. Martini)，共四卷，见于《奇迹集》。——译者)，第1卷，第4－5章。

在这里做得多。姑且不谈他在你们那里做得更多，他还曾经替你们把两个人起死回生，可是替我们却只复活了一个；正像他自己常说的那样，在他就任主教之前，他身上的灵异比起后来要大得多。因此，他生前在我们这里所未完成的功业，就应该在死后予以完
30 成，才是正理。上帝把他从你们那里取走，却给了我们。只要古时候定下的习惯今天仍须遵守的话，他就应该按照上帝的意旨安葬在他被授予圣职的那个城市。还要注意你们所指出的这点：如果你们由于保有他的修道院而要求他的话，那么，要知道他的第一所修道院却在米兰。”正当他们争论不休的时候，太阳落山，黑夜来临。房门已经上锁，这两批人继续看守着停放在他们中间的遗体。普瓦提埃人打算在第二天用武力把它抢走，但是全能的上帝却不肯让都尔城失去它自己的保护者。因此，在寂静的深夜里，来自普瓦提埃的整个队伍都困得睡着了，在全体人群中竟没有留下一个守夜的人。都尔人看见他们都已入睡的时候，就抬起了那具最圣洁的遗体，一些人把它从一个窗口递了出去，另外一些人从外边接过它来；然后他们把它放在一只船上，所有的人随着它沿维埃纳河顺流而下。他们刚一驶入卢瓦尔河的时候，就立即驶向都尔城，同时大声歌唱颂歌，大量吟诵圣诗。普瓦提埃人为他们的声音所惊醒，他们所希望保卫的宝物既已为人所夺，就垂头丧气地回家去了。

如果有人问起，自从加提亚努斯主教死后直到神圣的马丁的时候，中间何以只有利托里乌斯一位主教，那就应该让他知道，多年以来异教徒在反对我们，因此都尔城被剥夺掉教士的祝福仪式。那个时期的基督教徒只能秘密地在暗中举行宗教仪式。如果有人

被异教徒发现为基督教徒，他们不是遭受鞭挞，就是被刀剑砍掉脑袋。

从基督受难到神圣的马丁逝世，共计四百十二年。

第一卷至此结束。所记始于创世，止于神圣的马丁逝世，共计五千五百九十六年

33

第　二　卷

第二卷诸章自此开始

一、布里斯任主教

二、汪达尔人及其对基督教徒的迫害

三、异端的主教西罗拉和神圣的殉教者们

四、阿塔纳里克发动的宗教迫害

五、阿拉瓦提乌斯主教和匈奴人

六、梅斯的圣斯蒂芬长方形教堂

七、埃提乌斯的妻子

八、编年史家关于埃提乌斯的记载

九、他们关于法兰克人的记述

十、上帝的先知们论偶像

十一、阿维图斯皇帝

十二、希尔德里克国王和埃吉迪乌斯

十三、韦内兰杜斯和鲁斯提库斯任奥弗涅主教

十四、尤斯托希乌斯和佩尔佩图乌斯任都尔主教，圣马丁长方形教堂

十五、圣辛福里安教堂

十六、纳马提乌斯主教和奥弗涅的教堂

① 一作奥多伐卡。——译者

第二卷诸章至此结束

（本卷所记自公元 397 年起，至 511 年止。）

第二卷自此开始 35

我将进一步把圣徒们的奇迹般的事业和人们的灾难按照时间顺序兼收并蓄地加以叙述。我认为，假使我把受福的人们的快乐生活夹杂在不幸的人们的悲惨遭遇中间来叙述，读者将不致认为这是毫无道理的，因为这并不是出于作者的粗心大意，而是遵循了事件发生的过程。因为，如果一位热心的读者殷勤探讨一下的话，他就会发现，纵使是在以色列人的历史中间，也出现过渎神的非尼哈死于正直的撒母耳治下，①异教徒哥利亚死于号称大力者的大卫手下的事。② 他要回想一下，即使是在那位任意使雨消逝或随意使它倾注于干裂的土地上，并能通过祈祷使寡妇由穷变富的高尚的先知以利亚的时代，③曾有多少灾难降临到各族人的身上，曾有多少饥馑和旱灾凌虐这不幸的土地；或者是在那位上帝为之增寿十五年的希西家的时代，④耶路撒冷曾蒙受了多少苦难。而且甚至是在那位使人起死回生并且在人们中间做出许多其他奇迹的先知以利沙的时代，⑤又有过多少残杀和不幸在折磨着以色列人。

① 见《圣经・撒母耳记上》，第2、4章。——译者
② 见前引书，第17章。——译者
③ 见《圣经・列王纪上》，第17章。——译者
④ 见《圣经・列王纪下》，第20章。——译者
⑤ 见前引书，第2—9章。——译者

因此,尤塞比乌斯、塞韦鲁斯、耶罗姆,同样还有奥罗西乌斯,在他们的编年史中,都是把国王们的战事和殉教者们的奇迹交织在一起的。我们因之也以这种方式从事编撰,以便对世纪的顺序和迄至今日的年代计算易于看到全貌。我们沿用上述几位作者的历史著作,一直写到这里,[①]那么现在就要遵照上帝的意旨,继续叙述后来发生的事情了。

一　都尔主教神圣的马丁在世人中间是崇高无比的,他的奇迹已经著录成为巨册,传留世间。在他死后,布里斯继任主教职务。这位布里斯在很年轻的时候,时常要想陷害当时还活在尘世
36 的神圣的马丁,因为马丁总爱对于他的贪求庸俗事物加以斥责。一天,当某一个病人来找神圣的马丁请求治疗的时候,他在街上遇见了当时任副主祭的布里斯,他纯朴地说道:“我正在等待那位神圣的人,可是我不知道他在什么地方,也不知道他在干什么。”布里斯对他说:“如果你要找那个发了疯的人,就往那边瞧。他按照个人习惯,正在望天,就像一个失去理智的人似的。”等到那个可怜的人受到接待并且得到他所祈求的东西以后,这位圣徒就向副主祭这样说:“布里斯,你认为我是发了疯么?”当后者狼狈不堪,矢口否认他曾说过任何这类的话时,这位圣徒继续说道:“当你在远处说这句话的时候,我的耳朵不是就在你的唇边么?我告诉你,确实如此,我已取得上帝的准许,等我去世以后,你将会获得这个尊贵的主教职位。但是要知道,你在任主教时,注定要遭遇许多艰难挫折。”布里斯听了这些话,大笑起来,并且说道:“难道我认为这个人

① 格雷戈里撰写第一卷时曾取材于上述诸作者的作品。——译者

的话是疯话还不对么？"甚至在他升任神父之后，他也时常诽谤攻击那位圣徒，加以磨难。但是他在取得当地居民的同意而获得主教职位以后，却专心致志于祈祷；因为尽管他骄傲而虚荣，可是人们还认为他不失为一个洁身自好的人。但是在他担任主教的第三十三年，一场可悲的责难降临到他的头上，原因是有一个妇人怀了孕，并且生了一个小孩，他的仆人常把他的衣服交给这个妇人去洗，这个妇人为了显示自己像个虔诚的人，改换了自己的装束。于是都尔的全体居民勃然大怒，把全部罪过都归于主教一身，大家齐心要用石块把他砸死。他们喊道："圣徒的仁慈为你的放荡行为掩盖得太久了。可是上帝不能再容许我们因亲吻你那双不值得尊敬的手而蒙受玷污了。"但是他断然拒绝了这种谴责，并且说道："把小孩给我送来。"当那个刚生下三十天的婴儿被送来的时候，布里斯就对他说："我以圣子耶稣基督的名义向你请求，如果我是你的父亲，你要当众说明。"小孩回答说："你不是我的父亲。"当人们又让他问询究竟谁是小孩的父亲时，这位上帝的仆人答道："这不是我该做的事。我所关心的是涉及到我的事；如果你们要想知道更多的东西，就自己去问。"于是人们硬说这一切都是用魔术制造出
来的，他们群起而攻之，把他拖走，并且喊道："你僭取了我们的牧 37
羊人的名义，以后再也不许你管我们了。"然后，他为了使人们满足，就把燃烧正旺的木炭放在他厚厚的袍子里面，把袍子紧紧地裹在身上，随同整个人群走向神圣的马丁的坟墓。然后他把木炭丢在坟墓前面，看哪，他的衣服并没有烧着。他进一步地说："正如你们所看到的，这件衣服并未为烈火所烧毁，我的身体同样也未曾为妇人的拥抱所玷污。"可是他们不肯相信，而且当面责备他撒谎；他

们拖着他走，对他谩骂，并且把他抛掷出去，于是圣徒说的那句“要知道，你在任主教时，注定要遭遇许多艰难挫折”的话就终于应验了。他们把他赶走以后，就让查士丁尼充任主教。于是布里斯就去找罗马教皇，向他哭泣，大放悲声，并说：“我该当遭此苦难，因为我对上帝的圣徒犯了罪；我好几次说他疯狂，并且不肯相信那些显而易见的奇迹。”在他离去之后，都尔居民对他们的新主教说：“跟着他去，并且留神你自己的事情，如果你不跟着走，你将遭到所有人的唾弃。”于是，查士丁尼离开都尔，来到意大利的维切利城，他在这里受到了上帝审判的处罚，死在异域。都尔居民听到他的死讯以后，继续坚持他们的邪恶行径，指定阿尔门提乌斯接替他。但是那位布里斯主教来到罗马以后，向教皇陈述了他所遭受的一切苦难。他居留在教廷那里，时常举行弥撒，为他触犯上帝圣徒的一切行为而哭泣。七年以后，他离开罗马，随身备有教皇准其返回都尔的批示。他来到离城六里的一个叫做蒙路易的村子，就在那里住了下来。但是，阿尔门提乌斯突然发起烧来，在深夜断了气。这件事在布里斯主教的幻觉中显示给他，他便向身边的人说道：“赶快起来，让我们赶紧去参加我们的弟兄都尔主教的殡礼。”当他们走进一座城门时，瞧！尸体正好从另一座城门抬了出去。葬仪过后，布里斯重登他的教座，平静地过了七年。他在任主教的第四十七年死去，由尤斯托希乌斯继任，这是一位在圣洁方面的光辉典范。

38　二　在此以后，汪达尔人离开他们的故乡，在贡德里克国王的率领下侵入高卢，在蹂躏该地之后，又进攻西班牙。苏维汇人，或阿勒曼尼人，继之而来，[①]占领加利西亚。但是不久以后，这两族人由于相邻咫尺，发生争执。正当双方剑拔弩张，同时出动，准备一决胜负而战事一触即发的时候，阿勒曼尼人的国王喊道："战争会使全体人民遭受多么长久的重压？我请求，不要让我们两族的战士同归于尽，而是让两名武装的战士来到战场，单打独斗。哪方面的人得胜，他的国王就可以不战而获得土地。"所有的人都对此表示同意，免得大家死于刀锋之下。就在这些天里，贡德里克国王死了，特拉萨蒙德接替他领有这个王国。[②] 在这次单独战斗中，汪达尔人的战士战败身死，在他被杀以后，特拉萨蒙德宣布他将撤退；等他一旦做好行军的必要准备时，他就立刻从西班牙的疆域撤出。

大约在此同一时期，特拉萨蒙德开始对基督教徒进行迫害。他使用种种刑罚和死刑，力图迫使整个西班牙加入背信弃义的阿里乌斯教派。由此就发生了这样的事：一位曾对上帝发过誓愿的少女被带来承受这种宗教审判。她非常富有，按照世俗等级，她以出身于一个高贵的元老家族而超越流俗；但是她具有比所有这些东西更为高贵的特点：她具有坚强的对天主教的信仰，无可指摘地侍奉全能的上帝。她刚一被带到国王面前的时候，国王首先用甘言引诱，劝她接受重新施洗。[③] 当她用信仰之盾挡回他的毒矛时，

① 汪达尔人进入高卢为 406 年，进入西班牙为 409 年。《剑桥中世纪史》1957 年版第 1 卷第 274、304 页和吉本所著《罗马帝国衰亡史》第 31 章中，均称进入西班牙的是汪达尔人、苏维汇人、阿兰人。——译者

② 贡德里克死于公元 428 年，他的继承者是其弟盖塞里克。特拉萨蒙德是盖塞里克之孙，于公元 496 年继任汪达尔国王。本文所记有误。——译者

③ 阿里乌斯教派要求在变更信仰时须重新受洗。

他就下令没收她的全部财产；可是她已经认定自己享有了天国。于是国王下令对她施用刑罚，要把她惩治得直到没有继续活下去的希望。还有什么可说的呢？尽管她经常遭受折磨，她的世俗财富遭到剥夺，可是她的反抗却不能被摧毁，她也不能被迫否认神圣的三位一体。然后，她一面继续反抗，一面被领去重新受洗。当她被
39 强行投入污秽的洗礼盆，同时高喊："我相信圣父、圣子和圣灵是同质的"时，她向水中灌注月经，把它全部用血染污。此后，她受到一次正式的审问，被绷在马形木架上，遭到火烧和钳夹的折磨，最后被斩首而归真于主基督。这时汪达尔人渡过海峡，散居到整个阿非利加和毛里塔尼亚；①阿勒曼尼人跟随着他们，最远直到丹吉尔。

既然在他们的时代对基督教徒的迫害变本加厉，已如上述，我认为，叙述一些他们对教堂所犯的罪过，以及他们如何从他们的王国中被驱逐出来，是适宜的。特拉萨蒙德在对上帝的圣徒们犯下种种罪恶以后，就死去了，胡内里克夺取了王国，并经汪达尔人推选，治理他们，②他是一个秉性更为残暴的人。人们的记性已经容纳不下在他那个时代为了基督最神圣的名字而被杀害的基督教徒的数字了。养育他们的阿非利加，是他们的见证，把永不失去光彩的宝石戴在他们头上的基督的亲手，也是他们的见证。我读到过他们中间一些人的受难经过，为了实践我的约言，我愿从中选述某

① 指罗马帝国的阿非利加行省及其以西的古代毛里塔尼亚。——译者

② 胡内里克是特拉萨蒙德的伯父，公元477年继其父盖塞里克为王；特拉萨蒙德系于公元496年登位，公元523年死去，本文所记有误。此外，胡内里克登位，系由于继承，本文谓出于推选，亦误。

些事件。

三　僭称主教的西罗拉在当时被认为异端中最突出的战士。当国王派人四处搜索基督教徒的时候，这个迫害者在他所在的城市的郊外发现了神圣的主教尤根尼乌斯，这是一位神圣无比而以卓越的智慧著称的人。可是西罗拉如此气势汹汹地急于把他带走，竟致不允许他先对他的信奉基督教的会众规诫一番。尤根尼乌斯看到他将要离开他们而被带走，就给本城居民送去下面的信，吩咐他们坚守对天主教的信仰：“尤根尼乌斯主教致书于上帝托付给他的、在基督的慈爱中得到抚育并且对他最为亲密的本教堂的子女们。国王的意图昭然若揭，一纸令下，我奉旨前往迦太基，因为我一贯保持天主教的信仰。因此之故，为了使上帝的教会不致由于我离开了你们而处于疑虑不定的状态，同时为了使我不致像一个虚伪的牧人似的，在离弃我的羊群时竟然不置一语，我认为用这封信来代我向你们这些上帝的神圣子女们表达心意，是必要的。在这里，我带着眼泪，以尊严的上帝、可怖的末日审判、基督第二次 40
降临的庄严光辉等名义，向你们请求，规劝，警告，乃至于严命，要你们更为牢固地奉持对天主教的信仰，宣称圣子与圣父同等，圣灵具有与圣父和圣子同等的神性。因此，要保卫一次洗礼的天恩，保持圣油的涂施。每个领洗的人既然在洗礼的水中得到再生，此后就不要再回到那个水里去。因为，只要上帝愿意，盐可以从水中制成；但是如果把它重新放进水里，它的全部特点就会马上消失。我们的主在《福音书》中说过：‘盐若失了味，怎能叫他再咸呢？’[①]这

①　《圣经·马太福音》，第5章，第13节。

话不无道理。既然第一次浸洗已经足够，再去浸洗一次，那可真是失了味。你们不曾听过基督所说的‘一个人洗过一次澡，就无须重洗第二次’[1]这句话么？因此，共同信奉上帝的我的兄弟子女们，不要为我的离去而悲伤；因为只要你们固守天主教教义，不论我们相隔多远，我都不会忘记你们，死亡也不会把我们拆开。要知道，不论这些考验会把我带到距离你们多么远的地方，胜利终究是属于我的。如果我被流放，《福音书》作者神圣的约翰就是我的典范；如果我被处死，‘因我活着就是基督，我死了就有益处。’[2]如果我回来，我的弟兄们，上帝会满足你们的愿望。可是现在我对这件事情已经讲得够多的了，关于这点，我不曾向你们隐蔽我的思想。我曾经尽我最大的力量警告你们，教导你们。因此，对于逝者所流出的鲜血，我是无辜的，并且我还知道，当每个人按照自己的行事而得到报应的时刻到来时，这封信将会在基督的审判席位之前被宣读，用来控诉他们。弟兄们，如果我重新回来，我就在这个世界上与你们会面；如果我不再回来，那么我们就在另一个世界会面。不论哪种情况发生，我都向你们说声再会；请为我祈祷和斋戒，因为祈祷和施舍从来能使上帝大发慈悲。要记住《福音书》上所写的：‘那杀身体不能杀灵魂的，不要怕他们。惟有能把身体和灵魂都灭在地狱里的，正要怕他。’”[3]

41 于是这位神圣的尤根尼乌斯就被带到国王面前，并且为捍卫天主教的信仰，同阿里乌斯教派的主教展开辩论。当他以最有力

---

① 《圣经·约翰福音》，第13章，第10节。引文与经文有出入。

② 《圣经·腓立比书》，第1章，第21节。

③ 《圣经·马太福音》，第10章，第28节。引文与经文有出入。

的论证在有关三位一体的秘义这一点上击败了那位主教，另外，基督又通过他显示了许多奇迹的时候，那位妒火中烧的主教不禁更加怒发如狂。当时与神圣的尤根尼乌斯同在一起的还有文德米亚利斯和隆吉努斯两位主教，他们都是智慧高超、圣洁卓越的人，在品级上与他相等，在显示奇迹的能力方面也不相上下；因为当时传说神圣的文德米亚利斯曾经使一个人死而复生，而隆吉努斯则曾经使许多患病的人康复。尤根尼乌斯本人不但能够消除肉眼的盲视，而且能够消除智慧上的盲目。当那个微不足道的阿里乌斯教派的主教发现这一点的时候，他就找来一个与他受同样错误思想蒙蔽的人，并对他说："我不能容忍这些主教在人们面前显示了这么多的奇迹，结果大家忽视了我，都去跟随他们。现在请你答应按照我所吩咐的去做。这里是五十枚金币；你去坐在我们要经过的那条街上。然后，把手放在闭紧的眼睛上面，等我偕同其余的人走过的时候，你就声嘶力竭地大喊：'我们所奉的教派的主教，最神圣的西罗拉，我求你看看我，显示你的光荣和本领，好让我的眼睛能够睁开，让我能看到失去的光明。'"这个人按照吩咐去做，坐在街上。当这个异端信仰者伴同上帝的圣徒们走过去的时候，他存心嘲弄上帝，拼命大喊："最神圣的西罗拉，请听我说，上帝的神圣的教士，请听我说；请看看我的瞎眼。让我验证一下那种其他盲人经常受益，麻风病人曾予证明，甚至死人也曾感受到的医疗灵效。我恳求你施展同样的本领，使我恢复失去的视力，因为我正害着严重的盲视症。"可是他倒是在说实话，他丝毫不怀疑这话的真实性。由于他为了金钱而存心嘲弄全能的上帝的威力，他的贪心竟使他真的瞎了。此时这位异端信仰者的主教稍微转过一点身来，就好

像对自己身上制造奇迹的力量确有成功的把握似的；他满怀虚荣和骄傲而得意洋洋，把他的手放在那个人的眼睛上，说道："凭我们的遵循正当途径而崇拜上帝的信仰，让你的眼睛睁开吧。"但是这
42 些邪恶的话刚一出口，欢笑立刻化为悲哀，主教的诡计立刻被当众戳穿了。因为那个可怜的人的眼睛里疼痛难忍，只得把手指紧紧地按在眼睛上面，防止它们迸裂。这个可怜虫大声喊叫起来，说道："我真伤心呀！我真是个可怜的人呀！敌视圣道的人使我误入了歧途。我真伤心，我竟然为了一笔贿赂而甘心嘲弄上帝，我接受了五十枚金币来犯这种罪恶。"他接着又向主教说道："收回你的金币，马上还给我由于你的欺骗而失去的视力。还有你们，基督的最光荣的追随者，请不要鄙视我的不幸，赶快救救我，因为我要死了。现在我已真正懂得上帝是不可嘲弄的。"于是，上帝的圣徒们为同情心所打动，便回答说："你若能信，在信的人，凡事都能。"①但是他大声喊道："谁要是不相信圣子基督和圣灵与圣父具有同等的本质和神性，就让他蒙受我今天所遭到的痛苦。"他还说道："我相信全能之父上帝，我相信上帝之子耶稣基督与圣父同等，我相信圣灵与圣父和圣子同质而共垂永久。"当他们听到这话时，每个人都希望把这项荣誉让给别人，他们之间发生了一场神圣的争执：究竟应该由谁在那个人的眼睛上划神圣的十字符号。文德米亚利斯和隆吉努斯请尤根尼乌斯去做，他反过来又请他们把手按在那个瞎子身上。当他们按照他的愿望行事，把手按在那个人的头上之后，神圣的尤根尼乌斯在他的眼睛上面划了一个十字符号，并且说道：

① 《圣经·马可福音》，第9章，第23节

“以圣父、圣子和圣灵的名义，也就是以我们认为具有三位之分、彼此同等而又无所不能的真正的上帝的名义，让你的眼睛睁开吧！”病痛马上离开了他，他恢复了从前所享受的健康。但是从这个人眼睛变瞎这件事情上，可以十分清楚地看到，异端信仰者的主教如何利用他的教理的可耻的帷幕去掩盖人们心头的眼睛，以便任何人都不许用信仰的眼睛去观看真正的光明。这个卑鄙的人行不由径，也就是不遵循基督这个正门而入，他使自己成为一只狼而不是 43
羊群的看守者；他极力利用自己心中的恶毒去扑灭他本应在信徒们心中燃点起来的信仰的火炬。但是上帝的圣徒们在人们中间制造了许多其他奇迹，大家异口同声重复着说：“圣父是真正的上帝，圣子是真正的上帝，圣灵是真正的上帝，对于每一位都应以同一的信条来崇拜，以同一的敬畏来畏惧，以同一的荣誉来尊敬；因为已经向大家表明，西罗拉的教理是错误的。”

但是，当胡内里克国王发现他的伪装这样地为圣徒们的光辉信仰所揭露，以致那个错误的教派不但未能抬高声望，反而几乎濒于破灭，而他那声名狼藉的主教也由于这种罪行而暴露无遗的时候，他先是对这些上帝的圣徒们施加种种刑罚，把他们放在马形木架上加以鞭挞，用火焰烧，用钳子夹，然后又下令把他们处死。他命令将尤根尼乌斯斩首；但是同时还指示道，假如等到刀剑已经临到他项上的时刻，他仍然拒绝参加异端的教派，那就将他赦免而只判处流放，因为他怕的是基督教徒会把他尊为殉教者。如所周知，事实经过正是这样。因为当死亡已经迫在他的眉睫，他们问他是否决心为天主教的信仰而死去的时候，他回答说：“是的，因为为真理而死便是永生。”于是并没有让剑落下来，尤根尼乌斯被流放到

高卢的一座城市阿尔比，他在那里结束了尘世的生命。今天，在他的坟墓上时常呈现许多奇迹。但是，国王却命令将神圣的文德米亚利斯用剑斩杀，这个判决被执行了。在这次战斗中，副主教屋大维连同好几千名宣称信奉我们的宗教的男男女女遭到杀害或为严刑损折肢体。但是对于这些神圣的申信者来说，由于热爱荣耀而遭受刑罚，这是算不了什么的。因为他们懂得，尽管在少数事情上遇到烦恼，可是在多数事情上却会得到优待，正如使徒所说的那样：“现在的苦楚，若比起将来要显于圣徒当中的荣耀，就不足介意了。”[1]当时也有许多人为了贪图富贵而背弃了信仰，他们后来被
44 痛苦所缠绕，像那个在此时抛弃了天主教信仰的不幸的主教雷沃卡图斯就是如此。此后，太阳有三次发暗，只有几乎不到三分之一部分发光，我认为这是由于所有这些罪恶和无辜者的流血所致。但是胡内里克在恶贯满盈以后，就被恶魔捉住，这个长期以来靠圣徒的鲜血养肥的人，这时却用自己的牙齿撕碎了自己；他在这种痛苦之中以一种理所应当的死亡结束了他那毫无价值的生命。他由希尔德里克来继承，希尔德里克死后，盖莱西米尔获得王位。[2] 这位国王为帝国所战败，[3]从而使他的生命和统治一道结束了。汪达尔王国就这样地灭亡了。

四　当时，上帝的教堂遭到许多异端的袭击，而大多数异端也

① 见《圣经·罗马书》，第 8 章，第 18 节。引文与经文略有出入。

② 本文此处有误。胡内里克死于公元 484 年，而希尔德里克则即位于公元 523 年。盖莱西米尔据所铸钱币应作盖拉米尔，即位于公元 530 年。

③ 公元 534 年，汪达尔王国为东罗马帝国所灭。——译者

都遭到天谴。哥特人的王阿塔纳里克发动了一次严重的宗教迫害，[①]他对许多基督教徒备施酷刑之后，加以斩决。这个向上帝的教堂开战的人，由于他使许多正直的人流血，受到了上帝的立时审判而被废黜了王号，并且从自己的国家里被放逐出去。但是，让我们重新回到原来的题目上去吧！

五　这时传说匈奴人意欲进犯高卢。当时在通格勒城住着一位圣洁卓绝的主教阿拉瓦提乌斯，他专心致志于斋戒和守夜，并且经常泪落如雨地祈求上帝大发慈悲，不要容许这个不信教的、永远不值得上帝眷顾的种族进入高卢。但是当他心里觉得由于人们罪恶深重，他的祈祷没有得到上帝的应许的时候，他便立意要去朝拜罗马，以便从使徒[②]的灵异的威力中得到力量，从而更有资格获取他谦恭地向上帝祈求的东西。于是，他去到使徒的坟墓，祈求他以他的仁慈给予援助，当时他屏绝欲念，厉行斋戒，往往两三天不进饮食，而且一刻不停地祈祷，以致弄得他筋疲力尽。他在一连许多天从事这种苦行以后，据说从这位神圣的使徒那里得到了如下的答复："最圣洁的人，你为什么要搅扰我呢？上帝已经考虑过了；天意注定匈奴人要进入高卢，这块地方必须沦为废墟，就像被一阵疾劲的狂风暴雨扫过一样。因此你现在要倾听我的忠告：赶快，把你 45
的家里安排就绪，准备你的后事，预备一张洁白的尸单。因为正如我们的主上帝所说的那样，你将离开肉体，你的眼睛也不会看到这族人在高卢干的歹事。"主教从神圣的使徒那里得到这个答复之

① 此事发生于四世纪，当时西哥特人还住在多瑙河以北。后来渡河进入罗马帝国境内。——译者

② 即彼得。——译者

后,马上起程,尽快地返回高卢。他来到通格勒城以后,赶快为自己准备了殡葬所需要的一切东西。然后,他向教士们和其他居民告别,含悲带泪地向他们宣布他们再也不能见到他了。他们啜泣着,哭号着,为他引路,谦恭地向他请求说:“圣洁的教父,不要抛弃我们;善良的牧人,不要忘掉我们。”但是当他们的眼泪无法把他挽回的时候,他们就接受他的祝福和祝愿平安的吻,回到家里。主教前往梅斯特里希特,得了一场轻微的热病,就离开了肉体。信徒们为他洗净遗体,把他安葬在公路的旁边。至于多年以后他的遗体怎样被迁葬到别处,我已经在我的《奇迹集》[1]里加以叙述。

六　于是,匈奴人从潘诺尼亚出发,正如某些人所说,在复活节举行夜祷时分,来到梅斯城,蹂躏了整个地区。他们把这座城付之一炬,挥剑斩杀居民,并且在圣坛前处死上帝的教士们。除去第一个殉教者和副主祭斯蒂芬的小礼拜堂之外,全城悉遭焚毁。现在我愿意在这里叙述一下我从某些人士那里听到的关于小礼拜堂的故事。他们说,在这支敌人到来之前,有一位信徒在幻觉中看见神圣的副主祭斯蒂芬同神圣的使徒彼得和保罗在谈论这次破坏的事,并且听到他说:“我的大人啊,我恳求你们以你们的代祷,让梅斯城免于被敌人烧成一片平地,因为这里有一块地方保存着你们这个卑下的恳求者的遗物;不如让人们看看我的威力在上帝面前也还不无微用。但是如果人们的罪行日益深重,因之该城必须付于一炬的话,那么至少不要让这所小礼拜堂遭到焚毁。”他们回答
46 说:“最亲爱的弟兄,放心去吧,这座属于你的小礼拜堂将会在烈火

① 《荣列精修圣人录》,第 72 章。

中单独获免。对于全城，我们却无法邀得这种恩惠，因为神圣审判的判决令业已对它发下。人们的罪恶日益深重，他们的罪行的音响已经上达天听。由此之故，这座城要被火烧掉。”因此，毫无疑问，这所小礼拜堂是由于他们的代祷才获得保全的。

但是，匈奴人的国王阿提拉从梅斯继续前进，征服高卢的许多城市；然后他来到奥尔良，用攻城车撞击它，力图攻下这座城。当时，最神圣的阿尼亚努斯是该城的主教，这是一位智慧卓越，以圣洁著称于世的人，关于他的德行的记载一直被忠实地保存下来。当遭到围困的人们向他们的主教号哭，要想知道何所适从的时候，他完全信赖上帝，吩咐他们大家俯伏在地一同祈祷，带着眼泪向那在紧急的时刻永远在身边的上帝恳求援助。当他们按照他的吩咐祈祷时，主教喊道：“从城墙上向前面瞧，也许上帝的垂怜会拯救我们。”因为他认为，由于上帝的慈悲，埃提乌斯会来临的。[①] 在此以前，主教预见到事态的发展，曾经在阿尔拜访过埃提乌斯。于是他们从城墙上向外瞭望，却没有看见人。他接着说：“虔诚祈祷；因为今天上帝是会解救你们的。”而当他们继续祈祷时，他又说：“再瞧一次。”他们又望过去，却看不到有什么人会来援救他们。他第三次向他们说：“只要你们虔诚地寻求上帝，他马上就来到我们中间。”他们又含悲带泪地祈求上帝怜悯。而当他们作完祈祷时，他们就遵照这位年迈的人的吩咐，第三次从城墙上面向前瞭望。看啊！他们看见远处就像是从地面上腾起了一片乌云似的。他们向

① 埃提乌斯是罗马帝国晚期的重要将领，掌握西部帝国的大权，多次在高卢与日耳曼人作战。——译者

主教报告，他说："那就是上帝的援救。"这时，城墙在攻城车的震撼下已经摇撼起来，眼看就要坍落。看啊！正好，埃提乌斯到了；哥特人的国王提奥多里克[①]和他的儿子托里斯蒙德带领他们的军队向这座城疾驰而来，扑上前去，打退了敌人。这座城市就这样地由于这位神圣的主教的代祷而得到解救；他们打得阿提拉败走，他退
47 到梅里旷野，[②]布署兵力，准备一战。他们听到消息以后，就英勇地做好准备，去对付他。

七 在这些日子里，一阵谣言传到罗马，说埃提乌斯遭到围困，在成群的敌人中间处境非常危险。他的妻子听到这些消息以后，怀着忧伤和焦灼的心情，经常不断地到各个神圣使徒的教堂去，祝祷她的丈夫能够从征战中平安地回到她的身边。她日日夜夜不断祈祷。一天夜间，一个喝醉了的穷人在圣彼得教堂的一个角落里睡着了。门户照常地关上了，可是守卫者没有发现他。夜间他起来了，发现灯火辉煌，照遍了整个建筑物，他战战兢兢地探寻门户，以便找到一条出去的路。他一个又一个地试着打开那些门闩，但是发现它们都闩得很牢固；于是他便卧倒在地，焦灼不安地望着那个门，以便等到人们刚一聚集起来歌唱晨间赞诗的时候，就可以马上逃出去。但是这时，他看见两个人彼此恭敬地行礼，互相问好。年长的那位首先这样说："我已经不可能忍受埃提乌斯的妻子的眼泪了。她不断地祈求我把她的丈夫从高卢平安无恙地送回来，可是神圣的裁判却做出了相反的决断。虽然如此，我却已经

① 此为西哥特人及其国王提奥多里克一世。——译者

② 关于公元451年会战的地点，说法不一。本文所举梅里的位置，也有不同的说法。今日多采卡塔劳尼亚旷野之说。——译者

获得保全他的生命的无法估量的恩典。你看，我此刻就要驰赴那里，把他从那里活着带回来。不过，我要告诫听到这些事情的人保持缄默，不得擅自泄露秘密，如其不然，他就要马上离开人世。”可是这个人却不能保持沉默，等到天刚亮的时候，他就把所听到的一切都透露给埃提乌斯的妻子；而当他刚一说完，他的视力立刻就衰退了。这时，埃提乌斯与哥特人和法兰克人联合，正同阿提拉鏖战，阿提拉眼看着自己的军队力量衰竭，濒于覆灭，就逃离战场。哥特人的国王提奥多里克在这次战役中阵亡。没有人会怀疑，匈奴人的军队是被我在前面提到的那位主教的代祷所击败的。可是这位勋贵埃提乌斯[①]和托里斯蒙德却获得了胜利，并彻底摧毁了敌人。战争结束以后，埃提乌斯向托里斯蒙德说道：“赶紧尽快回到你的国
家里去，以免由于你兄弟的活动，你失掉你父亲的王国。”托里斯蒙 48
德听了这些话，急忙离去，为的是比他的兄弟更早下手，好把他父亲的宝座抢先夺到手里。埃提乌斯用同样的伎俩打发走了法兰克人的国王。等到他们刚一走开，他就从战场上把战利品收集起来，满载而归。阿提拉带着少数人退却了；但是不久以后，横行于整个意大利并将它夷为平地的匈奴人，又占领了阿奎雷亚，大肆焚烧，并将整片土地化为废墟。[②] 上述的托里斯蒙德在战斗中打败了阿兰人；但是最后，几经争吵和交战，他终于为他的兄弟们所绞死。[③]

---

① 罗马帝国晚期，勋贵(patrician)是荣誉称号，用以酬赏有功之人。这种称号不得世袭。埃提乌斯于公元433年受此称号。——译者

② 公元452年。

③ 公元453年，托里斯蒙德之弟提乌德里克和弗雷德里克举兵反对他，托里斯蒙德被杀。(《剑桥中世纪史》第1卷和吉本所著《罗马帝国衰亡史》中，提乌德里克均作提奥多里克。——译者)

八　现在，当我已经列举了这些事实并且按照先后顺序加以叙述之后，我认为，如果对于雷纳图斯·弗里格里杜斯的历史著作[①]中关于上述那位埃提乌斯的记述避而不提，这将会是一个错误。这位作者在他的著作的第十二卷里记述荷诺里乌斯死后，年幼的瓦伦提尼安[②]只有五岁年纪就被他的亲表兄提奥多西乌斯[③]推上了皇帝的位置，而僭主约翰也在罗马自立为君，[④]他的使节遭到皇帝轻侮的接待。他接着写道："正当这些事情发生之际，使节们回到僭主那里，随身带来一个严厉的答复。约翰心中烦恼，就派宫廷总监埃提乌斯携带大量金币到匈奴人那里去。[⑤] 自从埃提乌斯在匈奴人那里充当人质的时候起，这一族人就为他所熟悉，而且他们同他之间为一种亲密的友谊所维系。约翰还补充了下列的指示：当敌人刚一进入意大利以后，埃提乌斯应当立刻从后路袭击他们，而他自己则将从正面迎击他们。由于后面还有许多事情要涉及这个人，我认为先谈谈他的家世和性格是适当的。他的父亲高登提乌斯是斯奇提亚省的一位著名人士；他起初在皇帝的禁卫军中服役，后来晋升上驷院长官的高位。他的母亲是意大利人，门第高贵，家赀富有。他们的儿子埃提乌斯在少年的时候就获准参加

① 原书今已失传。

② 瓦伦提尼安三世，于公元 425－455 年任西部帝国的皇帝。——译者

③ 提奥多西乌斯二世，于公元 408－450 年任东部帝国的皇帝。——译者

④ 公元 423 年西部帝国皇帝荷诺里乌斯死后，文书长官约翰在一部分人的拥护下僭位，并得到埃提乌斯的合作。后来，东部帝国皇帝提奥多西乌斯二世派兵前来讨伐，立瓦伦提尼安三世为帝。约翰兵败被处死。——译者

⑤ 埃提乌斯奉派遣前往匈奴人那里寻求援兵。——译者

了皇帝的禁卫军。他有三年时间先在阿拉里克那里充当人质，然
后又在匈奴人那里充当人质。后来，他成为前禁卫军军官卡尔皮
利奥的女婿，并且受命管理约翰的宫廷。他高度适中，相貌英武，
身材匀称，既不十分脆弱，也不十分笨重；他才智敏捷，手足灵便，
是一个十分有经验的骑兵和熟练的射手；他对于枪矛乐而不疲。 49
他天生是一个战士，却以谋求和平的策略而驰名；他没有贪婪之
心，不为欲念所动摇，在智慧上秉赋甚厚，不为任何邪恶的煽惑而
偏离志向。他以最大的宽容忍受委屈，并且喜爱劳动。他对于危
险毫无畏惧，在忍饥耐渴和熬夜方面，无人胜得过他。从早年起，
他似乎就预先获悉命运赋予他的那种巨大的权力。以后我们还要
在适当的时间和地方谈到他。”上述那位历史家关于埃提乌斯的描
述就是这些。但是等到瓦伦提尼安皇帝达到成年的时候，他恐怕
埃提乌斯势力强大到足以消灭他，因此就以莫须有的罪名将他杀
死。但是后来当他在马尔斯广场[①]上就座，向群众演说的时候，埃
提乌斯的一个号手奥克西拉走到他的跟前，用剑将他刺穿。[②] 这
就是这两个人的下场。

九　关于法兰克人的国王，许多人都不知道按顺序谁是第一个。尽管苏尔皮西乌斯·亚历山大[③]在他的历史著作中对于他们

① Campus Martius，与“三月校场”名称相同。Martius 在拉丁文中，意为“三月”或“马尔斯的”（马尔斯为战神），今按吉本所著《罗马帝国衰亡史》中所用名称译出。——译者

② 《剑桥中世纪史》，第 1 卷，第 419 页，行刺者共二人，即奥普提拉和特劳斯提拉。——译者

③ 其著作不详，只有格雷戈里在这里提到他。

记述甚详，可是瓦伦提努斯①却没有指出他们的第一个国王，而是说他们追随着公爵。我要陈述一下他的说法。他在讲到马克西穆斯②像个疯子似的住在阿奎雷亚，完全放弃获得帝国的希望的时候，接着写道：“那时，法兰克人在格诺鲍德、马尔科梅尔、松诺几位公爵的率领下，闯入日耳曼③；他们冲入边境，大肆屠杀，蹂躏最肥沃的地区，然后甚至威胁科隆。消息传到特里夫斯，这时，受马克西穆斯委托保护他的幼儿和防卫高卢的军事长官南尼努斯和昆提努斯集合他们的军队，在科隆会师。但是敌人在劫掠了该省最富庶的地区以后，满载着战利品渡过了莱茵河，还在罗马境内留下了他们的许多人，他们随时可以再次破坏一切。罗马人在与这部分人交战时取得优势，他们有许多人在卡旁尼埃森林④里死于刀剑之下。罗马人激烈地争论着是否应该渡河进入法兰克人的地域；
50 可是南尼努斯反对，因为他知道敌人并非毫无准备，并且毫无疑问，他们在自己的土地上会比罗马人强。由于这种见解不为昆提努斯和其余的军人所赞许，南尼努斯就撤到美因茨去了。但是昆提努斯带着他的军队，在诺伊斯要塞附近渡过了莱茵河，走了两天以后，见到一些房屋，里面空无居民，大的村镇也都撤退一空，因为法兰克人假装害怕，已经撤退到更偏远的丛林地带，并且在丛林的边缘设置了鹿砦。罗马士兵烧毁了所有的房屋，他们卑怯而愚蠢

① 布雷豪特译本中，没有提到瓦伦提努斯，此处仍指苏尔西皮乌斯·亚历山大而言。——译者

② 见第1卷第43章注。——译者

③ 指莱茵河左岸之罗马行省。

④ 从前是阿登森林的一部分。

地认为把怒火发泄在房屋上面，就可以证明是大获全胜。他们身上披戴着沉重的武装，整夜焦灼不安。等到黎明到来，他们在昆提努斯的率领下，进入森林；快要到中午的时候，他们迷失在交错的路径中间，只好走到哪里就算哪里。最后，他们发现一切东西都为巨大的栅栏所包围，就设法走出森林，走向与丛林毗连的沼泽地带。这一来，有一些敌人出现了，他们站在垒起的树干或鹿砦上面，好像站在碉楼上面似的，从那里箭飞如雨，其发射之密就像是用投掷器射出来的一样，由于箭上涂着毒草汁液，因之一旦射中，纵使只在无关紧要的部位伤了皮肉，也非死不可。这时，军队遭到数目越来越多的敌人的包围，他们奋力冲入尚未被法兰克人占据的空旷地带。骑兵首先被沼泽所吞噬，他们连人带马，混作一团，纷纷倒下，同归于尽。步兵虽然没有丧身在马蹄的沉重践踏之下，却陷进泥淖里，很难拔出脚来。他们惊惶失措，又赶忙往回跑，藏进不久以前好容易才从那里挣脱出来的树林里去了。于是队伍陷于混乱，几个军团被分割得七零八落。约维尼安军团的将领赫拉克利乌斯和几乎所有的军官都被杀死，只有寥寥数人靠着夜色昏黑和丛林隐蔽藏身。”这就是苏尔皮西乌斯在他所著的《历史》的第三卷中的记载。

在第四卷里，他在描述僭主马克西穆斯的儿子维克托被杀时说道：“当时，[①]受命接替南尼努斯的卡里埃托和西鲁斯带着一支调集起来抵御法兰克人的军队驻扎在日耳曼。”在后面不远的地方，在记述了法兰克人从这个罗马行省掠走战利品以后，他接着写 51

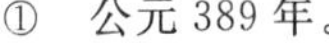

① 公元389年。

道:“阿尔博加斯特[1]对于拖延时日颇不耐烦,他敦促皇帝给予法兰克人以应得的报应,除非他们立刻归还在头一年军团被歼灭时他们掠去的全部战利品,并且交出对于阴谋破坏和平负有责任的战争挑拨者。”他指出这件事发生在法兰克人正处于公爵的领导之下的时候,并且进一步指出:“几天以后,同法兰克人的首领马尔科梅尔和松诺匆匆地会谈了一次,并且根据惯例向他们索要人质,然后阿尔博加斯特回到特里夫斯的冬营里去了。”既然他把他们称作首领,我们不知道他所指的是否即是真正的国王,还是相当于国王的首领。同一作者在记述瓦伦提尼安皇帝[2]的艰难处境的时候,还补充说:“在东方,当色雷斯发生形形色色的事件时,高卢的政府已陷于混乱之中。瓦伦提尼安皇帝被幽禁在维恩的宫殿里,几乎已经降到一个普通平民的地位,军事指挥权落入了法兰克雇佣军的手里;就连内政也操在阿尔博加斯特的死党之手。在所有那些受军人誓言约束的人们中间,已经没有人敢于遵从皇帝的私人指示或命令了。”然后他接着说:“在这同一年里,阿尔博加斯特挟着一种部落间的仇恨去追赶法兰克人的王公松诺和马尔科梅尔,正当隆冬之际,来到科隆。他确信法兰克人的所有藏身之地都可以安全地进入,并予焚毁,因为树叶已经落尽,干秃的树林已经不能把一个埋伏的敌人掩蔽起来。于是他调集了一支军队,渡过莱茵河,首先破坏了距莱茵河最近的布鲁克特里人的乡野和卡马维人

① 服役于罗马军中的著名的法兰克籍将领。

② 瓦伦提尼安二世,于公元 375 年即位,公元 392 年在维恩被阿尔博加斯特所害。——译者

居住的地区；除去少数安普西瓦里人和卡提人①在马尔科梅尔的
统率下，在最遥远的山脊上出现而外，并未遭遇任何抵抗。"在另外
的一段里，他只字不再提到公爵或王公，而是公然宣称法兰克人有
个国王，尽管他并没有提到他的名字。他接着叙述如次："然后，僭
主尤根尼乌斯②向莱茵河一带的边境进行远征，去同阿勒曼尼人 52
和法兰克人的诸王按照惯例重申旧约，并且在他们所部的野蛮人
的面前显示一下在当时来说是极其庞大的军事力量。"这些事情就
是上述这位编年史家关于法兰克人的记述。我在前面提到过的那
位雷纳图斯·普罗福图鲁斯·弗里格里杜斯在叙述哥特人攻陷和
毁灭罗马的时候，写道："那时，当戈阿尔③投到罗马方面以后，阿
兰人④的国王雷斯彭迪亚尔从莱茵河撤回他的部队，汪达尔人则
在与法兰克人作战中被紧紧围攻，他们的国王戈德吉塞尔被杀，大
约两万名兵士阵亡了。若不是阿兰人的军队及时赶来帮助他们的
话，全部汪达尔人都会被消灭掉。"令我们感到诧异的是，尽管作者
提到了其他部落和法兰克人的国王，可是当他谈到君士坦丁自立
为僭主以后命令他的儿子从西班牙前来见他的时候，却这样写道：
"僭主君士坦丁把他的儿子君士坦斯⑤——也是一个僭主——从

① 卡马维人住在布鲁克特里人的西北，接近伊塞尔河；安普西瓦里人住在埃姆斯河中游以北；卡提人住在西格河和富尔达河之间的大片地区。

② 阿尔博加斯特害死瓦伦提尼安二世后，另立尤根尼乌斯为皇帝。公元394年，提奥多西乌斯一世来攻，尤根尼乌斯兵败被杀。——译者

③ 阿兰人的一个首领，公元406年率领一部分阿兰人加入罗马军队。——译者

④ 格雷戈里原著将阿兰人写作阿勒曼尼人，此处予以订正。

⑤ 君士坦丁于公元406年被驻在不列颠的罗马军团拥立为皇帝，遂即渡海来到高卢，并进军西班牙。公元411年，君士坦斯和君士坦丁分别被格龙提乌斯和荷诺里乌斯所害。——译者

西班牙召去，以便同他一起商议国事。君士坦斯把他的朝臣和妻子留在萨拉戈萨，并委托格龙提乌斯[1]替他掌管西班牙的一切事业。然后他不停地赶路，去见他的父亲。他们会面以后，过了许多天，一直没有听到什么来自意大利方面的使他们惊慌的消息。君士坦丁于是恣意宴饮，又吩咐他的儿子回到西班牙去。君士坦斯命令他的军队先行出发，而他本人却还留在他父亲那里，这时，来自西班牙的使者带来了消息：格龙提乌斯已经将他的一个臣属马克西穆斯拥立为皇帝，[2]后者正统率着他的蛮族部众严阵以待。听到这个报告以后，君士坦斯和前总管大臣，即现任行政区长官德西穆斯·鲁斯提库斯非常吃惊，就派遣埃多贝希到日耳曼地区各族人那里去，而他们自己则前往高卢，为的是要带着法兰克人、阿勒曼尼人和一切可用的战士尽快地赶回君士坦丁那里。”同样，在描述君士坦丁遭到围困[3]的时候，他写道：“当君士坦丁的被围刚一开始进入第四个月的时候，使者突然从北高卢带来消息：约维努
53 斯已经僭号称帝，[4]正要带领勃艮第人、阿勒曼尼人、法兰克人、阿兰人和他的全部军队前来攻打围城的人。于是战局随即告终，城门打开，君士坦丁从城里走出来。他立刻被送往意大利，在明西奥河边被皇帝派去截他的刽子手所斩杀。”稍后不久，这位作者记载道：“在这同时，僭主的行政区长官德西穆斯·鲁斯提库斯、约维努

① 君士坦丁部下的不列颠籍将领。——译者

② 公元409年。——译者

③ 公元411年，君士坦丁被荷诺里乌斯的军队围困于阿尔。——译者

④ 约维努斯是高卢贵族，公元411年被勃艮第人和阿兰人的首领拥立。——译者

斯以前的首席幕僚阿格罗西乌斯和许多贵族都在奥弗涅被荷诺里乌斯的将领们所俘获，被残酷地处死。特里夫斯城遭到法兰克人的抢掠和焚烧，这已经是他们第二次侵入该城了。”他在记述了皇帝以诏书敕封阿斯特里乌斯为勋贵之后，接着写道：“同时，禁卫军军官卡斯提努斯被派往高卢，当时已经派出一支军队到高卢去征讨法兰克人。”以上就是这些作者关于法兰克人的记载。另外，历史家奥罗西乌斯在他的著作的第七卷里记述如次：“斯提利科率领着集合起来的各部落，粉碎了法兰克人，渡过了莱茵河，穿过了高卢，一直抵达比利牛斯山脉。”[①]这就是流传下来的编年史家给我们留下的有关法兰克人的记载，但是其中没有记录任何国王的名字。

一般传说，这族人来自潘诺尼亚，起初移殖于莱茵河畔，后来渡过了莱茵河，穿越了图林根。[②] 他们按村落和城镇推选出那些出身于本族中头等的，也就是最高贵的家族的披着长发的国王。这种情况后来从克洛维取得胜利一事得到证明，这一点我随后即将谈到。另外，在《执政官录》里，[③]我们看到法兰克人的国王提乌德梅尔——里歇梅尔之子——和他的母亲阿西拉死于刀剑之下。按照传说，以才干卓异和门庭高贵而超越流俗的克洛吉奥做过法兰克人的国王，他住在图林根人所居地带的迪斯帕古姆。[④] 在这

① 奥罗西乌斯此处写的是汪达尔人，而非斯提利科。

② 有的学者认为这里提到的图林根在今天比利时东北一带，并非威悉河上游一带的图林根，但其居民可能来自后者。——译者

③ 《执政官录》除列举执政官姓名外，兼记他们任职期间所发生的大事。

④ 萨利克（海滨）法兰克人的主要城镇，地点未能确定，或谓在今比利时的迪斯特，或谓在今德国的杜伊斯堡。——译者

一边，也就是迤南的一带，由罗马人居住，最远直到卢瓦尔河，而在河那一边，则是哥特人的土地。勃艮第人属于阿里乌斯教派，他们住在罗纳河彼岸，里昂城就位于这条河畔。克洛吉奥派遣探子前往康布雷城，先由他们到处侦察。然后他本人也跟随前往，他击溃罗马人，占领该城。他在这里只住了短短一段时期，接着便占领了
54 直抵索姆河的全部土地。有些人认为墨洛维——希尔德里克的父亲——属于他的家族。

十　但是这一族人似乎一向崇拜偶像，对真正的上帝毫无所知。他们把树林、河水、飞禽、走兽以及其他自然要素都当作偶像，甘心奉若神明，加以崇拜，并且向它们供献牺牲。安得那些令人畏怖的话叩一叩他们的心弦！这些话曾经通过摩西传向众人："除了我以外，你不可有别的神。不可为自己雕刻偶像，也不可作什么形象，仿佛上天、下地和地底下、水中的百物。不可跪拜那些像，也不可事奉他。"[①]或者还有这些话："你要敬畏耶和华你的上帝，事奉他，指着他的名起誓。"[②]要是他们能够知道以色列人曾因事奉铸金牛犊而遭罹天谴，那会怎样？当时，以色列人在饮宴、歌唱、放荡、跳舞之后，以其不洁之口谈论这座雕刻的偶像说："以色列啊！这是领你出埃及地的神。"[③]于是，他们有两万四千人死去。对于那些被人引向崇拜巴力毗珥，与摩押的淫荡妇人混在一起，[④]终于

① 《圣经·出埃及记》，第 20 章，第 3—5 节。

② 《圣经·申命记》，第 6 章，第 13 节。

③ 《圣经·出埃及记》，第 32 章，第 4 节。

④ 巴力为毗珥地方的人所崇奉的神祇，《圣经》中称为巴力毗珥。摩押在死海之东。此处有关内容见《圣经·民数记》，第 25 章。——译者

为自己的人民所打倒和斩杀的人，他们会说些什么呢？这时，其他的人都已被杀，祭司非尼哈平息了上帝的怒火，“那就算为他的义。”[①]要是上帝通过大卫之口所歌唱的那些话曾经传入他们的耳朵，又当如何？这些话是：“外邦的神都属虚无，惟独耶和华创造诸天。”[②]还有：“外邦的偶像，是金的银的，是人手所造的。造他的要和他一样。凡靠他的，也要如此。”[③]或者是：“愿一切事奉雕刻的偶像，靠虚无之神自夸的，都蒙羞愧。”[④]还有为先知哈巴谷所证实的那段道理，他说：“雕刻的偶像，人将他刻出来，有什么益处呢？铸造的偶像，就是虚谎的师傅。……是包裹金银的，其中毫无气
息。惟耶和华在他的圣殿中，全地的人，都当在他面前肃敬静 55
默。”[⑤]

另一位先知说道：“不是那创造天地的神，必从地上从天下被除灭。”[⑥]同样在另外的地方写道：“创造诸天的上帝，制造大地和地上万物的上帝就是这样说的；他是天地的创造者，他并非徒然无益地创造天地，而是要给人们居住。”[⑦]“我是耶和华，这是我的名。我必不将我的荣耀归给假神，也不将我的称赞归给雕刻的偶像，它是从来不存在的。”[⑧]在另外一处还有：“外邦人虚无的神中有能降

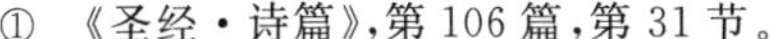

① 《圣经·诗篇》，第 106 篇，第 31 节。

② 同上书，第 96 篇，第 5 节。——译者

③ 同上书，第 135 篇，第 15 节、18 节。

④ 同上书，第 97 篇，第 7 节。

⑤ 《圣经·哈巴谷书》，第 2 章，第 18－20 节。（原引文无删节号。——译者）

⑥ 《圣经·耶利米书》，第 10 章，第 11 节。

⑦ 《圣经·以赛亚书》，第 45 章，第 18 节。引文与经文有出入。

⑧ 同上书，第 42 章，第 8 节。引文与经文有出入。

雨的么?”[①]上帝还通过以赛亚之口再次训示说:“我是首先的,我是末后的,除我以外,再没有我所不知道的真神或铸造者。制造雕刻偶像的,尽都虚空,他们所喜悦的,都无益处。他们是自己的见证,无所看见,无所知晓,他们便觉羞愧。看哪!他的同伴必都羞愧,工匠也不过是人。铁匠把铁在火炭中烧热,用锤打铁,用他那有力的膀臂把铁锤打成形。木匠用圆尺画了模样,仿照人的体态,作成人形,好住在房屋中。他砍伐树木,对它加工,作成一座雕刻的偶像,把它当作神来礼拜。他用钉子和锤子把它钉牢,以免碎裂。它们不能行动,要由人们来抬。但是下余的木头,人们却用来烧火取暖。而另一部分,他作了一个神,就是雕刻的偶像。他向这个偶像俯首叩拜,祷告它说:‘求你拯救我,因为你是我的神。我曾拿一半在火中烧了,我在炭火上烤过饼,我也烤过肉吃;这剩下的我要作一座偶像。我要在一段木头前面顶礼膜拜,而另一段则化
56 为灰烬了。’他心中昏迷,对它礼拜,他并未使灵魂得救,却也不说:‘我右手中莫非有虚谎么。’”[②]

十一 阿维图斯是一位具有元老身份的人,也是一位众所周知的克莱蒙居民,他在获取皇帝尊位方面得到成功。[③] 由于他流于荒淫,为罗马元老院所废,被授任为普拉森提亚主教。但是当他听到元老院余怒未息,打算加害于他的消息时,他就带着许多赠礼,前往奥弗涅的殉教者尤利安的教堂,但是走到半路,他的尘缘

① 《圣经·耶利米书》,第 14 章,第 22 节。

② 《圣经·以赛亚书》,第 44 章,第 6—20 节。本段引文与经文出入甚大,且有所节略。

③ 公元 455 年。——译者

已尽，他死了。他的尸体被运往布里乌德镇，安葬在上述殉教者的脚下。他由马尔提安[1]继任。在高卢，罗马人埃吉迪乌斯受任为军事长官。

十二　希尔德里克统治着法兰克人，他沉湎于酒色，开始侮辱起他们的女儿来了。因此之故，他们心怀愤恨，把他从国内赶走。当他听说他们还打算杀他的时候，他就逃往图林根，[2]留下一个朋友，[3]由他试图用圆滑好听的语言来平息他们的激愤，并且在可以回国的时候给他送个信号。为了这个目的，他们破开了一枚金币。希尔德里克随身带一半，他的朋友保存另一半。那朋友说："当我把这一半给你送去，你把两半拼拢，合成一个索里达[4]的时候，你就可以怀着无忧无虑的心情，返回自己的国土了。"于是希尔德里克到图林根去了，他避居在比西努斯国王和巴西娜王后那里。在他被驱逐以后，法兰克人一致选举埃吉迪乌斯为国王，我在前面提到过，他就是罗马派来的军事长官。在他统治的第八年，这位忠实的朋友在暗地里安抚法兰克人的工作中已经取得成就，就派使者带着他所保存的那半块破开了的索里达，到希尔德里克那里去。希尔德里克把它作为法兰克人希望他回去的确凿信号而收下，他于是在他们的邀请下，从图林根返回，恢复了对王国的统治。现在正当这两个人[5]联合当国王的时候，上面提到的巴西娜离开她的

① 系马约里安之误。

② 见本卷第9章注。但也有人认为系指威悉河上游一带的图林根。——译者

③ 后世编年史家判断他的名字是比奥马德。

④ 罗马帝国通用金币名。——译者

⑤ 指希尔德里克和埃吉迪乌斯。——译者

丈夫，来到希尔德里克这里。他急切地问她为什么这样老远地来
57 找他，据说她回答道：“我知道你做起事来干练有力，因此我来同你一起生活。可是你得明白，假使我知道在海外什么地方，有什么人比你还要能干，我也会照样去找他做我的丈夫。”他听了这番回答，十分高兴，就同她结了婚。她怀了孕，生了一个儿子，取名为克洛维。他是一个伟大的人物，又是一个著名的战士。

十三　在奥弗涅，神圣的阿尔提米乌斯死后，一位出身于元老家族的韦内兰杜斯就任主教。保利努斯在他所说的一段话中对这位主教是怎样一个人物提供了见证，这段话是：“不论时代的邪恶有多么深重，如果你在当今这个时候去见一见上帝的可尊敬的神父们：图卢兹的埃克苏佩里乌斯、维恩的辛普利西乌斯、波尔多的阿曼杜斯、阿尔比的狄奥根尼亚努斯、昂古莱姆的迪纳米乌斯、克莱蒙的韦内兰杜斯、卡奥尔的阿利提乌斯或佩里格的佩加西乌斯，那你就会看到我们全部信仰和宗教的最卓越的捍卫者。”韦内兰杜斯据说是在圣诞节前夜逝世的，次日清晨，节日的队伍成为替他送葬的行列。在他死后，居民中间在主教职位的继任问题上出现了不体面的争端。人们分成了派系，一派打算选举某人，另一派打算选举另外一个人，人们之间发生了严重的争吵。某一个星期日，正当主教们[①]坐在一起的时候，有一个面蒙纱罩、献身于上帝的妇人贸然走近他们，并且说道：“上帝的教士们，听我一言。要知道，居民们选出来充任主教职务的人，在上帝的眼里，是没有一个得到眷顾的。看哪！今天上帝自己要提供一位主教。因此，不要让人们

① 这些主教指奉大主教之召前来参与选举的该大主教管区的其他主教。

激动，也不要让他们失和，而是忍耐片刻；因为上帝甚至马上就会把管理这所教堂的人派遣前来。”正当他们对她的话感到惊异的时候，突然间有一个鲁斯提库斯走上前来，他是克莱蒙教区的一个神父，恰恰就是在那妇人的幻觉中呈现在她面前的那个人。她一看见他，就立刻说道：“看这个上帝选定充任你们的教士之长的人！让他受任为主教吧！”全体居民听了这些话后，抛弃了他们的一切争议，高呼这是一位高尚正直的人。于是他被安置在主教的座位上面，在群众的欢乐中间，接受了尊荣的主教职务，成为登上克莱蒙教座的第七个人。

十四　在都尔城，尤斯托西乌斯在他任主教的第十七年去世，58
佩尔佩图乌斯受命为自神圣的马丁以来依继承次序的第五任主教。[1] 当他看到在这位圣徒的坟墓上不断做出奇迹，而盖在上面的礼拜堂又是何等窄小的时候，他认为这座礼拜堂是配不上这些奇迹的。他让人把它拆除，并且在原址上修建起那座巨大的长方形教堂，这座教堂一直存留到今天，矗立在离城五百五十步的地方。它长一百六十尺，[2]宽六十尺；天花板的高度是四十五尺。内殿有窗户三十二个，中殿有二十个，有圆柱四十一根。整个的建筑物共有窗户五十二个，圆柱一百二十根，门八座，三座开在内殿，五座开在中殿。教堂的重大喜庆日具有三重意义：它同时既是献堂式的节日，又是圣徒遗骸迁葬的节日，也是他受任主教的节日。你们要在 7 月 4 日这天庆祝这一节日；你们也会看到圣徒的葬礼举

① 第 10 卷第 31 章谓马丁为第三任都尔主教，佩尔佩图乌斯为第六任主教。——译者

② 古罗马一步约合 1.478 米，一尺的长度见第 1 卷第 32 章注。——译者

行于 11 月 11 日。谁要是虔诚地奉行这些庆典,他就值得受到这位神圣的主教在这个世界上和另一个世界上的庇护。由于早先的礼拜堂的天花板是由精工制成,佩尔佩图乌斯认为这种工艺品不该毁掉,于是他修建起另外一座长方形教堂,奉献给神圣的使徒彼得和保罗,他把天花板安装在这座教堂里面。他另外还修建了许多教堂,它们以基督的名义一直存在到今天。

十五　在这个时候,奥顿的殉教者神圣的辛福里安的教堂也由尤夫罗尼乌斯神父建造起来,尤夫罗尼乌斯本人后来成为该城的主教。正是他出于至诚,送来了覆盖着神圣的马丁的坟墓的大理石。

十六　鲁斯提库斯主教死后,神圣的纳马提乌斯在这些天之内当上了克莱蒙的第八任主教。他以自身的努力,建造起一座教堂,这座教堂至今仍然存在,并被认为是城垣以内比较古老的一座。它有一百五十尺长,六十尺宽,这指的是中殿的宽度,从地面到天花板有五十尺高。它的末端是一间半圆形后殿,在每一边都有构造精巧的墙壁。整个建筑物布置成十字的形状。它有窗户四十二个,圆柱七十根,门八座。

59 在这里,人们感到对上帝的敬畏,感到上帝的荣耀的巨大光辉,也就是在这里,虔诚的人时常感到一种类似香料气味的浓郁香气飘向他们。内殿的墙壁的内侧镶饰着各种大理石。这座建筑物在第十二个年头建成。神圣的主教派遣神父们前往意大利的波洛尼亚城,为他携回圣徒维塔利斯和阿格里科拉的圣物,如所周知,他们两人是为了我们的主基督的名字而被钉死在十字架上的。

十七　纳马提乌斯的妻子在城垣之外建造起圣斯蒂芬教堂。

由于她打算用图画来装饰教堂,她经常拿着一本书放在膝上,从中阅读古代建功立业的故事,指点画师们哪些主题应该描绘到墙壁上。恰巧有一天,她正坐在教堂里读书的时候,某一个穷人走进来祈祷。他看见她身穿黑色服装(因为她年事已长),以为她是一个穷人,就拿出一块面包,放在她的衣兜上面,然后就走开了。她对这个没有看出她身份的穷人所赠送的礼物毫不轻视,拿了起来,向她致谢,然后放在一旁。此后,她对这块面包比她的昂贵的食物还要喜爱,每天从它那里接受一次祝福,直到吃光为止。

十八 希尔德里克在奥尔良作战。① 奥多亚克率领所部萨克森人,②来到昂热。那时,一场大瘟疫荼毒着居民。埃吉迪乌斯死了,③留下一个儿子,名叫西阿格里乌斯。埃吉迪乌斯死后,奥多亚克从昂热和其他地方取走人质。布列塔尼人④被哥特人从布尔日赶走,在德奥尔堡损失了许多人。⑤ 保罗伯爵带领罗马和法兰克部队,同哥特人作战,掳获了战利品。奥多亚克来到昂热之后,希尔德里克国王第二天也来到了;保罗伯爵被杀以后,希尔德里克占领了这个城市。那一天,教堂的住所为大火烧毁。

十九 这些事情发生以后,萨克森人和罗马人之间发生战事,

① 公元463年,西哥特人试图扩充到卢瓦尔河两岸,埃吉迪乌斯在奥尔良打败西哥特人。希尔德里克作为罗马的同盟者参加此役。——译者

② 奥多亚克是萨克森人的首领。当时萨克森人经由海道南下,一度占领昂热附近卢瓦尔河中的一些岛屿。——译者

③ 公元464年。

④ 五、六世纪时来自不列颠的凯尔特人,住在布列塔尼半岛。他们站在罗马方面,对西哥特人作战。——译者

⑤ 公元469年左右。——译者

但是萨克森人转身逃走，丢下他们当中的许多人，任其死于罗马追兵的锋刃之下。他们的岛屿被法兰克人占领，破坏，许多人遭到杀戮。那年9月发生了一次地震。奥多亚克和希尔德里克订立一项
60 条约。他们征服了曾经侵掠过意大利一部分土地的阿勒曼尼人。

二十　哥特人的国王尤里克在他统治的第十四年，[①]立维克托里乌斯为公爵，治理七座城市。[②] 维克托里乌斯立刻前往克莱蒙，想把这个城市争取过来。从这个时候起，保存至今的地下礼拜堂开始存在。他下令为圣尤利安教堂运来圆柱，这些柱子今天仍然矗立在教堂里。他还下令在利涅镇修建圣劳伦斯和圣日尔曼努斯教堂。他在奥弗涅住了九年。他对元老家族的尤歇里乌斯大肆诬蔑，先是把他囚禁起来，然后令人乘着夜间把他拖出来，绑在一片古老的墙壁上，又令人把墙壁推倒，压在他的身上。他恣纵于女色；由于害怕遭到奥弗涅人杀害，他逃往罗马。但是在那里，他又试图照样荒淫，于是被人用石头砸死了。他死后，尤里克又统治了四年，于在位的第二十七年死去。[③] 当时又发生了一次地震。

二十一　纳马提乌斯在奥弗涅故去之后，一位身世圣洁、信仰虔诚的人埃帕尔希乌斯继其后任。当时由于教会在城垣以内只有少量产业，这位主教就住在教堂里叫做圣器室的那部分房间里；他习惯于夜间起床，到圣坛前面去感谢上帝。碰巧有一夜，当他走进教堂的时候，他发现里面满是魔鬼，为首的那个魔鬼装扮成一个服饰华丽的女人，正坐在他的主教座位上。主教对他说道："可恶的

① 公元479年。

② 它们是：克莱蒙，布尔日，罗德兹，卡奥尔，利摩日，热沃当和弗雷。

③ 尤里克于公元466－484年在位，此处有误。——译者

娼妇，你用你的污秽沾染别的地方还嫌不够，而偏要用你那讨厌的身体来接触这个奉献给上帝的座位，使它遭到亵渎，才算够吗？从上帝的房子里滚出去，不许你继续在这里出头露面玷污它！”魔鬼答道：“你管我叫娼妇吗？我要利用情欲为你设下重重圈套。”他说完了这些话，就像一股轻烟似地消逝了。主教果然为肉欲冲动所诱惑，但是他受到神圣的十字符号的保佑，敌人对他无可奈何。据说，他曾经在尚都安山顶上建造过一座修道院，它的小礼拜堂至今还在，在神圣的四旬斋期间，他在这里隐修。但是到了圣晚餐礼[①] 61
那天，他在居民和教士们的护送下，在嘹亮的圣歌声中，返回教堂。他去世后，由前行政区长官西多尼乌斯继任，[②]这是一位按照世俗尊卑标准可以算作出身最为高贵，而在高卢的元老等级中间也属于第一流的人物，因此，皇帝阿维图斯把自己的女儿许配给他。那时，当上述的维克托里乌斯还在克莱蒙的时候，该城的圣西里库斯修道院里有一位名字叫亚伯拉罕的修道院院长，他正如我们在记载他的生平事迹的书里所描述的那样，[③]其虔诚和业绩可以和与他同名的始祖[④]并驾齐驱。

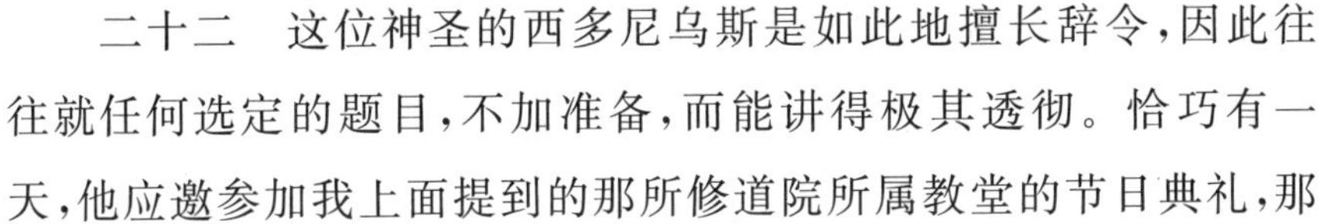

二十二　这位神圣的西多尼乌斯是如此地擅长辞令，因此往往就任何选定的题目，不加准备，而能讲得极其透彻。恰巧有一天，他应邀参加我上面提到的那所修道院所属教堂的节日典礼，那

---

① 举行于濯足节，复活节前的星期四。——译者

② 西多尼乌斯·阿波利纳里斯是晚期罗马作家，公元467年（《剑桥中世纪史》第1卷作公元469年。——译者）任罗马城行政区长官。所娶阿维图斯之女名帕皮亚尼拉。

③ 《教父列传》。

④ 指《圣经》中希伯来人的始祖亚伯拉罕。——译者

里有个存心不良的人把他惯常用来执行神圣职务的那本书拿走了。但是由于事先准备有素，他以一种令人惊奇的方式完成了典礼的全部仪节，在场的人都像是听到一位天使而不是一个世人在讲话。关于这点，我在那本论述他所撰写的弥撒文的拙作[①]的序言中曾经作过更详尽的叙述。由于他圣洁出众，并且如上所述，出身于第一流的元老家族，他时常从家里拿走连他妻子都不知道的银制器皿，赠给穷人。她听说后，对他十分恼火，于是他把器皿归还家里，按照原价把钱赠给穷人。

二十三　在他受任侍奉上帝以后，当他已经作为一位圣徒而生活在这个世界上的时候，有两个神父出来反对他。他们剥夺了他对教会财产的全部权力，只给他留下微薄有限的生活费用，使他蒙受到极大的屈辱。但是上天的仁慈不能长期容许为非作歹的人不受惩罚。这两个下贱的、根本配不上神父身份的人当中的一个，在头一天夜间曾威胁着要把那位主教从教堂里面拖出去，到第二天清晨召唤晨祷的钟声敲响的时候，他就起床，怀着对于这位上帝的神圣教士的满腔怨恨，在他那邪恶的心里盘算着他前一天想好
62 的计划。但是当他到厕所去正打算解手的时候，他就死了。一个仆人端着蜡烛在外伺候，等待主人出来。此时天色已明，他的帮手——另外那个神父——派人给他送来一个口信："快来，不要耽误，我们好把昨天商量好的计划付诸实施。"死人默不作答，奴隶掀开门帘，发现他的主人已经死在座子上了。由此可见，这个人所犯的罪恶不减于卑鄙的阿里乌斯，这是毋庸置疑的，阿里乌斯也是由

① 该书已佚。

于在大便时肠子流出体外，在同样情况下死去的。因为，在教会里有人竟然违抗受上帝托付饲养羊群的主教，而一个不论上帝或者世人都不曾把谁托付给他的人竟然篡夺权力，这也属于异端的信仰。此后，尽管还有一个敌人存在，这位圣徒式的主教却重新恢复了权力。但是过了一些时候，他忽然身染热病，他请求人们把他抬往教堂。他被抬进教堂以后，许多男人，女人，而且还有小孩来到他的身边，一面哭泣，一面说道："唉，善良的牧人，你为什么抛弃我们？你要把我们这些遭到抛弃、简直像孤儿似的人交给谁呢？你死后，我们活着还有什么意思？将来有谁用同样的智慧的力量来保护我们，或者用同样高瞻远瞩的道理来诱导我们敬畏上帝？"人们带着巨大的悲痛说了这些或其他类似的话。主教受到圣灵的力量的推动，终于对他们答道："我的人们，不要害怕，因为，你们看，我的兄弟阿普龙库卢斯还在世，他要成为你们的主教。"但是他们都不懂他的话，认为他是在昏迷中这样说的。这位神圣的人死后，[①]那个比其同伙活得长久的邪恶的神父，利欲熏心，马上把教会的全部财产篡夺到自己的手里。他俨然已经当上了主教，宣称："上帝终于对我垂青，看出我是一个比西多尼乌斯还要正直的人；就是他把这项权力授给了我。"他趾高气扬地跨马走遍全城，在那位圣徒死后的下一个星期日，他在教堂的住所里准备了一次宴会，邀请全城居民参加。他不顾有尊长在场，自己首先倚在榻上。接 63
着，侑酒人向他献上酒杯，并说："我的老爷，我在梦中曾经见到一次幻象，你如果许可的话，我愿意说给你听。我是在本星期日的夜

① 公元480年。

间见到的，看哪，有一所大住宅，宅子里面设有一个宝座，宝座上面坐着一个像是法官样子的人，比所有的人都威风。他周围有许多身穿白袍的神父，还有无数不担任圣职的人群。正当我惊恐地注视着这些事物的时候，我看见西多尼乌斯站在人群中间一块很高的地方，正和前几年去世的那位跟你这等亲密的神父激烈地争论着。神父失败了，于是那位王者下令把他投进最狭窄低小的牢房。他被带走之后，我看见这位圣徒重新提出诉讼，这次却是控告你是方才那个人因之定罪的案件的同谋者。审判者殷切地询问有谁可以被派遣到你这里来，我马上躲到众人的中间，站到大伙的背后，心中暗想：由于我与当事人相识，他可能派我前去。正当我私下忖度这些事的时候，其他的人都不见了，只剩下我孤零零地站在那里。审判者召唤我，我向前凑近了一点，可是当我一看到他的威严和华贵的时候，我就吓得茫然发愣，趑趄难行了。于是他说：'我的仆人，不要害怕，去告诉那个神父："前来答复控诉，因为西多尼乌斯业已请求把你传来。"'所以你必须立刻前去，不得迟延，因为那位王者用可怕的恫吓之词吩咐我把所有这些事情告诉给你，他对我说：'如果你不把这些告诉他，你就要死得最惨。'"神父听了这些话，吓得把酒杯从手里掉落下来，就断了气。人们把他的尸体从床榻上搬走，放进坟墓，让他去和他那个同党共享地狱滋味。上帝在这个世界上对这些桀骜不驯的神父作出了这样的判决：其中一个应该遭到阿里乌斯的命运，另外一个就像一位神圣的使徒祈祷时的西门·马古斯一样，他应该从踌躇满志的巅顶头朝下地倒撞下来。谁也不会怀疑，这两个合伙对他们的神圣的主教干下坏事的人，在地狱中是有其应得之分的。

在此期间，有关法兰克人的实力的流言已经在这些地区得到回响，所有的人都怀着热烈的心愿渴望归入他们的治下。由于这 64
个缘故，朗格勒主教神圣的阿普龙库卢斯遭到勃艮第人的猜疑。他们对他的仇恨日深一日，把他秘密杀死的命令已经发出。但是他听到危险的消息以后，就连夜从第戎城上缒城而下，来到克莱蒙，在这里，按照上帝假西多尼乌斯之口而说的话，他被授任为该城的第十一任主教。

二十四　在西多尼乌斯主教任职期间，一次严重的饥荒折磨着勃艮第人。人们流散到各地，谁也不肯把食物送给穷人。当时有个埃克迪西乌斯，[1]他出身于元老家族，又是西多尼乌斯的亲戚，他一切都信赖上帝，据说他曾做出一件大事。因为当饥荒达到最严重程度的时刻，他派仆人带着车马前往邻近城镇去收罗一切受难的人。仆人们出发后，把凡是能够找到的穷人都带到他的家里。整个灾荒期间，他都把他们收留在家里供养，使他们免于饿死。许多人认为，连男带女，人数在四千以上。等到富裕的日子重新到来的时候，他设法把他们遣送回家，使每一个人都回到自己的本土。大家都离去之后，一阵声音自天而降，对他说："埃克迪西乌斯，埃克迪西乌斯，由于你做了这件事，面包对于你和你的子孙将永远不会匮乏；因为你听了我的话，在供养穷人的时候也餍足了我的饥饿。"这位埃克迪西乌斯以行动神速而为许多人所怀念，因为据说有一次他以十个人赶跑了一大群哥特人。[2] 但是据说里昂主

① 一度任皇帝的阿维图斯之子。——译者

② 西多尼乌斯对于这件事曾有生动的描述。埃克迪西乌斯当时实有十八人。

教神圣的帕廷斯在这次饥荒期间曾经对人们做出了类似的贡献。现在还保存着一封西多尼乌斯的对他颂扬备至的信。

二十五　也是在西多尼乌斯的时候，哥特人的国王尤里克越过了西班牙的边界，开始对高卢的基督教徒进行残酷的迫害。他到处斩杀那些不肯接受他的邪恶教义的人；他把神父们投入牢狱；把一些主教处以流放，把另外一些用剑杀死。他下令把神圣的教
65 堂的门口用荆棘堵塞起来，从而只有少数的人或许可以入内，而信仰将会湮没无闻。因这次暴乱而遭到破坏的，主要是诺文波普拉纳[①]和阿奎丹两地的城市，今天还保存着一封由高尚的西多尼乌斯就这个问题写给巴西利乌斯主教的信，其中记录了这些事实。但是不久以后，迫害者本人遭到天谴，自己也死去了。

二十六　这些事件发生以后，都尔主教神圣的佩尔佩图乌斯在任职满三十年之后，长眠不起了。[②] 一个出身于元老家族的人，名叫沃卢西亚努斯，受命担任他的职务。但是他遭到哥特人的猜疑，在任主教职的第七年，他被掳往西班牙，在那里不久就结束了生命。韦鲁斯接替他的职位，受任为神圣的马丁以后的第七任主教。[③]

二十七　这件事情发生以后，希尔德里克死了，[④]他的儿子克洛维接替他统治。他在位的第五年，埃吉迪乌斯之子、罗马人的王

① 指加龙河和比利牛斯山脉之间的地方，后来称作加斯康尼。

② 公元490年。

③ 与第10卷第31章有出入。——译者

④ 公元481年。——译者

西阿格里乌斯[①]驻在苏瓦松城，这里曾经是上述的埃吉迪乌斯的故居。克洛维伙同他的亲属拉格纳卡尔（他本人也是一个国王[②]）向他进兵，并且叫他指定一片战场。西阿格里乌斯既不打算拖延，也不惧怕应战，于是双方交起锋来。[③] 西阿格里乌斯眼看他的军队被击溃了，转身就跑，他尽快地逃到正在图卢兹的阿拉里克那里。[④] 可是克洛维遣使去见阿拉里克，叫他交出这个逃亡者，如其不然，他就认为由于对方窝藏西阿格里乌斯，他本人已经受到侵犯。阿拉里克具有哥特人胆小的习性，深怕由于西阿格里乌斯的缘故惹起法兰克人的愤怒，就把他套上镣铐交给克洛维的来使。克洛维把他作为战俘加以接受，下令将他监禁起来；等到占领他的国家以后，令人秘密地把他杀死了。

当时，许多教堂遭到克洛维的军队的抢劫，因为他还牢牢地陷在异教的错误里。碰巧有一只很大的、非常美丽的广口瓶，连同其他用于教堂仪式的装饰物一起被抢走了。但是那个教堂的主教[⑤]派遣使者去见国王，向他提出要求，如果其他圣器不能归还的话，至少要让他的教堂收回这只瓶子。国王听了这话，向使者说："跟 66
我们到苏瓦松去，因为所有的战利品都要在那里分配。如果我抽签抽中了那只瓶子的话，我一定满足主教的愿望。"当他们来到苏

① 西阿格里乌斯从未有过王的地位，而只是一名军事长官，他管辖的地域北至索姆河和缪斯河，与法兰克人居地相邻。

② 拉格纳卡尔是萨利克法兰克人首领之一，后为克洛维所并。——译者

③ 公元 486 年。——译者

④ 此是阿拉里克二世，继尤里克为西哥特国王，其都城仍在图卢兹。

⑤ 根据七世纪时弗雷德加尔的编年史，该主教名雷米，可能即是兰斯主教雷米吉乌斯。

瓦松，全部战利品都公开陈列着的时候，国王说道："最英勇的战士们！我请求你们在我的那份东西之外，不要拒绝再让给我那只瓶子。"（他所指的就是我刚才提到的那只广口瓶。）这话说出以后，所有敏锐一些的人都回答说："最光荣的国王！我们眼前所有的一切都是您的，我们本人是服从您的权力的。只要您认为合适，您现在就做吧，因为谁也没有强大到敢向您说个不字。"一个爱自负，好嫉妒，而又容易激动的战士听了这些话以后，举起他的战斧，砍向这只瓶子，高声嚷道："除了你自己抽中的那份东西以外，这只瓶子你一点也拿不到手！"大家见到这个举动，都惊呆地站在那里，国王却抑制住对这次侮辱的愤怒，摆出一付温和忍耐的样子；然后他拿起那只瓶子，把它还给主教的使者。可是他的内心深处却隐藏着创伤。一年过后，他命令整个军队全副武装到三月校场集合，[①]以显示他们的军容威武，兵甲鲜明。国王绕行全场检阅他们。但是当他走到击打广口瓶的那个人面前时，说道："谁带来的武器也不像你所带来的那样保存不当，无论是你的投枪，或是剑，或是斧头都用不得。"于是他抓起斧头，扔到地上。正当那人略微弯下身去捡拾斧头的时候，国王高高地抡起自己那把斧头，劈进他的头颅，一面说道："你在苏瓦松的时候就是这样对待瓶子的。"这人死后，他解散了其余的人，他的这一行动使他们对他怀着极大的畏惧。克洛维进行了许多次战争，获得了许多次胜利。在他统治的第十年，他进攻图林根人，使他们归附到他的统治之下。

---

① 法兰克人旧俗于每年 3 月 1 日，佩带武器，集合校场，接受国王检阅。——译者

二十八　那时候，勃艮第人的国王是贡迪奥克，他属于我在前面提到的暴君——基督教徒的迫害者阿塔纳里克的家族。[①] 他有四个儿子：贡多巴德、戈迪吉塞尔、希尔佩里克和贡多马尔。贡多巴德杀死他的弟弟希尔佩里克，又把一块石头系在希尔佩里克的妻子的头上，把她淹死。她的两个女儿被判处流放，大的那个叫克罗娜，她换上了修女的服饰，当了修女，小的那个叫克洛提尔德。碰巧，克洛维时常遣使到勃艮第去，他们看见了这位年轻的克洛提 67
尔德。他们看她优雅聪明，又听说她系出王族，就把这些事情告诉克洛维国王。克洛维立刻派遣使臣到贡多巴德那里去，请求娶她。贡多巴德不敢拒绝，把她交给来人。他们把她接受过来，尽快把她带到国王面前。国王一见到她，高兴非常，就同她结了婚。当时他已经有了一个侍妾所生的儿子，名叫提乌德里克。

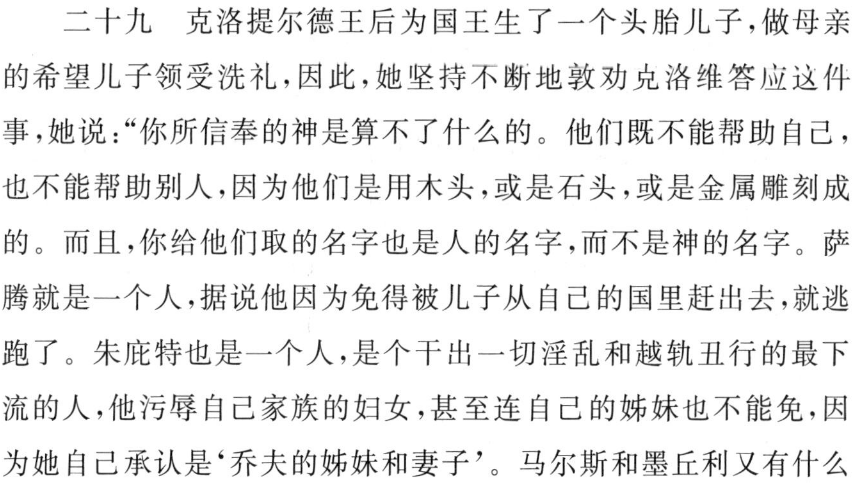

二十九　克洛提尔德王后为国王生了一个头胎儿子，做母亲的希望儿子领受洗礼，因此，她坚持不断地敦劝克洛维答应这件事，她说："你所信奉的神是算不了什么的。他们既不能帮助自己，也不能帮助别人，因为他们是用木头，或是石头，或是金属雕刻成的。而且，你给他们取的名字也是人的名字，而不是神的名字。萨腾就是一个人，据说他因为免得被儿子从自己的国里赶出去，就逃跑了。朱庇特也是一个人，是个干出一切淫乱和越轨丑行的最下流的人，他污辱自己家族的妇女，甚至连自己的姊妹也不能免，因为她自己承认是'乔夫的姊妹和妻子'。马尔斯和墨丘利又有什么

① 阿塔纳里克事迹见本卷第 4 章。他是西哥特人的王，曾经迫害基督教徒。本书作者似乎误将西哥特与勃艮第的王室世系混淆起来。

威力呢？[①] 他们也许通晓魔术，但是从未具有神力。你莫如侍奉上帝，他一说话，就从虚无之中创造天地、大海和其中的一切。他使太阳普照大地，用星辰缀饰天穹，用游鱼填满流水，用动物填满陆地，用飞鸟填满天空。他一点头，就使地上缀满了果实，树上缀满了苹果，葡萄枝上缀满了葡萄，一片美好景象。人类是他的手创造的，各种生物是由于他的慨赠而从属于他所创造的人并为他们服务的。”尽管王后反复这样争辩，国王对于信仰上帝还是完全无动于衷，反而答道：“一切东西都是由于我们的神的命令，才被创造和生长出来。显而易见，你的神毫无用处；尤有甚者，他甚至未经证实是属于神族的。”但是王后忠实于她的信仰，献出儿子，让他接受洗礼。她命令用帷帘帐幕把教堂装饰起来，以便使这位无法用说教打动的国王，或许由于这种宗教仪式而被劝服皈依。小孩受
68 了洗，被命名为英戈梅尔，但是就在他获得再生时所穿的白色衣服还穿在身上的时刻，他就死了。国王对此赫然震怒，立即责备王后说：“如果孩子是奉献给我的那些神的话，他一定会活下去，但是现在因为他是以你的上帝的名义受洗礼的，他就一天也活不成了。”王后回答说：“我感谢全能的上帝，万物的创造者，他并没有认为我是毫不足取的，蒙他垂恩，把我这个亲生的孩子带到天国去了。对于这种事情，我的心灵丝毫不感到哀痛，因为我知道，穿着领洗的白色衣服从这个世界被召唤去的人，是会在上帝的眼前被抚养长大的。”后来，她又生了一个儿子，孩子接受洗礼，被命名为克洛多

① 萨腾是罗马神话中的农神，朱庇特是主神，马尔斯是战神，墨丘利是商业和道路的保护神。乔夫即朱庇特。——译者

梅尔。当他也开始患病的时候，国王说道："这个孩子既然以你的基督的名义接受洗礼，就只能像他的哥哥那样，马上死去。"但是母亲做了祈祷，上帝注定要叫这个孩子痊愈。

三十　王后不停地敦劝国王信仰真正的上帝，抛弃偶像，可是她怎么也不能使他感动而皈依这种信仰，一直到最后有一次他同阿勒曼尼人打仗的时候，[①]因为迫于需要，他才信仰了从前任意否定的东西。事情是这样的：两军交战以后，杀戮惨酷，克洛维的军队遭到横扫，濒临全面溃灭。国王看到此点，于是举目向天，心里怀着悔恨，激动得流出眼泪，高声喊道："耶稣基督！克洛提尔德宣称你是永生的上帝的儿子，而且据说，处在困境的人，你能给予帮助，对你怀着希望的人，你能赐予胜利。我以一颗赤诚的心向你祈求，请你荣施援救。如果你赐准我战胜这些敌人，使我以亲身的体验证实那些献身于你的人所宣称业已证明的那种力量，那么我一定也信奉你，并且以你的名义去领洗。我也曾祈求过自己的神，但是现在事实证明他们缩手不管，既然他们不来援救那些侍奉他们的人，于是我就认为他们没有力量。我现在真心祈求你，我愿意信奉你，只要我能够从我的敌人手里解脱出来。"正当他这样说的时
候，看哪！阿勒曼尼人转身向后，开始奔逃。他们看见他们的国王 69
被杀死，就向克洛维投降，[②]并说："我们恳求您不要再叫人们死

① 战争发生在公元 496 年，当时阿勒曼尼人的地域已经向北扩展至美因河，交战地点一说在如尔庇希，另说在莱茵河上游。

② 事实上只有北部的，即住在莱茵河左岸以及内卡河和美因河下游之间的阿勒曼尼人投降，南部的阿勒曼尼人南行进入里提亚，转归东哥特人的国王提奥多里克保护，后来定居在潘诺尼亚。

亡，我们现在是您的臣民了。"于是国王结束战事，在对臣民告诫一番之后，安然班师，并且把他如何呼唤基督的名字，并且被基督认为配得上取胜的情况告诉王后。这件事情发生于他在位的第十五年。[①]

三十一　于是王后下令秘密召见兰斯主教神圣的雷米吉乌斯，请他把得救的道理讲给国王听。主教私下里把国王请来，开始向他灌输对于真正的上帝、天地的创造者的信仰，并且劝他抛弃那些既不能帮助他本人，也不能帮助别人的偶像。可是克洛维答道："最神圣的主教，我本人是乐于倾听你所讲的话的，不过还有一个问题：我所统率的人民是不会容我抛弃他们那些神的；然而我要按照你讲的话去劝导他们。"但是当他来到聚集在那里的人们面前，刚一开口，神的力量却已经走在他的前面。所有的人异口同声地喊道："仁慈的国王啊！我们摈弃我们那些不免于消逝的神，我们准备皈依雷米吉乌斯所传布的永生的上帝。"这一消息传到主教那里，主教满怀喜悦，令人把洗礼盆准备好。街道上挂满了色彩缤纷的帐幕，阴凉蔽日，所有的教堂里装饰着白色的帷帘，浸礼堂布置得整整齐齐，香烟氤氲，香烛生辉，整个这所举行洗礼的教堂里充满了神圣的芳香。这时，国王首先请求主教给他施洗。他好像是一位新的君士坦丁，移步前行走向圣水，去清除往日的麻风病，[②]去用这种清新的流水湔洗从早年带来的污迹。当他进去领洗的时

① 克洛维于公元 496 年接受基督教。——译者

② 罗马皇帝君士坦丁(公元 306—337 年在位)于公元 313 年承认基督教。其后曾出现一种传闻，谓西尔维斯特曾为君士坦丁施洗，并治好了他的麻风病。——译者

候，上帝的圣徒以流利的口齿说出了这些话："西干布尔人，[①]谦恭
地低下你骄傲的头，崇奉你所烧过的东西，烧掉你所崇奉过的东
西。"由于雷米吉乌斯主教极为博学，尤其精于修辞，而在圣洁方面
又是这样可资仿效，以致他的奇迹颇可以与神圣的西尔维斯特[②]
的奇迹相媲美。有一卷记载他生平的书一直留传下来，[③]书中谈
到他如何使一个人死而复生的事。于是，国王承认了三位一体的 70
全能上帝，以圣父、圣子和圣灵的名义受了洗礼，并用圣脂涂上基
督的十字架的符号。他的军队有三千多人领了洗。[④] 他的姊妹阿
尔博夫蕾德也领了洗，不久以后，她被接到上帝那里去了。[⑤] 国王
正为她的死而哀伤时，神圣的雷米吉乌斯送给他一封慰问信，信的
开头这样写道："你悲伤的原因确实使我十分哀痛，因为你的亡故
的姊妹已经长逝了。但是她是在这样一种情况下去世的，那就是
与其说我们应该为她悲伤，倒不如说应该对她仰慕，这就使我们足
堪告慰了。"他的另外一个姊妹名字叫做兰特希尔德，以前曾经迷
陷在阿里乌斯教派的异端里，现在也皈依了上帝，在承认了圣子和
圣灵与圣父同等之后，接受了圣脂。

---

① 西干布尔人是日耳曼人的一支，原来住在西格河一带，后来为罗马人安置在莱茵河流域，其中一部分住在瓦尔河流域，他们在新住地区与法兰克人汇合。墨洛温朝诸王常自称为西干布尔人，当作尊称。

② 公元314—335年的罗马教皇。——译者

③ 可能指被认为是福尔图纳图斯所著的简短传记。

④ 布雷豪特认为这一数字可能有夸大，克洛维军队人数实际较此为少。道尔顿引辛克马尔所著《圣雷米传》(即雷米吉乌斯。——译者)，谓当时有一部分法兰克人背离克洛维，投奔拉格纳卡尔。——译者

⑤ 阿尔博夫蕾德约于公元497年嫁给东哥特国王提奥多里克，死于公元526年。本书谓其不久死去，实误。

三十二　当时，贡多巴德和戈迪吉塞尔兄弟二人在罗纳河和索恩河以及马赛一带地方拥有国土。他们本人和他们的人民都迷陷在阿里乌斯教派里面。由于兄弟二人处于敌对状态，戈迪吉塞尔听说克洛维国王取得的胜利之后，就暗地派使臣到他那里去对他说："如果你帮助我追击我的哥哥，让我可以在交战中把他杀死，或者把他从国里赶出去，那么随便你需索什么，我每年就交纳什么贡赋。"克洛维欣然接受这项提议，并且答应无论他在什么时候需要帮助，就什么时候去帮助他。在双方约定的时刻，克洛维出动军队去攻打贡多巴德。贡多巴德不知道他弟弟的奸诈，听到这个消息以后，就派人到他那里去，对他说道："你来解救我吧！因为法兰克人已经起兵攻打我们，前来进犯我们的领土，要夺取它。因此，让我们同心协力，抵抗这支仇恨我们的人。因为如果我们保持分裂，我们就要遭遇别族人民所曾经遭到的命运。"戈迪吉塞尔回答说："我一定带着我的军队来，一定来援救你。"于是三个国王一齐调动军队，克洛维向贡多巴德和戈迪吉塞尔进军，他们带着全部军事配备来到第戎。但是当他们在乌什河畔交锋之际，戈迪吉塞尔加入了克洛维一边，他们的联合兵力击溃了贡多巴德的军队。贡
71 多巴德在此以前一向不曾对他的弟弟有所怀疑，这时看出他的背叛行为，就转身沿着罗纳河逃去，直到逃进了阿维尼翁城。戈迪吉塞尔这样地获得胜利之后，[①]答应把一部分国土给克洛维，然后安然班师，凯旋维恩，俨然是整个国家的主人。可是克洛维增调了军队，尾追贡多巴德，打算把他从阿维尼翁抓来杀死。贡多巴德听到

① 公元500年。

此事，大为惊恐，深怕突然遇害。当时他身边有个阿里迪乌斯，是个有地位的、智勇兼备的人。贡多巴德把他召来，这样说道：“我被困难团团围住，不知道如何是好，因为这些蛮族在攻打我，要想杀死我们，毁灭整片土地。”阿里迪乌斯回答道：“你最好是减轻一下这个人的暴戾，以便保全你的性命。因此，要是在你看来惬意的话，那我现在就假装背弃你，去投奔他。我一旦到了他那边，就设法使他既不加害于你，也不毁灭这个国家。只是千万要注意一点，对于他经我建议而提出的一切要求，都要予以满足，直到上帝垂恩使你胜利的时候为止。”贡多巴德回答说：“我愿按照你所吩咐的一切去做。”于是阿里迪乌斯向他告辞，起程前去，来到克洛维国王那里，对国王说：“最虔诚的国王！请您把我看作是您的低贱的奴仆，我已经舍弃了卑鄙的贡多巴德，前来事奉陛下。如果蒙您善心，肯予眷顾的话，您和您的子孙就会发现我是一个忠诚老实的臣仆。”克洛维当即收留了他，把他留在身边，因为他会说生动有趣的故事，积极献策，断事公正，忠于委托。当时，克洛维继续用军队围困这座城市，阿里迪乌斯说：“国王啊！尽管崇高的陛下诚然无需劝告，可是如果您肯于倾听我几句浅陋之见的话，我愿意竭尽忠诚地把它们奉献出来。这对于您和您所意欲进入的那些城市都是有益的。当您的敌人固守在一个坚不可摧的地点时，您何必让您的军队采取行动？您蹂躏了田野，毁掉了草地，割断了葡萄枝，砍倒了橄榄树，彻底破坏了这一地区的全部物产，但是并无助于使他蒙受损害。倒不如派使臣到他那里，要他交纳年贡，这样，这一地区既 72
可免于毁灭，您也可以永远君临您的属国。如果他竟然拒绝，那么随您怎么高兴，就怎么办。”国王听从了这项劝告，命令他的军队班

师。然后他派遣使臣前往贡多巴德那里,命令他每年交纳此刻加在他身上的贡赋。他立刻交纳了,并且保证此后继续交纳。

三十三　后来,当贡多巴德的势力恢复的时候,他不屑于向克洛维国王交纳所应承的贡赋,并且进兵攻打他的弟弟戈迪吉塞尔,把他围困在维恩城里。当普通老百姓开始缺乏粮食的时候,戈迪吉塞尔恐怕饥馑会延及自己,就下令把居民赶出城外。这件事情做是做了,但是在被驱逐的人当中,有一个管理水道桥的工匠。这个人对于自己竟和其他的人一起遭到驱逐,感到气愤,一怒之下,他去到贡多巴德那里,告诉他如何可以闯进城去,向他的弟弟复仇。在他的带领下,一支武装人员沿着水道桥前进,一些带着铁撬棍的人走在前头。水道桥的出口有一块大石头覆盖着,在工匠的指导之下,大石头被撬棍移开了。于是他们进入城中,从后路攻击正在城头射箭的守军。接着,以城中央发出的一阵号角为信号,围攻者夺取了城门,将它们打开,蜂拥而入。城中居民陷身于两军之间,被杀得七零八落;但是戈迪吉塞尔躲进了异端的教堂,就在那里和阿里乌斯教派的主教一起被杀死了。和戈迪吉塞尔在一起的法兰克人联合一致,聚集在一座塔楼里面,贡多巴德下令不许伤害其中任何一人,等到他们就擒之后,就把他们流放到图卢兹的阿拉里克国王那里去了。但是那些站在戈迪吉塞尔一边的出身元老家族的高卢-罗马人和勃艮第人,他都加以杀戮。他把今天称为勃艮第的整个地区收复到自己的统治之下,并且在勃艮第人中间,制订了比较温和的法律,以消除对罗马人的过分压迫。

三十四　贡多巴德看到异端的教义毫无可取,就承认了圣子

基督和圣灵与圣父同等，并且请求神圣的维恩主教[①]为他秘密施
洗。但是主教答道："如果你真正信仰，那么你的本分就是遵奉我 73
们主的训示，他说：'凡在人面前认我的，我在我天上的父面前，也必认他。凡在人面前不认我的，我在我天上的父面前，也必不认他。'[②]我们的主甚至对他所钟爱的圣洁的神圣使徒们也拿这一点加以勉励，他说：'你们要防备人；因为他们要把你们交给公会，也要在会堂里鞭打你们；并且你们要为我的缘故，被送到诸侯君王面前，对他们和外邦人作见证'。[③] 你作为一个国王，无须害怕有人会加害于你；可是你瞧，你是多么害怕人民的反抗，而不敢公开承认人类的创造者。丢掉这种愚蠢的想法，把你在心里所承认信奉的东西，在人们面前用口说出来。因为正如神圣的使徒所说：'因为人心里相信，就可以称义；口里承认，就可以得救。'[④]同样，也如先知所说：'我在大会中要称谢你，在众民中要赞美你。'[⑤]还有：'主啊！我要在万民中称谢你，在列邦中歌颂你。'[⑥]国王啊！你怕人民，可是你难道不曾看到，让人民遵从你的信仰，要比让你纵容他们的缺点，更为恰当？因为你是人民的首脑，人民却不是你的首脑。如果你去作战的话，正是你本人要走在你所部的队伍前面，你带领他们到哪里，他们就跟随你到哪里。因此，你应该引导他们认识真理，这总比你自己不免一死而把他们抛在误谬之中为好。'上

① 阿维图斯，见本章后文。——译者

② 《圣经·马太福音》，第10章，第32、33节。

③ 同上书，第10章，第17、18节。

④ 《圣经·罗马书》，第10章，第10节。

⑤ 《圣经·诗篇》，第35篇，第18节。——译者

⑥ 同上书，第57篇，第9节。——译者

帝是轻慢不得的。'①他对那种为了世俗的王国而不肯在世人面前承认他的人,也不喜爱。"贡多巴德听了这些议论,虽然感到烦恼,可是仍然执迷不悟,一直到死,他也始终不肯公开承认三位一体的三位是同等的。

74 当时,神圣的阿维图斯是富于辩才的。异端在君士坦丁堡兴起,尤提歇斯和萨贝利乌斯②都宣扬说,我主耶稣基督的身上毫无神性。阿维图斯应贡多巴德国王的请求,撰文驳斥他们。他那些令人钦佩的书翰今天还保存在我们中间,正如这些书信在当年曾经镇压过异端,它们在今天也开导了上帝的教会。他写了一卷布道书,六卷关于创世和其他各种题目的韵文,包括刚才提到的那些在内的九卷书翰。他在一篇讲述连祷的布道文中指出,我们在庆祝基督升天之前所举行的这些仪式创始于马梅尔图斯,马梅尔图斯曾任维恩主教(也就是阿维图斯撰写该文时所任的教职),他制定这些仪式时,许多凶兆正向这座城市示警。它经常遭到地震的震撼,鹿和狼等野兽跑进城门,毫无忌惮地漫游全城。这些事情在整年之内接连不断地发生,一直等到复活节临近的时候,全体居民热诚地期待着上帝垂怜,好让这个极其庄严的日子终于使他们的一切恐怖都告结束。但是就在那光荣之夜的守夜时分,正当举行神圣的弥撒仪式的时候,城里面的皇宫突然被一把天火所点燃。全体会众惊慌失措,冲出教堂,认为全城都会在这场大火中毁灭,

① 《圣经·加拉太书》,第 6 章,第 7 节。

② 萨贝利乌斯是三世纪时人,曾任托勒迈斯神父,对于三位一体和基督的神性提出不同的见解。尤提歇斯曾任修道院院长,于公元 440 年左右否定基督具有双重性格的正统教义。

或者认为大地会裂开口子，把城吞噬下去。这位神圣的主教俯伏在圣坛前面，带着悲吟和眼泪，祈求上帝垂怜。我还有什么可说的呢？这位卓越的主教的祈祷上达天听，他流成了河的泪水扑灭了燃烧着的宫殿的火焰。事情过去以后，当基督升天节[①]临近的时候，他严令居民斋戒，并且规定了祈祷的方式，进餐的程序和欣然赈济穷人的办法。于是所有这些可怖的事情中止了，这件功德的声名传遍了各大主教管区，使所有的主教都想到遵循他的虔诚的范例。直到今天，这些仪式仍然以基督的名义在一切教堂里举行，以表示反躬自责和心灵悔悟。

三十五　这时，哥特人的国王阿拉里克看到了克洛维国王在
战争中不断地征服邻国的势头，就派使臣给他送去这样一个信息： 75
“我的兄弟呀！要是你高兴的话，我有意托上帝的福，我们两人会见一次。”克洛维未加拒绝，前来会他。他们在都尔地区的安布瓦斯村附近的卢瓦尔河中的一个岛屿上会面。他们在那里一起交谈、进餐、饮酒、誓相友好，并且和好地分别了。当时，在高卢有许多人热诚地盼望生活在法兰克人的统治之下。

三十六　这就是何以罗德兹主教昆提亚努斯招致怨恨，被逐出该城的缘由。人们对他说：“这是因为你希望法兰克人据有这块土地，并成为主人的缘故。”几天之后，主教和居民发生口角。住在城内的哥特族居民对他心存怀疑，居民们攻讦他打算置他们于法兰克人的统治之下。他们在一起商量，计划把他杀死。但是这位主教预先得到消息，深夜之间，他和最忠诚的侍从一同起身，离开

① 复活节后四十天，星期四。——译者

罗德兹，来到克莱蒙。他在那里受到神圣的主教尤夫拉西乌斯的殷勤接待。尤夫拉西乌斯是第戎的阿普龙库卢斯的后任，他把昆提亚努斯留在身边，赠送给他房屋、土地和葡萄园，并且说道："这座教堂的财富足够供养我们两人，但愿神圣的使徒所宣讲的兄弟之爱长久地保持在上帝的教士之间。"里昂主教也把自己的教堂在奥弗涅的产业赠送给他。关于这位神圣的昆提亚努斯其余的事迹，他所经受的背叛行为和上帝假手于他所完成的事功，都见于包括他的生平事迹在内的那卷书中。[①]

三十七　这时，克洛维国王对他的部众说："这些信奉阿里乌斯教派的人占据着一部分高卢土地，使我深感厌烦。那么，让我们向那里前进，凭着上帝的帮助，把这块地方拿过来置于我们的管辖之下。"这番话得到大家的赞同，他便集合他的军队，向普瓦提埃进发。阿拉里克国王那时刚好在这里。一部分队伍须得穿过都尔地区。克洛维出于对神圣的马丁的尊敬，发布一道谕旨，除了水和干草以外，谁也不许从那个地区拿走任何东西。当时有一个兵士见到属于一个穷人的干草，就说："国王的命令不是说只许拿草，不许拿别的东西吗？那么，这可是草，我们要是拿了它，并不违反他的
76 命令。"于是他仗着自己强壮有力，强行把干草从穷人那里夺来。事情传到国王的耳朵里，他立刻用自己的剑把这个人杀死，并且说道："假如我们触犯了神圣的马丁，我们哪里有胜利的希望呢？"于是军队也就安于不再从这个地区拿走任何东西了。另外，国王还派遣信使前往这位圣徒的教堂，对他们说："你们现在前去，也许会

① 《教父列传》。

从那所圣堂里带回什么胜利的吉兆。”他把要放置在教堂里的祭品交付给他们，并说：“上帝啊！如果你是帮助我的，如果你已经决定要把这支一向反对你的、不信仰你的人交给我管辖的话，那就求你俯赐恩典，在这些人走进圣马丁教堂的时候显示给我一个朕兆，使我得知你将会施恩于你的仆人。”他的部下遵照他的指示，起程前行，直抵都尔。当他们正往教堂里走的时候，唱诗班的领唱人恰巧在领唱这段应答圣诗：“因为你曾以力量束我的腰，使我能争战；你也使那起来攻击我的，都服在我以下；你又使我的仇敌在我面前转背逃跑；叫我能以剪除那恨我的人。”[①]信使们听到唱出了这些话，就向上帝致谢，向这位神圣的申信者许下向他奉献的誓愿，然后高高兴兴地带着这个消息返回国王那里。但是当克洛维率领军队来到维埃纳河畔的时候，他感到十分困惑，不知道从哪里渡过去，因为河水受暴雨的影响已经涨上来了。那天夜里，他向上帝祈求，求他指示渡河的地点。看哪！黎明时分，一只特别大的牝鹿按照上帝的指使走下河去，军队于是看出来它蹚过去的地方是可以涉渡的。国王来到普瓦提埃附近，但是还住在相当距离以外的营寨里的时候，他看见一团炽烈的烽火从圣希拉里教堂里发射出来，来到他的头顶上方。这意味着：在这位神圣的申信者希拉里的荣光的帮助下，他可以更有把握地战胜这支异端信仰者的军队。这位圣徒本人为了宗教信仰，曾经时常对他们进行战斗。克洛维严命全军，不论是在当地，或者是在沿途，都不得掳掠居民，抢劫财物。

当时有一位修道院院长马克森提乌斯，他是一位圣洁可嘉的

① 《圣经·诗篇》，第18篇，第39—40节。——译者

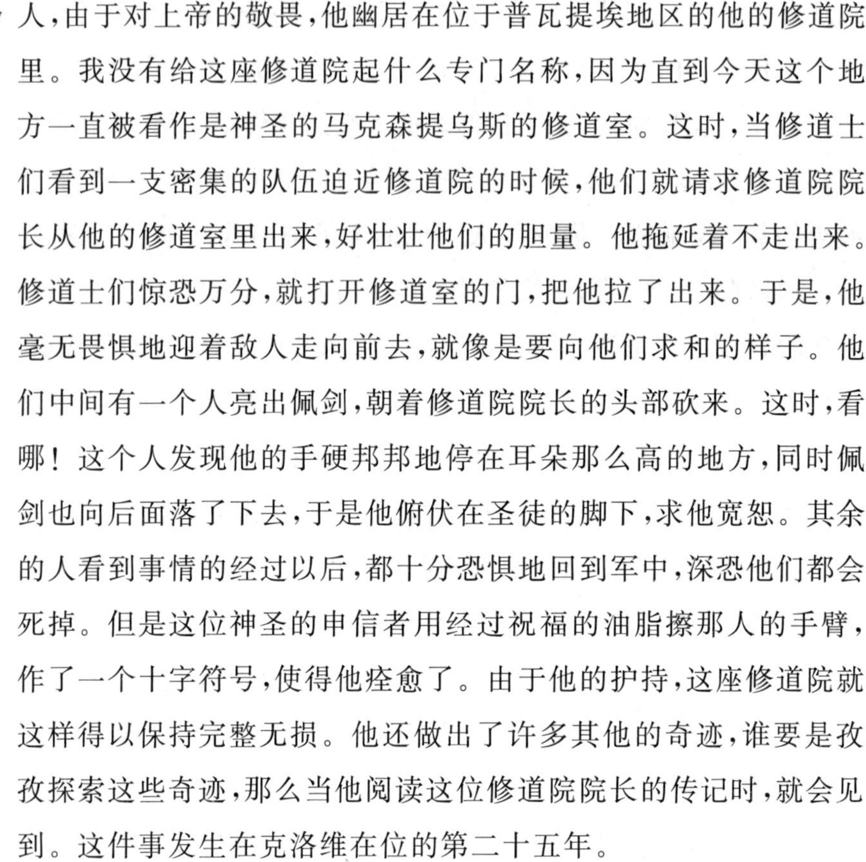

77 人，由于对上帝的敬畏，他幽居在位于普瓦提埃地区的他的修道院里。我没有给这座修道院起什么专门名称，因为直到今天这个地方一直被看作是神圣的马克森提乌斯的修道室。这时，当修道士们看到一支密集的队伍迫近修道院的时候，他们就请求修道院院长从他的修道室里出来，好壮壮他们的胆量。他拖延着不走出来。修道士们惊恐万分，就打开修道室的门，把他拉了出来。于是，他毫无畏惧地迎着敌人走向前去，就像是要向他们求和的样子。他们中间有一个人亮出佩剑，朝着修道院院长的头部砍来。这时，看哪！这个人发现他的手硬邦邦地停在耳朵那么高的地方，同时佩剑也向后面落了下去，于是他俯伏在圣徒的脚下，求他宽恕。其余的人看到事情的经过以后，都十分恐惧地回到军中，深恐他们都会死掉。但是这位神圣的申信者用经过祝福的油脂擦那人的手臂，作了一个十字符号，使得他痊愈了。由于他的护持，这座修道院就这样得以保持完整无损。他还做出了许多其他的奇迹，谁要是孜孜探索这些奇迹，那么当他阅读这位修道院院长的传记时，就会见到。这件事发生在克洛维在位的第二十五年。

在此期间，克洛维国王和哥特人的国王阿拉里克在伏伊耶原野遭遇，[①]这个地方位于普瓦提埃郊外第十块里程碑的地方。一部分战士用投掷器遥相攻打，另一部分则短兵相接。当哥特人按照他们习以为常的做法，转身逃跑的时候，克洛维就凭着上帝的帮助赢得了胜利。他有克洛德里克作为他的同盟者，克洛德里克是

① 伏伊耶在普瓦提埃之西，位于由该城通往南特的古罗马大道上。这次战役发生于公元 507 年。

跛子西吉贝尔特[①]的儿子。这个西吉贝尔特在如尔庇希同阿勒曼尼人作战时，[②]膝部受伤，因而成了跛子。当哥特人被迫逃窜，国王杀死阿拉里克之后，突然有两个敌人走向前来，用长矛从两侧刺向国王。幸亏他所穿的胸甲和他的战马的疾速保全了他的性命。战场上有许多奥弗涅人阵亡，他们是跟阿波利纳里斯一起来的，[③]一些出身元老家族的首脑人物也战死了。阿拉里克的儿子阿马拉里克从阵前逃走，跑到西班牙，十分谨慎地治理他父亲的国家。克洛维派他自己的儿子提乌德里克取道阿尔比和罗德兹前往克莱蒙。在穿过这些城市的时候，他把从哥特人的边界起到勃艮第人的边界止的整个地区都收置到他父亲的管辖之下。阿拉里克在位
二十二年。克洛维在波尔多过冬，然后从图卢兹运走阿拉里克的 78
全部宝藏，来到昂古莱姆，上帝对他这等施恩，竟致城墙在他眼前自行倒塌下来。他驱逐了哥特人，把这座城收归自己统治。于是，在大获全胜之后，他回到都尔，向圣马丁的圣墓献上许多礼物。

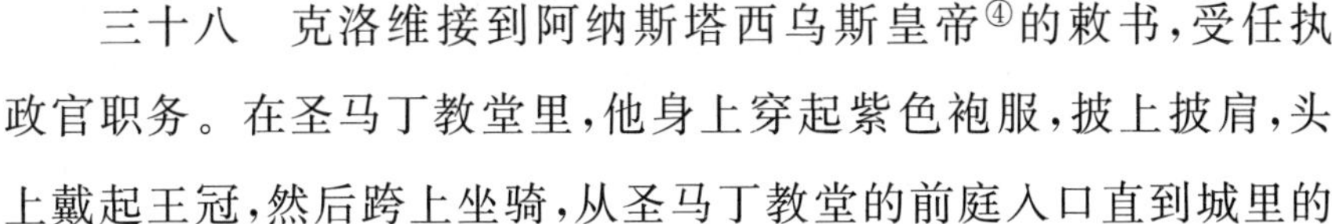

三十八　克洛维接到阿纳斯塔西乌斯皇帝[④]的敕书，受任执政官职务。在圣马丁教堂里，他身上穿起紫色袍服，披上披肩，头上戴起王冠，然后跨上坐骑，从圣马丁教堂的前庭入口直到城里的

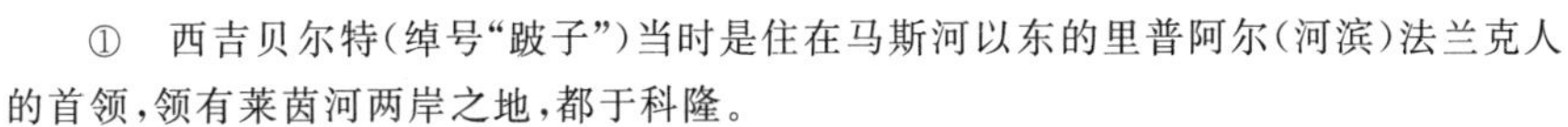

① 西吉贝尔特(绰号“跛子”)当时是住在马斯河以东的里普阿尔(河滨)法兰克人的首领，领有莱茵河两岸之地，都于科隆。

② 参见本卷第30章。——译者

③ 阿波利纳里斯是西多尼乌斯的儿子。在伏伊耶战役中，他率领奥弗涅人站在哥特人方面。——译者

④ 阿纳斯塔西乌斯是东罗马皇帝，于公元491—518年在位。——译者

教堂[1],一路上慷慨大方地把金银钱币亲手赠送给沿途的人。从那天起,人们向他欢呼时称他为执政官或奥古斯都。[2] 他离开都尔,来到巴黎,把他的政府设立在这里,提乌德里克也来到巴黎。

三十九　都尔主教尤斯托希乌斯死后,[3]利西尼乌斯受任为马丁以后的第八任主教。[4] 正是在他那个时候,发生了我在上文中描述过的那次战争;也正是在他那个时候,克洛维国王来到都尔。据说他曾经在东方呆过,曾经朝参过各处圣地,甚至还到过耶路撒冷。有人还说他时常去瞻仰我们在《福音书》里读到的耶稣受难和复活的地点。

四十　克洛维在巴黎逗留期间,暗地里派人去向西吉贝尔特的儿子说:"你的父亲已经年迈,而且跛了一只脚。他要是死了,他的国家,连同我们的友谊,按照权利所归,就要落到你的手里。"这个王子被野心所诱惑,阴谋害死他的父亲。一天,西吉贝尔特离开科隆,渡过莱茵河,来到布考森林[5]漫步。他在帐篷里午休时,他的儿子派来刺客,谋害他的性命,以图借此夺取国家。但是在上帝的审判之下,他自己掉进了他大逆不道地为他父亲掘成的陷坑里。他派遣信使去向克洛维国王报告他父亲死亡的消息,话是这样说的:"我的父亲已经死了,他的国家和财宝现在归我掌握。请你到

① 城里的教堂指本主教管区中为首的教堂,位于城内,主教座即设在其中,后文中或称为大教堂。——译者

② 奥古斯都的称号,只有后来的法兰克国王采用,克洛维此时似乎不曾用过。这个称号也不大可能由皇帝赐赠。

③ 公元509年。

④ 与第10卷第31章有出入。——译者

⑤ 布考森林位于黑森和弗兰科尼亚之间。

我这里来，他的财宝里的不论什么东西，只要你喜欢，我都会十分 79
高兴地转送给你。”克洛维回答说：“谢谢你的好意，我要求你把所有的财宝让我的使臣们看一下，但是全部归你保有。”使臣们来到之后，王子把他父亲的财宝陈列出来。他们正在观看各种各样的珍贵物品的时候，王子对他们说：“我的父亲常把金币聚积在这只宝箱里。”他们说：“把你的手伸进箱底，以便证实这一切。”他照做了。但是当他正弯着身子的时候，他们中间的一个举起双刃战斧，劈进他的头颅。这样，他对他父亲所犯的罪恶，在自己的身上得到报应。克洛维听说西吉贝尔特和他的儿子都被杀死，就来到科隆，召集所有的人，对他们这样讲：“请听一下发生了什么事。当我正在斯凯尔特河上航行的时候，我的本家兄弟的儿子克洛德里克正在向他的父亲捣乱，对他父亲说我盼望他死掉。当他的父亲经由布考森林逃走的时候，他又派遣匪徒向他截击，使他断送性命。可是轮到他本人，他在展示父亲的财宝时，也死亡了。至于为谁所害，我可不得而知。所有这些事情，我完全没有参与，因为我不忍叫自己的亲族去流血，我认为这样做是一件罪恶勾当。但是既然事已至此，我向你们进些忠言，如果认为有益，就请采纳，我的话是：转到我这边来，生活在我的保护之下。”人们听到这些话之后，敲打盾牌和欢呼喝彩的声音一时并作。他们把克洛维高举在一面盾牌上，承认他为他们的国王。[①] 这样，他就掌握了西吉贝尔特的国家和财宝，还把人民置于他的统治之下。由于他

① 击盾高呼以表示赞同，是日耳曼人的旧俗。用盾牌把某人举起，是法兰克人在王位继承问题上可能出现争议时用以表示拥戴的仪式，在通常的情况下，似不常采用。

秉着一颗正直的心在上帝面前行事，他的所作所为在上帝的眼里颇为可喜，因而上帝每天都让他的敌人挫败在他的手下，让他的国土扩大。

四十一　这件事情发生以后，他又向卡拉里克国王进兵。[①]因为在同西阿格里乌斯作战的时候，他曾经召请这个卡拉里克前来援助，可是卡拉里克站在一旁，哪边也不参加，只是坐观成败，以便同胜利者结盟。由于这个缘故，克洛维满腔怒火，发兵去攻打他。他狡猾地使他和他的儿子一起陷入了圈套，加以俘获。然后他把他们捆绑起来，剃去头发，下令授任卡拉里克为神父，他的儿子为副主祭。卡拉里克为他所蒙受的侮辱而悲痛哭泣，但是据说
80 他的儿子答道："这些枝桠是从一棵翠绿的树上割下来的，它们并非完全枯萎，而是很快就会发芽，重新成长。但愿干这些事情的人，死得也这样快！"这话传到了克洛维的耳朵里，他认为他们在危言恫吓，要让他们的头发重新长起来，并且打算把他害死。因此，他命令将两人斩首。他们死后，他就占有他们的国家以及他们的财富和人民。

四十二　那时，康布雷有一个名叫拉格纳卡尔的国王。他是如此地放荡不羁，以至连自己的至近亲族也都难以放过。他有一个名字叫做法龙的顾问官，同他臭味相投。关于此人，据说每当有人送给国王食品、礼物或者其他任何东西的时候，国王总是说礼品对于他和他的法龙是足够了。法兰克人对于这件事情心里充满了最大的愤怒。于是，克洛维把一些假造的黄金臂钏和饰带送给拉

① 卡拉里克是萨利克法兰克人的首领。

格纳卡尔的随从，①好让他们召请他去攻打他们的主人，这些被当作黄金的东西其实不过是一些巧妙地镀了金的铜而已。当克洛维已经出动军队向他打来的时候，拉格纳卡尔不断派出探子探取情报。这些人回来时，他就问他们敌人的兵力如何。他们答道："对于你和你的法龙来说，兵力是够多的了。"可是克洛维来了，并且摆开了阵势。拉格纳卡尔看到他的军队溃败，打算逃跑，但是被他手下的人捉住，反缚着双手被带到克洛维面前；他兄弟里卡尔的遭遇也跟他一样。克洛维对拉格纳卡尔说："你为什么容忍自己遭到捆绑，而玷污我们的家族呢？对你来说，当初不如死了倒更好些。"于是他举起他的战斧，劈进他的头颅。然后他又转过身来对他的兄弟说道："要是你帮助了你的兄弟，他也不会被这样地捆绑起来了。"他也同样地将斧头一挥，把他杀死。他们死了以后，出卖他们的人才第一次发现克洛维送给他们的金子是假的。当他们向国王抗议的时候，据说他回答道："对于那种一心想把自己的主人引向死亡的人来说，他们就配得到这种金子。"又说，他们没有死于种种
酷刑之下，以抵偿他们出卖主人的罪过，而得以逃脱性命，也应该 81
心满意足了。他们听到这话，但求国王开恩，说道，只要认为他们还配活命，就足够了。上面所提到的两个国王是克洛维的亲族。他们的兄弟里格诺梅尔被克洛维下令在勒芒杀死。三个人的国土和财富都归他所有。他还让人杀死了许多其他的国王，也杀死了一些他疑心会篡夺他的国家的近支亲属，他以这种方式把他的统

① leudes，原为日耳曼语，道尔顿谓原指宣誓效忠的人而言，此处则指友人。——译者

治扩展到高卢全境。有一天他在大会族人的时候，据说他这样地谈起了他所杀害的那些亲属："我真可怜啊！我好像是一个留在外乡人之间的旅客似的，一旦有了灾难，也没有一个亲人来帮助我了！"但是他这样地谈起他们的死亡并非出于悲伤，而是在谲诈地察看是否还能另外发现什么新的亲属供他杀戮。

四十三　这些事情发生以后，克洛维在巴黎去世。[①] 他被安葬在他本人和他的王后克洛提尔德所兴建的圣使徒教堂里。[②] 他的逝世是在伏伊耶战役之后的第五年。他在位的时间是三十年，享年四十五岁。从圣马丁逝世到克洛维逝世(时为都尔主教利西尼乌斯在职的第十一年[③])，其间共计一百十二年。[④] 克洛提尔德王后在丈夫死后，来到都尔，除了很少几次前往巴黎以外，终其一生，都住在这里，以卓越的贞静和仁慈著名于世。

第二卷至此结束

① 公元 511 年。——译者

② 即圣彼得教堂。

③ 此处有误，利西尼乌斯是在公元 511 年才受任主教的。

④ 马丁死于 397 年。——译者

第　三　卷 84

第三卷诸章自此开始

一、克洛维诸子

二、迪尼菲乌斯、阿波利纳里斯和昆提亚努斯任主教

三、丹麦人入侵高卢

四、图林根诸王

五、西吉斯蒙德杀其子

六、克洛多梅尔之死

七、对图林根人的战争

八、赫尔曼夫里德之死

九、希尔德贝尔特赴奥弗涅

十、阿马拉里克之死

十一、希尔德贝尔特和洛塔尔赴勃艮第，提乌德里克赴奥弗涅

十二、奥弗涅的破坏

十三、沃洛尔和马尔拉克堡垒

十四、蒙德里克之死

十五、阿塔卢斯被俘

十六、西吉瓦尔德

十七、都尔的几任主教

诸章目录至此结束

(本卷所记自公元 511 年起,至 547 年止。)

第三卷自此开始
（序言）

如蒙许可，我愿意花少许时间将信奉神圣的三位一体的基督教徒所取得的成功，和力求分裂它的人所遭到的灾难作一比较。我丝毫也不谈亚伯拉罕怎样在橡树那里崇奉它，[①]雅各怎样在祝福中宣布它，[②]摩西怎样在荆棘中认识了它，[③]以色列人怎样向着云雾遵循它，又怎样朝着山上敬畏地望到它。[④] 我将不去描述亚伦如何在他的法衣里穿着它，[⑤]也不描述大卫如何在《诗篇》里预言它，大卫祈求重新获得正直的灵，不要从他身上收回圣灵，还祈求赐给他庄严的灵来扶持他。[⑥] 从这里，我还看出一个极大的奥秘，因为凡是异端信仰者硬说是流的东西，先知却宣称它是源。但是我已经说过，我要略过这些事情，回到我们这个时代里来。阿里乌斯——这个邪恶的教派的第一个邪恶的创立者——由于肠子脱落出来，掉进厕所，被打发去受地狱的火焰焚烧之苦。希拉里——

① 见《圣经·创世记》，第12章。——译者

② 见前引书，第48章。——译者

③ 见《圣经·出埃及记》，第3章。——译者

④ 山指西奈山，见前引书，第19章。——译者

⑤ 上帝命摩西的哥哥亚伦任祭司，要给亚伦“穿上内袍和以弗得的外袍……”，以弗得（ephod）即犹太祭司的法衣。见《圣经·出埃及记》，第28章，第1节；第29章，第1—9节。——译者

⑥ 见《圣经·诗篇》，第51篇，第10—12节。

不可分割的三位一体的神圣的捍卫者，而且为三位一体遭到流放——却回到了自己的国家，[①]又进入了天堂。信仰三位一体的克洛维在它的帮助下征服了这些异端信仰者，把他的王国扩展到高卢全境。阿拉里克否认它，结果丧失了国家和人民，尤有甚者，还丧失了永生，受到惩罚。因为，尽管敌人的诡诈剥夺了真正信徒的许多东西，上帝却百倍地还给他们，而异端信仰者原来有的东西则被夺走，自己一无所获。戈迪吉塞尔、贡多巴德和戈多马尔[②]的死亡为这点提供了证据，因为他们一举而失去了他们的国家和灵魂。然而至于我们，我们信仰上帝是个整体，上帝无从见到，无穷无限，无边无尽，光荣，永存，永生，由于具有圣父、圣子、圣灵三位而存在于三位一体之中，由于具有同等本质、同等神性、同等全能、
86 同等权柄，我们信仰三位是个整体，是全能的、至高无上的、永无休止地统治着世界的上帝。

一　克洛维国王去世后，他的四个儿子提乌德里克、克洛多梅尔、希尔德贝尔特和洛塔尔继承他的王国，把国土平分了。[③] 当时

① 见第1卷，第38章注④。——译者

② 贡多巴德之子，勃艮第王国最后一个国王。

③ 道尔顿根据格雷戈里的著作，认为公元511年克洛维诸子将国土按两大部分剖分，四子在每一部分中各得一份土地。第一部分包括法兰克人早期在高卢北部取得的土地，第二部分包括阿奎丹，即公元507年得自西哥特人的土地。提乌德里克驻在梅斯，领有几乎整个莱茵河流域，包括科隆、如尔庇希、特里夫斯、凡尔登等地；还领有奥弗涅、利摩日、卡奥尔、罗德兹、热沃当、弗雷等地；其疆域南接塞普提曼尼亚，东邻勃艮第；另外，他还拥有马恩河畔夏龙、兰斯、特鲁瓦，并君临阿勒曼尼人和巴伐利亚人。其他三子的土地不十分明确。克洛多梅尔驻在奥尔良，领有都尔，此外可能还领有奥塞尔、一部分桑斯和夏尔特尔、昂热、南特、普瓦提埃等地。希尔德贝尔特一世驻在巴黎，可能领有亚眠、鲁昂、贝叶、勒芒、雷恩、瓦恩等地，并在名义上君临布列塔尼。洛塔尔一世驻在苏瓦松，并领有图尔内、康布雷、阿拉斯、努瓦荣；此外可能还领有通格勒、泰鲁昂纳、布洛涅、拉昂等地。——译者

提乌德里克已经有了一个儿子提乌德贝尔特，他是一个仪表堂堂，才能卓越的男孩子。这些君主本身就很勇猛，因此他们都很强大，而他们的军队又给他们提供了雄厚的力量，于是西班牙的国王阿拉里克的儿子阿马拉里克请求和他们的一个姊妹结婚。他们惠然应允他的请求，把她送到西班牙去，还让她带去了大量精美的装饰用品。

二　都尔主教利西尼乌斯死后，迪尼菲乌斯就任主教。在克莱蒙，神圣的阿普龙库卢斯死后，神圣的尤夫拉西乌斯以第十二任主教掌管这个教区。他在克洛维死后又活了四年，在主教任期的第二十五年去世。人们选择曾经从罗德兹被驱逐出去的神圣的昆提亚努斯为主教，[①]但是阿波利纳里斯的姊妹阿尔西玛和他的妻子普拉西迪娜去找神圣的昆提亚努斯，对他说道："神圣的大人，你以高年被任命为主教，你就以此为满足吧！请以你的虔诚之心允许你的仆人阿波利纳里斯据有这个尊贵的职位吧！请你确信，他升到这个职位以后，是会得你的欢心的。一切事情都由你下命令，由他遵照你的指示去办。请你千万听一听我们这个卑微的建议。"他回答道："既然我对任何事情都没有权力，我能做什么呢！对我来说，只要当我成天地专诚祈祷的时候，由教堂供给我日用的面包就够了。"这两个女人得到这个回答以后，就把阿波利纳里斯遣送到国王那里去了。他带去了许多礼物，继承了主教的职位。但是一连四个月，他滥用这种尊贵的职权，此后他就离开人世。当提乌德里克听到他死亡的消息时，他就下令任命神圣的昆提亚努斯为

① 约于公元 515—525 年任克莱蒙主教。

这个教区的主教，并赋予他一切宗教权力，还补充说："他是由于爱我而从他的城里被驱赶出去的。"于是立刻派遣信使出去报信，主教们和众人会聚一堂，把他拥上克莱蒙的教座，他是该城教堂的第
87 十四任主管人。关于他其余的行事，他所做的奇迹和他去世的时间，都记载在我所写的那卷关于他的生平的书里。[①]

三　上述这些事件发生之后，丹麦人和他们的国王克洛希莱克[②]率领船队渡海来到高卢。他们在高卢登陆，在提乌德里克的王国的某一地区大肆破坏，俘虏人民。之后，他们把俘虏和其他掳获物品载入船中，准备返回本国。船只破浪返航，国王却一直留在岸上，打算随后再走。提乌德里克得到消息说他的国土遭到外国人的破坏，就派他的儿子提乌德贝尔特带着一支强兵和大量的装备前往被祸害的地区。丹麦国王被杀，敌人在一场海战中惨败；所有的战利品又都运回岸上。

四　这时候，巴德里克、赫尔曼夫里德和贝尔塔尔弟兄三人共同统治着图林根人。[③] 赫尔曼夫里德以武力击败贝尔塔尔，把他杀掉。贝尔塔尔身后留下一个孤女，名字叫做拉德贡德，还有几个儿子，关于他们我以后再说。赫尔曼夫里德的妻子名叫阿玛拉贝尔格，是个又坏又残酷的女人，就是她给播下兄弟阋墙的种子的。因为有一天她的丈夫前来入席饮宴，发现半张桌面没有摆上餐具，就问妻子这是什么意思，得到的回答是："容忍自己被剥夺了半个

---

① 《教父列传》。

② 即希格拉克，曾为今瑞典南部古时吉塔斯地方之王，见于盎格鲁-撒克逊史诗《贝奥武夫》(Beowulf)。——译者

③ 见第2卷，第9、12章注。——译者

王国的人，他的桌面就该有一半是光秃秃的。”他被这种和类似的煽动之词激发起来，于是起兵攻打他的哥哥，并且秘密地派信使去邀请提乌德里克国王去攻打他，他叫信使这样说：“如果你杀掉他，我们就平分他的国土。”提乌德里克对这个消息感到非常高兴，就带兵出发去与他会合。他们联合兵力，互相保证恪守信义，然后前去作战。他们和巴德里克交锋，消灭了他的军队，用剑砍下他的脑袋。这样取得胜利以后，提乌德里克回去了。但是赫尔曼夫里德立刻就忘掉了他的誓言，没有履行他对提乌德里克国王作出的许诺，于是两人之间产生了很深的仇恨。

五　贡多巴德死后，[①]他的儿子西吉斯蒙德继承王位。他以对教义的领悟和细心关注修建了阿戈恩修道院，[②]既有教堂，又有
住所。他的前妻是意大利国王提奥多里克的女儿，生下一个儿子， 88
名字叫做西格里克。前妻死后，他又另娶妻室。像所有继母的行径一样，这个继室开始苛待和凌虐前房的儿子。于是发生了这样的事情：在一个庄严的节日，那孩子看到她穿着自己的亲生母亲的袍子，勃然大怒，对她说道：“你不配把这些衣服遮在你的背上，因为大家知道这些衣服是属于你的女主人，也就是我的母亲的。”她被说得怒发如狂，就用花言巧语挑拨她的丈夫去反对他，她说：“你这个恶毒的儿子满心想篡夺你的王国，他打算先置你于死地，把权力甚至扩张到意大利，这样，他就可以拥有他的外祖父提奥多里克在意大利所占有的领土。他很明白，只要你还活着，他的计划是无

① 公元 516 年。

② 这里早已是人们朝圣之地，西吉斯蒙德加以扩建或改建。

法实现的，你不倒下去，他就起不来。”国王被这些和类似的话煽动起来，听从了恶妻的劝诱，当了自己亲生儿子的可恶的刽子手。一天，他的儿子喝酒喝得昏昏欲睡，他叫他下午睡觉去。他的儿子入睡以后，有人在他的脖子上套上一条围巾，打了个结，然后两个仆人一起拉围巾的两端，把他勒死了。[①] 事情干完之后，国王悔之已晚，他扑在尸体上最伤心地痛哭起来。据说有个老人曾经对他这样说过：“哭你自己吧！你听从了恶言，成了自己亲生骨肉的最残忍的毁灭者，为这个无辜地被勒死的孩子悲伤，是没有必要的。”国王到阿戈恩修道院去，一连哭泣、斋戒了好几天，恳求上帝宽恕。他在那里建立了歌唱圣诗的规定，然后回到里昂，但是天谴接踵而至。他的女儿被提乌德里克国王娶为妻室。[②]

六　克洛提尔德王后对克洛多梅尔和其余的儿子们这样说：“最亲爱的儿子们，不要让我为了曾经慈爱地把你们抚养成人而后悔，我请求你们对我身上所蒙受的屈辱表示愤慨，一心一意地为我父母的死亡报仇。”[③]她提出请求后，他们就出兵勃艮第，向西吉斯
89 蒙德和他的兄弟戈多马尔进军。勃艮第军队战败，戈多马尔逃走。西吉斯蒙德在奋力逃往阿戈恩修道院的时候连同妻子儿子一道被克洛多梅尔俘获，他被监禁在奥尔良境内。[④] 法兰克国王们离开以后，戈多马尔恢复了权力，他把勃艮第人召集起来，重新获得他

① 公元522年。

② 西吉斯蒙德的女儿名叫苏阿维戈塔。

③ 克洛提尔德的父母被贡多巴德谋害事见第2卷，第28章。西吉斯蒙德是贡多巴德的儿子，克洛提尔德的堂兄弟，因此是血族复仇的对象。

④ 公元523年。

的王国。克洛多梅尔再次准备去讨伐他，并且决心把西吉斯蒙德杀死。但是当时的一位伟大的神父、神圣的修道院院长阿维图斯对他这样说道："如果你由于敬畏上帝而改正你的意图，不要让这些人遭到杀害，上帝就会与你同在，你就会走向胜利。但是如果你把他们杀死，你自己也就会被交到敌人手里，就会死于同样的命运。你在西吉斯蒙德和他的妻子、孩子身上干下什么，你和你的妻子、儿子也同样会遭到什么。"但是这个国王不屑于听从他的劝告。他说："我认为把有些敌人留在后边而去攻打其余的敌人，这是傻子干的事。因为，要是有些人在前方作乱，有些人在后方作乱，我就要丧身在两军之间。要是我让双方彼此隔绝，我的胜利就会更大，来的也更容易。如果杀掉一方，就能顺手地制死另一方。"他立刻命令把西吉斯蒙德和他的妻子、儿子杀掉，扔进奥尔良地区的圣佩拉维-拉-科隆布村的一口井里。他随即前往勃艮第，并于事先叫提乌德里克国王前来援助。这个国王无意于给他的岳父申冤报仇，答应前来。他们在维恩地区的韦泽龙斯会师，就地向戈多马尔开战。[①] 但是戈多马尔带着军队撤退，克洛多梅尔追了上去，他同自己的部队很快就被隔开了一段距离。于是勃艮第人模仿他在战场上的呐喊口号，向他嚷道："往这边来！往这边来！我们是你的自己人！"他中计了，去了，因此陷身在敌人中间了。敌人砍下他的头颅，把它挂在一根竿子上，高高举起。法兰克人见到这种情况，知道克洛多梅尔已经被杀，就集合起来，打跑戈多马尔，击溃勃艮第人，把他们的国家收置在自己的权力之下。洛塔尔立刻和哥哥

① 公元524年。

90 的妻子结了婚。她的名字叫做贡提乌克。克洛提尔德王后在居丧期满以后，把克洛多梅尔的儿子们领来留在身边。最大的叫提乌多瓦尔德，第二个叫贡塔尔，第三个叫克洛多瓦尔德。戈多马尔再一次收复了他的王国。

七　提乌德里克时刻不忘图林根人的国王赫尔曼夫里德干的坏事。他叫他的弟弟洛塔尔前来帮助他，准备发兵去进攻赫尔曼夫里德。他答应洛塔尔国王：假如上帝赐给他们胜利的话，就分给他一份战利品。于是他把法兰克人召集起来，向他们说："你们现在回想一下我所受的委屈和你们的亲族所遭到的屠杀，①我请求你们发怒吧！别忘了图林根人过去曾经向我们的父亲一辈的人蛮横进攻，对他们干了许多坏事。我们的人民向他们交纳了人质，希望缔结和约，他们却对这些人质施加种种酷刑，把他们折磨致死，然后他们打过来，进攻我们的人民，夺走他们的全部财产，把男孩子用他们自己大腿上的筋腱吊挂在树上，他们残忍地弄死了二百个女孩子，把这些女孩子的双臂分别绑在马的颈上，用尖利的东西刺这些马，马向四处横冲直撞，把这些受害者手足肢解。他们还把其他的人放在道路的车辙上，四肢摊开，用桩柱把他们钉在地上，然后让载满重物的马车从他们身上压过去，把他们的骨骼碾碎，把他们的尸体拿去喂狗喂鸟。现在，看吧！赫尔曼夫里德对他许给我的诺言一直不曾遵守，完全不肯兑现。看呀！在这点上，我们是有明显的理由的。让我们在上帝的帮助之下群起而攻之吧！"法兰克人听到这话以后，都对这种犯罪行为表示愤慨，就万众一心

① 此处可能指过去与图林根人混战时阵亡的里普阿尔法兰克人。

地去进攻图林根去了。提乌德里克把弟弟洛塔尔和儿子提乌德贝尔特作为助手一同带去，领兵上阵。法兰克人渐渐逼近，图林根人准备了抵抗他们的战略。他们在未来的战场上挖了沟，上面严密地盖上草根泥，这样，这些沟看上去就像完整的平原的一部分。交锋开始时，许多法兰克骑兵掉进这些沟里，受到极大的阻碍。不过他们一旦发现这种情况以后，就开始更加小心地察看周围情况。最后，赫尔曼夫里德国王兵败逃窜，图林根人看到 91
自己的军队被打得七零八落，他们转身逃跑，一直跑到翁施特鲁特河边上。但是他们在河边遭到如此惨重的杀戮，以致河床积尸成堆，河流为之堵塞。法兰克人把尸首当桥梁，走到河的对岸。这样得来的胜利使他们获得了那片地区，他们把它收归自己统治。[①]

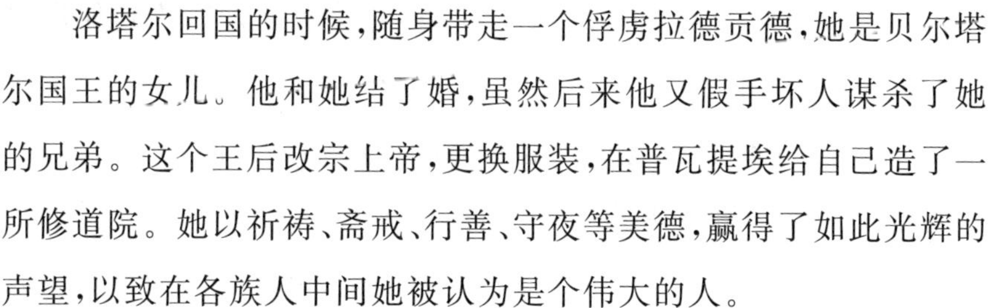

洛塔尔回国的时候，随身带走一个俘虏拉德贡德，她是贝尔塔尔国王的女儿。他和她结了婚，虽然后来他又假手坏人谋杀了她的兄弟。这个王后改宗上帝，更换服装，在普瓦提埃给自己造了一所修道院。她以祈祷、斋戒、行善、守夜等美德，赢得了如此光辉的声望，以致在各族人中间她被认为是个伟大的人。

当上面提到的那些国王呆在图林根的时候，提乌德里克打算谋杀他的弟弟洛塔尔。他先布置武装人员埋伏起来，然后邀请弟弟来到他的面前，好像要同他讨论什么机密似的。他预先

---

① 时为公元531年。提乌德里克得到翁施特鲁特河以南的图林根土地，河北的土地给了萨克森人，据云萨克森人曾经援助了提乌德里克。美因河流域一带直到后来才归属于法兰克人。此时的图林根包括翁施特鲁特河至山林一带。

在房子的某一个地方挂上用来搭帐篷的帷幕,从一道墙一直挂到另一道墙,把武装人员安置在幕后。可是帷幕太短,武装人员的脚全在下面露了出来。洛塔尔事先已得悉诡计,于是就在他的士兵的陪同下走进那所房子。提乌德里克发现他已了解全部底细,就胡诌了一套瞎话,东拉西扯,一件一件事情地谈起来。最后,他找不到什么办法来掩饰自己的奸计,就送给他一个大的银制托盘。洛塔尔感谢他的赠礼,向他告别,回到自己的住处去了。提乌德里克却向他手下的人们抱怨,说他没有充分的理由就损失了那个银盘,于是他对儿子提乌德贝尔特说道:“去找你的叔叔,让他把我送给他的礼物转让给你。”那个孩子去了,把要求的东西要到手了。在这种诈术上,提乌德里克是很能要手腕的。

八　提乌德里克国王回家以后,邀请赫尔曼夫里德到他那里去,他亲自保证他的安全,接着,又慨赠给他大量的礼品,表示敬意。一天,当他们正顺着如尔庇希城的城墙一同往前走的时候,赫
92 尔曼夫里德被不知是谁推了一下,从墙头倒栽下来,落在地上,一命呜呼。是谁把他抛下来的,我们说不上来,但是许多人声称在这件事情上,提乌德里克的诡计是十分明显的。

九　当提乌德里克还在图林根的时候,在克莱蒙盛传他已被杀。该城出身元老家族[①]的阿尔卡迪乌斯邀请希尔德贝尔特去占领奥弗涅。这个国王即刻动身前往克莱蒙。那天浓雾弥漫,以致

① 即西多尼乌斯·阿波利纳里斯的家族。阿尔卡迪乌斯是他的孙子,本卷第2章提到的阿波利纳里斯的儿子。

数码[①]之外不能见物。他一向常说:“愿我能够亲眼看见人们把它说得这般阳光灿烂和这般欢乐的奥弗涅地方的利马涅谷地。”[②]但是上帝却没有赐准他实现他的愿望。克莱蒙的城门紧闭,无路可进,直到阿尔卡迪乌斯砍断了一座城门的门闩,才使他能够进入城内。正当此际,消息传来,说提乌德里克并没有死,而是从图林根回来了。

十　希尔德贝尔特确知此事以后,就从克莱蒙返回,并且为了他的姊妹克洛提尔德的缘故前往西班牙,[③]克洛提尔德由于信仰天主教,不得不遭受她的丈夫阿马拉里克国王的诸般虐待。常常在她前往神圣的教堂的时候,阿马拉里克命令往她的身上投掷粪便和各种污秽的东西。最后,据说她遭到他如此残忍的毒打,只好把沾满自己鲜血的手帕送给她的兄弟。希尔德贝尔特为之激动,就动身到西班牙去了。当阿马拉里克听说他逼近的时候,他就准备好船,预备逃跑。但是等到希尔德贝尔特已经离他很近,他正该上船的时候,他想起在他的宝库里还留下了一大堆珍贵的宝石,他又回到城里[④]去取。可是敌兵切断了通向港口的道路,他眼看已无法逃脱,就打算到天主教堂里去避难。但是他还没有迈上教堂的神圣的门槛,就有个人掷来一支投枪,他身受致命伤,就地气绝

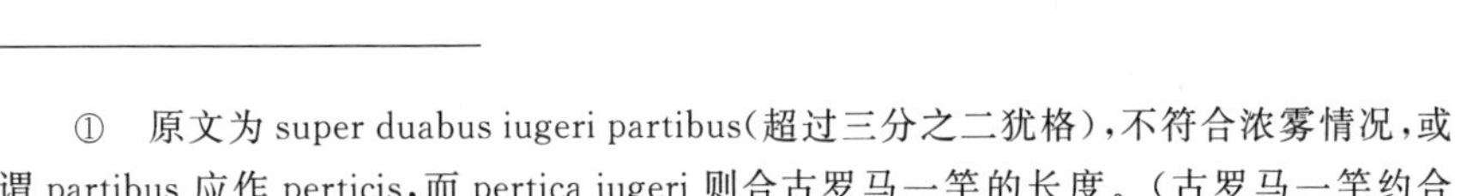

① 原文为 super duabus iugeri partibus(超过三分之二犹格),不符合浓雾情况,或谓 partibus 应作 perticis,而 pertica iugeri 则合古罗马一竿的长度。(古罗马一竿约合2.957米。——译者)

② 利马涅是由阿利埃河灌溉的平原,西边是奥弗涅山地,东边是福雷山地,火山喷发后的土壤非常肥沃,因而著名。

③ 西班牙指当时的西哥特王国。

④ 巴塞罗那。

身亡。希尔德贝尔特于是想把他的姊妹连同大宗财宝一起带走。可是事出不幸，她死在途中，遗体运回巴黎，安葬在她父亲克洛维的附近。在希尔德贝尔特掠走的财宝当中，还有几套教堂里的很
93 珍贵的器皿，因为他拿走了六十盏圣餐杯、十五个圣餐盘、二十个《福音书》的封面，这一切都是纯金的，上面镶嵌着贵重的宝石。他不允许把这些物品拆开，他全都送给了大教堂[①]和修道院的教堂。

十一　之后，洛塔尔和希尔德贝尔特决心进攻勃艮第，他们还约请了提乌德里克，但是他拒绝去支持他们。他统治下的法兰克人对他说："如果你拒绝跟你的两个弟弟一同进入勃艮第，我们就抛弃你，因为我们情愿跟从他们。"但是他满脑子想的都是奥弗涅人如何对他不讲信义，他回答道："跟随我，我要带领你们到一个地方去，在那片土地上，你们会称心如意地获得金银，你们可以掠夺到大量的牲畜、奴隶、衣物。可就是别跟随我的两个弟弟。"他们受了这些诺言的引诱，就宣誓听从他的意向。于是他为远征克莱蒙进行部署，并且再三答应部下，允许他们把在那个地区将要获得的全部战利品，乃至居民，都带回家里来。当时，洛塔尔和希尔德贝尔特进军勃艮第，围攻奥顿，[②]打得戈多马尔逃走。他们据有了整个勃艮第。

十二　但是提乌德里克率兵进入奥弗涅，[③]给整个地区带来了毁灭，造成了破坏。这个期间，整个这场灾祸的挑唆者阿尔卡迪乌斯——正是由于他的邪恶才使这片地区荒废残破——逃到布尔

① 见第2卷，第38章注，下同。——译者

② 公元534年。

③ 公元532年。

日去了，当时这个城市是希尔德贝尔特的王国的一部分。他的母亲普拉西迪娜和姑母阿尔西玛在卡奥尔被俘，她们的财产被剥夺，人遭流放。提乌德里克国王接着来到克莱蒙，在城郊安营下寨。当时，神圣的昆提亚努斯正是克莱蒙的主教。提乌德里克的军队蹂躏了整个这片地区，他们破坏一切，把战争的毁灭带到每个角落。他们当中有些人来到圣尤利安教堂，破门而入，撤掉门闩，抢劫集中存放在那里的贫苦人的财产，[①]作恶多端。但是犯有这些罪行的人却被恶魔缠身，因而他们用污秽的牙齿彼此撕咬，同时大声喊道："神圣的殉教者啊！你为什么要这般作弄我们呢？"这些事 94
情已经记入我所写的那卷关于尤利安的奇迹的书里。[②]

十三　满怀敌意的军队猛攻沃洛尔要塞，[③]在教堂的圣坛旁边残酷地杀害了普罗库卢斯神父，他先前冤枉过神圣的昆提亚努斯，我相信是由于他的缘故这个要塞才被交到坏人手里，因为直到那天为止，这个地方一直防守得很成功。围兵不能强行攻占这个地方，已经在准备班师了。被围的人听到这个消息，却受了骗，他们因而高兴起来，以为安全无虞。按照使徒的话，就是："人正说平安稳妥的时候，灾祸忽然临到他们。"[④]由于普罗库卢斯的卑鄙行径，这时放松了戒备的人们才被交到敌人手里。当这块地方被摧毁，居民被掳为奴以后，三十天没有下过的雨像洪水一般地倾注下

① 当时人们认为教堂是神圣不可侵犯的地方，在战乱的时候往往把财产放在教堂里，以求安全。——译者

② 《记殉教者圣尤利安的蒙难和德操》(De passione et virtutibus Sancti Juliani martyris)(为《奇迹集》中的一卷。——译者)，第13章。

③ 在克莱蒙之南。——译者

④ 《圣经·帖撒罗尼迦前书》，第5章，第3节。

来。接着，马尔拉克堡垒遭到围困，不过这里的守卫者交了一笔赎金，免于沦为俘虏。这种做法是怯懦造成的，因为这座堡垒是一个天然的要塞，它的周围不是由砌起来的墙，而是由高一百尺或一百尺以上的峭壁围起来的，峭壁经过凿劈，使得这座堡垒非常坚固。堡垒当中是一个大水池，池水甘美可口。另一处的几股水泉水量丰饶，它们源源不断的活水流贯在整片土地上。峭壁所围绕的那片地区是如此的宽广，以致住在四壁之内的人就在这片土地上栽种，并且获得丰收。被围困的人们由于受到这种屏障的保护而过于自信，曾有五十个人突围而出，希望掠夺一些战利品，然后再平安无事地退入堡垒。但是他们被敌人俘获了。他们的双手被反绑起来，由人领着往前走，让他们的亲属完全看到，出鞘的剑已经悬在他们的头上。这时，堡垒里面的人为了挽救他们的性命，就答应为每个人的头颅交纳一枚小金币的赎金。[①] 提乌德里克在离开克莱蒙的时候，把他的亲戚西吉瓦尔德留在这里守护这个城市。那时当地有个名叫利提吉乌斯的官吏，他总是在阴谋陷害神圣的昆
95 提亚努斯，纵使这位神圣的主教拜倒在他的脚下，也不能打动这个人的心，使他对主教表示应有的敬意。有一次，他甚至在妻子面前拿这位主教的所作所为来开玩笑。但是她比较明白事理，对他说道："如果今天他一落千丈到如此地步，那么你永远也不能跻居显耀。"三天之后，国王派来使者，给他套上镣铐，把他连同他的妻子、孩子一起带走。他这一去就再也没有返回克莱蒙。

十四　蒙德里克自称自己系出王族血统，骄傲自大，趾高气

① 小金币(triens)合三分之一索里达。

扬，他说："我和提乌德里克国王有什么相干呢？我继承王位的权利与他相等。我要前去把我的人民集中在一起，要他们对我宣誓效忠，好让提乌德里克知道我是个同他一样的国王。"他去了，并且开始对人民进行诱骗，他说："我是一个君主，跟从我，你们就会一切如意。"于是一伙头脑简单的人就像意志薄弱的人通常所表现的那样，跟从了他，向他宣誓效忠，奉戴他为国王。提乌德里克听说此事之后，给他送去这样一个口信："请你来看望我，不论哪一部分我的国土要是应当归你的话，那就把它给你。"提乌德里克这样说是在耍诡计，他盘算着，要是蒙德里克来了，就杀死他。但是蒙德里克加以拒绝，他回答道："走，给你们的国王捎个口信回去，就说我也是一个不亚于他的国王。"这么一来，那个国王就征集了一支军队，准备去镇压他，惩治他。蒙德里克对自己的抵御力量没有信心，他一听到这个消息，就带着他的全部家当躲到维特里城里去，[①]并把被他引入歧途的人都纠集到这里，准备自卫。前来攻打他的军队包围堡垒，围攻了七天，但是蒙德里克率领部下击退进攻，他说："我们坚定不移，共同战死沙场！我们千万别向敌人投降。"围兵从四面八方向堡垒里投掷标枪，然而未能取胜，他们把情况报告给国王。国王派遣一个名叫阿雷吉塞尔的扈从来到他们那里，并且事先向他作了如下指示："你已经看到，这个叛徒的顽抗是多么成功。你到他那里去一趟，向他起誓，保证他可以安全通行。等到他一出来，就杀掉他，把对他的记忆从我的国土上铲除。"阿雷吉塞尔去了，一切如计而行。他首先同手下的人商定一个暗号，他

① 在马恩河畔。——译者

96 说："等到我如此如此一说，你们就立刻直冲而入，把他杀掉。"然后他进入堡垒，对蒙德里克说："你像是丧失了理智的人似的还要在这里呆多久呢？你怎能长期抵抗国王呢？你的粮食将会短缺，饥饿将会使你精疲力尽，到了最后，你除了走出堡垒之外，别无选择。那时候你就要被交到敌人手里，你就会像一条狗一样地在他们的手下遭到杀害。倒不如听从我的劝告：向国王投降，这样，你和你的儿子们就可以保住性命。"蒙德里克受了这些话的影响，回答道："要是我走出去，我会被国王捕杀，我和我的儿子们以及聚集在我身边的朋友们都不能免。"阿雷吉塞尔回答道："别怕，如果你愿意出去，请接受我的誓言：对你不会记仇，你在国王面前可以确保安全。一点也别害怕，你能和他像以前一样地相处。"蒙德里克回答道："我真愿意我能够确有把握不致被杀！"于是阿雷吉塞尔把双手放在神圣的祭坛上起誓，说他出去不会受到伤害。蒙德里克接受这个誓言之后，就握住阿雷吉塞尔的手，从堡垒的大门走出去。人们却戒备着，蒙德里克还在老远的地方的时候，他们就两眼盯着他。然后，作为约好的暗号，阿雷吉塞尔大喊道："你们这帮人哪！你们为什么盯得这样紧？难道迄今为止你们从来没有看见过蒙德里克吗？"立时，他那帮人向蒙德里克一拥而上。于是蒙德里克发现自己已被出卖，说道："现在我很清楚你是用这些话作为暗号叫他们来杀死我的。可是我告诉你，你这样发假誓来欺骗我，那么谁也不会见到你还是个活人。"说罢，他把投枪投向仇人的两肩之间，将他刺穿，阿雷吉塞尔倒地而死。之后，蒙德里克拔出佩剑，会同部下大杀阿雷吉塞尔的手下人员。谁来到他够得着的地方，他就杀谁，这样杀个不停，直到最后一口气。他死后，他的财产归入了

国王的宝库。

十五　提乌德里克和希尔德贝尔特订立条约，彼此宣誓互不侵犯，他们交换人质，保证遵守约言。这些人质当中有许多人是元老家族的子弟。但是两个国王之间又发生了新的争执，这些人又沦为王室领地上的奴隶，或者被迫成为他们的监管人的奴隶。他 97
们当中有许多人逃回家里，可是也有一些人还处于奴隶地位。其中有个阿塔卢斯，他是朗格勒主教神圣的格雷戈里[①]的侄子，被迫成为公家奴隶，饲养马匹；他的主人是特里夫斯地方的一个法兰克人。神圣的格雷戈里派仆人去查找他。他们发现他之后，就给他的主人赠送礼物，可是这个主人却一口拒绝道："这种家族出身的人不是十磅[②]金子是赎不回去的。"仆人们回去之后，有个叫做利奥的人——他是主教的厨子——对他的主人说："只要你准我告假，我或许能使他摆脱俘虏生活，把他领回来。"主教很高兴，就派利奥前往该地。利奥去到那里以后，试图把这个孩子偷出来，但是没有偷成。然后他同一个人商量好，对他说道："跟我来，把我卖到这个法兰克人的家里去，他买我的价钱就作为你的收益。我所要的全部东西就是能够有比较自由的机会，来实现我一心想完成的计划。"他们互相发誓，那人把他带去，卖了十二枚金币，事后他就走了。买主问这个新奴隶会干什么活，利奥答道："我擅长给王公贵人制备各色菜肴，在烹调的技巧方面，我一点也不担心还能找到一个与我不相上下的人。我老实告诉你，如果你有意请国王亲自

① 格雷戈里是本书作者的外曾祖父。或谓阿塔卢斯为其孙辈。——译者
② 古罗马一磅约合0.721常衡磅（以16盎司为一磅）。——译者

来吃一次筵席，我能预备御宴上的菜肴，谁也做不过我。”那人说道：“星期日就要到了（蛮族习惯把主日叫做星期日），到那天，我要请邻舍们和亲属们到我的家里来。我要你给我做这样一餐晚饭，这餐晚饭能叫他们感到惊奇，而且还会说：‘我们就连在国王的家里也从来没有看见过比这更美好的东西。’”利奥回答说：“请大人叫人送大量的鸡禽来，我就按照吩咐去做。”他需要的一切准备齐了，主日来到，他摆出了一席盛筵，席上满是各种佳肴美味。宾客
98 们吃了酒席，对这餐饭赞美不置，亲属们各自回家。于是主人对他十分宠幸，他取得了掌管全部财物之权。他很受主人喜爱，负责向所有的家人分发面包和肉。一年过去，这时主人对他已经满心信任，他就走了出去，和青年饲养员阿塔卢斯一起走到房子附近的田地里。他们两人背对背地躺在地上，中间隔开一段距离，好让谁也看不出他们是在彼此交谈。然后他对这个青年说：“该是我们想到自己国家的时候了。因此我预先通知你：今天夜间，当你把马带进马厩之后，不要睡着，而是等我一叫，就来与我会合，我们好上路。”那个法兰克人事先请了一些亲戚来吃酒席，其中包括他的女婿。午夜前后，客人起身离席，各自休息去了，可是利奥却端着酒送主人的女婿回屋，还请他喝。那人对他说道：“哦！我的岳父这般信任的人！告诉我，要是你有机会，你是不是决心要带走他的马，回到自己的国家去呢？”他说这话是开玩笑，因为他当时正高兴。利奥也以同样开玩笑的态度回答，可是同时却向他透露了真情，他说：“如果天意如此的话，我想今天夜里就走。”另一个说：“我希望我的仆人们严加戒备，一点也别让你拿走属于我的东西。”他们这样说说笑笑而别。但是一到大家都已入睡，利奥就去喊阿塔卢斯，

套上马鞍以后，利奥问他有没有一把剑，阿塔卢斯答道："没有，我只需要一根小标枪。"利奥听罢，走进主人的房间，把他的盾和矛取到手。主人问是谁，要什么，他回答说："是你的仆人利奥，我去喊醒阿塔卢斯，让他赶快起身，把马带出去吃草，因为他正睡得很熟，好像喝醉了似的。"主人说："就这么办！"说罢就睡着了。利奥走出房门，把那孩子武装起来。他看到院子的大门已经被神妙地打开了，虽然在前半夜，这些大门是用锤进去的楔子拴住的，以便确保无虞地把马关在里面。然后，他们感谢上帝，带着其余的马，脱身出逃，随身还带走了一捆衣服。他们来到摩泽尔河[①]的渡津的时 99
候，被某些人截阻，因此他们丢下马和衣服，抱着盾牌泅水过去，登上对岸，在夜色的掩蔽之下进入一处树林，躺在地上隐藏起来。他们一直赶路，一口食物也没有吃，这已经是第三个夜晚了。这时，看啊！靠上帝的帮助，他们看见一棵李树，树上果实累累。他们就吃李子，稍觉果腹之后，随即上路，顺着通向香巴尼的大路往前走去。他们正在兼程而进，但闻马匹奔驰而来。其中一人对另一人说道："我们平卧在地上，免得后面的人看见。"忽然他们发现附近有一大丛荆棘，就跑到这丛荆棘的后面，纵身卧倒，拔出佩剑，若是被人发现，立刻可以自卫，抵御坏人。骑马的人来到以后，在这丛荆棘的旁边停了下来，马在撒尿，这时其中一个人说："该死！这两个无赖走掉了，找不到了。我凭这条命赌咒，有朝一日捉住他们，我要叫人把一个在绞架上吊死，另一个用剑剁碎。"这人就是那个法兰克人——他们的主人，他从兰斯追赶前来，要不是夜色的降临

① 或谓应作马斯河。

妨碍了他的搜寻的话，他肯定在路上把他们找到了。于是这伙人又驱马而去。可是当天夜里，这两个逃亡者到达兰斯，来到城里，向他们遇到的一个人打听什么地方可以找到保雷卢斯[①]神父的家。他把地点告诉他们。他们正沿大街走着，早晨作弥撒的钟声响了，因为这天正是主日。他们敲神父家的门，利奥说明他是谁的仆人。“我的幻象这下可应验了，”神父喊道，“因为就在这个夜晚我看见两只鸽子往上飞，落在我的手上，一只白的，一只黑的。”然后利奥对这个神父说：“如果在神圣的主日我们向你乞求一些食物的话，愿上帝赐我们以免罪。我们既没有吃到面包，也没有尝到肉食，到现在已经是第四个黎明了。”这位神父把他们藏起来，给他们浸过酒的面包吃，[②]然后去作弥撒。现在轮到那个法兰克人前来
100 探问他的两个私逃奴隶的下落，但是神父把他顶了回去。这位神父和神圣的格雷戈里是老交情，他们关系密切。那两个人得到补养，体力恢复，在神父的家里呆了两天，然后重登旅途。他们来到神圣的格雷戈里那里。主教一见，满心喜悦，他靠在侄子阿塔卢斯的脖子上哭泣起来。他解放了利奥和他的所有家属，还分给他土地。利奥以自由人的身份和他的妻子及孩子终生在这块土地上生活。

十六　西吉瓦尔德住在奥弗涅的时候，作恶多端。他抢劫了许多人的财产，他的那些仆人又无尽无休地偷窃，行凶，打劫，还干其他罪恶勾当，而在他们面前谁也不敢开口。他以最厚颜无耻的

① 一作保利努斯。

② 弥撒前不进食。据《中世纪词典》(Dictionary of the Middle Ages)，中世纪初西欧圣餐似使用发酵或无酵面食。八、九世纪，后者开始取代前者。也有学者认为十一世纪以前西部教会几乎全用发酵面食。——译者

方式攫取了邦热阿地方的地产，[①]这块地产当初是神圣的提特拉迪乌斯主教给圣尤利安教堂留下的。但是他一踏进地产上的屋子，就立刻丧失了理智，倒在床上。他的妻子由于受到主教的告诫，让人把他抬上一辆车子，送到另外一块领地上去，在这里他恢复了健康。后来她去找他，向他述说他亲身遭受的一切，他听到这种情况以后，就向这位神圣的殉教者起誓，并且按照所抢的财物加倍偿还。在我写的关于神圣的尤利安的神奇事迹的那卷书里，[②]我已经叙述了这桩奇迹。

十七　这时候，迪尼菲乌斯主教在都尔城去世，奥马提乌斯主管这个教区，共达三年，他是由我前面讲到的那位克洛多梅尔国王授任为主教的。他死后，利奥任主教七个月，他是一个非常能干，精于木工手艺的人。利奥死后，提奥多尔和普罗库卢斯两位主教主管都尔教堂，他们是遵照克洛提尔德王后的命令由勃艮第国家来的。他们由弗兰西利奥接任，他出身于元老家族。他担任主教的第三年，在耶稣诞生的那天夜晚，当慈光倾泻在人们身上的时候，他在下去守夜以前命令给他送酒。一个仆人立刻过来递给他
一杯酒。他刚把酒喝干，就断了气。人们怀疑他是被毒死的。他 101
死后，都尔居民英尤里奥苏斯得到主教职位，他是神圣的马丁以后的第十五任主教。[③]

十八　克洛提尔德王后住在巴黎的时候，希尔德贝尔特看到

① 邦热阿在克莱蒙东南偏东三十二公里。

② 《记殉教者圣尤利安的蒙难和德操》。

③ 英尤里奥苏斯于公元529年任主教，死于公元546年。此处内容与第10卷第31章中都尔主教名单不符。

他的母亲把全部慈爱都倾注在前面提到的克洛多梅尔的儿子们的身上。这使他满怀嫉妒，他唯恐由于她的宠爱而说不定让他们分沾一份国土，因此他给他的弟弟洛塔尔国王送去一个秘密信息，内容是："我们的母亲总是把哥哥的儿子带在身边，并且愿意把他们父亲的王国交给他们，因此，你如果赶快到巴黎来，那就好了，我们好一块儿商量一下，看对这件事情该怎么办，是把他们的长长的头发剃掉，让人们把他们当作普通老百姓呢，还是弄死他们，让我们两个人平分哥哥的国土呢？"洛塔尔对这个信息非常高兴，就到巴黎来了。希尔德贝尔特在人民中间散布流言，说两个国王会晤的目的是为了把那两个年幼的孩子扶上王位。他们会见之后，就派人给当时住在巴黎的王后送去一项要求，叫她让孩子们到他们这里来，因为他们希望把那两个孩子立为国王。她一点也没有觉察他们的奸诈，听了这些话很高兴，她让两个孩子进了饮食，然后把他们送走，对他们说："如果我看到你们在国内被拥上我儿子的地位，那我就不觉得我已经丧失了我的儿子。"于是孩子们出发前往，但是立刻被捕，他们和侍从及监护人[①]分别遭到监禁，他们被监禁在一个地方，侍从被监禁在另外一个地方。然后希尔德贝尔特和洛塔尔派前面讲到的那个阿尔卡迪乌斯带着一把剪刀、一支出鞘的剑到王后那里去。在王后接见他的时候，他拿出剪刀和宝剑，对王后说："最光荣的王后，我们的君主、你的两个儿子要想知道关于孩子你有什么想法，你是愿意他们削去长发而活下去，还是愿意两

① 监护人出身于高贵之家，负责照管未成年王子的起居行止，委任监护人是国家大事。

个人都被杀死呢?”她听了这些话非常吃惊，继而暴怒，尤其是当她看着出鞘的剑和剪刀的时候，她由于伤心而痛苦万分，神智错乱，忧烦之中，自己也不知道脱口而出的是什么话，她只是简单地说
道：“如果他们不是要被拥上王位，我宁愿看到他们死去，也不愿意 102
看到他们剃去头发。”但是阿尔卡迪乌斯对她的忧伤之情毫不在意，也不愿意看到经过一番更周密的考虑之后她又可能怎样决定，反而赶快带着自己的一套鬼话回去，他说：“王后赞同此举，结束你们已经着手的事情吧！她本人希望你们的计划完成。”他们不等他说下去，洛塔尔一把抓住大孩子的手臂，把他朝地下一摔，用自己的匕首深深刺入他的腋下，残暴地把他杀害了。他的弟弟听见他的惨叫，就扑在希尔德贝尔特的脚下，紧紧搂住他的双膝，泪流满面地大喊道：“最亲爱的叔叔，救救我吧！不然，我也要像哥哥那样丧命了。”于是希尔德贝尔特脸上挂着眼泪说道：“亲爱的弟弟，我请求你出于恻隐之心，答应我饶他一命，只求赦免了他就行，无论你要求什么补偿，我都照样交付。”但是对方破口大骂，对他喊道：“把他从你的身边扔开，要不然，你非替他死不可。挑起这件事情的人是你，你现在就这样急于背弃自己的保证吗?”希尔德贝尔特听到这番申斥之后，就把那孩子从身旁推开，赶到洛塔尔那边去。洛塔尔的匕首迎面刺来，扎进他的肋部，像刚才杀害他哥哥那样地把他杀害了。这两个幼年王子的侍从和监护人接着也遭杀害。这些人都被杀以后，洛塔尔乘马而去，他对谋害侄子这件事情毫不介意。希尔德贝尔特迁居郊外。但是王后让人把小小的尸体放在一个棺架上面，在圣诗的伴唱声里，在不尽的哀思之中，陪送他们到圣彼得教堂双双安葬入土。他们两人一个十岁，一个七岁。但是

第三个侄子克洛多瓦尔德却无从捕获，由于保卫他的勇士们的帮助，他遇救了。这个王子长大以后，蔑视世俗的王国，侍奉上帝去了。他亲手把头发剪掉，当了一名教士。他坚持不断地热心行善，最后以神父终。[①] 上述两个国王把克洛多梅尔的国土平分了。

克洛提尔德王后的表现是如此之高尚虔诚，因此她赢得了大家的尊敬。她孜孜不倦地施舍济贫，在守夜的时候彻夜祈祷；在贞
103 操和一切美德方面，她显示出一尘不染。她向教堂、修道院和其他神圣场所赠送生活福利所必需的土地，她分赠土地时是如此地慷慨和热心，以致当时人们认为她不大像一位王后，而更像上帝的一个特有的，专心诚意而永无休止地事奉他的侍女。不论是她的诸子的国王地位，也不论是财富或野心，都没有把她引向毁灭，而是她的谦虚把她带到美德的境地。

十九　当时，神圣的格雷戈里正在朗格勒，他是上帝的一位伟大的教士，以神迹和奇迹著称。我既然谈到过这位主教，我想，要是我在这里对他最喜欢居住的地方第戎略作插叙，这或许是读者所欢迎的。这是一处设防的地方，[②]城墙非常坚固，坐落在一片美好的平原的当中。这里土地沃美，地力肥腴，只要犁过一遍，就能下种，接着是大丰收。南边是乌什河，渔产特别丰饶。北边是另一条小一点的河流，[③]这条河流穿过一座城门流入城内，从一座桥底下经过，又穿过另一座城门流出城外，它那股平缓的水流绕经全部防御工事。在这个城门的前面，水力推动磨轮，使它旋转奇速。四

---

① 公元 560 年左右。

② castrum，通常指二等市镇，此处着重指有城墙而言。

③ 苏宗河。

个城门正好朝向世界的四方，三十三座塔楼环城卫护。城墙的下面部分是由凿成四方形的石块砌起来的，这部分高二十尺，上面部分是由比较小的石头砌成的，整个高度达三十尺，厚十五尺。这个地方为什么不叫做城市，我可说不上来。它的四周有极好的泉水。西边是非常肥沃的山地，山上遍布着葡萄树，它们供给当地居民一种白葡萄酒，其质量之名贵使得他们连夏龙出产的酒都看不上。古人说第戎是奥雷利安皇帝所建。[①]

二十　提乌德里克把他的儿子同某一个国王的女儿维西加尔德订了婚。[②]

二十一　克洛维死后，哥特人窜犯他所征服的许多地方。这时，[③]提乌德里克派提乌德贝尔特去收复这些地方，而洛塔尔则派他的长子贡塔尔前去。贡塔尔进军直抵罗德兹，然后不知为了什么缘故，又回去了。但是提乌德贝尔特继续推进，抵达贝齐埃尔，攻取并劫掠了迪奥要塞。然后他派先遣人员到另一个名叫卡布里埃的设防地点去送口信，说除非它投降，否则他就要把它烧个精 104
光，把居民都掳走。

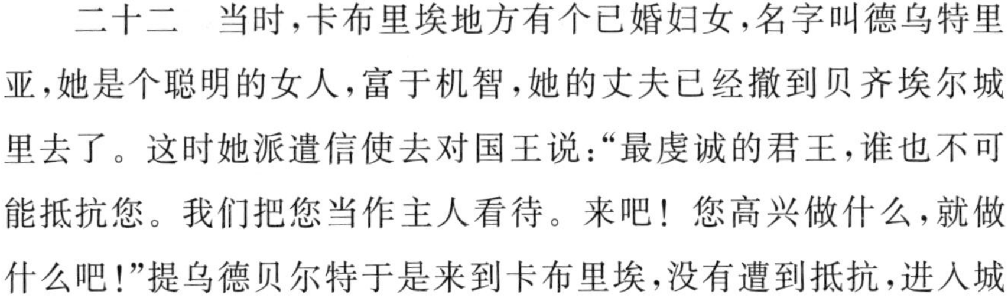

二十二　当时，卡布里埃地方有个已婚妇女，名字叫德乌特里亚，她是个聪明的女人，富于机智，她的丈夫已经撤到贝齐埃尔城里去了。这时她派遣信使去对国王说："最虔诚的君王，谁也不可能抵抗您。我们把您当作主人看待。来吧！您高兴做什么，就做什么吧！"提乌德贝尔特于是来到卡布里埃，没有遭到抵抗，进入城

① 奥雷利安于公元 270—275 年在位。——译者

② 指伦巴德人的国王瓦科的女儿。

③ 公元 533 年。

内。他看到人们服从他，就没有加害于谁。德乌特里亚出来迎接他。他看她很漂亮，遂生爱慕之心，就把她带到自己的床上去了。

二十三　在这些日子里，提乌德里克用剑刺死他的亲戚西吉瓦尔德，又秘密捎信给提乌德贝尔特，叫他把待在他那里的西吉瓦尔德的儿子处死。但是提乌德贝尔特曾经把那人从神圣的洗礼盆里接过来，[①]不肯这样消灭他，反而把父亲的信给他看，并对他说："快从这里逃走，因为我奉父亲之命杀你。等到你听说他已经不在人世，我继承他为王的时候，你再无所畏惧地回到我这里来。"那人为此向他道谢，告辞而去。这个期间，哥特人已经侵入阿尔，这个城市有人质抵押在提乌德贝尔特那里。[②] 西吉瓦尔德[③]亡命到这里，发现并不安全，又逃入意大利，匿居起来。这个期间，提乌德贝尔特接到消息，说是父亲病危，他要是不赶快动身，以便在他还活着的时候见到一面，他就要被他的叔叔们摈除在继承事宜之外，永远不得回国。他接到这个消息后，不顾一切，赶紧前往父亲所在之地，把德乌特里亚和她的女儿留在克莱蒙。他动身以后不多天，提乌德里克就死了，当时是他在位的第二十三年。[④] 接着，希尔德贝尔特和洛塔尔起兵反对提乌德贝尔特，企图夺取他的国土，但是他以馈赠求得和解，并且仗着随从[⑤]的支持，登上王位。于是他派人到克莱蒙去把德乌特里亚接来，立为王后。

---

① 即成为他的教父。——译者

② 提乌德贝尔特大概在公元534年前后取得阿尔，但据有的时间颇短。——布雷豪特译本注

③ 即被提乌德里克所杀的西吉瓦尔德之子。——译者

④ 公元534年。

⑤ leudes，见第2卷，第42章注。——译者

二十四　希尔德贝尔特看到自己无法打败提乌德贝尔特，就遣使去请他到自己这里来。他让使臣去对他说：“我没有儿子，我 105
很愿意把你当作儿子看待。”提乌德贝尔特来到后，他慨赠给他的礼物之多使得大家惊异不置。因为他送给他三副适合于国王身份的全部服用物品，包括武器和服装，还同样地送给他马和狗[①]。

这时，当西吉瓦尔德听说提乌德贝尔特已经继承了父亲的王国，他就从意大利回来找他。提乌德贝尔特欣然接纳，还拥抱他，把他叔叔的礼品的三分之一赠送给他，并且下令凡是他父亲所没收的西吉瓦尔德的财产，现在应予全部归还。

二十五　提乌德贝尔特的国王地位确立以后，他表现为一位伟大的国王，以各种优点著称。他治国公正，尊敬主教，对教堂慷慨施赠，救济贫困，并且以虔诚和最友好的情意广施恩泽于所有的人。他宽宏大量地豁免了奥弗涅各教堂过去向王室领地一向交纳的贡赋。

二十六　德乌特里亚看到她的女儿已经长大，她唯恐国王垂青于她，把她占为己有，因此她把女儿放在一辆由未经驯服的牛驾驭的车子上，然后驱牛过桥，这样，她的女儿就淹死在河里。这件事发生在凡尔登。

二十七　提乌德贝尔特和维西加尔德订婚已经七年了，可是为了德乌特里亚的缘故，不肯娶她为妻。法兰克人举行民众大会，谴责他这样地离弃未婚妻的行为。国王服从了，他撇弃德乌特里亚，娶维西加尔德为妻。德乌特里亚已经为他生了一个年幼的儿

① 原文是catinis(盘子)，原注认为可能是catulis(catulus)之误，故径译为狗。布雷豪特译本作链子。——译者

子提乌德巴尔德。维西加尔德没有活多久。她死后，提乌德贝尔特另行结婚，并没有把德乌特里亚接回来。

二十八　希尔德贝尔特和提乌德贝尔特征集起一支大军，准备去进攻洛塔尔。洛塔尔闻悉他们的目的之后，觉得自己还不足以抵挡这样一支军队，就躲到一个森林里去了，[①]他在树林里搭起高大的路障，把全部希望寄托在上帝的慈悲上。克洛提尔德王后
106 听到这个情报以后，就来到神圣的马丁墓前，伏地祈祷，通宵守夜，祈求上帝别让她的几个儿子之间发生内战。希尔德贝尔特和提乌德贝尔特率兵前进，把他们的亲属封锁起来，预备在第二天将他杀死。但是黎明时分，他们扎营的地方卷起一阵风暴，把他们的帐篷刮倒，装备吹散，样样东西都倒翻了。当时雷电交加，一阵阵的雹子打在他们身上。他们在冰雹中脸朝地面，扑倒在地，让从天而降的石子狠狠地打了一阵，因为他们除了盾牌以外，别无遮身之物，他们最怕的是自己可能毁于天火。他们的马也四面八方逃散了，以致在二十斯塔德之外都难得找回来，许多马索性从此就不见了。我在前面说过，两个国王正挨着冰雹的袭击，俯伏在地，这时他们表示忏悔，祈求上帝饶恕他们干出这样狠毒的勾当来陷害自己的亲骨肉。在洛塔尔待着的地方，他的上方一滴雨也没有降落，一声雷也没有听见，一丝风意也没有觉察到。叔侄二人派遣使者去见洛塔尔，要求和平友好，洛塔尔同意后，他们马上就回家了。谁也别怀疑神圣的马丁的威力在这里是通过王后的代祷而显现出来的。

---

① 可能是当时的阿雷劳努姆森林，即今天塞纳河以南的布罗通森林。

二十九　这些事情发生之后，希尔德贝尔特到西班牙去了。[①]他和洛塔尔一同去侵略那个国家，以军队围攻萨拉戈萨城。受困的人非常谦恭地哀求上帝，他们禁食戒饮，披着粗毛衣衫，唱着圣诗，捧着神圣的殉教者文森特的法衣，绕城环行。妇女们身穿黑色衣服，披着头发，头上沾满灰末，哭泣着跟在后面，因此她们看来就好像是给亡夫送葬的寡妇似的。全城的人就这样把全部希望寄托在上帝的慈悲上，可以说他们的斋戒和当年的尼尼微人一样。[②]他们的祈祷不可能不打动上帝的同情心。围兵不懂受困的人在干什么，但见他们在自己的眼前这样绕城环行，还以为他们在做什么魔术呢。但是他们捉到当地一个穷苦的老百姓，问他这种行动用意何在。他回答道："他们正捧着神圣的文森特的法衣，以它来祈求上帝垂怜于他们。"这句话使围兵满怀恐惧，他们撤军而去。但是他们已经征服了西班牙的很大一部分地方，并且带着许多掳获物品回到高卢。 107

三十　在西班牙，阿马拉里克死后，提乌达被推举为国王。[③]

① 关于出征西班牙的年代，说法不一，或谓在公元542年，或谓在公元533年。由于萨拉戈萨人民的抵抗，西哥特人取得时间，得到由国王提乌达（一作提乌迪斯。——译者）和大将提乌德吉塞尔分别率领的两支军队的增援，使法兰克人撤走。但是提乌德吉塞尔受了贿赂，让法兰克人安然越过比利牛斯山，并带走了大量战利品。

② 据《圣经·约拿书》第3章称，上帝耶和华为了惩罚尼尼微人的罪恶，命令约拿前往该城，去宣布它将要倾覆。尼尼微人自王以下尽皆禁食，身披麻衣。尼尼微王并命居民求告上帝，离开恶道。上帝遂取消了这次灾祸。——译者

③ 提乌达是东哥特人。当东哥特国王提奥多里克为年轻的阿马拉里克摄政时，他曾经替提奥多里克管理西哥特王国。后来阿马拉里克被希尔德贝尔特打败（见第3卷，第10章），于公元531年被手下的兵士所杀，提乌达被请去就西班牙王位，公元548年他在塞维利亚遇害。

提乌达被处死,人们把提乌德吉塞尔高举在盾牌上,拥立为王。当他正在跟朋友们饮宴,纵情欢乐,还斜靠在席前的时候,灯火忽然熄灭,他死于敌手的剑下。[①] 他死后,阿吉拉接受了他的王国。哥特人采用了这种令人憎恶的习惯:他们不喜欢的国王,就这样杀掉;他们中意的人,就推举为国王。

三十一　意大利国王提奥多里克这时死了,他曾经娶克洛维国王的姊妹为妻,身后留下王后和一个幼女。[②] 女孩长大了,由于她的情人的轻佻,[③]使她对母亲——她为她定下了一个王子——的明智的意见不肯听从,反而看中了自己的奴隶特拉吉拉,跟他私奔到一座不致遭到攻击的城里去。他的母亲大怒,央求她别再贬辱自己的贵胄身份,叫她抛弃那个奴隶,接受自己为她选中的那个与她门当户对、系出王族的人。但是女儿怎么也不同意。于是母亲一怒之下,派武装人员去对付她,这些武装人员来到以后,随即拔剑刺死特拉吉拉,把公主打了一顿,把她带回母亲家里。她们母女两人都是阿里乌斯教派的信徒。这派信徒有自己的一套习惯:当他们走近祭坛时,国王们从一个杯子里领受圣餐,次要的人则从另外一个杯子里领受圣餐。因此女儿在她母亲将要从中取饮的圣餐杯里下了毒药。母亲喝罢,立即身死。毋庸置疑,这样一桩罪孽是魔鬼干出来的。若是人们指控这些可悲的异端信奉者,说恶魔

① 公元549年在塞维利亚遇害。

② 本章内容多舛误。提奥多里克和妻子阿尔博夫蕾德都死于公元526年。他们的女儿阿玛拉松塔已于十年或十一年之前嫁给东哥特王族尤塔里克。提奥多里克死后,她的儿子阿塔拉里克幼年即位,由她摄政。

③ 布雷豪特译本作“由于她的性情浮躁”。——译者

就存在于他们的神圣场所之中，那么他们对此将如何回答呢？但是对于我们这些信仰三位一体同等而且同样全能的人来说，即便 108
我们以圣父、圣子和圣灵的名义喝下了致命的毒药，这对我们也不会有丝毫损害。意大利人对这个女人的行径非常愤慨，他们召请托斯卡纳王提乌达特前来，立他为他们的国王。当新国王获悉那个荡妇的罪恶行径，获悉她如何为了一个勾搭上的奴隶而谋害自己的生母时，他就让人把浴水烧得滚烫，命令把她和她的一个侍女一起关在里面。她刚一走进去，来到热气腾腾的水蒸汽中间，就倒毙在铺砌的地面上，遭到毁灭。[①] 当她的表兄弟希尔德贝尔特和洛塔尔两位国王以及提乌德贝尔特闻知她丧命于如此可耻的刑罚的时候，他们派遣使者去见提乌达特，为她的死亡谴责他，对他说道："你这样对待我们，如果你对此事不作出赔偿，我们就要夺取你的国家，并且以同样的刑罚治你的罪。"国王惊恐之下，送给他们五万枚金币。希尔德贝尔特在同洛塔尔国王打交道的时候，总是嫉妒而狡猾的，他拿这份金币跟侄子提乌德贝尔特分了，他们互相讲好，不让洛塔尔国王分沾。但是洛塔尔由于攫取了克洛多梅尔的财产，他所夺之于他们的数目大大超过他们从他那里诈骗去的数目。

三十二　提乌德贝尔特进军意大利，[②]掳获甚丰。但是由于那一带以疾病流行著称，他的士兵得了种种热病，队伍垮了，许多部下死在当地。为了这个缘故，提乌德贝尔特返回高卢，他和手下

---

① 系被提奥多里克之甥、她的共治者提奥达哈德下令勒死。——译者

② 公元539年。——译者

的士兵都带了大量的战利品回去。据说他们这次进军远抵帕维亚,后来他派布塞林去攻打这个地方。[①] 这个将领首先攻占小意大利,把它收归国王治下,然后转入大意大利,[②]在这里,经过多次交锋之后,他战胜了贝利撒留。皇帝看到贝利撒留节节失利,将他撤换,任命纳尔塞斯接任,并且为了羞辱贝利撒留,再次让他担任
109 司马官这个老差使。布塞林同纳尔塞斯大战数场,攻下了整个意大利,所向披靡,直抵海边;另外,他把大量财富从意大利运回本国,交给提乌德贝尔特。[③] 纳尔塞斯把情况向他的主人作了汇报,皇帝雇了外国雇佣兵去支援他。纳尔塞斯于是重新开战,但是后来溃败退却。布塞林随即占领西西里,[④]在这里勒索了一笔贡赋,送给国王。他在这些事业上真是时运亨通。

三十三　当时,阿斯特里奥卢斯和塞孔迪努斯是国王身边的重要人物,他们都是有学之士,精通修辞。[⑤] 塞孔迪努斯曾经数度以国王使臣的身份出使东罗马,致使他狂妄自大,常常犯下残暴的罪行,这样便在两人之间产生了激烈的争吵,其程度严重到互相辱骂还嫌不足,竟而彼此挥拳殴打起来。国王劝使双方息怒,可是塞孔迪努斯挨打后的疼肿未消,新的仇隙又开头了。国王支持

---

① 阿勒曼尼人布塞林和柳塔尔兄弟二人出征意大利发生在公元553－554年。提乌德贝尔特则死于公元548年。当时在位的提乌德巴尔德不理政事,将领们往往自行其是。此次出兵名义上是应东哥特人抵御东罗马的请求,布塞林和柳塔尔从意大利北部到中部,分别抵达第勒尼安海岸和亚得里亚海岸。——译者

② 小意大利指北部平原,大意大利指此外的部分。

③ 应作提乌德巴尔德。

④ 布塞林并未进入西西里。

⑤ 指古典文学而言。

塞孔迪努斯，把阿斯特里奥卢斯交给他去处置。阿斯特里奥卢斯深受凌辱，被剥夺了一切尊荣富贵。不过由于王后维西加尔德的影响，他又重新得到尊贵地位。王后死后，塞孔迪努斯又一次起来反对他，并且把他处死。他留下一个儿子，这个孩子成年以后，准备替父亲所受的屈辱报仇。塞孔迪努斯惊慌万状，他在那人的追踪下，从一处地产逃到另一处地产。但是他看到追踪者紧紧追逼，脱身无术，据说，他服毒自杀，以免自己落入仇人之手。

三十四　曾经遭受过提乌德里克国王多次伤害的凡尔登主教德西德拉图斯，在经受了许多灾祸、损失、忧伤之后，按照上帝的意旨恢复自由，再次主管他的教区。但是他发现城里的居民特别贫困，为此心中难过，而且，由于提乌德里克的行径，他的私人财产尽遭剥夺，没有办法救助他们。他看出那位提乌德贝尔特国王善良仁慈，就派遣使者去见他。那些使者带去了这样的信息："您的仁慈已经名扬海外，传遍全球，说您甚至对那些无所求于您的人也要假以援助，因此我向您祈求，如果虔诚的您有多余的钱可以提供给 110
我们的话，就请您把它借给我们，以便我们得以使我们的居民重新过上昌盛的日子。等到一旦他们由于惨淡经营而赚得了其他城市能拿得出来的那样多的钱的时候，我们就把您的贷金连同法定利息一起奉还。"国王出于同情之心，借给他七千枚金币，他拿来分发给居民。他们也专心一意地各勤所业，因而富裕起来，直到今天，他们还很受人尊重。但是当主教提出还钱的时候，国王却回答道："我不需要钱。由于你的妥善处置，那些贫穷受苦的人得到了救济，你要钱，我给钱，对我来说于心足矣。"他什么也不肯接受，因而

使凡尔登的居民富足起来。

三十五　这位主教在凡尔登去世，由当地的居民阿吉里克继登教座。[①] 但是阿吉里克的儿子西阿格里乌斯对父亲受到的诬陷念念不忘，他记得他父亲如何在提乌德里克国王面前被西里瓦尔德控告，不仅被剥夺了财产，甚且受了刑罚，于是他带领着一支武装人员去袭击西里瓦尔德，[②]并且以下述方式将他杀死：在一个浓雾笼罩的清晨，当黑暗的阴影刚刚开始消散，几乎还不能辨物的时候，他来到西里瓦尔德在第戎地区的叫做弗洛里亚库斯的地产上，正碰上西里瓦尔德的一个朋友走出来，他们误以为是西里瓦尔德，就把他杀死了。他们自以为已经取得对仇人的胜利，起程回家。但是西里瓦尔德的一个奴隶告诉他们杀死的不是家主，而是他的一个家人，他们又转身往回走，去搜寻西里瓦尔德。他们找到了西里瓦尔德惯常在里面睡觉的寝室，他们一次又一次地想把房们撞开，撞了好久，还是毫无效果。于是他们拆掉一边的墙，终于进入室内，用剑将西里瓦尔德刺杀。西里瓦尔德的被害是提乌德里克死后的事。

三十六　这些事件发生之后，提乌德贝尔特国王病了。医生们把全部关注都不嫌其多地放在他的身上，然而毫无裨益，因为上帝吩咐把他召唤回去。因此经过久病缠绵，他已衰弱不堪，体力不支而死。[③]

---

① 公元554年。

② 西里瓦尔德是提乌德里克的臣属，提乌德里克死后，西阿格里乌斯得以为其父报仇。

③ 公元548年。——译者

这时法兰克人对帕尔特尼乌斯深为痛恨，[①]因为他在先王在位时期把捐税的负担加在他们身上。这时他们去追捕他。他看到自己的处境危险，离城脱逃。他急切地请求两个主教护送他到特里夫斯去，请求他们规劝愤怒的人民停止暴动。他还在途中的时 111
候，一天夜里，他正躺在床上，梦中忽然大喊："救命！救命！你们那些人哪！救救我吧！因为我简直要死了！"喊声所及之处的人都被他吵醒了，他们问他这是怎么回事，他回答道："我所处死的朋友奥萨尼乌斯和我的妻子帕皮亚尼拉刚才正叫我去接受审判，他们说：'来，作出回答，你必须在上帝面前针对我们为你自己进行辩解。'"因为几年以前，由于一时妒火中烧，他杀死了清白的妻子和他的朋友。他们来到特里夫斯以后，两位主教顶不住人民反抗的怒吼，他们努力设法把他窝藏在教堂里，把他放在一只箱子里面，身上堆上法衣。人民一拥而入，搜遍了教堂的每个角落，却什么也没有找到。他们正在一阵狂乱之中离开教堂而去，这时，有一个人忽地疑心起来，他喊道："看那边那只箱子，我们还没有在里面搜查过我们的敌人呢。"守护的人声言里面没有什么，只有教堂用的饰物，但是人们叫他交出钥匙，并且恫吓他说，若不是立即打开箱子，他们就要把箱子砸开了。于是锁开箱启，他们移开一些麻布服装以后，就在里面发现了他，他们高呼："好啊！"把他拖了出来，并且喊道："上帝已经把敌人交到我们手里了。"然后他们用拳头打他，用唾沫啐他；后来将他双手反缚，绑在一根柱子上，用石头把他砸死了。他是个饕餮之徒，他吃芦荟来促进消化，使自己早一点重开

① 帕尔特尼乌斯是高卢-罗马人，供职于提乌德贝尔特的宫廷。

胃口，他随便放屁，对可能听见他放屁的人毫不在意。他的下场就是这样。

三十七　这年冬天天时不利，天气比往年冷得多，河流封冻，人们从河面上履冰而过，就像在干燥的地面上行走一般。积雪很厚，鸟儿不是冻僵，就是饿毙，用不着罗网就能捉到手。

从克洛维去世到提乌德贝尔特去世共计三十七年。提乌德贝尔特死于在位的第十四年，他的儿子提乌德巴尔德嗣位。

第三卷至此结束

第　四　卷 115

第四卷诸章自此开始

一、克洛提尔德王后之死

二、洛塔尔国王企图攫取教会三分之一收入

三、洛塔尔国王的妻子们和儿女们

四、布列塔尼人诸伯爵

五、神圣的高尔主教

六、卡托神父

七、考提努斯就任主教

八、西班牙诸王

九、提乌德巴尔德国王之死

十、萨克森人的叛乱

十一、教士们奉国王之命请卡托任都尔主教

十二、阿纳斯塔西乌斯神父

十三、克拉姆的轻薄无行，菲尔米努斯

十四、洛塔尔第二次向萨克森人进军

十五、神圣的尤夫罗尼乌斯就任主教

十六、克拉姆及其佞臣，他的邪恶行径，他来到第戎

十七、克拉姆投向希尔德贝尔特

十八、奥斯特拉皮乌斯公爵

十九、神圣的梅达主教之死

二十、希尔德贝尔特和克拉姆之死

二十一、洛塔尔国王之死

二十二、洛塔尔诸子瓜分国土

二十三、西吉贝尔特进攻匈奴人,希尔佩里克袭取其城市

二十四、塞尔苏斯受封为勋贵

二十五、贡特拉姆的妻子们

二十六、卡里贝尔特的妻子们

二十七、西吉贝尔特娶布隆希尔德为妻

116 二十八、希尔佩里克的妻子们

二十九、西吉贝尔特对匈奴人的第二次战争

三十、奥弗涅人奉西吉贝尔特国王之命进军阿尔城

三十一、陶雷杜努姆要塞,其他的怪事

三十二、修道士尤利安

三十三、修道院院长松尼乌尔夫

三十四、波尔多某修道士

三十五、阿维图斯就任克莱蒙主教

三十六、里昂主教神圣的尼塞提乌斯

三十七、神圣的弗里亚尔德隐士

三十八、西班牙诸王

三十九、奥弗涅的帕拉迪乌斯之死

四十、查士丁皇帝

四十一、阿尔博因率领伦巴德人入侵意大利

第四卷诸章目录至此结束

（本卷所记自公元547年起，至575年止。）

117 第四卷自此开始

一　英尤里奥苏斯主教在任期间，克洛提尔德王后在都尔去世，[①]她已寿享期颐，广积善行。她在圣诗的高歌声中被运到巴黎去。她的儿子希尔德贝尔特和洛塔尔把她安葬在圣彼得教堂内殿里克洛维国王的墓旁；因为这个教堂是她亲自修建的，最神圣的格诺韦法也埋葬在这里。

二　这时，洛塔尔国王已经命令全国所有的教堂都要把收入的三分之一入缴王库。其他的主教都同意了，还签了名；但是神圣的英尤里奥苏斯毅然拒绝，不屑于签字，他说："如果你想把上帝的东西夺走，那么上帝很快就会夺走你的国家，因为，既然你的职责要求你以仓廪里所藏的粮食赡养穷苦的人，而你却把他们的钱攫取到手，用来充实仓库，这是一种罪恶行为。"他对国王非常恼怒，不辞而去。于是国王心神烦乱，他唯恐神圣的马丁显示威力，就让人去给他送礼，求他宽恕，并且反躬自责，同时请他祈祷，从而使神圣的马丁主教的威力给他帮助。

三　这时洛塔尔国王已经跟好几个妇人生下七个儿子：英贡德生贡塔尔、希尔德里克、卡里贝尔特、贡特拉姆、西吉贝尔特和一个女儿克洛特辛德；英贡德的姊妹阿蕾贡德生希尔佩里克；孔西娜

① 公元544年。

生克拉姆。现在我要讲讲洛塔尔娶他妻子的姊妹是怎么一回事。他已经和英贡德结了婚，并且对她倾心喜爱，英贡德向他建议道："我的主人对于他的侍女已经做了他乐意的事情，让她跟他同床；现在，为了使我所领受的恩惠完满无缺，请我的主人听一听他的仆人的建议。我恳求他施恩，为他的仆人，也就是我的姊妹，选择一个能干而有钱的丈夫，使我不至于因她而降低身份，反而抬高身份，这样，我就可以更忠心地服侍您。"国王的生性是最贪图美色的，听罢之后，他就开始对阿蕾贡德起了心，他前往她所在的那块 118
领地，和她结婚。她属于他以后，他又回到英贡德的身边，对她说道："我已经尽了最大的努力来使你取得你这甜蜜的人所求之于我的恩惠，我曾经去物色家赀富有，才智高超，可以把他婚配给你的姊妹的人，可是我发现谁也不如我。因此告诉你吧，我已经娶她为妻了，我相信这不会使你不愉快。"她回答说："我的主人看着怎么合适，就怎么办，只要让您的侍女生活在您的恩宠之中就行了。"

贡塔尔、克拉姆和希尔德里克在他们的父亲在世时就死了。关于克拉姆的死亡情况以后再谈。伦巴德人的国王阿尔博因娶洛塔尔国王的女儿克洛特辛德为妻。

都尔主教英尤里奥苏斯于在任的第十七年去世，[1]洛塔尔国王的前总管鲍丁继其后任，[2]他是神圣的马丁死后的第十六任主教。[3]

---

① 公元 546 年左右。

② 墨洛温朝廷的总管负责朝廷的财务，经管国王的领地，职位甚高。后来其职责范围似又有所扩大。

③ 与第 10 卷第 31 章有关内容有出入，后任主教情况相同。——译者

四　布列塔尼人的伯爵[①]卡纳奥把他的三个兄弟都处死了。他还想杀死马克利亚夫，他把马克利亚夫抓了来，给他套上镣铐，投入狱中。南特主教费利克斯救了他的性命，马克利亚夫遂即宣誓效忠于他的兄弟卡纳奥，但是为了某种缘故，他又决定背弃誓言。卡纳奥发现这个情况后，又去追捕他。马克利亚夫看到自己没有可能脱逃，就跑到那个地区的另一个伯爵那里去躲避，这个伯爵名字叫做科诺莫尔。当追踪者逼近之际，科诺莫尔把他藏在一个地穴里面，上面盖起一座正式的坟墓，但是留出一个窟窿供他透气。追踪者一到，就听到说："马克利亚夫死了，看哪！这里就是他的葬身之处。"他们听了很高兴，就在坟头喝起酒来，之后，他们回去禀复卡纳奥，说他的兄弟已经身死。但是卡纳奥一听到这个消息，就把他兄弟的土地全部占为己有。在克洛维死后，布列塔尼人总是处在法兰克人的管辖之下，[②]他们的统治者叫做伯爵，不叫国王。事后，马克利亚夫从地穴里出来，前往瓦恩，在这里接受剃发
119 式，受任为主教。但是卡纳奥一死，他就抛弃他的圣职，又把头发养长，同当初他就任圣职时所舍弃的妻子恢复关系，同时把兄弟的领土攫为己有。为了这桩事情，他被主教们开除教籍。他是怎么死的，我将在下文里叙述。

鲍丁主教也在任职的第六年去世，[③]修道院院长贡塔尔受命继任为神圣的马丁死后的第十七任主教。

---

① 此处伯爵即指部落首领而言。

② 布列塔尼半岛实际上处于独立地位，法兰克诸王只是在名义上君临其地，或有时占领某些边城，有时索取贡物。——译者

③ 约公元552年。

五　我已经在前面谈过，神圣的昆提亚努斯已经去世，[①]神圣的高尔在国王的支持下，被任命为主教。[②] 在他任职期间，人们称之为鼠蹊疫病的这种瘟疫在许多地区大肆猖獗，阿尔大主教管区的疫情尤为严重。但是神圣的高尔对自己倒并不怎么担心，对信徒群众的安全却战栗不安。他夜以继日地求告上帝，请求在他有生之日不要见到他的群众罹此灾难。于是，看啊！一位上帝的天使出现在他的眼前，这位天使的头发和衣装都洁白如雪。天使对他说道："主教啊！你向上帝这样为民请命，做得真好，因为你的祷告已经上达天听。看吧！你和你的人民都不会患染这种疾病，当你在世之日，这个地区不会有人死于这种疫疠。因此，目前不用害怕，等到八年以后，再怕不迟。"由此可见过了这段时间以后，他就要与世长辞了。他醒过来，为了对上帝的这种下遣天使俯赐安慰表示谢忱，他规定了连祷，大家都在四旬斋的中期徒步行走三百六十斯塔德的路程，来到殉教者神圣的尤利安墓前。[③] 人们正在看望，突然间，在房屋和教堂的墙壁上出现了人们称之为"Tau"的符号。[④] 但是，正如我在别的书里所谈到的，[⑤]那次疫病毁灭了别的地区，而由于神圣的高尔的代祷，却没有蔓延到克莱蒙。我认为，上帝有鉴于这位牧人的德行，保全了他的羊群，而不让他看到羊群

① 昆提亚努斯之死不见于前文。——译者

② 高尔即加卢斯，格雷戈里的伯父，约于公元527年继任克莱蒙主教，直至公元551年死时为止。

③ 尤利安的墓在布里乌德。

④ 希腊字母T读如Tau，最初被基督教徒认为是十字架的标志。

⑤ 《荣列殉教真福录》(Liber in gloria martyrum beatorum)(为《奇迹集》中的一卷。——译者)

遭受吞噬，这实在是恩惠不浅。

当他已经辞别人世，他的遗体被洗拭干净，并被抬进教堂以
120 后，卡托神父立即接受教士们对他们的新主教的礼敬，他俨然以业已登上教座的主教自居，把持了教会的全部财产，撤换了监管人员，裁革了教会的仆役，他独断独行地管理一切事务。

六 由于参加神圣的高尔的殡葬仪式而聚会到一起的主教们，在安葬了高尔以后，对卡托神父说："我们看到大多数人的选择落在你的身上，那么好啦，请你和我们取得一致，我们愿意为你祝福，授任你为主教。国王[1]还是一个孩子，如果有人把过失归咎于你的话，我们是会把你放在我们的保护之下的。我们要想办法对付提乌德巴尔德王国的贵族和首脑人物，以免有什么冤屈加诸你的身上。请你完全信任我们，我们保证你诸事顺利，并且用我们自己的财力来弥补你可能蒙受的任何损失。"但是由于他一向非常骄傲自负，他作了这样的回答："你们根据所听到的普遍反映，可以了解，从早年起我就一向遵循宗教信仰过日子，我斋戒过，我乐于施舍，我曾多次延长守夜，我常常彻夜站着，热情地歌唱圣诗。既然我对侍奉上帝表现了如此巨大的热诚，现在我的上帝是不会听任我被剥夺掉这个圣职的。我曾经按照教规的规定经历了教职诸等级。我充任读经师十年，当副助祭五年，任副主祭十五年，膺神父之尊二十年。除了由我接受主教职位以酬答我的虔诚服役而外，还有什么留给我呢？因此请你们各回本城去做合乎你们自己利益的事情吧；至于我的话，我打算担任这个根据教规应该属于我的尊

① 提乌德巴尔德。——译者

贵职务。"主教们听了这些话之后，就离开了，他们对于他的自负表示憎恶。

七　他经教士们正式同意，被推举为主教，在选举未经认可之前，他就一切独断专行，并且开始对考提努斯副主教大肆恫吓，对他说道："我要撤掉你的职务，我要贬黜你的身份，我要叫你多次悬在那里等死。"考提努斯答道："最虔诚的大人，我企望你赐以洪恩，如果我博得你的恩宠，我定然为你效一次劳。为了使你免却一切麻烦，我愿怀着一颗纯正无邪的心亲自往见国王，为你求得主教的 121
职位。[①] 就我来说，我但愿无负于你的恩宠，别无他求。"卡托疑心这是一种圈套，没有接受他的要求。考提努斯看到自己遭受藐视，面临着被诬告的危险，就假装生病，在夜间离开了克莱蒙，前往提乌德巴尔德国王那里，向他报告神圣的高尔的死讯。国王及其左右闻讯之后，由国王召集主教们在梅斯开会，考提努斯副主教本人受任为主教。当卡托神父派出的使者们到达国王那里的时候，考提努斯已经是主教了。国王命令把这些教士连同他们随身所携带的全部教会财产都移交给考提努斯，之后，他由那些奉命送他前往的主教们和宫廷管事人员们护送到克莱蒙。克莱蒙城的教士和居民欢欢喜喜地迎接他，他就任克莱蒙的主教。后来他和卡托神父之间屡屡发生仇隙，因为谁也不能说服卡托对他的主教表示服从。圣职人员当中有两派——一派承认考提努斯，另一派承认卡托，——其结果是双方深受其害。考提努斯主教看到没有办法诱导卡托表示服从，就剥夺了他和他的支持者们受之于教会的全部

① 选举主教的程序见本卷第26章注。——译者

财产，使得他们一贫如洗；可是如果他们当中有谁转变到他这方面来，那就把他所丧失的东西全部归还给他。

八　这时候，阿吉拉国王[①]统治着西班牙，他的专制统治给人民套上了极其沉重的桎梏。于是东罗马皇帝的军队开入西班牙，攻占了几个城市。阿吉拉被杀，阿塔纳吉尔德即位为王。[②] 后来阿塔纳吉尔德同东罗马军队数次交锋，屡屡击溃他们，从他们的手里把一部分为他们非法侵占的城市夺了回来。

九　提乌德巴尔德成年以后，和符尔德特拉达结婚。[③] 据说，这个提乌德巴尔德秉性邪恶。有一次，他疑心一个人盗窃了他的什么东西，对他心怀恼恨，就对他讲了下面这样一段寓言：“一条蛇

122 发现了一罐酒，从罐口钻了进去，把酒喝得干干净净。它喝胀了，不能像钻进去那样地钻出来了。它正在毫无希望地设法脱身的时候，酒的主人来了，对它说道：‘先把你吞下去的东西吐出来，你就能够解脱出来。’”这个寓言使得对方非常恐惧，非常痛恨。

就在这个国王在位期间，布塞林在把全部意大利收归法兰克人统治之后，被纳尔塞斯所杀。[④] 意大利又让东罗马皇帝得去。此后谁也没有能力去收复它。

同样是在这个国王在位期间，我们看见接骨木上长了葡萄，这些葡萄和葡萄树丝毫不相联系。你知道，这种树开的花通常是结黑色的浆果的，现在却结出了葡萄。也在这个时候，人们看见第五

① 公元 549—554 年在位。——译者

② 公元 554—567 年在位。——译者

③ 符尔德特拉达是伦巴德人的国王瓦科之女，维西加尔德的妹妹。

④ 见第 3 卷第 32 章注。——译者

颗星从相反的一方进入月球轨道之内。我相信这些朕兆预告国王死期已至。他的体力大衰，自腰部以下，两肢不能运用自如。经过一段逐渐衰竭的过程之后，他于在位的第七年去世。[①] 洛塔尔继承了他的国土，并把符尔德特拉达据为妻子。但是主教们谴责他，因此他同符尔德特拉达脱离，把她嫁给加里瓦尔德公爵[②]。他把他的儿子克拉姆送到奥弗涅去。

十　这年，萨克森人发动叛乱，洛塔尔国王举兵前往攻打，消灭了大部分叛乱者。由于图林根的居民帮助了萨克森人，他就对整个图林根地区加以破坏和蹂躏。

十一　都尔主教贡塔尔在该城去世。据说，根据考提努斯主教的建议，邀请卡托神父前来主管都尔教堂。于是一个由教士们组成的代表团，其中包括修道院院长兼圣徒遗物保管人柳巴斯特，以盛大的仪式来到了克莱蒙。他们向卡托宣布国王的意旨，而卡托却让他们一候数日，等待他的答复。他们急于回去，就对卡托说："把你的主意摆出来，好让我们知道该怎么办，要不然，我们要回家了。因为我们之所以来找你并非出于自己的推选，而是根据王命。"但是一向妄自尊大的卡托却纠集了一群穷人，教他们大叫大嚷道："好神父啊！你为什么离开你一直抚育到今天的孩子们呢？要是你一走，谁给我们吃的喝的，使我们恢复精力呢？我们恳 123
求你别离开你一向哺育的人们。"然后卡托转过身去对都尔的众多教士说道："亲爱的弟兄们，现在你们见到我是如何地受这群贫困

① 公元 555 年。——译者

② 巴伐利亚公爵。

的人的爱戴了。我不能撇弃他们而跟着你们走。”于是他们把他这个答复带回都尔。卡托已经巴结上克拉姆，已经从克拉姆那里得到许诺，要是洛塔尔在当时碰巧死掉，就把考提努斯从主教职位上排挤下去，由他本人主管克莱蒙的教堂。但是他这个看不起神圣的马丁的教座的人，是该当得不到他自己所企求的教座的。因此在他身上应验了大卫所唱的：“他不喜爱福乐，福乐就与他远离”这句话。[①] 因为他当时正趾高气扬，洋洋得意，自以为没有人比得上他那样以圣洁著称。有一次，他雇来一个妇人在教堂里大声叫嚷，好像恶魔附体一般，宣称他是个大圣徒，是个上帝宠爱的人，而考提努斯主教则是诸种罪孽俱全，永远不配受任教职。

十二　考提努斯受任主教职务以后，他的表现使得人人厌憎。他恣纵于痛饮，无所节制，常常醺然大醉，竟而连四个人都很难把他从席上抬开，结果是后来他得了癫痫病。他时常公然在大庭广众之间酣饮无度。他的贪得无厌竟然达到这种程度，以至于要是他得不到至少是一部分与他的地产毗连的土地的话，这在他看来就像是要了他的命似的。如果那个地主身份高，他就借故寻衅，加以谩骂，非法侵夺，如果他的地位不怎么高，他就强行霸占。这正如我们的索利乌斯[②]所说的：“他自高自大，该付的钱他不给，拿不到地契，就大失所望。”

当时，克莱蒙有个神父，名字叫阿纳斯塔西乌斯，他是自由人出身。他有一份产业，是已故的克洛提尔德王后赐赠的。主教与

① 《圣经·诗篇》，第 109 篇，第 17 节。——译者

② 索利乌斯即第 2 卷第 22—25 章的西多尼乌斯。这里所引的话系指罗马总督塞罗纳图斯而言。塞罗纳图斯非法掠夺别人的土地，拒绝付款。

他几次晤面，急切地请求他把王后的赐赠文契给他，把这份土地转让给他。有时候，主教想用甘言蜜语达到目的，有时候又进行恫 124
吓，而他对主教的愿望却迟迟不予听从。最后主教索性不由他不同意，下令把他带到城里，最无耻地让人把他拘禁起来。他宣称要是他不肯交出文契，就要叫他遭受虐待，听其饿死。阿纳斯塔西乌斯以大丈夫的气概加以抗拒，不肯交出文契。他一口咬定说他情愿不吃东西，耗尽体力而死，也不能在身后让孩子们贫困匮乏。后来主教命令把他监管起来，听其饿死，除非他同意把文契交出来。在神圣的殉教者卡西乌斯的教堂的下面，有一个古老的墓穴，人们看不见它，里面放着一口帕罗斯大理石制成的石棺，石棺里面盛着一具老早死去的什么人的遗体。这位神父被活活地埋在墓中那具尸体之上，上面重新盖上原来那块石板。穴口设人看守。但是这些看守的人以为把他放在石盖下面万无一失，觉得这样就可以了，他们点起了火——因为正是冬天，——在火上把酒温一温，喝了，由于酒力发作，他们昏昏睡去。于是这位神父就像是另一个约拿一般，[①]被关在坟墓之中，犹如置身地府，他从这里不断地祈求上帝垂怜。我已经说过，那口石棺很宽敞，他虽然不能在里面翻身，却可以随意舒展两臂。正如后来他时常谈起的，那具尸体发出一种奇臭无比的气味，这种臭气不仅使他的外部感官为之战栗，而且使他的内部脏腑为之颤抖。只要他能够用斗篷捂住鼻孔，他还可以挡住最难闻的腥味，可是等到他感到已经闷得半死，把斗篷移开

① 约拿违背上帝之命，上帝让一条鱼将约拿吞入腹内。约拿在鱼腹中祈祷，上帝遂命鱼吐出约拿。见《圣经·约拿书》，第1、2章。——译者

一点的时候，那股熏心臭气就从他的嘴里，鼻子里，你几乎可以说还同样从耳朵里钻进去。简单地说，当上帝垂怜于他的时刻——我相信是如此，——他把右手伸到棺材边上，发现那里有一根铁撬棍，在盖子放下来的时候，这根铁撬棍正好搁在盖子和底下的墓穴边缘之间。他一点一点地挪动铁撬棍，上帝也在帮他的忙，结果，他觉得石板盖挪动了。当盖子挪开到使他可以把头探出来的时候，他再把缺口扩大开来，直到他的身体也能够钻出来为止。当时
125 虽然夜色还没有倾泻到各个地方，却已暮色初临，日光渐淡。阿纳斯塔西乌斯去找地穴的另外一个门，这个门是用特别结实的锁和大钉子封起来的，但是合拢得很不严，他可以从门板之间向外张望。他把头弯到门缝那里，看见正有一个人在门外走过。他向那人喊去，尽管他的声音很微弱。那人听见他喊，立刻抓起斧头，砍穿用门闩插住的门板，给囚徒开辟了一个出口。这位神父在昏暗中爬了上来，他先是恳切地请求那人一点也不要把他的这次历险经过告诉给任何人，然后就回家了。跨进家门，他就找出克洛提尔德王后给他的那些文契。他带着文契去见洛塔尔国王，向他诉说自己被主教活埋的经过。在场的人个个大吃一惊，都说哪怕是尼禄或希律也没有干过把一个人活活埋进坟墓这样一种罪恶勾当。他们还在议论的时候，考提努斯主教在国王面前出现了。但是阿纳斯塔西乌斯的一番控告使他吃了败仗，狼狈而去。阿纳斯塔西乌斯得到了国王赐给的证书，从而使他可以很容易地保护他的财产，他继续保有这份财产，并且传给了子孙后代。在考提努斯的身上既没有虔诚之念，又缺乏体谅之心；他对于无论是宗教的或者是世俗的学问全都一窍不通。他对犹太人的势力一味顺从，同他们

的关系搞得很熟，这倒不是为了让他们皈依上帝，——而作为一个好牧人，这却应该是他关心的事，——而是为了买他们的贵重物品。他很容易受奉承，他们也百般谄媚他，然后他们以高于所值的价格把东西卖给他。

十三　这时候，克拉姆住在克莱蒙。他的许多举动都是愚蠢糊涂的，这正是他早死的原因。人民把一大堆诅咒加在他的身上。凡是能够对他忠言直谏的人没有一个成为他的亲信。他招来了一帮低级下流、反复多变的青年人聚集在自己的周围，因为他只把这种人放在心上，只有他们的话才能入耳。即使是出身于元老家族的女子，他也命令把她们强行拐诱到手。他用暴力把菲尔米努斯从克莱蒙伯爵的职位上赶下台去，任命埃沃迪乌斯的儿子萨卢斯提乌斯取而代之。菲尔米努斯和他的岳母躲进教堂避难。那时正是四旬斋期，按照前文所述的神圣的高尔定下的制度，考提努斯主 126
教已经为列队步行到布里乌德堂区去的仪式做了准备。他从城里出发的时候，叹息不已，恐怕路上会遭遇什么不幸，因为他也受到克拉姆国王[①]的威胁。他还在途中的时候，国王派遣身边那帮人的头目伊姆纳卡尔和斯卡普塔尔带着如下的指示前去：“去把菲尔米努斯和他的岳母凯撒里亚从教堂里拖出来。”因此，如上所述，当主教唱着圣诗出发之后，克拉姆的这些使者却来到教堂里，对菲尔米努斯和凯撒里亚极尽其谄媚奉承之能事，以便安定他们的恐惧心情。这两个人在教堂里来来去去地走了好半天，东拉西扯说个不停，两个在此避难的人正全神贯注地倾听着他们的讲话，这时，

① 墨洛温朝王室子女通称为国王和王后。

他们来到神圣的教堂的门口，此刻门正敞着，然后伊姆纳卡尔伸出两臂把菲尔米努斯抓了过来，斯卡普塔尔把凯撒里亚抓了过来，他们胁迫这两个人走出教堂，教堂外面事先布置了人，等着抓住他们。于是他们立即遭到流放，被送走了。但是到第二天，押守他们的人正在昏睡沉沉，他们看到自己可以自由行动，就逃进了圣尤利安教堂，从而使自己免除了被放逐的命运，虽然他们的财产被没收了。但是考提努斯主教疑心自己在沿着这条路向布里乌德走去的时候，可能也会遭到不测，因此身边带着一匹套好马鞍的马。突然间，他朝四面一看，看见身后有人正骑着马赶上前来。"我真伤心啊！"他大叫道，"这些是克拉姆派来捉拿我的人！"于是他纵身上马，脱离行列，用两个踢马刺猛力刺马，总算独自一人形同半死似地到达了圣尤利安教堂的门廊。讲这段故事的时候，我回想起萨卢斯特的一段话，这话是他用来反对诽谤历史家的人的，他说："看来，写史是一桩艰巨的工作；首先，因为你必须使你所用的辞句和事实相吻合；其次，因为大多数读者把你对于犯罪行为所可能给予的谴责都归之于心怀恶意和嫉妒。"[①]但是我还是继续我的工作吧！

十四　提乌德巴尔德死后，[②]洛塔尔继承了法兰克人的土地。[③] 他正在国内巡行的时候，[④]他的臣民告诉他说：萨克森人又

---

① 萨卢斯特（公元前 86—35 年）是罗马历史家。引文见于他所著的《加提林阴谋》一书。——译者

② 公元 555 年。——译者

③ 此处法兰克人的土地，指里普阿尔法兰克人，即东部法兰克人的居地而言，这块地方不久以后称为奥斯特拉西亚。

④ 法兰克国王即位以后，照例在国内巡行。

在疯狂骚动，又在公开地起来反对他，事情还不止此，他们还以轻慢的态度拒绝缴纳每年所必须上缴的贡赋。国王听了这个消息大为生气，随即向萨克森人进军。但是当他几乎到达萨克森人居地 127
的边境的时候，萨克森人派遣使者带来这样一个口信："我们并无意于对您侮慢不恭，我们也没有想拒不缴纳过去向您的诸兄和侄辈[①]所缴付的贡赋。要是您要求纳贡，我们还愿意多缴。我们只请求一件事，就是和平，让您的军队和我们之间不要发生冲突。"国王听罢，对左右的人说："这些人说得好，我们别去进攻他们，要不然，恐怕我们会对上帝犯罪。"但是他们却回答说："我们知道他们都是骗子，他们根本不会实现诺言，因此，我们去进攻他们吧。"萨克森人又献出了一半财产，要求讲和。洛塔尔对他的随从人员说："我请求你们随他们去吧；免得上帝为此震怒，反对我们。"但是他们还是不能心满意足。萨克森人又第三次前来献纳衣服、牛，还有他们的全部动产，他们说道："把所有这些东西和我们的一半土地都拿去吧！只要让我们的妻子儿女安享自由，让我们之间没有战争就行了。"但是就连这样也不能使法兰克人满意。于是洛塔尔国王说："我请求你们罢手，抛弃这种目的，因为公理不在我们方面。别去投入一场你们会自遭毁灭的战争。但是如果你们自己要去，我也不跟你们去。"他们对洛塔尔国王恨之欲狂，向他一拥而上，扯破他的帐篷，粗野地咒骂他，甚至还强行把他拖走，要是他再不与他们同往，他们就把他杀死了。洛塔尔国王眼看事已至此，只好无可奈何地跟着他们去了。交锋开始，法兰克人遭到敌人痛击，杀伤

① 指其兄提乌德里克、其侄提乌德贝尔特、其侄孙提乌德巴尔德。

甚众，双方阵亡的人多得几乎无法统计或清点。洛塔尔的心中十分烦恼，请求讲和，声称他去攻击他们是违反自己的意愿的。萨克森人同意媾和，他回国了。

十五　都尔居民得悉国王对萨克森人作战归来以后，就把他们正式同意尤夫罗尼乌斯神父就任主教一事提交给他。他们说明情况以后，国王用以下的话回答道："我已经表示过我的决定，由卡
128 托神父在都尔就任主教职务，为什么玩忽我的命令呢？"他们回答说："我们去请过他，可是他不肯来。"正说着，卡托神父忽然亲自露面，他恳求国王把考提努斯从克莱蒙的主教席位上撵走，下令任命他为该教区的主教。国王对他的这种想法哈哈大笑，这时他又提出一个新的请求，让国王任命他就任他以前曾经加以鄙视的都尔教区的主教。于是国王对他说道："当初我的的确确是任命你当那个教区的主教的，但是，就我所听到的而言，你一直看不起都尔教堂，因此，主管这个教堂这份差使就完全不是你的了。"因此卡托狼狈不堪而退。然后国王询问左右有关神圣的尤夫罗尼乌斯的情况，他们告诉他说他是神圣的格雷戈里[①]——我在前面曾讲到他——的侄子[②]。国王答道："那是名门贵胄，上帝和神圣的马丁的意旨须得实现，让这项推选工作完成吧。"于是他颁发证书，神圣的尤夫罗尼乌斯被任命为神圣的马丁之后的第十八任主教。

十六　我已经说过，克拉姆在克莱蒙作恶多端，他对考提努斯主教一味心存怨恨。这时他病得很厉害，以致连头发都由于发烧

① 即朗格勒主教格雷戈里。见第3卷，第15、19章。

② 布雷豪特译本作孙子。——译者

热度太高而脱落了。他身边有个克莱蒙居民阿斯科温杜斯，是个身份很高，众人瞩目的人物，他用尽了一切力量来使这个王子改邪归正，但是未能奏效。因为克拉姆的身边还有一个普瓦提埃人利奥，他怂恿克拉姆干各种各样的坏事。这个人和他的名字倒是恰好相称，[1]因为他在一切嗜欲方面都贪暴到极点。据说，某一次他指责马丁和马尔提亚尔两位申信者，说他们没有给王室领地留下一点儿值钱的东西。但是，猛然间，他中了这两位申信者的威力，变得耳聋口哑，疯癫而死。这个倒霉的人曾经来到都尔的圣马丁教堂，彻夜祈祷，奉献礼物，但是这位圣徒的一贯的威力对他是不加佑护的，他带着疾病而来，又拖着同样的疾病而去。这时克拉姆离开克莱蒙，来到普瓦提埃城。他住在普瓦提埃城内，颇有权势。但是他听信了佞臣们的献策，竟被引入歧途。他打算对他的父亲要弄奸诈，因此他想投奔他的伯父希尔德贝尔特。希尔德贝尔特也并非没有抱着恶毒的念头，他答应收留他，虽然他的义务应该是劝导他，告诉他身为基督教徒，不要对自己的父亲图谋不轨。然后，他们之间通过密使往返，共商诡计，合伙策划反对洛塔尔的阴谋。然而希尔德贝尔特却忘记了以前他每一次反对他的弟弟，到头来都是把自己搞得狼狈不堪。

克拉姆加入了这项盟约以后，回到利摩日去，他把自己以前巡视过的那部分他父亲的土地都兼并到自己的统治下。那时候，克莱蒙的居民闭居在城垣以内，他们正在遭受各种沉重疾病的侵袭，不断死亡。

① leo（利奥）是拉丁文“狮子”的意思。——译者

这时，洛塔尔国王派他的两个儿子卡里贝尔特和贡特拉姆去攻打克拉姆。他们从奥弗涅穿过，听说克拉姆正在利摩日地区，就来到名字叫黑山的这座山边，他们在这里找到克拉姆。他们搭起帐篷，安营下寨，与他遥遥相对，并且给他送去消息，叫他要么就把所篡夺的父亲的产业交出来，要么就摆开阵势，准备交锋。他假装向父亲屈服，说道："我可不能放弃我所巡视过的全部地区，但是我愿意在父亲同意的情况下拥有这些地盘。"然后他们要求武力解决。但是当双方的军队带着全副装备走向前来，碰到一起，正准备交战之际，突然起了风暴，雷电交加，使这一仗没有打成。他们各归本营以后，克拉姆狡猾地派一个外乡人去向他的两个兄弟宣布父亲去世。这时，对萨克森人的战争正在进行(我在前面已经谈到此事)，他们两人忧急之下，尽快地奔回勃艮第去了。克拉姆带兵追击，一直追到夏龙，[①]经过一场围攻，占领该地。然后他继续推进到第戎。他是在一个安息日到达那里的。我要讲讲这下又发生了什么事情。

神圣的提特里库斯主教此时正在第戎，我在前面某一卷里讲
130 到了他。[②] 教士们在圣坛上摆上三卷书，这些书是《先知书》《使徒书》和《福音书》，他们祈求上帝向他们昭示克拉姆的命运如何，他们请求神的威力宣布克拉姆是不是能够兴盛起来，到底能不能统治。同时，他们彼此同意每一个人都在作弥撒的时候读一段书，一打开书碰上哪段，就读哪段。首先打开的是《先知书》，他们看到这

---

① 索恩河畔夏龙。——译者

② 本书并未提到提特里库斯，格雷戈里在其所著《教父列传》第 7 章中提到提特里库斯是朗格勒主教格雷戈里的儿子和继任者。

样的章句："我必拆毁墙垣，使他被践踏。我指望结好葡萄，怎么倒结了野葡萄呢？"[①]然后他们打开《使徒书》，看到："因为你们自己明明晓得，主的日子来到，好像夜间的贼一样。人正说平安稳妥的时候，灾祸忽然临到他们，如同产难临到怀胎的妇人一样，他们绝不能逃脱。"[②]上帝又通过《福音书》说："凡听见我这话不去行的，好比一个无知的人，把房子盖在沙土上。雨淋，水冲，风吹，撞着那房子，房子就倒塌了，并且倒塌得很大。"[③]克拉姆在〔城外的〕教堂里受到上述那位主教的接待，他在这里吃到面包，后来他又由此前往希尔德贝尔特那里，然而他未能获准进入第戎城内。

洛塔尔国王这时正同萨克森人坚决作战，因为据说这族人让希尔德贝尔特给激怒了，在头一年，他们曾向法兰克人发泄愤恨，从自己的住地进入法兰克人地区。他们一路破坏，直抵多伊茨城，[④]在各处都造成极其严重的祸害。

十七　克拉姆已经和维利卡尔的女儿结婚，这时他来到巴黎，和希尔德贝尔特国王约定互守信义，互相友好，这样，他就使希尔德贝尔特同自己结合在一起，他还声称自己实实在在是父亲的对头。当洛塔尔正在同萨克森人打仗的时候，希尔德贝尔特进入兰斯原野，他疾速前进，一直来到这个城市，连抢带烧，弄得一片荒芜，因为他听说他弟弟已经被萨克森人杀死，他相信现在是一切都

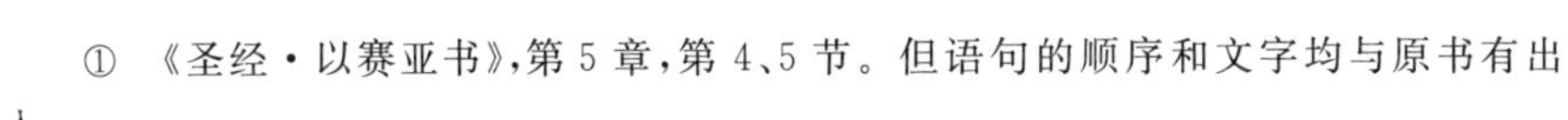

① 《圣经·以赛亚书》，第5章，第4、5节。但语句的顺序和文字均与原书有出入。

② 《圣经·帖撒罗尼迦前书》，第5章，第2、3节。

③ 《圣经·马太福音》，第7章，第26、27节。

④ 在莱茵河右岸，与科隆遥遥相对。——译者

131 在他的管辖之下了，因此凡是所到之处，一律加以破坏。

十八　奥斯特拉皮乌斯公爵[①]由于惧怕克拉姆，逃到圣马丁教堂里避难，他在患难之中却是不乏神助。为了使他更容易地在饥饿的驱使之下自动地从神圣的教堂里出来，因而必死无疑，克拉姆已下令对他严加围困看管，其围困之森严要使得没有人敢于给他提供食物，其看管之严密要使得他甚至连一口水也得不到。当他人已半死，躺在那里的时候，有一个人给他端来了一碗水，好让他喝。他把水碗接了过去，这时，当地的法官匆忙赶到，[②]他从奥斯特拉皮乌斯的手里把碗抢走，把水泼在地上。他这一来，上帝和神圣主教的谴罚立即接踵而至。因为就在当天，干这件事情的法官发起烧来，半夜就病死了，他不可能活到第二天的同一时刻——就是他在那位圣徒的教堂里从避难者手中把水碗抢过来摔碎的那个时刻。这桩奇迹发生之后，大家都给奥斯特拉皮乌斯送来了大量他所需要的东西。洛塔尔回到国里以后，对奥斯特拉皮乌斯非常器重。在洛塔尔统治期间，奥斯特拉皮乌斯受任教会职务，并且在普瓦提埃主教管区的尚托索地方受任为主教。当时不言而喻，等到当时主管普瓦提埃教堂的平提乌斯死后，就要由他继其后任了。但是卡里贝尔特国王却作了另外一种决定，因为当平提乌斯主教离开人世以后，[③]根据这位国王的命令，当时正住在巴黎的

① 此人当系洛塔尔一世手下主管都兰和普瓦图的官员。

② 平时，城市的法官就是当地伯爵。伯爵之下设有代理人，在城市所属的市镇里负责司法事务，维持社会秩序，在伯爵外出的时候，在城市里代表伯爵。格雷戈里所说的法官即指伯爵或其代理人。此处原文为 iudex loci，可能指后者而言。

③ 约公元 564 年。

圣希拉里教堂的修道院院长帕森提乌斯被任命为他的后任。奥斯特拉皮乌斯提出严重抗议，说这个席位是他的当然权利，应该归他，但是他的一切言论对他丝毫不起作用。他回到自己的市镇里去，而他过去所经常迫害的泰法利人[1]起来造他的反，他被长矛刺伤，横遭惨死。普瓦提埃的教堂又把当初交给他管辖的堂区收了回来。

十九　洛塔尔做国王的时候，上帝的圣徒梅达走完了善行的历程而去世，[2]他已得享遐龄，圣迹卓著。洛塔尔国王以最崇高的敬意把他安葬在苏瓦松城，并且在他的坟墓上方开始建造一所教
堂，这所教堂后来由他的儿子西吉贝尔特完成，并加以装饰。在他 132
的神圣的墓前我曾见过囚徒们的镣铐和枷锁摆在那里，已经扯断，摔得粉碎，直到今天，这些东西还保存在这位圣徒长眠的地方，作为他的威力的见证。现在还是让我重新按照历史的线索讲下去吧！

二十　希尔德贝尔特国王病了，在巴黎长期卧病之后，与世长辞。[3] 他被安葬在他自己修建的圣文森特教堂里。洛塔尔国王继承了他的土地和财富，[4]并且把符尔特罗戈塔[5]和她的两个女儿流

---

① 泰法利人曾在罗马帝国时期充当雇佣军，并由帝国给予土地，住在普瓦提埃境内卢瓦尔河以南。——译者

② 约公元545年。

③ 公元558年。——译者

④ 克洛多梅尔死后，其土地由希尔德贝尔特一世和洛塔尔一世瓜分。后来，洛塔尔继承了其侄孙提乌德巴尔德的土地。希尔德贝尔特无子嗣，他死后，其领土也由洛塔尔继承。这时洛塔尔已据有全部法兰克土地。——译者

⑤ 希尔德贝尔特的王后。——译者

放出去。克拉姆自己到父亲面前去投案，但是后来他又一次成了叛徒，这一来，他眼看自己跑不掉，就逃到布列塔尼去了。他和他的妻子女儿避居在布列塔尼人的伯爵卡纳奥那里。

维利卡尔神父逃到圣马丁教堂去避难。后来，作为人们造孽作恶和在教堂里弄虚作假的后果，这座神圣的教堂被维利卡尔和他的妻子所放的一把火烧毁了。我在记述这场灾难之际，不能不因痛心而为之长叹一声。一年之前，都尔城就已经遭到焚毁，城里许多教堂已经被烧成了废墟。根据洛塔尔国王的命令，在圣马丁教堂的屋顶上立刻铺上了锡，把教堂修复得华丽如昔。

与此同时，两群蝗虫蜂拥而至。据说这些蝗虫穿过了奥弗涅和利穆赞，来到罗马尼阿平原。[①] 两群蝗虫在此大战一场，彼此狠狠地撞击了一阵。

洛塔尔国王对克拉姆非常气愤，就率领大军进入布列塔尼去对付他。[②] 这个王子并不畏缩，他出来同父亲对抗。两支军队在一片平原上集结，相隔很近。克拉姆率领布列塔尼人已经列好阵势，与他的父亲对垒。这时夜色降临，阻止了这场交锋。夜间，布列塔尼人的伯爵卡纳奥对克拉姆说：“我认为，你前去进攻你的父亲，是错误的。请你容许我在今天夜里去袭击他，把他和他的整个部队统统杀掉。”克拉姆不肯让他这样做，我相信他是被上帝的力
133 量所拦阻。第二天早晨，两军出动，双方冲上前去交锋。洛塔尔的出阵好比是又一个大卫去攻打自己的儿子一般，而他的儿子又好

① 在克莱蒙之南不远。

② 公元560年。

比是另一个押沙龙。[①] 洛塔尔一面哭泣一面申述道："啊！上帝！请你从上天俯视下界，给我评评理吧！因为我从我儿子的手里非法遭到伤害。请你俯视下界，公平裁决，并且作出你从前曾经为押沙龙和他的父亲所作的判决吧！"两军交战以后，布列塔尼人的伯爵转身败逃，在战场上阵亡。克拉姆开始逃命，因为他已经在海上预备好了船只。但是当他设法从敌人的手里救出他的妻子和女儿们时，他父亲的军队突然袭击过来，把他捉拿到手，关押起来。洛塔尔听说他已经被俘，就命令把他和他的妻子女儿一起烧死。他们被封锁在一个穷人的小屋里，克拉姆被平捆在一条长凳上，用长巾勒死。然后在他们的头顶上方给小屋点上火，这样，克拉姆和他的妻子女儿同归于尽。

二十一　洛塔尔国王在位的第五十年，他带着许许多多礼品到圣马丁教堂去。到达都尔之后，他就去到上述这位主教的墓前，历数自己由于疏忽而可能犯下的罪恶行为，并且哀吟再三，祈求神圣的申信者恳请上帝宽恕他的罪行，同时借助圣马丁的代祷，洗涤自己无意之中所犯下的罪愆。他于在位的第五十一年回去。有一次，他正在居斯森林里打猎，突然发起烧来，于是他从居斯森林回到贡比涅的领地上去。在那里，他深为发烧所苦，他大喊道："悲哉！你们是怎么想的？天上的上帝就这样把如此伟大的众多国王弄死，那么他是怎样的一位君王呢？"他在精神疲惫之中气绝而死。[②] 他的四个儿子以盛大的仪式把他送到苏瓦松去，安葬在圣

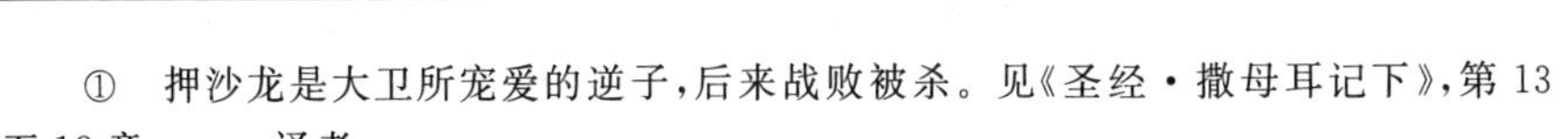

① 押沙龙是大卫所宠爱的逆子，后来战败被杀。见《圣经·撒母耳记下》，第13至18章。——译者

② 公元561年。——译者

梅达教堂里。他死在克拉姆被杀的一周年那一天。

二十二　希尔佩里克在父亲殡葬以后，就据有了堆聚在贝尔尼的王庄[①]里的全部财产。然后他去寻求他认为最能够为他效力的法兰克人，他用赠礼把他们收买过来为自己效忠。不久之后，他
134 进入巴黎，把希尔德贝尔特国王的府邸攫为己有。但是他命不该久据其地，他的几个兄弟联合一致把他驱逐出去。这样，卡里贝尔特、贡特拉姆、希尔佩里克和西吉贝尔特兄弟四人合法地瓜分了领土。希尔德贝尔特的国土（首都巴黎）归卡里贝尔特；克洛多梅尔的国土归贡特拉姆，首都奥尔良；希尔佩里克得到他父亲洛塔尔的国土，他驻在苏瓦松；西吉贝尔特得到提乌德里克的国土，他驻在兰斯。[②]

二十三　洛塔尔国王死后，匈奴人侵犯高卢。[③] 西吉贝尔特率领一支军队前去抵御他们，一次战役之后，把他们击败并赶跑了。此事发生以后，他们的国王派来了使臣，双方订约修好。但是当西吉贝尔特正忙于和他们打交道的时候，他的计划被打乱了。

① 在法国北部杜埃和阿拉斯之间。——译者

② 这次领土瓜分与公元511年克洛维诸子的领土瓜分有所出入，大体如下：卡里贝尔特得到高卢西部的一片长条地带，其疆域北起布雷色河，南至比利牛斯山脉，西临英吉利海峡和大西洋（布列塔尼半岛除外），包括鲁昂、博韦、桑利、莫（城）、贝叶、雷恩、夏尔特尔、桑斯、勒芒、昂热、南特、都尔、普瓦提埃、利摩日、昂古莱姆、卡奥尔、阿让、阿尔比、波尔多、图卢兹、雪塔等城市。贡特拉姆的土地几乎包括旧勃良第王国的全部地区，还有在其西北的特鲁瓦、奥塞尔、奥尔良、布尔日，以及西南部普罗旺斯的大部分。希尔佩里克得到纽斯特里亚，其领土在卡里贝尔特的领土之北，面积最小。西吉贝尔特的领土包括奥斯特拉西亚、奥弗涅迤南直到塞普提曼尼亚北境，及普罗旺斯的一部分。——译者

③ 此处匈奴人实为阿瓦尔人，即我国古书中之柔然人。据道尔顿注，此次入侵时间为公元562年。——译者

他的兄弟希尔佩里克[①]入侵兰斯，又从他的手里把他所继承的其他城市夺去。更糟的是，这一来，他们之间的内战开始了。西吉贝尔特以征服匈奴人的胜利者归来，占领了苏瓦松，他在这里找到希尔佩里克国王的儿子提乌德贝尔特，将他捉获，放逐出去，然后向希尔佩里克进军，同他交战，将他打败、赶跑之后，他再次把他的城市收置于自己的统治之下。他命令把希尔佩里克的儿子提乌德贝尔特在蓬提翁领地上整整监禁一年。但是由于秉性仁慈，他后来送给他许多礼物，把他平安地送还给他的父亲，同时强行叫他宣誓以后决不从事任何事情来反对他。这个王子犯罪成性，他后来破坏了这个誓言。

二十四　贡特拉姆像他的几个兄弟那样地得到自己那份国土以后，他就罢黜勋贵[②]阿格里科拉，把这个高位赠予塞尔苏斯。此人身材高大，肩宽臂壮，言谈倨傲，敏于应辩，精于法律，但是久而久之，他变得如此之贪心，以致时常攫取教堂的产业来增益自己的财富。有一次，他听到教堂里在读先知以赛亚的一段话："祸哉那些以房接房，以地连地，以致不留余地的，只顾自己独居境内。"[③]
据说，他听了之后大叫道："要是说：'祸哉我和我的儿子！'这就不 135
相称了。"但是他留下一个儿子，这个儿子没有孩子，他把他的大部分财富都遗赠给他父亲所掠夺过的教堂了。

二十五　贤王贡特拉姆先是把一个僚属的侍女韦内兰达收为侍妾，她给他生了一个儿子贡多巴德。后来贡特拉姆又娶马格纳

① 关于西吉贝尔特和希尔佩里克的长幼顺序道尔顿有两种不同说法。——译者

② 这里的勋贵指据有勃艮第的法兰克诸王授予普罗旺斯地方长官的称号。

③ 《圣经·以赛亚书》，第5章，第8节。引文与经文有出入。

尔的女儿玛尔卡特鲁德为妻，并且把他的儿子贡多巴德送到奥尔良去。但是当玛尔卡特鲁德自己有了一个儿子之后，她很嫉妒这个孩子，就想方设法谋害他。据说，她送毒药给他喝，因此把他毒死了。他死后，根据上帝的审判，她丧失了自己的儿子，还招致了国王的怨恨。她被国王离弃，不久以后就死了。在她之后，国王娶奥斯特蕾希尔德为妻。奥斯特蕾希尔德又名博比拉，她又给他生了两个儿子，大的叫洛塔尔，小的叫克洛多梅尔。

二十六　卡里贝尔特[①]国王娶英戈贝尔格为妻。她给他生了一个女儿，这个女儿后来嫁到肯特去了。[②] 这时，英戈贝尔格有两个使女，这两个人都是一个穷人的女儿，一个名叫玛尔科韦法，她身穿修女的服装，另一个名叫梅罗夫蕾德。国王深深地让这两个人给迷住了。我已经说过，她们都是一个羊毛工的女儿。英戈贝尔格对国王垂青于她们很嫉妒，她偷偷地安排她们的父亲干活，好让国王看到他的这种身份，就会看不起他的女儿。这个人正在干活的时候，她把国王叫去。国王满心希望她会给他看点什么新奇的事物，然而只是老远地看见那个人在整理王家的羊毛。他一看到这种情景，不禁动怒，因而遗弃了英戈贝尔格，娶梅罗夫蕾德为妻。他另外还娶了一个牧人的女儿，名叫提乌德希尔德，据说她给他生了一个儿子，这个儿子刚生下来就死了，被抬去埋掉。

---

① 原文是西吉贝尔特，显系卡里贝尔特之误。

② 卡里贝尔特的女儿名贝尔塔，嫁给英格兰的肯特国王埃塞尔伯特(公元560—616年在位)为王后。

卡里贝尔特在位期间，雷翁提乌斯[1]召集该大主教管区的各主教在桑特开会，宣布埃梅里乌斯升任现职是违反教规的，因此把他从主教职位上赶下台去。这位高级教士埃梅里乌斯接受过洛塔尔国王的一道勅令，国王准许他不经过大主教的同意而受任为主
教，而大主教当时正不在场。埃梅里乌斯被赶下台后，他们正式推 136
举当时波尔多的一个神父赫拉克利乌斯为主教，并且经由上述这个神父之手给国王送去了一份由他们全体签名的文书。[2] 赫拉克利乌斯来到都尔，向神圣的尤夫罗尼乌斯将事情的经过述说一番，请他也把名字加在上面。但是这位主教直率地拒绝这样做。因此，当赫拉克利乌斯进了巴黎城门，来到国王面前的时候，他这样说道："万岁！光荣的国王！大主教管区向陛下致以最热诚的颂祷，祝您幸福。"国王对他说道："你可是从罗马来的？是不是给我带来了罗马教皇的问候？"那神父说道："不！是您的神圣的大主教雷翁提乌斯暨全管区的主教们向您致意，他们谨向您报告西穆卢斯——埃梅里乌斯在幼年时候人们通常这样称呼他——已经由于无视教规所规定的批准程序，窃取桑特主教的席位而被撤除了主教职务。为了这个缘故，他们给您送来了他们的决议：他应该由另一个人接替，以期务将那两个违犯教规的人治罪，将您的统治权传诸最久远的世代。"国王听罢勃然大怒，他命令把这个人从他的眼

① 雷翁提乌斯是波尔多大主教管区的大主教兼波尔多城的主教。

② 五世纪时选举主教的方式是：在大主教的主持下，本管区各城市的教士和居民举行集会，在会上产生候补人选。到了六世纪，这种选举结果必须经过国王同意，会后必须将签名的文书上交国王，由国王颁发证书。国王可以同意，也可以驳回重选，或另提他人。——译者

前拉走，把他放在一辆铺满荆棘的马车上，加以驱逐流放。国王说：“这些人不等我作出决定就拒绝了洛塔尔所选择的主教，你以为洛塔尔的诸子之中就没有留下一个人来维护父亲的法令吗？”他即刻派遣圣职人员去恢复埃梅里乌斯的主教职位，同时派遣某些宫廷管事人员去向雷翁提乌斯勒索了一千枚金币，并根据情节轻重对其他主教施以惩罚。就这样，他为洛塔尔国王所遭受的粗暴行为进行了报复。

这之后，他同梅罗夫蕾德的姊妹玛尔科韦法结婚。为了这桩事情，日尔曼努斯主教把他们两人都开除教籍。由于国王不肯把她遗弃，她遭到上帝的审判而死。她死后不久，卡里贝尔特国王也死了。① 他的一个王后提乌德希尔德随即派遣使者去见贡特拉姆国王，主动要求和他结婚。但是国王这样回答他们：“请她不要担

137 心带着她的财宝到我这里来，因为我愿意接受她，愿意使她在各族

人之中位列上等，从而让她在我这里比在我亡故的哥哥那里享受到更多的尊荣。”她听了这些话很高兴，当即收拾财物细软，起程上路，去找这位国王。但是当国王见到这些东西的时候，他就说：“这些财富要是归我支配，要比属于这个不配跟我哥哥同床的女人更好些。”于是他拿走了一大部分，没有给她留下多少东西，并且把她送进阿尔的一所修道院。她在这里苦苦捱受斋戒和守夜的清规戒律。她通过暗地里传递音讯，叫一个哥特人来援助她。她对他许诺道：要是他肯于把她带到西班牙去，并且在那里和她结婚，她就携带财物离开修道院，满心喜悦地跟着他去。那人毫不犹豫地答

① 公元567年。——译者

应按照她的愿望去做。于是她收拾财物，捆打行囊，她从修道院出奔的准备已经诸事就绪，但是她的计划由于女院长的警戒而受到阻挠。这个女院长发现了她的欺骗行为以后，命令把她痛笞一顿，监禁起来。她就这样一直被监禁着，受着超乎一般限度的苦难的折磨，直到死的那天。

二十七　西吉贝尔特国王这时看到他的几个兄弟娶的妻子都配不上他们，甚至娶了侍女，他就派遣使节赍着大批赠礼到西班牙去求娶阿塔纳吉尔德国王的女儿布隆希尔德，因为她是一个体态优美，相貌秀丽，风度高雅，举止适度，断事慎重，谈吐可亲的少女。他的父亲并不拒绝，把她送到国王那里去了，还让她带去了大量财宝。国王邀聚国内高官贵人，摆设筵席，在狂欢极乐中娶她为妻。她信奉阿里乌斯教义，后来由于主教们的布道和国王本人的规劝，她改变了信仰，承认了神圣的三位一体，并接受了圣脂。直到今天，她仍然是一个信奉基督的天主教徒。[①]

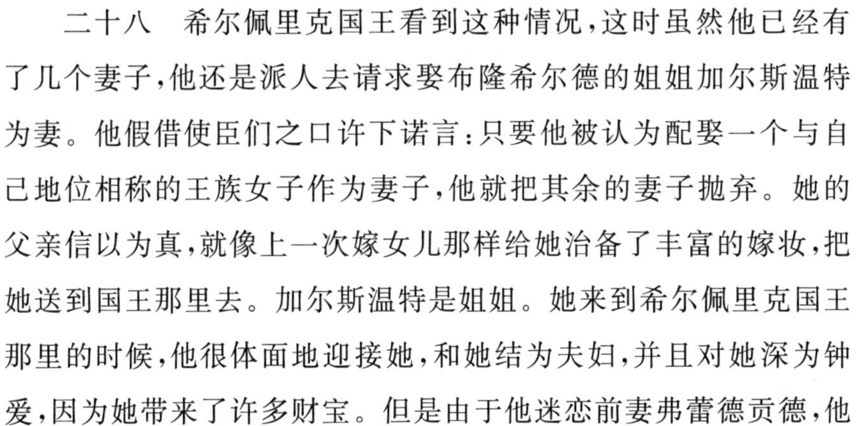

二十八　希尔佩里克国王看到这种情况，这时虽然他已经有了几个妻子，他还是派人去请求娶布隆希尔德的姐姐加尔斯温特为妻。他假借使臣们之口许下诺言：只要他被认为配娶一个与自己地位相称的王族女子作为妻子，他就把其余的妻子抛弃。她的父亲信以为真，就像上一次嫁女儿那样给她治备了丰富的嫁妆，把她送到国王那里去。加尔斯温特是姐姐。她来到希尔佩里克国王 138
那里的时候，他很体面地迎接她，和她结为夫妇，并且对她深为钟爱，因为她带来了许多财宝。但是由于他迷恋前妻弗蕾德贡德，他

① 布隆希尔德死于公元 613 年。——译者

们夫妇之间发生了一场大争吵。这时候加尔斯温特已经皈依了天主教,受了洗礼。不久之后,她就经常向国王抱怨她不得不忍受的虐待,她声称国王的尊荣一点也没有她的份,她乞求允许她把带来的财宝留下,让她自由地回到故国去。他机灵地掩饰一番,对她好言抚慰,最后,他下令让一个奴隶把她勒死,就这样,她被发现死在床上。她死后,上帝显示了一桩大奇迹。她的坟墓上方,有一盏灯悬吊在一根绳子上。谁也没去碰这盏灯,它就掉在铺砌的地面上。但是在这盏灯的下边,地面的硬度消失了。灯就好像掉进什么柔软的物质里一般,一半埋在地下,却一点也没有打碎。在所有见到的人看来这都是一桩大奇迹。

国王为加尔斯温特之死哀悼一番。但是过了几天,他又把弗蕾德贡德作为他的妻子。于是他的那些兄弟把他从国内驱逐出去,他们认为上述那位王后之死免不得是他策划的。那时候,希尔佩里克已经有了第一个王后奥多韦拉所生的三个儿子:我在前面提到过的提乌德贝尔特,还有墨洛维和克洛多维希。[1]

二十九　匈奴人又一次企图进犯高卢。[2] 西吉贝尔特带兵去抵抗他们,他带去了一大群英勇的战士。双方正要交锋的时候,这些善于玩弄魔术的匈奴人变幻出奇怪的形象,使它们呈现在法兰克人面前,因此取得了很大的优势。西吉贝尔特的军队溃逃,他本

① 克洛多维希的简化形式为克洛维,一般书中采用一种译法,布雷豪特译本及一些其他著作均用后者。此处根据原译字音译成,未加简化,下同。——译者

② 此处的匈奴人仍是阿瓦尔人。东罗马皇帝查士丁尼在位时,曾向阿瓦尔人付给岁款,作为他们提供军役,保卫帝国边境的报酬。查士丁尼死后,付款停止。阿瓦尔人转向西北,并向法兰克东部进犯。此次入侵大约发生于公元 565－566 年。——译者

人被包围，要不是因为他敏锐机智，对那些他未能在战争中以武力
征服的人们馈赠礼物，仗着这种计谋制胜的话，他就要成为俘虏
了。因为他向匈奴国王馈赠了丰厚的礼品，还同他订立了条约，因
而在他有生之年，他们之间没有发生战争。这件事情被公正地列 139
为他的功绩，而不被认为是什么耻辱。匈奴国王方面也送给西吉
贝尔特许多礼物。他被称为“可汗”，这是对匈奴人一切国王的通
称。

三十　西吉贝尔特想夺取阿尔城，[①]他命令奥弗涅人前去攻打这个城市。当时菲尔米努斯是克莱蒙伯爵，他率领这支人马出发；与此同时，奥多瓦尔则率领军队从对面的方向逼近阿尔。两支军队都进了城，都代表西吉贝尔特国王逼使居民宣誓效忠。消息刚一传到贡特拉姆国王那里，他就派遣勋贵塞尔苏斯率领军队前往该城。塞尔苏斯在进军途中攻下阿维尼翁城。他来到阿尔城下，包围该地，开始对城垣以内的西吉贝尔特的军队采取敌对行动。当时萨鲍杜斯主教对西吉贝尔特的军队这样说道：“突出重围，投入战斗！因为如果你们呆在城里闭门不出，你们既不能保护我们，又不能保卫阿尔城所管辖的地区。如果你们由于上帝施恩而战胜敌人的话，我们就恪守诺言，保持忠诚不变；反过来，如果他们得胜的话，你们将会看到城门洞开，你们可以自由进城，免于死亡。”他们被他的诡诈蒙住了，于是冲出城门，准备接战。他们被塞尔苏斯的军队打败，转身逃跑，但是当他们来到城下时，却发现城

① 洛塔尔一世死后诸子瓜分领土时，阿尔城由贡特拉姆和西吉贝尔特瓜分。这时西吉贝尔特想夺取贡特拉姆的那部分。

门闩闭，不得进入。这支人马背后受到标枪投掷，头上受到城市居民扔下来的密如阵雨的石块的击打，因此他们向罗纳河逃去，他们抱着盾牌浮在水上，努力想到达对岸的平原。水流湍急，把他们许多人冲走，葬身鱼腹。这一次罗纳河之于奥弗涅人，犹之乎人们传说的古代西摩伊斯河之于特洛伊人一般："河水把士卒的盾牌，头盔，以及他们强壮的身体卷在浪花下面。……在辽阔回旋的水流中，只能看见寥寥数人漂游在水面上。"[①]我看，这些人虽说是靠着抓住盾牌泅水，却很难到达对岸的平坦陆地。他们丧失了身边的
140 一切，失落了战马，回到本国，难免落得一场奇耻大辱。但是对方允许菲尔米努斯和奥多瓦尔撤走，不加伤害。许多有名望的奥弗涅人在这里被河水的力量卷走了，还有许多人丧身于刀剑之下。贡特拉姆国王这样地收复了阿尔城以后，又以一贯的仁厚之心把阿维尼翁交还给他的弟弟管辖。

三十一　在高卢，在陶雷杜努姆这个设防地点，发生了一桩大怪事。这个地方位于罗纳河边的一处高地上。六十多天以来，这座山发出一种奇怪的咆哮之声，最后，它从与它毗连的一座山劈裂开来，坍入河中，把居民、教堂、财物、房屋统统带下水去，一起毁灭。河流为之阻塞，河水被迫倒流。这一带的河流两岸丛山环抱，只留出一条狭窄的山峡，激流从山峡间穿流而过。现在这样一来，上游河水泛滥，两岸的一切都被淹没，被冲毁了。后来，越积越多的一大片洪水自己冲开一个缺口，倾泻而下。于是又同上游所发

① 见荷马史诗《伊利亚特》，第 12 卷，维吉尔在《伊尼特》第 1 卷中也作了类似的描写。——译者

生的情形一样，洪水出其不意地向当地居民袭来，给他们带来了毁灭，摧毁了他们的房屋，淹死了他们的畜群。这片突如其来的迅猛的洪水一路扫去，把沿途两岸所有的一切都席卷而去，一直泛滥到日内瓦。人们普遍地说这次水量大得足可以把日内瓦的城墙漂走。这种情形无疑是可能的，因为我已经说过，在这一带地方，罗纳河从山峡之间流过，当河道被挡住的时候，两侧都没有转变流向的余地，而一旦河水冲过了那片坍塌的山，它就把一切都破坏了。

这桩怪事发生以后，有三十个修道士去探看那个设防地点坍塌下来的地方，他们还在地下挖掘，发现了青铜和铁。他们一面挖地，一面听见山在咆哮，就像以前那种吼叫一样。但是由于他们贪婪成性，他们呆在原地不动，直到当初还没有坍塌的那部分倒了下来，压在他们头上，把他们砸死并埋在下面为止。这一来，就再也没有看到他们。

与上述的情形一样，奥弗涅在遭罹大难之前，[①]也有几桩了不得的怪事，使得整个地区的居民都很惊恐。因为时常在太阳的周围出现三四个大光团，乡村居民说这些大光团本身就是太阳。他们说："看哪！天上有三四个太阳！"又有一次，在10月1日那天，
太阳显得如此昏暗，以致只有还不到四分之一那样大的部分保持 141
着它的光辉，但是这种光辉阴暗失色，好像麻袋布一般。而且整整一年之内，那个地区上空出现了一颗星，有些人把它叫做彗星，它伸出一条像剑一样的东西，天空好像要燃烧起来似的。另外还显现了许多其他朕兆。在某个宗教节日，在克莱蒙的教堂里，当人们

① 大难指公元571年流行的鼠疫。

正在黎明时分举行晨祷的时候，一只飞进屋里来的叫做带冠云雀的鸟用翅膀扑灭了所有的点着的灯，灯灭得这样快，你简直都可以认为这些灯是被收集到一个人的手中，又突然被扔进水里似的。然后这只云雀从门帘底下穿进圣器室，本来它又要把那里的灯扑灭，但是司阍[1]加以防止，并且把它打死了。在圣安德烈教堂里，另一只鸟同样地扑灭了那里所有点着的灯。

当这场灾难来临的时候，疫病在整个奥弗涅地区大肆残害人民，以致大批大批病死的人多得甚至无法统计。当棺材和木板都供应不上的时候，就十个或十几个人合葬在同一个公共墓穴里。单是在圣彼得教堂，在某个星期日一天之内，算算就有三百具尸体。因为死亡是突如其来的。病人在鼠蹊或胳肢窝的地方出现一块伤患，就好像是让蛇咬了似的，得了这种伤患的人立刻被病毒所毁灭，到第二天或第三天就断气了。这种病毒力量很大，它使病人神智昏迷不清。卡托神父就是在这个时候死的。许多人为躲避这场疫病外逃，但是他从来不曾离开那个地方，他埋葬死者，勇敢地作弥撒。这位神父是个非常慈爱、一心爱护穷人的人，即使他的性格有点骄傲的话，他的这种仁慈之心也把它弥补过来了。考提努斯主教由于害怕疫病，从一处跑到另一处，然后又回到克莱蒙，得了鼠疫，在耶稣受难日那天身死，死的时刻正是他的堂兄弟提特拉迪乌斯死的那个时刻。里昂、布尔日、夏龙、第戎都由于这场鼠疫损失了许多人口。

三十二　这时候，在克莱蒙地区的朗当修道院里有一个名叫

① 司阍是教会的低级人员，担任举行仪式时布置教堂和平时的看守工作。

尤利安的神父，他有着超乎常人的演示奇迹的能力。他是一个很
有节制的人，既不喝酒，又不吃荤，他在法衣里面总是穿着一件粗 142
毛衫，[1]他随时都乐于守夜，随时都能即刻祈祷。对他来说，只凭着呼唤上帝的名字，划一个神圣的十字，就把被鬼缠住的人治好，就使盲人双目复明，就把其他一切疾病祛除，这都是轻而易举的事情。他由于站着的时间很长，两条腿得了一种痛苦的疾病。人们问他为什么总是站得比他的体力所能支持的时间久，他诙谐地回答道："在我有生之日，它们为我工作，由于上天保佑，它们不会支撑不了我的。"有一次，我在殉教者神圣的尤利安的教堂里见他只说了一个字，就治好了一个被鬼缠住的人。他时常作一次祈祷就能治好三日疟和其他的热病。在这场鼠疫期间，他从这个世界被接去安息，这时他已年岁高迈，累现奇迹。

三十三　这时候，上述那所修道院的院长也去世了。他由松尼乌尔夫继任。松尼乌尔夫是一个至诚至善的人。有好几次他亲自给客人洗脚，并且亲手把脚擦干。他的一个短处就是对上帝委托给他看管的羊群不是采取激发其恐惧的办法，而是以恳求的方式来力求加以管束。他时常亲口述说他曾经得到过一个幻觉：他被人带领到一条火焰河边，人们从河边的一处地方跑过来聚集在一起，投进河里，犹如蜜蜂趋向蜂巢一般。有些人被火焰没到腰部，有些人被没到胳肢窝，有些人被没到下颚。他们都悲痛地叫喊着，说他们被火烧得很厉害。河上架有一道桥，这道桥窄得简直连

---

① 系用马鬃、山羊毛或骆驼毛制成的粗糙料子制成的衣衫，苦行者穿来自我处罚。——译者

一个人都很难走过去。对岸出现了一所外部整个刷白的大房子。然后他问身旁的那些人这些东西是什么意思。但是他们回答道："不论是谁，要是他被发现在严格看管托付给他的羊群方面玩忽职守，他就要从这座桥上倒栽下去；不论是谁，要是他的表现证明是不屈不挠的，他就可以毫无危险地从桥上走过去，并且以愉悦的心情被带领到你在那边见到的那所房子里去。"他被这番话唤醒了。从此以后，他对他的修道士们也表现得比较严厉了。

三十四　现在我要叙述一下当时在某一所修道院里[①]发生的
143 一件事，虽然我不说出这个修道士的名字，因为他还在世，要是这本历史记载让他看到，我不愿意他因此而自负起来，从而贬低了自己。

有个年轻人来到这所修道院，他向修道院的院长自荐，说他是个乐于侍奉上帝的人。院长提出许多反对意见，他宣称在修道院里服务是清苦的，他是绝对不能完成分派给他的任务的。而这人呢，却以上帝的名义保证他要完成全部任务，因此被院长收下了。几天以后，他已经处处都表现自己谦恭而敬畏上帝，这时，修道士们从谷仓里把大约三科里[②]的谷子搬出来放在阳光下面晒干，他们吩咐他看管谷子。别人都在休息，恢复精神，他却留下守护谷子。这时，突然，天上乌云密布，看啊！一阵暴雨夹带着呼啸的狂风向着这堆谷子冲扫而来。这个修道士一见，真是才竭智穷，不知如何是好。可是他想，即使他把其余的人都叫来，他们也决不能把

---

① 根据目录，应为波尔多的修道院。

② 古量名，通常用来计量液体。

如此大量的谷子再搬回谷仓去。他就不顾一切，转而祈祷，恳求上帝不要让一滴雨掉落在谷子上。当他这样祈祷，俯伏在地的时候，乌云拨开，大雨落在谷堆周围，但是，如果可以这样说的话，那我就说没有一粒谷子被雨淋湿。其他的修道士连同院长看到情况危急，都跑过来搬运谷子。他们看到这个奇迹，就寻找看护谷子的人，只见他在不远的地方伏在地上祷告。院长看到这种情况，就俯伏在他的身后，等到雨过天晴，院长祷告完毕之后，他叫那个修道士起来，随即命令将他抓住，把他打了一顿。他说："我的儿子，你应该谦恭地加强对上帝的敬畏和侍奉，不要以怪事和奇迹而自我吹嘘。"然后他命令把他关在他的修道室里，叫他斋戒，好像他是犯了过错的人似的，为的是让他摈弃自负的毛病，使之不致成为今后
妨碍他的因素。根据我从一些虔敬的人那里所听到的，今天，那个 144
修道士是如此地专诚禁欲，以致在四旬斋期间他连面包都不吃，只是每三天喝一杯大麦汤。我们祷告上帝保佑他吧！要是天意如此的话，一直保佑到他终其天年为止！

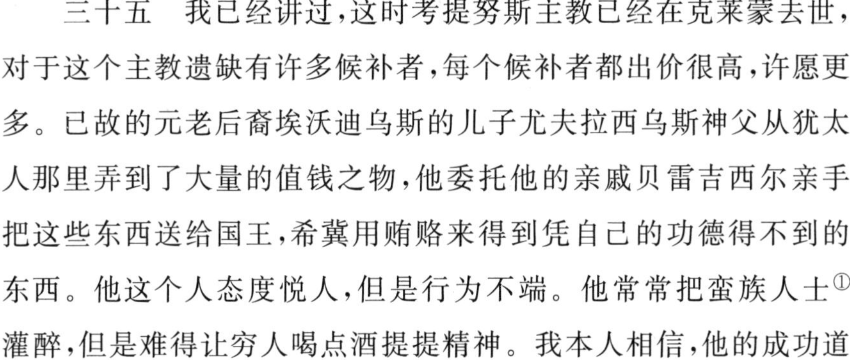

三十五　我已经讲过，这时考提努斯主教已经在克莱蒙去世，对于这个主教遗缺有许多候补者，每个候补者都出价很高，许愿更多。已故的元老后裔埃沃迪乌斯的儿子尤夫拉西乌斯神父从犹太人那里弄到了大量的值钱之物，他委托他的亲戚贝雷吉西尔亲手把这些东西送给国王，希冀用贿赂来得到凭自己的功德得不到的东西。他这个人态度悦人，但是行为不端。他常常把蛮族人士[①]灌醉，但是难得让穷人喝点酒提提精神。我本人相信，他的成功道

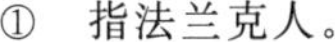

① 指法兰克人。

路上的障碍在于他不是通过上帝，而是通过凡人来设法达到这个尊荣的地位。但是上帝假口神圣的昆提亚努斯所说的话是不能变更的，他说："霍尔滕西乌斯的世系里出不了管理上帝的教会的人。"①当教士们聚集在克莱蒙教堂里的时候，副主教阿维图斯并没有对他们许下什么诺言，尽管如此，他却接受了他们的提名，前往朝见国王。当时，已经受任为克莱蒙伯爵的菲尔米努斯决定阻挠他的计划，但是他并没有亲自到朝廷里去，他的朋友们受他之托办理此事，请求国王在授予阿维图斯圣职之前，至少留出一个主日，假使国王宣布照此延期，他们就送给他一千枚金币作为赠礼。但是国王拒绝了所有这一切建议。因此，克莱蒙的居民会聚一处，我所说的那位当时身为副主教的阿维图斯由教士和人民推举为主教。国王是这样地喜爱和尊敬他，乃至在一定程度上忽视了严格的教规仪式，②下令就在当时当地授予圣职。他说："愿我配得上从他的手里受赐经过祝福的面包。"由于国王对他的恩宠，阿维图斯是在梅斯受任为主教的。他接受了主教职务以后，处处地方都
145 显示了他那伟大的品格。他给人民以公道，给穷人以救济，给寡妇以安慰，给孤儿以力所能及的最大帮助。直到今天，当外乡人来到他那里的时候，他受到如此热情的接待，以致立刻就会发现主教是他的父亲和祖国的化身。愿他在伟大的德行方面发扬光大，全心全意地保持上帝认为十分可嘉的那些东西。让他根除所有的人心

① 当时昆提亚努斯这么说是因为霍尔滕西乌斯拒绝饶恕他的一个亲戚，此事见于《教父列传》。

② 这里所谓的教规指新主教经国王认可之后，应由主管该教区的大主教授予圣职，授职仪式应在该大主教管区举行。

中的淫念，在他们的心头栽培上帝所规定的贞操吧！

三十六　在贬黜萨法拉克的宗教会议结束以后，[①]里昂主教萨塞尔多斯在巴黎去世。[②] 正如我在关于他的生平事迹的那卷书里所叙述的，[③]他自己选定的神圣的尼塞提乌斯[④]接受主教之职。尼塞提乌斯是一个在一切作风上表现卓越，持身圣洁，一生清白的人。使徒叫人以最大的努力施之于众人的那种仁慈，[⑤]他在力所能及的一切事情上都做到了。上帝就是真正的爱，人们看到，上帝本身就在他的心里显现出来。因为即使有任何人由于疏忽，因而使他动怒的时候，一旦那人改正了自己的作风，他立刻重新加以爱护，好像那人没有犯过错误一般。他惩办罪人，但是宽恕忏悔的人；他对施舍慷慨大方，他对劳动努力而为；他勤勤恳恳地花费心血建立教堂，筑造房屋，播种田地，培植葡萄，但是这些事情并没有使他心神分散而放弃祈祷。他当了二十二年主教之后，辞世归天。[⑥] 今天，他在他的墓前为那些祈求援助的人做出伟大的奇迹，因为，他借着每天在他的墓前燃起的油灯里的油使瞎子的眼睛重见光明，他从被鬼缠住的人的躯体里祛除魔鬼，他使肢体麻痹的人恢复健康。当今所有病弱的人都把他看成是一位伟大的保护者。

他的后任普里斯库斯主教和他的妻子苏珊娜开始对这位主教的许多亲朋挚友进行迫害，并且处死他们，这并不是因为他们做了

① 萨法拉克于公元549年任主教，后被罢免。

② 公元551或552年。

③ 《教父列传》。

④ 本书作者的舅公。——译者

⑤ 见《圣经·罗马书》，第12章，第18节。

⑥ 公元573年。

任何错事,或者被证明犯有任何罪行,或者被查出偷了别人东西,146 而仅仅是因为他们忠诚于尼塞提乌斯,这使得普里斯库斯恶毒的妒火中烧,他和他的妻子对这位神圣的主教大肆攻击。虽然前任各位主教都曾长期遵守妇女不得进入教堂住所的规定,苏珊娜和她的侍女们却自由地进入圣徒们曾经在里面睡觉的住室。这一切行径终于激怒了上帝,上帝就对普里斯库斯一家进行报复。他的妻子突然被一个恶魔缠身,疯疯癫癫地被驱赶过市,走遍全城,头发披在肩上,口中承认那位上帝的圣徒——当她神智清醒时,她否认他是圣徒——是上帝的朋友,向他呼求,请他饶赦。主教本人得了三日疟,打起摆子来,即使退了烧,他也还是神智迷乱,哆嗦不已。他的儿子和一家人都弄得脸色苍白,神情呆滞。因此谁也不会怀疑他们是受了那位圣徒的神奇威力的打击。因为普里斯库斯主教及其全家总是用邪恶不敬的语气来诋毁这位主教,凡是对他破口谩骂的人,他们都宣称是自己的朋友。他任主教之初,就命令把教堂的住所加高。当时有个副主祭,由于犯了通奸罪,那位上帝的圣徒还在世的时候,曾经时常剥夺他的教籍,甚至多次下令把他鞭笞一顿,这样尚且一直未能把他改造过来。后来,这个人爬到了教堂住所的房顶上,开始揭开顶棚,口中说道:“我感谢你,耶稣基督!因为在那最邪恶的尼塞提乌斯死后,该由我来把这片屋顶踩在脚下了。”这些话刚一出口,他站在上面的那根大梁被他踩断,他掉在地上摔死了。

上述那个主教和他的妻子继续在许多事情上倒行逆施,于是那位圣徒给某人托了一个梦,在梦中对他说道:“你去告诉普里斯库斯,叫他改恶从善,你还要去对马丁神父说:‘因为你曾赞同这些

事情，你要受到惩罚；如果你顽固不化，你就得死。'"这人醒来之后，就对某个副主祭说："因为你是主教家里的朋友，我请求你去把这些事情或者告诉主教，或者告诉马丁神父。"副主祭答应去说，但是后来又改变了主意，不肯去传达这个口信。可是到了夜间，当他 147
入睡以后，那位圣徒向他显灵，对他说道："你为什么没有转达修道院院长[①]告诉你的那些话呢？"说罢，他握紧拳头，朝副主祭的喉头打去。天方拂晓，副主祭的喉咙就肿了，疼得厉害，于是他去找主教和神父，把他听到的话全部告诉他们。但是他们对他的话漠然视之，扬言这些全是梦中幻影。之后，马丁神父便发起烧来，病了一阵方才痊愈。但是由于他继续奉承主教，继续同意他干坏事，同意他对那位圣徒大肆诋骂，他又发起烧来，丧了性命。

三十七　就在神圣的尼塞提乌斯去世的同时，神圣的弗里亚尔德[②]也逝世了，这时他已年事高迈。他是一个圣洁昭著，品行卓越，生活高尚的人。他的一些奇迹我已经在关于他的生平的那卷著作里加以叙述。[③] 在他断气的那一刻，费利克斯主教[④]来到他的身边，当时整间修道室都在震动。由此，我丝毫不怀疑当时屋里有一种天使的力量存在，这种力量使得屋子在他死的时候如此震荡起来。主教把他的身子洗干净，用相称的衣服包裹他的遗体，把它葬入坟墓。

三十八　现在我言归正传。西班牙国王阿塔纳吉尔德死后，

---

① 即前文所谓被托梦之人。——译者

② 南特主教管区境内的一个隐士。

③ 《教父列传》。

④ 南特主教。

他的兄弟柳维吉尔德即位为王。柳瓦死后，柳维吉尔德把整个国家据为己有。[1] 他的妻子[2]死后，他娶布隆希尔德王后的母亲戈伊斯温特为妻。这时他已经有了第一个妻子所生的两个儿子，其中之一[3]和西吉贝尔特的女儿[4]订了婚。另一个[5]和希尔佩里克的女儿[6]订了婚，他把国家平均地分给两个儿子，凡是历来国王习惯于杀戮的那些人，他一概处以死刑，就连一个男裔也没有给他们留下。

三十九　已故的布里塔努斯伯爵和凯撒里亚两夫妇的儿子帕拉迪乌斯从西吉贝尔特国王那里得到了雅沃尔城伯爵的官职，但是帕拉迪乌斯和帕尔特尼乌斯主教之间所产生的纠纷使人民非常愤怒。因为帕拉迪乌斯时常对主教劈头劈脑痛骂一阵，向他施加
148 各种各样的谴责和非难，掠夺教会的财产，打劫教会仆役的财物。事情弄到这步田地：双方之间的纷争越来越严重，他们来到上述那位国王面前，彼此提出种种指责。帕拉迪乌斯骂主教女里女气，说他是个懦弱之徒。他嚷道："你与之猥亵通奸的那些情妇都到哪里去了？"但是天谴随即把他对主教的这些攻击化为乌有，因为在第二年，帕拉迪乌斯从伯爵的职位上被赶下台，回到奥弗涅去了，罗

① 阿塔纳吉尔德死于公元567年末，公元568年由柳维吉尔德统治西班牙，他的兄弟柳瓦统治高卢的西哥特人地区。公元573年柳瓦死，柳维吉尔德成为西哥特人唯一的国王。他征服了苏维汇人，死于公元586年。——译者

② 提奥多西亚。

③ 赫尔曼吉尔德。

④ 英贡德。

⑤ 雷卡雷德。

⑥ 里贡特。

马努斯则力求把他的伯爵官职谋取到手。有一天，两人在克莱蒙相遇，彼此就伯爵职位的问题争执起来，在争论中，帕拉迪乌斯得悉西吉贝尔特国王在策划将他置于死地，这点后来证明是罗马努斯捏造的谎话。但是帕拉迪乌斯却由于莫名其妙的恐惧而陷入了如此绝望的窘境，竟致危言耸听地宣称他要动手杀死自己。他的母亲和他的姐夫菲尔米努斯小心翼翼地注视着他，以防他干出因内心痛苦而打算干的事情来。但是他找到了可以躲开他母亲防范的片刻时间，他进入自己的寝室，利用没有旁人的机会，拔出佩剑，用两只脚紧紧夹住剑柄，使剑尖对着胸口，然后他倚在剑尖上面，于是剑刃从胸膛的一边穿进去，又从肩胛骨旁边穿出来。他重新直起腰来，同样地把胸膛的另一边刺穿，倒地而死。我们对这种罪恶行为感到惊奇，这只能是由于魔鬼之助才做得成，因为第一次伤已经足够将他制死，而且要不是魔鬼给他以力量，让他把他的罪恶计划进行到底的话，这次伤势本来就将他杀死了。他的母亲冲入室内，哀伤欲绝，一阵昏厥，倒在她那这样被夺走的儿子身上，全家的人也响起了哀痛之声。他们把他抬往库尔农修道院安葬，但是没有为他举行弥撒，也没有把他埋葬在已故的诸基督教徒中间。可以肯定，他之所以遭到这种命运，乃是由于他凌辱了主教。

四十　查士丁尼皇帝在君士坦丁堡去世，查士丁做了帝国皇
帝。[1] 他是个一味贪财好利，鄙视穷人，掠夺元老财富的人。他 149
是如此之贪婪，竟而让人为他制造一些铁箱，里面堆积着数以塔

① 查士丁二世于公元565—578年在位。——译者

兰特[①]计的金币。据说他迷陷在佩拉吉乌斯派异端里。[②] 但是不久之后他丧失了理智，为了更好地保卫各行省，他让提贝里乌斯为凯撒，[③]与他共同管理政事。提贝里乌斯为人正直，心地善良，断事公允，战功卓著，而在超乎一切财物之上的最真挚的基督教信仰方面，他又是深厚的。这时，西吉贝尔特国王遣使去到查士丁皇帝那里，寻求和平友好。这些使臣就是法兰克人瓦里纳尔和奥弗涅的菲尔米努斯。他们涉海前往，进入君士坦丁堡城，得到皇帝的接见，达到了出使的目的，于第二年返回高卢。

这之后，埃及的安条克和叙利亚的阿帕米亚这两个特大的城市被波斯人占领，居民沦为俘虏。[④] 安条克的殉教者神圣的尤利安的教堂就是在这时候被大火焚毁的。波斯亚美尼亚人带着大量用来织绸子的原丝来到查士丁皇帝这里寻求友谊，[⑤]并且公然表示他们对波斯皇帝的敌意，因为波斯皇帝的使臣们曾经去过他们那里，给他们带去了这样一个音信："我们皇帝十分关切地想知道

① 一塔兰特约合三十公斤。——译者

② 佩拉吉乌斯为公元五世纪时人，生于不列颠，后至罗马，并到过北非、耶路撒冷等地。他否认原罪说，认为人的犯罪系由于亚当的恶劣先例使然，主张人能通过自己的意志加以克服。——译者

③ 提贝里乌斯原为皇帝的卫队长，由于查士丁神经失常，公元 574 年，提贝里乌斯被立为凯撒，与皇后索菲亚共理政事。公元 578 年，提贝里乌斯成为皇帝。——译者

④ 安条克在叙利亚，原文错误。约于公元 573 年，波斯萨珊王朝国王库思老的大将阿达尔马尼斯率兵攻下叙利亚的一些城市，掳走大批居民。

⑤ 四世纪末，罗马与波斯订约瓜分亚美尼亚，分领其地，波斯亚美尼亚人为波斯所辖部分的亚美尼亚人。波斯国王库思老因他们的基督教信仰而加以迫害，他们于公元 571 年派遣使节到东罗马求援。——译者

你们是否有意保持你们与他所订立的条约，不加破坏。”但是当他们回答说他们将恪守一切诺言时，使臣们接着说道：“如果你们也崇拜他所崇拜的火，那么你们与他保持友好关系的意图就有了明确的证据。”人们回答说他们决不做这种事情，主教当时也在场，他这样说道：“火里面有什么神性而要崇拜它呢？上帝造火，是为了供人们使用。它用火绒点燃，浇水即灭；要是加以保存，它就燃烧；要是置之不顾，它就灭掉。”当主教还在继续谈论这个问题以及类似问题的时候，那些使臣为之震怒，对他谩骂一通，还用节杖打他。人们看到主教浑身是血，于是向使臣们一拥而上，逮住他们，把他们杀死。后来，如我所述，他们就去寻求查士丁皇帝的友谊去了。

四十一　已经娶洛塔尔国王的女儿克洛特辛德为妻的伦巴德
人的国王阿尔博因放弃了本土，带着全部伦巴德人起程向意大利 150
进发。[①] 这一大群远徙的人带着妻子儿女上路，打算在意大利安家立业。他们进入意大利以后，七年之间四处流窜，抢劫教堂，杀戮主教，把意大利置于自己的统治之下。阿尔博因的妻子克洛特辛德死后，他第二次结婚，娶的是他不久以前刚杀死的一个人的女儿。[②] 为了这个缘故，这个女人一直厌恶她的丈夫，一直等待机会为她父亲所遭受的冤屈报仇。她看上了她的一个仆人，因而给丈夫下了毒药，丈夫一死，她就跟这个仆人私奔。他们被人捕获，双

① 公元 568 年。——译者

② 伦巴德人进入意大利之前，曾与阿瓦尔人联合击溃格皮德人。阿尔博因杀死格皮德人的首领库尼蒙德，后来娶其女罗萨蒙德为妻。——译者

双处死。[①] 然后伦巴德人另立国王来统治他们。[②]

四十二　尤尼乌斯，别名穆莫卢斯，从贡特拉姆国王的手里接受了勋贵的头衔。我认为最好是稍微详细地讲一讲有关他的发迹经过。他是奥塞尔的居民，该城伯爵佩奥尼乌斯的儿子。佩奥尼乌斯热衷于重新执役，他假手于他的儿子去向国王赠献礼物。他的儿子把礼物献上去，但是他阴谋把父亲那份差使弄到自己手里，从而把他的尊长排挤掉，取而代之，而论义务，他却是应该支持他的。他由此起家，步步高升，一直升到了最高的职位。

伦巴德人突入高卢的时候，[③]新近接替塞尔苏斯为勋贵的阿马图斯率兵前往迎战，经过一场交锋，阿马图斯败退阵亡。据说这回伦巴德人对勃艮第人的杀戮是如此之惨重，以致死者都无法统计了。伦巴德人满载着战利品再一次退回意大利。

伦巴德人退去以后，尤尼乌斯（亦即穆莫卢斯）受到国王召请，接受了勋贵的高贵爵位。

伦巴德人第二次入侵高卢时，一直深入到昂布伦城附近的法齐平原。穆莫卢斯走出营寨，和勃艮第人一同前进到那个地方。他以军队包围伦巴德人，并且赶忙设置鹿砦，然后在渺无人迹的树
151 林里袭击伦巴德人，杀戮甚众，捉获各种俘虏甚多，他把这些俘虏送到国王那里去了。贡特拉姆把他们散置在各处，下令加以看管，

① 此事发生于公元572（或573）年，吉本：《罗马帝国衰亡史》第45章内容与此略有出入。——译者

② 阿尔博因死后，伦巴德人在首都帕维亚推举克雷夫为王。一年半之后，克雷夫亦遇害。

③ 公元569年。

只有寥寥数人脱身逃跑，回到本国去报告这场大灾难。在这一仗中，萨洛尼乌斯和萨吉塔里乌斯都参加了。他们是哥俩，又都是主教，[①]他们并没有用神圣的十字架武装自己，而是一副世俗装束，头上顶盔，身上披甲，据说他们亲手杀死了好多敌手，这甚至是一桩更糟糕的罪过。这就是穆莫卢斯在激战中所取得的第一次胜利。

这之后，随同伦巴德人进入意大利的萨克森人又一次突入高卢，在位于里埃地区的斯塔布洛领地上安营下寨。他们由此分散开去，来到附近各城市周围的地产上，掠夺财物，捉拿俘虏，沿途路过之处，各物悉加破坏。消息被报告给穆莫卢斯，他随即率军出发，袭击萨克森人，斩杀数千，还一直杀个不停，直到暮色降临，夜色苍茫方才罢手。这是因为他出其不意地袭击萨克森人，对方毫无准备，根本没有想到所发生的事情。第二天早晨，萨克森人摆好阵势，准备一战。但是双方都派出了使者，彼此达成协议。萨克森人给穆莫卢斯送了礼，当即动身撤走。他们放弃在该地抢劫的一切钱财俘虏，并且发誓说他们要重返高卢，以自己的兵力援助法兰克人。他们还承认自己是法兰克诸王的臣民，因此他们顺原路折回意大利，把他们的妻子儿女聚合起来，把他们的动产集中起来，冀图返回高卢，由西吉贝尔特国王加以收容，在他们原先出发的地区安家立业。据称，他们分成两支，一支取道尼斯，一支取道昂布伦，沿着头一年走过的路途进发，两支队伍在阿维尼翁地区会合。当时正是收获时期，阿维尼翁人的谷子大部分还留在空旷的田地

① 萨洛尼乌斯是昂布伦主教，萨吉塔里乌斯是加普主教。

里，一点也没有收藏起来，萨克森人来到这里，就把谷子给分了，他
152 们收集庄稼，将它碾碎，统统吃掉，一颗谷粒也没有给以自己的劳动栽种粮食的人留下。但是，当他们吃光了全部粮食以后，他们来到罗纳河边，想渡过这条河进入西吉贝尔特的国土，这时他们迎面碰上穆莫卢斯，他对他们说道："你们不得过这条河，因为，你们瞧，你们把我的君主的土地糟踏了，你们把庄稼收获了，把畜群消灭了，把房屋烧毁了，把橄榄树和葡萄树砍倒了。除非你们先向那些让你们给搞得穷困匮乏的人作出赔偿，你们就不能到这个国家里来。要是你们不这样做，你们就逃不出我的手掌，因为你们将会尝到我的剑可有多厉害，你们本人、你们的妻子、你们的年轻的孩子全都在内。我要在你们的身上为你们对我的君主贡特拉姆国王所施加的损害报仇。"他们对这番话非常惧怕，就交出了好几千枚金币，以此赎免，并且获准通行，来到奥弗涅境内，那时正是春天。他们交出来的不是金子，而是一条条的标有印记的青铜，这些铜条经过某种妙法炼制，其色泽是如此漂亮，因而凡是见到的人，谁也丝毫不会怀疑它们是经过检验的真金。许多人就这样受了骗，他们给出的是自己的财富，收回的是青铜，因而穷困下来。但是萨克森人继续前进，来到西吉贝尔特国王的国境之内，并在他们原先从那里出发的地方落户定居。

四十三　在西吉贝尔特的国内，普罗旺斯地方长官约维努斯被剥夺了他的尊贵爵位，阿尔比努斯受命接替他。这就使得他们之间产生了深刻的怨隙。

这时，有些来自海外的船舶驶进了马赛港。副主教维吉利乌斯的仆役们瞒着主人，偷走了七十坛油和酒。商人发现货物失盗

以后，就开始大力搜查这些失窃之物藏在什么地方。在搜查的过程中，有人告诉他犯罪者就是副主教的仆人。事情传到副主教的耳中，他进行了查问，发现了货物，但是拒绝公开加以承认，还为仆役们开脱，说道："敢于因这种行为而犯罪的人决不是从我家里出去的。"副主教既然说出这些推托之词，那个商人就去找阿尔比努 153
斯，向他陈述案情，并且控告副主教与该项骗局有牵连。圣诞节那天，主教走进教堂，副主教身穿白麻布长袍，根据惯例邀请主教来到圣坛面前，以便在适当的时候庆祝这庄严的神圣节日。突然间，阿尔比努斯从座位上一跃而起，一把揪住副主教，把他拖走，拳打脚踢，然后让人把他囚禁在牢房里。无论主教也罢，城市居民也罢，乃至最显贵的人物也罢，全体人民的意见也罢，谁也不能使阿尔比努斯让步，让他同意由副主教具保获释，让他与大家一道庆祝佳节，控告延期，改日再说。阿尔比努斯对宗教仪节毫不重视，竟敢在这么一个日子这样地逮捕了上帝圣坛前的一个教仪的执行人。说得够多的了；他判处副主教四千枚金币的罚款。但是这件事情传到西吉贝尔特国王的耳边，约维努斯也反对他，他自己也被迫交出四倍于此数的金币作为补偿。

四十四　其后，三个伦巴德人的公爵阿莫、扎班和罗丹侵入高卢。[①] 阿莫取道昂布伦，一直进抵阿维尼翁地区的叫做马科的领地，这是穆莫卢斯从国王手里领受的赏赐。阿莫就在这里安营下寨。扎班取道迪埃前进，到达瓦朗斯，在该地扎营。罗丹进抵格勒

① 伦巴德人的国王克雷夫死后，据说有三十五个公爵并立，动乱达十年之久。此次入侵高卢发生于公元574年。

诺布尔，在此搭起帐篷。阿莫征服了阿尔大主教管区及其四周城镇，进军直达马赛附近的多石的平原，[①]弄得当地人畜两空。他还为围攻埃克斯作了部署，但是在接受了二十二磅银子之后，就撤走了。罗丹和扎班对所到达的城镇也以同样的方式相待。穆莫卢斯一接到这个消息，立即出动大军去攻击罗丹，当时罗丹正在攻打格勒诺布尔。但是军队横渡伊泽尔河有很大的困难。由于上帝的指引，一只动物进入河中，这就给他们指出了一处浅滩，这样，他们很容易地到达对岸。伦巴德人一看见他们，立刻拔出佩剑，冲上前来
154 进攻。在这场交锋中，他们遭到如此的惨败，以致罗丹在被投枪刺伤以后，就躲到崇山峻岭之中去了。他带着身边的五百残余士卒，闯过荒无人迹的森林，与正在围攻瓦朗斯的扎班会合，并把一切经过告诉扎班。他们抛弃全部掳获之物[②]返回昂布伦。在这里，穆莫卢斯率领一支大军与之迎战，其人数之众多不可胜计。交锋之后，伦巴德人被打得落花流水，他们的公爵们带着残部返回意大利，一直来到苏萨。当地的居民对待他们十分冷落，再加上皇帝的军事长官西辛尼乌斯驻扎在这里，情形更其如此。后来有一个冒充为穆莫卢斯仆人的人，当着扎班之面交给西辛尼乌斯一封信，并且以穆莫卢斯的名义向他致意，还说：“看哪！他本人就在近处！”扎班听到之后，以最快的速度撤离该城，跑到更远的地方去了。阿莫听到这个消息，就把行军途中所掳掠的物资收集起来，也起程回国了。但是大雪对他妨碍如此之大，以致他非得把抢劫来的东西

① 拉克洛。

② 拉丁文为 Tunc datis pariter cunctis in praeda，也可以理解为他们把凡是能弄到手的东西又都加到原来掳获的东西里去。但根据内容可能是指抛弃全部掳获之物。

抛弃不可。他带着寥寥数名伙伴，险些没有逃脱，因为他们都被穆莫卢斯的勇武吓坏了。

四十五　这个时候，穆莫卢斯指挥了好几次战役，在这些战役中，他都取得胜利。在卡里贝尔特死后，[1]希尔佩里克侵入了都尔和普瓦提埃，这两个地方根据协议是归西吉贝尔特的。[2] 之后，西吉贝尔特和他的哥哥贡特拉姆共同选派穆莫卢斯去把这些城市收复在自己的统辖之下。这个将领来到都尔，赶走希尔佩里克的儿子克洛多维希，使当地的居民宣誓效忠于西吉贝尔特国王，然后向普瓦提埃进发。巴西利乌斯和西格哈尔这两个普瓦提埃居民把人民召集到一起，本来想要抵抗，但是穆莫卢斯将他们四面团团围住，把他们打败，击溃，杀死了。他就这样来到普瓦提埃，强使居民宣誓效忠于西吉贝尔特。关于穆莫卢斯，目前就谈到这里吧！

四十六　因为我必须讲一讲安达尔希乌斯之死，那么最好还是先说一说他的家世和他的故乡情况。据说他曾经是出身元老家
族的费利克斯的一名奴隶，曾经被任用为他的私人侍从。他陪侍 155
主人钻研学问，因而获得了优良的教育。他对维吉尔的作品，对提奥多西乌斯法典[3]的各卷，对算术的研究都非常之精通。他由于这些学问而自鸣得意，因此开始看不起主人这家人家。他乘着卢

① 卡里贝尔特死于公元567年。——译者

② 洛塔尔一世死后，这两个地方归属卡里贝尔特（见第4卷，第22章注）。卡里贝尔特死后，其余三兄弟又将其领土瓜分，这两个地方归属西吉贝尔特。——译者

③ 东部罗马帝国皇帝提奥多西乌斯二世时，指定专人收集自君士坦丁时期起历代皇帝的律令，加以汇编，称为提奥多西乌斯法典。该法典于公元438年颁布，并于是年为西部帝国皇帝瓦伦提尼安三世所接受。——译者

普斯公爵[①]奉西吉贝尔特国王派遣出使马赛的时机,向卢普斯公爵自荐,请求给予荫庇。公爵回去的时候叫他陪同前往,并且想尽一切办法把他推荐给西吉贝尔特国王。后来他被调到西吉贝尔特的宫廷里去。国王让他衔命出使各地,还为他提供服务的机会。这样做的结果,别人把他看作是已经得到官阶的人。他来到克莱蒙。在这里,他很快就结识了当地的一个居民乌尔苏斯。安达尔希乌斯是个精明尖刻之徒,他一心打算娶乌尔苏斯的女儿。当时,他把他的铠甲盛在一个用来装文件的箱子里,他对乌尔苏斯的妻子说:"我委托你替我保管装在这只箱子里的属于我的一些金币,一共有一万六千多枚;我把这些金币托付给你,要是你把女儿嫁给我,这一切都可以是你的。"但是:"可诅咒的贪财好利的欲望呀!你驱使着人们的心,他们什么事干不出来呢?"[②]那女人老老实实地相信了他的话,在她丈夫并不在场的情况下,她就同意把女儿嫁给他。那家伙到国王那里转了一下,拿着一份国王的证书回来了。他在当地法官的面前摆出这份证书,命令他把那女孩子嫁给他当妻子。[③] 他说:"因为我已经为这项婚约交纳了押金了。"女孩子的父亲加以否认,他说:"我既丝毫不知你的来历,又没拿着你的任何财产。"一场争执随之而起,由于他们越闹越凶,安达尔希乌斯要求乌尔苏斯和他一同去见国王。但是当他来到贝尔尼王庄的时候,他弄来另一个名字也叫乌尔苏斯的人,他把他偷偷地带到圣坛前面,硬要他以下列的话起誓:"我以这个神圣之地和神圣的诸殉教

① 香巴尼公爵。

② 维吉尔:《伊尼特》,第3卷。

③ 古时日耳曼国王有权将臣属的女儿嫁给宫廷官吏。

者的圣物宣誓，我若不把女儿嫁给你，我立刻还给你一万六千枚金币。”这时证人们正站在圣器室里，没人看见他们，他们亲耳听见他
讲的话，却看不见讲话的人是谁。然后安达尔希乌斯用好言抚慰 156
乌尔苏斯，劝使他没有去见国王就回家了。乌尔苏斯走后，他把誓词的一份抄件呈交给国王，并且宣称：“乌尔苏斯给我写下了如此这般的诺言，因此我要求光荣的您给我一份证书，叫他把女儿嫁给我，否则就允许我占有他的财产，直到我收到那一万六千枚金币为止，那时我就了结此案。”他拿到证书之后，返回克莱蒙，把国王的勅令拿出来给法官看。

乌尔苏斯到勒弗雷去了，[①]但是由于他的财产被转给了安达尔希乌斯，安达尔希乌斯跟踪前往该地。他跨进一所属于乌尔苏斯的房子，命令为他准备一顿晚餐，烧水供他洗濯。家奴们不愿意听从这么没有教养的一个主人，他就用棍杖打几个，用木棒打几个，直打得好多人的头部鲜血迸流，全家都为之惊慌。于是他的晚餐准备好了，他得到了热水洗澡。洗毕，他喝酒喝得酩酊大醉，卧倒在床。他身边只带着七个仆人，他们也疲惫不堪，喝醉了酒，沉沉入睡。然后这些家仆聚到一起，关上各扇厚木板制成的房门，拿走钥匙，拆散禾垛，把还没有拆开的一束束谷物堆叠在房子的四周和房顶上，直堆得房子都被遮住，几乎看不见了。然后他们在不同的地方点火。房子里面那些不幸的人被落在身上的烧焦了的房屋碎块砸醒，他们大声呼救，但是没有人理睬。最后，火焰烧毁了整所房子，也连带烧死了他们。乌尔苏斯害怕这桩事情所带来的后

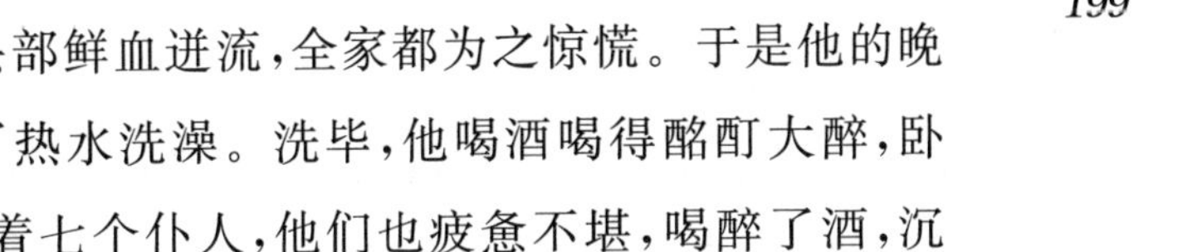

① 乌尔苏斯有地产在此。

果，躲进了圣尤利安教堂；但是后来他向国王赠送了礼物，他收回了全份财产。

四十七　希尔佩里克的儿子克洛多维希从都兰被驱逐出境后，前往波尔多。[①] 当他住在这座城里，没有人打搅他的时候，有个西吉贝尔特的党羽西古尔夫突然向他袭击。当这个王子逃跑
157 时，此人鸣角吹号，追了上去，就好像猎鹿一般，这样，克洛多维希几乎找不到一条畅通无阻的小路回到父亲那里去，虽然后来他设法经由昂热到了父亲那里。

贡特拉姆国王和西吉贝尔特国王之间这时候发生了纠纷。贡特拉姆国王召集国内全体主教在巴黎开会，好让他们表示哪一方面有理。但是这场内讧注定要很快地发展起来，两个国王都是罪孽深重，不肯倾听意见。

希尔佩里克动了怒，他派他的长子提乌德贝尔特——而他过去曾经当过西吉贝尔特的俘虏，[②]并曾经向这个王子宣誓效忠——去侵犯西吉贝尔特的城市：都尔、普瓦提埃和卢瓦尔河以南的其他地方。提乌德贝尔特来到普瓦提埃，同贡多瓦尔德公爵交战。贡多瓦尔德的士卒弃阵而逃，随后就是对城中居民的一场大屠杀。提乌德贝尔特还烧毁了都尔周围的大部分地区，要不是居民及时投降，他马上就要把整个地方都毁坏了。他率领军队前进，横扫利穆赞、卡奥尔地区和它们所属的其他地方，把这些地方悉加破坏，夷为废墟。他烧毁了教堂，抢走了圣器，杀死了教士，毁坏了

① 公元573年。

② 见本卷第23章。——译者

修道士们的修道院，轻蔑地奸污了修女，糟蹋了一切东西。在那些日子里，教堂里的哀叹之声比戴克里先迫害基督教徒的时候还来得大。

四十八　为什么这样的灾害降临到了他们身上？这点直到今天我们仍然感到惊讶，觉得奇怪。但是我们应该回想一下他们的先辈干过些什么？他们现在又在干些什么？他们父亲那一辈在听了主教们布道以后，就放弃了神殿，代之以教堂，而儿子这一辈却每天从教堂里抢走东西；他们父亲那一辈一片赤诚地崇敬上帝的众主教，倾听他们的话，而儿子这一辈却不但不听，反而甚至迫害他们；他们父亲那一辈使修道院和教堂富裕起来，而儿子这一辈却加以破坏摧毁。

关于藏有圣马丁的遗物的拉特修道院，我有什么好说的呢？一帮心怀敌意之徒逼近这所修道院，正在准备横渡附近的一条河，以便抢劫这所修道院。修道士们向他们喊道："啊呀！蛮族！别渡到这边来！别渡过来！因为这所房子是圣马丁的房子。"他们听了之后，有许多人被敬畏上帝之心所打动，走了回去。但是有二十个 158
人既不敬畏上帝，也不尊敬这位神圣的申信者，他们乘上一只船，渡过河来；于是，在魔鬼的唆使下，他们殴打修道士，破坏修道院，抢掠其中的财物，打成了好几捆，搬到船上。当他们划到河中的时候，船的龙骨开始从一边摆向另一边，他们时而被推向这一方向，时而被推向另一方向。他们不能借助于桨，因为已经丢了，他们就把矛柄插入河床当作船篙，企图重抵彼岸，这时，猛然间，船偏向一边，他们人人都被握在手中对准着自己的矛头刺中，大家都被自己的长矛戳穿，丧了性命。只有一个曾经谴责过他们并且曾经试图

拦阻他们犯罪的人安然无恙。要是有任何人以为这是出于偶然的话，那么就请他想一想有罪的人是很多的，而免于罹难的却是那个清白无辜的人。他们死后，修道士们把他们的尸体和自己的财产从河底捞了回来，把尸体掩埋好，把东西归还修道院。

四十九　这些事情发生之际，西吉贝尔特国王调动莱茵河彼岸的各族人去攻打他的兄弟希尔佩里克，[①]挑起了内战。希尔佩里克一听说此事，就派遣使臣去找他的哥哥贡特拉姆。两个人订立了一项条约，约定任何一方都不得听任另一方死亡。西吉贝尔特率领那帮人马来到，另一方面，希尔佩里克也带着军队在等待他。但是西吉贝尔特找不到能够使他们涉越塞纳河前去攻打他兄弟的浅滩，因此他向贡特拉姆送去这样一个音信："要是你不容许我经由你的国土过河，我就要带领全部军队来打你了。"贡特拉姆害怕这场进攻，就同他订立了一项条约，许他过河。希尔佩里克看到贡特拉姆已经背弃了他而倒向西吉贝尔特，就拔营撤退到距离夏尔特尔不远的阿吕伊村去了。西吉贝尔特跟踪而至，并且叫他
159 定下战场。但是对方恐怕两军交锋之后，他们的统治就要垮台，[②]于是寻求讲和条件，他把提乌德贝尔特所非法入侵的西吉贝尔特的城市交还给他。他只要求无论如何不要加罪于城中的居民，因为是提乌德贝尔特用烈火和刀剑不公正地迫使他们归向他那边的。

这个期间，巴黎周围的大多数村庄被火烧毁，房子和所有的其

① 此事发生于公元574年。莱茵河彼岸的人是不信奉基督教的日耳曼族，名义上臣属于里普阿尔法兰克国王。

② 指法兰克人在高卢的至高无上的地位。

他财产遭到敌人抢劫，就连居民也被掳走。西吉贝尔特国王要求他的部下停止这种行动，但是他不能控制莱茵河彼岸的人的蛮性。因此，他尽可能耐心地忍受着这一切，等到他能够返回本国的时候再说。这些异教徒中有些人嘟嘟哝哝地抱怨他，因为他不让他们打仗。但是他从来不缺乏勇气，他纵身上马，向着他们驰来，用好话将他们抚慰一番，后来却让人用石头砸死了其中的许多人。这回国王之间没有诉诸武力而讲了和，在这点上，或许不致怀疑圣马丁的威力显示出来了吧！就在媾和的那一天，在这位圣徒的教堂里，有三个麻痹症患者直立起来。在上帝的帮助之下，我在以后所著的那几卷书里叙述了这桩奇迹。[①]

五十 当我叙述这些内战的情节的时候，我内心充满了悲愤。过了一年之后，希尔佩里克又一次派遣使者带着下列信息去见他的兄弟贡特拉姆："请兄长到我这里来，让我们会晤一次，让我们言归于好，一起去攻打我们的共同敌人西吉贝尔特。"他的愿望得到同意。他们相晤并交换礼物表示敬意之后，希尔佩里克征集了一支大军，进抵兰斯，沿途一切，悉加烧毁破坏。西吉贝尔特闻讯之后，再一次把我刚才提到的那些部落召集起来，来到巴黎，准备向他的兄弟进军。他还派遣使者去找夏托顿和都尔的人，命令他们进攻提乌德贝尔特。他们没有遵命前来，他就派戈迪吉塞尔和贡特拉姆[②]两个公爵担任统帅，他们举兵向提乌德贝尔特进发。提乌德贝尔特虽然被大部分的部下所抛弃，却还带着很少几个残卒

① 《记真福马丁主教的德操》。

② 即后文之贡特拉姆·博索。——译者

坚守阵地，并未临阵畏缩，在交锋中，提乌德贝尔特被击败，他被击
160 毙在战场上。说来可怜，他的尸体被敌人抢走了。但是后来有个叫做奥努尔夫的人收起他的尸首，洗拭干净，给他套上与他的地位相称的衣服，把他埋葬在昂古莱姆。希尔佩里克听说贡特拉姆和西吉贝尔特这时又复言归于好，就带着妻子和儿子们退居图尔内城里，在此固守。

五十一　这年，只见一道火焰掠空而过，就像洛塔尔死前见到的火光一样。

西吉贝尔特占领了巴黎以南的城市之后，继续推进，直抵鲁昂。他想把这些城市放弃给它们的敌人，[①]但是他自己的部下[②]阻止他这样做。他从鲁昂回师，进入巴黎。布隆希尔德和他的诸子到巴黎来与他团聚。当年臣服于老希尔德贝尔特的法兰克人派遣使者来见西吉贝尔特，向他提出建议，说他们要放弃对希尔佩里克的效忠，转而效忠于他，并且要他到他们当中去，以便被拥立为国王。西吉贝尔特一听到这个消息，就派一支队伍前去围攻正在图尔内城里的兄弟，他本人也打算跟在部队后面全速前往。于是神圣的日尔曼努斯主教对他说："如果你去，而并不想把你兄弟杀死，那你就会胜利生还；但是如果你心里怀着任何其他的想法，你就必死无疑，因为上帝假口所罗门这样说：'如果你挖陷坑来害你的兄弟，你自己必掉在其中。'"[③]但是国王由于罪孽深重，听不进去。当他来到维特里王庄时，全军集合起来，把他举在一块盾牌上，推

① 敌人指不信奉基督教的日耳曼人，他们当时准备抢城中的财物。

② 里普阿尔法兰克人。

③ 见《圣经·箴言》，第26章，第27节。引文与经文略有出入。

戴他为他们的国王。后来，被弗蕾德贡德王后施用了魔术的两个侍役，带着涂有毒药的通常叫做单刃匕首的那种厉害的刀子，假装有点事情要对他说，从两侧向他砍过来。他大喊一声，倒在地上，不多时候就丧了命。[1] 他的宫廷管事人员卡雷吉塞尔也死了。很久以前来自哥特王国的西吉拉受了重伤，后来他落入了希尔佩里克国王的手掌，他的每个关节都被炽热的铁器烙过，四肢全被撕开，惨遭酷刑而死。卡雷吉塞尔这个人的行为之轻薄不亚于其秉
性之贪婪。他是从最低贱的地位提升上来的，是以谄媚得到国王 161
的重用的。他贪图别人的财富，窜改别人的遗嘱，但是他的结局却落得如此：死亡没有给这个使别人的意图受挫的人留下时间来实现自己的意图。

希尔佩里克的处境是危险的。当使者来到他这里，给他带来他的兄弟死亡的消息时，他不知道自己是可能逃脱呢，还是会就地死亡。这时他带着王后和诸子离开图尔内。他把已经身故的兄弟穿戴好，埋葬在朗伯村[2]。过了一些时候，西吉贝尔特的遗体被迁往他亲自在苏瓦松修建的圣梅达教堂，[3]埋葬在他父亲洛塔尔的旁边。他死于在位的第十四年，年纪是四十岁。从老提乌德贝尔特去世到西吉贝尔特去世其间共计二十九年，[4]而西吉贝尔特去世与他的侄子提乌德贝尔特去世相距共十八天。西吉贝尔特死后，他的儿子希尔德贝尔特继承王位。

---

① 公元575年。——译者

② 距维特里约七公里，属于杜埃。

③ 该教堂系洛塔尔一世开始修建，而由西吉贝尔特完成。

④ 按书末世系表所列年代计算，与此处年限有出入。——译者

从创世到洪水二千二百四十二年。从洪水到亚伯拉罕九百四十二年。从亚伯拉罕到以色列人出埃及四百六十二年。从以色列人出埃及到所罗门建造圣殿四百八十年。从建造圣殿到圣殿荒芜和耶路撒冷众民流落巴比伦三百九十年。从耶路撒冷众民流落巴比伦到我主耶稣受难六百六十八年。从我主耶稣受难到圣马丁逝世四百十二年。从圣马丁逝世到克洛维国王去世一百十二年。从克洛维国王去世到提乌德贝尔特去世三十七年。从提乌德贝尔特去世到西吉贝尔特去世二十九年。总数是五千七百七十四年。

第四卷至此结束①

① 拉丁文原版中尚有两章，其内容与第 7 卷第 7、8 两章重复，此处未译出。

第 五 卷 165

第五卷诸章自此开始

尔诸子，并丧亲子；他与希尔德贝尔特结盟

十八、普雷特克斯塔图斯主教，墨洛维之死

十九、提贝里乌斯的仁慈

二十、萨洛尼乌斯和萨吉塔里乌斯两主教

二十一、布列塔尼人温诺克

二十二、希尔佩里克之子萨姆森之死

二十三、朕兆和奇迹；希尔佩里克攫取并侵犯普瓦提埃

二十四、贡特拉姆·博索从圣希拉里教堂接走其女

二十五、达科伦和德拉戈伦公爵之死

二十六、军队开入布列塔尼

二十七、萨洛尼乌斯和萨吉塔里乌斯被放逐

二十八、希尔佩里克征课的赋税

166 二十九、布列塔尼遭到破坏

三十、提贝里乌斯的统治

三十一、布列塔尼人的策略

三十二、圣狄奥尼西乌斯教堂因一个妇女而遭劫

三十三、朕兆和奇迹

三十四、痢疾，希尔佩里克诸子之死

三十五、奥斯特蕾希尔德王后

三十六、赫拉克利乌斯主教和南提努斯伯爵

三十七、加利西亚主教马丁

三十八、基督教徒在西班牙遭受迫害

三十九、克洛多维希之死

四十、尤拉菲乌斯和尤尼乌斯两主教

第五卷诸章至此结束

（本卷所记自公元575年起，至580年止。）

第五卷幸运地自此开始。阿门

167 （序言）

当我叙述那些使法兰克人的种族及其统治如此令人痛心地逐渐衰萎下去的种种内战时，我的内心是悲伤的。甚至到了现在我们似乎还从这些内战当中看到上帝所预言的悲痛年代的开始，这是一种最糟糕的朕兆。“父亲要起来反对儿子，儿子要起来反对父亲；弟兄要起来反对弟兄，亲族要起来反对亲族。”[①]然而，前辈诸王由于分崩离析，结果遭到了敌人的杀戮，这种前车之鉴本是应该使他们恐惧的。曾有多少次，众城中最大的城市和世界的巨首[②]由于内乱而失陷，但是内乱终止之后，她却好似是从地上生长出来似地再次矗立起来！国王们啊！愿你们熟悉你们的先辈们辛苦流汗所从事的那种战争，从而使得各族的人由于惧怕你们的团结一致，因而被你们的威力所征服！要把你们胜利的肇始者克洛维的一切事迹铭记在心。他杀死了敌人的诸王，粉碎了危险的域外诸国，征服了高卢的各个种族，他传给了你们对这些种族的完整无缺的统治权，而当他完成了这个事业之后，他却没有你们现在藏在宝库里的那种金银。你们做了什么事业？你们怀着什么欲望？你们

① 见《圣经·马太福音》，第10章，第21节。引文与经文有出入。

② 罗马。——译者

的东西哪样不丰富？因为在你们的家里可供享乐的东西太多了，你们的仓廪里谷物、酒、油堆积得太满了，你们的宝库里金银聚成了堆。但是你们缺少一样东西：因为你们不保持和平，你们得不到上帝的恩宠。为什么你们当中每一个人都要掠夺自己亲兄弟的东西？为什么一个兄弟要贪图另一个兄弟的财物？我恳求你们听一听使徒的告诫吧："你们……若相咬相吞，只怕要彼此消灭了。"[①]用心地查一查古人所写的记载吧！那时你们就会看到内战的后果是什么。找一找奥罗西乌斯关于迦太基人的论述吧！当他记述迦 168
太基人的城市和全部土地在繁荣昌盛达七百年之后而归于毁灭时，他又补充了这些话："是什么使得他们的国家保持了如此之久呢？和谐。经过那一整段时期以后，是什么毁灭了它呢？失和。"[②]提防失和，提防使你们自己和你们人民同归于尽的内战。当你们的军兵败阵身亡以后，你们就会落得无依无援，被敌视你们的国家压抑下去，立即毁灭沦亡。除此之外，你们还能指望什么别的呢？国王啊！要是你们以打内战为乐，你们就从事那种内战吧！——根据使徒的说法，这种内战发生在每个人的心里，以便让圣灵和情欲相斗，[③]让邪恶在道德面前屈膝，而你们自己呢，即便你们曾经陷于枷锁之中，为万恶之本效过劳，现在却可以像一个获得释放的人那样去侍奉你们的主宰者，而他就是基督。

一　西吉贝尔特国王在维特里被杀的时候，布隆希尔德王

① 《圣经·加拉太书》，第5章，第15节。（原译文无删节号。——译者）

② 奥罗西乌斯：《历史》，第5卷，第8章。

③ 见《圣经·加拉太书》，第5章，第17节。

后正和她的孩子们一起住在巴黎。消息传到她那里的时候，她在忧伤愤怒、心情激动的情况下，自己也不知道做了些什么事。贡多瓦尔德公爵把她的幼小的儿子希尔德贝尔特偷偷带走，在死难临头之际把他抢救出来。然后他把希尔德贝尔特的父亲统治过的人们召集起来，宣布这孩子为国王，当时他还不满五周岁。他开始统治的那天是圣诞节。他在位的第一年，[①]希尔佩里克国王来到巴黎，抓获布隆希尔德，把她流放到鲁昂去，把她带到巴黎来的钱财宝物攫为已有，还命令把她的那些女儿拘留在莫城。[②]

这时候，罗科伦带着曼恩的人马来到都尔，他们掳掠打劫，犯下许多罪行。下面我马上就要讲述他是如何由于作孽多端而被圣马丁的威力击败并遭到杀害的。[③]

二　希尔佩里克国王派遣他的儿子墨洛维带着一支军队前往普瓦提埃。但是这个王子没有服从他的命令，反而来到都尔，在这里度过了复活节的神圣节期，而他的军队则狠狠地蹂躏了整个这块地方。后来，他借口去探望母亲，[④]动身前往鲁昂。在这里，他
169 同布隆希尔德王后搞到一起，娶她为妻。希尔佩里克一听说他的儿子违反习俗，违反教规，已经娶了伯父[⑤]的遗孀的时候，对他痛恨已极，说时迟，那时快，他即刻动身前往鲁昂。但是这对夫妇听

① 公元576年。

② 长女为英贡德，次女为克洛多辛德。——译者

③ 见第4章。

④ 奥多韦拉。——译者

⑤ 见第4卷第23章注，下同。——译者

说他打算命令他们散伙，就到圣马丁教堂里避难去了。这个教堂是用木板造成的，坐落在城墙上。国王来到，他拼命地多方用计，想把他们撵出教堂，但是他们不肯相信他，他们怀疑他的奸诈意图，于是他发誓说，如果既成之事是本着上帝的意旨做的，那他就不设法拆散他们。他们听到这个庄严的誓言后，从教堂里走了出来。于是他拥抱他们，以十分相称的态度接待他们。但是几天以后他就带着墨洛维回到苏瓦松去了。

三　他们在鲁昂的时候，一些香巴尼人聚集起来，开赴苏瓦松城。他们把弗蕾德贡德王后和希尔佩里克的儿子克洛多维希从当地驱逐出去，力求把这个城市置于自己的权力支配之下。消息刚一传到希尔佩里克那里，他就率军向苏瓦松进发，并且事先派出使臣去警告他们不得干出有害于他的事情，因为那样的话，双方就要同归于尽。但是他们不把这个警告放在眼里，并且做好部署，准备一战。两军打了起来，希尔佩里克胜过对方，他打散了敌兵，还杀死了许多精力充沛、在急需时甚为得力的人；其余的人都被赶跑，他于是进入苏瓦松城。

这些事情发生之后，他由于他的儿子墨洛维与布隆希尔德结合，开始怀疑起墨洛维来了，他宣称这些战争都是墨洛维恶意地挑起来的，因此他剥夺了墨洛维的武装，命令守卫人员把他看管起来，但是不要把他作为严加监视的囚徒看待，他还没有打定主意将来对他如何处理。但是这场战争的真正的罪魁祸首和起因却是戈丁。这个人曾经抛弃对西吉贝尔特的效忠义务，跑来投效希尔佩里克。希尔佩里克曾经慨赠给他许多礼物。但是在战场上当失败降临到那个国王头上的时候，他却头一个逃跑。希尔佩里克曾经

从自己在苏瓦松地区的领地中拨赐给他土地，[①]这时他又收回这些领地，转赠给圣梅达教堂。不久以后，戈丁猝死，他的寡妇同劳
170 辛结了婚。劳辛是个集虚荣自负于一身、踌躇满志、盛气凌人的人。对身份比他低的人，他的行为毫无人道可言，他对他的人民大发雷霆，其态度为一切愚蠢和恶毒所不及，他对他们逞凶，其暴虐不可言状。当他坐着进餐的时候，一个农奴[②]照例在他的面前秉烛侍候，他却使他亮出小腿，把蜡烛紧紧地夹在他的两根胫骨之间，直到蜡烛点尽为止。第二支蜡烛点上来，再照样来一遍，这样一直弄到那农奴的胫骨被严重地烧伤方才罢休。要是那人发出一点声响，或者挪动了位置，立刻就有一把出鞘的剑在恫吓他，而劳辛对那人的眼泪却感到非常之高兴。曾经有人讲过一个故事，说这时他的两个农奴，一男一女，发生恋爱，——这种事情是常会发生的。当他们的爱情延续了两年或两年以上之后，他们双双逃走，躲进教堂。劳辛一听说这件事情，就去找当地的神父，要他把他的两个农奴交出来，他假称已经饶恕了他们。于是神父对他说道："教堂应当享有什么样的崇敬，你是知道的。要是你不答应让他们保持婚姻关系，还有，要是你不同意他们免于惩罚，就不能容许你把他们领回去。"他听罢，默默伫立良久，暗自思忖，拿不定主意该怎么办。但是最后他转向神父，两手往圣坛上一搁，发起誓来："他们永远不会被我拆散，我宁可设法叫他们像现在一样地保持夫妇关系。因为虽然他们不经我的同意擅自采取行动，使我恼火，有一

① 这种土地由法兰克国王授予臣属终生领有，领受者死后除由国王继续授予其继承人外，须归还国王，与世袭领地不同。

② 布雷豪特译本作奴隶。——译者

件事却是我衷心赞成的，那就是那男子并没有同另一个领主的侍女结婚，那侍女也没有同另一家的男子结婚。”神父心地单纯，相信了这个诡计多端的人的诺言，他把两个农奴作为保证能够得到赦免的人交了出来。劳辛向神父道了谢，将两人掌握在自己手里，回家去了。到家之后，他即刻命令砍倒一棵树，用楔子把一截树干从两端劈开，挖出树心；然后他又让人在地下挖一个三四尺深的坑。根据他的命令，把挖空的半爿树干放进坑里，把那个女孩子平放在树干里面，俨如一具死尸，又把男的扔在她的身上，然后盖上盖子，
填入泥土。他就这样把他们活埋了，还说：“我并没有违背永远不 171
让他们拆开的誓言。”消息传到神父那里，他急忙跑来，把劳辛痛斥了一顿，好容易才得到他的允许刨开泥土。男农奴还活着被挖出来，女的却已经闷死了。劳辛的行径和他的狠毒就是这样，唯其如此，他才遭到他的一生所应得的下场，我准备在后面加以叙述。

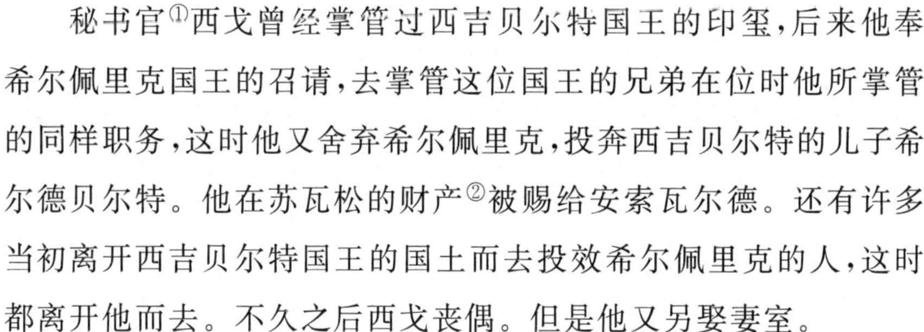

秘书官[①]西戈曾经掌管过西吉贝尔特国王的印玺，后来他奉希尔佩里克国王的召请，去掌管这位国王的兄弟在位时他所掌管的同样职务，这时他又舍弃希尔佩里克，投奔西吉贝尔特的儿子希尔德贝尔特。他在苏瓦松的财产[②]被赐给安索瓦尔德。还有许多当初离开西吉贝尔特国王的国土而去投效希尔佩里克的人，这时都离开他而去。不久之后西戈丧偶。但是他又另娶妻室。

四　在这些日子里，罗科伦奉希尔佩里克的派遣来到都尔，他对自己所要做的一切事情大吹一番。他在卢瓦尔河彼岸扎营，并

① 法兰克时期的秘书官负责为国王起草文件，加盖国王印玺，掌管档案。

② 这是希尔佩里克为酬答西戈前来投效而赠与的财产。

且派遣使者前来见我，叫我从神圣的教堂里把贡特拉姆[1]撵出去，贡特拉姆当时被指控为杀害提乌德贝尔特的主谋。我要是不按照他的意图办事，他就要把城市及其整个郊区全都化为灰烬。我一听说这个消息，就派人去告诉他，他所要求的事情从太古以至当时还从来不曾干过，我们不能容许他侵犯神圣的教堂。万一发生这种事情，他也不会因此有好结果，送来这种命令的国王也同样不会有好结果，还是请他对马丁主教的神圣有所敬畏吧！就在前一天，马丁主教的威力还使瘫痪的四肢伸直呢。但是他全然无所忌惮，他把卢瓦尔河彼岸他在其中驻扎的教堂的住所拆成碎块。这个住所是用钉子把木板连接起来的，跟随他前来的曼恩地方的人把钉子装进皮革口袋，携带而去。他们一路前行，一路毁掉全部庄稼，糟踏了每一样东西。但是当罗科伦干着这种勾当之际，他受到上帝的责罚，得了黄疸病，肤色变黄。他却仍旧一味重申他的苛刻要

172 求，并且说道："你要是不把贡特拉姆公爵抛出教堂，我就把城市周围的绿色植物践踏干净，使得那块地方什么用场也派不上，只能用犁来犁。"当时神圣的主显节[2]到了，他所受的痛苦折磨也更大了。于是他听从了左右的劝告，渡过卢瓦尔河，来到城里。当列队前进的人们唱着圣诗从大教堂出发，前往神圣的长方形教堂的途中，他骑着马跟在十字架的后面，前面打着旗子。可是他一走进这位圣徒的教堂，他的怒火和咄咄逼人的语气就消退了。从大教堂回去以后，他这一天都吃不了东西。后来，当他已经消损到极点的时

① 即贡特拉姆·博索。——译者

② 1月6日。——译者

候，他动身前往普瓦提埃。当时正值神圣的四旬斋期间，他却经常吃小野兔。他已经安排好办法要在3月1日那天压迫普瓦提埃居民，向他们征课罚款，但是在头一天他丧了命。这样，他的骄横遂告终止。

五　这个时候，南特主教费利克斯给我写来满纸谩骂的信，他断定说我的哥哥[1]杀了他的主教，因为他垂涎于这个主教职位，结果自己也丧了命。他写这种信的原因就是他贪图教会所属的一处领地。由于我不肯同意他得到这块领地，他就满怀愤怒，对我千般诋毁。最后我以下面的话对他作了回答："你要记住先知的话：'祸哉那些以房接房，以地连地，以致不留余地的，只顾自己独居境内。'[2]但愿当初马赛接受你为主教！因为船舶决不会给你运来油或其他商品，只会运来纸张。[3] 这样，你就可以有更多的地方来写诋毁好人的话，现在由于缺少纸张，你的唠叨也为之压缩了。"他的贪婪狂傲没有止境。但是我要把这些话撇在一边不谈，而讲一讲我的哥哥是怎样辞谢人世的，上帝的报复是如何旋即降临到谋杀他的凶手的头上的，不然，我这个人看来就和费利克斯相似了。

朗格勒主教神圣的提特里库斯[4]日渐衰老，他黜免了曾经为他效劳，身居要职的副主祭兰帕迪乌斯。这个人可耻地掠夺穷人，而我的哥哥则想救济这些穷人，因而我的哥哥成为撵他下台的参与者，以致招致了他的痛恨。当时神圣的提特里库斯中了风，医生 173

① 即后文的彼得。——译者

② 《圣经·以赛亚书》，第5章，第8节。

③ 埃及的纸草当时运往马赛。

④ 见第4卷，第16章注。——译者

救治无效，教士们很忧虑，他们可以说是被剥夺了牧人，于是请求由蒙德里克担任主教。国王同意把他派给他们。他接受剃发仪式以后，受任主教职务，其条件是：在神圣的提特里库斯在世期间，他以神父之长的身份主管通内尔镇，住在此地，提特里库斯一死，即行接任。他住在通内尔的时候，招致了国王的愤恨。他受到指控，说他在西吉贝尔特国王去征讨他的哥哥贡特拉姆期间，曾给西吉贝尔特送去粮秣和礼物。因此他被人从这个镇里拖了出去，遭到放逐，被拘禁在罗纳河岸上的一座狭小而又没有屋顶的塔楼里。他在这里呆了大约两年，处境非常艰苦。后来，由于神圣的尼塞提乌斯主教出面调解，他回到里昂，和尼塞提乌斯主教一起住了两个月。但是，当国王不让他返回他从那里被驱逐出来的地方时，他在夜里逃走，投奔西吉贝尔特国王。西吉贝尔特任命他为阿雷的主教，下面主管大约十五个堂区，这些堂区以前掌握在哥特人手里，此时在罗德兹主教达尔马提乌斯的管辖下。蒙德里克走后，朗格勒居民第二次要求派给主教，这一次他们提名西尔维斯特，他和提特里库斯以及我本人都有亲戚关系，只是由于我哥哥的鼓动，他们才提他的。这时，神圣的提特里库斯去世，西尔维斯特接受剃发式，被授任为神父，他对教会财产取得了完全的控制。然后他准备前往里昂，在那里受任主教。但是在此期间，他长期患染的癫痫症发作了，他发了狂，一连呻吟了两整天，第三天就一命呜呼。这以后，如前所述，被剥夺了尊贵职位和财产的兰帕迪乌斯由于痛恨副主祭彼得，与西尔维斯特的儿子结成一伙，罗织罪名，一口咬定西尔维斯特是彼得用恶毒的伎俩害死的。那儿子年轻，容易冲动，他
174 被激发起来反对我的哥哥，并且公然控告我的哥哥杀了他的父亲。

我的哥哥听说之后，前往里昂，在这里，在我的舅公神圣的尼塞提乌斯主教面前开庭审判，我的哥哥在西阿格里乌斯主教[①]和其他主教以及重要世俗人士面前宣誓，说他与西尔维斯特之死从无牵连，从而洗刷了罪名。但是两年之后，[②]西尔维斯特的儿子又受了兰帕迪乌斯的煽动，他在路上遇见副主祭彼得，用投枪向他行刺，使他受了致命伤。他的尸体被人从躺着的地方搬走，运往第戎，安葬在我们的祖先神圣的格雷戈里附近。凶手逃遁，投奔希尔佩里克国王，他撇下了他的财产，这些东西落进了贡特拉姆国王的宝库。由于他所犯罪行的结果，他成为流浪者，流落各地，无处定居，最后，我相信，由于无辜者的鲜血去向上帝呼告，对他进行控诉，于是他在一次旅行途中，在某地拔出佩剑，砍死了一个无辜的人。这个人的亲属对他的死亡很悲痛，他们掀起暴动，抽出宝剑，把凶手剁成碎块，把他的四肢抛了出去。由于上帝的公正裁判，这个不幸的人落得如此下场。凡是害死自己的无辜的邻人的人，不可能在犯罪之后长久地保全性命，因为这件事发生在他犯罪以后的第三年。

这时，西尔维斯特死后，朗格勒的居民再次请求派给主教，帕波卢斯奉命前往就任。这个人原来是奥顿的副主教。根据一般传闻，他干了许多坏事，这些坏事我在这里略而不谈，免得我看起来好像是个诽谤我的信徒兄弟的人似的，但是我却不愿避而不谈他的死状。在他就任主教的第八年，[③]当他正在各堂区和教会所属

① 奥顿主教。

② 公元574年。

③ 公元579年。

的领地之间巡游的时候，神圣的提特里库斯在他的睡梦中显现在他的面前，并且以威吓的神色对他这样说道："哦！帕波卢斯！你在这里干嘛？你为什么玷辱我的教区？你为什么掠夺教会？你为什么驱散委托给我照管的羊群？走开，把你的教区交出来，远远地离开这个国家。"他说这些话的时候，用拿在手里的棍子狠狠地打他的胸口，这一来，帕波卢斯惊醒过来。但是当他正在寻思这可能意味着什么的时候，他觉得像是有什么东西正在戳刺他的胸膛，痛
175 苦非常，备受折磨。他一看见食物饮料就受不了。他觉得自己的死期已近，只在等待死亡。还有什么需要多说的呢？第三天他就吐了血，一命呜呼。他的遗体从那里被运到朗格勒埋葬。

修道院院长穆莫卢斯（别号善人）受命继任主教。这位穆莫卢斯受到许多人的高度赞扬，他们说他纯洁，不喝酒，有节制，总是乐善好施，说他是正义的追随者，是慈善行为的全心全意的热爱者。他接管朗格勒教区以后，发现兰帕迪乌斯诈骗了教会的许多东西，并且利用从穷人的身上掠夺来的财物，积聚了土地、葡萄园和奴隶。于是他命令剥夺他的一切，把他从自己的面前赶走。现在他生活在极端贫困之中，设法靠自己双手的劳动度日。可是这些事情已经说得够多的了。

六　上述那一年，也就是西吉贝尔特去世，他的儿子希尔德贝尔特开始统治的那一年，[1]在神圣的马丁的坟头显现了许许多多奇迹。这些奇迹都记载在我不避才疏学浅而撰写的有关这些事情

[1] 原注为公元576年，但西吉贝尔特死于公元575年。——译者

的那几卷书里。[1] 虽然我的语言朴质无华，我却不能略掉我亲眼见到的，或是我从诚笃的人口中所听到的事情而不加以叙述。我只谈谈那些没有头脑的人的遭遇，他们在体验了上帝的威力之后却又去求助于世俗疗法，而上帝在对傻子施加惩罚方面所表现的威力，并不亚于他在赐与他所治愈的人恩惠方面所表现的威力。

布尔日副主教柳纳斯特由于患白内障双目失明。他先是东求医，西求医，但是他的视力却一点也没有恢复。然后他来到圣马丁教堂，在这里居住了两三个月，连续斋戒，祷告上帝使他双目重见光明。当圣马丁节[2]来到的时候，他的眼睛亮了，他开始看得见东西了。但是他一回到家里，又去找一个犹太人就诊，这个犹太人在他两边的肩膀上拔火罐，这样做是为了加强他的视力。但是等到放血以后，他又回复到以前的失明状态。于是他又回到神圣的教 176
堂里，可是尽管他又住了很长一段时间，这回他却未能恢复视力。根据上帝的预言，我相信是由于他犯了罪，所以才不让他得到视力。“凡有的，还要加给他，叫他有余。凡没有的，连他所有的，也要夺去。”[3]还有：“你已经痊愈了，不要再犯罪，恐怕你遭遇的更加厉害。”[4]因为，这个人要不是在感受了上帝的神奇威力之后又去请来一个犹太人，他是会依然无恙的。使徒所告诫谴责的正是这类的人，他说：“你们和不信的原不相配，不要同负一轭。义和不义

① 《记真福马丁主教的德操》。

② 11月11日。——译者

③ 《圣经·马太福音》，第13章，第12节。

④ 《圣经·约翰福音》，第5章，第14节。

有什么相交呢。光明和黑暗有什么相通呢。基督和彼列[1]有什么相和呢。信主的和不信主的有什么相干呢。上帝的殿和偶像有什么相同呢。因为我们是永生上帝的殿，就如上帝曾说，你们务要从他们中间出来，与他们分别。”[2]因此，让这个事例教育每一个基督教徒吧：当他从上天接受了药剂以后，他就不该再去寻求世俗的医术。

七　我还愿意记载一下那些在这一年被上帝召唤去的人的姓名和德操，因为我认为他们是伟大的，是上帝所乐于接受的，由于他们具有美德，上帝把他们从我们的尘世上带走，安置在他的天堂里。其中有住在都尔附近的神圣的森诺克神父，他就是这样逝世的。他是泰法利人，在都尔教区入教会，后来他退居到一间他亲自在古老建筑物的墙壁之间建造起来的修道室里，他在这里召聚众修道士，修复了久已颓毁的一间小礼拜堂。他为患病的人做出了许多奇迹，这些奇迹都已经记载在我所写的关于他的生平事迹的那卷书里。[3]

八　那年，巴黎主教神圣的日尔曼努斯也去世了。他在生前
177 所做出的许多奇迹，都由他的葬礼中的另一桩奇迹所证实。在大街上有些囚徒呼喊他的名字，于是他的遗体变得格外沉重；但是等到他们刚一获释，它又毫不费劲地被抬了起来。于是获释的人也跟着送殡的行列来到他安葬于其中的教堂。在上帝的帮助之下，虔诚的信徒在他的墓前体验到许多奇迹，每一个人，只要他的请求

---

① 魔鬼名称。——译者

② 《圣经·哥林多后书》，第 6 章，第 14—17 节。引文略有删节。

③ 《教父列传》。

是正当的，都很快地达到愿望。如果有人愿意更详细地熟悉这位圣徒生前所做出的奇迹，请他去读福尔图纳图斯神父所编撰的他的生平传略吧！[①] 他在这本书中将会一一看到。

九　同年，卡卢帕隐士逝世，从青年时候起，他一直在修道。当他进入奥弗涅地区的梅阿莱修道院以后，他对修道的弟兄们态度一直非常谦恭，这些我已经记载在他的生平传略里。[②]

十　在布尔日地区也有一个隐士，名字叫帕特罗克卢斯。他保持了教士的尊严，他是一个惊人地圣洁和虔诚的人，他非常有节制，由于斋戒，他时常为各种各样的毛病所烦恼。他既不喝葡萄酒，也不喝苹果酒，也不喝能使人发醉的任何饮料，只喝加点蜂蜜略带甜味的水。凡是带荤的食物，他一概不碰，他的食物是在水里浸泡过的洒上盐的面包。他的眼睛从来不曾因睡眠而昏暗过，因为他不断地在祈祷，要是有一会儿中断的话，他也不是读书，就是写字。他时常以祈祷治疗发烧、长脓疱疮或患其他病症的人。他还做出其他奇迹，这些奇迹太多，不能依次叙述了。他贴身总是穿着一件山羊毛织成的衣衫。他去世归向基督的时候是八十岁。关于他的生平事迹我已经作了简短的记述。[③]

十一　既然我们的上帝总是俯赐天恩，给他的众主教以光荣，我愿意讲一讲这一年在克莱蒙的犹太人身上所发生的事情。神圣的阿维图斯主教本来时常劝告他们把遮挡摩西律的帷幕放下来，领会他们所读的《圣经》的精神实质，并且以纯洁的心灵在《圣经》

① 福尔图纳图斯，见中译本序言部分注。——译者

② 《教父列传》。

③ 同上。

里寻求众先知和列王所应许的永生的上帝之子基督。但是保留在
178 他们胸中的，我认为不是那把摩西的脸遮挡起来的帷幕，而是一堵墙。[①] 那位主教作了祈祷，以便使他们皈依上帝，[②]使他们面前的遮挡摩西律的帐幕扯开。最后，其中有一个犹太人请求在神圣的复活节那一天领洗，他因接受洗礼而蒙上帝赐以新生，他自己也穿着白色袍服，随着其他的新信徒一起列队行进。但是正当人们穿过克莱蒙城的城门时，有一个犹太人在魔鬼的唆使下，向这个新改宗的犹太人头上倾倒恶臭的油。虽然所有的人都由于憎恶这种行为而急于用石头砸他，主教却阻止他们这样做。但是就在基督在为世人赎罪之后光荣升天的那个神圣的日子里，当主教正唱着圣诗，领着行列，从大教堂前往那座长方形教堂的途中，跟在他后面的全体群众都向犹太人的会堂冲去，把它彻底摧毁，夷为平地。又一天，主教给犹太人送去了这样的音信："我并不用压力驱使你们承认上帝之子，但是我拿他向你们讲道，把知识的精华传播到你们的心里，因为我被安排为上帝羊群的牧人。替我们受苦受难的真正牧人曾经谈到过你们，他说他另外还有羊，这些羊不属于他的羊圈，他必须把它们领来，以便合成一群，属于一个牧人。[③] 因此，要是你们像我一样也相信这一点，你们就合成一群，由我作你们的守护人；要不，你们就从这个地方走开。"他们摇摆不定，疑虑重重，如此良久。但是到第三天——我相信这是由于主教的代祷而推动他们这样做的，——他们聚集到一起，给主教送去了下列答复："我们

① 见《圣经·出埃及记》，第 33 章，第 19、20、22 节。

② 在耶稣受难日星期五那一天，教堂里举行祈祷，使犹太人改宗。

③ 见《圣经·约翰福音》，第 10 章，第 16 节。

相信耶稣是永生的上帝之子，他是由众先知亲口应许给我们的。”主教听了这个消息感到欣喜，在神圣的圣灵降临节[①]的前夕，他做完了夜间礼拜之后，就前往城外的洗礼堂。在那里，整群的犹太人都拜倒在他的面前，要求领洗。主教流着喜悦的眼泪，把他们全体都用水浸洗，给他们涂上圣脂，使他们合并在我们母教会的怀抱之中。蜡烛高烧，灯火闪烁，身着白色袍服的羊群把全城映照得通明 179
透亮，这一天的喜悦比起当年圣灵落在使徒们头上时耶路撒冷所目睹的喜悦竟无逊色。这样领洗的犹太人在五百人以上，但是其余的人拒绝领洗，他们离开克莱蒙城，回到马赛去了。[②]

十二 这之后，梅纳修道院的院长布拉希奥也去世了。论血统他是图林根人，以前在西吉瓦尔德公爵手下充当猎手，这些我已经在别处讲过。[③]

十三 我现在言归正传吧。希尔佩里克国王派遣他的儿子克洛多维希前来都尔。这个王子征集一支军队，开进都兰和安茹，进军直抵桑特，占领该城。但是贡特拉姆国王手下的勋贵穆莫卢斯率领一支大军开进利摩日地区，向希尔佩里克的公爵德西德里乌斯开战。在这场交锋中，德西德里乌斯的部下有五千人阵亡，他本人好容易才脱身逃走。勋贵穆莫卢斯后来经奥弗涅班师，奥弗涅的许多地方都被他的军队破坏。他一路上就是这样横穿而过来到

① 根据《圣经·使徒行传》第2章的记载，在犹太人的五旬节那天，圣灵自天而降，耶稣的众门徒都被圣灵充满。这一天为圣灵降临节。按照基督教会习惯，在复活节以后的第七个星期日举行圣灵降临节的庆祝仪式。——译者

② 犹太人前来高卢时系在马赛登陆。

③ 《教父列传》。

勃艮第的。

十四　此后，根据父亲之命被人监管着的墨洛维被剪去了头发，被迫脱下旧装，穿上教士的衣服，受任神父之职。他被送进勒芒地方叫做昂南絮拉的修道院，去按照神父的戒律接受教诲。

我曾经提到过博索，这时他正住在圣马丁教堂里，他听说此事之后，就派遣副助祭里库尔夫暗地里去劝说这个王子躲到这所教堂里来。墨洛维遂即动身，途中遇到他的仆人盖伦迎面走来。由于护送他的人不中用，盖伦得以在路上就把他撵走。这个王子遮住面孔，穿上俗装，来到圣马丁教堂。他见到门开着，就走了进来，当时我正在作弥撒。作完弥撒以后，他要求我给他一些经过祝福的面包。当时的巴黎主教，即神圣的日尔曼努斯的后任拉格内莫德正同我在一起。我们加以拒绝，墨洛维冲着我大喊大叫，他说我在取得主教弟兄们的同意之前，没有权力停止他的教籍。[①] 经他

180 这么一说，我们于是针对这个情况就教规的本旨进行讨论。后来，在当时在场的除我以外的另一位弟兄的同意下，他接受了面包。我唯恐由于坚持停止一个人的教籍，自己反倒可能成为许多人的杀害者，因为他吓唬说要是我们认为他不配跟别人平等地享有教籍，他就要杀掉几个我们的人。可是这件事情却证明是都尔地方的许多灾难的起因。这时，我的外甥女婿尼塞提乌斯以私事去见希尔佩里克国王，我们的副主祭陪同前往，他是去向国王报告墨洛维潜逃的消息的。弗蕾德贡德王后一见到他们，就大喊道："这些

① 领圣餐是基督教徒身份的一种标志。墨洛维未领到经过祝福的面包，故作此语。——译者

人是间谍，他们是来探听国王的意向的，然后再把探听到的消息报告给墨洛维。”她当即下令剥夺他们的全部财产，把他们流放出去。只是在流放满七个月时，他们才获得释放。

希尔佩里克派使者到我这里来转达这样的命令：“你要把那个叛教者从圣马丁教堂里抛出去，你要是不照办，我就要把你的整片地方烧毁。”我写信回答说，要在基督教的时代去做一件甚至在异端的年代都不曾做过的事情，这是不可能的。于是他征集一支军队，派它前来攻打都尔。

希尔德贝尔特国王在位的第二年，[1]墨洛维看到他的父亲一心想要实现他的目的，就开始打算到布隆希尔德王后那里去，还打算把贡特拉姆公爵带走。他说：“要是由于我的缘故而让我们马丁主教的教堂遭到暴力侵犯，或者由于我的过失而让他的乡土遭受奴役，这种事情我决不干！”人们正在夜祷的时候，他走进了教堂，把身边所有的财物都拿到神圣的马丁墓前，向这位圣徒祈祷，请求给以拯救，施以恩惠，让他得以赢得国家。当时的都尔伯爵柳纳斯特为了邀得弗蕾德贡德的恩宠，给他设下许多陷阱，终于使得他的一些出城前往乡间的仆人坠入其中，死在刀剑之下。只要他能够在便于下手的地方碰见墨洛维本人的话，他是急于要杀死他的。但是墨洛维听从了贡特拉姆的谏告，并且为了替自己报仇，命令在御医马里莱夫[2]从国王那里回去的路上将他抓住。这个御医挨了一顿狠打，他的金银和身边携带的其他财产全被劫去，他被抢得精 181

① 公元577年。

② 希尔佩里克的医生之一。

光，要不是他从这些打手的手下溜走，逃进大教堂的话，就连他的性命也饶不了。后来我给他新衣服，在得到了关于他的生命安全的保证之后，我把他送回普瓦提埃他的家里。

墨洛维对他的父亲和继母大肆攻击，这些攻击有一部分可能是真实的。但是依我之见，以一个儿子而对外扬言这种事情，这在上帝眼里是不能接受的，从后来的事态看来，这点我看得很清楚。有一天，他请我去吃饭，我们正坐在一起，这时他迫切地恳求我给他读点什么，用以教导他的灵魂。我打开了所罗门的箴言那卷书，把头一眼见到的那句话拿来读了，这句话是这样说的："藐视父亲的，他的眼睛必为谷中的乌鸦啄出来。"[①]虽然他不明白，我却认为这句话带有预言性，是上帝赐给我们的。

这时候，贡特拉姆[②]派遣他的一个仆人去找一个具有能够预言未来的灵性的女人，好让她告诉他将会遭到什么情况。他在卡里贝尔特国王的时候就已经知道这个女人，他常常说她在事前就不仅宣布了卡里贝尔特国王要死于哪一年，而且还宣布了要死于哪一天、哪个时刻。下面就是当时她通过他的仆人送给他的预言："希尔佩里克今年就要死，墨洛维将会把他的几位兄弟摈诸份外，独享全部国土。至于你，你要当上五年他的全部领域上的公爵。但是在第六年，你会由于人民的赞许，荣膺卢瓦尔河右岸的一座城市的主教之尊。你逝世的时候已是寿登耄耋。"他的仆人带着这个消息回去以后，他立即就骄矜自满起来，好像已经坐上了都尔大教

① 见《圣经·箴言》，第 30 章，第 17 节。引文与经文有出入。

② 贡特拉姆·博索。

堂的宝座似的。他前来告诉我这个预言。我嘲笑他愚蠢，我说：“这些东西只有通过上帝才能得到，魔鬼的诺言是不可信的。”他狼狈不堪地退去以后，我为这个对于这种捏造的话都认为是值得相信的人痛快地大笑了一番。一天夜里，圣马丁教堂里的夜祷完毕以后，我伸开四肢躺在床上，已经入睡，这时，我看见一个天使飞过 182
天空，当他飞过圣马丁教堂的上空时，他高声喊道：“悲哉！悲哉！上帝已经打击了希尔佩里克和他所有的儿子，在他身后，他的亲生骨肉当中也不会有一个人活下来治理他的国家以至永久。”当时这个国王已经有了四个由不同的妻子所生的儿子，且不算他的那些女儿。过了一些时候，当这些话实现了的时候，我清清楚楚地看到算卦者的诺言是多么虚妄了。

由于贡特拉姆·博索在置提乌德贝尔特于死地这件事情上出了力，弗蕾德贡德王后暗地里是保护他的。这时，当贡特拉姆·博索和墨洛维两个人都住在圣马丁教堂里的时候，弗蕾德贡德王后给贡特拉姆送来了音信，措辞是这样的：“要是你能够把墨洛维从教堂里赶走，让他去遭遇死亡的话，你会从我的手头得到一大笔报酬。”贡特拉姆以为刺客们已经各就各位，准备停当，就对墨洛维说：“我们为什么要像懒汉或者胆小鬼似的坐在这里呢？我们为什么要在教堂里鬼鬼祟祟地溜来溜去，当这种愚钝的傻子呢？让人把我们的马拉过来，让我们带着鹰，带着猎犬去打猎吧！让我们到空旷的大地上去观看一下景色，赏心悦目一番吧！”他说这番话是出于诡诈，是想把他从神圣的教堂里弄出去。贡特拉姆在其他方面有他的优点，但是他太容易毁约，他无论对任何朋友起誓，还从来不曾有一次不是在一开始的时候就准备随时加以破坏的。如我

所述，他们于是离开教堂，一直来到都尔附近叫做约孔迪亚库斯的那所乡间房舍。但是没有人加害于墨洛维。

我曾经讲到，由于贡特拉姆被指控为杀害提乌德贝尔特的当事人，希尔佩里克国王派遣使者给神圣的马丁之墓送来一封信，他在这封信里向神圣的马丁提出一项请求，要马丁给他写一封回信，告诉他要是把贡特拉姆拖出教堂是否合法。带着这封信前来的鲍德吉尔副主祭[1]把这张带字的信笺放在圣墓上面，同时放上一张空白的纸。但是他等候了三天而没有得到回答，就回到希尔佩里克那里去了。然后国王又另派使者来逼着贡特拉姆庄严宣誓：如果不通知他，贡特拉姆不能离开教堂。贡特拉姆立即凭着圣坛的
183 罩单起誓，说他要是未经国王批准，决不走出教堂。

但是墨洛维信不过那个预言未来的女人，他在这位圣徒的坟墓上放上《诗篇》《列王纪》《福音书》三本经文，祷告了一整夜，请求这位神圣的申信者揭示未来，向他指明他是不是能够赢得国家。在三天的斋戒、彻夜祈祷、祈求之后，他又回到这神圣的墓前，打开一本经文，正好是《列王纪》，翻开的那页的头一句话是："因为你们离弃了你们的上帝，却去亲近怪异的神，你们没有在上帝的面前遵循正轨，你们的上帝要把你们交到敌人手里。"[2]他在《诗篇》里看到的是这句话："由于他们欺诈，你在他们的道途上设下灾祸；你使他们陷于毁灭，直到他们被提起来为止。转眼之间，他们被弄得何等荒凉。由于他们自身有罪，他们被灭尽了。"[3]他在《福音书》里

---

① 可能即鲍德吉西尔。——译者

② 见《圣经·列王纪上》，第9章，第9节。引文与经文有出入。

③ 见《圣经·诗篇》，第73章，第18、19节。引文与经文有出入。

看到："你们知道过两天是逾越节，人子将要被交给人，钉在十字架上。"[①]他被这些答复搞得惶恐不堪，他在这位神圣的主教的墓前哭了好久；然后，他带着贡特拉姆公爵，还带上五百个或者更多的人，离此他去。但是他离开了这神圣的教堂以后，当他正在穿越奥塞尔地区的时候，他被贡特拉姆国王手下的赫尔波公爵拿获，被他拘禁起来，但是他设法脱身，走进了圣日尔曼努斯教堂。贡特拉姆国王闻悉这件事情以后，就判了赫尔波七十枚金币[②]的罚金，并且撤除他的官职，他说："我的弟弟说，你确实把他的敌人关押起来。如果你是存心这样做的，你也应该先把他带到我的面前来；如其不然，那么对于一个你无意于拘留的人，你就不应该哪怕用一个手指头去触犯他。"这时，希尔佩里克国王的军队已经进抵都尔，在整个境域内抢劫，放火，破坏，连圣马丁的财产也没有放过。他们的手
不管碰上什么，就把这个东西拿走；他们对于上帝既无尊敬之意， 184
也无恐惧之心。

墨洛维在上述那座教堂里大约住了两个月，然后逃了出来，到布隆希尔德王后那里去了。但是奥斯特拉西亚人[③]不肯加以收留。他的父亲以为他一定躲在香巴尼一带，就带领部队去攻打香巴尼的人民。但是他没有在那里骚扰，也没有找到他的儿子。

十五　阿尔博因进入意大利的时候，洛塔尔和西吉贝尔特把

---

① 《圣经·马太福音》，第26章，第2节。

② 布雷豪特译本作七百枚。——译者

③ 即原来的里普阿尔法兰克人。

苏维汇人和其他的人安置在他撤空的土地上。[1] 西吉贝尔特在位时重回故土的萨克森人，也就是当初跟从阿尔博因的那些萨克森人，起来反对这些新移入的居民，本来还想把他们从当地赶走，加以消灭。这些占据其地的人提出拨给他们三分之一的土地，他们说："我们可以住在一起，双方互不侵犯。"但是对方非常生气，因为他们过去是占有全部土地的，他们无论如何不肯退让。然后苏维汇人提出拨给一半土地，后来又说交出三分之二，自己只留下三分之一，萨克森人仍然拒绝。这时他们提出只要萨克森人肯于不再以战争相威胁，他们就把全部牛羊连同土地一并交上。但是萨克森人甚至连这个条件也不肯接受，他们要求交战。他们内部已经开始互相争吵起来，并且已经安排好如何分配苏维汇人的妻子，当男人被杀掉以后，谁该得哪一个，因为他们已经把这些人当成死的一般。但是上帝悯人之心是主持正义的，它阻挠了他们的意图。因为交锋以后，二万六千萨克森人当中有二万人阵亡，而六千苏维汇人当中只死了四百八十人，余下的那些人赢得了胜利。幸存的萨克森人宣誓说，他们的男人谁也不剪发，不剃须，直到他们向敌人报了仇为止。接着又交了一次锋，这回他们又被打败，遭到甚至更大的毁灭，战争遂告结束。

十六　下面这些事情是在布列塔尼发生的。布列塔尼人的伯爵马克利亚夫和博迪克曾经互相起誓：他们两人不管谁比另一个活得长，都要把死者的儿子当作自己的儿子一样加以保护。后来

---

[1] 此处应指当初随同阿尔博因前往意大利的萨克森人原来居住的地方而言，见第 4 章，第 42 节。洛塔尔死于公元 561 年，应与此事无关。

博迪克死了，身后留下一个儿子，名字叫提乌德里克。马克利亚夫 185
已经把誓言忘诸脑后，把他从他的领域里驱逐出去，然后把他父亲的领土篡夺到手。很长一段时间，提乌德里克成了亡命者，到处流浪度日。但是上帝垂怜于他，他招聚一支布列塔尼人集合在自己的身边，去袭击马克利亚夫，把马克利亚夫和他的儿子雅各一块儿用剑砍死。就这样，他把他的父亲所曾经治理的国土收复在自己的权力之下。马克利亚夫的儿子瓦罗克则保持了对其余土地的权力。

十七　马格纳卡尔已去世，贡特拉姆国王斩杀了他的两个儿子，[①]因为他们公开讲过奥斯特蕾希尔德王后和她的孩子们的坏话，这些坏话既可恨又可恶。他们的财富被收归国库。贡特拉姆本人也丧失了两个儿子，他们是得急病死的。他对他们的死非常痛心，因为他落得个子丧嗣绝。

这一年发生了关于哪一天是复活节的问题。我们都尔的人，还有许多其他城市的人，在5月1日前十四天[②]举行神圣的复活节庆祝仪式；别的城市的人，还有西班牙的城市的人，则在4月1日前十二天[③]举行庆祝仪式。虽然如此，据说，根据上帝的意旨现已堵塞了的西班牙的水泉在我们的复活节那天却充满了流水。

在都兰的希农村，在耶稣复活的那一天，正在作弥撒的时候，教堂震动起来。受了惊的人们异口同声大嚷教堂塌下来了，他们

---

① 马格纳卡尔即第4卷第25章之马格纳尔，贡特拉姆之妻玛尔卡特鲁德的父亲。——译者

② 罗马古历4月18日。

③ 罗马古历3月21日。

拆倒门扉，大家都从教堂里面逃了出来，尽管有几个人骨头都折断了。这之后，一场严重的疫病降临到人们身上。

后来，贡特拉姆国王派遣使者去看他的侄子希尔德贝尔特，寻求讲和，并且要求会晤。随后希尔德贝尔特带着国内的首脑人物前来。他们在叫做石桥[①]的桥头相晤，互相致意，彼此拥抱。然后贡特拉姆国王说道："由于我的罪孽，我已落得无儿无女，因此我要求我这个侄子现在就当成是我的儿子一样。"他把希尔德贝尔特安置在自己的座位上，用以下这些话把他的整个国家交给了他："让我们用同一块盾牌来保护我们，用同一根长矛来自卫吧！要是我
186 竟然又有了儿子，我也仍旧照样把你当作他们中间的一个，使得他们和你之间保持我今天凭上帝为证所许诺给你的骨肉之情。"希尔德贝尔特的首脑人物也代表他作了类似的诺言。然后他们在一块儿又吃又喝，互相赠送贵重的礼物表示敬意，和好地分了手。但是他们又派遣使节去见希尔佩里克国王，要求他把抢自他们的领土的地方全部归还他们，并且叫他知道，要是他迟迟不还，那就请他最好指定一处战场。但是希尔佩里克不把他们的话放在眼里，却让人在苏瓦松和巴黎修建马戏场，开始在里面上演节目，供人们观赏。

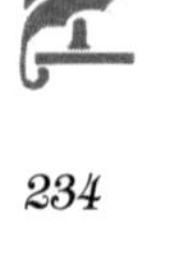

十八　这些事情正在发生之际，消息传到希尔佩里克的耳边，说什么鲁昂主教普雷特克斯塔图斯正在向人施赠财物，因而使国王遭受损失。希尔佩里克命令把他召唤到御前。搜查他的时候，

---

① 距朗格勒主教管区约十五公里。

发现他身边带着布隆希尔德王后委托他保管的财产。[①] 国王把这笔财产取走，并且命令将他流放出去，等到众位主教审理他的案件时再说。当主教们在巴黎举行宗教会议[②]的时候，普雷特克斯塔图斯被带到庭上，参加会议的主教们在奉献给使徒彼得的教堂里开会。国王向被告说："主教啊！我的敌人墨洛维本来应该像我的儿子那样地立身行事，而你却让他和自己的亲伯母、他伯父的妻子结婚，你心里打的是什么主意？难道你不知道教规[③]对这样的案件所作的规定吗？业已证明，你不仅在这件事情上做错了，而且你向人们施赠礼物，以便你们合谋把我搞死，在这件事情上你也做错了。你使一个儿子同他的父亲结了仇；你用贿赂把人们引入了歧途，以便谁也不去遵守他对我所作的信誓；你曾想方设法要把我的国家出卖给另外一个人。"国王说这番话的时候，教堂外面的那群法兰克人纷纷嘟哝起来，他们想要破门而入，把主教拖出来，用石头砸他，但是国王加以禁止。普雷特克斯塔图斯否认国王所控告的情况属实，这时，假证人出来了，他们把各种各样的贵重东西摆了出来，说道："这件东西，还有这件东西，就是你给我们的，其条件是我们必须宣誓效忠于墨洛维。"普雷特克斯塔图斯回答说："你们 187
说你们时常从我这里接受酬赠，这是真话；但这不是为了把国王从他的领土上赶出去。因为既然你们送给我良马和其他东西，我除

① 这笔财产是布隆希尔德被流放到鲁昂，并在普雷特克斯塔图斯的主持下与墨洛维结婚时交给他的。普雷特克斯塔图斯曾为墨洛维施洗，因而也支持布隆希尔德。

② 主教只能在由主教们参加的宗教会议上受其同僚的审判。——译者

③ 此种教规系法兰克诸王在本国召开的历届宗教会议上就教士的生活守则所作的决定，这些决定汇集成为一套教士品行准则，用以维持教会纪律。——译者

了以价值相当的东西来回礼之外,又能怎么办呢?"这时国王回到他的住处,而我们却仍旧坐在圣彼得教堂的圣器室里。正当我们在一起议论的时候,巴黎教堂的副主教埃提乌斯突然来到。他向我们问好,然后说道:"在这里开会的上帝的诸位教士!请听我说:你们二者必居其一,要不现在就抬高你们的声望,以自己的美名闪烁光芒;要不就由于缺乏大丈夫的气概,对落在自己身上的事情不能尽其本分,听任你们这位兄弟死亡,因而你们当中保准没有一个人今后能够被算作上帝的主教。"他这么说,可是没有一个主教回答他一个字,因为他们畏惧国王和他那股怒气,正是由于他的煽动才在进行这些事情。当他们用手指头捂着嘴唇,陷入沉思之际,我本人说了下面这些话:"上帝的最神圣的教士们,你们这些看来比谁都受到国王信任的人,请听我言。现在你们要向国王提出神圣的、与主教身份相称的忠告,免得国王对上帝的一个主教怒发如狂,因暴怒致死,弄得连王国带声誉一概丧尽。"我说完这番话之后,他们仍然鸦雀无声。由于他们仍旧保持缄默,我又说道:"我的列位主教大人,记住先知的话:'倘若守望的人见到有人犯下罪行而不置一辞,他就要因死去的灵魂而负罪。'[①]因此你们不要保持沉默,而要把话说出来,把国王的罪恶摆在他的眼前,以免他或许会遭到什么好歹,而你们也要为他的灵魂而负罪。再说,难道你们不知道新近发生的事情吗?克洛多梅尔是如何把西吉斯蒙德捉住,把他投入监狱的;上帝的教士阿维图斯又是如何对他说的,他说:'别捕捉他,这样,你去进攻勃艮第的时候就能赢得胜利。'但是

① 《圣经·以西结书》,第33章,第6节。引文与经文有出入。

他拒绝遵从主教的忠告，起程出征，把西吉斯蒙德和他的妻子和儿子们一齐杀掉，开入勃艮第。在这里，他被敌军击溃，遇害身死。[①]马克西穆斯皇帝又怎样呢？当他强迫神圣的马丁[②]同一个犯有谋 188
杀罪行的主教成为伙伴，而这位圣徒又同意了这个不敬仰上帝的统治者的请求，冀图借此使那些被判死刑的人获释的时候，难道没有看到永世之王的审判向皇帝追踪而来，皇帝遭到废黜，被判处最可耻的死刑吗？”我说完之后，没有一个人回答，大家都好像是听得发呆、惶惑不安的人一般。其中两个阿谀奉承之徒——对主教而要用这种字眼，真乃可悲可叹——走去告诉国王，说在有关他的利益方面，没有比我更大的敌人了。国王立刻从朝中派出一人尽速前来命我入朝。我到达朝廷的时候，国王正在一座树枝搭成的凉亭近旁站着，右边是贝尔特拉姆主教，左边是拉格内莫德主教，[③]他们的面前有一条长凳，上面摆满面包和各色各样的菜肴。国王一见到我就说：“主教啊！你的本分是不受拘束地对人广施公道，看呀！我在你的手里却得不到公道，我倒是看见你在赞同不正当的行为，在你的身上实现了‘同类不相残’这句谚语。”对此我回答道：“国王啊！我们当中若是有任何人越出公正之道，您有权力加以纠正；但是如果您犯了罪，谁人可以谴责您呢？因为我们确实可以同您谈话，您要是愿意听，您就会听；可是您要是不愿意听，那么除了表明自己代表真正公道的那位上帝而外，谁会责备您呢？”他回答说（因为拍他马屁的人已经煽起他对我的愤怒）：“别人都以公

① 见第3卷，第6章。

② 原文为日尔曼努斯，应作马丁，其他著作中亦为马丁。

③ 分别任波尔多主教和巴黎主教。

道待我,单单在你的身上我找不到公道。但是我知道我要怎么做,好让人们知道你的真实面目,让大家都十分清楚在你身上是没有公道可言的。我要召集都尔人民,我要对他们说:'你们针对格雷戈里大喊大叫吧!说他缺乏公道,对任何人都不施行公道。'当他们按照我的吩咐喊叫之后,我就回答他们说:'我本人,一位国王,都不能在他的手下找到公道,你们这帮更渺小的人物又怎么能够找到呢?'"于是我说:"我要是不公道,您对此又知道点什么呢?只
189 有上帝了解我的良心,我内心的秘密是对他公开的。要是人民由于您诽谤了我而针对我大喊大叫,装作吵吵嚷嚷,这对我是无所谓的,因为大家都会知道这些事情是您搞出来的。因此,成为他们对之大声喊叫的目标的,不应该是我,倒应该是您。但是,我为什么还要说下去呢?您有法律,又有教规,您应该勤奋地加以探求;而且,要是您不遵守其中的训示,那您可要知道上帝的审判就悬在您的头上。"然后,他以为我没有看穿他的狡猾伎俩,好像是要跟我和解似的,他转向面前的一盘菜肴,说道:"这些菜是我为你准备的,这盘菜里只有鸡和一点豆子,别无他物。"但是我了解他巴结人的手法,我说:"我们吃东西应该是为了执行上帝的意旨,而不是为了拿这些山珍海味来取乐,从而使我们决不至于违反上帝的戒律。至于您这位指责别人不公道的人,自己应该带头保证奉守法律和教规,这样我们才相信您是遵循正道的。"于是他伸出右手,以全能的上帝宣誓,说他决不违犯法律和教规的教导。他宣誓之后,我接受了一些面包,甚至还在离开以前喝了点酒。

那天夜里,我们唱完夜祷的赞美诗以后,我在我的住处听见很响的敲门声,我派仆人过去看看,知道是弗蕾德贡德王后的使者们

站在门外。他们被引进来，并向我转达王后的问候。然后她的这些仆人求我不要反对她的利益，同时，要是我能参与攻击普雷特克斯塔图斯，并因此而使他判罪，他们还答应送给我二百磅银子。因为他们说：“现在我们已经取得所有的主教的同意，请你不要单独加以反对。”我回答说：“你们就是给我一千磅金银，我除了做上帝命令我做的事情而外，还能干别的什么吗？我只答应一件事情：我要遵循其余的人所同意的道路，只要这条道路是合乎教规的。”这些人并没有听懂我的意思，道谢而去。第二天黎明，有些主教来告诉我类似的话，我向他们作了类似的回答。

因此，当早上我们都会聚在圣彼得教堂里的时候，国王也出席
了，并且说道：“要是有个主教因盗窃而被逮捕，那么根据教规，应 190
该撤除他的主教职务。”我们反问被控告为偷窃犯的主教是谁，他回答道：“怎么，你们已经亲自看见他从我们这里偷去的贵重的东西了。”事实上，他在三天以前已经拿出两包东西给我们看，里面塞满价值在三千枚金币以上的贵重物品和珠宝，还有一口袋钱币，要是以重量来估量，可能有两千枚。国王硬说这些东西是主教从他那里偷去的。但是普雷特克斯塔图斯回答说：“我不怀疑您还记得在布隆希尔德王后离开鲁昂的时候，我来见您，并告诉您她把五包属于她的东西委托给我保管，她的仆人经常来到我处，要求我把这些东西交出来，而我在没有征求您的意见之前，未肯照办。国王！您本人确曾对我说过：‘撇掉这些东西，让这个女人的东西归她所有，以免为了这个缘故在我和我的侄子希尔德贝尔特之间产生仇恨。’因此我回到我的城里，交出一个包裹给她的仆人，因为他们统共只能拿这么多。他们又来索取其余那些东西，我再次跟陛下商

量，您再次对我指示说：‘主教，撇掉这些东西，就不致由此而产生彼此得罪的理由。’因此我又交给他们两包，现在只有两包还存在我这里，这种情况并非偷窃，而是保管，那么现在您为什么无中生有地指责我，控告我偷了东西呢？”国王答道：“如果这份东西是委托你妥为保管的一项寄存物品，那么你为什么要打开其中的一包，把一条金缕织成的束带切成碎块，把它们分赠给要把我从我的王国里赶出去的那些人呢？”普雷特克斯塔图斯主教答道：“我已经对您说过我曾接受过他们的馈赠，因此我借这份东西送给他们，作为回礼，因为我手头没有一点别的东西可送。在我看来，这份东西多
191 少算是我的，因为它属于我的儿子墨洛维所有，我曾把他从获得再生的洗礼盆里接受为教子。”希尔佩里克国王这时看到自己不能以无中生有的控告取胜于普雷特克斯塔图斯，就离开我们，他十分惶惑，内疚神明。然后他把某些对他阿谀奉承之徒叫到身边，说道：“我承认自己被主教的话击败了，我知道他的话确属实情，那么为了让王后的愿望能够在他的身上实现，我该怎么办呢？”他又说：“去对他这样说，就好像是你们自己在向他提出劝告似的，就说：‘你知道希尔佩里克国王是个虔诚、心地温厚、很容易动怜悯之心的人，因此，你要向他卑躬屈膝，承认你确实犯下了他所控告你的那些过失，然后我们全体都拜倒在他的脚下，为你请求他的宽恕。’”普雷特克斯塔图斯主教被他们的话哄骗了，他答应按照他们的建议去做。

第二天早上，我们都聚集在平时聚会的地方的时候，国王走了进来，对主教说：“如果你不过是与这些人礼尚往来，你为什么要求他们宣誓效忠于墨洛维呢？”主教答道：“我承认我曾经为他去向他

们寻求友谊；当时要是许可的话，我不仅会召唤凡人，还要召请一名天使从天而降去援救他，因为，正如我一再说过的，从他领洗的时候起，他一直是我的教子。”争论正在继续进行，这时，普雷特克斯塔图斯主教忽然拜倒在地，说道：“最仁慈的国王，我已经获罪于天，获罪于您，我是一个大不敬的凶手，因为我当初有意谋杀您，想把您的儿子扶上王位。”国王一听到这些话，就俯倒在主教们的脚下，说道：“诸位最虔敬的主教，现在请你们听一听这个有罪的人是如何承认了他的可诅咒的罪行。”然后我们含着眼泪把国王从地上搀扶起来。国王当即命令普雷特克斯塔图斯离开教堂。

这时国王返回住处，并从他的住处给我们送来一本教规，内中附有四张上面写着据推测为使徒教规的崭新的折页，[1]其中有下列的字句：“主教凡经判明犯有凶杀、通奸或伪证之罪者，即行撤除主教职务。”正在念这一条的时候，普雷特克斯塔图斯就好像发了
呆似地站着。贝尔特拉姆主教说：“兄弟，主教同僚，现在请你听 192
着：你未能邀宠于国王，因此你也不能得到我们的友谊，除非你先取得国王的宽恕。”然后国王要求把普雷特克斯塔图斯的法衣扯下来，或者在他的头顶上方诵读包含对以色加略[2]的诅咒的第一百零八篇《诗篇》，[3]或者至少对他宣告判决，将他终生革除教籍。我对这些条件加以拒绝，其根据是国王业已答应凡属超出教规权限

① 当时高卢教会只执行高卢宗教会议所公布的教规，不采用使徒教规。

② 出卖耶稣者犹大。——译者

③ 英文版《圣经·诗篇》，第109篇，第8节有“愿别人得他的职分”之语。此语后来被彼得引用来诅咒犹大。见《圣经·使徒行传》，第1章，第20节。

以外之事，[①]一概不为。普雷特克斯塔图斯随后被人从我们的眼前押走，并被监禁起来。他设法在夜间脱逃，却遭到狠狠的鞭笞，被流放到库唐斯城对面海中的一个岛上。

这时流言四起，说墨洛维正在设法回到圣马丁教堂去。希尔佩里克命令把教堂看守起来，把通往教堂的全部入口封闭起来。看守留出了一扇门没有关上，为的是让教士们由此进入教堂履行仪式，但是把其余的都关上了，这给人们造成的不方便倒是不小。

我在巴黎居留期间，天空中出现了朕兆。北边出现了二十道光，起自东方，移向西方。其中有一道光比其余各道来得长，并且高耸于其余各道之上，但是旋即被掩没了，下面其余的几道光也同样地消失隐没。我相信这些光预示墨洛维死期已至。

这个王子由于不敢把自己的安全托付给奥斯特拉西亚人，当时躲在兰斯附近的香巴尼地区，他却被泰鲁昂纳人用诡计陷害了。他们告诉他说，如果他肯于来到他们中间，他们就舍弃他的父亲希尔佩里克，转而从属于他，他遂即带着一些最勇武的部下到泰鲁昂纳人那里来了。于是他们把事先准备好的奸计施展出来，他们把他关在一所乡间房舍里面，用武装人员将他包围起来，并且派遣使者去通知他的父亲。希尔佩里克得到报告后，当即做好准备，以便尽速起程前往。墨洛维恐怕敌人会对他处以极刑作为报复，就把
193 他的心腹仆役盖伦召唤前来，对他说道："迄今为止，我们两人一直是心同志合的。我请求你现在别听任我被转交到我的敌人手里。把这支宝剑接过去，向我刺来。"盖伦并未迟疑，他拿着这支剑向他

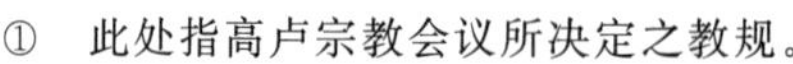

① 此处指高卢宗教会议所决定之教规。

刺去。国王来到的时候,发现他已然身死。[①] 这时有些人断言墨洛维的上述那番话是王后捏造出来的,说王子是由于她的命令被秘密处死的。盖伦被捕,他的两手、两脚、两耳、鼻孔都被割掉,在遭受了多种酷刑之后,惨遭杀害。格林迪奥被高高吊起,夹进车轮的辐条中间。[②] 曾经一度在西吉贝尔特国王手下担任宫伯的西乌西奥洛被斩首。墨洛维的许多其他追随者被残酷地处死。当时流言四起,说出卖王子的罪魁祸首是埃吉迪乌斯主教和贡特拉姆·博索,后者是因为他以杀害提乌德贝尔特而暗地里受到弗蕾德贡德的眷顾,前者则因为他长期以来得到她的宠爱。

十九 当查士丁皇帝神经错乱,疯癫发狂,帝国大权落到皇后索菲亚一人控制下的时候,人民选举提贝里乌斯为凯撒,[③]这件事情我在前一卷里已经讲到。[④] 提贝里乌斯是个奋发努力,乐于助人,富有才智,心地仁慈的人,是穷人最好的保护者。他提取查士丁所积聚的财富大量地赏赐给贫困的人。由于他使国家陷于贫困,皇后时常加以谴责,对他说道:“我多年攒起来的东西,你却在短期内挥霍掉了。”对此他回答道,“只要穷人得到施舍,俘虏被赎出来,我们的国库就不会匮乏,因为按照上帝的话,这就是巨大的财富。上帝说:‘只要积攒财宝在天上,天上没有虫子咬,不能锈

① 公元578年。

② 当时的一种刑罚。

③ 吉本:《罗马帝国衰亡史》,第45章,《剑桥中世纪史》,第2卷,第9章,谓提贝里乌斯系由索菲亚的荐举于公元574年由查士丁二世收为义子,并立为凯撒,于公元578—582年为东罗马皇帝。——译者

④ 第4卷,第40章。

坏,也没有贼挖窟窿来偷。'[①]因此,让我们把上帝所赐给的东西积攒在天上,用来救济穷人,这样,甚至在这个尘世上,上帝也会俯赐更多的东西给我们。”如我所述,由于他是一个伟大而真诚的基督教徒,每当他衷心乐意地散发钱财赈济穷人时,上帝总是供给他越
194 来越多的财富。有一天,他正徒步穿过宫廷,看到铺道上面有一块大理石板,石板上面镌刻着基督的十字架。他大叫道:“上帝啊!你的十字架保护着我们的眉毛和胸脯。看呀!我们却把那十字架践踏在脚底下。”话刚说完,他就令人把石板挖掉。但是,当他们在石板周围把地挖开,把它抬起来之后,他们发现下面有第二块石板,上面镌有相同的符号。他们派人去告诉他,他命令把那块也挖掉。他们一挖,发现下面有第三块石板,根据他的命令,这一块也被挖掉了。当人们把它搬走以后,发现下面有个大库,里面藏着十万磅以上的金子。这笔财富被取出来运走,按照他的习惯,他把它用来对穷人施赠更丰富的赏赐。由于他这种善良的心意,上帝从来不曾让他手头匮乏。关于稍晚一些时候上帝所赐给他的东西,我也不肯略而不谈。意大利的著名公爵纳尔塞斯在某个城市里[②]有一所大房子,他带着巨额的财富离开了意大利,来到这个城市,在他的房子里秘密地挖了一个槽,在里面储存了好几十万磅的金银。然后他把知道这个地点的人一概就地处死,把这笔埋藏的财富托付给一个老头子看管,并且硬叫老头子宣誓保守秘密。纳尔塞斯死时,[③]这笔财富还埋藏在地下。但是当这个老头子看到皇

① 《圣经·马太福音》,第6章,第20节。

② 一说该城就在意大利。

③ 一说纳尔塞斯死于公元568年,一说死于公元573年。——译者

帝不断地做好事以后，他就去向皇帝说道："凯撒！只要能够对我略有裨益的话，我就向您泄露一个大秘密。"皇帝回答道："你要说什么就说下去，因为只要你所说的能够给我指点生财之道的话，你是会得到利益的。"老头子回答道："我保藏着纳尔塞斯的财富，现在我的末日已近，我不可能再把它保藏在那里。"提贝里乌斯凯撒很高兴，他派仆役们到那地方去。老头子走在前头，仆役们惊异地跟在后面。他们到达槽上，把它启开，进入槽内，他们在里面发现的金银之多，使得搬运的人在好几天之内简直都不能清理完，由此之故，皇帝继续作为衷心乐意的施舍者把财富散发给贫困的人。

二十　这时候，人民起来反对萨洛尼乌斯和萨吉塔里乌斯两 195
位主教。这两兄弟是由里昂主教神圣的尼塞提乌斯抚养长大的，他们在他手下接受副主祭的职位，并且在他生前都受任为主教，萨洛尼乌斯是昂布伦主教，萨吉塔里乌斯是加普主教。但是他们一旦获得主教之尊以后，就随心所欲地胡作非为，以此为乐而着了迷，他们开始疯狂地恣纵于邪恶行径、抢劫、伤人、杀戮、奸淫和各种各样的罪恶行为，其狂暴达到了如此地步，竟而在某一天当圣保罗-特鲁瓦-夏托主教维克托正在庆祝生日的时候，他们带着一群用刀剑和弓矢武装起来的人去袭击他。他们来了，扯破他的衣服，殴打他的侍从，搬走了酒席上所有的杯盏和摆设，他落得个饱受污辱。这个消息传到贡特拉姆国王那里之后，他命令在里昂召开宗教会议。众主教和他们的大主教神圣的尼塞提乌斯会聚一堂，对事情进行了查究，发现被告确乎犯有被指控的罪行，然后他们下令：凡曾干过这种行为的人，应剥夺其主教职位。但是这两个人知道自己仍然受到国王的眷顾，就去晋见他，硬说剥夺他们的职位是

不公平的，他们请求准予前往晋见罗马教皇。国王答应了他们的
请求，还交给他们一封信，准许他们离境。他们来到约翰教皇[①]的
面前时，就向他陈说自己未经指明合理的事由就被剥夺了主教的
职位，教皇给国王写了一封信，指示应将他们恢复原来的级别。国
王立刻执行了教皇的意愿，但是不免先把他们大骂了好一阵。然
而最糟糕的却是他们此后并未改邪归正，虽然他们把曾经派去向
维克托逞凶肆虐的那些人移交给他，以求与他和解。但是维克托
的心里却记着上帝的戒律：不要对我们的敌人以怨报怨。因此并
没有伤害这些人，而是让他们自由地离开。为此，后来他被停止教
籍，其根据是他没有跟同僚们商量就私自赦免了他曾经在他们面
196 前公开控告过的敌人，但是由于国王开恩，他又被接受到教会里
来。可是那两位主教却成天地陷在更重大的罪行之中。我在前面
已经讲过，在穆莫卢斯和伦巴德人的交战中，他们按照世俗人士那
样把自己武装起来，用自己的双手杀死了许多敌人。当他们因某
种缘故对自己本城的某些居民动了怒时，他们就野蛮地袭击他们，
用棍子打他们，直到鲜血迸流。因此之故，人民的呼声又一次传到
了国王的耳中，国王命令将这两名主教召唤前来。但是他们来了
以后，他又不肯叫人把他们带到自己的眼前，除非他们事先受过审
查，证明无罪，只有到了那个时候，才能准许他们来到御前。萨吉
塔里乌斯大怒，他对这种程序很生气。他的性格轻浮懒散，喜欢瞎
扯八道，说话不假思索。他现在开始无所拘束地攻击国王，说他的

① 约翰三世，原注公元559—572年在位，另有公元560— ，公元561—574年之说。——译者

儿子们不能继承王位，因为他们的母亲是从马格纳卡尔的女仆当中挑选出来跟国王同居的。他忽视了这样一个事实，就是凡是国王所生的男孩子，不论其母亲的出身如何，都称为国王的儿子。国王听到他这样说，非常愤怒，他把他们的马、仆役和所有的一切统统剥夺，命令把他们分别监禁在两所修道院里，彼此隔离很远，好让他们在那里为自己的行为思过忏悔，给每个人只留一名教士侍候，并且对两地的法官下达了严厉的警告，叫他们用武装人员加以看守，杜绝客人进入修道院的任何可能性。

当时，国王的儿子们还活着，虽然大的一个已经开始生病。这时，国王的亲近朋友们来到他的身边，说道："要是国王对臣仆们的话俯于垂聆，那么，他们现在愿意在他的面前说出来。"国王说："请你们随意地把心里话说出来吧！"于是他们说道："要是两位主教遭到不公正的流放，因而加深了国王的罪孽，而我们君主的儿子为此竟而死亡的话，那可怎么办呢？"国王答道："你们马上去，把他们释放，请求他们为我年轻的儿子们祈祷。"他们当即去了，两位主教被释放了，他们离开各自的修道院，见面互相拥抱，因为自从他们上 197
次会面以来，已经有很久了。然后他们各归本城。这时他们是如此地满怀悔恨，以致他们似乎永远不会停止唱赞美诗，力行斋戒和做慈善事业。白天，他们通读大卫的《诗篇》，夜里，他们唱赞美诗，就《圣经》的章节进行深思。但是这种虔敬并没有完满地保持多久，他们再次背离正道，大多数的夜晚他们都在筵宴和饮酒当中度过。因此，当教士们正在大教堂里做晨祷的时候，他们却在那里推杯换盏，痛饮不已。上帝的话在他们的嘴边只字不提，他们也不记得宗教仪式的程序，直等到东方发白，他们才离席而起。然后他们

穿上轻软的衣装，醺醺大醉，昏昏入睡，一直睡到当天的第三时，他们也短不了供他们玩弄的妇女。他们起身以后，就去洗澡，然后重新斜倚着吃酒筵，傍晚离席，但是他们马上又垂涎于晚餐，我已经在上面讲过，晚餐一直要延续到晨曦出现。他们这样日复一日，直至天谴降临到他们的头上，其情况我将在后面加以叙述。[①]

二十一　这时候，布列塔尼人温诺克，一个最严格地奉行斋戒的人，来到了都尔，想去朝参耶路撒冷。他唯一的衣服是用刮掉了羊毛的羊皮制成的。他在我们看来是个非常圣洁的人，为了劝服他跟我们住在一起，我们授予他神父的尊衔。虔诚者英吉特鲁德习惯于从圣马丁的坟上把水收集起来。[②] 有一天没有水，她请求允许她去取来一壶酒，放到这位圣徒的坟墓上。这壶酒在那里整整放了一夜，然后她命令在这位神父面前把它端起来。当这壶酒被端给她的时候，她对神父说道："倒出一点酒来，把圣水滴一滴在里面，这种圣水我只有一点点剩下了。"他照做了。说来离奇，那滴水一落入这只空了一半的酒壶，壶里的液体就满到了口边。同样地，酒壶又被倒空了两三次，每一次滴一滴水进去，就盛满了。没有疑问，神圣的马丁的威力在这里显现出来了。

198 二十二　这以后，希尔佩里克国王的小儿子萨姆森患染痢疾，发烧，离开了人世。他是在希尔佩里克被他的兄弟围困在图尔内时生的。他的母亲由于怕死，把他从自己的身边抛开，想要让他死掉。国王申斥了她，她的意图未遂，就命令叫孩子领洗。他被施了

① 见第 27 章。

② 这是用来冲洗坟墓的水，被认为有医治疾病的奇效。

洗礼，主教亲自从施洗的水中把他接了过来。但是他还不到五岁就夭折了。与此同时，他的母亲弗蕾德贡德病势十分沉重，但是她康复了。

二十三　其后，11月艾兹日[①]前三天的夜晚，当我们正在为神圣的马丁做节日夜祷时，出现了非常奇异的现象。我们看到一颗灿烂的明星在月亮的中央闪耀，在月亮的上下两方还有别的星辰，距离月亮都很近。环绕月亮有一道通常预示要下雨的晕圈。我们不知道这些东西象征什么。这一年，我们常常看到月色昏黯，圣诞节期[②]之前，雷声响亮。此外，太阳周围还出现了流星，乡民也称之为太阳，这些流星同我所描写的在奥弗涅灾难来临之前所见到的一样。据称海水上涨，高出于平时的界限，还见到许多其他朕兆。

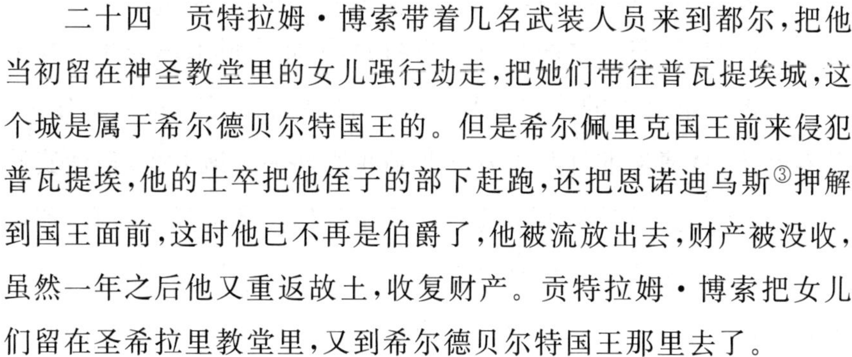

二十四　贡特拉姆·博索带着几名武装人员来到都尔，把他当初留在神圣教堂里的女儿强行劫走，把她们带往普瓦提埃城，这个城是属于希尔德贝尔特国王的。但是希尔佩里克国王前来侵犯普瓦提埃，他的士卒把他侄子的部下赶跑，还把恩诺迪乌斯[③]押解到国王面前，这时他已不再是伯爵了，他被流放出去，财产被没收，虽然一年之后他又重返故土，收复财产。贡特拉姆·博索把女儿们留在圣希拉里教堂里，又到希尔德贝尔特国王那里去了。

二十五　希尔德贝尔特国王在位的第三年，亦即希尔佩里克

① 艾兹日(Ides，拉丁文Idus)为罗马古历3，5，7，10各月之15日，其他月份之13日。此处所指应为11月11日。——译者

② 12月24日至1月6日为圣诞节期。——译者

③ 原为普瓦提埃伯爵。

和贡特拉姆在位的第十七年,[①]已故的达加里克的儿子达科伦背
弃了希尔佩里克国王。他从一处地方流浪到另一处地方,这时候,
号称狂热者的德拉戈伦[②]施用奸计将他捕获。德拉戈伦向他发
誓,说要替他去向国王求情,饶赦他的性命,然后就把他捆绑起来,
199 送往正在贝尔尼的希尔佩里克国王那里。但是德拉戈伦不顾誓
言,对他进行恶意的攻击,还跟国王合谋促成他的死亡。达科伦看
到自己被关在监狱里,难得有脱逃的机会,于是背着国王,请求一
个神父为他作忏悔式。他接受了忏悔式之后,就被处死了。当德
拉戈伦兼程赶回家的时候,贡特拉姆·博索正在设法使他的女儿
们撤离普瓦提埃。德拉戈伦一听到这消息,就前去攻击他。但是
贡特拉姆手下那些武装人员进行抵抗,为自卫而战斗。然后贡特
拉姆派遣一个朋友去找德拉戈伦,他对这个朋友说道:“去对他这
么说:‘你知道,我们之间是有着契约的,因此我请求你停止对我手
下的人进行不公正的攻击。我的财产,你愿意要什么,就拿什么,
我不反抗,只请你准许我带着女儿到我所要去的地方去,虽然我被
剥夺了所有的一切。’”但是德拉戈伦还是像往常那样地愚蠢,那样
没有脑筋,他回答道:“你且看看那条绳子,我把其他罪犯押到御前
去时,就是用它把他们绑着的。今天要用这同一根绳子把你的主
子绑起来,把他绑着押往同一个目的地。”这样说着,他用踢马刺刺
马,以全速向贡特拉姆冲袭过去。但是他的袭击失败了,因为他
的投枪断了,他的剑落到地上去了。贡特拉姆看到自己死难临

① 公元578年。

② 德拉戈伦是希尔佩里克在普瓦提埃的军事统帅。

头，这时就呼唤上帝的名字，求助于神圣的马丁的神奇威力。然后他举起投枪，刺中德拉戈伦的咽喉，使他的身子脱离马鞍，正当德拉戈伦倒挂在马上的时候，贡特拉姆的一个朋友投出一支投枪，刺入他的胁部，这一枪结束了他的性命。他的党羽败阵逃窜，他的尸体遭到抢劫，贡特拉姆于是带着女儿们自由自在地离开了那里。

过后不久，贡特拉姆的岳父塞韦鲁斯须得在国王的面前对他
的儿子们向他所提出的严重控告作出答复。他接获这个消息后，
就带着大量的礼物动身去见国王，但是他在路上被捕，并且遭到抢
劫。他被流放以后，以最悲惨的死亡结束了他的一生。他的两个
儿子布尔戈伦和多洛以大逆罪被判死刑，其中一个横死在人民的
手下，另一个在试图逃亡时被捕获，他在手足都被砍掉以后死去。 200
他们的全部财产，连同他们父亲的财产，都被没收，他们都是拥有
大量的财富的。

二十六　都兰、普瓦图、贝辛、曼恩和安茹地方的人，还有其他许多地方的人，这时都奉希尔佩里克的命令开入布列塔尼，他们在维兰河的两岸面对着瓦罗克——已故的马克利亚夫之子——安营扎寨。但是敌人对贝辛地方的萨克森人①出其不意地在夜间进行突袭，杀戮了他们的大部分。三天以后，瓦罗克同希尔佩里克国王的军队首领讲和，他交出自己的儿子作为人质，并且宣誓向国王效忠。他还收复了瓦恩城，其条件是国王答应他提出的占有这块地方的要求，而他这方面，则将不等国王提出需求，就把该城每年所

① 这是贝叶一带的萨克森人，五世纪时移居于此，臣属于纽斯特里亚。

应付的贡赋缴纳上去。这些条款既经订立，军队遂即自该地区撤出。接着，希尔佩里克国王命令对大教堂、圣马丁教堂的穷人和仆役强行罚款，[①]因为他们没有随军出征，虽然对这些人来说并没有任何服公役的惯例。这以后，瓦罗克不顾他的誓约，想要废除他的决定，就派瓦恩主教尤尼乌斯去见希尔佩里克国王。但是国王大怒，他把主教斥责一顿之后，命令把他流放出去。

二十七　希尔德贝尔特在位的第四年，亦即贡特拉姆和希尔佩里克在位的第十八年，根据贡特拉姆的命令，在索恩河畔的夏龙召开宗教会议。先讨论了其他各项事情，然后重新提出过去对萨洛尼乌斯和萨吉塔里乌斯两位主教的控告，对他们提出了各种各样的指责，不仅通奸而已，甚至还说他们谋杀人命。可是主教们认为这些罪状是可以用忏悔来涤除的，于是他们又被指控为犯了大逆和叛国罪，他们因此被剥夺了主教职位，被监禁在圣马尔塞卢斯教堂里，由一个看守加以监管。他们从教堂里设法逃了出去，作为流浪者漂泊于各地区之间，而别人则被任命为他们原来城市的主教。[②]

201 二十八　这时，希尔佩里克国王命令在全国范围内厘定沉重的新税额。由于这个缘故，许多人[③]离开了他们的城市，撇下了自己的财产，到别的王国去了，他们认为迁往他乡比留下来甘冒这种

① 指都尔主教管区内依附于教会的人，他们被认为处于圣马丁的保护下，习惯上免于服役。

② 阿里迪乌斯任加普主教，埃梅里图斯任昂布伦主教。

③ 可能指高卢-罗马人，当时赋税主要落在他们身上。

受压迫的危险还要好些，因为已经制定法令：每个业主每半亩[①]土地要交纳一罐[②]酒。此外，对其他土地和农奴还要另行课税。这种税额是无法应付的。利摩日人民眼看自己将要背上一付多么沉重的担子，就在3月1日那天群聚而起，他们本来想要杀死奉命前来执行这项计划的收税人、国王的秘书官马尔克。若不是费雷奥卢斯主教搭救了他，使他摆脱临头大难的话，根本也不可能阻止他们。这群暴民把这个收税人的税册抓到手里，全部付之一炬，化为灰烬。国王对于这种情况极为震怒，他派遣身边的人员前往，通过这些人，使人民蒙受了重大损失，他们施行惩罚，把人民镇压下去，并且随意处以死刑。据说，国王派来的这些使者甚至诬告神父和修道院院长们曾在骚乱期间煽动人民焚毁税册，把他们绑在柱子上，让他们遭受各种酷刑。后来，对人民征课了更苛重的赋税。

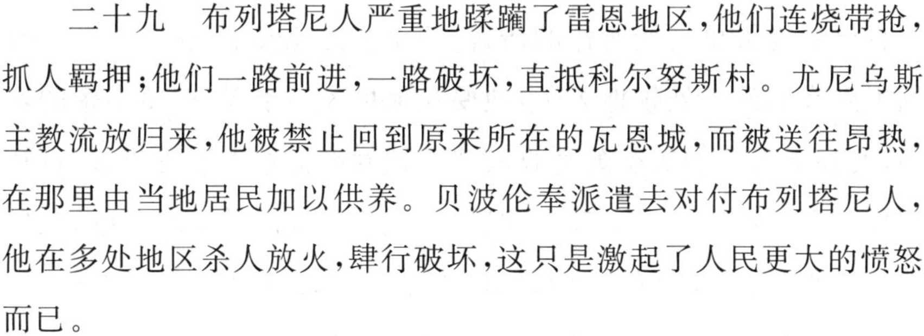

二十九　布列塔尼人严重地蹂躏了雷恩地区，他们连烧带抢，抓人羁押；他们一路前进，一路破坏，直抵科尔努斯村。尤尼乌斯主教流放归来，他被禁止回到原来所在的瓦恩城，而被送往昂热，在那里由当地居民加以供养。贝波伦奉派遣去对付布列塔尼人，他在多处地区杀人放火，肆行破坏，这只是激起了人民更大的愤怒而已。

三十　当高卢正在发生这些事情的时候，查士丁皇帝完成了

① 即阿里彭尼斯，或作长度单位，或作面积单位。作为长度，约合三十七米；作为面积，约合古罗马半亩（半犹格，一犹格约合四分之一公顷）。此处土地当指葡萄园而言。——译者

② amphora，古希腊、罗马容器，古罗马一amphora约合二十五升半。——译者

他的第十八年统治，[①]他一直患染的疯癫症随着他的生命而结束。在他殡葬以后，身为凯撒的提贝里乌斯[②]把他长期以来参与共治的帝国抓到手中。按照君士坦丁堡的习惯，人们在竞技场的赛会
202 上等候着他的庄严出场，[③]他们为了查士丁的侄子查士丁尼的利益，想要向他秘密袭击。但是他没有到竞技场来，而是到圣殿那里去了。他做完了祈祷之后，把君士坦丁堡的教皇[④]召唤前来，偕同执政官[⑤]和行政区长官们一齐进入皇宫。然后，他被加上紫袍，戴上皇冠，登上御座，在不断的喝彩声中确定了继承帝国的权利。在竞技场等候他的阴谋者们得悉情况之后，弄得羞惭狼狈，目的未逞，回家去了，因为，把一切希望寄托在上帝身上的人是不怕任何对手的。三天过后，查士丁尼来了，他拜倒在皇帝的脚下，并且呈献给他一千五百磅金子，乞求恕罪。皇帝以他那种长期一贯的宽容态度把他搀扶起来，嘱咐他住在皇宫里。但是索菲亚皇后忘记了自己对提贝里乌斯所作的诺言，却设法为他安下陷阱。有一天，国王到乡间的一处领地去了，他要在那里呆三十天，按照皇帝的习惯，要在那里参加庆祝葡萄收获节。她偷偷把查士丁尼叫来，打算把他抬上皇位。提贝里乌斯知道了，他急速赶回君士坦丁堡，把皇后抓起来，剥夺了她的一切财富，除了她的日常生活费用以外，什么也没给她剩下。他还撤走她的侍役，指派另外的人代替，其中包

① 查士丁二世，于公元565—578年在位，此处有误。——译者

② 见本卷第19章注。——译者

③ 东罗马皇帝登基，在竞技场接受臣民的效忠。

④ 即君士坦丁堡大主教。

⑤ 查士丁尼皇帝于公元542年取消执政官职务，此处指荣誉等级而言。

括业经证实尽忠于他的人。他命令从此以后凡是她以前的家仆一概不得去到她的跟前。他谴责了查士丁尼,但是后来对他又非常之宠幸,甚至答应把自己的女儿嫁给他的儿子,反过来,他又要求查士丁尼把女儿嫁给他的儿子,但是这些计划并未实现。

他的军队同波斯人胜利作战,奏凯而还,他带回大批的掳获物,人们可以认为这些东西多得足以使最贪得无厌的人满足,二十头掳来的大象被呈交皇帝。

三十一　这一年,[①]布列塔尼人在南特和雷恩两城周围一带地方骚扰得很厉害,他们抢走了大量战利品,糟踏了田地,弄光了葡萄园里的葡萄,带走了许多俘虏。费利克斯主教派遣使者去见他们,他们答应改过,但是他们不肯遵守自己的任何诺言。 203

三十二　在巴黎,有个妇人遭到控告,许多人断言她由于同另外一个男人发生关系,抛弃了自己的丈夫。她丈夫的亲属去找她的父亲,对他说道:“你要么就证明你的女儿清白无辜,要么就非让她死不可,从而不让她的通奸行为给我们的家族带来耻辱。”那妇人的父亲答道:“我知道我的女儿完完全全是清白的,那些恶毒的口舌所散布的这种流言也是不真实的。但是,为了使得控告不再发展下去,我要以起誓来证明她的无辜。”他们回答说:“要是她不染淫邪,那么你就在神圣的殉教者狄奥尼西乌斯的墓前起誓,加以证明。”那父亲说道:“我就这么办。”按照这个条件,他们在那位神圣的殉教者的教堂里会面,那父亲把双手高举到圣坛之上宣誓,说她的女儿是没有罪的。另一方面,男方的支持者宣称他起假誓,于

① 公元579年。

是发生争吵，其间双方拔出佩剑，对冲过去，因此就在圣坛前面造成流血，虽然他们都是高贵出身，都是希尔佩里克朝中的第一流人物。许多人受了剑伤，神圣的教堂里洒上了人们的鲜血，门被标枪和刀剑刺穿，为非作歹的武器甚至对这位圣徒的陵墓发泄怒火。等到这场斗殴好不容易刚刚平息下去，就把这件事情去报告给国王知道，在此期间，教堂里神圣的仪式中止进行。相斗双方赶紧去到御前，但是并未得到眷顾。国王命令把他们送回去，交给本城主教，如果发现他们无罪，那么可以准其在适当的时候恢复教籍。后来他们为自己的罪行作了赔偿，由巴黎教堂首脑拉格内莫德主教再次接受为教徒。几天以后，那个妇人接到叫她去受审的传唤，她就用套索自缢了。

三十三　希尔德贝尔特国王在位的第五年，[①]奥弗涅地方遭受了严重的水灾。一连十二天下雨不停，利马涅地方被洪水浸泡
204 到这种地步，乃至许许多多的人都不能进行播种了。卢瓦尔河、弗拉瓦里斯河（人们称之为阿利埃河）以及流入这两条河的那些急流的河水涨得如此之凶，以致水面高出了从未超过的限度，给牛群和羊群造成了严重的危害，给已耕的土地造成了很大的损毁，使许许多多的房子破坏。罗纳河和索恩河的河水一起溢出两岸，给居民带来了严重的损失，把一部分里昂城墙都淹没了。雨停之后，虽已时届 9 月，树木却重新发出了嫩枝。这一年，都兰的某一天早晨，天色尚未黎明，但见一道亮光横空而过，向东方降下；另外，整个地方还听见好似一棵大树哗啦一下倒下来的声音，而这声音是不能

① 公元 580 年。

归之于任何树木的，因为在五十多里之外还能听到。同一年，波尔多城由于地震，震撼得很剧烈，城墙有坍下来的危险。全体居民由于怕死而惊恐万状，以致他们认为除非能够飞奔脱逃，就非得和这座城一齐被吞噬不可，于是许多人逃避到别的城市去了。这场恐怖蔓延到邻近的市镇，甚至蔓延到西班牙，虽然在西班牙情况没有那么严重。但是一块块的巨大岩石从比利牛斯山坍落下来，砸死了牲畜和居民。此外，在波尔多，一场神奇之火把周围的村庄给烧毁了，火势延烧得这么快，以致房屋和打谷场以及其中的全部粮食都被烧为灰烬。由于绝对没有其他明显的起火原因，它很可能是天意造成的。奥尔良城也燃起如此的大火，以致即使有钱的人也几乎丧失了一切。要是有什么人从火焰里抓出了点东西，也被挤在他周围的盗贼给抢走了。在夏尔特尔地区，人们在剖开面包的时候，鲜血从里面流了出来。这时布尔日城也遭到了雹灾。

三十四　继这些朕兆而来的是一场最厉害的疫病。国王们正在互相倾轧，并且再度准备内战。这时，一场痢疾侵袭了几乎整个高卢，患者发高烧，呕吐，腰部疼痛异常，头颈感到沉重，排泄出来
的东西发黄发绿。许多人说这种病症是由潜伏的病毒引起的，乡 205
下人把它的起因说成是身体内部的小脓疮，这种看法倒不是那么不可信，因为把拔火罐扣在肩头或腿上的时候，脓疱膨胀破裂，里面的东西流出来，好些人就给治好了。许多人服用了一种煎制的解毒的草药，因此得以保全。这种病是8月开始的，它首先侵袭幼小的孩子，把他们带向死亡。那时我们也丧失了我们年幼的孩子们，他们对于我们来说是如此地可亲可爱，他们是我们在自己的怀抱里抚爱过的，是我们用自己的胳臂抱过的，用自己的手喂过的，

用全部的关怀和自己所有的一切知识抚育过的。但是我们擦干了眼泪，和神圣的约伯一起说道：“赏赐的是耶和华，收取的也是耶和华。耶和华愿意这样，事情就这样发生。耶和华的名字是应当称颂的，以至无穷。”①

在这些日子里，希尔佩里克国王生病了，他刚刚好一点，他的小儿子就生起病来。这孩子还没有通过圣水和圣灵来获得新生。他们见他已经濒临死亡，就用施行洗礼的水给他洗涤。他稍微有点好转，但是这时他的哥哥克洛多贝尔特又得了病。当他们的母亲弗蕾德贡德看出他也有生命危险的时候，她表示了忏悔，可是为时已经太晚了。她对国王说道：“上天的怜悯长时期以来一直宽恕着我们的胡作非为，我们时常发烧，或者患染其他疾病，但是并没有继之以改邪归正。看哪！现在我们失去儿子；看哪！现在他们被穷人的眼泪、寡妇的悲痛、孤儿的叹息所杀害。现在我们连可以为之聚敛财富的任何对象都没有剩下。我们积累财富，可是不知道是为谁而聚集的。看哪！现在我们的财富没有一个主人，这些财富带着抢劫和诅咒的污痕。我们的储藏室里原来不是存满了酒吗？我们的谷仓里原来不是堆满了谷子吗？我们的宝库里原来不是摆满了金、银、宝石、项链和其他的王族装饰品吗？看！现在我们可是失去我们一切东西当中最为可爱的东西了。因此，要是您
206 愿意的话，您就过来，让我们把不公道的税册统统烧掉，让我们的宝库就以您的父亲洛塔尔先王所认为足够的东西为满足吧。”王后

① 《圣经·约伯记》，第1章，第21节。引文与经文有出入。

说着，握起拳头捶击胸膛，她令人把马尔克从她自己的那些城市[①]里带来的税册拿给她，她把这些税册投入火中。然后，她再一次转向国王，喊道："您还耽误干嘛？您看我怎么干，就照着干，这样，要是我们非得丧失亲爱的儿子不可，我们还至少可以逃避永世的惩罚。"于是国王内心感到创痛，他把税册全部投入火中，税册销毁以后，他还派遣使者出去禁止以后再行课税。但是这时小一点的孩子死了，他太虚弱，顶不住体力的日渐衰微，他的生命熄灭了。他们以极为悲伤的心情把他从贝尔尼的领地上运往巴黎，使他埋葬在圣狄奥尼西乌斯教堂里。他们把克洛多贝尔特放在一副担架上，把他送到苏瓦松的圣梅达教堂去，然后在这位圣徒的墓前把他放下来，他们许愿祈求使他康复。但是午夜时分，他瘦得不成样子，几乎连呼吸也没有，气绝身死。他们把他埋葬在神圣的殉教者克里斯平和克里斯皮尼亚努斯的教堂里。全体人民深为叹息，因为，男人们流露着忧伤之情，妇女们穿着在丈夫安葬时所穿的那令人悲痛的丧服，他们跟随在王子的棺架之后。后来，希尔佩里克国王对大教堂和其他教堂以及穷人都施赠了许多东西。

三十五　在这些日子里，[②]贡特拉姆的王后奥斯特蕾希尔德也因同样的疾病而衰竭下去。但是她那卑劣的灵魂还未出窍以前，她已经看出来自己不免一死，长叹不已，因此她想有人陪着她死，这样一来，在她的葬礼中就还有别人为自己亡故的亲人而痛哭的声音。据说她曾经按照希律的作风[③]向国王提出过请求，她说：

① 墨洛温王朝的王后在婚后第二天早晨接受丈夫作为礼物赠与的城市。

② 公元580年。

③ 希律曾要求在他断气之时，立即将犹太人的首脑人物处死。

“我要不是让坏心的医生给治糟了,我还是有活的希望的,他们给我喝的药剂把我的生命剥夺了,使我这样快地丧失了白日的光明,因此,我请求您别让我身死而此仇不报,我要您庄严地发誓:等到
207 我离开阳世的那个时刻,您就要让人把他们用剑斩杀。如果我再也活不成,那么在我死后也要让这些人没有享受荣耀的权力,而要让他们的朋友们和我的朋友们一同伤心。”她正这么说着,她那不幸的灵魂脱离了她。她的葬礼按照仪式完成。但是国王却被自己对毫无仁义的王后所作的誓言所约束,他执行了她恶毒的遗言,命令把那两个曾经好好侍奉她的医生用剑斩杀。按照有识之士的判断,事情十分清楚,这种做法是不可能没有罪孽的。

三十六　昂古莱姆伯爵南提努斯也被这种疾病所消损,也死掉了。他所做的反对主教和上帝教堂的那些事情,现在我可以更为详尽地依次加以叙述了。他的叔叔马拉卡尔曾经长期担任昂古莱姆伯爵,卸任以后,他就进入教会,当了一名教士,被授任为主教。他总是热衷于建造、装修教堂和教堂的住所。但是在他担任主教的第七年,他的仇人在一个鱼头里下了毒。他不加怀疑地吃了下去,惨遭毒害身死。但是上天悯人之心并没有让他长期地含冤不报,因为这桩罪行的唆使者弗龙托尼乌斯立刻给自己攫取了那个主教职位,但是他据有这个职位仅仅一年,上帝的审判就追上了他,他死了。他死后,波尔多的一名神父赫拉克利乌斯被授任为主教,赫拉克利乌斯以前当过希尔德贝尔特一世的使臣。但是南提努斯打算给他叔叔的死报仇,就去谋求昂古莱姆伯爵的职位,这个职位到手之后,他又对上述那位主教肆行侵害,因为他说:“你把杀死我叔叔的刽子手们留在左右,你接受与那桩罪行有关的神父

们跟你同桌进餐。”由于他们的仇隙加深起来，他开始逐步地把马
拉卡尔在遗嘱里留赠给教会的领地强行夺取过来，他宣称：对于一
个死在教会的教士手下的施赠人，教会无权享有他的财产。下一
步，他接着杀害了几个世俗人士，然后，他竟而搞到如此地步，乃至
抓住一名神父，把他捆了起来，用自己的投枪把他戳穿。由于那神
父还活着，他又将他双手反缚，悬吊在一根柱子上，设法叫他承认
自己与那桩罪行有牵连。神父否认其事，伤口鲜血迸流不止，遂至
身死。主教为此大怒，他命令把这个罪人摈斥在教堂的门外。后 208
来在桑特举行了一次宗教会议，于是南提努斯乞求与赫拉克利乌
斯和解，他答应把所非法夺取的教会财产全部退还，并且在主教的
面前表示卑躬屈膝。这位主教这时听从了其他主教弟兄们的指
示，答应了敌手的请求，他把那位遇害的神父的案子委托给全能的
上帝去办理，又一次接受那位伯爵，让他享受基督教的仁慈。但是
南提努斯从桑特返回他所在的城市之后，就对他所非法占有的那
些房子进行掠夺，加以摧毁、破坏，还说：“如果教会收回它的财产
的话，那就叫它发现一切都已经毁坏了。”为了这件事情，主教又一
次被激怒，他停止了南提努斯的教籍。但是在此期间，这位上帝的
神圣的主教走完了人间的路程，离开尘世归向上帝。然后南提努
斯使用赠赐礼物、巧言谄媚的手段，又由某些别的主教予以恢复教
籍。但是过了几个月，他就得了上述那种疾病，发烧发得非常厉
害，他大声喊道：“天哪！天哪！我让赫拉克利乌斯主教给焚烧了。
折磨我的，传唤我去受审判的是他。我承认我的罪孽，我记得我是
怎样不公道地对这位主教逞凶肆虐，因此我但求一死，好让我别再
受这种痛苦的折磨。”当他处在极度高烧之中，这样大声喊叫着的

时候，他的体力衰竭下去，把他那不幸的灵魂随着呼吸吐了出来。他留下了最清楚的迹象，表明他之所以得到这种下场，乃是对他进行惩罚，作为他虐待神圣的主教的报应，因为在他命终之前，他的身体变得如此之黑，以致你都可以认为他的身子曾经在炽热的煤上躺过，给烧焦了似的。因此，让大家面对着这些现象而站在那里吃惊吧！让他们惊异吧！让他们不敢陷害主教吧！因为上帝就是替那些信奉他的仆人报仇的人。

三十七　这时候，[①]加利西亚主教神圣的马丁[②]去世了，他的人民对他深表哀悼。他是潘诺尼亚人，他从这里起程到东方去参谒圣地，变得如此精于学问，以致大家公认在当时的人们中间是无出其右的。后来他去到加利西亚，当神圣的马丁[③]的遗物运抵加利西亚时，被授任为主教。他膺主教之尊大约有三十年，善行累
209 累，后来离开人世到上帝那里去了。圣马丁教堂[④]南门上方的诗句正是他作的。

三十八　这一年，[⑤]在西班牙掀起了对基督教徒的严重迫害，被驱逐而流亡他乡的人很多很多，他们被剥夺了财产，被饥饿消耗得憔悴不堪，被投进了监狱，被棍棒挞笞，被各种各样的酷刑残害致死。这种邪恶行径的罪魁祸首是戈伊斯温特，她是作为阿塔纳

① 大约是公元580年3月20日。

② 这个马丁是当时苏维汇人住区境内的布拉加主教。（布拉加在今葡萄牙境内。——译者）

③ 即都尔主教，当时苏维汇人的国王卡拉里克的儿子得病，他派人到都尔去取这位以制造奇迹著称的马丁的圣物。

④ 都尔圣马丁教堂。

⑤ 公元580年。

吉尔德国王的遗孀由柳维吉尔德国王娶去的。但是她这个给上帝的仆人打上了屈辱的烙印的人，现在自己也在各族人的众目睽睽之下带上了屈辱的印记，天谴接踵而至，因为一朵白云遮住了她的一只眼睛，把光明从她的眼睑中驱散，而她的心里本来就已经毫无光明了。柳维吉尔德国王同另外一位王后生了两个儿子，大的同西吉贝尔特国王的女儿订了婚，小的同希尔佩里克国王的女儿订了婚。西吉贝尔特的女儿英贡德由一大队人马陪送到西班牙去，受到了她的外祖母戈伊斯温特[①]的兴高采烈的欢迎。这个王后并未容忍她长时间安安静静地信奉天主教，而是开始以劝诱的语言诱使她第二次领洗，信仰阿里乌斯异端。但是她强硬地加以拒绝，还这样说："我受过使人康复的洗礼，它永远涤去了我的原罪，我承认神圣的三位一体的三位是同一的和同等的，对我来说这已经足够了。现在我全心全意地承认这就是我的信仰，我决不再由此退回去了。"王后听了这些话，愤激如狂，怒火冲天，她抓住那女孩子的头发，把她猛掷在地上，用两只脚踢了她好半天，那女孩子遍体流血，她又叫人剥去她的衣服，把她扔到水塘里去。但是，英贡德始终没有让她的心背离我们的信仰，正如许多人都坚持这种信仰一样。

柳维吉尔德送给赫尔曼吉尔德和英贡德一座城市，[②]好让他们以王族的尊严住在城里。他们动身来到那座城市以后，英贡德就开始劝导她的丈夫舍弃异端的谬误，承认天主教教义的真理。

① 戈伊斯温特是布隆希尔德的母亲，因此是英贡德的外祖母。后来由于她改嫁给柳维吉尔德，又成为英贡德的丈夫赫尔曼吉尔德的继母。——译者

② 可能是塞维利亚。

210 他拒绝了很久，但是最后被她的劝说感动了，他皈依了天主教，在领洗的时候改名约翰。柳维吉尔德闻悉这件事情之后，就开始找机会来消灭他的儿子。但是赫尔曼吉尔德知道了他的意图，投到皇帝方面[①]去了。他和皇帝的一个行政区长官结成友好关系，这个长官的军队当时正在进攻西班牙。后来柳维吉尔德派遣使臣去对他说："你到我这里来，因为有些事情要我们共同商量。"他的儿子却回答说："我不去，因为，由于我是一个天主教徒，你就是我的敌人。"这个国王付给皇帝的行政区长官三万枚金币，让他撤回援助，然后国王向自己的儿子进军。赫尔曼吉尔德把妻子留在城里，把希腊人召集起来，前去攻打他的父亲。但是，当柳维吉尔德前来进攻赫尔曼吉尔德的时候，本来应该支持赫尔曼吉尔德的军队抛弃了他。他看到自己不能取胜，就逃往附近的一个教堂。他说："别让父亲来攻击我，因为父亲杀死儿子或是儿子杀死父亲，都是有失虔敬之举。"柳维吉尔德听说之后，就派这个王子的弟弟去见他。他的弟弟对他宣誓，说他不会受到贬辱，又说："你去拜倒在我们的父亲跟前，他是会完全饶恕你的。"然后赫尔曼吉尔德请求把父亲召请来。当国王进来的时候，他拜倒在国王跟前，而柳维吉尔德则把他搀扶起来，吻他，用好言将他抚慰一番，然后把他领到军营里去。在军营里，他置誓言于不顾，向手下的人做了一个暗号，他们就把王子的衣服剥下来，给他穿上卑贱的服装。国王一回到托莱多，就把他儿子的仆役撤走，并且把他流放出去，只派一名奴隶陪伴着他。

---

① 东罗马皇帝提贝里乌斯。

三十九　希尔佩里克的儿子死后，他仍然满怀悲伤，10月间，他和他的妻子住在居斯森林里[①]。根据王后的建议，他把他的儿子克洛多维希送往贝尔尼，好让他也罹染同样的病症而死，因为害死他的兄弟们的那种疾病当时还在那里大肆猖獗，其势未减。但是这个王子并没有感染上这种病症。这时国王亲自前往谢尔，这是他在巴黎地区内的领地。几天之后，他命令克洛多维希到他这
里来，我要在这里毫无顾忌地述说这个王子的下场。 211

当他和父亲居住在这个领地上的时候，他不合时宜地自吹自擂起来，他说："看哪！我的兄弟们都死了，整个国家落在我手里了，全部高卢要处在我的脚底下了。命运已经赐我以支配天下的权力。我的敌人在我的掌心之中，我对他们要随心所欲地爱怎样就怎样。"况且他这样说话，对于他的继母弗蕾德贡德来说似乎并不合适。但是她听到了，她的心中满怀惊恐。几天之后，有一个人来到王后那里，说道："你这样地被剥夺了孩子，这都是克洛多维希的奸计造成的，因为他爱上了你的一个侍女的女儿，他通过她母亲的魔术杀死了你的儿子。因此我警告你别去寻求更好的命运了，因为本来该由你来统治国家的希望已经从你那里给夺走了。"于是王后大吃一惊，她被激怒，因为她还在为新近所遭受的损失伤心。她命令把克洛多维希所垂青的女孩子抓起来，令人将她痛打一顿，继而命令把她的头发剃掉，把她绑在竖立在克洛多维希住处前面的一根桩柱上。她又让人把女孩子的母亲绑起来，让她遭受刑罚，直到从她那里逼出一项招供，确认这些控告属实为止。这个时候，

① 即贡比涅。

她在国王耳边悄悄地说说这，说说那，要求他去向克洛多维希复仇。

后来，当国王正出发去打猎时，他命令把他的儿子秘密地带到面前来。他的儿子来到后，他就下敕令加以逮捕，由德西德里乌斯和博伯两位公爵给他套上手铐，他的武器、衣服都从身上被取下来，他穿着卑贱的衣服被送到王后那里去。王后命令把他监管起来，希望从他那里获知真情，她很愿意知道一切情况是否真如别人向她所描绘的那样，他听从了谁的主意，遵从了谁的唆使，他的朋友当中谁是最主要的人物。他举出了若干朋友，其他一概否认。
212 三天以后，王后命令将他绑送到马恩河对岸的努瓦西领地上[①]看管起来。在此监禁期间，他被刺死，尸体就地埋葬。当时曾有使者奉命去向国王报告王子是自己刺死的，还硬说刺进去的那把刀仍然扎在伤口的地方。希尔佩里克国王被这番话给蒙住了，他一直不曾为儿子掉一滴泪，可是这个儿子由于王后的挑拨，可以认为是由国王亲手拿去送死的。王子的仆人们散伙他去，他的母亲[②]惨遭处死，他的姊妹[③]被王后的仆人骗到一所修道院里，她在修道院里穿上修女的服装，直到今天还在那里。他们的全部财产都被转交给王后。告发克洛多维希的那个妇人被判处火刑。当这个可怜的人儿被拖着往前走的时候，她发誓说她原来说的是假话，但是她这招认对她并无裨益，她被绑在桩柱上，在火焰中活活烧死。克洛

① 在谢尔西南不远。

② 奥多韦拉。

③ 即巴西娜。——译者

多维希的宫廷管事人员由司马官[1]库帕自布尔日地区解送回来交给王后。原来判定要他遭受各种刑罚，但是王后下令解除了他的刑罚和镣铐，由于我的说情，容许将他释放。

四十　这些事件发生之后，夏龙[2]主教埃拉菲乌斯奉命为布隆希尔德王后的利益出使西班牙，他发了高烧，气绝而死。[3] 他的遗体运回家里，安葬在自己的那座城里。我在前面已经讲过，布列塔尼人的使臣尤尼乌斯主教未能获准回到自己的城里去，但是根据国王的命令，他在昂热依靠公众出钱维持生活。有一次他去访问巴黎，在一个星期日，他正在做神圣的宗教仪式，这时，他像马嘶一般大叫一声，倒在地上，鲜血从他的嘴巴里和鼻孔里迸流出来，他由人们用手抬了出去，但是他康复了。他过度沉湎于饮酒，常常醉得厉害，以致寸步不得动弹。

四十一　加利西亚国王米尔[4]这时给贡特拉姆国王派来使
臣。他们从普瓦提埃过境，此事曾报告给当时据有其地的希尔佩 213
里克国王。国王命令把他们带到他的面前，将他们监禁在巴黎。

这期间，一只狼从树林里跑出来，它从一座城门穿入普瓦提埃，所有的城门都关上之后，人们向它袭击，把它杀死在城垣以内。有些人断言他们曾经看见天空冒出火焰。歇尔河和卢瓦尔河合流以后，卢瓦尔河的河水涨得比头一年还高，一场南风刮得异常凶

[1] 在法兰克朝廷里，司马官很重要，除负责照管王家马匹外，还可能因重要国务奉命出使，或带领军队。

[2] 马恩河畔夏龙。——译者

[3] 公元580年8月19日。

[4] 苏维汇人国王，公元570—583年在位。——译者

猛，以致把树林夷平了，把房屋摧倒了，把篱笆卷走了，甚至把人们吹裹到老远老远的地方送了命。这场风暴所肆虐的地区大约有七亩[①]之广，它所行经的路程没有人能够计量。公鸡时常在夜色初降的时候就打鸣。月色昏暗，天空中出现一颗彗星。接着就在人们中间发生了严重的疫病。苏维汇人的使臣们在一年之后被打发走，回国去了。

四十二　卡奥尔主教毛里利奥患染了严重的痛风病，但是在这种病症的有害液体所引起的病痛之外，他又给自己增加了折磨。有时候，他把一块赤热的铁放在他的胫部或者脚上，更增添了他的痛苦。有许多候补者想要接管他的教区，但是他自己选中了符尔特罗戈塔王后以前的秘书官乌尔西西努斯。他作祈祷，好让乌尔西西努斯在他本人死前被授任为主教，然后他离开了人世。他非常之仁慈，对《圣经》很精通，他甚至能默述《旧约》里所列的一连串一连串的谱系，而这是没有几个人可以记住的。在审判方面，他也同样公正，他保卫本教堂的穷人使他们免遭坏法官的毒手，正如同《约伯记》里所写的："我拯救了困苦的人，使他们免遭强者之手，我拯救了没人帮助的无依无靠的人。寡妇为我祝福。我为瞎子的眼，瘸子的脚，我为穷乏人的父。"[②]

214　四十三　柳维吉尔德国王派阿吉兰出使到希尔佩里克那里去。他是一个才智低劣，拙于推理，仅仅是以对天主教教规心怀恶意著称的人。他在中途行经都尔，就到我这里来针对我的信仰刺

① 犹格，见本卷第 28 章注。——译者

② 《圣经·约伯记》，第 29 章，第 12—13，15—16 节。引文与经文有出入。

激我，并且攻击教会的教条。他说："古时候的主教们断定圣子和圣父是同等的，这是一种错误的意见，因为自己曾说'父是比我大的'[①]的人怎么能够和圣父具有同等的权力呢？因此，认为圣子应该与圣父是同等的，这是不正确的，圣子本人宣称自己比圣父小，他曾经向他哀叹过死亡的悲伤，曾经在逝世的时候把灵魂交给他，好像自己丝毫无能为力似的。由此显然可见，在权柄上、年龄上，圣子比圣父小。"对此，我反问他是否相信耶稣基督是上帝的儿子，是否承认耶稣是上帝的智慧，是光、真理、生命和正义。他说："我相信上帝的儿子就是这一切。"然后我说："现在请告诉我，什么时候圣父没有智慧，没有光，没有生命，没有真理？什么时候圣父没有正义？因为，正如同没有这些东西，圣父就不能存在一样，没有圣子，他也不能存在，因为这些东西对于神圣称号的神圣性来说是超乎一切地重要。但是，如果没有圣子，圣父也不能被称为圣父。至于你归之于他的'父是比我大的'这句话，你要知道，他是以自己所呈具的凡人的肉体之身来说这句话的，从而教你知道你是以谦逊得到赎罪，而不是以权力得到赎罪的。你引述了'父是比我大的'这句话，你若是记得他在另一处还说过：'我与父原为一"，[②]那就好了。他对于死亡的畏惧以及他把灵魂交给圣父，要归根于他在肉体上的脆弱；那就是说，正如人们相信他是上帝那样，人们也可以相信他是人。"他回答说："实现别人的意志的人，要比那个人小，圣子实现圣父的意志，因此他总是比圣父小，没有证据说明圣

① 《圣经·约翰福音》，第14章，第28节。

② 同上书，第10章，第30节。

父实现圣子的意志。"我对他的话回答说,"你要知道,圣父在圣子之中,圣子在圣父之中,两者各在同一个神性中永生。你愿意知道
215 圣父实现圣子的意志吗?要是你信仰《福音书》的话,那就请你听听我们的主基督在使拉撒路复活时说的'父啊,我感谢你,因为你已经听我。我也知道你常听我,但我说这话,是为周围站着的众人,叫他们信是你差了我来。'①当他受难时,又说:'父啊!现在求你使我同你享荣耀,就是未有世界以先,我同你所有的荣耀。'②圣父从天上回答他说:'我已经荣耀了我的名,还要再荣耀。'③因此,圣子在神性上与圣父是同等的,并无逊色,他在任何方面也不逊色。因为你若是果真承认他是上帝,你就必须承认他完美无缺;你若是否认他完美无缺,你就是不承认他是上帝。"他说:"他是在被造成为人以后才开始被称为上帝的儿子的,有一段时间他还不是上帝的儿子。"我回答说:"请听一听大卫以上帝的名义所说的话:'在晨星出现之前我从怀中生下了你'④和《福音书》作者约翰所说的'太初有道,道与上帝同在,道就是上帝'⑤这些话吧!由此得出结论:'道成了肉身,住在我们中间,万物由此而生。'⑥可是你却被一种空虚之见的毒素蒙住了眼睛,对上帝缺乏与他相称的理解。"然后他回答说:"那么你是不是说圣灵就是上帝,或者宣布圣灵与圣父和圣子是相等的呢?"我回答说:"三者具有一个意志,一种权

① 《圣经·约翰福音》,第 11 章,第 41—42 节。
② 同上书,第 17 章,第 5 节。
③ 同上书,第 12 章,第 28 节。
④ 见《圣经·诗篇》,第 110 篇,第 3 节。(但文字出入较大。——译者)
⑤ 《圣经·约翰福音》,第 1 章,第 1 节。
⑥ 同上书,第 1 章,第 14 节。最后一句系作者所加。

柄，一种行动，一个上帝寓于三位一体之中，三位连而为一。位有三个，但是王国、权威、权柄、全能只有一个。"他说："你所宣称的与圣父和圣子相等的圣灵被认为是小于两者的，因为我们读到他是得到圣子应许的，是被圣父差遣来的。人们只能应许自己所控制的范围以内的东西，只能差遣地位低于自己的人。耶稣自己在《福音书》里说：'我若不去，保惠师就不到你们这里来。我若去，就差
他来。'[①]"我回答说："圣子在受难之前说得好，他说，他如果不是 216
在用自己的鲜血为世人赎了罪，在人们的心灵里准备了一个配得上上帝的位置之后，以胜利者回到父那里去，那么圣灵——就是上帝——就不会降临到崇拜偶像的、被原罪玷污的心灵里来。所罗门说：'圣灵将从欺诈逃开。'[②]而你如果没有希望复活，就别说反对圣灵的话，因为根据上帝所说：'唯独说话干犯圣灵的，今世来世总不得赦免。'"[③]他说："可是上帝是差遣者，被差遣者不是上帝。"对这句话，我问他是不是相信使徒彼得和保罗的教义。他回答说："我的确信。"这时我又加了几句："但是使徒彼得由于亚拿尼亚在出卖田产时进行欺骗而定他的罪时，你看他是怎么说的：'为什么在你看来欺哄圣灵是件好事？你不是欺哄人，是欺哄上帝了。'[④]而保罗呢！在分别叙述圣灵的不同程度的恩赐时，这样说道：'这一切都是这位圣灵所运行，随己意分给各人的。'[⑤]因为根据自己

① 《圣经·约翰福音》，第 16 章，第 7 节。

② 见《所罗门的智慧》。（属于《经外书》。——译者）

③ 《圣经·马太福音》，第 12 章，第 32 节。——译者

④ 见《圣经·使徒行传》，第 5 章，第 3、4 节。引文与经文有出入。

⑤ 《圣经·哥林多前书》，第 12 章，第 11 节。

的意志行事的人，是不处于任何人的权力之下的。而你呢，就像我刚说过的那样，你对神圣的三位一体没有正确的看法，你们的信仰的创立者阿里乌斯的下场，已经明显地表明了这种教派的偏执性有多么坏。”他回答说：“对你自己不遵守的戒律别说坏话，至于我们，虽然我们不信奉你所信奉的东西，可是我们却不说它们的坏话，因为持有这种或那种信仰不能归结为一种罪。的确，我们有个共同的说法：当一个人从异教徒的祭坛和上帝的教堂之间经过时，向两者都表示敬意，这并没有造成危害。”我看出了这个人的愚蠢，就说：“我明白了，你是异教徒的辩护者，异端信仰者的战士，因为你竟然亵渎教会的教条，宣布崇拜异教徒的令人憎恶的东西。你要是以亚伯拉罕在橡树那里找到的、以撒在公羊身上找到的、雅各在石头上找到的、摩西在荆棘里找到的那种信仰武装自己，那你就做得比这样好；[1]这种信仰，亚伦在法衣里穿着它，[2]大卫伴着手鼓

217 在方舟前跳舞时体验到它；所罗门以他的智慧宣布它；所有的始祖们、先知们以及戒律本身在谕示里歌颂它，并且以献祭来显现它；今天一直与我们同在的神圣的马丁在他的心灵里据有它，在他的行迹里表现它；因此，你也可以改奉不可分的三位一体，接受我们的祝福，洗涤你心灵上的虚假信仰的毒素，直到去掉这些罪过为止。”于是他被激怒了，他几乎像个疯子一样地咬牙切齿，答道：“我一旦从你们的宗教的一个神父那里接受祝福，我的灵魂就要离开躯壳。”我针对他的话回答说：“上帝既不可能使我们对宗教，也不

---

① 见《圣经·创世记》，第 12、22、28 章；《出埃及记》，第 3 章。——译者

② 见第 3 卷序言部分注。——译者

可能使我们对信仰冷淡到这种地步，以致我们把他的圣物散发给狗，或把贵重珠宝的神圣性暴露在不洁不净的猪的面前。”于是他放弃争论，起身退席。可是后来，他回到西班牙，当他由于生病而弄得十分虚弱时，需要制约了他，他改宗了我们的信仰。

四十四　大约与此同时，希尔佩里克国王写了一份法令，命令对神圣的三位一体不能以“位”来加以区分，而只称之为上帝；他宣布，对于上帝，如果我们称之为“一位”，似乎上帝是个具有肉体的人，那是不适宜的；而且他断言，圣父与圣子是相同的，而圣灵与圣父和圣子又是相同的。他说：“上帝在先知和始祖们看来是这样的，戒律本身也宣告他是这样的。”他令人把这些论点向我复述以后，又说：“这是我的意志，那就是你必须信仰这种论点，教会的其他学者们也必须信仰这种论点。”我回答他说：“最虔诚的国王，您必须抛弃这种空虚的信仰，遵循使徒们和继使徒之后的教会的早期教父们传给我们的、希拉里和尤塞比乌斯[1]教给我们的、您在受洗礼时亲自承认的那些教义。”于是国王大怒，他说：“明显得很，在这些事情上，希拉里和尤塞比乌斯是我的强硬的敌人。”我回答说：“您应该清楚地看到，不要使上帝和他的圣徒们反对您。要知道，就‘位’来说，圣父不同于圣子，圣子不同于圣灵。并不是圣父被造成人，也不是圣灵被造成人，而是圣子被造成人，这样，为了替人类
赎罪，作为上帝之子的圣子就可以被认为是人的儿子，是一个处女 218
的儿子。受苦难的不是圣父，也不是圣灵，而是圣子，这样，在人世间具有肉体化身的圣子本身就可以为了世人而被奉献出来。您关

① 尤塞比乌斯是意大利维切利的主教，死于公元371年，被列为圣徒。

于‘位’所说的那些话不能从肉体方面来领会，而只能从精神方面来领会。因此，这三位具有同一荣光，同一永生，同一权柄。”然后国王被激怒了，他说，“我要把这些事情提交给比你聪明的另外一些人，他们跟我会是一个心眼。”我反驳说，“凡是有心听从您的建议的人，决不会成为一个聪明人，而是一个傻子。”国王对此咬牙切齿，但是他保持沉默。不多天以后，阿尔比主教萨尔维乌斯来到，国王让人向他陈述这些意见，请求他表示同意。可是萨尔维乌斯刚一听说，就如此憎恶地加以拒绝，以致如果他的手能拿到写着这些东西的那张纸的话，他一定会把它撕得粉碎。于是国王断了他的念头。

这个国王用诗句写了一些书，他在这方面试图模仿塞杜利乌斯，[①]但是他的诗句丝毫不合韵律。他给我们的字母表增添了某些字母：希腊人的 ω，以及 *ae*，*the*，*wi*，由 ωΨZΔ 诸符号来表示。[②]他向国内所有的城市送信，命令向男孩子们讲授这些东西，并且命令用浮石把旧书抹去，用新的符号加以重写。

四十五　这时候，夏龙主教阿格里科拉去世，[③]他出身于元老家族，以智慧和有教养著称。他在夏龙大兴土木，营造住宅，修建大教堂。这座大教堂由圆柱支撑，用形形色色的大理石点缀得富丽堂皇，还装饰着镶嵌画。他的饮食有严格的节制，中午从来不吃东西，只在傍晚的时候进晚餐，他早早地入座，因此总在太阳落山之前离席。他对高雅的学问虽然所知甚微，但是长于辩才。他死

① 五世纪基督教诗人，常被后期拉丁作者作为典范。

② 字母表指拉丁字母表。布雷豪特译本中，所添字母的 ω 作 θ。——译者

③ 这是索恩河畔夏龙，阿格里科拉死于公元 580 年 3 月 17 日。

于主教任期的第四十八年，享年八十三岁。他由贡特拉姆国王的秘书官弗拉维乌斯继任。

四十六　在那些日子里，罗德兹主教达尔马提乌斯也去世了。他在圣洁方面处处表现卓越，他在饮食方面，同样也在一切有关肉 219
欲方面，都是有节制的，他为人非常仁慈，与所有的人相处，态度通情达理。他对祈祷和守夜坚持不懈。他兴建了大教堂，但是在改建中拆除太多，以致最后他去世时未能竣工。他死后，就像往常一样，许多人谋求继任为主教。曾经当过达尔马提乌斯手下的副主教的特兰索巴德神父是最固执不放的候补者。他已经把他的儿子安置在当时任国王监护人的戈哥的府第里，[①]自以为有恃无恐。但是主教已经立下遗嘱，他在遗嘱中提出了他在死后愿意从国王手里欣然接受何种赐赠。他恳求国王以可怖的誓言来约束自己，防止把主教的职位授予任何陌生的人，或任何贪得无厌之徒，或任何与之有婚姻关系牵连的人，而指派一个与这些毫无牵扯、专门以赞颂上帝度日的人来接替他。这时，特兰索巴德神父在城里宴请教士，他们就座以后，一个神父开始最无耻地诋毁已故的主教，竟而叫他疯子、傻子。他正说着说着，侑酒人走到他跟前，给他献上一杯酒。他端起杯子，正往嘴边送，这时，他哆嗦起来了，杯子从手头落下来，他把头倚在邻座的身上，气绝而死。他们把他从酒席上直接送到坟墓，入土埋葬。之后，主教的遗嘱在希尔德贝尔特国王

① 在墨洛温时代，有的家庭为了谋求升迁，把儿子送入朝廷。这些子弟隶属于国王或大官，其地位类似中世纪晚期的小侍从。当时希尔德贝尔特（二世）尚未成年，贵族集团让戈哥做他的监护人，以增加本集团的势力，抵制布隆希尔德。未成年国王的监护人是国内最有势力的人物之一。

和国内的首脑人物面前当众宣读，当时任罗德兹副主教的提奥多西乌斯被任命为主教。

四十七　希尔佩里克闻悉柳达斯特对都尔各教堂和全体居民所犯下的罪恶行径之后，派安索瓦尔德前来都尔。他是圣马丁节那天到达的，并且让我们和本地居民自由选定人选，结果是尤诺米乌斯被提升为伯爵。柳达斯特发现自己被撤了职，就去见希尔佩里克，对他说道："最虔诚的国王，我一直替您保管着都尔这个城市，直到今天。可是，我既然被撤除了职务，您就留心看它是怎样被保管的吧！因为您不是不知道格雷戈里主教的意图是把它移交
220 给西吉贝尔特的儿子。"国王听说之后，答道："不是那么回事，只是因为你被撤了职，于是你就捏造出这些控告来。"柳达斯特继续说下去："主教还说了您的更糟糕的坏话，他说您的王后与贝尔特拉姆主教通奸。"国王闻说之后，盛怒之下，举起拳头揍他，踢他，命令把他套上镣铐，投入狱中。

四十八　由于本章就要结束，我愿意讲一点柳达斯特的履历，先从他的家庭、家乡和他的性格谈起。普瓦图城外有一个格拉西纳岛，在这里，柳达斯特出生在农奴柳卡迪乌斯的家里，这个农奴是领地上栽培葡萄树的园丁。后来时机来了，他被召去担任差使，①被分配在御膳房里服役。但是由于他在早年眼睛不好，受不了伙房里呛人的烟味，他又从伙房调到面包房。他置身于发酵的面团中间，假装很高兴的样子，可是他却弃职而逃。逃走之后，有两三次他被抓了回来。由于对他无法管束，就把他的一只耳朵切

---

①　王室或王庄的服役人员从王室领地上的农奴家庭中抽用。

掉，作为惩罚。于是，他由于没办法掩盖这个标志，就跑到玛尔科韦法王后那里躲藏起来。卡里贝尔特国王非常宠爱这个王后，他当初娶了她以取代她的姊妹。她友好地接待柳达斯特，加以提升使用，派他看管她的最上等的良马，结果是，趾高气扬和妄自尊大驱使他去央求司马官这个官职。这个官职刚一到手，他就目空一切，谁也不放在他眼里。他得意忘形，陷进了淫荡的生活；他利欲熏心，他以他的女保护人的特殊宠臣的身份被派到这里，派到那里，派到各处替她办事。他的钱袋由于敲诈勒索装得满满当当。因此在她死后，他向卡里贝尔特国王进献礼物，以此保住了原有的官职。他就是在此后被提名为都尔城的伯爵的，因为这时人们的罪恶正在渐渐增多。他对这个地位洋洋得意，这就进一步助长了他的自高自大。他表现为一个最强取豪夺的抢劫者、最大言不惭的争吵者、一个肮脏的淫乱之徒。他善于挑拨离间，造谣中伤，因此积累了不少的财富。卡里贝尔特死后，都尔城归属西吉贝尔特， 221
柳达斯特投到希尔佩里克国王那里去了，因此西吉贝尔特手下的那帮人抢走了他的全部不义之财。但是，等到希尔佩里克通过他的儿子提乌德贝尔特刚一把都尔城抢到手，由于当时我已来到都尔，这个王子就迫不及待地把他推荐给我，企图让他恢复原先的伯爵职位。他对我的态度毕恭毕敬，他一次一次地凭神圣的马丁主教之墓宣誓，说他的行动决不违犯理性的准则，说他在一切事情上都要忠诚于我，无论是在关乎我个人利益的事情上，或是在有关教会需要的事情上，同样如此。这是因为他害怕西吉贝尔特可能再一次将这个城市收归他的统治之下，而这事确实发生了。西吉贝尔特国王死后，希尔佩里克又取得该城，柳达斯特重新获得伯爵官

职。但是墨洛维来到都尔时，他不管在什么地方找到这个人的财物，一概掳掠而去。在西吉贝尔特据有都尔的两年期间，柳达斯特一直藏在布列塔尼。可是当他通过上述方式恢复旧职以后，他那暴发户式的自高自大竟然达到如此地步，以致他身披护喉甲和铠甲，腰系箭筒，头顶盔胄，手持投枪，走进教堂的住所来了。他谁也不能相信，因为他是众人之敌。当他和当地的僧俗要人一起坐在法庭上，摆出一付寻求公道的人的样子时，一下子他就勃然大怒，把城市居民辱骂一顿。他下令把神父套上手铐，拖出教堂，他下令杖责士兵，他的暴虐简直不能用笔墨来形容。墨洛维抢走了他的全部财产离开都尔以后，他开始诽谤起我来了。他无中生有地硬说是由于我的指使，墨洛维才把他的财产抢走的。可是在伤害了我以后，他又一次重新发誓，他以圣马丁墓上的罩单保证决不再反对我。

四十九　但是，因为一桩桩地追述他所有的虚伪誓言和其他罪恶行径，未免令人厌烦，让我一下子就说到他如何以不公道的和邪恶的诽谤来图谋使我垮台，以及天谴如何降临到他头上的情况
222 吧！这就应了“凡取代他人者，必为人所取代”[①]以及“挖陷坑的，自己必掉在其中”[②]的话。

在对我和我的家属加以多方陷害，一而再，再而三地掠夺教会财产以后，他与一个跟他一样邪恶的神父里库尔夫合谋，无耻地控告我曾经攻击过弗蕾德贡德王后。他宣称，如果我的副主教柏拉

---

① 《圣经·耶利米书》，第 9 章，第 4 节。但作者似解释错误。（文字出入很大，此处未用原译。——译者）

② 《圣经·箴言》，第 26 章，第 27 节。

图或者我的朋友加利努斯遭受拷问，我就得按照出自他们之口的诋毁之词来定罪。于是如上所述，国王大发脾气，对他拳打脚踢，命令把他投入监狱。柳达斯特推托说他那些话是以里库尔夫教士的话为根据的。这个里库尔夫是个副助祭，[①]像他一样恣意妄为，毫无原则。头一年，他曾经和柳达斯特就这件事进行密谋，向我寻衅，以便一旦同我发生纠纷，他就可以有个借口去投奔柳达斯特了。他终于找到了一个借口，于是就去投归他的庇护人了。然后，四个月之内，他设下各式各样的陷阱和罗网，后来又和柳达斯特回到我这里来，请求我饶恕他，接他回来。我承认我是这样做了，并且公开地把我的这个暗地里的敌人带进我家。柳达斯特走后，他俯伏在我的脚下，请求我说："要是你不及时帮助我，我就完蛋了，因为，你瞧，在柳达斯特的唆使下，我说了不该说的话。因此，现在把我送到一个其他的王国去吧，因为要是你不这么做，我就要被国王手下的臣民捕获，要受处罚。"我回答说："如果你说的是疯话，你的话就要应验在自己的头上。我不把你送到其他的王国去，否则我会招致国王对我的怀疑。"这以后，柳达斯特变成了里库尔夫的控告人，柳达斯特宣称，他听见里库尔夫副助祭说过我在前面提到的那些话。[②] 柳达斯特获释以后，里库尔夫被套上镣铐，关押起来。这时他宣称，在我——他们的主教——说这番话的那天，加利努斯和柏拉图副主教都在场。

但是，曾经获得柳达斯特允许授予我所任的主教职位的那个

① 这个里库尔夫和前面的里库尔夫是两个人。——译者

② 指对弗蕾德贡德的攻击。——译者

223 里库尔夫神父，已经变得像西门・马古斯[①]那样傲慢。虽然他曾经三次，也许比这还多，凭神圣的马丁之墓宣誓忠诚于我，然而，在复活节以后的第六天，却谩骂我，朝我啐唾沫，竟然达到这种地步，以致他几乎控制不住他的双手对我施加暴力；他对他所设的罗网是如此地满有把握。第二天，也就是复活节星期六，[②]柳达斯特假装带着另外一项使命来到都尔。他拘捕了加利努斯和柏拉图副主教，给他们套上锁链。然后他让人把他们带到王后面前，他们戴着脚镣，上身被剥去了衣服。消息传到了我这里，那时我正待在教堂的住所里。我精神上又悲伤又烦恼，我走进我的小礼拜堂，拿起大卫的《诗篇》，为的是能够在打开它以后找到一段令人宽慰的句子。下面就是我找到的诗文："他领他们稳稳妥妥的，使他们不至害怕，海却淹没他们的仇敌。"[③]那个期间，他们曾乘船在河上航行，地段在由两只船架着的浮桥上游。柳达斯特所乘的那只船沉了，这样，他要是没有靠游泳得救的话，也许就和他的同伙们一起丧了命。另一只船载着犯人，它与第一只船系在一起，靠天保佑，这只船一直漂在水面上。船里的人套着镣铐被带到国王那里去，他们立即被控犯罪，本来要以死刑结束性命，但是国王重新考虑了这件事，又命令解除他们的镣铐，不加伤害，仍旧派人监守，但是不加以严格的约束。

---

① 西门见第1卷，第25章注，其人妄自尊大。——译者

② 从复活节开始的一周叫复活节周(Easter week)，复活节那天为复活节星期日(Easter Sunday)，以后各天按星期几类推。——译者

③ 《圣经・诗篇》，第78篇，第53节。

在都尔，贝鲁尔夫公爵[1]和尤诺米乌斯伯爵编了一段谎话，说什么贡特拉姆国王打算占领都尔，他们宣称这个地方因此必须严密戒备，以防任何疏忽。于是，他们诡计多端地在各个城门都安置了一名看守，这些看守看起来像是在保护居民，而实际上是两眼盯住我。他们甚至派使者来对我进行劝告，劝我最好带着教堂里最珍贵的财宝逃到克莱蒙去。我没有按他们的愿望做。

这时，国王召集全国主教，[2]命令对这件事进行彻底调查。里库尔夫教士几次受到秘密审查，他对我和我的家属大肆诽谤。于是，有个名叫莫德斯图斯的木匠对他说道："你这坏蛋，竟而如此桀 224
骜不驯地对你的主教搞阴谋！你最好还是安分守己，求得他的宽恕，再一次取得他的优遇。"对此，他大叫一声，说道："看哪！这家伙竟要吩咐我保持沉默，不再追随真理。这儿有一个王后的敌人，他要阻止我们审查针对她的那项攻讦。"这番话立刻被上报王后，莫德斯图斯被捕，受了刑罚，挨了鞭笞，他被紧紧地绑着，监禁起来。在牢房里，他置身在两个看守之间，套着锁链，被拴在木块上。午夜时分，当两个看守睡觉时，他向上帝祈祷，祈求上帝以他的全能者之尊垂顾一个处于痛苦之中的人，并且祈求通过马丁主教和梅达的帮助，使他这个被无缘无故地禁锢起来的人能够获释。不多时，锁链裂开了，木块断裂了，门打开了，他本人走进了圣梅达教堂，那天夜里我正在圣梅达教堂守夜。

聚集在贝尔尼的主教们奉命住在一所房子里。国王来到，他

① 管辖都尔、普瓦提埃、昂热、南特各地区的公爵。

② 召集他们前往贝尔尼的王庄。

向所有在场的人致意，接受他们的祝福，随即就座。然后波尔多主教贝尔特拉姆——他和王后同属这次攻讦的对象——把这件事情全部摆出来，他盘问我，宣布我是这次攻讦的炮制者。我以至诚之心否认曾经说过任何那种语言；别人可能听说过那类话，我的头脑里却没有闪过这种念头。这时在房子外面，人丛中爆发出一阵大嚷，人们喊道："为什么对上帝的教士进行这些攻击？为什么国王要追究这件事情？即使对一个奴隶，难道一个主教能说出这种话来吗？天哪！天哪！我主上帝，降赐天助于你的仆人吧！"国王却说："对王后的攻讦就是我的耻辱。因此，如果你们认为必须把对主教作反证的证人叫来，那么他们现在都在这里；但是，如果你们决定可以不这样做，认为主教的荣誉应该得到信赖，那就把你们的意思说出来，我是非常愿意倾听你们的意愿的。"大家对国王所表现的明智和克制相结合的态度表示赞赏。于是，由于每一个人都

225 坚持"一个下级对主教提出的证据也许未可置信"，遂即决定，我应该在三个圣坛前作弥撒，而且要以发誓来澄清对我的控告。虽然这些条件是违反教规的，然而出于对国王的考虑，我还是执行了。我也无须掩盖这个事实，那就是在我患难期间，里贡特公主出自对我的同情，和她全家一起进行斋戒，直到她的一个仆人给她带去消息，说我已经按照规定条件一一做到为止。这时主教们又回去对国王说，"国王啊！那位主教已经全部做到了加在他身上的条件。现在对您来说，除了和贝尔特拉姆——控告他的弟兄的人——一起被革除教籍以外，还剩下什么呢？"国王于是答道："我只不过把我听到的话照说罢了。"他们问是谁告诉他的，他回答说是从柳达斯特那里听来的。可是此人已经逃之夭夭。此人的秉性是既没有

稳定的判断，也没有固定的目的。于是全体主教作出决定：这个流言蜚语的散播者、王后的诋毁者、主教的控告者，由于这样逃避审判，必须被驱逐出教门。他们向没有出席的主教们送去一封大家亲笔签名的信，说明此意。此后他们各自返回自己的所在地。柳达斯特听说这些情况以后，就到巴黎的圣彼得教堂去了。但是，他得悉国王在敕令中命令国内的人谁也不得把他收容在自己的家里，尤其是，他听说留在家里的儿子已经死了，这时他秘密地来到都尔，把他最值钱的财物转移到布尔日地区去。国王的仆役们追到那里，他又逃走，免于就擒。他的妻子被抓到了，她被流放到图尔内地区。里库尔夫教士被判死刑。他的性命好不容易由于我的请求而被饶恕，可是我不能使他免于受刑。这个坏蛋所不得不忍受的鞭笞是任何东西，哪怕是金属，都受不了的。从白天第三时开始，他就被悬挂在一棵树上，两只手反绑在他的背后。[①] 在第九时他从树上被放下来，四肢饱尝绳索和滑轮的牵引之苦，挨尽了木条、棍子和双股鞭的抽打，而且不是一两个人打他，凡是够得着他可怜的四肢的人，个个下手。当他发现自己濒临死亡的威胁时，他
终于吐露了真相，把阴谋的内幕赤裸裸地当众公布。他宣称，王后 226
之所以被控告，是为了让她被驱逐出境；克洛多维希在其兄弟们被杀之后，[②]将要取得他父亲的王国；柳达斯特将要成为一个公爵；

① 施行这种刑罚的刑具叫拷问台。犯人身躯挺直，两手上伸过头，被绑在一根绳索的一端，绳索套在上面的滑轮上。犯人的两踝坠着重物。施刑者握住绳索的另一端，沿着滑轮往下拉。这样，犯人就被挂了起来。

② 克洛多维希和弗蕾德贡德诸子之死见本卷第34、39章，此处所述，按时间顺序，应在上列诸章之前。

里库尔夫神父将要谋求都尔主教的职位，从神圣的尤夫罗尼乌斯主教的时候起，这个里库尔夫就一直是克洛多维希的朋友；而他这个副助祭本人，则已经被许以副主教的职位。

这样，由于上帝的恩惠，我平安地返回都尔，但是发现教堂已经被里库尔夫神父弄得一塌糊涂。这个人是在尤夫罗尼乌斯主教手下从贫困的地位被提拔上来，被授予副主教之职的。后来他被提升为神父以后，就退居到自己的一所宅第里。[①] 他始终是一个暴发户，专门吹牛，专横跋扈。因为，当我在国王身边，不在都尔的期间，他盛气凌人地进入教堂住所，俨然以主教自居。他把教堂里的器皿开了一份清单，把所有的其他动产攫为己有。他向教士中的主要人物馈赠厚礼，送给他们葡萄园，分给他们田地。另一方面，对于低级教士，他却亲手痛加鞭笞，杖如雨下，说什么："你们要认我做主人，我已经克敌制胜，我的天才已经清除掉都尔的奥弗涅乱民。"[②]这个坏蛋殊不知都尔的历任主教除了五位以外，都与我的家族有关系。他经常对他的亲朋密友们说：伪证是欺骗智者的唯一方法。在我回到都尔的时候，他对我仍然看不起。他没有像其余的居民那样出来迎接我，相反，反而以死来威吓我。我于是和本大主教管区[③]的主教们商议，命令他搬到修道院去。他被严密拘禁在修道院里，但是在费利克斯主教[④]派去的使者们的帮助下，

① 原文是 recessit ad propria，更好的译法可能是"本性复发"。

② 格雷戈里是奥弗涅人。

③ 都尔大主教管区包括雷恩、勒芒、昂热、南特等主教管区，以都尔主教管区为首。

④ 南特主教。

他逃走了。费利克斯主教曾经支持过在上述事件中犯罪的那些人。修道院的院长被谎言蒙住了，里库尔夫安然来到费利克斯那里。费利克斯热情地接待了这个本该加以诅咒的人。柳达斯特随身带着依靠掠夺穷人聚敛起来的财富，到布尔日地区去了。但是不久以后，在当地法官[①]的参与下，居民向他一拥而上，把他带去的金银全部抢走。他只剩下随身之物，此外一无所有。要不是他 227

溜走逃生，他们甚至把他的性命也结束了。可是，当他手下刚又有了一支人归他号令，他就带着都尔的某些人去攻击抢走他东西的人。他杀死了一个仇人，收回了失掉的某些财物，然后返回都尔地区。贝鲁尔夫公爵闻说之后，派出一支武装随从人员去追捕他。他发现自己濒于被捕，就抛弃了财物，藏到普瓦提埃的圣希拉里教堂里去了。然后贝鲁尔夫公爵把落到他手里的财产交给国王。柳达斯特经常从教堂里出击，闯进各种各样人物的家，公然运走掠获物品。尤有甚者，他就在这座神圣的建筑物的走廊里恣意荒淫。王后对于这种玷污奉献给上帝的地方的行径非常愤怒，下令把他撵出教堂。他被驱逐以后，又一次去找布尔日地区的朋友们，请求他们窝藏他。

五十　我在前面本来应该记述我和神圣的萨尔维乌斯主教的一段谈话，但是既然当时我漏掉了，我在这里补记一下或许不致被人见怪。当上述会议结束，我即将回家，已经辞别国王的时候，如果我不再一次拥抱萨尔维乌斯，那我是不愿意离去的。因此我去找他，我在贝尔尼的国王府邸的院落里找到了他。我告诉他我就

① 见第4卷，第18章注。——译者

要回家了。然后,我们说着说着,渐渐地从这府邸向前走了一段距离。这时他对我说:“你能看到我在屋顶上看见的东西吗?”我回答说:“我能看到国王新近令人修建起来的上部结构。”“你再没看见别的东西吗?”我回答说:“我看不见别的东西。”我怀疑他在跟我开玩笑。我又说:“如果你看见了什么别的,那就告诉我吧!”他长叹一声,说道:“我看见这所房子上面悬着出鞘的天谴之剑。”主教的预感并没有错。二十天后,国王的两个儿子死了,他们的死我已作了叙述。

第五卷至此结束,本卷完成于希尔德贝尔特国王在位的第五年

第 六 卷 231

第六卷各章自此开始

一、希尔德贝尔特倒向希尔佩里克，穆莫卢斯的潜逃

二、自东方归来的希尔佩里克的使臣

三、希尔德贝尔特向希尔佩里克派遣的使臣

四、卢普斯被迫从希尔德贝尔特的王国出逃

五、我同一个犹太人的争论

六、神圣的霍斯皮西乌斯隐士，他的节制饮食和奇迹

七、于泽主教费雷奥卢斯之死

八、昂古莱姆城的隐士埃帕尔希乌斯

九、勒芒主教多姆诺卢斯

十、盗贼闯入圣马丁教堂

十一、提奥多尔主教和迪纳米乌斯

十二、派去攻打布尔日的军队

十三、都尔居民卢普斯和安布罗西乌斯的被杀

十四、出现的朕兆和异事

十五、费利克斯主教之死

十六、帕波伦重新得到他的妻子

十七、因希尔佩里克国王而改宗的犹太人

十八、从西班牙归来的希尔佩里克国王的使臣

十九、希尔佩里克国王在奥尔日河上设置的哨兵

二十、克罗丁公爵之死

二十一、呈现的异兆

二十二、卡尔特里乌斯主教

二十三、希尔佩里克国王得子

二十四、反对提奥多尔主教和贡多瓦尔德的阴谋

二十五、朕兆和异事

二十六、贡特拉姆和穆莫卢斯

二十七、希尔佩里克国王进入巴黎

二十八、秘书官马尔克

二十九、普瓦提埃修道院里的修女们

三十、提贝里乌斯国王之死

三十一、希尔佩里克国王对其兄的城市亲自或令人干下的诸多坏事

三十二、柳达斯特之死

三十三、蝗虫、疾病和神奇现象

三十四、希尔佩里克之子提乌德里克之死

232 三十五、行政区长官穆莫卢斯之死，被杀害的妇女

三十六、埃特里乌斯主教

三十七、雅沃尔修道院院长卢彭提乌斯的被害

三十八、提奥多西乌斯主教之死以及他的后任

三十九、雷米吉乌斯主教之死以及他的后任

四十、我同一个异端信仰者的争论

(本卷所记自公元580年起,至584年止。)

233 第六卷自此开始，从希尔德贝尔特国王在位的第六年记起

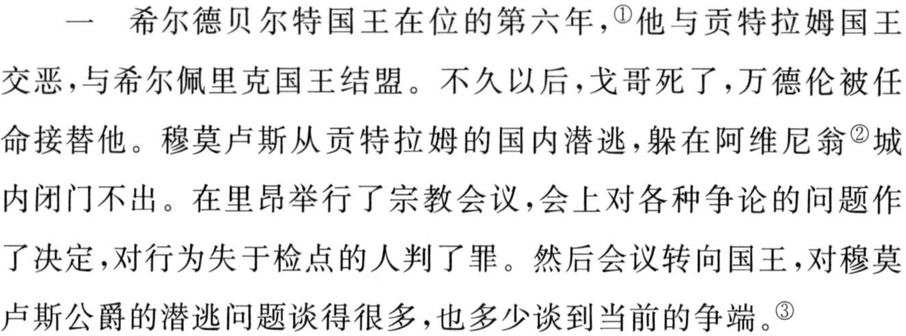

一　希尔德贝尔特国王在位的第六年，[①]他与贡特拉姆国王交恶，与希尔佩里克国王结盟。不久以后，戈哥死了，万德伦被任命接替他。穆莫卢斯从贡特拉姆的国内潜逃，躲在阿维尼翁[②]城内闭门不出。在里昂举行了宗教会议，会上对各种争论的问题作了决定，对行为失于检点的人判了罪。然后会议转向国王，对穆莫卢斯公爵的潜逃问题谈得很多，也多少谈到当前的争端。[③]

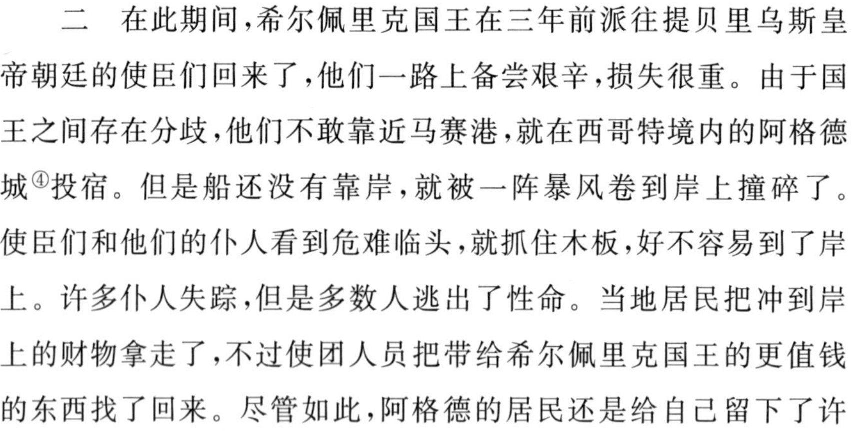

二　在此期间，希尔佩里克国王在三年前派往提贝里乌斯皇帝朝廷的使臣们回来了，他们一路上备尝艰辛，损失很重。由于国王之间存在分歧，他们不敢靠近马赛港，就在西哥特境内的阿格德城[④]投宿。但是船还没有靠岸，就被一阵暴风卷到岸上撞碎了。使臣们和他们的仆人看到危难临头，就抓住木板，好不容易到了岸上。许多仆人失踪，但是多数人逃出了性命。当地居民把冲到岸上的财物拿走了，不过使团人员把带给希尔佩里克国王的更值钱的东西找了回来。尽管如此，阿格德的居民还是给自己留下了许

---

① 公元581年。

② 该城属于奥斯特拉西亚，在贡特拉姆的管区之外。

③ 指引起贡特拉姆和希尔德贝尔特决裂的分歧。

④ 在塞普提曼尼亚。

多东西。

那时候，我前往诺让的王室领地去见国王。他给我们看一只大托盘，重五十磅，这是他让人用金子和宝石制成的。他说："我让人制作这个托盘，是为了法兰克种族的光荣和跻于高贵，如果生命尚存，我还有比现在多得多的事情要做。"他把各有一磅重的金块展示给我们看，这是皇帝送给他的，金块的一面有皇帝的像，镌有
"永垂不朽的提贝里乌斯·君士坦丁·奥古斯都"的铭文，反面是 234
一辆驾着四匹马的马车和御者，镌有"罗马人的光荣"的铭文。他同时展示了使臣们带来的许多其他贵重物品。

三　希尔佩里克住在诺让的时候，兰斯主教埃吉迪乌斯带着希尔德贝尔特的主要显贵人物出使到他这里来了。他们在这里讨论了一项计划，准备不让贡特拉姆据有他的王国，组成一个反对他的联盟。希尔佩里克国王说："我的罪恶变得如此深重，以致我连一个儿子也没有了，除了我的兄弟西吉贝尔特的儿子希尔德贝尔特国王以外，连一个继承人也没剩下。因此，就让他来继承我的努力所能挣到的一切吧！不过让我在享受天年的期限以内仍然全部掌握这些东西，既无纠纷，也无争论。"他们向他致谢，又在一张承认所议条款的盟约上签字，然后带着大量礼品回到希尔德贝尔特国王那里去了。他们走后，希尔佩里克国王派柳多瓦尔德主教[①]和国内第一流要人前去。他们去互换了誓约，带着礼品回来。

四　很久以来，香巴尼公爵卢普斯不断地受到他的敌人，尤其是乌尔西奥和贝尔特夫雷德的困扰和抢劫。这两个人最后一致同

---

① 贝叶主教。

意要置他于死地，并且带着一支军队向他开来。布隆希尔德王后看到这种情景，为她那忠实的仆人如此不公正地受到迫害感到十分痛心。她鼓起男子汉的勇气，①冲到两支互相敌对的队伍之间，喊道：“战士们啊！停止这桩罪恶勾当，别再迫害无辜的人，不要为一个人而交战，也不要破坏我们国家的实力。”但是乌尔西奥对这些话却回答道：“妇人，从我们身边退下去，你在丈夫的手下掌过权，就知足吧！可是现在国家是你的儿子的，它不是靠你的保护，而是靠我们的保护来支撑的，那你就退下去，免得我们的马蹄践踏在你的身上。”他们这样互相争论了好一阵，直到最后由于王后坚持不懈，终于避免了一场冲突。虽然如此，那两个为首的人在从当
235 地撤退之后，却冲进了属于卢普斯的那些房子，把他的财产全部抢走了。他们假装要把这些东西交给国库，然而却运到自己的家里去了。他们还对卢普斯危言恫吓，说什么“不能让他从我们的掌握之中活着脱逃”。卢普斯看出自己的处境是多么危险，就把他的妻子安全地安置在拉昂城内，自己躲到贡特拉姆国王那里去了。贡特拉姆国王友好地接待他。他悄悄地待在国王那里，等待希尔德贝尔特国王成年。

五　希尔佩里克国王当时还在他的诺让领地，他命令把他的行李送去，准备动身前往巴黎。我曾经前去向他告别，这时正好来了一个叫做普里斯库斯的犹太人。国王对他亲密相待，因为他曾经帮国王购买过贵重物品。国王温和地抚摸着他的头发，对我说

---

① praecingens se viriliter，此处系意译，在墨洛温时期，一个王后不大可能如字面所讲的像一个战士似地把自己武装起来。

道："主教，过来，把你的手放在他的身上。"由于那人加以拒绝，国王就说："冷酷的灵魂啊！永远不信上帝的一代啊！它不懂得通过先知之口所应许给它的东西，它不领会教会的秘义是以其自己的献身而呈现出来的。"那个犹太人回答道："上帝既不需要，也没有给自己添置儿子，他也不能容忍在他的天国里存在任何配偶。他通过摩西之口说：'你们如今要知道，我，唯有我是神，在我以外并无别神。我使人死，我使人活，我损伤，我也医治。'"[①]国王对他的话回答道："上帝以神灵感应的方式使永生的圣子降生，圣子在时间上既不晚于上帝，在权柄上也不亚于上帝，关于圣子他亲口这样说：'在晨星出现之前，我从怀中生下了你。'[②]这位圣子生于岁序之前，后来上帝把他遣送下来医救世界，如同先知所说：'他派遣他的儿子来医治他们。'[③]关于你所说的上帝未曾生育的论点，现在请你听一听你自己的先知所说的话，这位先知把这些话归之于上帝之口：'我既使其他人生育，岂能自己不生育呢？'[④]这里，他指的是通过信仰而由他获得再生的人们。"那犹太人答道："上帝怎能被造成人，又怎能由女人生育，怎能遭受鞭笞，怎能被判处死刑呢？"这时国王默然不语，我便插入讨论，我说："那位上帝，亦即圣子之 236
所以被造成人，不是由于他本身的需要，而是由于我们的需要。他除了呈现为终有一死的人之外，是不能把人从犯罪的束缚之中，或

① 《圣经·申命记》，第32章，第39节。

② 见第5卷，第43章注。——译者

③ 见《圣经·诗篇》，第107篇，第20节。《圣经》中译本为"他发命医治他们"(He sendeth his word...)，道尔顿译本为"He sent forth His Word..."，Word大写，可作上帝之子解，因而改译。——译者

④ 见《圣经·以赛亚书》，第66章，第9节。引文与经文有出人。

是从魔鬼的奴役之中拯赎出来的。但是正如我们所读到的，古时候大卫杀了哥利亚，因此现在我要以你之矛，攻你之盾，从而给你提供证据，这个证据并非来自你并不信仰的《福音书》或哪一位使徒，而是来自你自己的《圣经》。那你就听一听你的先知的话，他预言上帝要被造成人：'他既是上帝又是人，'他说道，'有谁知道他呢？'[①]在另一处又说：'这就是我们的上帝，不会再有别人比得上他，因为他发现了一切学问之道，他把它传授给他的仆人雅各和他所钟爱的以色列。后来他在世上显现，并且与人交谈。'[②]关于他是童贞女所生的问题，也请你听一听你的先知的话：'必有童女怀孕生子，人要称他的名为以马内利，以马内利翻[译]出来，就是上帝与我们同在。'[③]他定然要遭到鞭挞，让钉子给钉穿，还要遭受其他伤害。关于这个问题，另一位先知宣布道：'他们扎了我的手，我的脚。……他们分我的外衣'，[④]等等。又说：'他们拿苦胆给我当食物，我渴了，他们拿醋给我喝。'[⑤]为了申明通过十字架这种绞架，他将在他的天国里使正在沉沦于魔鬼专制统治下的世界恢复过来，这同一个大卫又说：'主从十字架上进行统治。'[⑥]并不是说圣子以前没有和圣父共同统治过，而是他得到了一个新的王国，这

① 此语不见于《圣经》。

② 《巴录书》，第 3 章。（巴录见于《圣经·耶利米书》第 32、36 章，《巴录书》属于《经外书》。——译者）

③ 《圣经·马太福音》，第 1 章，第 23 节。

④ 《圣经·诗篇》，第 22 章，第 17－18 节。（原引文中无删节号。——译者）

⑤ 同上书，第 69 篇，第 21 节。——译者

⑥ 引文及译文均与经文有出入。《圣经·诗篇》第 96 篇第 10 节和第 97 篇第 1 节有"耶和华作王"之语，但无"十字架"字样。——译者

是一个他从魔鬼的奴役下解救出来的众人的新的王国。”那犹太人针对这段话回答道：“那么上帝又有什么必要受这些苦难呢？”我反驳道：“我已经对你说过，上帝创造了清白无邪的人；但是，这人受了狡猾的蛇的引诱，给弄得犯了上帝的戒律，因此他被抛出天堂，
被判处做世间的劳役；通过基督、上帝的独生子的死难，他又与圣 237
父取得和解。”那犹太人说道：“可是上帝难道不能派遣先知或者使徒下世，把那人召回到得救的道路上去，而不必让自己屈尊纡贵地具有肉身呢？”我回答道：“人类从一开始就一直是犯罪的，洪水既恐吓不了它，索多姆[①]的被焚、埃及的瘟疫、海水和约旦河水两头断流的奇异现象，[②]也恐吓不了它。它一向拒绝上帝之法，不信先知，非但不信，还把向它宣讲忏悔的人处死。因此，若不是上帝从天而降，前来拯赎人类，就不可能用其他的方法来完成拯赎这件事。我们因他的诞生而获得再造，因他的洗礼而得到洗涤，因他的受伤而受到医治，因他的复活而再生，因他的升天而荣耀。他来治疗我们的疾病，这是一种需要，因为你的先知说过：‘因他受的鞭伤，我们得医治。’[③]在另一处又说：‘他却担当多人的罪，又为罪犯代求。’[④]又说：‘他像羊羔被牵到宰杀之地，又像羊在剪毛的人手下无声，他也是这样不开口。他被贬辱以后，对世人的天罚才被解

---

① 过去死海南岸的城市，《圣经》中作所多玛，说它是罪恶之地。——译者

② 以色列人出埃及时，来到红海边，上帝使海水干竭，来到约旦河边，河水断流，以色列人得以到达对岸。见《圣经·约书亚记》，第2—4章。——译者

③ 《圣经·以赛亚书》，第53章，第5节。

④ 同上书，第12节。

除。[1] 谁来宣布他的出世呢？万军之主是他的名。'[2]那位你自吹是他的后裔的雅各在给儿子犹大祝福时谈到了他，看来雅各在这里是在向圣子基督本身讲话，他说：'你弟兄们必赞美你，犹大是一头小狮子，我儿啊，你是从幼种成长起来的，你蹲着和卧着犹如一头狮子，犹如一头狮子的幼兽。谁敢惹他？他的眼睛比酒还要红润，他的牙齿比奶还要白亮。谁敢惹他？'[3]虽然基督亲自说过：'我有权柄舍了生命，也有权柄取回来。'[4]然而使徒保罗却说：'谁若不信上帝使他死而复活，不能得救。'[5]"尽管我发表了这些和其
238 他的论点，这个坏蛋却并没有改悔初衷、信仰上帝之意，他只是沉默不语。国王看到一切讲过的话都不能打动他的心使他悔改，就转过来面对着我，叫我在他离开以前为他祝福，他说："我要把雅各对同他谈话的天使讲的话对你说说：'你不给我祝福，我就不容你去。'[6]"说罢，他令人端水来供我们洗手。我们洗罢以后，我作祈祷，拿起面包，感谢上帝，然后自己接受面包，并且把它献给国王。我们喝了酒，互相道别而去。国王骑上马，偕同妻子、女儿及一家人返回巴黎。

六　这时候，尼斯城附近有个霍斯皮西乌斯，是个隐士兼大苦行者。他在赤裸的皮肉外面紧紧地缠着铁链条，外面再套上一件

---

① 《圣经·以赛亚书》，第 7—8 节。末句与经文有出入。

② 同上书，第 54 章，第 5 节。引文与经文有出入。

③ 《圣经·创世记》，第 49 章，第 8、9、12 节。引文与经文有出入。

④ 《圣经·约翰福音》，第 10 章，第 18 节。

⑤ 见《圣经·罗马书》，第 10 章，第 9 节，此处《圣经》中译本为"心里信上帝叫他从死里复活，就必得救。"——译者

⑥ 《圣经·创世记》，第 32 章，第 26 节。

粗毛衫，除了干面包和几个枣子之外，他什么也不吃。在四旬斋期间，他就拿隐士们食用的埃及草本植物的根滋补身体，这是商人们给他带来的。他先喝煮草根的水，然后吃根。上帝借助于他完成了巨大的奇迹。因为有一次，圣灵向他透露伦巴德人就要进入高卢，他对此事以下述的方式作了预言，他说："伦巴德人将要进入高卢，将要蹂躏七座城市，因为在上帝的眼里这些城市的罪恶渐渐地闹大了。没有人懂得上帝，没有人寻求上帝，没有人做好事来平息上帝的愤怒。全体人民没有信仰，热衷于发假誓，一来就偷东西，动不动就伤人流血，从这种行径里决不会结出正义之果。他们不交什一税，不给穷人东西吃，不给身无寸缕的人衣服穿；他们不收留外乡人，也不根据他的需要给他肉吃。为此之故，这个打击落到他们头上来了。因此现在我要对你们说：把你们的东西集中到城垣之内，以免遭到伦巴德人的抢劫。你们到你们所具备的最坚固的地方去，加强防卫。"大家听了这话十分惊愕，他们向他辞别，回到家中，心中十分纳闷。他对修道士们说："你们也要随身带着全
部财产撤离这个地方。你们看哪！我预言的那些人迫近了。"他们 239
说："最神圣的教父，我们不离开你。"可是他回答道："别替我担心，他们会折磨我，但是他们不会把我残害致死。"修道士们走后，伦巴德人来了，凡是力所能及的东西，他们全部给糟踏了。他们来到这位上帝的圣徒独居的地方，他从他的塔楼的一个窗户里露面。伦巴德人绕着塔楼走来走去，却找不到一个入口可以来到他的跟前。于是有两个人爬到塔上，掀开塔顶，看到他用链条裹着，还穿着粗毛衫。他们说："这是个杀了人的罪人，因此才被系着这些索链。"他们找来一个翻译，问他是干了什么坏事才受到这种惩罚的。他

自己向他们供认他杀了人，犯了一切罪行。于是有一个人拔出佩剑，向他劈头砍去。但是在砍去的时候，他的右臂悬在那里变僵了，弄得连收也收不回来。然后他松开握着剑的手，让剑落到地上。他的同伙看到这种情景，发出一声震天大喊，乞求这位圣徒发发慈悲，告诉他们该怎么办才好。他在那人的手臂上方做了一个使人们获救的手势，又使手臂平安无恙。那人当场就皈依了上帝，接受剃发，他被认为是当今修道士中最为虔诚的人。两个听从了霍斯皮西乌斯的话的公爵平安地返回他们的国土，但是蔑视他的指令的那些伦巴德人却惨死在普罗旺斯境内。其中有许多人中了邪，大喊道："至神至圣者啊！你为什么这样折磨我们，烧我们？"可是他把手按到他们身上，把他们治好了。

过了一些时候，昂热有个居民由于发高烧，丧失了说话的能力和听觉，退烧后，仍然又聋又哑。这时正有个副主祭从当地被派往罗马，去取回神圣的使徒们和保护罗马的其他圣徒们的遗物。病人的父母听说此事，就请求他发发善心，带着他们的儿子一起去，
240 他们相信只要他能瞻仰一下最神圣的使徒们的坟墓，他就会立即得到治疗。这两个人起程上路，来到神圣的霍斯皮西乌斯住的地方。副主祭向他施礼并且拥抱他以后，把这次旅行的缘由说给他听，说明他为什么前往罗马。他请求霍斯皮西乌斯把他们推荐给他的朋友当中的任何一位教士。[①] 而就在他们和他住在一起的这段时间里，通过圣灵的感应，这位圣徒觉得在他身上存在着完成奇

① 另一个文本为"任何一位船主"，这里可能指往来于马赛和意大利之间的船只。

迹的力量，他对副主祭说：“我请求你把那病人、你的旅伴带到我眼前来。”对方急急忙忙赶到他们的住处，发现病人正发着高烧。病人用头做了一个姿势，从而让他知道他的耳中有响声。他把病人带到上帝的圣徒那里去。圣徒一把抓住他的头发，把他的头拉到窗子里边，他用左手捏住病人的舌头，拿起圣油，灌进病人的嘴里，并且洒在病人的头顶上，口中说道：“谨以我主耶稣基督的名义，让那从聋哑人身上袪除妖邪的同一种威力使你的两耳启封，使你的嘴巴张开吧！”说完之后，他问他叫什么名字，病人答道：“我叫某某。”副主祭看到这种情况，就说：“耶稣基督，我向你致以无尽的谢意，你假借你的仆人之手显现了这样的神妙事迹。我原来寻求着彼得，寻求着保罗和劳伦斯，[①]以及用鲜血给罗马带来光荣的其他殉教者们。看哪！我发现他们都在这里，在这里我把他们全都找到了。”可是，当他正惊异地、热泪滚滚地这样说着，那位圣徒对一切虚荣的念头却避而远之，他对副主祭说：“最亲爱的弟兄，你静一静，干这些事情的不是我，而是从虚无中创造世界的上帝。他使自己具有我们凡人的本性，他使盲人能够看见，聋者能够听见，哑巴能够说话，他使麻风病人的皮肤恢复原样，他赐与所有的病人充分的救治。”然后，副主祭满怀喜悦地向他告辞，和同伴们一起离别而去。他们走后，一个天生就瞎的叫做多米尼库斯的人前来验证这种神奇的力量。这个人先在修道院里住了两三个月，坚持祈祷斋 241
戒，这位圣徒终于叫他前去，并且对他说道：“你愿意恢复视力吗？”另一个说：“我一向的愿望就是了解我所不知道的事情，因

① 见第 1 卷，第 30 章注。——译者

为我不知道光可能是什么样子，我只知道它是受到大家的赞颂的。至于我，有生以来，我还没有得到过朝它看一眼的恩典。”于是圣徒用圣油在他的眼前划了个神圣的十字，对他说道：“谨以我们的救世主耶稣基督的名义，让你的眼睛睁开吧。”他的眼睛立刻睁开了。他呆在那里，一面感到惊异，一面观看上帝所创造的神奇事物，这是他在这个世界上第一次见到的。后来，有一个妇女被领到他这里来，她自称被三种魔鬼缠身。当他用他那神圣的触摸为她祈福，用圣油在她的眉毛上划了十字以后，妖魔被赶走了，这个妇女痊愈而去。他还用他的祝福治好了另一个被恶魔纠缠的女孩子。

他的死期临近的时候，他把修道院副院长叫来，对他说道：“拿一根撬棍来，把墙捅开，派人去通知本城的主教，好让他来埋葬我。因为从现在算起的第三天，我就要离开人世，进入我既定的、上帝所应许给我的休息了。”于是修道院副院长派人去把这个情况通知尼斯主教。这时，有个叫做克雷森斯的人来到窗口，他看到霍斯皮西乌斯绑着链条，满身是虫，就对他说：“我的大人哪！你怎么能忍受这种痛苦的折磨呢？”对方答道：“上帝赐给我安慰，我是为他才受这些苦的。我告诉你，现在我从这些链条里解脱出来了，要进入休息了。”第三天来到时，他把绑在身上的链条取下来，趴着身子祷告。他流泪祷告了很长一段时间之后，就躺到一条长凳上，两脚伸
242 出，两手朝天高举，感谢上帝，然后身死。这时，原来在啃他那神圣的四肢的虫子一下子消失了。后来奥斯塔迪乌斯主教来了，他最小心地把他的圣躯安葬入土。这些事情我都是从前面讲的那个又聋又哑、被这位圣徒治好的人那里听来的。那个人还对我讲过比

这多得多的有关他的奇迹，但是我听说他的生平事迹已经由许多作者作了记述，我就毋庸再谈了。

七　这时候，于泽主教费雷奥卢斯去世，他是一个非常圣洁、才智学识丰富的人。他模仿西多尼乌斯写了一些著作。他死后，前任行政区长官阿尔比努斯通过普罗旺斯实际地方长官迪纳米乌斯[①]的势力，不经国王批准就攫取了主教的职位。他掌握这个职位不超过三个月，刚要被撵下台，就死了。普罗旺斯的另一位前任地方长官约维努斯接受国王的任命，当了主教。但是出身于元老家族的费利克斯的儿子、副主祭马尔塞卢斯比他抢先一步，因为根据迪纳米乌斯的意见，他在该大主教管区各主教参加的会议上被授任为主教。后来他也受到约维努斯的攻击，约维努斯图谋把他赶走。他闭居在城里，奋力勇敢自卫，但是他没有力量制胜，就向约维努斯馈赠礼品，把他争取过来。

八　那时昂古莱姆的隐士埃帕尔西乌斯也死了。他是一个极为圣洁的人，上帝通过他显现了许多奇迹，其中的大多数我都略而不谈，只涉及少数几桩。他是佩里格的居民，但是在信奉基督教以后，他就当了一名教士。他前往昂古莱姆为自己造了一间修道室，在这里，他在身边聚集起几名修道士，不断勤奋祈祷。如果有人给他金银，他都把它用来救济贫苦人的需要，或者用来赎救被囚的人。他活着的时候，在他的修道室里从来没有烘过面包，只是在需要的时候才由虔诚的人给他送面包来。他用虔信者的献纳赎出了

① 阿尔比努斯曾任普罗旺斯地方长官（见第4卷第43章），迪纳米乌斯是他的后任（见本卷第11章）。普罗旺斯属于希尔德贝尔特，而马赛城的一半则属于贡特拉姆，见本卷第11章注。

大量的囚徒。他经常靠划神圣的十字消除恶性脓毒,用祈祷从被魔鬼缠附的人的身上驱除恶魔,用他那出众的委婉动听的语言与
243 其说是乞求,毋宁说是迫使法官赦免被控告的人,因为他具有这样的一种魅力,以致当他为取得宽恕而祈求时,他们无法加以拒绝。有一次,有一个人因为盗窃,——居民还控告他犯有其他多种罪行,既抢劫,又谋杀,——正被押去绞死,埃帕尔希乌斯听说后,就派一个修道士去请求法官饶被告一命。于是人民群起反对,他们高呼如果这个家伙得到释放,那么国家和法官就都不得安宁了,因此不能释放犯人。当时,这个犯人被绳索和滑轮抻着,四肢伸开,正在遭受棒打杖笞,而且已经被判了绞刑。那个修道士悲伤地把这个消息带了回来。那位修道院院长说:"去,站在一定距离以外看着,你要知道,上帝出于他的宽仁,会把人们拒绝交出来的这个人交给我。你的任务是在他落地的时候把他抱起来,立刻带到修道院来。"那修道士遵令照办。然后埃帕尔西乌斯俯身祈祷,他流着眼泪向上帝倾吐他的请求,直到铁条锁链断裂,那个被绞的人重返人世为止。然后修道士把他扶起来,把他平安地带到修道院院长的面前。院长感谢上帝,吩咐把伯爵叫来。[1] 他对伯爵说:"最亲爱的儿子,你一向总是以善良之心听我的话,为什么你今天心肠变硬,不肯把我向你请求饶命的那个人释放呢?"伯爵答道:"神圣的教士,我非常乐于听你的话,但是当人民行动起来的时候,我不能不那样做,因为我怕发生暴动。"埃帕尔希乌斯说:"你的确不肯听我的话,可是上帝却垂听了,那个你置之于死地的人,上帝已经

① 伯爵即法官。

使他复生了。看哪！他健全地站在你的面前。”伯爵听了这些话之后，扑倒在院长的脚下，他看到这个被他弄得濒于死亡的人仍然活着，十分惊奇。这些事情都是伯爵亲口对我说的。埃帕尔西乌斯还做了许多其他事情，谈起来话就太长了。他避世隐居了四十四年之后，突然发起烧来，停止了呼吸。他从修道室里被抬出来，安葬入土。一大群被赎出来的囚徒为他送葬，因为，如我所说，他赎出了许多囚徒。

九　勒芒主教多姆诺卢斯得了病。在洛塔尔国王时期，他曾 244
经是巴黎圣劳伦斯教堂旁边的一个修行团体的首脑。在老希尔德贝尔特生前，他一直忠于洛塔尔，时常窝藏洛塔尔派去探听消息的使者们，因此国王在等待时机把他任命为某区的主教。阿维尼翁主教死时，他曾经打算把那个教区授予多姆诺卢斯。但是神圣的多姆诺卢斯听说后，就前往洛塔尔国王当时已经来到那里进行祈祷的圣马丁教堂，整夜在教堂里守夜，并且通过在场的显贵们的中介，表明他的希望：他希望国王别让他像一个俘囚那样地从国王的面前被赶出去，或者让秉性单纯的他去蒙受谙于世故的元老家族子弟们或善于讲大道理的伯爵们的取笑。他宣布说，这样一个职位对他来说与其说是荣誉，毋宁说是侮辱。国王同意了。在勒芒主教英诺森提乌斯死时，国王任命他为那个教区的主教。从他担任这个圣职的时候起，他就证明自己如此高尚伟大，以致达到了神圣的顶峰。他使跛子恢复腿的活动能力，使瞎子重见光明。他执掌该教区二十二年之后，感到自己受到黄疸病和结石病的严重折磨，他表示要选择修道院院长提奥杜尔夫当他的继任者。国王批

准了这个人选，但是过了不久却变了卦，又设法让宫相[①]巴德吉西尔当选。此人接受剃发式，从教阶一级级地提升，四十天后，主教去世，他接替他登上教座。

十　在这些日子里，盗贼闯入圣马丁教堂。他们从某个坟墓上拿走一截栏杆，把它倚在一扇窗户上。他们登上栏杆，打碎玻璃，于是进入教堂。他们抢走大量的金银和丝绸，甚至连那座神圣的坟墓也不肯不用脚去踩一踩，而我们简直连嘴唇也不敢去碰它。但是这位圣徒施展威力，使这些莽撞的家伙遭到了可怕的下场，以此惩一儆百。他们犯了这桩暴行之后，前往波尔多，在那里他们发
245 生了争执，其中一个人把另一个人杀死了。这样，事情被发觉了，赃物被找到了，砸碎了的银子和丝织品在他们的住处被发现了。希尔佩里克国王听说这件事情之后，命令把这些人绑起来解送到他的面前。但是我唯恐为了马丁而害得人们丧失生命，他在世时是常常为已被判罪的人请求保全性命的。因此我给国王送去一份申请，请求不要处死他们，因为起诉权在我们手里，而我们并没有控告他们。国王仁慈地接受了这份申请，饶了他们的性命。但是他命令把失散的贵重物品仔细地收集起来，送还给神圣的教堂。

十一　在马赛，普罗旺斯地方长官迪纳米乌斯开始以虚伪奸诈的行径对待提奥多尔主教。当主教正准备兼程前往晋见国王[②]的时侯，他被地方长官拘捕，被监禁在马赛城的中央。他在痛遭凌

---

① 格雷戈里在这里第一次提到宫相，此时宫相只是国王宫中的执事人员，地位甚至在总管之下，尚未拥有后来那种大权。此处宫相与后文中的王室总管实为同一种官职。——译者

② 希尔德贝尔特。

辱之后，终于得到释放。马赛的教士们当时与迪纳米乌斯勾结，阴谋把主教从他的教区赶走。这时提奥多尔前往希尔德贝尔特国王那里，途中却被贡特拉姆国王下令连同前任行政区长官约维努斯一起拘留。马赛的教士们听到这个消息之后，欣喜已极。他们说：主教被抓住了。他被判处流放，事情竟发展到这个地步，以致可以认为他永远没有可能再回来了。于是他们对教堂住所下了手，他们把圣器开列了清单，打开珍宝箱，抢劫储藏室，对教会的一切财产任意处置，好像主教已经死了一般。他们对主教进行各种各样的攻击，托基督保佑，这些攻击后来证明都是假的。

这时，希尔德贝尔特国王已经与希尔佩里克讲和，于是他派使臣去见贡特拉姆国王，叫他把自己在希尔德贝尔特的父亲死后给他的那半个马赛归还给他，[①]要是拒绝的话，那就让他知道据有这块地方会使他付出高昂的代价。但是贡特拉姆不肯归还，他命令把道路封锁起来，使得谁都不能找到一条穿越他的国土的通道。希尔德贝尔特得悉这个情况之后，就派他以前的总管贡杜尔夫到马赛去。贡杜尔夫出身于元老家族，地位已经擢升到公爵。他不 246
敢穿越贡特拉姆的领土，就来到都尔。我友好地接待他，而且发现他是我的舅公。我留他住了五天，然后给他配备了他所需要的一切东西，让他离去。他继续前进，但是面对迪纳米乌斯的抗阻，他无法进入马赛。那位主教这时已经和贡杜尔夫在一起，他也不再被他的教堂所接纳，因为迪纳米乌斯和教士们已经把城门都闩上了。他们一个比一个谩骂得厉害，并且以蔑视的态度对待主教和

① 洛塔尔一世死后，马赛城为贡特拉姆和西吉贝尔特所瓜分。

贡杜尔夫他们两位。但是最后，迪纳米乌斯被邀请去同公爵谈判。他从城里出来，来到离城墙很近的圣斯蒂芬教堂。守卫着教堂入口的司阍站在那里，准备等到迪纳米乌斯一进去，就把门关上。他们做到了这一点，跟随迪纳米乌斯的一队武装人员没法跟他进去，他自己却还不知道这个情况。他们在圣坛那里讨论了各种事情，然后离开圣坛，进入圣器室。迪纳米乌斯一走进失去了随从人员支持的地方，就受到严厉的斥责。当他被领出来的时候，他的随从人员手持武器，吵吵嚷嚷地向前围上来，但是他们被赶退了。公爵召集居民中的首脑人物，打算和主教一起进城。迪纳米乌斯一见到这种情况，就告了饶。他向公爵进献许多礼品，而且发誓以后要对主教和国王两位效忠，于是又把他的装备发还给他。然后城门和教堂的大门砰地一下打开，公爵和主教在钟声和欢呼声中双双进城，在他们的前头举着各种表示职衔的旗子。与这桩罪行有牵连的教士们——罪魁祸首是阿纳斯塔西乌斯修道院院长[①]和普罗库卢斯神父——逃到迪纳米乌斯的家里，请求这个曾经唆使他们的人给予庇护。其中有许多人在找到令人满意的保证人以后获释，他们奉命到国王的面前自行投案。贡杜尔夫就这样又一次把马赛城收归到希尔德贝尔特国王的权限之下，使主教恢复原职，然后回到他的主人国王那里去了。

247 但是迪纳米乌斯忘记了他对那位国王许下的效忠誓言，他派使者去见贡特拉姆国王，去告诉他那位主教恐怕会使得他丧失属于他的那部分马赛城，如果不把这个敌人从马赛驱逐出去，他决不

① 圣维克托修道院的院长。

能把它掌握在自己的权力之下。国王被激怒了，他有失虔敬地命令把至高无上的上帝的这位教士绑送到他的面前来。他说："把我的王国的敌人抛到流放中去，叫他不再有权力来危害我们。"主教疑有危险，可是设法出城却不是一件容易事情。正当此时，就在城墙外边的郊区，要举行一个小礼拜堂的献堂式的庆典。主教前往参加这个仪式，已经从城里出来了。这时，武装人员突然从埋伏的地方大喊大叫一拥而出，把神圣的主教包围起来。他们把他从马上扔下来，驱散他的全部随行人员，捆绑他的仆役，殴打他手下的教士，把他放在一匹不中用的老马背上带走，送到国王面前去了，他自己的人谁也不许跟在后面。他们经过埃克斯的时候，该城主教平提乌斯对自己的弟兄深为同情，他派教士去援救他，在给他准备了一切必需物品之后，才让他走。这些事情发生之际，马赛的教士们又一次打开教堂住所，窥探一切秘密，有的东西他们造了清册，其余的东西就搬回自己家里。主教被带到国王面前，但是证明无罪。他获准返回他的城市，当地的居民以极大的敬意来欢迎他。这件事情成为贡特拉姆国王和他的侄子希尔德贝尔特之间的深刻仇隙的根源。他们撕毁盟约，彼此等待时机对付对方。

十二　这时，希尔佩里克国王看到他的哥哥和侄子之间这种分歧的种子正在发芽成长，他就召见德西德里乌斯公爵，叫他给他哥哥施加点恶意的打击。德西德里乌斯率领一支军队前去，迫使拉格诺瓦尔德公爵逃走，他占领佩里格，要求当地人民对希尔佩里克宣誓效忠，然后继续进军，直抵阿让。拉格诺瓦尔德的妻子知道由于她的丈夫逃跑，这座城肯定要同样落到希尔佩里克国王的手里，就跑到神圣的殉教者卡普拉西乌斯的教堂里去了。但是她被 248

拖出教堂，被夺走了财富和家庭对她的供养，还被迫给自己找保证人，然后被送往图卢兹。在图卢兹，她再一次住进圣萨图尔尼努斯教堂。德西德里乌斯把那个地区之内属于贡特拉姆国王的城市全部占领，把它们收置在希尔佩里克国王的统治之下。

贝鲁尔夫公爵[①]听说布尔日人正在大事谈论侵犯都尔地区的问题，他就带兵前往，在这些地区立下脚跟。都尔地区的伊泽和巴鲁[②]两地这时遭到残酷蹂躏。后来，凡是未能参加这次远征的都尔人都被无情地判了罪。

布拉达斯特公爵[③]向加斯康人的地区[④]进军，损失了大部分人马。

十三　都尔居民卢普斯失去了妻子儿女，想谋个教士当当。但是他的兄弟安布罗西乌斯却加以阻拦，因为他唯恐卢普斯要是进入了上帝的教会，就可能以教会作为他的财产的继承者。这个出坏主意的兄弟给他另外找了一个妻子，并且选定了一个日期让他们见面，以便赠送聘礼。于是他们两人一起来到希农镇，[⑤]在这里他们有一所房子。但是安布罗西乌斯的妻子是个与人通奸的女人，她厌憎他，她以娼妇之情爱着另一个人，这时她给丈夫设下陷阱，要置他于死地。那天晚上，两兄弟在一起吃晚饭，开怀畅饮，喝得酩酊大醉，然后共同躺在一张床上休息。随后，那妻子的情人摸

---

① 见第5卷，第49章注。——译者

② 这两个地方距离布尔日主教管区边界不远。

③ 管辖阿奎丹的公爵。

④ 加斯康人当时住在比利牛斯山两侧，尚未据有加龙河流域的平原地区，此处指比利牛斯山北坡。

⑤ 第5卷第17章和第10卷第31章中该地为一村庄。

着黑进来了，这时屋里所有的人都在酒醉之后进入睡乡。他点燃了一些稻草用来照明，以便行动，接着拔出佩剑，朝安布罗西乌斯的头上砍去，剑刃砍穿他的两眼，甚至连枕头也割破了。这一砍惊醒了卢普斯，他发现自己在血泊中翻滚，就大喊大叫道："好伤心啊！救命！救命！我的兄弟被杀死了。"那个情人在干下了这桩罪恶勾当之后，正往外走，他一听见喊声，又回到了床前，向他直扑过去。卢普斯抵抗他，但是深中剑创，多处受伤，他被击败，又挨了致命的一剑，倒在那里奄奄一息。家里的人谁也没有听见任何动静。249
第二天早上，人人都让这样一桩犯罪行为给吓呆了。他们发现卢普斯还活着。他在断气以前，向他们讲述了是怎么一回事。那个娼妇没花多少时间居丧，隔了几天，她和她的情人一起走掉了。

十四　希尔德贝尔特国王在位的第七年，①也就是希尔佩里克和贡特拉姆在位的第二十一年，正月间，暴雨闪电交加，雷声大作，树木开花。我在前面称之为彗星的那颗星呈现出以下的现象：它的周围环绕着一大圈黑色，它好像是装在一个洞穴当中，透过黑暗向外照耀，闪烁发光，光线四射。它又冒出一根非常粗大的尾巴，远远望去，好似一团火焰的浓烟。它在夜间第一时出现于天空的西方。神圣的复活节那天，在苏瓦松城，人们看到天空着火，出现这样两团火焰，一团火焰大些，一团小些。但是过了两个小时以后，两团火焰合而为一，形成一片巨大的火光，然后消失。在巴黎地区，真正的血从云层中降落，洒在许多人的外衣上，他们身上沾染了这么多的鲜血，以致吓得他们把自己的衣服都剥掉了。在巴

① 公元 582 年。

黎地区以内，三处地方都看见了这种朕兆。在桑利地区，某人早上起来，发现他的房子内部溅满鲜血。这一年，一场严重的瘟疫在人民中间大肆流行，大批的人由于感染各种恶性病症被夺去了生命。这些疾病的症状是长脓疱和脓疮。但是有许多人采取了预防措施，免于感染。这一年我们又听说一种鼠蹊病症在纳尔榜大肆猖獗，它是这样一种疾病，假如谁一旦被它侵袭，那他就一切都完了。

十五　南特主教费利克斯得了这种病，病情严重，因此他把附近的主教都召集前来，要求他们在一份他自己起草的赞成他的侄
250 子布尔贡迪奥为继任者的协议上签名，表示支持。签名之后，他们把这个年青人送到我这里来。当时布尔贡迪奥大约二十五岁。他来到我这里，要求我到南特去，为他剃发，在他叔父的房间里授任他为主教，当时他的叔父还活着。我拒绝了，因为我知道他的建议是违犯教规的。然而我却向他提出劝告，我说："我的儿子，我们看到教规里写着：除非按一定的顺序通过教阶逐级升迁，谁也不能达到主教这个等级。因此，亲爱的，回到南特去，请求推选你的那个人为你剃发。当你得到神父的高位以后，你一定要勤勤恳恳地为教会供职。等到天意让主教离开人世的时候，你就会轻而易举地达到主教的等级。"他回去了，但是没有遵照我给他提出的意见去做，因为费利克斯主教看来正在好转。可是他退烧后，由于毒性液体的侵害，他的两条小腿上起了脓疱。他涂的斑蝥干燥药膏作用太强，两腿溃烂，因此，在他担任主教的第三十三年，也就是七十岁的时候，他去世了。他的堂兄弟农尼希乌斯根据国王命令继任。

十六　帕波伦听说主教死了，就和主教的侄女恢复关系，他和她本来已经分开了。她原先曾经和他订婚，但是由于费利克斯主

教反对这门婚事，帕波伦就带来一大群人，把这个女孩子从一所小礼拜堂里弄走，然后他又躲进圣阿尔比努斯教堂避难。费利克斯主教对此大为恼火，他狡猾地使他的侄女陷入圈套，把她和打算做她丈夫的人分开，然后，他强迫她成为修女，把她安置在巴扎[①]的一所修道院里。但是她偷偷地派仆人去找帕波伦，恳求把她从幽禁之地带走。他这方面早有准备，于是他把她从修道院里领了出来，和她结婚。他由于得到国王的正式批准，因而对她的亲属的威吓置之不理。

十七　这一年，希尔佩里克国王命令给一批犹太人施行洗礼，他亲自从神圣的洗礼盆中把其中许多人接受过来。但是有的只是 251
身上领洗，心上没有领洗。他们对上帝撒谎，事后又恢复到异教徒的老样子，他们一面似乎崇奉主日，一面却仍旧奉守自己的安息日，[②]而普里斯库斯[③]却无论怎么说也不能被劝服接受基督教的真理。于是国王一怒之下命令把他监禁起来，国王下了决心，尽管他不肯自愿地接受信仰，他也必须被迫既要听从，又要信奉上帝。普里斯库斯先是向国王馈赠了礼品，要求给他一段缓冲时间，等到他的儿子和马赛的一个犹太女子结婚以后再说，他诡诈地答应以后要按照国王的意思去做。但是在此期间，他和法提尔发生了争执。法提尔是已经改宗了基督教，当了国王教子的犹太人之一。在安息日那天，当普里斯库斯缠着一条围巾，什么铁制物件也没有带，

---

① 属波尔多主教所辖的大主教管区。

② 犹太教徒的安息日为星期六。——译者

③ 即本卷第 5 章的普里斯库斯。

正在前往另外一处地方，以便履行摩西之法时，[①]法提尔袭击他，用剑把他砍死，和他同去的那些人也全都被杀害。他们被杀之后，这个人和他的仆人们躲进附近一条街上的圣尤利安教堂避难。他们待在那里的期间，他的手下人员听说国王有意赦免他们的主人，而他们自己却要被拖出教堂处死。于是其中有一个人拔出佩剑，杀死同伴(他的主人已经逃走)，然后手持宝剑，走出教堂。但是人们向他一拥而上，残酷地把他杀死了。法提尔获准回到贡特拉姆的国里去，他原来就是从那里来的。可是几天以后，他就被普里斯库斯的一个亲属所杀。

十八　希尔佩里克国王派到西班牙去观察聘礼[②]的使臣安索瓦尔德和多米吉塞尔回来了。这时，[③]柳维吉尔德国王正率领军队与他的儿子赫尔曼吉尔德作战，他从儿子手里夺取了梅里达城。我在前面讲过这个王子如何与提贝里乌斯皇帝的将军们结盟，这件事引起了耽搁，因此两位使臣回来晚了。当我见到他们的时候，我急于想知道在那块土地上所残存的为数寥寥的天主教徒当中，是否还存在着对信仰的热诚。安索瓦尔德给我的回答如下：“住在西班牙的那些人完整无损地保持着天主教的信仰，但是国王想搞
252 一个新的花招来排除它。他狡猾地、假惺惺地在殉教者的墓前和我们的教堂里祈祷，他甚至说：‘我已十分信服基督是上帝的儿子，与圣父同等，但是我完全拒绝关于圣灵就是上帝的信仰，因为《圣

① 据《圣经·出埃及记》，摩西根据上帝的吩咐，叫以色列人六日作工，第七日为安息日，不得作工，不得在一切住处生火。——译者

② 指其女里贡特的聘礼。——译者

③ 公元582年。

经》里无此著录。'"哎呀！哎呀！这种看法里面包含着什么样的邪恶啊！这种信仰里面蕴藏着什么样的毒素啊！它怎样表现了一颗堕落之心啊！这么说来，主所说的"上帝是个灵"，[①]以及彼得对亚拿尼亚所说的"为什么……你欺哄圣灵？……你不是欺哄人，是欺哄上帝了"[②]这些话到哪里去了呢？还有保罗在论述主的神妙的恩赐时所说的"这一切都是这位圣灵所运行，随己意分给各人的"[③]这番话又到哪里去了呢？因为，一意孤行的人显然不会屈从于任何人。安索瓦尔德来到希尔佩里克那里时，西班牙的使节随同前来，随后又从希尔佩里克那里前往希尔德贝尔特那里，然后回去。

十九　希尔佩里克国王在巴黎地区的奥尔日河桥上设置了哨兵，[④]以便阻止可能从他哥哥的国内潜入的任何人的通行，防止他们加害于他。但是前任公爵阿斯克雷皮乌斯预先获得警报，在一次夜袭中，他把他们全部弄死，把这座桥附近的地方破坏了。消息传到希尔佩里克的耳边，他派使者去找他的伯爵、公爵和其他代表们，命令他们征集军队前去进犯他哥哥的国土。但是他被某些可靠的谋臣所劝阻，放弃此举。他们劝他："这些人倒行逆施，您的举动可要明智。派使臣去见您的哥哥。他要是有心纠正过错，那么得到好处的是您；可是要是他拒绝了，那时就要考虑您应该采取什么措施了。"国王接受了他们的论点，按兵不动。然后他派使节去

① 《圣经·约翰福音》，第4章，第24节。

② 《圣经·使徒行传》，第5章，第3、4节。引文与经文有出入。

③ 《圣经·哥林多前书》，第12章，第11节。

④ 该桥在巴黎之南，位于希尔佩里克和贡特拉姆国土的交界。

见贡特拉姆国王。贡特拉姆国王全部加以赔偿,同他的弟弟全盘和解了。

二十 这年,克洛丁死。[①] 他的善行卓著,虔诚出众,仁慈超
253 群。他赈济穷人,非常慷慨地向教会捐赠财产,资助教士。他经常在乡间置地产,种葡萄园,建造房舍,开垦土地,然后邀请收入微薄的主教们前来,在设宴招待他们之后,就把全部房舍,连同劳动人手和已耕的土地,以及餐具、帷帐、器皿、仆役和奴隶在内,统统在他们之间分配。他对他们这样说:"让这些东西都属于教会,当穷人因此而得到赈济的时候,他们就可以在上帝那里为我获得天恩。"我们还听说过有关这个人的善行的许多其他传说,讲起来话太长了。他在七十多岁时去世。

二十一 这年又出现了下面这些朕兆。发生月食;在都尔地区,鲜血从破开的面包里流出来;苏瓦松的城墙倒塌;昂热发生地震;狼来到了波尔多的城垣以内,它们一点也不怕人,把狗给吞噬了;人们看到一道火光横空而过;巴扎城被烧毁,教堂和属于教堂的住所被毁坏。然而我们听说圣器从火焰中全部被抢救了出来。

二十二 希尔佩里克国王任命新的伯爵去管理从他哥哥的手里抢过来的那些城市,[②]并且命令这些城市里的捐税全部都要上缴给他。据我所知,这些都做到了。这时,利摩日伯爵农尼希乌斯拘留了两个人,这两个人随身带着佩里格主教卡尔特里乌斯的信件,信中对国王大肆谩骂,除了其他内容之外,主教还悲叹自己从

① 这年指公元582年。克洛丁曾为公爵。

② 见本卷第12章。

天上摔到了地狱，因为他从贡特拉姆治下转到了希尔佩里克治下。伯爵把这些信，连同严加看守的两个人，送到国王那里。希尔佩里克并没有发怒，他派人去把主教带到他的面前来，希望通过审问，查出这项控告是否属实。主教来到时，国王拿那两个人和那些信件与他当面对质。国王问他曾否送出这些信件，他否认他曾经送出这些信件。然后国王又问那两个人是从谁的手里接受的这些信件，他们说出副主祭弗龙托尼乌斯的名字。国王讯问主教有关副 254
主祭的情况，他回答说此人专门与他为敌，整个坏事无疑是他搞的，因为他过去经常对他进行不公正的攻击。这个副主祭立即被国王传讯。他承认了，但是又把主教牵连在内，他说："我是根据主教的吩咐才写信的。"主教大声抗议，他宣称这个副主祭一向都在策划怎样才能把他从主教位置上赶走。于是国王动了怜悯之情，他不再对任何一方进行审查，把事情留给上帝去裁决。他要求主教赦免副主祭，恳求主教为他本人祈祷。因此，卡尔特里乌斯被体面地送回他所在的城市。两个月之后，这次造谣中伤事件的祸根的播种者农尼西乌斯伯爵中风身死。由于他没有孩子，国王把他的财产赐给了好几个人。

二十三　这之后，已经埋葬过这么多儿子的希尔佩里克添了一个儿子。为了庆贺这件事情，他命令打开监狱的大门，释放囚犯，停止征收应当上缴给国库的罚金。但是后来这个婴孩成为巨大悲痛的根源。

二十四　这时，又对提奥多尔主教发起了新的攻击。自称是洛塔尔国王的儿子的贡多瓦尔德从君士坦丁堡回来，在马赛上岸。我可以简单地追忆一下有关他的来历的几件事。

他出生于高卢，受到精心抚育，学过文辞。按照法兰克国王的习惯，他留着长头发，披在背后。他的母亲把他献给希尔德贝尔特国王，对国王说：“瞧瞧您的侄子、洛塔尔国王[①]的儿子。洛塔尔国王恨他，那您就收下他吧！因为他和您是血亲关系。”国王收下了这个孩子，把他留在自己身边，因为他没有儿子。但是这件事情被报告给洛塔尔国王，洛塔尔派使臣带着这样一项要求去见他的哥哥：“让那个男孩子走开，好让他到我这里来。”希尔德贝尔特立刻把那个男孩子送到洛塔尔那里去。洛塔尔对他看了看，然后命令剃去他的头发，说道：“这不是我的儿子”。[②] 洛塔尔国王死后，贡
255 多瓦尔德被卡里贝尔特所接受。后来，西吉贝尔特又把他召去，他又一次让人剪去他的头发，把他送到阿格里皮纳——现名克洛尼亚[③]——城去。他从那里逃走，又养长了头发，投奔当时在意大利执掌统帅大权的纳尔塞斯去了。他在这里娶了妻子，生了儿子，然后前往君士坦丁堡。好多年之后，据说有个什么人物邀请他回高卢，他在马赛上岸，由提奥多尔主教加以接纳。他从主教那里得到了几匹马，去投奔穆莫卢斯公爵。如前所述，穆莫卢斯公爵当时正在阿维尼翁。

为了这件事情，贡特拉姆公爵[④]逮捕了提奥多尔主教，把他关了起来，控告他把一个外国人引了进来，其意图是使法兰克国家隶属于皇帝的统治之下。可是据说主教拿出一封由希尔德贝尔特国

① 此处指希尔德贝尔特一世和洛塔尔一世。——译者

② 国王的私生子如经国王加以公开承认，可以享有王室的全部权利。

③ 即后来的科隆。

④ 贡特拉姆·博索，此时正为希尔德贝尔特效力。

内的首脑人物签名的信，同时提出抗议，说这一切不是他自己要干的，他只是听从了他的那些主子和上级[1]的命令。他被关进一间密室，有人看守，不准走近教堂。可是一天夜里，他正在热诚地向上帝祈祷的时候，密室放出一种异彩，于是看守他的那个伯爵深为恐惧，他的头顶上方还出现一团巨大的光球，延续了两个小时之久。天一亮，伯爵把这些现象讲给他身边的那些人听。于是提奥多尔，连同埃皮法尼乌斯主教[2]在内，被带到贡特拉姆国王面前，埃皮法尼乌斯主教是从伦巴德人那里逃出来的，当时住在马赛，他被控为与这件事情有牵连。国王审查他们，但是发现他们没有犯罪。尽管如此，他还是命令把他们监禁起来。埃皮法尼乌斯在关押期间，在备受磨难之后去世。贡多瓦尔德退居到一个海岛上去，[3]等待事态的结局。贡特拉姆公爵和贡特拉姆国王的另一个公爵把贡多瓦尔德的财产瓜分了，据一般人传说，他把数量巨大的银子和其他财宝带到奥弗涅去了。

二十五　希尔德贝尔特国王在位的第八年，2月1日前夕，[4] 256
正好是星期日。这天，都尔城晨祷的钟声已经响过，人们已经起身，正在前往教堂的途中，这时，一团大火随着雨点从阴云密布的天空一起降落，横空而过，穿越了很长一段距离。它所发射的光亮之强，使得一切东西都看得清清楚楚，如同正午一般。然后它再次被收入云中，黑暗随之而来。河水上涨，超越了往常的高度，塞纳

① 指奥斯特拉西亚贵族集团的主要人物。

② 可能当过弗雷儒斯主教。

③ 该岛在地中海。

④ 公元583年1月31日。

河和马恩河在巴黎周围造成了洪水泛滥，洪水大到这种地步，竟而许多船只都在巴黎城和圣劳伦斯教堂之间破毁了。

二十六 贡特拉姆公爵先是带着上述财宝返回奥弗涅，然后又前往希尔德贝尔特国王那里。他刚带着妻子、儿子回来，就被贡特拉姆国王逮捕拘留。贡特拉姆国王说道：“贡多瓦尔德是由于你的邀请才被带到高卢来的，这就是几年以前你访问君士坦丁堡的理由。”另一个回答道：“是您自己那位穆莫卢斯公爵接纳了他，把他留在阿维尼翁，留在自己身边的。请您现在准我离开一下，我把他带到您这里来，那我就能洗刷掉对我的非难。”国王答道：“我决不能让你离开，除非你为你的犯罪行为受到处罚。”另一个眼看死期已近，就说：“请看我这个儿子，您收下他，拿他作为我向我的君主所作的诺言的人质，因为要是我不把穆莫卢斯带到您这里来，我就要失去我那年轻的孩子。”于是国王让他走了，但把那男孩子留在身边。公爵率领奥弗涅人和弗雷人出发前往阿维尼翁。但是机灵狡猾的穆莫卢斯已经作了部署，要使罗纳河上除了破船之外别无船只可供使用。这样，当他们丝毫不加怀疑，上了船，划到河流中心的时候，船只渗满了水，沉下去了。船上全体人员非常危险，有人泅水逃生，其他的人抓住从船上散落下来的木板漂到岸上，许多不够镇静的人在河里淹死了。贡特拉姆公爵不管怎样还是到达了阿维尼翁。穆莫卢斯初进该城的时候，曾经发现它有一小部分没有得到罗纳河的防护，他采取了措施，从罗纳河引来一条水渠，
257 以便用水来保护城的整个暴露部分。在此之前，他先让人在那里挖了深坑，这时深坑已为水所没。贡特拉姆出现时，穆莫卢斯从城墙上喊道：“如果他是抱着诚意而来，那就让他从渠岸的一边前进，

我从另一边来；然后让他说明来意。”他们这样彼此靠近以后，贡特拉姆从对岸同他说话，因为他们之间隔着引自罗纳河的那条水渠，他说：“如蒙允许，我要过来，因为有些事情我们需要共同密商。”穆莫卢斯说：“你过来吧，不要害怕。”然后贡特拉姆带着一名同伴涉入水中。这个同伴被身上沉重的铠甲坠下水去，踩进渠中的一个水坑，沉了下去，从此就不见了。贡特拉姆被激流卷走，也在下沉，这时，站在岸上的一个人伸出一根长矛，让他去抓，他这才又回到了岸上。这样，他和穆莫卢斯怒气冲冲地争吵了一阵之后，两人各自离去。贡特拉姆·博索带领贡特拉姆国王的一支军队包围了这个城市。此事被报告给希尔德贝尔特国王。希尔德贝尔特国王对于这个公爵未经他授权就如此行动感到恼怒，他派上述那个贡杜尔夫前往阿维尼翁。贡杜尔夫使阿维尼翁解了围，把穆莫卢斯带往克莱蒙。但是几天之后，他又回到了阿维尼翁。

二十七　希尔佩里克国王在复活节前夕[①]起程前往巴黎，但是他的几个兄弟和他本人之间曾经有过协议，[②]规定其中任何一人如若未经其他几人同意而进入巴黎则将如何加以惩罚。他为了免于受到条约中宣称的惩罚，就让人捧着好几位圣徒的遗物走在他的前面，他这样进了巴黎城。他兴高采烈地举行复活节的庆祝活动，还让他的儿子受了洗礼。这个男孩是由巴黎主教拉格内莫德从洗礼盆里接受为教子的，根据国王的意思，他取名为提乌德里克。

① 公元583年4月18日。

② 见第7卷，第6章。——译者

二十八 我在前面提到过的秘书官马尔克通过横征暴敛积攒了一大笔财富以后，突然胁部疼痛起来。于是他剃了头，认了罪，
258 气绝而死。他的财产被没收。人们在他家里发现大堆的金银和许多值钱的东西，可是他自己却除了对自己灵魂的损害以外，什么也没带走。

二十九 派到西班牙去的使臣们没有带回明确的答复，因为柳维吉尔德还率领着军队在与他的长子打仗。

在神圣的拉德贡德的修道院里，有个叫做迪斯西奥拉的女孩子，她就是阿尔比主教神圣的萨尔维乌斯的侄女，她是这样死的：她病了，其他修女们在护理她，这时她的灵魂离开躯体的日子来到了。大约在第九时，她对修女们说："看哪！现在我觉得自己被弄得轻一点了，看，我没有痛苦了，现在不再需要你们这样温存细心地来服侍我了；你们还是离开我吧，好让我更快地入睡。"修女们听到这番话，就暂时退出她的修道室，但是短时间以后又回来了。她们站在她的前面，等着听她有什么话要对她们说。可是她伸出双手，要求不知是谁给她祝福，她这样说："上帝的神圣的仆人，请你给我祝福；今天，你已是第三次来为我烦劳了，神圣的人啊！你为什么为了一个可怜而弱小的妇女这样再三地忍受烦恼呢？"她们问她这些话是对谁说的，可是她不回答。然后过了片刻，她大声笑了起来，死了。再看啊！一个被恶魔缠身、为了耶稣受难的神圣十字架[①]的光荣而前往那里医治的男子用双手扯他的头发，以头撞地，喊道："哎呀！哎呀！我们蒙受了这样的损失，好伤心啊！这颗灵

① 见第9卷，第40章注。——译者

魂不该从我们这里这样被夺走，使我们得不到从我们这方面找出证据的机会。”在场的人问他这些话是什么意思，他回答说：“你们看，米迦勒天使[①]把这个少女的灵魂带走了，现在亲自把它带到天上去了，你们称之为魔王的我们那位大王与她毫不沾边。”后来，为她洗身的那些人说，她的躯体发出一种雪一般的白光，女修道院院长在自己的库存里都找不出更加白得发亮的亚麻布来。人们把她用干净的亚麻布包扎起来，送入坟墓。

这个修道院的另一个修女看见一种幻象，她把它讲给其他修 259
女听。她说，她似乎在旅行，一边走，一边渴望能够到达一处流泉。由于她不识路，有个男人朝她走来，对她说：“要是你想到达流泉，我给你领路。”她谢谢他，跟在他的后面往前走。走着走着，他们来到一条大泉，泉水金光闪闪，青草光芒四射，好似各种宝石闪烁照耀的光线。那人对她说道：“你看，这就是你如此不辞辛苦地寻求着的流泉，你把它的泉水喝个够，这样，它就可以成为你流向永生的源泉。”但是，当她热切地喝着泉水的时候，女修道院院长来了，她替这个修女脱下袍子，给她穿上高贵的服装，珠光宝气绚丽耀目，简直令人难以想象。女修道院院长说道：“是你的夫婿把这些礼物送给你的。”这个修女见到这个幻象以后，心中大为感动，几天以后她就祈求那位院长给她准备一间修道室，让她在里面幽居独处。此事立即办到，女修道院院长说：“这就是给你准备的修道室，现在你还要求什么？”修女要求准许她当隐士。这项要求获得允准，全体贞女聚到一起，高唱圣歌，叫人点上灯火，她们这样地陪送

① 米迦勒为天使长。——译者

她到修道室里去，神圣的拉德贡德拉着她的手引路。于是，她向大家告辞，逐个吻别，闭居到修道室里去了。她进屋的那扇门被堵上，现在她在室内终日致志于读经和祈祷。

三十　这一年，提贝里乌斯皇帝辞别人世，[①]他的死给人民留下了巨大的悲痛，因为他为人最善良，乐于行善，判事公正，决断谨慎，对任何人不加轻蔑，一视同仁，他爱所有的人，也受到大家的爱戴。当他卧病，看到生命无望的时候，就把索菲亚皇后[②]叫来，对她说道："你瞧，我的日子要结束了，现在我要听取你的意见来选择国家的首脑，要选一个强有力的人物，让他继承我的如此强大的帝
260 业。"皇后挑选了一个叫做摩里斯的人，她说："这人又有力量，又有智慧，他曾经好多次为国征战，克敌制胜。"她说这话，是因为她想在皇帝死后嫁给这个人。但是当提贝里乌斯获知皇后为什么要选择摩里斯的时候，他命令把自己的女儿用皇家的服饰穿装打扮起来，又召见摩里斯，他说："你看，经皇后同意，你被选为皇帝。为了使你能够更稳定地身居帝位，我把女儿许配给你。"然后公主走向前来，她的父亲把她交给了摩里斯，对他说道："让我的皇权随着这个少女转移到你的手里吧！你要运用它来求得繁荣昌盛，你要永远记住在公平正义中寻求快乐。"摩里斯接受了这个年轻的女孩子，把她带回家中。举行婚礼以后，提贝里乌斯去世。等到国丧期满，摩里斯戴上皇冠，穿上细亚麻布的袍服，前往竞技场。他受到人们的欢呼，在照例向人们发放赏赐以后，他被认可为帝国的皇

① 提贝里乌斯死于公元582年。——译者

② 查士丁二世的皇后。——译者

帝。[1]

三十一　这时候，希尔佩里克国王接待他的侄子希尔德贝尔特的使臣，为首的是兰斯主教埃吉迪乌斯。当他们被引见，并获准发言的时候，他们说，“我们的君主、您的侄子要求您无论如何要保持您与他所达成的和平，但是他和您的哥哥无法保持和平，因为在他的父亲死后，他从他的手里拿走了马赛的一部分，他收留逃亡者，拒绝加以遣返。为了这个缘故，您的侄子希尔德贝尔特愿意完美无缺地保持他与您结成的友好情谊。”希尔佩里克回答道：“我的哥哥在好多事情上证明有罪，要是我的儿子希尔德贝尔特追究一下一件一件事情是怎样发生的，他立即会发现贡特拉姆国王与他父亲之死暗中有着连带关系。”埃吉迪乌斯主教听罢，就回答道：“要是您和您的侄子联合兵力，他和您联合在一起，您们共同向他 261
进军，那么该报的仇就会报得更快。”双方立誓订盟，交换人质，然后使臣们回去了。

希尔佩里克仗着盟约，集合起自己的军队，来到巴黎，他在巴黎的停留给居民造成了特别巨大的破费。但是贝鲁尔夫公爵带着都尔、普瓦提埃、昂热和南特的人马向布尔日地区进军，德西德里乌斯和布拉达斯特以所受任的管区[2]的全部力量从另一面包围了该地区，一路上造成了严重破坏。希尔佩里克命令前来与他联合的军队穿过巴黎。大军穿过巴黎之后，他本人也跟着过去，他们来到默伦要塞，[3]把当地整个烧光摧毁。虽然希尔德贝尔特的军队

① 摩里斯于公元582—602年在位。——译者

② 阿奎丹南部。

③ 该地属于贡特拉姆。

没有与他会合，他侄子的公爵和使臣们却和他在一起。他于是派信使去通知这些公爵：“进入布尔日地区，直抵该城，勒令居民对我宣誓效忠。”但是布尔日的一万五千名战士聚集在夏托梅扬，向德西德里乌斯公爵作战，杀戮如此惨重，两军阵亡竟达七千多人。① 两位公爵率领余部向这个城市推进，到处蹂躏破坏，为害之重超过了古时的一切传闻，连一所房子、一片葡萄园、一棵树也没有剩下，一切都被砍倒，毁坏。他们甚至从教堂里搬走圣器，放火烧毁教堂。但是贡特拉姆国王带着一支军队来打他的弟弟来了，他把一切希望寄托在上帝的审判上。一天，在暮色将临的时候，他的军队向前进发，消灭了希尔佩里克的大部分队伍。早上，他们派人进行谈判，彼此讲和，双方约定，任何一方越过法定界限，即须按照双方主教和主要臣属们所议定的数量向另一方作出赔偿。于是他们和平地分了手。希尔佩里克国王发现他不可能制止他的军队行抢，

262 就处死了鲁昂伯爵，然后撇下全部战利品，释放俘虏，返回巴黎。但是正在围攻布尔日的部队在接到回去的命令时，却带走了如此大量的掳获物，以致他们走后，整个地方看来似乎人畜两空。德西德里乌斯和布拉达斯特两位公爵的军队在进入都尔地区时，也同样犯下了通常只有在敌国才这样干的那种杀人放火、抢劫掳掠的罪行。他们还劫走俘虏，把其中大多数人的财物抢个精光以后，加以释放。这场灾难之后，一场疫病在畜群中继之而来，几乎连一头牛也没剩下，弄到最后，要是看见一匹马或者一头小母牛，那都是怪事了。

① 布雷豪特译本为两军阵亡各七千多人。——译者

这些事情发生期间，希尔德贝尔特国王带着他的军队留驻在一处地方，但是一天夜晚当军队奉命行军时，下级人员①针对埃吉迪乌斯主教和国王的公爵们大发怨言，他们大声叫喊并且公然嚷道："那些出卖国家、使国王的城市隶属于另一个主子、把我们君主的臣民交给外国去统治的人们从国王的面前滚开！"第二天早晨，他们一面还在喊着这些和类似的恫吓之词，一面抓起武器，冲向国王的营帐，去抓主教和有地位的人，并且粗暴地对待他们，打他们，用剑伤害他们。但是主教已经得到预报，知道了他们的意图，他逃跑了，他骑上他的马向自己的城里逃去。群众大喊大叫在后面追，又扔石头，又高声地谩骂。唯一使他得救的是追者没有事先准备马匹，事实上，他的那些同伴的马匹体力渐渐不支，唯有他达到目的地。他竟是如此地惊慌，就连一只靴子从脚上滑掉了，他也一直没有费一下事，把它系上。他这样来到他那兰斯城，闭居城内。

三十二　几个月以前，柳达斯特来到都尔地区，他带来一项国
王的命令，说应该把他的妻子归还给他，他应该获准在都尔居住。
他还给我带来一份由数名主教签署的信件，信中劝我重新接纳他
为教徒。但是由于我没见到王后的任何信件，而他之被排除在外
主要是由于王后的缘故，我就把重新接纳他这件事拖了下来，并
说："等我收到王后的命令的时候，我就不再拖延，把他重新接受进
来。"当时我给王后送去信息，她给了我一份书面回答，内容是："我 263
屈服于几个人的压力，除了让他走之外，我别无其他办法。但是我

① 下级人员指应召参加作战的自由人。他们反对国内贵族派奉行的对外政策，认为埃吉迪乌斯和其他显贵人物迫使希尔德贝尔特二世与希尔佩里克盟好，这对奥斯特拉西亚是不利的，而与贡特拉姆结好，则较为有利。

现在要求你别允许他与你达成和解，或者从你手中领受经过祝福的面包，直到我们对应当采取的方针更充分地权衡一下再说。”我读了这封信，担心可能有杀他的意思，就把他的岳父找来，把全部情况告诉他，恳求他叫柳达斯特加以提防，等到王后的怒气缓和下来再说。我是出于对上帝的敬爱，诚心诚意地向他提出劝告的。但是他怀疑这是个圈套，而且，由于他仍然是我的仇敌，不肯按照我的嘱咐去做。这就应了我曾经从一个老人之口听来的一句话："对朋友，对敌人，要同样地永远给以忠告，因为朋友会接受它，敌人会拒绝它。"因此柳达斯特对我的意见置之不理，他去找当时正带着军队呆在默伦地方的国王，请求军队为他居间调停，好让国王接见他。所有的人都替他说项，因此国王准予进见。他拜倒在国王脚下，乞求宽恕。国王于是答道："你暂且留神一点，等我见过王后，找出使你重获她的恩宠的办法时再说，因为你对她犯了许多罪。"柳达斯特鲁莽轻率，不可信赖，一如既往，由于这个样子受到接见，就完全有恃无恐。他随着国王返回巴黎，在一个星期日，在那神圣的教堂里，他拜倒在王后脚下，求她恕罪。但是王后火冒三丈，一见他就讨厌，把他一把推开。她流着泪喊道："既然我没有留下儿子来替我做主，耶稣基督，我请你替我做主吧！"然后她扑倒在国王脚下，继续说道："我和我的仇人面对面地相见，却又不可以压倒他，好伤心啊！"柳达斯特从这个神圣的地方被赶出去。然后举行了弥撒的仪式。但是当国王和王后走出神圣的教堂时，柳达斯特跟在他们后面走到街上，他丝毫不怀疑将会降临到头上的灾祸。他在商人们的店舍中间穿来穿去，仔细观察贵重物品，还让人给他秤银子，给他看各种各样的装饰品，他说："我要买这买那，因为我

还存着许多金银。"话犹未了，王后的仆人们来到跟前，本来要给他套上镣铐。但是他拔剑出鞘，砍伤了一个仆人。于是其余的人一 264
怒之下，拿起剑和盾牌，向他一拥而上。其中的一个人一剑砍去，砍掉了他的头皮和头发，使得他的脑瓜大部分都秃了。他从城桥上逃跑，可是有一只脚绊在桥面上的两块木板之间滑倒，他的腿部骨折。他就这样被捕。然后他被双手反缚，送往监狱。国王命令把他交由医生看管，等到治好了伤以后，再让他去受拖延时间的酷刑。他被送到一处王室领地上去，人瘦到皮包骨，伤口已经感染化脓。但是根据王后的命令，他被放在地上，仰面朝天，头下枕着一条大木棍，他们用另一条大木棍打他的喉部。他那背信弃义的一生就这样遭到了恰如其分的下场。

三十三　希尔德贝尔特国王在位的第九年，[①]贡特拉姆国王亲自把属于他侄子的那部分马赛还给他了。

希尔佩里克国王的使臣从西班牙带回消息，说卡尔皮塔尼亚地区[②]遭了蝗灾，以致那里没有一棵树，没有一株葡萄，没有一片灌木丛林，没有一点庄稼剩下，没有，没有一点不曾给蝗虫糟踏掉的绿色植物。他们还报告说柳维吉尔德和他的儿子之间所爆发的仇恨正处于最激烈的状态。

瘟疫也蹂躏了好几个地区，在纳尔榜城肆虐尤烈。这个地方自从上次大闹瘟疫以来，已经三年过去，似乎疫情已经消失了，但是那时正在回到那里去的难民又一次被这种瘟疫耗尽体力。阿尔

① 公元584年。
② 托莱多为该地区的主要城市。

比城也同样由于这种疾病大受其害。

在那些日子里，半夜时分，北边的天空出现一簇光芒，异彩四射。一道道的光线聚到一起，又复散开，四向消失。北边的天空是那样明亮，以致就像是破晓一般。

265 三十四　西班牙的使臣再度前来。他们带来了礼品，同希尔佩里克国王会谈，按照以前的条件，正式议妥把国王的女儿许配给柳维吉尔德国王的儿子。婚事既已议定，全部要点获得解决，使臣离去。

可是这个时候，当希尔佩里克国王离开巴黎，前往访问苏瓦松地区的时候，他遇到一件新的伤心事。他那一年以前受过神圣的洗礼的儿子得了痢疾，死了。这就是我在前面所讲的亮光夺云而出那种现象所预示的事件。他们怀着无限哀伤返回巴黎，安葬孩子。为此，他们派人去追西班牙的使臣，叫他回来，以便缓期执行上述协议。因为国王说："你看，我忍受着家里的悲痛的重担，怎么能够庆祝女儿的婚嫁呢？"

这时，他本来愿意把另外一个女儿[①]送到西班牙去，她是奥多韦拉所生，被他安置在普瓦提埃的修道院里。但是她推却了，神圣的拉德贡德首先反对这个计划，她宣称："一个已经献身给基督的少女又回到尘世的享乐中去，这是不适宜的。"

三十五　这些事情发生之际，有人告诉王后她死去的儿子是被妖术和符咒夺走的，又说行政区长官穆莫卢斯[②]——此人在她

① 巴西娜。

② 这个穆莫卢斯是希尔佩里克朝廷中的官吏，并非第4卷第42章的穆莫卢斯。

看来早就可厌可憎——暗中参与了这件事。刚巧这个行政区长官有一次正在家里宴请客人，一个来自宫廷的人正在哀叹他所钟爱的一个男孩子得了痢疾死了，这个行政区长官回答道：“我手头经常有一种草药，得了痢疾的人喝了它，哪怕病情已经无望，也能恢复健康。”这些话被汇报给王后，激起了王后的更大愤怒。她把巴黎各种各样的妇女抓起来，施以酷刑，加以鞭笞，一直打得她们供认自己所知道的一切事情。她们承认自己是女巫，承认自己害死了好些人，还加上了下面一句，依我判断，这句话是毫不足信的，她们说：“王后啊！我们用你的儿子换取了穆莫卢斯行政区长官的性命。”于是王后令人施加更残酷的刑罚，使得有些妇女死于刀剑之下，有些死于火焚，有些被拴在车轮的辐条上，骨骼都折断了。然 266
后她随着国王回到贡比涅的府邸，在这里，她把所听到的有关那个行政区长官的全部情况告诉国王。国王派遣使者赍着王命去把他抓到自己面前来。他先受到审查，然后被套上镣铐，遭受酷刑。他被悬在一根横梁上，两手反缚，在这种姿势下受审，交代他所知道的有关这些妖术的情况。但是他对上述罪恶行为一点都不承认，不过他确乎承认曾经时常从这些妇女手里接受膏药和药剂，以此来给自己赢得国王和王后的恩宠。当他经过这场刑罚被放下来之后，他把一个施刑者叫到自己的跟前，对他说道：“请告诉国王、我的君主，我从所遭受的一切酷刑当中一点没有感觉痛苦。”国王听到这话以后，就说：“要是像这样的刑罚都没有使他受伤，那他就是一个巫士，这准是真的了。”穆莫卢斯接着被绳索和滑轮牵吊起来，遭受三股皮带的抽打，直到施刑的人都累垮了。之后，在他的手指甲和脚指甲下面钉进木片。一直到了用来砍掉他脑袋的那把剑正

要落下去的时候，王后才饶了他的性命。但是继之而来的是其痛苦不亚于死的侮辱，因为他所有的一切都被拿走，他由一辆车子送回故乡波尔多城。途中他大出血，几乎无法到达目的地。不久之后他就死了。

这时王后把曾经属于她那死掉的儿子的贵重东西统统拿来烧掉，其中有珍贵的物品和丝绸、毛皮衣服，据说这些东西装了满满四车。金银经过熔化，保存下来，为的是任何东西都不得保持原样，以免引起她对哀悼儿子的那些日子的回忆。

三十六　这时候，我在前面讲到的利雪主教埃特里乌斯[①]从他的城里被赶出去，又以下述方式回到他的城里来。勒芒有个神

267 父，此人纵情肉欲，贪恋女色，恣意大吃大喝，与人私通，干各种各样的肮脏勾当。他和一个女人勾搭上，给她的头发剪得短短的，把她打扮得像一个男人，带着她私奔到另一个城里去了，他以为在陌生人当中或许不会被怀疑为与人私通。这个女人是自由人出身，属于上等家世。几天之后，她的亲属发现了这件事，他们赶紧为自己的家庭雪耻。他们刚一找到这个神父，就把他绑起来，投入狱中，把这个女人活活烧死。可是，遭到世人诅咒的对金钱的贪欲对于人们总是具有威力，他们竭力想把这个神父卖掉，盘算着能找到什么人来赎他；要不，他就得遭受死刑。

消息传到埃特里乌斯的耳边，他动了同情心，交付了二十枚金币赎救这个神父，使他免遭迫在眉睫的死亡。以此获得生命的神父宣布要当一名教识字的教师，他向主教保证，凡是委托给他教授

① 前面未讲到该主教。

的男孩子，他都教得他们熟练掌握语法。主教很高兴，他把城里的男孩子召集起来，把他们交给神父去教。这个人在居民当中赢得了名声，他得到主教赐给他的一片土地，一处葡萄园，还被邀请到学生们的家里去。但是积习难改，因为他忘记了他以前的坏事，又对一个男孩子的母亲起了淫心。她是一个庄重的妇女，她把情况告诉丈夫。丈夫召集亲属，他们对神父施加严刑，要不是主教又一次动了同情心，使他解脱出来，恢复他的原职，对他温和地谴责了一顿作为全部惩罚的话，他们本来都要杀掉他了。但是，他那颗歪了的心是决不会转而向善的，相反，这个家伙这时倒变成了曾经不止一次救他免于一死的人的仇人。他和城里的副主教合谋，装出一副配当主教的架势，阴谋置主教于死地。他们贿买了一名教士，让他用斧头把主教砍死。在此期间，他们自己到处奔走，唧唧咕咕，私下结交朋友，答应他们要是主教身死，阴谋者接替了他的位置，就能领赏。但是上帝出于仁慈防止了他们的卑鄙策划，他以其 268
立见成效的慈爱结束了这些坏人的残暴。有一天，主教把劳动人手集合起来犁地，上述那个教士手持斧头一直跟在他的身后，主教对他的意图一丝一毫的怀疑都没有。最后他注意到了这个人，说道："你为什么拿着这把斧头如此紧紧地跟着我？"于是这个教士极其惊慌，伏在主教脚下，大声说道："上帝的教士，别害怕，要知道我是被副主教和那个教师派来用这把斧头砍你的。虽然我有几次想这样干，可是每当我举起右手要砍过来的时候，我的两眼被黑暗所蒙蔽，我的两耳被堵住了，我的整个身躯摇摇晃晃颤抖起来；尤其是，我的两手失灵，我不能按我的意图行动。但是等到我刚一让两只胳臂闲下来，我就一点都感觉不到这些迹象。现在既然我怎么

都无能为力来伤害你,我知道上帝是与你同在的。”主教听了这番话哭泣起来。然后他嘱咐这个教士不要声张,他回到家里,吃了饭,饭后到自己的床上休息,周围是他手下的教士的许多其他铺位。那两个坏蛋此时不再信任那个教士,他们打量着如何由自己来单独完成这桩罪行。他们策划了新的计谋,不是把主教弄死,就是至少对他进行某种控告,从而把他从主教位置上赶走。大约午夜时分,所有的男人都已入睡,他们闯入他的寝室,声嘶力竭地大喊大叫,说他们看见一个女人从这间屋子里出去,他们放她走掉,为的是可以立即来到主教身边。这除了是出自魔王的所作所为和驱使,引诱他们对这样一个年纪大约已有七十岁的老人进行这种控告之外,还会是什么呢?他们又一次把那个教士叫来帮忙,没费多少麻烦,那个神父就动手给主教套上镣铐,而主教却曾经屡屡从他的脖子上敲掉枷锁,他又把主教严密地看管起来,而主教却曾经有不少次把他从肮脏的狱室里营救出来。当主教发现他的敌手已经强行压倒他时,虽然他被镣铐缠着,处境十分困窘,他还是流着
269 泪乞求上帝垂怜。不多时候,他的几个看守困得入睡,他的镣铐奇迹般地松开了。他,这个清白无辜,又如此经常地释放有罪之人的他,从牢房里出来了。于是他脱身而逃,进入了贡特拉姆国王的管区。他一走,那些恶棍什么约束也没有了,他们赶紧去见希尔佩里克国王,请求委以主教之位。他们对埃特里乌斯提出许多责难,最后说:“最光荣的国王,凭着他逃到你哥哥的王国那里去,你就可以看出我们所说的话是真的了。他唯恐因罪被判死刑。”希尔佩里克不相信他们,命令他们回到自己的城里去。当时,城里的居民为他们失去的牧人而难过,他们看出了他所遭遇的一切都是由于嫉妒

和贪心造成的，因此他们抓住副主教和他的帮凶，把他们痛打了一顿。他们然后向国王请愿，要求把主教还给他们。希尔佩里克派使臣到他的哥哥那里去，明确表示他没有发现埃特里乌斯犯了罪。贡特拉姆国王一贯宽厚，易发慈悲，他送给主教许多礼物，还给他带去了一封致国内全体主教的信，责成他们为了敬爱上帝尽其所能地慰劳这位客人。埃特里乌斯一路上行经他们的城市，他从那些主教手里接受了这样多的衣服和钱财，以致他几乎不可能全部带到自己的城里去。这就应了使徒所说的话："我们晓得万事都互相效力，叫爱上帝的人得益处。"[①]他的远途旅行给他带来财富，他的放逐使他丰裕富足。他一回家，就受到居民们极其隆重的欢迎，大家高兴得哭泣起来，他们感谢上帝终于把这样一位好主教还给了他们的教堂。

三十七　雅沃尔地方的普里瓦图斯教堂的修道院院长、圣徒、殉教者卢彭提乌斯奉布隆希尔德王后的传召，来到她的面前。据说他曾经被该城伯爵英诺森提乌斯所控告，说他说王后的坏话。他为这桩罪状受到审查，未经发现犯有大逆不敬之罪，遂即获准离开。但是在归途中他被伯爵逮住，带往蓬提翁领地，受到残酷的对待。他再一次被打发走，继续上路，他在埃纳河边搭起帐篷之后，270
他的敌人再一次袭击他。他被打败，头被砍掉，装在一个口袋里，口袋里装上石块，使它加重分量，然后被扔进河里。他的躯体被绑在一块石头上，沉入溪中。但是几天以后有几个放羊的发现了他的躯体，他们把它拖出水面，准备加以埋葬。他们不知道死者是

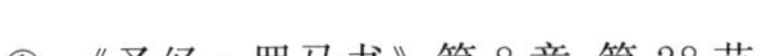

① 《圣经·罗马书》，第8章，第28节。

谁，当他们在进行各种准备工作的时候，看哪！突然出现一只老鹰，它把口袋从河床上衔起来放到岸上，站在旁边的人个个惊异不已。他们抓住口袋，急于发现里面装着什么东西，他们在里面找到了属于那个躯体的头，于是他们把两者埋葬在一起。人们说，当今在他的坟头出现了一道天光，任何病人只要虔诚地在那里祈祷，就可以健康地继续他的行程。

三十八　罗德兹主教、神圣的达尔马提乌斯的继任者提奥多西乌斯死了。为了这个教堂的继任人选的问题，彼此之间的激烈竞争和可耻行径达到了如此的高度，以致教堂的圣器和更值钱的东西几乎被掠夺净尽。特兰索巴德神父被拒绝了，人选落到了雅沃尔伯爵英诺森提乌斯身上，他是受到布隆希尔德王后势力的支持的。但是他刚一就任，就开始与卡奥尔主教乌尔西西努斯作难，控告他曾经把属于罗德兹教堂的堂区霸占过去。这桩争执旷日持久，愈演愈烈，在持续了数年以后，大主教①召集其全管区的主教到克莱蒙开宗教会议。会上决定乌尔西西努斯应当保有在人们记忆中从来不曾属于罗德兹的那些堂区。这项决议得到遵守。

三十九　布尔日主教雷米吉乌斯也死了。他死后，一场火灾烧毁了大半个城，这一来，那些在敌人的袭击中幸存下来的东西，现在也毁于火焰了。这以后，贡特拉姆国王所宠爱的苏尔皮西乌斯当选为主教。当许多人手持礼品来到国王那里的时候，据说国王用下述的话来回答他们："我并没有把兜售主教职位定为我治国

① 布尔日主教苏尔皮西乌斯，见次章。

的惯例，你们也不该把贿买主教职位作为惯例，否则，就我这方面 271
来说，就要因接受肮脏的钱财而沾上耻辱，就你们那方面来说，就要被比作西门·马古斯了。[①] 但是上帝已经预先知道，苏尔皮西乌斯要当你们的主教。”于是苏尔皮西乌斯进入教职，接任布尔日主教。他的出身非常高贵，属于高卢第一流的元老家族。他精通修辞学，写诗技巧首屈一指。上述那次关于卡奥尔所属堂区的宗教会议就是他召集的。

四十　一个名叫奥皮拉的使臣从西班牙来到，给希尔佩里克国王带来许多礼品，因为西班牙国王柳维吉尔德唯恐希尔德贝尔特国王举兵前往进攻，为他的姐姐所受的侮辱报仇。她是希尔德贝尔特的姐姐，又是柳维吉尔德的儿子赫尔曼吉尔德的妻子。柳维吉尔德在擒获并监禁了他的儿子以后，把这位公主托付给希腊人。[②] 这位使臣到达都尔来度神圣的复活节，我问他是不是信仰我们的宗教，他回答说天主教徒信仰什么他就信仰什么。于是他和我一同到教堂里去，参加了弥撒，但是他并没有赐予我们的人民祝愿平安的吻，也没有参加圣餐式。显而易见，他称自己为天主教徒，是在撒谎。但是他却依然出席我叫他参加的宴席。我热切地问他信仰什么，他回答道：“我信仰圣父、圣子和圣灵的权力是同等的。”我又问他：“如果正如你所宣称的那样，这就是你的信仰，那么是什么阻碍着你分享我们奉献给上帝的东西呢？”他说：“我这样

① 英语“圣职买卖”一词为 simony，来源于 Simon（西门）。《圣经·使徒行传》第8章记载西门把钱交给使徒，想买上帝的恩赐。——译者

② 希腊人指东罗马势力在西班牙的代表。英贡德在前往东罗马途中死于迦太基。

做，是因为你们错误地使用了‘荣耀’这个词。因为我们遵循圣保罗，我们说：‘愿荣耀归与圣父和圣子。’你们却说：‘愿荣耀归与圣父、圣子和圣灵。’而教会的学者们却教导说，圣父是通过圣子而被揭示给世界的，因为圣保罗说，‘但愿通过我们的主耶稣基督，尊贵荣耀归与那不能朽坏、不能看见、永世的君王，独一的上帝，直到永远永远。’”[①]我回答道：“我认为，没有一个天主教徒不知道圣父是
272 通过圣子而被宣告于世的，但是圣子以如此的方式将圣父宣告于世，以致他以自己的奇迹证明他本身就是上帝。圣父有必要把圣子下遣到人世上来以显示其神性，好让这个一直拒不相信先知、拒不相信始祖、拒不相信真正的立法者[②]的这个世界，至少可以使自己听命于圣子。因此就需要在位份有别的情况下将荣耀归与上帝，以此之故，我们说，‘愿荣耀归与下遣圣子的上帝圣父；荣耀归与以其鲜血拯赎了世界的上帝圣子；荣耀归与使被拯赎的人涤除了罪孽的圣灵。’可是你，你说，‘愿荣耀通过圣子归与圣父’，却抽掉了圣子所具有的荣耀，仿佛由于他将圣父宣告给了世界，在荣耀方面就不与圣父同等了。我说过，圣子将圣父宣告于世，但是许多人并不相信它，正如《福音书》作者圣约翰所说的：‘他到自己的地方来，自己的人倒不接待他。凡接待他的，就是信他名的人，他就赐他们权柄，作上帝的儿女。’[③]可是你，你的确低估了保罗，你并没有领会他的意思。你看一下，保罗根据每一个人的领悟程度，在

① 《圣经·提摩太前书》，第 1 章，第 17 节。引文与经文有出入。

② 指上帝。《圣经·出埃及记》第 20－24 章记上帝通过摩西传授十诫及典章。——译者

③ 《圣经·约翰福音》，第 1 章，第 11－12 节。

讲话时是多么地审慎；你观察一下他对不信上帝的各族人讲道的方式，他让人看起来并没有把太沉重的负担加在谁的身上。他对有的人说：‘我是用奶喂你们，没有用饭喂你们，那时你们不能吃，就是如今还是不能。[①] 唯独长大成人的，才能吃干粮。’[②]他对其他的人说：‘因为我曾定了主意，在你们中间不知道别的，只知道耶稣基督，并他钉十字架。’[③]可是，信仰异端的人呀！你现在想怎么样呢？因为保罗在布道中只讲到基督被钉死在十字架上，难道你就因而怀疑基督从死亡中复活吗？你倒应该留心他的告诫，注意他的深识远见，注意他对他所认为信仰比较坚定的人是怎样布道的。他说：‘虽然我们知道基督被钉死在十字架上，如今却不再这样认他了。’[④]你这个保罗的指责者，要是疯狂抓住了你的心一至于此，那你就连基督被钉死在十字架上也都否认了吧！但是我要求你离 273
开这些误谬，听从更好的意见，给你的烂眼睛贴上一块膏药，把使徒所传之道的光辉吸收进去！保罗之所以讲得比较通俗，仅仅是为了人的缘故，这样他就可以把他们提升到一种更崇高的信仰的高度，正如他在另一处说：‘向什么样的人，我就作什么样的人，从而使我获得所有的人。’[⑤]难道凡俗之人不该把荣耀归与那圣父不止一次而是两三次地亲自在天外给以荣耀的圣子么？听听上帝在圣灵降临时，当圣子由约翰亲手为他施洗时在天上所说的话吧：

① 《圣经·哥林多前书》，第3章，第2节。
② 《圣经·希伯来书》，第5章，第14节。
③ 《圣经·哥林多前书》，第2章，第2节。
④ 《圣经·哥林多后书》，第5章，第16节。引文与经文有出入。
⑤ 《圣经·哥林多前书》，第9章，第22节。引文与经文有出入。

‘这是我的爱子，我所喜悦的。’[1]可是，要是你的耳朵给堵上了，听不见这些话，那你就留意一下当耶稣改变了形象，明亮如光，同摩西和以利亚谈话时使徒们在山上听见的话吧，因为圣父从云彩里说道：‘这是我的爱子，你们要听他。’”[2]那个异端信仰者对这些论点回答道：“圣父在他的箴言里，一点没有讲到圣子的荣耀，圣父只不过揭示了他是自己的儿子。”我回答道：“要是你对这些事情作这样的理解，我就给你摆出圣父荣耀圣子的另外一段箴言来。当我们的主临到受难时，他对圣父说：‘父啊，愿你荣耀你的儿子，使儿子也荣耀你。’[3]圣父从天上是怎样回答的呢？还不是这样讲的吗？‘我已经荣耀了你的名，还要再荣耀。’[4]现在你看，圣父亲口荣耀圣子，你还要想方设法把他的荣耀夺走吗？因为你的确有这个意图，却没有这个力量。你已经站出来指责使徒保罗，那你就听听他说的，或者不如听听基督通过他说的话：‘无口不称主耶稣基督在圣父上帝的荣耀之中。’[5]要是现在他分享着圣父的荣耀，要是他被宣布为存在于圣父现在所在的荣耀之中，你又怎么能够剥夺他的荣耀，犹如一个毫无光彩的人呢？既然他在天上以等同于圣父的荣耀而统治着，我们为什么不该在人间把光荣归与他呢？我们因此承认上帝之子基督就是上帝，所以说，由于神性一致，荣
274 耀也应该一致。”说到这里，我们两人都沉默不语，争论遂告结束。

① 《圣经·马太福音》，第 3 章，第 17 节。

② 同上书，第 17 章，第 5 节。

③ 《圣经·约翰福音》，第 17 章，第 1 节。

④ 同上书，第 12 章，第 28 节。引文与经文略有出入。

⑤ 《圣经·腓立比书》，第 2 章，第 11 节，作“无口不称耶稣基督为主，使荣耀归与父上帝。”

他前往希尔佩里克国王那里，在呈献了西班牙国王的赠礼之后，回国去了。

四十一　希尔佩里克国王听说他的哥哥贡特拉姆和侄子希尔德贝尔特已经讲和，他们共同想从他的手里把他以武力强占的城市夺走，他于是带着他的全部财宝撤退到康布雷，还把最便于搬动的什物也带走了。他向他的公爵和伯爵们派出使者，吩咐他们修缮城墙，带着妻室和全部财产在堡垒里闭居不出。如有需要，他们要坚决地击退敌人，防止对方造成祸害。他补充说："如果你们蒙受损失，那么当我们在敌人身上为自己报了仇的时刻，你们必将得到比抢走的还要多的东西。"他这样说，就仿佛不知道胜利操在上帝手里似的。后来他数次调动军队，但每一次都命令军队待在他自己的地区境内。

这时他添了一个儿子。他命令把孩子放在维特里的王庄上抚养，他恐怕这孩子要是公开出头露面，可能冒发生不幸的危险，甚或丧失性命。

四十二　希尔德贝尔特国王这时把大军开进意大利。[①] 伦巴德人得到这个消息，他们害怕败在他的军队手里，就归附在他的权力之下。他们送给他许多礼物，答应忠顺于他。国王在这样达到了全部愿望之后，返回高卢，命令集合一支军队，准备去进攻西班牙。虽然如此，他却按兵不动。几年以前，他曾经接受过摩里斯皇帝的五万枚金币，这笔钱是用来叫他驱除意大利的伦巴德人的。这时皇帝听说他与伦巴德人刚缔结了和平，就要求他退钱。但是

① 公元584年。

希尔德贝尔特对自己的力量感到如此地有把握，竟而不予回答。

四十三　在加利西亚发生了新奇的事情，其原因必须从头说
275 起。如上所述，赫尔曼吉尔德和他的父亲发生了争吵，他仗着皇帝和加利西亚国王米尔的支持，携带妻子定居在西班牙某个城市。[①]但是这时他听说他父亲正带着军队向他进发，他就打量着怎样才能击退他或者杀掉他。这个不幸的王子不知道，对自己的父亲怀着这种意图的人，即便他的父亲是异端信仰者，天谴可就悬在他的头上。经过深思熟虑之后，他从好几千个跟随者当中挑选出三百名人手，把他们安置在设防地点奥赛尔。在这地方，教堂里的泉水现在已经奇迹般地变得淤塞不通了。他的计划是先让这些人袭击他的父亲，他的父亲会因此而惊慌，力量遭到削弱，这样他就可以用一支质量差一些的庞大队伍来制胜他。这项战略传到柳维吉尔德国王的耳边的时候，他思想上非常烦恼。他说，“要是我带着整个队伍到那里去，那么全体战士就将成堆地挤在一块儿，他们将会受到敌人标枪的残酷投射；如其不然，我带着少数人前往，那么我又不能战胜这样一支精选的人。”结果，他带着整支部队前去，抵达该地，击溃了当地守军，然后烧毁这个地方，已如前述。[②] 在赢得这次胜利之后，他听说米尔国王的军队已经整好队伍，要抵抗他。柳维吉尔德包围了米尔国王，并且要他宣誓此后效忠于他。他们互相交换了礼物，然后各自回国。米尔回国之后不多天，就卧病去

① 即塞维利亚城，此城于公元584年为柳维吉尔德所夺取，赫尔曼吉尔德逃往当时东罗马所属的科尔多瓦。

② 见第5卷，第38章。

世了。[1] 他是由于西班牙的恶水和不宜于健康的空气而致病的。他死后，他的儿子尤里克谋求与柳维吉尔德交好，他把他父亲的宣誓照样做了一遍，继立为加利西亚国王。同一年，奥迪卡——他的亲戚，又与他的姊妹结为夫妇——带着一支军队来攻打他。他俘获了尤里克，迫使他入了教会，并且命令将他授任为副主祭或神父，然后他又和岳父的妻子结婚，据有了加利西亚王国。柳维吉尔德俘虏了他的儿子赫尔曼吉尔德，把他带往托莱多，判处流放。然 276
而他却不能把这个王子的妻子从希腊人手里要过来。

四十四　这一年，已经在卡尔皮塔尼亚地区祸害了五年的蝗虫顺着大道往前移动，进入另一个相邻的地区。它们散布在长五十里、宽一百里的地域之内。这一年在高卢还见到了许多奇异景象，人民备受凄苦。1 月里出现了玫瑰花；太阳被一道各种颜色的光环包围，这些颜色犹如雨后彩虹；霜打伤了葡萄，造成严重损害；一场暴风雪接踵而来，糟踏了许多地方的葡萄和庄稼。然后，冰雹所不曾打毁的东西又被一场可怕的旱灾毁掉了。在有的葡萄园里还在这里那里见到几颗葡萄，在别的葡萄园里索性一点也看不见。人们对于上帝感到愤怒，他们打开葡萄园的大门，把牛马放进去，他们在悲哀中呼求毁灭降临到自己的头上，喊道："这些树干别抽芽了，直到世界末日。"7 月间已经结过苹果的果树，到 9 月又结出了第二批果实。疾病一再降临到畜群的身上，直到几乎一头牲口也没剩下。

四十五　9 月 1 日，西哥特的一个庞大的使团来到希尔佩里

[1] 米尔死于公元 583 年。

克国王那里。希尔佩里克在回到巴黎以后，命令从好多王庄上抽调许多户农奴，把他们用马车运走。他们当中许多人哭泣着，不愿意走。他把这些人关押起来，这样他就可以更容易地把他们随同他的女儿一起送走。据说，在这个痛苦的时刻为数不少的人自缢而死，他们很怕从自己的至亲至近的人身边被遣送到异乡。儿子从父亲身旁被扯开，母亲从女儿身边被扯开，他们在呻吟和诅咒声中分了手。巴黎城中一片哀声，其悲痛的程度可以与埃及人的哀号相比拟。[①] 在被迫走掉的人当中，许多人的出身是很好的，这些人立下了遗嘱，把他们的财产留给教堂，并且要求等到公主一到达
277 西班牙，就立即拆阅这些文件，好像他们已经死亡而且被埋葬了一般。

在这期间，希尔德贝尔特国王的使臣们来到巴黎，他们警告希尔佩里克国王不得从取自他兄弟[②]的王国的城市里搬走任何东西，叫他当心，对于任何奴隶、马、成对的牛，或任何其他这类财产，连一个手指头也不能去碰一下。据说其中一个使臣被暗杀了，不知道这是谁干的，但是人们怀疑此事是国王在起作用。希尔佩里克答应不去触动这些东西，他邀请法兰克显贵人物和其他忠心的臣属前来庆祝他女儿的婚嫁。然后他送给她大批财宝，把她托付给众使臣。她的母亲也拿出了巨量的金银，还有精美的衣服，其为

① 据《圣经・出埃及记》，以色列人在埃及受到法老的虐待，耶和华（上帝）通过摩西及其兄亚伦施展奇迹，使法老和埃及人连遭蛙灾、虱灾、蝇灾、畜疫之灾、雹灾、蝗灾等灾难。逾越节那天半夜里，耶和华把自法老以下的埃及人的长子以及一切头生的牲畜尽皆杀死，“在埃及有大哀号，无一家不死一个人的。”法老当即被迫同意以色列人离开埃及。——译者

② 希尔德贝尔特之父西吉贝尔特。

数之多，竟使得国王一见之下，都认为自己没有什么剩下了。王后看到他生了气，就转身向那些法兰克人说道："别以为这里有任何东西是从历代国王的财宝里拿出来的，你们眼前的每一件物品都是我解囊相赠的，因为最光荣的国王曾经慷慨地送给我礼物，我靠着自己的财源也多少积攒了一些东西，好多是我从馈赠给我的房产上面得到的收益和税款，你们自己也经常送给过我大量赠礼，摆在你们面前的东西就是从这些途径来的，这里没有任何东西来自国库。"国王让这些话给瞒骗过去了。东西多到如此地步，以致金银和其他装饰品满满装了五十辆马车。另外，法兰克人自己也送来了许多礼物，有的送金子，有的送银子，有的送马，好多人送衣服，每个人都根据自己的财力送礼。新娘掉着眼泪与自己的亲人拥抱之后，与众告辞。可是当她驱车出城门的时候，车子的一根轴断了，于是大家叫了起来："倒霉！"许多人把这件事情当作一种凶兆。

公主离别巴黎，命令在城外的第八个里程碑的地方搭起帐篷。那天夜里，有五十个人爬起身来，带着一百匹最上等的马和一百副金制马笼头，还有两个大水盆，抽身逃走，投奔到希尔德贝尔特国王那里去了。一路上，谁要是发现有机会脱身，就带着他所能抓到 278
手的东西溜之大吉。沿途各个城市破费钱财给预备了一大堆供应品，国王并未下令由国库来负担任何费用，一切东西都是从贫穷的居民身上征收来的。由于国王害怕他的哥哥或侄子可能设下什么埋伏劫持他的女儿，他已经命令一支军队充当她的护卫。随她同行的有地位最高的人。穆莫伦的儿子博伯公爵作为新娘的护送人前往，他的妻子也跟他一起去；多米吉塞尔，安索瓦尔德，原先的桑

特伯爵、当时任王室总管[①]的瓦多也去了。护送团的人数在四千人以上。伴送公主的其他公爵和宫廷管事人员在普瓦提埃折返，但是上面提到的那些人则要送完全程，他们尽最大的力量向前赶路，沿途剽掠抢劫，其行为非言谈笔墨所能形容。他们掠夺穷人的茅舍，砍掉果实累累的葡萄枝，毁坏葡萄园，赶走畜群，凡是能够捞到手的其他东西，一概抢来。这就应了先知约珥的话："蝗虫剩下的，锈菌来吃。锈菌剩下的，尺蠖来吃，尺蠖剩下的，蚜虫来吃。"[②]那时候所干下的一切，就好比白霜剩下的，暴风雨给夷平了，暴风雨剩下的，干旱给烧光了，干旱剩下的，敌人又给抢走了。

四十六　这些人一路上这样抢过去的时候，我们当代的尼禄和希律希尔佩里克到距离巴黎约一百斯塔德的谢尔领地上打猎去了。某天，在夜幕降临的时候，他才打猎归来，正在下马，一只手正靠在一个仆人的肩膀上，这时不知是什么人走上前来，先刺他的腋
279 下，第二次又一下刺进他的胃部，鲜血从他的口中和伤口立刻泉涌而出，他那罪恶的灵魂就这样出了窍。[③]

他所干下的坏事已经在本书的前面部分讲到。他把许多地区弄得荒凉不堪，一再放火加以烧毁。他对这种情况并不感到难过，倒还觉得高兴，就像从前尼禄在宫殿的火焰之中还唱着剧本里的诗句一样。他好几次不公正地处罚别人，以便没收他们的财物。在他统治期间，没有几个神父被提升为主教。他恣纵于大吃大喝，他的天神就是他的肚子。他经常宣称没有人比他聪明。他以塞杜

① 墨洛温王室成员凡有家业者，均有王室总管。

② 《圣经·约珥书》，第1章，第4节。几种虫的名称和顺序与经文有出入。

③ 公元584年。——译者

利乌斯[1]的作品为范本，写了两卷韵文。但是由于无知，他把长音节写成短音节，短音节写成长音节，他那不高明的诗句没有韵脚，根本不成其为诗。他还写过一些短篇作品、赞美诗和弥撒唱词，但是这些东西从来没有可能被采用。他憎恨穷人的要求，他总在说上帝的教士的坏话。私下里，没有人比主教更经常地成为他嘲弄和取笑的对象。他说某人轻薄浮躁，第二个自高自大，第三个奢侈无度，第四个生活放荡；他把这个主教说成无用的傻瓜，把另一个主教说成傲慢浮夸之徒。他恨教堂比什么都恨得厉害，他时常说："你们看！我的国库一向是多么贫乏。你们看！教堂是怎样地把我们的财富给汲干了。说实在的，除了那些主教以外，根本没有人在统治。我的王权已经丧失净尽，已经转移到待在各自的城里的主教们的手里去了。"这样想着想着，他就总要习以为常地撕毁有利于教堂的一切遗嘱。他常常把自己父亲所颁发的证书踩在脚下，他认为已经没有剩下什么人来执行先王的意图了。凡是人们能够想出来的贪欲和放荡的行为，他没有不干的。他总在留心着，看有没有折磨人民的新花招。他发现有谁犯了罪，就命令把他的两只眼睛从头上挖出来。他在颁发给为他处理事务的法官的指令里，末了总是以这句话结尾："如果竟而有任何人置我的命令于不顾，即应将其两眼挖出，以示惩罚。"他从来没有真心实意地喜爱过谁，也没有被谁喜爱过，因此当他一死，大家都弃他而去。只有桑利主教马卢尔夫留了下来，他已经在自己的帐篷里住了三天，等候接见。他听到暗杀的消息，就过来了。他把尸体洗干净，给他穿上 280

[1] 见第5卷，第44章注。——译者

比较合乎他身份的衣服,唱了一整夜赞美诗,第二天把尸体搬到一只船上,把它埋葬在巴黎的圣文森特教堂里。但是弗蕾德贡德王后却留在大教堂里。

都尔主教乔治乌斯·弗洛伦提乌斯,即格雷戈里著作的第六卷至此结束

感谢上帝

第 七 卷 283

第七卷诸章自此开始

一、神圣的主教萨尔维乌斯之死

二、夏尔特尔人和奥尔良人之间的冲突

三、韦达斯特(别名阿维乌斯)之死

四、弗蕾德贡德避居教堂,移交给希尔德贝尔特的财宝

五、贡特拉姆国王来到巴黎

六、这位国王征服从前属于卡里贝尔特的地区

七、希尔德贝尔特的使臣要求交出弗蕾德贡德

八、〔贡特拉姆〕国王请求居民不要让他像他的弟弟们那样被杀

九、里贡特被德西德里乌斯公爵抢去她的财宝并遭幽禁

十、贡多瓦尔德被抬在盾牌上面,希尔佩里克国王之女里贡特

十一、出现朕兆

十二、都尔一个区域的火灾,圣马丁的奇迹

十三、普瓦提埃的火灾和被掠

十四、希尔德贝尔特国王派向贡特拉姆国王的使臣

十五、弗蕾德贡德的邪恶

十六、普雷特克斯塔图斯主教的归来

十七、普罗莫图斯主教

十八、国王被通知提防暗害

十九、王后受命退居乡村别业

二十、她派遣密使去杀害布隆希尔德

二十一、埃贝鲁尔夫的逃跑和被监视

二十二、这个人的恶行

二十三、一个犹太人及其同伴的被杀

284 二十四、普瓦提埃城的被掠

二十五、马里莱夫遭到抢劫

二十六、贡多瓦尔德巡行诸城

二十七、对马格努尔夫主教的暴行

二十八、军队的前进

二十九、埃贝鲁尔夫之死

三十、贡多瓦尔德派出的使臣

三十一、殉教者神圣的塞尔吉乌斯的遗骨

三十二、贡多瓦尔德的其他使臣

三十三、希尔德贝尔特来到伯父贡特拉姆那里

三十四、贡多瓦尔德前往孔弗内

三十五、殉教者圣文森特的教堂遭到阿让人的劫掠①

三十六、贡多瓦尔德同军队的交谈

三十七、攻城

① 阿让人系贡特拉姆军队之误。——译者

第七卷诸章至此结束

(本卷所记自公元584年起,至585年止。)

表内诸章号码有所变动,以便与本卷各章相呼应。

285 第七卷自此开始

一　尽管我深愿接续前面各卷所讲到的地方叙述这段历史，但是，一种崇敬之情要求我首先讲一讲关于神圣的萨尔维乌斯亡故的情况，如所周知，萨尔维乌斯是在这一年去世的。[①] 正如他本人常说的那样，他曾经长期地是个世俗人士，追逐俗务，可是从来不曾为那种惯于纠缠青年心志的情欲所羁绊。可是当圣灵的芳香气息接触到他的心灵时，他便抛弃了尘世的事务，进入一所修道院。这时，他已然成熟，完全献身于神圣的事务；他认识到，出于对上帝的敬畏而忍受清贫，比起追逐转瞬即逝的尘世的利益要好。他遵照早期教父们所制订的戒律长期地住在修道院里。但是在主持该院的院长死后，他接受了管理教徒的任务，这正是他年华壮盛、精力饱满的时候。可是，就在他身为修道院院长，理当比从前更多地出入于众信徒之间，以便对他们有所训诫的时候，他实际上却变得更加疏远了。像他本人所常说的那样，尽管他在以前的一间隐密的修道室里，由于禁食过度，损耗身体，以至皮肤脱而复生竟达九次以上，可是他又找到一间更为隐秘的修道室。尽管他得到了新的尊荣，他却仍旧安于这种简朴，总是孜孜于祈祷和读经；但是他的脑子里不断产生这样一种想法：要是他在众修道士之间

① 公元584年9月10日。

完全隐遁起来，比起在众人眼里承担院长的名义，还要好些。闲言少叙，他同弟兄们告别并接受他们的最后致意以后，就当了一名隐士。在这种完全的隐居当中，他过着一种比以前更加严格的禁欲生活。但是对于一切外来的客人，他却遵照仁爱之道，注意为他们祈祷，并且怀着最爽快的厚谊向他们献上圣餐面包，这种面包曾多次使病者康复。

一天，他正卧倒床榻，被高烧耗尽了体力，气喘吁吁，这时，看哪！这间修道室忽然大放光明，发生动摇。可是他朝着上天伸出 286
了双手，就在这种感恩的动作中间断了气。众修道士和他本人的母亲同声哀痛，把他的尸体抬了出来，加以洗拭、装殓，停放在灵床上面；然后他们歌唱圣诗，涕泣不已，厮守过漫长的黑夜。但是临到破晓，一切安葬事宜准备停当的时候，尸体在灵床上动了起来。看哪！他的面颊重新有了气色；他就像一个从大梦中惊觉过来的人似的清醒过来。他睁开眼睛，举起双手，喊道："仁慈的主啊！既然我在天上承受你的怜悯胜过在这个世界上过这种毫不足道的生活，你又何必让我重新回到这个世人居住的黑暗所在呢！"大家惊愕地站在一旁，问他这样巨大的一项奇迹是怎么回事，他对他们默不作答，而是从灵床上起身下地，觉得他先前患染的那种疾病一点症状也没有了，并且一连三天不进饮食。到第三天，他把众修道士和他的母亲叫来，这样说道："亲爱的，听我说，要知道你们在这个世界上所看到的东西都是虚幻；它们甚至就像先知所罗门所歌唱的那样：'凡事都是虚空'。[①] 只有在这个世界上如此行事因而在

① 《圣经·传道书》，第1章，第2节。

天国里获睹上帝的荣耀的人，才是幸福的。”他说到这里，便犹豫起来，不知道是应当说下去，还是应该保持缄默。当他保持沉寂的时候，弟兄们急切地央求他描述一下他所见到的情况，于是他又这样地继续说下去：“四天以前，当这间修道室摇晃起来，你们看到我死去的时候，两位天使拉起我来，把我带向天的绝顶，直到不仅这个肮脏的地球，而且还有日月星辰和云霞，都仿佛处在我的脚底下似的。于是我被引进一座照耀得比这种日光还要明亮的大门，进入一所宅邸，那里的地面像金银一样地发光，那里的明亮莫可名状，那里的宽敞无法言宣。屋子里会聚着这么一大群不分性别的仙灵，以致对于他们这群的宽度和广度根本一眼望不到边。当引导我的那两位天使从众仙灵丛中为我们开出一条道路的时候，我们来到一个从远处就已经在注视着的地方，这里高悬着一片比所有
287 的光都更加明亮的云霞，日月星辰都不见了，但是它比自然的光照耀得更为灿烂。从这片云霞里发出了一阵声响，像众水的声音。[①]作为罪人的我，在这里受到身穿教士和世俗服装的人谦恭的迎接，我的引路者说，这些人就是我们在尘世上对之尊礼备至的殉教者和申信者。当我站在指定地点的时候，一阵极其芬芳的香气向我袭来，以致我在闻到以后顿觉心神爽快，对于饮食一概不需要了。我听见一阵声音在说：“让这个人回到尘世去，因为我们的教堂需要他。”声音确实是在耳边，可是说话的主却无从得见。于是我拜倒在甬路之上，流着眼泪喊道：“咳，上帝，咳！你为什么要把这些东西显示给我，却是为了把它们从我的眼前拿走呢？看哪，你今天

① 见《圣经·启示录》，第14章，第2节。

把我从你的面前抛弃，使我返还无常的尘世，没有力量重新回到这里。上帝啊！我恳求你不要撤回你对我的仁慈，我祈求你容许我住在这里，以免我重新堕入尘世以后，会毁灭掉。”对我讲话的那声音说道：“安静地去吧，因为我将作你的保护者，直到我把你重新携回这里为止。”于是，我就为我的伙伴们所抛弃，带着眼泪从我曾经进入的那座门里降落下来，再一次地来到这里。他说着这些话，所有在场的人都为之惊愕，但是这位上帝的圣徒却哭泣起来，并且这样说道：“真伤心呀，我竟敢于泄露这么重大的一项秘密。看哪！我从那个神圣的地方所吸到的那股芬芳的香气，我曾靠它支持三日未进饮食的那股香气，已然舍我而回去了。此外，我的舌头长满了疮，并且肿得如此厉害，就像要填满我整个的嘴似的。我懂得，泄露了这些秘密，是不会取悦于我主上帝的。但是，上帝，你要知道，我做这事只是出于心地单纯，而不是为了虚荣。但是我恳求你按照你的许诺对我施恩，而不要舍弃我。”他说完这些话，就不再多说，并且接受饮食。现在，由于我记下了这些事情，我恐怕，它们在某些读者看来，会像是难以置信的，就如同历史家萨卢斯特所说的那样：当我们记载善良人士的美德和荣誉的时候，如果读者认为这
些事情他本人也可能做得出来，他就会马上赞同，但是超过了上述 288
情况的事情，他就认为不真实了。[①] 现在我请全能的上帝作证，这里所记述的一切都是我亲自闻诸萨尔维乌斯之口的。

这些事情过了很久，这位圣洁的人被人们从他的修道室里拉了出来，推为主教，并且不顾他的本愿，为他授职。我想，那是在他

① 《加提林阴谋》，第3章。

就任主教十年之后，瘟疫在阿尔比猖獗起来，[①]大多数的居民都死于这种疫病。尽管留下来的居民寥寥无几，可是这位圣洁的人就像一位善良的牧人似的，不肯离开这个城市，而是留在那里，劝勉那些剩下的人要真诚地祈祷，不间断地坚持守夜，在思想和行为方面都要追求善良，并且说道："你们要这样做，以便一旦上帝要你们离开现在这个世界时，你们可以得到他赐与的安息，而不致遭到他的审判。"当他由于受到神灵的启示（我认为是如此）知道自己被召唤的时刻已经来到的时候，他亲自准备自己的棺木，洗拭自己的身体，穿好自己的寿衣。他的心志总是凝聚在天国上，他甚至就是这样地交出了他那神圣的灵魂。他是一个极其圣洁、毫不贪婪的人，从来不愿拥有金钱；如果他被迫接受一些，他立刻就把它分给穷人。在他那个时候，勋贵穆莫卢斯把许多人当作俘虏从这座城市带走，[②]但是萨尔维乌斯跟了上去，把他们全部赎回来。上帝赋予他以这等的感化力去感化众人，竟致连那些掳人的人也向他减收一部分赎金，而且还送他礼品。就这样，他使他那些被俘的乡人恢复了从前的自由。关于此人，我还曾听到人们谈起过许多其他的善行，但是由于此刻我必须再一次书归正传，我只好把其中的大部分略去不谈。

二　这时候，当希尔佩里克早就在招致的死亡终于临到他的身上，他已离开人世的时候，奥尔良人和布卢瓦人联合起来袭击夏

① 见第6卷，第33章。

② 阿尔比当时被贡特拉姆从希尔德贝尔特手中夺去，到公元587年始行归还。穆莫卢斯此时正隶属于贡特拉姆部下（到公元581年为止）。见第4卷，第42、44章；第6卷，第1章。

托顿人，以一种出其不意的袭击战败了他们。他们烧毁了房屋、谷
仓以及一切不便于搬走的东西，他们赶走了羊群和牛群，他们拿走
了一切可以携带的东西。他们离去以后，夏托顿人和夏尔特尔地
区的其他居民追赶他们，并且即以其人之道，还治其人之身，使得 289
他们的房屋连里带外一点东西也未留下，而且连房屋本身也荡然
无存了。当争斗激烈地继续着，而且为新的争吵所加剧，奥尔良人
开始以新的战争相威胁的时候，伯爵们出来干涉，在案件得到适当
审理以前，双方停止了争战；他们必须保持和平，直到作出判决之
日为止，被判定为无理挑起争端的一方应该根据适当的司法程序
作出赔偿。于是这次纷争遂告结束。

三　当时，别名阿维乌斯的韦达斯特正在普瓦提埃地区犯下许多罪行。几年以前，他为了贪恋安布罗西乌斯的妻子，曾经杀死了卢普斯和安布罗西乌斯，[①]并且娶了这个据说是他堂姊妹的女人。他和萨克森人希尔德里克[②]在某一地点偶然相遇，当时，他们彼此嘲弄，因而双方恼火起来，希尔德里克的一个随从人员用长矛刺穿了阿维乌斯的身体。他立刻跌倒在地，身上多处受伤，由于失血而交出了他邪恶的灵魂，神圣的上帝就这样地替那些遭到这个人的毒手而流出的无辜的鲜血报了仇。这个无耻之徒犯了许多抢劫、凶杀和奸淫的罪行，对于这些事情，我认为还是不说为妙。尽管如此，这个萨克森人同阿维乌斯的儿子们就他死的问题还是取得了和解。

① 见第6卷，第13章。

② 见第8卷，第18章；第10卷，第22章。

四　在此期间，孀居的王后弗蕾德贡德来到巴黎，并且在拉格内莫德主教的保护下，带着她安全地存放在城内的财宝避居于大教堂中。她下余的财宝留在谢尔，包括希尔佩里克最近下令制作的大金托盘在内。[1] 现在这些财宝被管库的官吏转移出去，这些官吏立即投奔当时在莫城暂住的希尔德贝尔特国王。

五　弗蕾德贡德王后由于友人的劝告，派遣使臣去见贡特拉姆国王，带去下面的音信。她说："请我的君主前来接管他弟弟的国家吧！我有一个幼弱的婴儿，希望安置在他的怀抱里，我本人也
290 愿意归附于他的治下。"贡特拉姆接到他弟弟的噩耗，痛哭流涕。可是当他的悲痛平息下来时，他就征调一支军队前往巴黎。等到他的侄子希尔德贝尔特从另外一个方向到来的时候，他已经被接进城里去了。

六　可是巴黎的人民不愿意接受希尔德贝尔特，那位国王就派遣使臣去见贡特拉姆，并带去这样的音信："最亲爱的尊长，我知道，善良的您并非没有觉察到这件事情，即是我们两人直到现在为止一直在怎样地遭受着一帮敌手的冤屈对待，[2]以致我们在个人应享的权利问题上谁也得不到公正的待遇。因此我现在请求您对于自我父亲死后一直约束着我们的那项协议[3]加以保持。"但是贡特拉姆答道："唉！卑鄙下流，永远扯谎，你身上一点信义也没有，从不遵守约言，请看！你是怎样地抛弃了对我所作的一切诺言，而同希尔佩里克国王缔结新的协定，要把我从我的国土上赶出去，并

[1] 见第 6 卷，第 2 章。

[2] 指希尔佩里克及其部下。

[3] 见第 6 卷，第 27 章。

在这些国王[1]之间瓜分我的城市。看看这些条约原文，看看你们自己承认协议的签字。你们现在还有什么脸面来要求我当作一项义务来善意地接受我的侄子希尔德贝尔特，这个人，在你们邪恶的心意中，是打算作为我的仇敌的。”使臣们答道：“如果怒火如此地控制了您的心灵，以致关于您所曾许诺的东西，一点也不肯给您的侄子，那么至少应该不再拒绝把那部分卡里贝尔特的国土给他，这块土地是分给了他的。”国王答道：“这就是我们彼此达成的协议，其大意是：我们弟兄之间如果有谁未经取得另外两人的同意而擅自进入巴黎，即应根据协议丧失其所获部分；殉教者波利尤克提斯以及申信者希拉里和马丁是我们的裁判者和惩罚者。然而我的弟弟西吉贝尔特在这项条约缔结后进入该城，遭到上帝的审判而死，因之失去他那一份。[2] 希尔佩里克的行为和他相似。[3] 他们两人由于这些背信行为都已失去他们应得之份。既然他们业已遭到上帝的判罪和条约中严词载明的灾祸，因之我打算依照法律的许可，把卡里贝尔特的全部国土连同他的一切财富，置于我的管辖之下。除了自动的赏赐以外，我不打算出让其中任何部分。因此，你们这些扯谎者和叛徒，从这里走开吧，把我的答复带给你们的国王。”

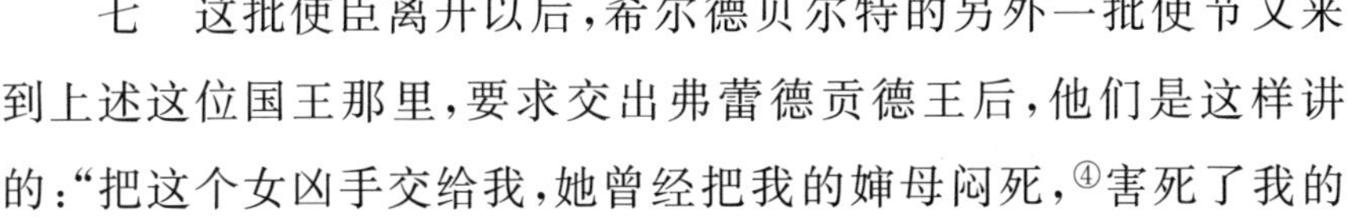

七　这批使臣离开以后，希尔德贝尔特的另外一批使节又来 291
到上述这位国王那里，要求交出弗蕾德贡德王后，他们是这样讲的：“把这个女凶手交给我，她曾经把我的婶母闷死，[4]害死了我的

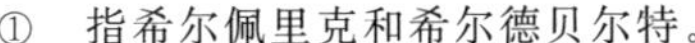

① 指希尔佩里克和希尔德贝尔特。

② 见第 4 卷，第 50 章。

③ 见第 6 卷，第 27 章。

④ 指加尔斯温特，见第 4 卷，第 28 章。

父亲和我的叔父，[①]杀死了我的堂弟兄[②]。"但是贡特拉姆答道："我们要在行将举行的会议上讨论一下应该做些什么，然后再决定一切。"因为他已经将弗蕾德贡德置于自己的保护之下，多次邀请她一道进餐，答应充当她的主要保卫者。某一天，当他们正在餐桌上一起饮宴的时候，王后忽然起身告辞，但是他打算挽留她，请她再分享一些食物。她回答说："我的君主，我请求您开恩，让我起身离席，因为我已经怀孕了，按照妇女那样，这件事又临到我身上了。"国王听到这话，深为惊讶，因为他知道自从她分娩一个男孩到当时不过才第四个月；但是他允许她退席。

王国[③]的首脑人物安索瓦尔德和其余人等聚集在我前面提到的希尔佩里克的刚刚四个月的儿子的周围，以洛塔尔的名字来称戴他。他们迫使所有曾经承认过希尔佩里克的统治的城市，都要向贡特拉姆和他的侄子洛塔尔宣誓效忠。贡特拉姆国王行使正义，将从前希尔佩里克国王的部下向各种各样的人所非法夺取的一切都归还给他们；他本人向各教堂赠献大量的礼物。此外，他还使那些向教会转赠财产的遗嘱重新生效，这种遗嘱曾经遭到希尔佩里克的禁止。他对许多人表现了仁慈厚道，并将大量礼物施赠穷人。

八　但是由于他不信任那些他业已来到他们中间的人民，[④]

① 格雷戈里将希尔佩里克的被害归咎于弗蕾德贡德，其他史料或谓系布隆希尔德所唆使。

② 指希尔佩里克的儿子墨洛维和克洛多维希。

③ 指希尔佩里克的国家。——译者

④ 指巴黎居民。

他身边布满了武装卫士。没有一支庞大的卫队，他是从来不到教堂或者他想去访问的任何其他地方去的。于是在某一个星期日发生了这样的事情。在举行弥撒时，当副主祭已经要求众人保持肃静以后，国王转身朝向会众，并且说道：“在场的男男女女，我请求 292
你们对我保持始终不渝的忠诚，不要像最近杀死我的两个弟弟那样地杀害我。愿能至少容我三年时间，好让我把已收为继子的侄子们[①]抚养成人，以免万一——愿永生的上帝禁止这种事情——我死之后，你们由于我们王朝没有剩下强有力的人来保护你们而与这些孩子同归于尽。”他说过这些话，所有的人一齐向上帝祷告，为国王祈福。

九　在此期间，希尔佩里克国王的女儿里贡特，带着我前面讲过的财宝，来到图卢兹。这时候她看到距离哥特人的领土[②]已经很近，就开始耽搁起来；另外，陪伴她的人们也说，她应该在这个地方停留一下，因为他们自己已经旅途困顿了；他们的衣冠不整，他们的鞋子破烂，车辆马匹的修配物件还在后面的运货马车上，也需要凑在一起。最好先把一切安排得井井有条，然后再走，以便他们能够衣冠齐楚地出现在新郎的面前，因为，如果他们是以这样一种衣冠不整的情况出现的话，哥特人是会以嘲笑来接待他们的。当他们这样地耽搁下来的时候，一阵关于希尔佩里克国王亡故的风声传到德西德里乌斯公爵的耳朵里，他便征集了一支精选的军队，进入图卢兹城。他把财宝从王后[③]手中夺过来，转移到某一所房

① 指希尔德贝尔特二世和洛塔尔二世。——译者

② 指塞普提曼尼亚。

③ 指里贡特公主。

子里。他令人将财宝封存在这里，由武装人员守护着；对于王后本人只给予一些微薄的给养，直到他返回这座城市的时候再说。

十　他本人尽快地去到穆莫卢斯那里，两年以前，他曾经同此人结成同盟。穆莫卢斯此时正和贡多瓦尔德一起住在阿维尼翁，这个贡多瓦尔德我在前面的一卷里曾经提到。[①] 这时，贡多瓦尔德在两位公爵[②]的伴随下，向利摩日地区进发，来到布里夫-拉-盖亚尔德，这里有一座一个圣洁的人的坟墓，此人名叫马丁，据说是我们那位马丁的门徒。贡多瓦尔德在这个地方被当作国王抬在一面盾牌之上。但是当人们抬着他转到第三圈的时候，据说他似乎
293 是摇摇欲坠，好不容易才被站在周围的人用手支撑住。此后，他对四周的一些城市作了一次巡行。[③]

里贡特寄居在图卢兹的圣马利亚教堂里面，前面提到的拉格诺瓦尔德[④]的妻子由于害怕希尔佩里克，已经逃到这里来了。拉格诺瓦尔德这时从西班牙回来，收回了妻子和财产。他是奉贡特拉姆国王之命出使到那个国家去的。

就在这个时候，布里夫地方的上述那位马丁的教堂被前来进攻的敌人放了如此之大的一把火烧毁，以致由各种大理石筑成的圣坛和圆柱都在烈焰中崩裂碎坏了。这座教堂后来又由费雷奥卢斯主教[⑤]加以重建，因之它看起来好像从未遭受破坏似的。当地

① 见第6卷，第24、26章。
② 指穆莫卢斯和德西德里乌斯。
③ 见第4卷，第14章。
④ 见第6卷，第12章。
⑤ 利摩日主教，见第5卷，第28章。

居民对这位神圣的马丁怀着最大的惊异和崇敬，因为他们屡次三番地证实了他制造奇迹的力量。

十一 这些事情发生在本年的10月。[1] 当时，葡萄茎上出现了新枝，上面结出了畸形的葡萄，树上见到花朵，黎明之前，有一道像烽火似的巨大亮光横扫天空，照彻大地。天空中也出现许多的光。北方呈现一道火柱，存在了两个小时之久，犹如从天上垂挂下来一般，它的上方还有一颗巨星。在昂热地区发生了地震。另外还出现了许多其他朕兆，我相信，这都在预示着贡多瓦尔德的死亡。

十二 这时候，贡特拉姆国王派遣他的伯爵们去接管城市，这些城市是从前西吉贝尔特从他哥哥卡里贝尔特的国土中作为应得之份而接受的。这些伯爵要去迫使这些城市宣誓效忠，将一切收置在他的统治之下。都尔和普瓦提埃的居民希望归于西吉贝尔特的儿子希尔德贝尔特的治下，但是布尔日的居民奉到征召，[2]准备进攻他们。他们开始往都尔地区放火。接着他们焚毁了该地的马勒伊教堂，这里保存着神圣的马丁的遗物。但是这位圣徒的力量是一种及时的援助，因为即使是在这样的烈火中间，圣坛罩单也没
有为烈焰所损毁，那些早先采集的、放置在圣坛上面的草药[3]一点 294
也没有烧坏。都尔居民看到这些火警，就派出使节，宣称他们目前归附贡特拉姆国王，要比眼看着一切都被火或者剑毁灭掉为好。

十三 希尔佩里克刚一死，加拉里克公爵马上来到利摩日，接

① 实即12月。以3月1日为一年之始。

② 布尔日属于贡特拉姆。

③ 当时习惯将草药置于圣徒的坟墓上，以期使草药具有医疗的灵效。

受对希尔德贝尔特的效忠誓言。他从这里前往普瓦提埃，在那里受到接纳，留了下来。当他听到都尔人所不得不忍受的遭遇时，他给我们送来一个音信，劝我们说：如果我们希望保障自己的利益，就不要投向贡特拉姆，倒不如怀念一下西吉贝尔特，而希尔德贝尔特就是他的儿子。然而我们向主教和居民送回了如下的答复：除非他们暂且归附贡特拉姆，他们就会遭到甚至同我们一样的待遇。由于贡特拉姆已将西吉贝尔特和希尔佩里克的儿子过继了来，他现在对他们处于父亲的地位，因之他将整个国家置于他的统治之下，就像以前他父亲洛塔尔所做到的那样。他们拒不同意，加拉里克把希尔德贝尔特的司库埃贝罗留下，自己离开该城，似乎是去召集一支军队。可是西卡尔和原奥尔良伯爵、现任都尔伯爵维拉卡尔却征集起一支对付普瓦提埃人的军队，以便使都尔和布尔日的居民出动，两面夹攻，使这一片地区整个夷为平地。但是当他们业已逼近这个地区，开始焚烧房屋的时候，普瓦提埃人派使臣来说：“我们请求你们在贡特拉姆和希尔德贝尔特两位国王会谈以前暂时住手。如果会谈同意贤德的贡特拉姆国王领有这些地区，我们便不抵抗；如其不然，我们准备承认另外那位国王为我们的君主，在一切事物上我们理应听命于他。”他们对此答道：“这一切对我们毫无关系；我们只是要执行我们君王的命令。如果你们拒绝，我们就像业已开始的那样继续干下去，把一切都毁掉。”普瓦提埃人看到除了因焚烧、抢掠和陷身俘虏而全面毁灭之外，别无选择余地，就把希尔德贝尔特的人员从城里驱逐出去，向贡特拉姆国王宣誓效忠，尽管他们并非必定要长期信守这一誓言。

295 十四 到了会议的时候，希尔德贝尔特国王派遣埃吉迪乌斯

主教、贡特拉姆·博索、西吉瓦尔德和许多其他人员去到贡特拉姆国王那里。当他们来到国王面前的时候，主教说道："最虔诚的国王，我们感谢全能的上帝，在您这些辛劳之后，他已使您重新得到您的领土和国家。"国王答道："对于那位俯赐仁慈使这一切实现的众王之王和众主之主，的确应当表示感谢；但是对于你这个人，却丝毫也不应当感谢，由于你的背叛性的主意和伪誓，我的土地在去年遭到焚烧破坏，[①]你对谁也从不保守信用，你的阴谋诡计到处都在施展，众所公认，你不是真正的主教，而是我的国家的公开敌人。"主教听了这些话，敢怒而不敢言；但是有一个使臣说道："您的侄子希尔德贝尔特请求您下令归还他父亲从前所持有的那些城市。"国王对此答道："我已经告诉过你，根据我们之间的协议规定，这些城市都属于我，因此我不打算放弃它们。"另外一个使臣接着说道："您的侄子要求您下令交出弗蕾德贡德这个妖妇——王室之中有许多人都因她而丧失性命，——以便为他死去的父亲、叔父和堂兄弟们报仇。"国王对此答道："她可不能交到他的手里，因为她是一位国王的母亲。不仅如此，我还认为你们对她所提出的控诉并不真实。"于是，贡特拉姆·博索走近国王，像是要对他讲话似的。但是由于贡多瓦尔德被当作国王公然举在盾牌之上一事业已传播开来，国王就不容他讲话，自己喊道："啊！你这个国家社稷的敌人，近几年你前往东方，不是为了别的目的，只是为了把一个巴洛梅尔[②]引进我的国家。"(国王就是这样称呼贡多瓦尔德的。)"你

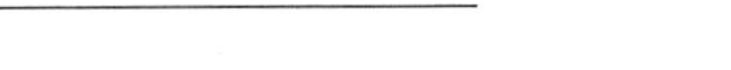

① 见第6卷，第31章。

② 条顿语，意为伪王，人们以此看待贡多瓦尔德，后来就成为他的绰号。

这个卖国贼，从来不信守自己的诺言！”贡特拉姆·博索答道：“您是君主，以国王的身份坐在宝座上面，对于您说的话，谁也不敢答辩。可是我要声明，在这件事情上我是无辜的。如果有哪一个与我同级的人对我提出这样的攻讦而又安然躲在一旁的话，就让他
296 走出来公开地讲。最虔诚的国王，您应该把这一争端交由上帝裁判，以便当他看到我们在战场上单独交锋的时候，就可以独自作出判决。”听到这话，大家都默不作声；国王接着说道：“我们大家此刻都应该只把一件事情挂在心上，就是把父亲是管磨坊的那个冒险家驱逐出我们的领土之外；如果需要说明真相，他父亲还坐在机杼旁边织过羊毛。”当然，尽管道理十分明显，一个人可以兼操两种职业，可是一个使臣却冷笑着答道：“那么您是在说这个人有两个父亲，一个是织匠，一个是磨匠吗？国王啊！您决不会说得这样幼稚，因为除了从宗教意义上讲[①]以外，有谁曾听说过一个人还有第二个父亲呢？”许多人听到这话，哄然大笑起来，另外一个使臣说道：“国王啊！既然您已经拒绝将城市归还给您的侄子，我们向您告辞。但是我们知道，劈开您弟弟头颅的斧头仍然在准备着，不久就会进入您的头颅，劈开您的脑袋。”说完此话，他们愤然退去。国王对于他们所讲的话赫然震怒，于是下令在他们离去的时候，要把肮脏的马粪，连同腐烂的木屑和发霉的干草，甚至路上的污泥，都扔到他们的头上。他们被这些东西弄得污秽不堪，在遭到无比的凌虐和侮辱之后，起程上路。

十五　当弗蕾德贡德还住在巴黎的大教堂里的期间，前任总

---

① 意指生父之外，另有一个教父。

管柳纳尔德从图卢兹返回，来到她的面前，开始向她陈述她女儿所经受的凌辱和虐待。他说："我遵照您的命令，伴送里贡特公主。我亲眼目睹她所受的侮辱和她的珍宝与全部财产遭到掠夺的情况。可是我自己逃脱了，特来向我的女主报告这些事情。"王后听了他的陈述，气得发疯，下令就在他们所在的这座教堂里，剥掉他的一切；当他被剥去袍服和一条希尔佩里克赐给他的饰带以后，她命令他从自己的面前滚开。另外，厨师、面包师以及公主的任何扈从人员，只要他们从这次旅程中回转的消息被她听到，她就叫他们遭到挞笞、剥夺，并且戴上手铐。除此而外，她还进行可恶的攻讦，力图破坏巴德吉西尔主教[①]的兄弟内克塔里乌斯在朝廷内的权 297
势，硬说他曾经从先王的库藏里偷去许多东西。她宣称他曾经从库房里拿走大量的皮革和许多酒，要求把他用镣铐套起来，投入阴森的牢狱。可是由于国王的宽容和巴德吉西尔的援救，这件事情被阻止了。同时她还做了许多无中生有的事情，对于她避难于其中的教堂所崇奉的上帝，毫无忌惮之意。她当时身边有一个法官奥多，这个人还在希尔佩里克生前就已经是她的许多坏事的帮手。这个人曾经同行政区长官穆莫卢斯[②]一起，向那些在老希尔德贝尔特国王治下属于自由人的许多法兰克人征课赋税。这些人在那位国王死后剥夺了奥多的财物，只给他剩下穿在身上的衣服。他们焚烧了他的住宅，如果不是他逃进教堂同王后在一起，他们一定会要了他的命。

① 勒芒主教。

② 见第6卷，第35章。

十六　普雷特克斯塔图斯主教在国王死后被鲁昂居民从流放中召还，回到他的主教管区，胜利地在该城恢复职位。他在回来以后，前往巴黎参见贡特拉姆国王，请求国王就他的案件做一次全面的审查。王后为了袒护自己，主张不该将他召回，因为他已经被四十五位主教宣判撤除了他的鲁昂主教职务。国王打算召集一次宗教会议来处理这件事，可是巴黎主教拉格内莫德代表全体主教答道："要知道主教们所宣判的是要他苦行赎罪，而决不是撤除他的主教职务。"因此之故，国王接待了他，让他和自己同桌用膳，然后，他返回自己的城市。

十七　普罗莫图斯曾经根据西吉贝尔特国王的命令受任为夏托顿主教，但是在国王死后，他被撤销了职位，[①]理由是这一地区位于夏尔特尔主教管区之内。当时对他作出决定，以后他必须以一个普通教士的身份供职。这时他来到国王面前，请求把他重新安置在夏托顿主教的职位上。但是夏尔特尔主教帕波卢斯反对这一请求。他坚持夏托顿隶属他的主教管区，并且拿出主教们所宣
298 告的判决[②]作为依据。因此，普罗莫图斯除了从国王那里获得许可，可以收复他在夏托顿地区的私人财产和同他依然健在的母亲一起住在该地之外，一无所得。

十八　当国王在巴黎停留期间，有一个穷人来到他那里说道："国王啊！请听我一言。您可知道您弟弟从前的宫廷管事人员法劳尔夫图谋要您的命。我听说他打算在您前往教堂作晨祷的路上

① 实为公元573年，即西吉贝尔特死前两年由巴黎宗教会议作出的决定。

② 指上述宗教会议的决定。

用刀杀您或者用矛刺您。”国王听了为之震动，派人去把法劳尔夫叫来，但他一概矢口否认。然而国王感到恐惧，就叫一支强大的卫队围绕在自己的身边。如果身旁没有武装人员和卫士的话，他总也不敢前往神圣场所或其他任何地方。不久以后，法劳尔夫便死去了。

十九　这时出现了一阵大呼大叫，攻击那些由于希尔佩里克的宠爱而曾经大权在握的人，他们被控告为盗窃他人的地产和各种财产。于是国王下令将一切不正当地取得的东西归还原主，这件事情我在前文已然提到。[①] 他还命令弗蕾德贡德王后退居位于鲁昂地区的吕埃别业。她由希尔佩里克王国的全体首脑人物护送到那个地方，并被托付给梅拉尼乌斯主教，这位主教业已解除了鲁昂主教的职务。[②] 然后这些首脑人物前往她的儿子那里，并且对她作出许诺，要以最大的关怀把他抚养成人。

二十　当弗蕾德贡德这样地退居于上述的领地的时候，她的内心是十分凄惨的，因为这时她的权力大多被剥夺了。然而她认为自己是一个比布隆希尔德为好的女人；她秘密派遣家里的一名教士去陷害和杀掉那位王后。他要先用诡计把自己引进她的家里，取得她的信任，然后暗地里杀害她。这个教士去了，并且得到她的恩宠，他对王后说道：“我从弗蕾德贡德王后御前逃到这里，寻求您的保护。”开头，他对一切人都低声下气，像是王后的一个恭顺可靠的仆人似的，以此讨人喜爱。但是不久以后，人们发觉他是一

① 见本卷第7章。

② 由于普雷特克斯塔图斯复职之故。

299 个负有阴险使命的人。他被捆绑起来，遭到鞭打，直到他承认了全部事实为止；然后他得到许可返回他的女保护人那里。但是当他向弗蕾德贡德述说事情的经过和他有辱使命的时候，她就让人把他的手和脚全部砍掉，以示惩罚。

二十一　这些事情过去以后，贡特拉姆国王回到夏龙去追查他弟弟死亡的缘故。王后[①]力图将犯罪的责任推卸到司库埃贝鲁尔夫的身上。她在丈夫死后曾经邀请这个人同她住在一起，可是他不肯听从。因此之故，两人之间结下了深刻的仇恨。王后宣称，就是他杀害了国王，然后拿走了大量的王室财宝，带着它们前往都尔地区。因此，如果国王打算为他的弟弟报仇的话，这就是罪魁祸首。于是国王对着王国的全体首脑人物发誓说，他不但要从地面上扫除掉埃贝鲁尔夫本人，而且还要扫除掉他的九代子孙，以便通过他们死亡的事例，终结这种可恶的习俗，而不致再有国王遭到弑害。埃贝鲁尔夫一听到此事，赶快跑到圣马丁教堂，这个教堂的财产曾经时常遭到他的侵夺。人们认为应该对他进行监视，奥尔良和布鲁瓦的居民便轮流站岗放哨；可是在十五天以后，他们带着大量的掳获物返回乡里，他们带走了驮畜、牛，以及其他一切可以到手的东西。可是那些盗取圣马丁的牲畜的贼彼此之间发生了争吵，并且用自己的长矛互相刺穿。两个赶走骡子的贼走到邻近的一家人家索取饮料。当这家的主人说他没有东西可以供应，他们举起长矛，准备将他戳穿时，主人便抽出佩剑，扎进他们两个的体内，于是他们倒在地上死去，圣马丁的牲畜也被收了回来。奥尔良

① 弗蕾德贡德。

人此次在这里干下的坏事如此之多，简直不胜枚举。

二十二　当这些事情发生的时候，埃贝鲁尔夫的财产转移到不同的人手中。黄金、白银或者其他更加珍贵的动产原是他的私 300
有财产，这时公开出售。国王授予他的土地[①]为国家所没收。他的马、猪和驮畜遭到抢劫。城内有一所房屋是他过去夺自教堂的，这时装满了谷物、酒和皮革，它遭到如此彻底的洗劫，以致四壁萧然，别无他物。他把这件事情主要归罪于我，而我却始终十分忠诚地致力于他的事情。他威吓说，如果他一旦重新获得国王的恩宠，他一定要为他目前所遭受的一切向我作出报复。但是了解一切人的内心秘密的上帝知道，我是全心全意地尽最大的努力在帮助他。尽管他从前常常在有关圣马丁的财产问题上背信弃义地对待我，可是由于我曾经在他的儿子领洗时从圣水里接受了这个孩子，我就始终有理由宽容他的罪愆。我认为使这个不幸的人生活落魄的主要原因是：他不肯向这位神圣的主教[②]表示尊崇。他甚至往往在他的教堂前庭——犹之乎在他的脚底下——杀人犯罪，并且经常犯有荒淫和酗酒的罪行。一个神父由于在他喝醉以后不肯把酒给他，就被他摔倒在长凳之上，饱以老拳，直打到几乎断气为止。如果不是医生们前来为他救治，替他放血的话，他一定会死掉的。

埃贝鲁尔夫由于害怕国王，住在神圣的教堂的圣器室内。但当掌管门户钥匙的教士把所有其余的房门都上了锁以后，埃贝鲁尔夫的女孩子和其他仆役们时常通过这个圣器室的房门走进来，

① 见第5卷，第3章注。——译者

② 指马丁。

观赏墙壁上的绘画，并且窥探神圣的坟墓上的饰物，这是一种伤害宗教感情的罪恶行为。当这件事情被那个教士知道以后，他就钉死了这扇门，并且加上了闩。埃贝鲁尔夫在晚饭以后发现了这个变化，当时他已酩酊大醉，于是怒气冲冲地前来找我，而我这时正在当夜晚初到时教堂所举行的礼拜式中歌唱圣诗。他开始用谩骂和咒诅向我攻击，在咒骂中，责备我设法不让他同这位神圣主教的
301 坟墓上的罩单接触。[1] 我对这种疯狂状态感到吃惊，力图用好言劝解，但是当我发现自己无法用温和的语言来消除他的愤怒时，我就决定保持缄默。他看到我不打算多说，就转向那位教士，滔滔不绝地谩骂起来，放肆无礼地攻击他，并且无所不至地辱骂我。但是我们发现他可以说是中了魔，我们便离开神圣的教堂，中止礼拜仪式，从而结束这种丑事。我们觉得最可耻的事情就是他对这位神圣的主教缺乏崇敬，这可以从他当着主教的坟墓竟而如此咆哮看出来。这些日子，我在梦中见到一种幻象，我在神圣的教堂里把这个幻象告诉给他，内容如下："我本人好像正在这座建筑物里举行神圣的弥撒仪式，等到圣坛以及它上面的祭品已经为一块丝绸所覆盖之后，突然间，我看见贡特拉姆国王走了进来，还听见他高声喊叫，'把我们全族的敌人拖出来！把杀人犯从上帝的圣坛那里拉开！'当我听到这话，就转身对你说道：'不幸的可怜虫，抓住圣坛上面那块覆盖神圣祭品的单子，以免从这里被赶出去。'但是当你在抓的时候，并不是紧紧握住而是松松一抓。于是我便伸开双手，用

① 被认为能制造奇迹的圣徒墓上的罩单，常被病人扯去零星边缘，用来泡水饮用，治疗疾病。埃贝鲁尔夫打算在受到攻击时来到马丁墓旁，以便抓住罩单边缘，求得庇护。

我的胸膛抵住国王的胸膛，说道：‘不要冒着您自己的生命危险把这个人从这座神圣的教堂里赶出去，以免这位神圣的主教施展他的威力致您于死。不要用您自己的武器杀害您自己，如果您真地做了，您就要失去现世的生命和未来的生命。’但是国王拒绝了我的话，而你这时又放下了单子来到我的背后。我对你极为生气。于是你又走回圣坛重新抓住单子，可是再一次地把它放下。正当你那么松弛无力地握着它而我在英勇地抗拒国王的时候，我在惊恐战栗中清醒过来，不知道这场梦是什么意思。”当我把这一切都讲给他听的时候，他说：“你所见到的幻象是真实的，因为它完全符合我自己的想法。”于是我说：“那么你的想法和打算是什么呢？”他说：“假如国王下令把我从这个地方拖出去的话，我已下定决心，一只手拉着圣坛上面的单子，另一只手抽出我的宝剑，首先把你杀死，然后就我力之所及杀死尽多的教士。只要我有朝一日能够从
圣马丁教堂的教士身上报了仇，那时我纵然死去，也无遗憾。”我听 302
到这话，惊愕不已，诧异竟然会有这等事情，因为这是魔鬼在借他的口讲话。的确，在他身上从来没有对上帝的丝毫敬畏，因为当他自由自在地过日子的时候，他在穷人的庄稼和葡萄树中间撒开他的马和畜群；如果有谁因为自己的劳动果实遭到这样的糟踏而将它们赶走的时候，他们马上就会被他的扈从杀害。甚至就在他目前所处的困境之中，他还时常想起从前不正当地侵夺属于这位神圣主教的财产的事情。上一年，他曾经煽动居民中某一个轻薄的家伙去作弄教堂地产的管事。然后，他置正义于不顾，用一种假装购买的办法夺去了教堂长期以来拥有的产业，而把他的饰带上的黄金装饰拿出一部分来送给那人作为报酬。他继续干出许多这类

的邪恶勾当，直到他生命的末日，关于他的末日，我在后文中还将加以叙述。

二十三　在这同一年，[①]一个名叫阿尔门塔里乌斯的犹太人同一个他本教派的信徒和两个基督教徒前来都尔收取债款，债券是由伯爵的前任代理人英尤里奥苏斯和前任伯爵尤诺米乌斯以公家税收[②]为担保向他署立的。当这个犹太人向他们索债的时候，他们答应将这笔垫款连同利息一起归还，并说要把他领到他们的家里，还说："如果你到我们的家里来，我们愿意清偿我们所拖欠的一切债务，额外还要送上你当之无愧的礼物来报答你。"他去了，受到英尤里奥苏斯的接待，被请到筵席旁就座。等到筵宴已毕，夜色来临，大家站起身来，离开这个地方，前往别处。据说这两个犹太人和同他们在一起的那两个基督教徒被英尤里奥苏斯的随从人员杀死，尸首被投入离他家不远的一口井里。他们的亲属听到消息，前来都尔，根据某些人提供的线索，找到了那口井，把尸体拖了出来。在此期间，英尤里奥苏斯一直在强调申明他的无辜。他遭到控告；但是如上所述，由于他极力否认罪行，而原告又没有足以使他定罪的证据，因之他被宣判以发誓来表明自己的无辜。原告不
303 肯满足于这项判决，要求将案件移交希尔德贝尔特国王的法庭；可是死去的犹太人所持有的钱和债券却都无法找到。接着有许多人

①　公元584年。

②　伯爵及其代理人有为国王征收税款之责，所征税款每年由伯爵亲自解交国王。尤诺米乌斯靠借债凑足应交之款，答应用以后征得之税款偿付。

断言治安官[1]梅达同这件事情有牵连，因为他也曾向这个犹太人借过债。英尤里奥苏斯出席了希尔德贝尔特国王的法庭，一连三个整天都一直候到日暮，可是由于原告没有露面，无人起诉，他就回家了。

二十四　希尔德贝尔特在位的第十年，贡特拉姆国王从他国内各族有服役义务的人们中间征集了一支庞大的军队。大部分人，其中包括奥尔良人和布尔日人，开向破坏对国王的效忠誓言[2]的普瓦提埃。他们派出使臣先去探察一下军队是否可以和平地被许可进入该城，但是普瓦提埃主教马罗韦乌斯粗暴地接待了使臣们。于是军队进入了该城所属的地区，并且开始抢掠、焚烧和屠杀。他们带着抢劫之物在归途中经过都尔地域，尽管这里的人曾经宣誓效忠，可是他们还是进行了类似的掠夺，他们甚至放火焚烧教堂，并且拿走一切可以劫夺的东西。这种入侵反复进行了好几次，直到普瓦提埃人终于被说服而承认国王，他们方才住手。当军队迫近城市，城内居民听到他们的大部分土地都已遭到破坏的时候，他们派遣信使去对贡特拉姆国王表示忠诚。军队得到许可进入城市，立刻对主教下手，谴责他的不忠。但是主教看出自己处境困难，就打碎一只作为圣坛供奉之用的金制圣餐杯，让人用它做成金币，从而赎救了居民和自己。

二十五　曾经在希尔佩里克宫廷里充任医士长的马里莱夫也遭到他们的猛烈袭击，尽管他已经挨了加拉里克公爵一次抢劫，现

① 治安官是位居伯爵和伯爵的代理人之下的地方官吏，司维持治安，管理囚犯，征收赋税等职责。

② 见本卷第13章。

在却又一次受到掠夺，因之他的全部所有都一扫而光。他们拿走了他的马、他的金银和一切其他珍贵物品，并且把他置于教会的支配之下。[①] 他的父亲在世的时候就曾管过教堂的磨坊，而他的亲兄弟、堂兄弟和其他亲属则曾在御膳房和面包房里干过活。

304 二十六　这时贡多瓦尔德希望到普瓦提埃来，可是又感到害怕；他已经听说有一支对付他的军队业已征集起来。他要求凡是曾经隶属于西吉贝尔特国王的城市都宣誓效忠于希尔德贝尔特国王的名下；而其他曾经隶属于贡特拉姆或希尔佩里克的城市都必须宣誓效忠于他本人的名下。于是他前往昂古莱姆，在那里接受誓言，并酬谢当地的首脑人物；然后他又前往佩里格，由于这里的主教[②]不曾同意以适当的敬意接纳他，他让这位主教受了不少的害。

二十七　他由此南行前往图卢兹，派遣信使要求该城主教马格努尔夫接纳他。但是主教念念不忘从前他在西古尔夫手里所吃到的苦头，——西古尔夫也曾以同样的方式觊觎王位，[③]——便向居民说道："我们知道贡特拉姆和他的侄子希尔德贝尔特是国王，至于这个人，我们可不知道他是从哪里来的。因此你们要戒备。如果是德西德里乌斯公爵决意要把这次灾难弄到我们的头上来，[④]那就让他像西古尔夫那样地死去，让他成为大家的例子，以便再也没有外国人敢于亵渎法兰克人的王位。"但是当他们正在议

① 将他恢复到原来的社会地位，也许是农奴。

② 卡尔特里乌斯，见第 6 卷，第 22 章。

③ 西古尔夫之名见于第 4 卷，第 47 章，此事无可考。

④ 德西德里乌斯拥立贡多瓦尔德事见本卷第 10 章。——译者

论抵抗，准备战争的时候，贡多瓦尔德带着一支大军已然来到。他们看到自己无法抵挡住他，因之就答应他进入城内。

之后，当主教同贡多瓦尔德一起坐在教堂住所里的餐桌旁边的时候，他对他说："你宣称你本人是洛塔尔国王的儿子，可是这事是否属实，我们无法分辨。我们不能相信，凭着你的力量可以完成你的计划。"贡多瓦尔德答道："我的确是洛塔尔国王的儿子，我打算立即领有我在他的国家当中所应有的那份，我将以全速前往巴黎，在那里建立起我的统治中心。"主教说道："如果你能随心所欲地实现你所说的这些打算，那可当真就是法兰克王族没有留下国王了。"穆莫卢斯听到这场辩论，这时举起他的手来，给了主教几巴掌，说道："像你这样一个低贱而愚蠢的人竟然对一位伟大的国王这样讲话，难道不觉得羞耻吗？"但是当德西德里乌斯从这场辩论中弄清了主教的目的何在的时候，他也勃然大怒，打起他来。于是 305
他们两人用矛打他，拳脚交加，然后用绳索把他捆起来，判他流放之刑。他的私人财产全部遭到侵夺，而属于教会的财产也复如是。里贡特公主从前的王室总管瓦多这时参加了他们这一伙，但是其余那些同他一道离开巴黎的人都四散奔逃了。

二十八　这些事情发生以后，军队[①]从普瓦提埃开出来，向前追赶贡多瓦尔德。都尔的许多居民当初是抱着抢劫的目的跟着军队来的，但是普瓦提埃人对他们进行了袭击，其中的一些人被杀死了，大部分则被剥夺得一无所有，返回乡里。该城从前偕同军队行动的那些人这时也撤回来了。随后，军队向前移动，来到多尔多涅

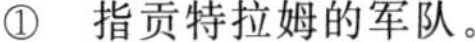

① 指贡特拉姆的军队。

河畔，听候贡多瓦尔德的消息。我已经在前面讲到，这时德西德里乌斯公爵、布拉达斯特[①]和里贡特公主的王室总管瓦多已经同贡多瓦尔德结成一伙。最受贡多瓦尔德尊敬的是萨吉塔里乌斯主教[②]和穆莫卢斯，他曾将图卢兹主教职位许给萨吉塔里乌斯。

二十九　这些事情发生之际，贡特拉姆国王交给一个叫做克劳迪乌斯的人一项差使，并且对他下了指令："如果你就此前往，把埃贝鲁尔夫从教堂里撵出来，[③]用剑将他杀死，或者是用链子将他锁起来，我就会赐以重赏，让你发财。但是我要警告你的最重要的一点是，切不可对那座神圣的教堂有所冒犯。"克劳迪乌斯是一个轻举妄动而又贪得无厌的人，他的妻子是莫城地区的人。他疾速驰往巴黎；他心里反复地盘算着是否应该去见弗蕾德贡德王后的问题，他想："如果我去见她，我会从她那里得到一些奖赏，因为我知道，她对我被派去杀害的那个人是痛恨的。"他真个前去见她，并且立刻收到巨额的赏赐，同时还有许多许诺，如果他能做到把埃贝鲁尔夫拖出教堂，加以杀害，或者能够叫他陷入圈套，加以捆缚，甚或就在教堂前庭将他砍死，就将如何如何。这时他回到夏托顿，要
306 求伯爵为他提供三百士兵，表面上像是为了守卫都尔城门，实际上则是为了在他抵达那里之后可以用来杀害埃贝鲁尔夫。当伯爵向士兵们预先下达任务的时候，克劳迪乌斯本人就到都尔去了。一路上，他按照蛮族的习惯，开始注意各种朕兆，他发现兆头并不吉

① 布拉达斯特是希尔佩里克的阿奎丹公爵(见第6卷，第12、31章)，本书前文不曾提到他同贡多瓦尔德勾结事。

② 原任加普主教，见第5卷，第20章。

③ 指都尔的圣马丁教堂。

利。同时,他还向许多人打听:神圣的马丁的威力对于那些破坏誓言的人近来是否明显表现出来,特别是如果危害了求他庇护的人,是否立刻会有报应。

于是,他在那些应该前来协助他的士兵到达之前,亲自前往教堂。他在这里立刻就同不幸的埃贝鲁尔夫搭起话来,对他发誓。他凭着一切他视为神圣之物,凭着它们所具有的神圣主教的威力[①]起誓说,没有一个人能够比他更忠诚于他的事业,也没有一个人能够像他这样好地在国王面前为他表白,因为这个无耻之徒打定了这样的主意:"除非我能用伪誓欺骗他,我就无法胜过他。"当埃贝鲁尔夫听到他既在教堂的墙垣以内又在门廊和前院的其他神圣地点许下这些誓愿,这个不幸的人就相信了那个发伪誓者。

第二天,当我正停留在离城大约三十里远的一处地产上的时候,埃贝鲁尔夫被请去同克劳迪乌斯和某些城市居民在神圣的教堂里[②]吃饭。要不是只因他的仆人站得太近的话,克劳迪乌斯在当时当地就用剑将他砍倒了。可是埃贝鲁尔夫轻狂骄傲,一如往昔,他一点也没有注意到这个情况。饭后,他和克劳迪乌斯在教堂住所的前院一起散步,彼此交换誓言,相互矢以忠诚,约为兄弟。当他们正在这样谈论着的时候,克劳迪乌斯对埃贝鲁尔夫说道:"如果在酒里调合一些香料,或者,如果阁下肯于为我索取一口比较强烈的酒,我是很高兴到您府上去干一杯的。"埃贝鲁尔夫听见这些话,大为高兴,答称他所要的这些东西自己都有:"只要阁下肯

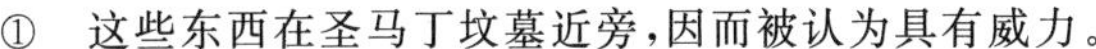

① 这些东西在圣马丁坟墓近旁,因而被认为具有威力。

② 教堂住所。

于屈尊降临敝居，您所要的一切，我的住处都有。”[①]他把他的仆人一个接一个地派走，去取各种比较强烈的酒：拉提乌姆酒和加沙
307 酒。[②] 当仆人们刚一走开，他的受骗者只剩下孤单一人的时候，克劳迪乌斯向着教堂举起手来说道：“最神圣的马丁，请即刻准许我再次见到我的妻子和亲人。”因为此刻他正准备冒险，这个恶棍打算在前院里行凶，可是同时又害怕这位神圣的主教的威力。于是，克劳迪乌斯的一个比其他人都更为强壮的仆人从背后抓住埃贝鲁尔夫，用他那有力的臂膀紧紧地扭住他，硬把他弄得胸膛朝上，使它暴露在外，以便给以致命的一击。克劳迪乌斯从饰带上抽出宝剑，向他扑来。可是埃贝鲁尔夫这方面尽管受到牵制，也从他的腰带上抽出一把匕首，握在手里，准备迎击。克劳迪乌斯高高举起手来，将锋刃刺进埃贝鲁尔夫的胸膛，而后者也立刻将匕首刺进对方的腋下，抽出匕首，接着第二下又割断他的拇指。于是克劳迪乌斯的仆人们手持刀剑从四面八方跑上前来，使埃贝鲁尔夫几处负伤。埃贝鲁尔夫从他们手中挣脱出来，尽管已是气息奄奄，还在试图逃跑，可是他们夺去他那把业已拔出的剑，在他头上深深地砍了一道伤，使他脑浆四溅，倒地而死。他从来不懂得诚心诚意地祈求那位圣徒，所以他也不配受到那位圣徒的救护。

克劳迪乌斯满怀恐惧，来到修道院院长的住室，向他寻求庇护，可是他却从来不曾十分明智地尊敬过保护这位院长的圣徒。他对当时正在住室里的院长说道：“我们已经犯了一项重罪，除非

① 埃贝鲁尔夫可能后来从圣器室迁居到教堂所属范围以内的其他住处。

② 当时驰名于高卢的意大利酒和叙利亚酒。

你加以援救，我们将要死亡。”当他还在说着的时候，埃贝鲁尔夫的随从人员举着剑和长矛冲了进来。他们发现门已上闩，就打碎了窗格玻璃，把长矛从墙壁上的窗户那里投了进来，刺穿了克劳迪乌斯的身子，当时他已经奄奄一息了。他自己的随从人员都躲在门背后和床底下。两个教士挽着那位院长，让他冒着生命的危险，把他从出鞘的刀剑丛中带了出去。这时门已打开，整个这群手持武器的人都走了进去。一些隶属于教堂的领受布施的人[①]以及其他穷人，对于这件罪行感到愤怒，试图把这间住室的屋顶拆掉。此外，形形色色的狂热的人和乞丐带着石头和棍棒前来替教堂所遭到的暴行复仇，他们对于教堂竟而成为空前未有的事情的肇事地
点感到愤怒。还需要再说些什么呢？逃亡者被拖出他们的藏身之 308
处，并且被残酷地杀死，因此这间住室的地面被血水所污染。然后他们的尸体被拖了出去，直挺挺地躺在冰凉的地上。杀人者收集起赃物，当天夜里便逃走了。上帝的报复就这样立即落在那些曾经以人血来亵渎神圣的前庭的人的身上。至于那个由神圣的主教让他经受这些事情的人，[②]谁也不能认为他的罪行会要小些。国王对于这些事情极为震怒，但是等到一切事情都向他讲清楚以后，他很快就重新平静下来。他将不幸的埃贝鲁尔夫的全部财产——包括动产和不动产——以及他从祖先那里所继承的一切，都分配给他的主要的追随者，这些人把死者的被抢得一干二净的妻子弃置在神圣的教堂里。克劳迪乌斯和其他人的尸体被他们的至亲带

① 教堂往往将一部分穷人列入名册，定期给予食宿。

② 指埃贝鲁尔夫。

回自己的本土，并安葬在那里。

三十　这时，贡多瓦尔德派遣两名教士充当信使到他的党羽那里去。他们之一是卡奥尔的修道院院长，他携带着一封书信，藏在凹面的木制书板的蜡层下面。[①] 他被贡特拉姆国王的兵士捕获，书信也被发现。他被带到国王面前，遭到痛打，投进牢狱。

三十一　贡多瓦尔德这时正在波尔多，因为贝尔特拉姆主教对他表示友好。当他正在寻求一切办法使其事业有所进展的时候，有一个人告诉他，东方的某个国王身上带有神圣的殉教者塞尔吉乌斯[②]的一个拇指，将它嵌在自己的右臂上，每当他难以击退敌人的时候，他就寄信任于这件护身之物，高举他的右臂，而他的大批敌人就像是被这位殉教者的威力击败似地，逃窜而去。贡多瓦尔德听到后，就努力打听当地有没有人已经获得殉教者塞尔吉乌斯的遗骨。于是贝尔特拉姆主教告诉他有个名叫尤夫罗尼乌斯的商人，因为他对这个人心怀怨恨。由于他垂涎这个人的财产，他曾经有一次不顾本人的心意让人强行剃掉他的头发。可是尤夫罗尼乌斯鄙弃这一行为，他移居另一座城市，等到头发重新长起来以
309 后，又迁了回来。因此，主教说道："这里有个叙利亚人，名叫尤夫罗尼乌斯，他曾经把他的住宅变成一座教堂，在里面安放了这位圣徒的遗骨，凭着这位殉教者救助世人的德行，他曾亲眼得见许多奇迹。有一次波尔多城着起大火，他的住宅被烈焰四面包围起来，可是一点也没有被波及。"穆莫卢斯听了这些话之后，立刻偕同贝尔

① 中世纪人书写多用书板，板面敷蜡，以尖笔在上面刻画。

② 塞尔吉乌斯是三世纪时叙利亚的殉教者，在当地最受崇敬。

特拉姆主教，赶往叙利亚人的家中。他们对这个人施加压力，要他拿出神圣的遗骨来。他拒绝了，可是当他想起这也许是一个由于挟嫌而为他设置的圈套时，便又说道："不要麻烦一个老人，也不可冒犯这位圣徒，还是拿着这一百枚金币走吧。"穆莫卢斯依然坚持要看遗骨，这时，他献出了二百枚金币；可是尽管如此，他还是无法把他打发走，除非把遗骨展示出来。这时，穆莫卢斯下令将一架梯子倚在墙上（因为遗骨是收藏在一个放在圣坛对面的墙壁上部的函匣里面的），让他的副主祭[①]爬上去。副主祭登上了梯级，握住了函匣，可是颤抖得这样厉害，以致谁也不能设想他会活着回到地面。但是，正如我所讲的，他握住了那个悬在墙壁上的函匣，把它取了下来。穆莫卢斯检查里面的东西，发现了圣徒的一段指骨。他无所畏惮地用刀子去砍这段指骨，先从上面砍，后从下面砍，砍了好多下，都劳而无功，小小的骨头毫无损伤。最后，它裂成三块，向不同的方向泯然消失。我认为，如此对待这段骨头，殉教者是不会高兴的。尤夫罗尼乌斯这时哀哀哭泣，所有的人都俯伏祈祷，恳求上帝施恩，把从他们肉眼前面移走的东西归还他们。祈祷之后，那些碎块又找到了，穆莫卢斯从中取了一块，就走开了，然而正如后文所述，他并没有带走殉教者的恩惠。

当贡多瓦尔德和穆莫卢斯待在波尔多的时候，他们下令要把一个名叫福斯提亚努斯的神父授任为达克斯主教。这个城市的主
教新近死了；达克斯当地的伯爵、埃尔主教鲁斯提库斯的兄弟尼塞 310
提乌斯业已从希尔佩里克那里领到证书，许可他接受剃发式，成为

① 应是贝尔特拉姆主教的副主祭。

该城主教。贡多瓦尔德打算把那位国王的旨令全部作废，他召集主教们，要求他们为福斯提亚努斯祝福。虽然贝尔特拉姆主教是一位大主教，可是他对于事情的后果有所顾虑，就吩咐桑特主教帕拉迪乌斯为他祝福，他当时的确眼睛疼。巴扎主教奥雷斯特斯也出席了这次圣职授任仪式，可是事后他在国王面前否认此事。

三十二　这些事情过去以后，贡多瓦尔德重新派出两名使臣去到国王那里，他们依照法兰克人的习俗，携带着经过祝福的职标，[①]以便他们不致为任何人所触犯，而在陈述使命之后能将答复带回。这两个人在晋见国王之前，就十分轻率地向许多人泄露了他们受命前来要求的事情。国王很快就听说了这些事情，于是他们身系锁链，被带到国王面前。他们对于出使目的、为谁所派和去见何人，都不敢否认，只好说出他们的口信："贡多瓦尔德新近从东方来，宣称他本人是您父亲洛塔尔国王的儿子。我们奉派前来要求应该归属他的那部分国土。如果您不将它交出，可要知道，他将带着军队前来这些地方，因为多尔多涅河彼岸的高卢各地区最有势力的人物都已经同他联合起来。他还这样说：'等到我们两人在战场上交锋的时候，上帝的裁判就会断定我是不是洛塔尔的儿子。'"国王闻此，怒火中烧，下令将他们用滑车捆吊起来，痛加鞭挞，如果他们所说属实，那么他们还会另外招供更明确的证据，否则，如果他们内心深处还保有更多的秘密，那么这种可怖的痛苦也会使他们无可奈何地将真情吐露出来。国王的命令执行了，由于痛苦越来越大，他们就供出国王的侄女——希尔佩里克国王的女

① 大约是一种木制板片，上面写有其人的委任凭证。

儿——同图卢兹主教马格努尔夫一起遭到了放逐，她的全部财宝都被贡多瓦尔德夺走了；所有希尔德贝尔特国王部下的首脑人物都曾经请求贡多瓦尔德登即王位；这种请求就是贡特拉姆·博索在几年前对君士坦丁堡进行访问的专门目的，贡特拉姆·博索曾 311
把进入高卢的邀请书带交给他。

三十三　在使臣们遭到这种鞭挞并被投入牢狱之后，国王将他的侄子希尔德贝尔特召请前来，他认为最好是他们一起听取一下这些人的证据。因此，两位国王审讯囚犯，囚犯就在他们两位的面前复述了贡特拉姆国王独自听到的一切。他们十分肯定地说，这件事情，正如前面讲的那样，对于希尔德贝尔特国中的全体首脑人物来说，是人所共知的。这就是为什么他们中间的一些人不敢出席这次会谈的缘故；他们被怀疑为参与这件事情的同伙。之后，贡特拉姆国王将自己的长矛放在希尔德贝尔特国王的手中，[1]说道："这就是我将我的整个国家赐给了你的标志。靠着这个，你可以把我所有的城市置于你的统治之下，就如同它们是你自己的一样。因为由于我的罪孽，我这一支的男人已经一个不剩，只留下我弟弟的儿子你一个人。我拒绝其他一切的人来继承我，就由你作为继承人来继承我的全部国土吧！"然后，他屏退其余所有的人，把这个孩子带到一旁，私下里同他讲话。他首先诚挚地嘱咐他不要把他们所谈的秘密泄漏给任何人。然后，他向他指出：哪些人他应该当作顾问，哪些人他不可共商大事；哪些人他可以信任，哪些人他应该回避；哪些人他应该奖以殊荣，哪些人他应该撤销原职。他

① 此时长矛被当作法兰克王权的标志。

吩咐他，最要紧的是对兰斯主教埃吉迪乌斯切不可加以信任或者留在身边，这个主教一向是他的敌人，曾经多次对他父亲和他本人发过伪誓。[①] 之后，当他们在宴会上一起出现的时候，贡特拉姆国王用下面的话向他的全体臣民发出告谕：“喂，伙伴们！你们看，我的儿子希尔德贝尔特现在已经长大成人了；大家要注意，不要再把他当作小孩子了。你们现在要抛弃你们的固执和骄横；因为他现在是一位你们应该为之服役的国王了。”他说了这些话和一些其他类似的辞句。国王们整整有三天在一起饮宴作乐，互相交换了许多珍贵的礼物，然后和睦地分手了。就是在这次会见时，贡特拉姆国王向侄子归还了所有从前隶属于他父亲西吉贝尔特的一切，并
312 且嘱咐他不要去看望他的母亲，以免为她同贡多瓦尔德的书信往还打开方便之门。[②]

三十四　这时，当贡多瓦尔德听说有一支军队[③]正向他逼近，他就带着萨吉塔里乌斯主教和穆莫卢斯、布拉达斯特两位公爵渡过加龙河，向孔弗内前进，瓦多也同他在一起，可是德西德里乌斯公爵却背弃了他的事业。这座城高居于一座孤立的高丘的顶端，左近并无其他山岳。一大股发源于山脚下的泉水，被一座极其坚固的塔楼圈在中间，人们通过一条隐蔽的道路从上面来到这里，因之在取水时就不致暴露在外，被人看见。贡多瓦尔德在四旬斋开始的时候进入该城，他向城内居民讲了下面这些话：“你们知道，我被希尔德贝尔特国内的全体男子推选为国王，我身边拥有不小的

① 见本卷第 14 章。

② 贡特拉姆怀疑布隆希尔德支持贡多瓦尔德。

③ 贡特拉姆的军队。当时是公元 585 年 3 月。

兵力。可是既然我的兄弟贡特拉姆国王已经派出一支庞大的军队来进攻我，你们必须把你们所有的粮食和所有的什物搬进城来，以便在上天赐我以更多的帮助之前，你们不致因匮乏而死去。”他们听信了他的话，把所有能够拿走的东西都聚集到城里来，准备进行抵抗。正在这个时候，贡特拉姆国王以布隆希尔德王后的名义送一封信给贡多瓦尔德，劝他抛弃并解散他的军队，他本人不要出头露面，到波尔多去过冬。他这样写是有狡诈的打算的，这是为了更详细地了解贡多瓦尔德打算干什么。但是贡多瓦尔德仍然待在孔曼热，[1]并且对居民说：“瞧！军队已经逼近，现在出击，进行抵抗！”他们冲了出去，可是他的士兵把住城门，将门关闭，把主教[2]和全体居民都关在外面，然后将他们在城内所找到的一切东西都据为己有。他们找到了如此巨量的谷物和酒，因之只要他们英勇地坚持不屈，几年之内，粮秣是不会发生困难的。

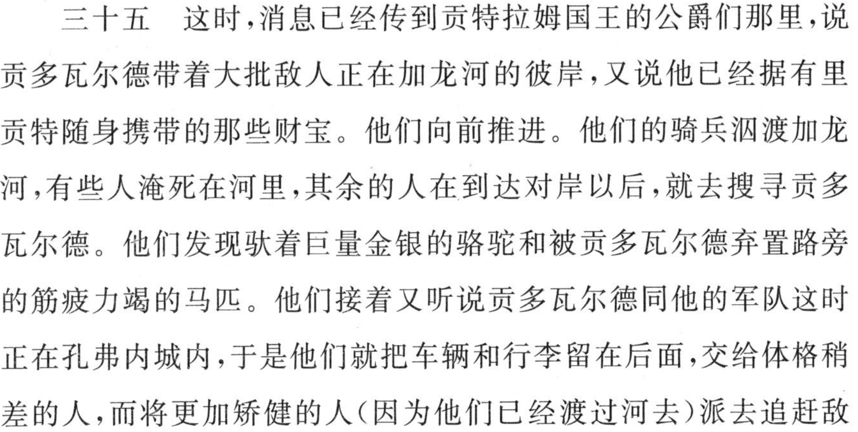

三十五　这时，消息已经传到贡特拉姆国王的公爵们那里，说贡多瓦尔德带着大批敌人正在加龙河的彼岸，又说他已经据有里贡特随身携带的那些财宝。他们向前推进。他们的骑兵泅渡加龙河，有些人淹死在河里，其余的人在到达对岸以后，就去搜寻贡多 313
瓦尔德。他们发现驮着巨量金银的骆驼和被贡多瓦尔德弃置路旁的筋疲力竭的马匹。他们接着又听说贡多瓦尔德同他的军队这时正在孔弗内城内，于是他们就把车辆和行李留在后面，交给体格稍差的人，而将更加矫健的人（因为他们已经渡过河去）派去追赶敌

① 即孔弗内。——译者

② 鲁菲努斯。

人。他们以全速向前行进，来到靠近阿让城边境的圣文森特教堂，据说这位殉教者就是在这个地方结束他为基督的名字而进行的战斗的。他们发现教堂里面装满了各色各样的财宝，这些财宝是属于当地的居民的，他们指望这样伟大的一位殉教者的教堂是永远不会遭到信奉基督教的士兵的侵犯的。门户全都最小心地闩住销牢。但是当到来的这些军队无法打开它们时，他们就点起一把火，把它们烧毁了。于是，他们拿走所发现的一切财产和什物，连教堂的全部金银器皿也拿走了。但是天谴使得他们中间的许多人就在当时当地感到恐惧，因为有些人的手不可思议地被烧着了，并且冒出一大股烟，就像是从火里冒出来的似地。另外一些人被魔鬼缠住，他们是这样地中了魔，竟致在狂乱中大叫这位殉教者的名字。许多人开始争吵起来，用各自的长矛互相刺伤。这一支人的下余部分继续行进，也不免怀着巨大的恐怖。简而言之，他们大伙又来到孔弗内（如前所述，这就是该地的名称），重新会合起来。这时，整个这支队伍在城市周围的乡村安下营帐，并且留在该地驻扎不去。他们蹂躏了周围所有的地区，有些兵士比别人更深地受到贪心的驱使，和同伴失散得过远，就被农民给弄死了。

三十六　他们当中有许多人时常到山上去同贡多瓦尔德搭话，辱骂他说："你这家伙不是在洛塔尔国王活着的时候时常去涂抹小礼拜堂的墙壁和圆顶的那个画匠吗？你不是高卢人时常称之
314 为巴洛梅尔的那个人吗？你不是就因为像今天所干的这种假冒名义而屡次被法兰克人的国王们剃去头发、加以放逐的那个人吗？最卑鄙无耻的人，坦白地告诉我们，是谁把你带到这里来的？是谁使你起心要想插足到我们的君王们的疆界之内来的？如果是有人

请你来的,你就大声地讲出来。看哪!死亡已经很清楚地站在你的眼前。瞧瞧你那如此长期追求的毁灭的深渊吧!你要头朝下地被投进去!把唆使你的人的姓名一个个地告诉我们,让我们知道你是被谁邀请来的。"贡多瓦尔德听罢他们所说的话,便向前挪近了一点,在城门的上方站定位置,答道:"有谁不知道,我的父亲洛塔尔一向讨厌我,我的头发就是首先被他,然后被我的兄弟们剪掉的。这就是我为什么要同意大利的行政区长官纳尔塞斯联合起来的缘由。我在意大利娶了妻子,生下两个儿子。[①] 妻子死了之后,我带着孩子们退居君士坦丁堡。我受到皇帝们十分优厚的接待,就在那里住下,直到现时。几年前,贡特拉姆·博索来到君士坦丁堡,我殷切地向他打听我兄弟们的近况。我从他那里得知,我们的王室可悲地凋零下去,我们的宗支除了贡特拉姆和希尔德贝尔特——一个兄弟和一个侄子——之外,再也没有男人剩下了,因为希尔佩里克国王的儿子们已经同他一起死掉,只剩下一个幼儿。[②] 我的兄弟贡特拉姆没有儿子,我的侄子希尔德贝尔特没有实权。贡特拉姆·博索详细地说完了这些事情以后,向我提出回国的邀请,说道:'来吧!希尔德贝尔特国王领域内的全体首脑人物都在请求你,谁也没敢咕哝一个字反对你。我们大家都知道你是洛塔尔的儿子。如果你不来的话,在高卢就没有人治理他的国家了。'我赐给他许多礼物,并且在十二处神圣场所接受他的誓言,以便让

---

① 见第6卷,第24章。

② 贡多瓦尔德来到高卢为公元582年,当时希尔佩里克尚在。贡多瓦尔德在这里将其后发生的事托之闻诸贡特拉姆·博索赴君士坦丁堡时所言,显然与事实不符。

我安全进入这片国土。因此，我来到马赛，当地主教[①]以最大的善意接待了我，因为他接到了我侄子国内的许多首脑人物的信。然后，我依照勋贵穆莫卢斯的愿望，前往阿维尼翁。但是，贡特拉
315 姆·博索不顾他的誓言和许诺，窃取了我的财宝，据为己有。因此，要懂得，我是一位国王，正如我的兄弟贡特拉姆一样。但是，假如你们心中过于愤恨，怒火满腔，至少也要把我领到你们的国王那里去。如果他把我当作兄弟相认，我愿意按照他的意图行事。假如你们不肯做到这点，那么就让我返回我所自来的地方，因为我愿意离去而不损害任何人。假如你们愿意知道我讲的话的真情，可以去向现在在普瓦提埃的拉德贡德和在都尔的英吉特鲁德打听，因为她们会肯定我的话不假。”当他在作这种长篇的高谈阔论的时候，许多人在他的讲话中间夹进了辱骂和讥嘲。

三十七　围攻的第十五日天已破晓，柳德吉塞尔[②]正为攻破该城准备新的器械。一些装有破城槌的车辆上面用树枝编织的篱障和木板遮盖起来，军队可以藏在下面前去破坏城墙。但是当他们刚一走近的时候，他们立刻就被几阵石头像下雨似地压了下来，以致凡是接近城墙的人全都死了。守城的人向他们投下盛有燃烧着的松脂和油脂的器皿，另外一些则满装着石头。当黑夜到来，无法再战的时候，进攻者返回他们的营寨。

贡多瓦尔德身边有一个名叫卡里乌尔夫的极为有钱有势的当地居民，他在城里开设许多店铺和货栈，绝大多数的守军都靠着他

① 提奥多尔。

② 贡特拉姆的统帅。

的物资过活。但是布拉达斯特看清了事态的发展趋势，深怕柳德吉塞尔如果夺得该地，就会把他们全部处死。因此，他放火焚烧教堂的住所，当所有被围困的人挤到一起来扑灭火焰的时候，他就逃之夭夭了。第二天早上，敌人又来攻打，并且捆起许多木柴去填塞位于东面的深谷；但是这种办法并没有使敌方蒙受任何损害。整个期间，萨吉塔里乌斯主教全副武装，环绕壁垒往来巡视，并且从城墙上亲手投出石头。

三十八　当围攻者看到自己徒劳无功的时候，就秘密地派遣
信使去对穆莫卢斯说道："承认你的真正的君主吧！即使此刻为时
已晚，还是抛弃你的固执吧！是什么疯狂缠住了你，竟尔使你去侍
奉一个不知名的人物？你的妻子和孩子们都已被俘，你的儿子确
已就戮。你还跑到什么地方？除了毁灭之外，你还能指望什么
呢？"他接到这些口信以后，答道："我看到我们的统治业已临近末 316
日，我们的力量衰落了。现在只剩下一条路。如果我能得到生命
安全的保证，我可以让你们省好些事。"信使们走后，萨吉塔里乌斯
主教偕同穆莫卢斯、卡里乌尔夫和瓦多前往教堂，他们在那里相互
发誓说：如果他们确实能够保全性命的话，他们将抛弃他们对贡多
瓦尔德的忠诚，并且将他本人献给敌方。信使们回来了，带来一项
饶恕他们性命的诺言。穆莫卢斯说道："只要答应了这一点，我就
情愿把这个人交到你们手里。我愿意承认我的君主，并立刻去晋
见他。"于是信使们答应道，如果他信守诺言，他们将友好地接待
他；如果他们不能从国王那里为他求得宽恕，他们也将把他安置在
一座教堂里，好让他逃脱死亡的惩罚。他们用誓约来应许这件事
情，然后便离去了。

于是穆莫卢斯偕同萨吉塔里乌斯和瓦多来到贡多瓦尔德那里，说道："你现在正站在我们面前，你知道我们曾向你发过什么样的效忠誓言。但是现在请你听一项有益的忠告。离开这座城市，像你经常所希望的那样，把自己置身于你兄弟的面前。因为我们已经同这些人进行过谈判，他们告诉我们，由于王室宗支存者寥寥，国王并不愿意失去你的支持。"贡多瓦尔德看穿了他们的背叛行径，涕泪横流地说道："我之被弄到高卢来，是出于你们的邀请。我的财产，包括巨量的黄金、白银和各种各样的珍贵物品，其中一部分收藏在阿维尼翁，一部分为贡特拉姆·博索抢走。除了上帝的帮助之外，我把全部希望都寄托在你们的身上。我对你们是完全信任的，我一直都在指望依靠你们的助力来建立统治。如果你们现在对我说了假话，你们就去向上帝交代，因为他将对我的案情作出裁判。"穆莫卢斯对此答道："我们说这些话毫无背叛之意，你看，城门口已经站有雄壮的战士，正在等候着你前往。因此，现在要把你佩在身上的我那条金饰带解下来，免得像是盛装而往似的。佩上你自己的宝剑，把我的宝剑还给我。"他回答道："我十分了解
317 这些话的双重含义：你的这些被我当作我们友谊的象征而一直佩带到今天的东西，现在要从我的身上被拿走了。"于是，穆莫卢斯庄严地发誓，说决不会加害于他。

于是他们从城门里面走出来，贡多瓦尔德受到布尔日伯爵乌洛和博索[①]的迎接。但是穆莫卢斯和他的随从人员却退回城中，随即将身后的城门牢牢关闭。当贡多瓦尔德看到自己被出卖到敌

① 这是另一个博索而非贡特拉姆·博索，见第9卷，第31章。

人手里的时候，他举目扬手向天高呼道："永世的裁判者、无辜者真正的复仇人啊！一切正义都来自上帝你，你痛恨虚谎，你心中没有阴谋，也没有毒计；我要把我的案件托付给你，以期你能早日去向那些将我这个对于一切罪行全都无辜的人出卖到我的敌人手里的人报复。"他说完这些话并划过我主的十字架的符号之后，就同我前面提到的那些人向前走去。他们离开城门走了一段，城的四周是一条边缘陡峭的峡谷，这时，乌洛把他推了下去，一边推一边还喊道："瞧你们这个自称为国王们的儿子和兄弟的巴洛梅尔！"随后他又用自己的长矛向他刺去，打算将他戳透，但是他的锁子甲上的链环挡住了这一击，使它未能为害。贡多瓦尔德于是站了起来，力图回到山上，但是博索投出一块石头，击中他的头部，因之他倒在地上断了气。一群兵士走上前来，用他们的长矛刺穿他的尸体。接着，他们用一根绳索捆住他的双足，在整个军营里把他拖来拖去。他的头发和胡须都被拔掉，尸体被丢弃在他被杀的地点，没有埋葬。

当天夜里，城内的首脑人物把他们所能找到的全部财宝，包括教堂的金银器皿在内，偷偷地运走了。次日早晨，城门大开，让围攻的军队进来。城内所有的普通居民都死于刀剑之下，上帝的教士连同服事他们的人也在圣坛之前遭到屠杀。当所有的人都已死掉，连一个对着墙撒尿的人[①]也没有剩下的时候，他们就向这座城市连同它的所有教堂和其他建筑物放起火来。除了空荡荡的土地之外，他们什么也没有给留下。

① 指男子，见《圣经·列王纪上》，第16章，第11节。

318 三十九　这时，当柳德吉塞尔偕同穆莫卢斯和萨吉塔里乌斯、卡里乌尔夫和瓦多班师回营的时候，他暗中派遣信使去到贡特拉姆国王那里请示对待这些人的办法。国王发出命令，这些人应该受到死刑。可是瓦多和卡里乌尔夫把他们的儿子留下充当人质，本人走了。风传他们已经被杀。穆莫卢斯听到这事，就佩带武器，前往柳德吉塞尔的营房。柳德吉塞尔一见他的面就喊道："你怎么这样地来了，就像是要逃走似的？"穆莫卢斯答道："我发现对我所作的誓言完全没有得到遵守，我认为我正处在死亡的危险之中。"柳德吉塞尔回答说："我要前去使大家都安定下来。"他一出去，便立刻下令把这间房子包围起来，以便使穆莫卢斯就戮。但是穆莫卢斯对进攻者进行了长时间的顽强抵抗以后，终于来到门口。他刚一迈出脚去，立刻被两支投枪从左右两侧刺中，于是他便倒在地上死了。主教[①]见此情况，不胜惊恐，可是站在旁边的一个人对他说道："喂，主教！你自己睁眼看看都发生了些什么事情。遮上你的头部，到树林里躲避片刻；也许等到这阵怒火平息下去，你就可以逃走了。"主教听从了他的劝告，用头巾遮住头部，拚命逃走。可是有一个人抽出宝剑，连他的头颅带头巾等等一齐砍掉。之后，军队中的每一个人各回本土，一路上杀人掠物而去。

这时候，弗蕾德贡德王后派遣库帕[②]前往图卢兹地区，让他不论采用什么办法，都要将她的女儿从那里接回来。有好多人讲，他实际上是被派去用多种许诺来诱惑贡多瓦尔德的，如果他仍然在

---

① 萨吉塔里乌斯。

② 希尔佩里克的司马官，见第5卷，第39章。

世，就把他带到王后那里来。但是由于此刻他已经无法做到这一点，他就把备受贬抑和侮辱的里贡特从那个地方带走了。

四十　柳德吉塞尔公爵带着上面提到的财宝来到国王那里，国王后来把这些财宝散发给穷人和教堂。他让人把穆莫卢斯的妻子捉来，讯问她和她丈夫所聚积起来的财宝的下落。当她听到她的丈夫已经被杀，一切尊荣显赫已经全部化为灰尘的时候，她就吐 319
露了全部情况，说在阿维尼翁还有好多为国王所不知道的金银。国王立即派人带着一个穆莫卢斯所信任并将金银托其照管的仆人前往携取。他们前去执行任务，把留在该城的一切东西都拿了来。据说有白银二百五十塔兰特，黄金三十多塔兰特，[①]相传是穆莫卢斯从一个被发现的古代宝藏里得来的。国王把这笔钱同他的侄子希尔德贝尔特分了，并将自己那份的大部分给了穷人。那个寡妇除了从她的亲戚那里所继承到的东西之外，他什么也没有给她留下。

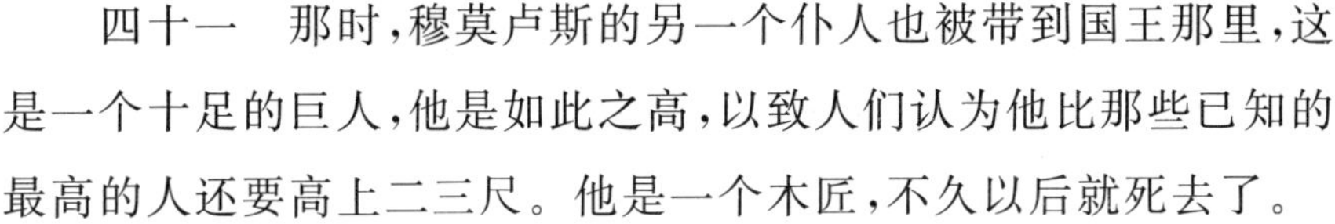

四十一　那时，穆莫卢斯的另一个仆人也被带到国王那里，这是一个十足的巨人，他是如此之高，以致人们认为他比那些已知的最高的人还要高上二三尺。他是一个木匠，不久以后就死去了。

四十二　在此之后，法官们[②]下命令：凡对参加最近这次出征表现迟缓的人都应受到处罚。布尔日伯爵派遣仆人到一所位于该区的隶属于圣马丁的房产那里去，[③]向犯有这种过失的人征课罚款。但是这所产业的监督人坚决反对，说道："这些是马丁的人，不

① 一些学者认为此处的塔兰特实指磅而言。

② 指各城的伯爵。

③ 指该教堂的产业。

要损害他们，因为要他们在这种场合参加服役是不合惯例的。”他们答道：“对于这个马丁我们有什么可在乎的？在这种事情上，你总是在无聊地唠叨他。但是你和这些人必须因玩忽国王的命令而交付罚款。”说过以后，一个人走进了这所房屋的院子。他立刻受到巨大痛苦的折磨，倒在地上，情况很坏。于是，他转过脸来朝向这位教产监督人，带着哭声说道：“我请求你在我的上方划一个我主的十字架的符号，并且呼唤神圣的马丁的名字。现在我可知道了他的威力是何等巨大，因为当我进入这所宅院的时候，我看见一位年纪老迈的人手里举着一棵树，树的枝叶伸张，笼罩了整个的庭院。树的一枝碰到了我，把我打了一下，所以我便惊慌失措，跌倒在地。”于是，监督人就向他的随从人员做了一个手势，叫他们把他从院子里弄出去。他出了院子以后，就开始热诚地呼唤神圣的马丁的名字。这样，他的痛苦消失了，身体复原了。

320 四十三　德西德里乌斯躲在他自己的设防地点，以求保全生命和财产。里贡特从前的王室总管瓦多投奔布隆希尔德王后，她很好地接待了他，并且用恩赐和礼品把他打发走了。卡里乌尔夫则到圣马丁教堂去了。

四十四　当时有一个妇女被一个能作预言的魔鬼缠住，她凭着占卜替她的主人们带来许多收益；她是这样地赢得了其主人的宠爱，因之他们让她获得自由，她于是随心所欲地生活。谁要是遭到抢劫或者是蒙受灾祸，她马上就宣告盗贼逃向何方，他将赃物交付何人或者如何处置。她每天都在积累金银，外出时打扮得珠环翠绕，俗里俗气，以致人们把她看成一个类似女神的人物。这些事情传到凡尔登主教阿吉里克的耳边，他便派人去逮捕她。她被捉住，带到他这里来。当时，正像我们在《使徒行传》中所读到的那样，[①]他发现她身上有一个不洁的巫鬼通过她来作预言。当他向她背诵了一遍驱邪的套语，并在她的眉毛上涂上圣油以后，魔鬼高声喊叫，向主教透露了自己是什么东西。可是人们无法将魔鬼从那个妇人身上驱走，因之只好让她离去。但是当她看到已经不能再在那个地方居住下去的时候，她就投奔弗蕾德贡德王后，在她那里藏身。

四十五　这一年，差不多整个高卢都遭到了饥荒。许多人被迫用晾干捣碎的葡萄核或者榛子花加上少许面粉来制作面包，而另外的人则用的是羊齿植物的根。有许多人割下了青色的麦秸，用同样的办法加以处理，而另外许多根本没有面粉的人，就拔来各种青草，吃了下去，因之周身肿胀而死。大量的人身体衰弱，饿死了。于是商人们极其恶毒地掠夺人民，因之一蒲式耳[②]的谷物或者半蒲式耳的酒几乎用三分之一枚金币也难以买到。穷人为了一口食物，把自己卖为奴隶。

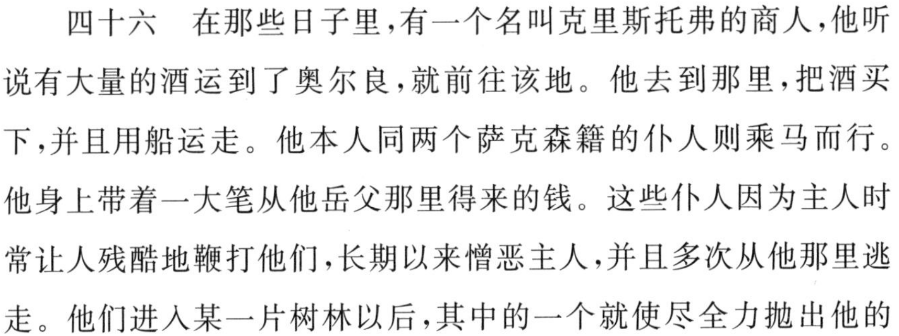

四十六　在那些日子里，有一个名叫克里斯托弗的商人，他听 321
说有大量的酒运到了奥尔良，就前往该地。他去到那里，把酒买下，并且用船运走。他本人同两个萨克森籍的仆人则乘马而行。他身上带着一大笔从他岳父那里得来的钱。这些仆人因为主人时常让人残酷地鞭打他们，长期以来憎恶主人，并且多次从他那里逃走。他们进入某一片树林以后，其中的一个就使尽全力抛出他的

① 见《圣经·使徒行传》，第16章，第16节。

② 一蒲式耳约合三十六升。此处或指桶等容器。——译者

投枪，刺中正骑马走在前面的主人。他跌倒在地，另一个仆人就用矛头在他的头部乱割，于是他被他们两人砍成碎块死在地上，他们把他抛下，带着钱财逃离该处。克里斯托弗的兄弟埋葬了尸体，派人去追赶这两个仆人。年轻的一个被捉住捆绑起来，年长的一个带着钱逃脱了。在归途中，由于绳索捆得过松，那个俘虏抢过一支长矛，杀死一个看守的人。但是其余的人把他弄到都尔，他在那里备受各种折磨和凌迟之苦。他在死后还被吊在绞架上面。

四十七　这时候，在都尔的居民中间发生了一次残酷的仇杀。当某一个已故的约翰的儿子西卡尔在芒特朗村同奥斯特雷吉塞尔和该地其他人士在庆祝圣诞节的时候，当地的神父派一个仆人来邀请某几个人到他家去同他饮酒。当仆人到来的时候，有一个被邀请的人拔出佩剑，竟然残忍地砍了过去，于是这个人就地倒下身死。西卡尔同神父夙相友好，他一听到仆人被杀的事，立刻拿起武器，前往教堂去等候奥斯特雷吉塞尔。[①] 奥斯特雷吉塞尔听到此事，同样也带上武器和装备，前去迎击。双方之间发生了遭遇战。在全面的混乱当中，西卡尔被几个教士救了出去，逃到他在乡下的地产上，将钱财衣服和四个受伤的仆人丢在神父的家里。他逃走之后，奥斯特雷吉塞尔闯进了神父的家，杀死了那些仆人，拿走了金子、银子和其他财物。事后，双方都出席了城市居民的法庭，法庭判断奥斯特雷吉塞尔是一个杀死仆人并且未经许可越权抢夺财
322 产的杀人犯。案件被提交到法庭几天以后，西卡尔听说被盗去的财产正在奥斯特雷吉塞尔的儿子奥诺和他的弟弟埃贝鲁尔夫的手

① 奥斯特雷吉塞尔可能与神父为敌，而且曾挑起杀死仆人事。——译者

里。他置法庭于不顾，身边带着奥迪努斯，[①]领着一伙武装之徒，黑夜之间无法无天地去攻击这些人。他们在里面睡觉的屋子被强行打开，父子兄弟都被杀死，奴隶们也遭到屠戮，动产和畜群被携走。这件事情传到我的耳中，我为之十分烦恼，就同法官联合行动，[②]派信使去吩咐他们前来我们这里，研究一下事情能否合理地解决，以便这两伙人可以和解，各自散开，使纠纷不再继续下去。他们来了，居民们也聚集起来，于是我便说道："人们啊！不要再犯罪了，以免坏事进一步地扩大。我们已经丧失了一些教会的儿子，现在我们深怕这场仇杀会使我们被夺去其他的儿子。我请求你们作和解者吧！有谁犯过过错，都要为了弟兄的友爱而作出赔偿，以便你们都成为和睦的子女，而配得上靠着上帝的恩惠进入天国。因为耶稣自己曾经讲过：'使人和睦的人有福了，因为他们必称为上帝的儿子。'[③]现在看看，如果有谁应该负担罚款而又无力缴纳的话，教会将以其本身的钱财来偿还这笔欠款。在此期间，不要让任何人的灵魂消灭吧！"我说完这些话，就把属于教会的钱拿了出来。但是克拉姆内辛德[④]这一伙人要求为他父亲和叔父的死亡主持公道，拒绝接受这笔钱。他们走了以后，西卡尔准备作一次旅行，他打算前往国王那里；主意打定，他先到普瓦提埃去探看他的妻子。但是当他在那个地方训戒一个奴隶，叫他干活的时候，他几

① 都尔居民，见第9卷，第30章。——译者

② 作者当时任该地主教，法官指当地伯爵，两者各有自己的法庭，互不相属；此时联合行动，表明案情重大。

③ 《圣经·马太福音》，第5章，第9节。

④ 奥诺的儿子。

次用一根棍棒打他，于是这个人从他主人的饰带上抽出佩剑，[①]悍然不顾地用这把剑将他刺伤。他倒在地上，但是朋友们跑过来捉住了奴隶。他们先是将他毒打一顿，然后砍掉他的双手双足，最后把他处死在绞架上。在此期间，有谣言传到都尔，说西卡尔死了。
323 克拉姆内辛德一听到这个谣言，立刻通知他的亲戚朋友，他尽快地前往西卡尔家，在那里大肆掠夺，杀死几个奴隶，烧毁一切房屋，不仅是西卡尔的房子，而且连地产上属于其他土地所有者的房屋也都付之一炬。然后他抢走家畜和所有的动产。这时双方都被伯爵传到城里，各自申述理由。法官们作出决定：原先拒绝接受赔款，后来又烧毁房屋的人，应罚以丧失其前次判归他的钱数之半；在这里，他们为了保证恢复和平，并没有按照法律行事；他们还命令西卡尔偿付另外一半赔款。于是教会提供了判决中所提到的钱数。双方各自具保，款项得到偿付。两方相互发誓约定彼此永远不再捣乱。于是这场仇杀遂告结束。

第七卷至此结束

① 原文系奴隶从自己的饰带上抽出佩剑，英译者认为与情理不合，改译如此，今从之。——译者

第　八　卷 327

第八卷诸章自此开始

一、国王来到奥尔良

二、主教受到引见，国王准备宴会

三、在场的歌唱者，穆莫卢斯的银制器皿

四、对希尔德贝尔特国王的赞颂

五、国王和我见到的关于希尔佩里克的幻象

六、我带到国王面前的人

七、帕拉迪乌斯主教及其作弥撒的情况

八、显现的朕兆

九、关于希尔佩里克的儿子的誓证

十、墨洛维和克洛多维希的尸体

十一、司阍们，博安图斯之死

十二、提奥多尔主教，拉塔尔遭到的不幸

十三、贡特拉姆派向希尔德贝尔特的使节

十四、河上遇险

十五、符尔富莱克副主祭的皈依

十六、他谈到的神圣的马丁的奇迹

十七、出现的异兆

四十一、杀害普雷特克斯塔图斯的人们

四十二、贝波伦受任公爵

四十三、尼塞提乌斯受任普罗旺斯地方长官

四十四、安特斯提乌斯的所作所为

四十五、打算杀害贡特拉姆国王的人

四十六、德西德里乌斯公爵之死

四十七、柳维吉尔德国王之死

第八卷诸章至此结束

感谢上帝

(本卷所记自公元585年起,至586年止。)

329

第八卷以基督的名义自此开始

一　贡特拉姆国王于在位的第二十四年[①]从夏龙[②]出发，来到内韦尔。当时他正前往巴黎，是被请到那里去的，他要在那里从神圣的洗礼盆中接受希尔佩里克的儿子——人们已经称之为洛塔尔。他从内韦尔转赴奥尔良，在这里，他在居民中间举止十分谦和，因为他接受邀请到他们的家里去，享用他们献给他的饭菜，接受他们赠给他的礼物，并且以慷慨大方的赏赐作为回敬。他进入奥尔良的那天正是圣马丁的节日，即五月农兹日[③]的前四日，一大群一大群的人带着各种旗帜，唱着赞美他的歌曲，出来迎接。在这里可以听到叙利亚人的语言，拉丁人的语言，[④]甚至还有犹太人的语言。当群众高呼："国王万岁！愿他对各族人的统治垂于永久"时，所有这些语言在各种欢呼声中刺耳地混成一片。犹太人也像是参与了这种欢迎，不断地在呼喊："要让各族人都对您表示崇敬，向您叩拜，归您治理。"但是他们所产生的全部效果却是在作过弥撒以后，当国王坐着用膳的时候，他说："愿犹太族受难！他们的心

① 公元585年。

② 索恩河畔夏龙。——译者

③ 农兹日 Nones，拉丁文 Nonae，为罗马古历3月、5月、7月、10月的第七日，其他月份的第五日。该日为7月4日。——译者

④ 叙利亚人泛指犹太人以外的东方各族，拉丁人指意大利人，可能也包括高卢-罗马人。

灵永远是邪恶、毫无信义而又狡猾的。他们今天用赞颂和谄媚来向我欢呼，坚决主张各族人都应该尊我为他们的君主，只不过是希冀我会下令用公帑来重建他们的会堂而已，而这个会堂已在若干年前被基督教徒摧毁了。上帝禁止做这样的事情，我永远不会去做它。”光荣的国王啊！可钦佩的睿智！他看穿了不信基督教者的一切诡诈，因之他们从随后提出的请求中完全没有捞到便宜。用餐将毕，国王对在场的主教们说道：“我请求在明天你们来向我问候的时候，我在我的住所接受你们为我祝福，以期我这个十分卑贱 330
的人能够在你们祝福的辞句倾注在我的身上以后从而得救。”他说完这些话，我们大家向他致谢；餐毕，我们起身离开餐桌。

二　早晨，国王去拜访圣徒们的神圣场所，在那些地方作祈祷，也来到我的住所。我的住所十分靠近神圣的修道院院长阿维图斯的教堂，关于这位阿维图斯，我在《奇迹集》里曾经提到。[①] 我自然高兴地起身去迎接国王，在作过祈祷以后，我请求他俯允在我的住所里接受来自圣马丁教堂的经过祝福的面包。他没有谢绝，而是怀着友好的兴致走了进来，干了一杯，邀我坐到他的桌上，并且带着快乐的情绪离去。

这时候，波尔多主教贝尔特拉姆和桑特主教帕拉迪乌斯由于曾经如前文所述接纳过贡多瓦尔德，已经引起了国王的深刻愤怒。他们两人当中，帕拉迪乌斯触怒国王尤甚，因为他在其他场合也屡次瞒骗过国王。不久之前，他们在主教弟兄们和王国的显贵们面前就他们的行为受过审查，首先是审查接纳贡多瓦尔德的行为，其

① 阿维图斯死于公元527年，其事迹见于《荣列精修圣人录》。

次是审查在这个觊觎王位的人的轻举妄动的命令下授任福斯提亚努斯为达克斯主教的行为。帕拉迪乌斯力图把这次授任教职的过失从他的大主教贝尔特拉姆那里转移到自己的身上，就说："我的大主教的眼睛当时疼得几乎要阖上了，我在受到侮弄和掠夺之后，情非得已地被拖到那个地方。[1] 对于一个自称是全高卢公认的统治者的人的命令，我只好遵从了。"当这些话被复述给国王听的时候，国王勃然大怒，人们几乎无法劝服他去邀请他们前来与他同桌用饭，尤其是那时他还未曾接见过他们之中的任何一个。于是，当贝尔特拉姆走进来的时候，国王问道："这个人是谁？"因为自从他们上次见面以来已经过了很久了。人们告诉他说："这就是波尔多主教贝尔特拉姆。"于是他便说道："我为你对你的家族这样恪守忠诚表示感谢。最亲爱的教父，你应该记得，你是我母系方面的亲戚，因此你不该把来自国外的灾害带给你的家族。"贝尔特拉姆只

331 得谛听着更多更多的这类的话。然后，国王转向帕拉迪乌斯说道："帕拉迪乌斯主教，我对你也没有什么可以感谢的地方。因为你曾三次给我送来充满欺骗的报告，对我宣发伪誓，这对于一个主教来说，可是一件邪恶的事。你的确给我写过信进行辩解，可是你在另外的书信里却在召请我的弟弟。[2] 但是上帝已经审理了我的案情。我一向关注着把你们当作教会的教父而加以提升，而你们却始终诡诈地对待我。"他又向尼卡西乌斯和安提迪乌斯[3]两位主教说道："最圣洁的教父们，现在告诉我，你们曾为你们地方的利益和

① 见第 7 卷，第 31 章。——译者

② 指希尔佩里克，但希尔佩里克派克洛多维希前往，见第 5 卷，第 13 章。

③ 尼卡西乌斯是昂古莱姆主教，安提迪乌斯是阿让主教。

我的王国的安全做过些什么事情？”在他们保持缄默的时候，国王洗净了手，接受了主教们的祝福，带着微笑的面孔和愉悦的表情在餐桌旁边坐了下来，就像是对于他所蒙受的侮辱从来不曾谈到似的。

三　这餐饭吃了一多半的时候，国王吩咐我去叫我那个在头一天的弥撒中歌唱应答圣诗的副主祭演唱一次。在他这样做的时候，国王又对我发出第二道命令：我必须请在座的每一位主教去让一个属于他的教堂的教士在国王面前轮流演唱。我将国王的意图告诉他们，每个人都在国王面前竭其所能地歌唱了应答圣诗。

几盘菜被端上来的时候，国王说道：“所有这些你们见到的器皿都是那个发伪誓的穆莫卢斯的；现在由于上帝的恩惠，它们已经转到我的手里。我已经使人将十五个同你们面前比较大的那个一般大的盘子加以销毁，从全套器皿里面只留下这一件和重一百七十磅的另外一件。储存超乎日常需要之外的财物的目的何在呢？可悲的是，我没有亲生的儿子，只有一个希尔德贝尔特，他对于自己的生父所留给他的财宝和我现在从在阿维尼翁所找到的那个卑鄙的人的财产中送给他的东西，应该是满足了。其余的财宝全都该花费在教堂和穷人的福利上面。”

四　“上帝的主教们，我只有一件事求你们，就是请你们祈祷
上帝俯施仁慈于我的儿子希尔德贝尔特。他是这样一个具有才能 332
和良知的人，以致多年以来在才能和审慎方面与他相似的人是罕见的。如果上帝俯允他治理我们高卢的话，或许可以指望通过他使我们现在已经衰萎得很厉害的种族重新兴旺起来。我确信，依靠上帝的仁慈，这件事是会实现的，这孩子降生的时候有过这样的

预兆。在神圣的复活节那天，当我的弟弟西吉贝尔特站在教堂里面，教堂的副主祭捧着《福音书》向前行走的时候，一个信使来到国王面前；正在诵读《福音书》经文的副主祭和信使就像是如出一口似地说出了这句话：'为你生下了一个儿子。'于是全体人民对这个由两方面传来的好消息呼应道：'光荣归于全能的上帝。'这个孩子在神圣的圣灵降临节那天领了洗，并且在神圣的圣诞节那天登上王位。因此，如果你们的祈祷照顾到他，他将靠着上帝的眷顾治理这块土地。"国王这样一说，大家都向上帝祷告，求他施恩保佑两位国王。国王又说："诚然，他的母亲布隆希尔德在威胁着我的生命，但是这并不使我感到害怕，因为上帝既然曾经把我从许多仇敌的手中抢救出来，自然也会从她的圈套中搭救我。"

五　与此同时，他对提奥多尔主教作了多次的责难，断然宣称如果他来出席宗教会议，他将再一次遭到放逐；又说："因为我知道他曾经为了你们所知道的那些人的利益而使我的弟弟希尔佩里克遭到杀害。[①] 如果我在今年不能为他的遇害报仇的话，我就不该再算作一个人了。"我对他回答道："除了希尔佩里克本人的邪恶和您的祈祷之外，还有谁杀害了他呢？由于他多次不义地张起网罗来陷害您，才把死亡带到了自己的头上。让我告诉您，我在一次幻象里清楚地看到这一切。因为我看到他剃去头发，好像是受任为主教似的；接着我又看到他被抬在一张质朴无华、上面只是覆有

① 贡特拉姆指责马赛主教提奥多尔曾为了贡多瓦尔德及其支持者奥斯特拉西亚贵族的利益而使希尔佩里克遇害。

黑布的椅子上；在他前面有人擎着点起的灯和小蜡烛。”当我讲出
这个梦的时候，国王说道：“我也见到另外一个预示他死亡的幻象。
三位主教引导着他披枷带锁地来到我的面前，他们是提特里库 333
斯、[①]阿格里科拉[②]和里昂的尼塞提乌斯。他们中间有两个人说
道：‘我们请求您打开枷锁，将他惩戒一番，让他去吧！’但是提特里
库斯主教严厉地反对他们，这样地回答道：‘不能这样，根据他的罪
恶，他该当被投进烈火中去。’当他们以这种方式长时间而认真地
争辩的时候，我远远地看见一口大锅放在火上，沸腾滚烫。后来，
当我为此景象而哭泣的时候，他们抓住不幸的希尔佩里克，折断他
的肢体，把他投进锅里。在热气腾腾的水里，他立刻溶化为液体，
因之他连一丝痕迹也不存在了。”我们对于国王的这些话感到惊
异，用餐既毕，就起身离席。

六　第二天，[③]国王出外打猎。在他回来的时候，我把波尔多伯爵加拉卡尔和布拉达斯特带到他的面前，如我前面所谈到的，[④]他们因为参加过贡多瓦尔德一伙而在圣马丁教堂里避难。起初，我为他们所作的说项并无收获，然而我这样地继续说了下去：“啊！国王陛下！您看，我是一个由我的主人派遣到您这里来的信使。既然您不肯给我答复，那么我又拿什么去回复派遣我的那个人呢？”他听了这话很惊奇，说道：“派遣你的这位主人是谁？”我带着

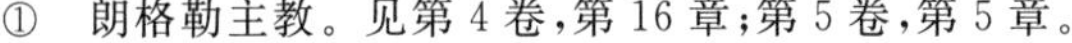

① 朗格勒主教。见第4卷，第16章；第5卷，第5章。

② 索恩河畔夏龙主教。见第5卷，第45章。

③ 7月6日。

④ 见第7卷，第28、34、37章，但均只提到布拉达斯特而未提及加拉卡尔。——译者

微笑答道："是神圣的马丁，是他派我来的。"于是他命令把这两个人带到他的面前。但是他们刚一来到他的眼前，他就责备他们多次宣发伪誓，叛变通敌，一次又一次地称他们为"狡猾的狐狸"。然而他让他们重蒙恩泽，把过去从他们手里拿走的东西归还给他们。

七　星期日重又到来的时候，国王到教堂里去作弥撒。我们的教会弟兄和主教同仁们将作祷告的荣幸让给帕拉迪乌斯。正当他开始歌唱预言诗[①]的时候，国王询问他是何人。当他们告诉他那是帕拉迪乌斯主教在开始履行仪式的时候，国王立刻勃然大怒，
334 喊道："什么？要这个一向背信弃义、发伪誓的人现在在我面前宣读神圣的经文么？我要马上从这座教堂里走出去，免得我会听到我的敌人宣讲经文。"他这样说了，就开始离开教堂。主教们对于他们的弟兄所受到的侮辱深感不安，于是便向国王说道："我们曾经看到他坐在您的餐桌上，也曾经看到您从他的手上接受祝福，为什么国王现在却拒绝他呢？如果我们事先知道他为您所憎恶的话，我们一定会推选别人来履行这一仪式。但是现在还是让他完成他已经开始的工作吧；今后，如果您对他怀有芥蒂，那就根据教规的判断来做出决定吧。"其间，深蒙羞辱的帕拉迪乌斯主教已经退避到圣器室里去了。这时国王又令人把他重新叫了出来，他接着完成了中断的仪式。但是当帕拉迪乌斯和贝尔特拉姆再度被邀请到国王的餐桌上的时候，他们之间发生了纷争，彼此攻击对方曾

---

① 预言诗是高卢居民在弥撒开始时所唱的赞美诗之一种，内容包括《圣经·路加福音》第1章第68—79节；由于所述都是预言，故名。

经多次奸淫亵媟，还发过不少的伪誓。许多人为之大笑起来，但是另外一些见识比较敏锐的人却在为魔鬼的稗子[①]竟然在上帝的主教中间如此滋蔓一事而悲叹。在辞别国王的时候，他们保证将来一起出席9月1日前十天[②]的宗教会议。

八　这时候出现了许多朕兆，北面的天空出现了经常出现的那种火光，人们看到一道灿烂的亮光横贯天空；树上都开了花。那是当年5月的事。

九　此后，国王来到巴黎，并且开始在众人面前讲话，他说："我的弟弟希尔佩里克死的时候，据说身后曾经留下一个儿子。孩子的监护人循其母之请，恳求我在圣诞节日从神圣的洗礼盆中接受他；可是他们始终未来。第二次，他们要求让孩子在神圣的复活节日领洗，可是这一次他还是没有被带来。第三次，他们请求在圣约翰日把孩子交出来，他还是没有来。现在，他们强迫我在这个炎热的季节离开了家，来到这里，看哪！孩子又被藏了起来，不肯让我见到。这就使我认为他们是在作空洞的诺言；我现在相信这个 335
孩子的真正的父亲是我们的一个随从[③]。如果孩子属于我的家族，他们一定把他带给我了。因此，告诉你们，除非让我认出某些有关他的身世的证据，我就不承认他。"弗蕾德贡德王后听到这话，就召集国中[④]首脑人物——三位主教和三百个出身最高贵的世俗

---

① 耶稣用稗子作比喻，对门徒说："好种，就是天国之子。稗子，就是那恶者之子。撒稗子的仇敌，就是魔鬼。"见《圣经·马太福音》，第13章，第36—40节。——译者

② 10月23日。

③ leudes，见第2卷，第42章注。——译者

④ 指希尔佩里克的国家。

人士，大家同她一起庄严发誓，表明孩子是希尔佩里克合法的亲生子。这样，国王心中的猜疑就解除了。

十　国王仍旧时常哀伤墨洛维和克洛多维希的亡故，不知道在他们遭到杀害之后尸体被抛到了什么地方。这时，有一个人到他这里来说：“如果将来不致对我不利的话，我愿意指出克洛多维希埋骨的地点。”国王发誓说：决不会对他有所伤害，而且相反，他将因受到赏赐而发财。于是这个人说：“事情的原委将证明我所说的属实。克洛多维希被杀之后，尸体被埋在某一座小礼拜堂的屋檐下的地里。但是王后害怕有朝一日遗骸会被发现，并且受到礼葬，因此下令将它抛入马恩河的河床里。所以我就在我自己准备作为捕鱼之用的鱼梁里发现了它。起初我不知道这个死人是谁，后来我根据他的长发认出是克洛多维希。我将他放在肩上，带上岸来，葬在一堆草泥的下面。看哪！他的肢体完好无伤。现在您认为怎么好，就可以怎么做了。”国王一听此言，就像是追猎动物似地出发前往。他找到了那座坟墓，发现里边的尸体完整无损，只有压在底下的一部分头发脱落了，其余的头发连同所有长长的卷发，都保持着原样。看得出来，这的确是国王一直如此热心寻找着的克洛多维希。于是国王召来本城的主教，吩咐将尸体抬往圣文森特教堂安葬，教士们和居民都来送葬，无数的小蜡烛组成了壮丽的
336 行列；国王对于亡故了的侄子们的哀伤，丝毫不减于对自己曾目睹其安葬的亲生儿子们的悲痛。然后，他派遣夏尔特尔主教帕波卢斯去访求墨洛维的尸体，现在，他令人将这具尸体安葬在克洛多维希的坟墓附近。

十一　有一个司阍[①]用下面的话来告发另外一个司阍："我的国王陛下，这个人曾经接受贿赂，答应把您害掉。"他所控告的那个司阍被抓起来，遭到鞭挞，受尽种种非刑，但是对于他正在受到审问的事情丝毫不曾吐露。人们坦率地说，这种攻讦是出于嫉妒和卑鄙行为，因为遭受控告的这个司阍是一个受国王宠爱的人。

安索瓦尔德怀着某种疑虑（究竟是什么样的疑虑，我不得而知）从国王那里不辞而去。但是国王返回夏龙，下令将一向对他背信弃义的博安图斯[②]杀死。博安图斯被围困在自己的房子里，死在国王的兵士的手中；他的财产也被没收。

十二　贡特拉姆国王又在竭尽全力设法迫害提奥多尔主教。由于马赛城业已归还到希尔德贝尔特国王的统治之下，[③]这位国王就派遣拉塔尔以公爵的身份前往该城调查情况。但是拉塔尔不顾国王吩咐给他的行动办法，将主教包围起来，要他具保，并且把他送往贡特拉姆国王那里，以便使他在即将在马孔举行的宗教会议上受到主教们的判决。但是上帝一向庇护他的仆人，不使他遭到疯狗的毒口；他的报应丝毫不爽。在主教离开该城之后，拉塔尔就抢劫了教堂的财产，宣称某些东西归他所有，并且将其他的东西加封上锁。但是这件事情刚刚做过，马上就有一种危险的疾病袭击了他的仆人，这些人因发烧耗尽体力，就死去了。他自己的儿子也死于这种疾病，他怀着巨大的悲痛亲自把他安葬在马赛的郊外。他的家门遭到这样的不幸，以致当他离开该城的时候，人们几乎无

① 教堂司阍。

② 其人无可考。

③ 见第6卷，第33章。——译者

法相信他还能够生还乡里。

提奥多尔主教被贡特拉姆国王拘留起来，但是没有受到伤害。
337 他是一个圣洁超群的人，总在孜孜不倦地祈祷。特里夫斯主教马格内里克给我讲了下面的有关他的故事。他说："几年以前，提奥多尔被押送去晋见希尔德贝尔特国王，其戒备是如此之森严，以致每当他来到一座城市时，他都不得会见主教或任何居民。当他来到特里夫斯的时候，该城主教听说提奥多尔已经上了一只船，就要被秘密地运走了。他十分凄怆地立起身来，以全速赶了上去，在河岸边找到了他。他同警卫们讲道理，质问他们何以如此不敬，竟然不许弟兄们会面；他终于得到许可去见他，他拥抱他，赠给他一些衣服，于是便分手了。之后，他去到圣马克西米努斯教堂，[①]拜倒在圣徒的墓前，记起了使徒圣雅各的话：'你们要……互相代求，使你们可以得医治。'[②]他长时间地哭泣和祈祷，以期上帝能对他的弟兄俯赐救援，然后他走了出来。看哪！一个被谬误的鬼怪缠住的妇人开始大喊大叫攻击他说：'你呀！你干坏事越来越老练了，竟然替我们的仇敌提奥多尔向上帝大事祷告起来。看哪！我们成天价都在想主意把这个天天煽风点火烧害我们的人赶出高卢；可是你却不断地替他祈祷！你还是照管好你的教堂的财物，以免穷人遭受损失，这比起你这样热心地替这个人祈求，还要好呢！'她接着说：'我们无助于战胜这个人，多伤心呀！'"虽然我们不该听信魔鬼们所说的话，但是从这个鬼怪对主教大声发出的哀怨中，对于主

① 马克西米努斯曾任特里夫斯主教，死于公元349年。

② 《圣经·雅各书》，第5章，第16节。（原译文无删节号。——译者）

教的人品如何,是表现得很清楚的。现在我要回到正题上来。

十三　贡特拉姆派遣使臣去见他的侄子希尔德贝尔特。当时,希尔德贝尔特正逗留在科布伦茨城,这个地方因摩泽尔河和莱茵河在此汇合而得名。[①] 以前曾经商定,两国的主教们将在香巴尼的特鲁瓦开会,但是这对希尔德贝尔特王国的主教们不合适。338
领衔使臣费利克斯首先敬礼,然后拿出一封书信,并且说了如下的话:“国王啊! 您的伯父恳切地询问您,是谁让您收回您的诺言,以致您的王国的主教们将不出席您和他所共同确定的会议。会不会有坏人让某种不和的根芽在您们之间滋生起来?”在国王保持缄默的时候,我回答道:“要是在人们之间播下稗子,那是不足为怪的,因为在国王们中间是找不到能够扎根的稗子的。人人都知道,希尔德贝尔特国王除了他的伯父之外没有父亲,贡特拉姆国王除了希尔德贝尔特之外也没有儿子;我们不是就在今年还听他讲过这话么? 因此,既然他们应该同样地互相保护,彼此相爱,上帝不允许在他们之间滋生任何不和的根芽。”然后,希尔德贝尔特国王将使臣费利克斯叫到一旁,托他带去下面的请求:“我请求我的父王不要伤害提奥多尔主教,因为如果他这样做的话,我们之间必然立即会发生纠纷,由于这种有害的失和,我们将会发生裂隙,可是我们的责任却是保持互爱,和睦相处。”这位使臣还得到关于其他问题的答复,然后就离去了。

十四　当我同国王在上述城镇逗留的时候,有一天,我在他的餐桌上一直被留到天黑。餐毕,我起身去到河边,发现岸上有一只

① 科布伦茨由 Confluentes 一字转来,即合流处之意。——译者

为我们准备的船。我上了船，接着立刻有一群形形色色的人蜂拥而上。这只船开始满起来，不仅装满了人，而且盛满了水。但是上帝的神力与我们同在，制造了一个巨大的奇迹；因为虽然水已经满到了舷边，船却不会下沉。我身上带有神圣的马丁和其他圣徒的遗物，我相信我们就是靠着这种神奇的力量得救的。船回到我们出发的岸边，卸下了乘客，也排除了水。现在不让外人上船了，我们没有遇到其他障碍，渡了过去。第二天早晨，我向国王告辞，起程上路。

十五　我在赶路的时候来到伊瓦镇，[①]在这里，我受到符尔福莱克[②]副主祭的友善欢迎，被带往他的修道院。这座修道院距离上述地点约八里之遥，位于一座山的顶上；他在这里修建了一座很

339 大的教堂，使它以神圣的马丁和其他圣徒的遗物而驰名。当我在那里停留的时候，我请他告诉我一些有关他的皈依的可喜的事情，告诉我像他这样一个出身于伦巴德族的人是怎样成为教会的仆人的。起初，他一心想回避一切虚荣，不肯让自己讲这种故事。可是我发了重誓来请求他，敦促他一点也不要隐藏我所询问的那些事情，并且保证对于他所讲述的一切决不泄露给任何人。很长的一段时间，他依然在拒绝，但是最后他被种种的祈求央告所说服，给我讲了下面的故事：

“在我听到神圣的马丁的名字的时候，我还是一个小孩子。虽然我对于他究竟是殉教者还是申信者，他在尘世上做过些什么善

① 在希埃尔河上，靠近与缪斯河汇合处。十七世纪中期后更名为卡里尼昂。

② 通称圣瓦尔夫罗伊。

事，或者什么地方有此荣幸将他圣洁的肢体接受到坟墓里面，都一无所知，可是我已然经常地为了崇敬他而进行夜祷；每当我手里有了一点钱，我都把它用于布施。在我长大了一些的时候，我急切地学习文字，在我能够按书面文字的顺序读懂之前，我已经会抄写了。后来，我依附于修道院院长阿雷迪乌斯的门下，在他的引导下，我拜谒了圣马丁教堂。在我们正要起身回来的时候，他从神圣的坟墓上收集了一点儿尘土作为神惠，他把尘土放在一个小盒子里，挂在我的脖子上。我们到达他在利摩日地区的修道院之后，他取下盒子，放在他的小礼拜堂里。尘土增长到如此之多，竟致不仅填满了整个的盒子，而且只要能够找到出路就从各个接缝地方挤了出来。由于这一奇迹所发射的光辉，我的心灵比以前更加热衷于将一切希望寄托在这位圣徒制造奇迹的力量上面。我来到特里夫斯地区，就在你此刻所在的这座山上，用我自己的劳动修起了你看到的这个住所。我在这个地方发现一座狄安娜[①]的偶像，它被信奉异教的居民当作神灵加以崇拜。我也树立起一根圆柱，我赤着双足站在上面经受巨大痛苦的折磨。因此，当时序推移，冬天来到的时候，我被严寒折磨到如此地步，以致严霜时常把我的脚指甲冻得从我的脚趾上脱落下去，而我的胡须上面则挂起了冰凌，就像蜡烛熔化后的蜡似的。因为这个地区是以许多个严冬而出名的。”

我十分好奇，于是就问他吃喝一些什么东西，是怎样将那座山 340
上的偶像打倒的。他接着这样说道：“我的饮食包括一点儿面包、青菜，还有少量的水”。但是当人们成群地从附近的地产上来到我

① 可能是凯尔特人的神祇，相当于罗马人的月亮和狩猎女神狄安娜，故用此名。

这里的时候，我便不断地宣扬：狄安娜没有价值，偶像没有价值，他们所举行的仪式也没有价值。我说：他们在举杯酣饮和淫逸放荡之际所唱的歌是他们的耻辱。他们不如用有价值的赞辞来奉献创造天地的全能上帝。此外我还时常祈祷，恳请上帝打倒偶像，并把这些人从他们的异教信仰中摆脱出来。上帝的仁慈改变了他们愚鲁的心志，以期他们能够倾听我说的话，离开他们的偶像，追随上帝。之后，我召集来他们中间的一些人，依靠他们的助力，使我能够打倒那座单凭我一个人的力量所不能推翻的巨大偶像；至于那些小的偶像，比较容易摧毁，我已经用自己的双手把它们打得粉碎了。于是一大群人聚集在狄安娜像的前面，他们在它周围系上绳子，开始拉它，但是一切都劳而无功。于是我赶快前往教堂，拜倒在地，涕泪横流，祈求神的怜悯，以期上帝的威力能够摧毁世人的力量所无法推翻的东西。祈祷之后，我走了出来，回到干活的人们那里，把手放在绳子上面；我们只一拉，偶像立刻就哗啦啦地倒塌在地面上。我让人们用铁锤把它就地打碎，使它化为尘土。但是在我回家吃饭的时刻，我的周身上下从头到脚底板都长满了密密麻麻的小脓包，密得连放一个手指尖的地方也找不到了。于是我独自前往教堂，在圣坛的前面脱去周身衣服，因为我在那里放有一个长颈瓶，里面盛满了我从圣马丁教堂带来的油。我用手从瓶里取出油来，涂遍我的整个肢体，不久我就酣然睡熟了。但是在午夜前后，我醒转来；当我起来默诵预定的祈祷词的时候，我发现周身完好，就像是我从来不曾生过一个脓疮似的。我知道这些脓疮除
341 了由于恶魔作恶所造成之外，再不会有其他原因。由于恶魔总是怀着恶意极力设法陷害追求上帝的人，于是这时就有几位主教来

到我这里。本来他们的责任应该是明智地勉励我去完成我已经开始的工作，可是他们说道："你所遵循的道路不是正路。你这个碌碌无闻的人也不能同那位柱上苦行者安条克的西缅[1]相比拟。这个地方的情况不容许你忍受这种折磨。不如下来，住到你邀聚在自己周围的弟兄们中间去。"由于不服从主教被作为一种罪恶，我听了这些话之后，自然得走下来，同他们一块儿走开，同样进了饮食。但是有一天，一位主教引诱我外出到一处相当远的地产上去，然后他派工匠带着撬棍、锤子和斧头，把我经常站在上面的那根柱子打得粉碎。第二天我回来的时候，发现它已完全破碎，我伤心地哭泣起来。但是我无法将他们所破坏的东西重新树立起来，因为我害怕人们会说我抗拒主教们的命令。此后，我一直安于居住在弟兄们之间，就像我现在这样。

十六　当我请他叙述一下圣马丁在当地所做出的奇迹的时候，他向我讲了下面的故事："某一个在本族人当中门第极为高贵的法兰克人，有一个既聋且哑的儿子。孩子被父母带到这座教堂里来。我吩咐他躺在教堂里面靠近我的副主祭和教堂的另一个仆人的一张床上。日间，他专心祈祷，夜间，就睡在教堂里面。上帝终于俯赐怜悯，神圣的马丁在一次幻象中对我显灵，说道：'把你的小羊从教堂里放出去吧，因为他已经被治好了。'晨间，正当我在思考这个梦的时候，孩子来到我这里，说起话来。他开始向上帝致谢，然后转身对我说道：'我感谢全能的上帝，他使我恢复了语言和

[1] 西缅是五世纪前半期人，在安条克附近的一根柱子上站了三十年之久，以是创立一个教派，称为"柱上苦行派"。

听觉。'此后,他完全痊愈,转回家去。另外一个人时常牵连在盗窃案和其他各种罪行之中,但是他总以发伪誓来洗刷自己。有一次,他又被某些人控告盗窃。于是他说:'我要到圣马丁教堂去,用誓
342 言表白自己,以证明我无辜。'但是他刚一进门,斧子就从手中脱落下来,他跌倒在门槛上,心口发生剧痛,于是这个无耻之徒就亲口承认了他此来是为了用伪誓来开脱自己的那件事情。同样情况,另外一个人被控告焚烧邻居的房屋,他说:'我要到圣马丁教堂去,证明我的笃实,回来时就没有罪嫌了。'现在极其明显,他是向那所房屋放了火的。在他前去发誓的时候,我转身向他说道:'你的邻居们说,在这件坏事上你是不能证明无辜的。可是上帝是无所不在的,他的威力在教堂外面的这个地方和在教堂里面是同等的。要是那种认为上帝或者他的圣徒不予发伪誓者以报应的虚妄信念支配着你的话,那你就看看前面他的圣殿吧;如果你愿意的话,就在这里起誓,但是决不许你践踏神圣的门槛。'于是他举起手来说道:'凭着全能的上帝,凭着他的主教神圣的马丁的威力,我否认这把火是我放的。'他发过这样的誓言以后,就退去了。但是他仿佛觉得自己像是被火围起来了似的,他马上跌倒在地,开始大声叫喊,说神圣的主教用烈火烧他。这个卑鄙无耻之徒不断地重复着说:'我请上帝作证,我看见烈火自天而降,现在包围着我,以强烈的烟雾在烧我。'他这样说着,就断了气。这对于许多人都是一个教训,他们此后切不可在这个地方宣发伪誓。"这位副主祭还给我讲了许多其他的奇迹,我觉得,如果一一加以细述,未免过于冗长了。

十七　当我们在这个地方逗留的时候,有两个夜晚,我们看见

天空出现异兆，那就是在北方出现的一道道的亮光，其光辉灿烂的程度前所未见。在东西两面都有血红的云霞。第三夜的第二时前后，这些亮光重又出现。正当我们惊奇地注视着它们的时候，看哪！从大地的四面八方又另外射出了同它们相似的亮光，我们看到它们布满了整个的天空。在天空的正中间还有一朵闪烁发光的云彩，这些亮光都朝着这朵云彩聚拢起来，就像是汇集到一张天幕里去似的，天幕上的条纹在底部开始时比较宽些，随着条纹的上 343
升，逐渐变窄，到了上端就合拢到一起，像是会合成为幕顶似的。在一道道的亮光中间夹有其他的云彩，烁烁发光，犹如闪电。这是一次巨大的朕兆，使我们充满恐惧，因为我们看到某种灾难将要从上天降到我们的身上。

十八　希尔德贝尔特国王受到皇帝的使臣们的逼迫，他们要他交出上一年赠送给他的金币，[1]国王于是派出一支军队去进攻意大利。当时还谣传说，他的姐姐英贡德已经被转移到君士坦丁堡。但是将领之间发生了争执，无功而还。温特里奥公爵[2]被他所辖地区的居民赶了出去，失去了他的公爵职位，要不是他因逃跑而得到保全的话，他连性命也照样失去了。后来，等到居民平息下来的时候，他又恢复了公爵的职位。尼塞提乌斯的克莱蒙伯爵的职务由派向那里的尤拉利乌斯所取代，他向国王谋求当个公爵，为了求得这个职位，他献给国王大量的礼物。在这种情况下，他被任命为克莱蒙、罗德兹和于泽的公爵。他虽然年纪还轻，却是一个眼

① 见第6卷，第42章；其中谈到赠送金币系几年前事，而非上一年。——译者

② 大约是香巴尼公爵。

光敏锐的人，在他的治理下，奥弗涅和其他地方都太平无事。

萨克森人希尔德里克由于我在前面提到的曾经引起其他诸人逃亡的缘故，[①]失宠于贡特拉姆国王，逃往圣马丁教堂，他将妻子留在贡特拉姆的领域内。国王吩咐她在丈夫重新蒙受国王恩宠之前，不得擅自去探视他。但是我在为了希尔德里克的缘故多次派出信使之后，终于为她获得许可，准许她同他团聚，并准许他们居住在卢瓦尔河以南的地方，其条件是他不得冒然投奔希尔德贝尔特国王。尽管如此，他在重新得到妻子以后，却真个暗暗地投奔了那位国王，并且从他那里接受了公爵的任命，治理他在加龙河彼岸的城市。他于是前往该地。

贡特拉姆国王为了自身的利益，企图把他的侄子，亦即希尔佩
344 里克的儿子洛塔尔的国土置于统治之下，他任命提奥杜尔夫为昂热伯爵。提奥杜尔夫进入该城，但是很不光彩地被城内居民驱逐出来，多米吉塞尔[②]在其中起了主导作用。于是，提奥杜尔夫赶忙跑回国王那里，又接受另一次委任，经过西古尔夫公爵的援引，行使起伯爵的职权。贡多瓦尔德[③]受任为莫城伯爵，代替韦尔平的职务。他进入该城，开始执行所管辖的职务。但是后来当他在该城所辖的地区进行公务视察的时候，他被韦尔平杀死在某一块地产上。他的亲戚们聚集起来，进攻凶手，将他围困在他家中的浴室

① 希尔德里克当系参预过贡多瓦尔德僭号之事。

② 当时纽斯特里亚的首脑人物主张保护洛塔尔的权利，反对贡特拉姆的做法。多米吉塞尔之名见于第 6 卷，第 18、45 章，不知是否为同一人。译名表中列为二人。——译者

③ 此是另一贡多瓦尔德，仅见于本章。——译者

里。这样，他们两人都因为暴死而失去伯爵的职位。

十九　修道院院长达古尔夫曾经多次犯下罪行，因为他时常抢劫和杀人，在好色贪淫方面毫无节制。有一次，他对一个邻人的妻子起了淫心，同她发生了关系。于是他寻找各种机会，想杀死靠着属于修道院的土地过活的丈夫。最后，丈夫发誓说：如果他再接近他的妻子，他是要后悔的。一天，这个人离开了他的住处，当晚，达古尔夫由一个教士陪侍着，来到妇人的家里。他们痛饮多时，直到酩酊大醉，然后同床共寝。但是在他们睡着的时候，丈夫转了回来，点起一把麦秸，用斧头把他们双双砍死。让这个实例成为对全体教士的教训，不要同陌生的妇女交往，因为教规和一切神圣的经典都禁止他们同任何妇女交往，只有那些他们不致因之而遭到责难的妇女除外。[1]

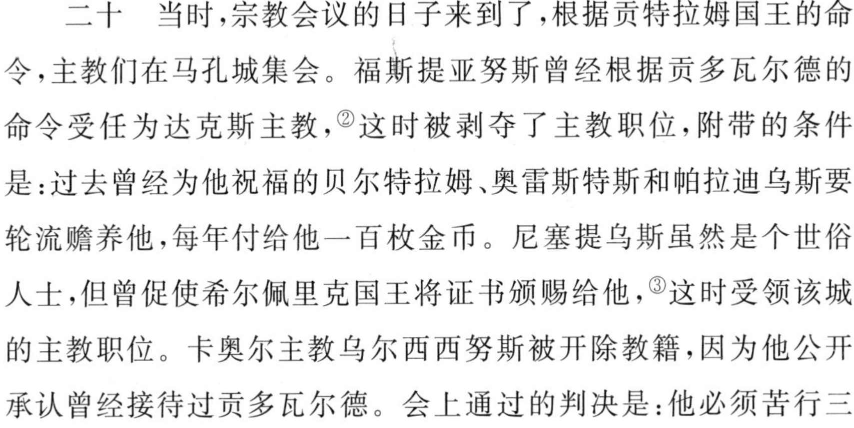

二十　当时，宗教会议的日子来到了，根据贡特拉姆国王的命 421
令，主教们在马孔城集会。福斯提亚努斯曾经根据贡多瓦尔德的命令受任为达克斯主教，[2]这时被剥夺了主教职位，附带的条件是：过去曾经为他祝福的贝尔特拉姆、奥雷斯特斯和帕拉迪乌斯要轮流赡养他，每年付给他一百枚金币。尼塞提乌斯虽然是个世俗人士，但曾促使希尔佩里克国王将证书颁赐给他，[3]这时受领该城的主教职位。卡奥尔主教乌尔西西努斯被开除教籍，因为他公开
承认曾经接待过贡多瓦尔德。会上通过的判决是：他必须苦行三 345

① 指妻子而言。当时，凡在结婚以后出家的人，被许可与妻子住在一起，但须以姊妹视之。

② 见第7卷，第31章。

③ 同上。

年，不理须发，禁戒酒肉，以赎罪愆。此外，他永远不得擅自举行弥撒，任命教职，为教堂和圣脂祝福，或者颁赐经过祝福的面包。然而他可以照常经管教会的外部事务。

在这次会议上，某一位主教为一种意见作辩护，这种意见认为女人不能包括在“人”字的总类之中；但是他接受了他的弟兄们的辩驳，没有再说什么。他们的论点是这样的：神圣的《旧约全书》教导说，起初，当上帝造人的日子，他造男造女，称他们为亚当，[①]亚当就其含义来说就是世人的意思；同样如此，他把女人称作夏娃；对于两者用的都是“人”字。所以主耶稣基督被称作人子，因为他是圣处女的儿子，也就是说：是一个女人的儿子。当他正要把水变成酒的时候，他曾对她说过：“妇人，我与你有什么相干？”[②]接下去还说了别的话。主教们还另外提出了令人信服的证据，这一问题就到此为止了。鲁昂主教普雷特克斯塔图斯在他的弟兄们面前朗诵了一些他在流放期间撰写的祈祷词。一些人对它们加以赞许，而另一些人却加以批评，理由是他太不遵守文艺的格律了。然而，这种风格在许多地方是适合于而且配得上一个真正的教会的儿子的。

在此期间，普里斯库斯主教[③]的仆人和柳德吉塞尔公爵[④]的仆人发生了一次大争吵。普里斯库斯主教付出了巨额的款项以求买

---

① 见《圣经·创世记》，第5章，第2节。中译本将“亚当”译为“人”。——译者

② 《圣经·约翰福音》，第2章，第4节。《圣经》中译本将“妇人”译为“母亲”。——译者

③ 里昂主教。

④ 见第7卷，第37、39章。

得和解。也是在此期间，贡特拉姆国王患了如此一场重病，甚至有些人认为他决不可能痊愈了。在我看来，这是一次天降的灾难，因为国王处心积虑要把一些主教放逐出去。提奥多尔主教返回他的主教管区，全体居民以善意和欢呼来迎接他。

二十一　正当这次会议举行期间，希尔德贝尔特国王在他的 346
位于阿登森林中间的贝斯林根领地上会见了他国内的首脑人物。布隆希尔德王后在这里向着全体显贵替她的仍然滞留在阿非利加的女儿英贡德申诉，但是她很少得到同情。接着，他们研究了一桩控告贡特拉姆·博索的案件。几天以前，他的妻子的一个女亲戚身死无后，她连同许多大块的珠宝和大量的黄金埋葬在梅斯的一座教堂里。这是要在10月1日举行庆祝的圣雷米吉乌斯[①]节日前几天的事情。许多居民随同主教出了城，[②]特别是首脑人物也随同公爵出了城。这时，贡特拉姆·博索的仆人们来到安葬这位夫人的那座教堂，走了进去。他们随即关紧门户，打开坟墓，拿走所有他们能在尸体上找到的珍宝。属于这座教堂的修道士们听到他们的动静，来到门前，但是里面的人不让他们进去。他们发现一切努力都属徒劳，就派人去报告主教和公爵。这时，那些仆人已经拿到了东西，跨上了马匹，实际上已经开始逃走了。但是他们感到恐惧，深怕在半路上会被捉住，遭受各种刑罚。因此，他们又回到教堂，把盗来的珠宝放在圣坛上面，可是他们不敢离开这所房子，就不断地喊着："我们是被贡特拉姆·博索差遣来的。"当希尔德贝

① 圣徒，曾任兰斯主教，并使克洛维受洗。见第2卷，第31章。——译者

② 圣雷米吉乌斯教堂位于城外。

尔特和他的显贵们会集于在上述领地上召开的会议上的时候，贡特拉姆就这件事情受到质问，但是他无法回答，不久，他就偷偷地逃走了。他在奥弗涅所拥有的得自领地[①]上的全部财产后来都被剥夺。他在匆忙之中只得把许多东西丢在身后，这些东西是他从许多人手上非法地夺来的。

二十二　这一年，奥兹主教拉班死了，他由一个世俗人士德西德里乌斯继任。虽然国王[②]曾答应过永不委派世俗人士充任主教，但是，可诅咒的贪财好利的欲望驱使着人们的心何所不为呢？[③] 贝尔特拉姆在开会回来之后，患染热病。他把副主祭瓦尔多——他曾在领洗的时候也接受了贝尔特拉姆的名字——召来，
347 将他的主教职权转授给他，并托付他执行他的遗嘱诸款和他的遗物的慷慨施赠。瓦尔多刚从他那里走开，他就断了气。瓦尔多转回来，带着礼物和居民的正式赞同意见，疾速前往国王那里。但是这对他无济于事。因为国王发出一纸证书，宣布桑特伯爵别名多铎的贡德吉塞尔受任为主教的命令，这时举行了授任仪式。在宗教会议以前，桑特的许多教士在贝尔特拉姆主教的默许下，曾经写了一篇攻击他们的主教帕拉迪乌斯的文章以示侮辱。贝尔特拉姆死后，主教把他们逮捕起来，痛加鞭挞，并处以罚金。

这时候，希尔德贝尔特国王的监护人万德伦[④]死了，但是没有

① 王室领地，见第5卷，第3章注。——译者

② 贡特拉姆。

③ 出自维吉尔：《伊尼特》，第3章。此语亦见于本书第4卷，第46章。——译者

④ 原文为Wadelen（瓦德伦），但在第6卷，第1章中作万德伦（Wandelen），此处予以统一。——译者

人受命来接他后任，因为母后打算由自己来看管儿子。万德伦过去从领地[①]上所取得的一切，现在都交还给王家的国库管理。博迪吉西尔公爵也年老身死，他的儿子们继承了他的产业，这份产业未曾遭到削减。塞乌斯代替福斯图斯为奥什主教。同一年，圣洁的萨尔维乌斯死后，阿尔比居民接受德西德拉图斯作为他们的主教。

二十三　这一年下了好几场暴雨，河水上涨得如此之高，以致许多船只都毁坏了。河水泛滥到岸上，淹没附近的田地和庄稼，造成很多破坏。春夏两季是这样地潮湿，看来不像是夏天，倒像是冬天了。

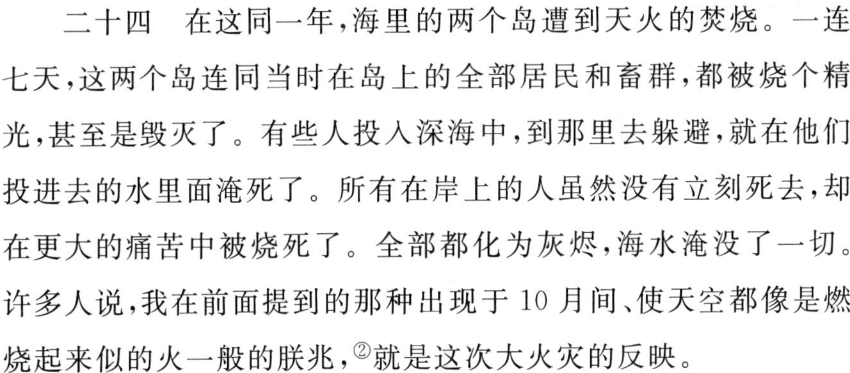

二十四　在这同一年，海里的两个岛遭到天火的焚烧。一连七天，这两个岛连同当时在岛上的全部居民和畜群，都被烧个精光，甚至是毁灭了。有些人投入深海中，到那里去躲避，就在他们投进去的水里面淹死了。所有在岸上的人虽然没有立刻死去，却在更大的痛苦中被烧死了。全部都化为灰烬，海水淹没了一切。许多人说，我在前面提到的那种出现于10月间、使天空都像是燃烧起来似的火一般的朕兆，[②]就是这次大火灾的反映。

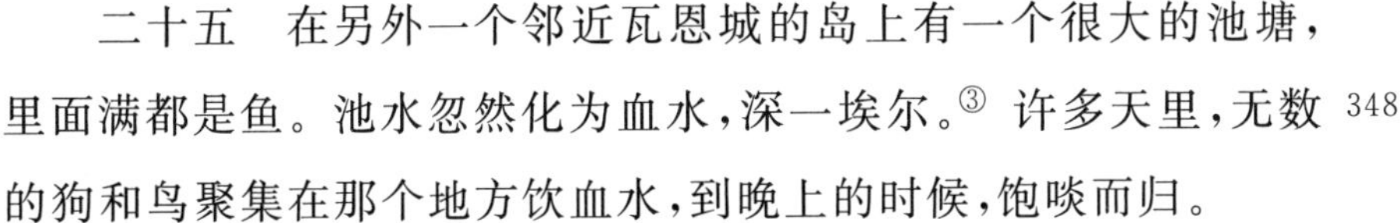

二十五　在另外一个邻近瓦恩城的岛上有一个很大的池塘，
里面满都是鱼。池水忽然化为血水，深一埃尔。[③] 许多天里，无数 348
的狗和鸟聚集在那个地方饮血水，到晚上的时候，饱啖而归。

---

① 王室领地。——译者

② 见本卷第8、17章。

③ 长度名，今已极少使用，所代表长度在欧洲各国不一，在英国约为1.11米。埃尔亦作手臂解，因此有时用以比喻一臂之长。——译者

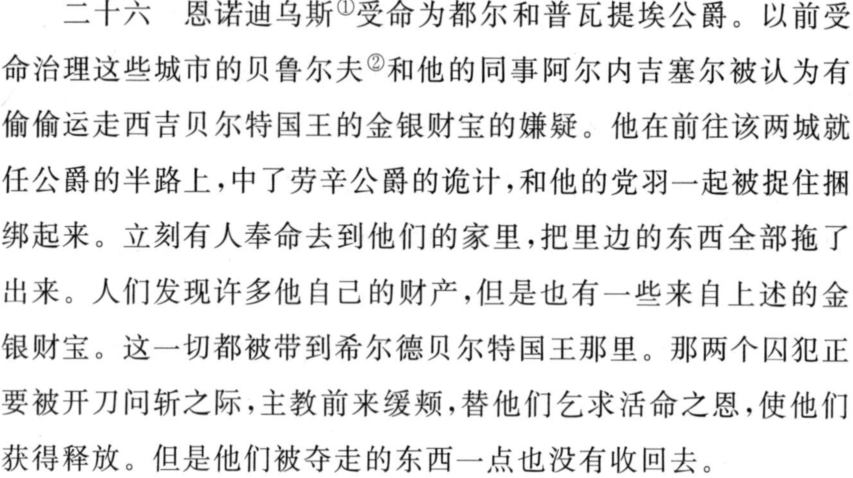

二十六　恩诺迪乌斯[1]受命为都尔和普瓦提埃公爵。以前受命治理这些城市的贝鲁尔夫[2]和他的同事阿尔内吉塞尔被认为有偷偷运走西吉贝尔特国王的金银财宝的嫌疑。他在前往该两城就任公爵的半路上，中了劳辛公爵的诡计，和他的党羽一起被捉住捆绑起来。立刻有人奉命去到他们的家里，把里边的东西全部拖了出来。人们发现许多他自己的财产，但是也有一些来自上述的金银财宝。这一切都被带到希尔德贝尔特国王那里。那两个囚犯正要被开刀问斩之际，主教前来缓颊，替他们乞求活命之恩，使他们获得释放。但是他们被夺走的东西一点也没有收回去。

二十七　德西德里乌斯公爵带着几位主教、阿雷迪乌斯修道院院长和安特斯提乌斯，[3]疾速来到贡特拉姆国王那里。国王本来简直不打算接见他，但是为主教们的央求所打动，对他施加恩典。尤拉利乌斯[4]当时也在场，他的妻子曾经投奔过德西德里乌斯，并且为了他而瞧不起丈夫，尤拉利乌斯打算为此而提出控诉，但是他受到羞辱，被一阵嘲笑反对下去，因之他默不作声。

二十八　我在前面提到，英贡德被丈夫留在皇帝的军队里。她和她幼小的儿子被带往皇帝那里去，中途她死在阿非利加，葬在当地。她的丈夫赫尔曼吉尔德被其父柳维吉尔德所杀。贡特拉姆国王为这些事情所激怒，提出向西班牙进军，首先要去征服位于高卢境内的塞普提曼尼亚，事成之后再向前进。他正在征集军队的

① 见第5卷，第24章。
② 见第5卷，第49章。
③ 贡特拉姆国内的著名人士。
④ 奥弗涅伯爵。

时候，有人发现一个不知姓名的乡下人手里有一封指示机宜的信。349
这封信被送给贡特拉姆国王去研究。信中自称是柳维吉尔德写给弗蕾德贡德的，吩咐她尽其所能地施用诡计阻挠军队向西班牙进发，内容如下："你要赶快杀死我们的敌人，那就是希尔德贝尔特和他的母亲；并且要同贡特拉姆讲和；随便你付出多少代价，都要花钱使之实现。如果你缺少钱，我可以秘密地送给你，只要完成我请你做的事情就好。一旦我们在敌人的身上报了仇，你再酬谢一下阿梅利乌斯主教[①]和柳巴夫人，由于他们的帮忙，才打通了到你那里去的门径。"柳巴当时是布拉达斯特公爵的岳母。

二十九　尽管这封信被交给贡特拉姆国王，又由国王交给他的侄子希尔德贝尔特看过，弗蕾德贡德却还在让人打制两把铁刀，刀上刻出深沟，涂上毒药，为的是纵或没有致命的一击打中要害，毒药的感染也会同样快地夺去人的生命。她把这两把刀托付给两个教士，并且命令他们说："拿起这些刀子，装成乞丐的样子，尽快到希尔德贝尔特国王那里去，扑在他的跟前，像是乞求布施似的，然后从两侧刺他，这样，那个倚仗他的权势而骄傲自大的布隆希尔德就会随着他的覆灭而终于垮台，并且落到我的脚底下。但是如果那个孩子被保卫得如此严密，以致你们不能近身的话，那就杀死我所恨的那个女人。如果你们为这件事而死，你们的亲属会从我这里得到报酬。我要厚加赏赐，让他们富裕起来，并使他们在我的王国里成为头等人物。因此你们必须摒除一切恐惧，胸中不要有怕死的念头，因为你们要知道死是人们的共同命运。用大丈夫的

① 比戈拉主教，比戈拉即雪塔。（见第 9 卷，第 20 章注。——译者）

气概武装起你们的心，并且想想：从前常有勇敢的人死于战争，但是他们的家族却因此而贵显，他们由于富有赀财而高出于众人之上，位居众人之前。”这个女人这样说着的时候，两个教士开始发起抖来，因为他们认为她的吩咐是非常难以实现的。她看出了他们心怀疑虑，就给他们喝了一种药剂，然后派他们前往她要他们去的
350 地方。他们立刻胆壮起来，宣誓要执行她的全部命令。但是她叫他们带上一个小瓶，瓶里装上同样的药剂，并说：“你们执行我的意图的那一天，在早上开始工作之前，先喝下这种药剂，那你们就会坚持不懈，一干到底。”她用这些指示把他们打发走了。他们起程上路，来到了苏瓦松。但是他们在当地被劳辛公爵捉住，在审问之下，他们样样都吐露了，于是他们被绑起来，投进牢狱。几天以后，弗蕾德贡德弄不清她的命令究竟被执行了没有，就派出一个仆人去探询一下外面有无流言，碰巧也许从什么人的嘴里听到希尔德贝尔特被杀害的消息。仆人离开她，去到苏瓦松。他在那里听说两名教士已经入狱，就来到监狱的门口。可是在他开始同门口的看守交谈的时候，他本人也被逮捕，遭到监视。随后，三个人一道被送交希尔德贝尔特国王，并且受到审讯。他们泄露了真情实话，承认是弗蕾德贡德派来谋害他的，还说：“王后命令我们装作乞丐，我们要扑在您的跟前，乞求布施，然后用这些刀来刺您。如果刺得还不够重的话，涂在刀上的毒药也会很快地到达您的生命之源。”他们招供了这些以后，遭受到各种的刑罚，他们的手、耳、鼻都被割掉，他们被人用不同的方式处死。

三十　这时候，贡特拉姆国王命令他的军队去进攻西班牙，并说：“塞普提曼尼亚地区距离高卢这样近，首先要把它征服，归我统

治。因为让可恶的哥特人的版图伸张到高卢境内,是可耻的。”于
是国内全部武装力量都被征集起来,派往该地。住在索恩河、罗纳
河和塞纳河那边的各族人同勃艮第人合在一起,蹂躏了索恩河和
罗纳河两岸的地区,毁灭了物产和牲畜。在贡特拉姆国王自己的
领土上,他们到处犯下了杀人、放火、抢掠等罪行。他们甚至抢劫
教堂,甚而至于就在奉献给上帝的圣坛面前杀戮教士和主教,也同 351
样杀戮世俗人士。他们这样一路来到尼姆。[①] 布尔日、桑特、佩里
格和昂古莱姆的居民以及贡特拉姆治下的其他城市的居民,在向
卡尔卡松[②]推进的时候,也干了同样的坏事。他们到达那座城市,
发现居民已经为他们把城门打开,他们毫无阻挡地进了城。但是
他们同居民发生了争执,又离该城而去。前任利摩日伯爵提伦提
奥卢斯被从城上投下来的一块石头击中身死,敌人就在他的身上
报仇,割下他的头颅带进城去。于是全军惊慌万状,都想回家。他
们抛弃了所有的东西,不仅把远征中所抢到的一切丢下,而且把原
先带来的东西也都扔了。哥特人设下伏兵,加以截击,大肆劫掠,
杀死多人。剩下的人又落在图卢兹居民的手里,当初他们在进军
的时候曾经残害过图卢兹人,现在他们遭到抢劫,又遭到这样粗暴
的对待,以致几乎回不去家了。攻打尼姆的人蹂躏了整个乡村,他
们放火焚烧房屋和谷物,砍倒橄榄树,割断葡萄枝,但是无法伤害
闭居在城内的居民,因此他们开往别的城市去了。这些城市也都
防卫得很坚固,粮食和其他必需品也储存得很充足,因此他们只能

① 其地属塞普提曼尼亚,为西哥特人所据。

② 卡尔卡松的情况与尼姆相同。

破坏城市周围的地区，但是不能进入城内。尼塞提乌斯公爵[1]是同奥弗涅人一道出征的，他同其他将领一起围攻各城。但是他在看到自己并不占优势时，就来到某座筑有城墙的城市，传出他的话说对它不加危害。居民信以为真，自动打开城门，迎接他和所部，好像他们是和平地来到似的。但是他们一旦得以进城，就不顾自己的誓言，把储存的物品全部抢走，把居民变成俘虏。随后他们在一起商量了一下，班师而归，沿途杀人劫物，甚至在自己的国王的土地上也肆行破坏，所犯下的罪行是这样多，以致叙述起来未免过
352 于冗长了。上文提到他们在普罗旺斯到处焚烧庄稼，但结果是现在他们自己也死于饥饿和匮乏了；他们的死人被沿途抛弃；有些人在河里淹死，许多人在人民起义时被杀。据说在这场灾难中死掉五千人以上。但是这些人的命运并没有制止住那些活着的人的暴行。奥弗涅的一些邻近大路的教堂的整套金银器皿都被抢走了。直到最后一个人回到家里以后，这种暴行才告结束。他们回国以后，贡特拉姆国王内心感到非常痛苦，上述军队的将领们都躲进了神圣的殉教者辛福里安的教堂。

当国王前来出席这位圣徒的节日庆典的时候，[2]他准许他们前来见他，但是有一个条件：过些时候，他们必须把他们的所作所为向他汇报。四天以后，他召集主教们和俗界的首脑人物，对他的将领们加以斥责。他说："要是我们不再遵守我们祖先的惯例，那么在今天我们怎么能够取胜呢？他们修建教堂，把一切希望寄托

① 见本卷第18章。

② 公元585年8月22日。

在上帝身上；他们尊崇殉教者，敬重主教；因此他们屡屡得胜，常常靠着上帝的帮助用刀剑和盾牌去征服敌人。而我们呢？我们非但不敬畏上帝，反而摧毁他的神圣场所，杀害他的圣职人员，我们轻蔑地把圣徒们的遗物毁坏、抛弃。只要我们在做这样的事情，胜利就不会属于我们；所以我们的手是软弱无力的，我们的刀剑变得冷冰冰的，我们的盾牌也不像往日似地保卫和保护我们了。因此，如果这种邪恶应该归咎于我的罪恶的话，愿上帝把它重新降到我的头上吧！但是如果是你们违抗国王的命令，迟迟地不执行我的训示，那可该是用斧头劈你们的脑袋的时候了。因为如果全军之中有一个将领被处死的话，这对大家来说会是一个儆戒，我们现在应该探索一下该怎样做才好。谁愿意服从正义，就让他去服从；谁要是拒绝正义，就让法律的报复落到他头上吧！因为死几个不服从的人，要比上帝降罚于整个无辜的土地为好。”军队的将领们听了这番话回答道：“最卓越的国王，要想详细述说您的宽大仁慈，您对 353
上帝如何敬畏，您对教会如何爱戴，您对主教如何尊敬，您对贫穷的人如何怜悯，您对匮乏的人如何慷慨，可不是容易的事情。光荣的君主，我们认为您所说的都是正确而真实的；但是当人们都堕落腐化，大家都乐于作恶的时候，我们又能做些什么呢？谁也不畏惧国王，谁也不尊重公爵和伯爵；要是万一有什么人不喜欢这种坏事，并且力图补救，以便保持您的寿命的话，人们中间马上就会发生叛乱和暴动，大家对于他们的将官是这样地愤恨欲狂，以致他如果不愿意继续保持缄默的话，他就难得有逃脱性命的希望了。”国王对此答道：“谁服从正义，就让他活；谁要是拒绝法律和我的命令，就让他立刻死，以便我们不再给自己的头上带来这种耻辱。”

在他这样说过以后，一个信使带来了下面的报告："柳维吉尔德的儿子雷卡雷德自西班牙[1]前来，已经占领了卡巴雷要塞[2]，蹂躏了图卢兹的大部分地区，把居民当作俘虏掠走。他在阿尔地区袭击了博凯尔要塞[3]，掠去了其中的居民和财物，现已盘踞在尼姆城内。"国王接到这个消息，就任命柳德吉塞尔为公爵，接替别名埃吉兰的卡卢姆尼奥苏斯，并且向四千多人分派了岗位，去保卫遭到威胁的国土。奥弗涅公爵尼塞提乌斯也带领一支卫队前往，巡逻边界。

三十一　当这些事情发生的时候，弗蕾德贡德正住在鲁昂。他同普雷特克斯塔图斯主教之间彼此恶言相见，她对他说总有一天他将回到从前的流放生活中去，[4]他用下面的话反唇相讥："不论是流放还是不流放，我曾经是，现在是，将来还是一位主教；可是你呢？却永远也不会享有王家的权力了。靠着上帝的恩典，我从流放中回了国；可是你却要从你的王国坠入地狱。你最好还是丢
354 掉你的愚蠢和恶毒，及早向善，摆脱你一向所热衷的骄傲自负，以便你本人可以获得永生，也可以把你所生的幼儿抚养成人。"王后认为这些话很恶毒，怒火如焚地离去了。

耶稣复活节来临了，主教很早就到教堂去履行仪式。他按照惯例，依照应答圣诗的顺序开始歌唱，在歌唱中间，他倚在一把椅子上。他正这样地休息的时候，看哪！一个凶残的刺客从腰带上

[1] 实即塞普提曼尼亚。

[2] 在卡尔卡松境内。

[3] 在罗纳河上，距今博凯尔城不远。

[4] 见第5卷，第18章；第7卷，第16章。

抽出一把匕首,刺入他的腋下。他向在场的教士们呼救,可是所有那些站在附近的人,没有一个前来救助。于是,他把鲜血沾染的双手伸向圣坛之上,对上帝作了祈祷和感谢,然后由他的忠实仆人们抬回卧室,放在床上。顷刻间,弗蕾德贡德同贝波伦公爵和安索瓦尔德来到了,她说:“圣洁的主教啊!在你履行你的神圣仪式的时候,竟然有人对你做出这类的行动,这可是一件在我们本身或者你的人民身上决不应该发生的事情。但愿能把那个胆敢做出此事的恶棍指给我们,我们好根据他的罪行予以惩处。”主教深知她说这些话是心怀鬼胎,就回答说:“如果不是那个曾经杀害几位国王、常常使无辜者流血、在这个国家里做尽坏事的人,还有谁做得出这些事来呢?”王后答道:“我们王室有非常高明的医生,能够医治这种创伤。请允许让他们来看你。”他回答说:“我现在知道这是上帝的意旨,要把我从这个世界召去。但是你这个被认作罪魁祸首的人在这个世界上一定要倒霉,上帝一定会在你的头上为我报仇。”在她离去之后,主教把家务安排停当,就断气了。

库唐斯主教罗马卡尔事后前来为他安葬,巨大的悲痛笼罩着鲁昂的全体居民,特别是当地的法兰克首脑人物。有一个首脑人物来对弗蕾德贡德说:“你在这个世界上已经作恶多端,可是莫此为甚,你竟然使一个上帝的主教被害死。愿上帝马上为无辜的鲜 355
血报仇!我们大家都要追查这一罪行,好使你不再能任意干出这种残暴的事。”他作了这番谴责之后,就从王后面前走开,可是她派一个使者去追他,请他同她一起用膳。他拒绝了。于是她又提出请求,如果他不肯跟她同桌吃饭,至少也应该饮上一杯,免得从王家府邸空腹而去。他等候了一下,他们送上一杯按照蛮族的方式

用酒和蜜调合的艾草，他喝了下去。但是这杯饮料里面下了毒药，他刚一喝下去，胸口立刻就感到巨大的痛苦，里面有如刀割一般。他对他的伙伴们喊道："喂，逃走吧！你们处境危险，逃开这个怪物，免得与我同归于尽。"他们不肯喝下饮料，而是急忙地走开了。至于他却变得双目失明，虽然他乘上了自己的马，可是走出三斯塔德之后，跌在路旁死了。柳多瓦尔德主教[1]发信给全体主教，在听取了他们的意见之后，把鲁昂的教堂全部封闭，以便不让居民参加神圣的仪式，直到出于公愤而将干这种坏事的人查获为止。某些人被逮捕起来，经过拷问，他们吐露了真相，这些事情是在弗蕾德贡德的唆使下干出来的。但是由于她对这种罪状矢口否认，就无法对她施加惩罚。据有人报告说，刺客们已经在追踪柳多瓦尔德主教，因为他很精明，决心弄清真相。但是他得到人民的周密护卫，刺客们无法加害于他。

当这些事情的消息传到贡特拉姆国王那里，人们的疑心都投向弗蕾德贡德身上的时候，国王派遣三位主教——桑斯的阿尔提米乌斯、卡韦荣的韦拉努斯和特鲁瓦的阿格里西乌斯——去到我前面提到的那个被当作是希尔佩里克的儿子的洛塔尔那里，命令他们同那孩子的监护人合作，找到罪魁祸首，把他带到他这里来。主教们向这些显贵说明了自己的使命，显贵们回答道："这种事情
356 在我们看来是可恨的，我们总是更加希望加以惩办。但是我们不能许可如果在我们中间找到罪犯，却要把他带到你们的国王那里去，因为只要国王批准，我们本身也会镇压我们自己人的罪行。"主

---

① 贝叶主教。

教们回答说："要知道，如果不将罪犯交出来，我们国王将要率领军队来到这里，要用火和剑将整个这片地区化为废墟，因为事情很明显，就是那个施用毒计指使谋杀那个法兰克人的女人，使这位主教也死于刀剑之下。"说完这些话之后，他们没有得到任何适当的答复，就离去了；行前正式声明：已经受任接替普雷特克斯塔图斯的梅兰提乌斯[①]永远不得在那座大教堂里合法地执行主教的职务。

三十二　在这些日子里，[②]人们干下许多坏事。雷恩主教维克托里乌斯的女儿、布尔戈伦[③]的寡妻、后来又做了内克塔里乌斯的妻子的多姆诺拉因为一片葡萄园，同弗蕾德贡德的秘书官博伯伦发生争执。这个人听说她已经来到了葡萄园，就派人去警告她不得擅自进入这片地产。她对这番警告藐然视之，走了进去，宣称这些葡萄树曾是她父亲的产业。于是他同她争吵起来，让他的武装扈从向她攻击，把她打死。他正式表示有权获得这片葡萄园，并且抢走了全部的动产；过去跟随过多姆诺拉的人，不论男女，一律杀死，只有设法逃脱的人，才留得活命。

三十三　当时，一个住在巴黎的妇人对当地居民说道："快从这座城市逃走吧，因为要知道它将会被火完全毁掉的。"许多人对她的话加以嘲笑，说她是由于拈了阄，或者做了梦，或者被正午的魔鬼缠住[④]才这样讲的。但是她回答说："这决不是像你们所说的那样，说老实话，因为我在一次梦中曾经看见一个光辉四射的人从

① 即第7卷第19章的梅拉尼乌斯。
② 公元585年。
③ 见第5卷，第25章。
④ 当时人们常把午间的中暑看作为魔鬼所缠。

圣文森特教堂[1]里出来，手里拿着一支小蜡烛，在商人的住宅上面挨个放起火来。”妇人发出警告后的第三个夜晚，当黄昏来临的时
357 候，某个居民拿着一盏灯到仓库去取油和所需的其他物品，他离开仓库的时候，把灯丢在油桶近旁。这所房子距离城的南门最近，它由这盏灯引起了火，烧得干干净净，并且延烧到邻近的房屋。烈火也延及到监狱，于是神圣的日尔曼努斯显现在囚犯们的面前，砸断了系住他们的房梁和锁链，冲开了狱门，让他们毫无伤损地走了出去。他们投奔圣文森特教堂，这位神圣的主教[2]的坟墓就在这里。火焰随着风向的转变延及全城的四面八方，这时，火已达到最炽烈的程度，主宰了整个城市。于是它逼近了另外一座城门，这里有一座圣马丁的小礼拜堂，是因为他从前曾经在这个地方用亲吻治愈过一个麻风病人而就地建立的。它用篱笆修造，然后支高起来。造它的那个人这时把全部信任寄托在上帝身上，对神圣的马丁的威力毫无怀疑，他带着自己的全部什物，躲避到教堂里，并说：“我相信，而且坚信不疑，这位多次喝令火灾熄灭并曾经在这里用有灵效的亲吻使麻风病患者的皮肤康复的人，现在必然会将火焰从这里赶回去。”火逼近了，一团团大火球席卷而来，但是当它们一碰到小礼拜堂的边缘，它们的热度立刻就消失了。人们朝着这个人和他的妻子喊道：“可怜的遭灾的人，趁着还能逃出来的时候，赶快逃吧！看哪！成团的火正在冲向你们，火星和火炭正像一阵狂风暴雨似地甚至就散布在你们所在的地方。从小礼拜堂里走出来吧！

① 后来称作圣日尔曼·德·普雷教堂。

② 日尔曼努斯。

免得与它同归于尽。”但是他们两人不停地祈祷着，不为所有这些话所动摇，妇人为对神圣的主教的虔信坚强地武装起来，尽管火焰时时地从窗口窜入，她却始终呆在窗口一动不动。主教施展了这等的威力，因之它不但保住了小礼拜堂和他的仆人的住所，而且也保全了周围的房屋，因为它始终不让已经胜利的烈火损害它们。因此，在桥[1]的这一边猖獗起来的火，在这里熄灭了，但是在桥的另一边，火却如此横暴地吞噬掉那里的一切，因之只是在烧到河边以后火势才被挡住，虽然教堂及其所属的房屋都不曾被烧毁。358

人们常说，这座城市自古以来就好像是一块圣地，它不可能被火灾所征服，也不可能出现蛇和老鼠。但是不久以前，当人们清理桥边的一条阴沟，除掉堵塞它的淤泥的时候，他们曾经发现一条铜蛇和一只铜鼠。他们把两者都拿走了。从此之后，人们看见了无数的蛇和老鼠，城也开始遭受火灾的损害了。

三十四　由于魔王有一千种害人的伎俩，我要讲一讲最近发生在某些隐士和献身于上帝的人身上的事情。我在前面的一卷里[2]曾经提到过布列塔尼人温诺克，他在受任为神父以后，矢志禁欲到这种地步，以至于只以皮革为衣，以未经煮过的田间野草为食，而在饮酒时不过是把酒杯放在嘴边，看来与其说是饮酒，倒不如说是用嘴唇挨挨罢了。但是虔信的人手头都很大方，时常有人送给他一杯一杯斟满的酒，唉！他于是就学得狂饮无度，为之酣醉，以致人们时常看到他醉态酩酊。其结果是他的酗酒与日俱增，

① 联接塞纳河岸与河中岛屿的桥。

② 第5卷，第21章。

他被一个魔鬼缠住，弄得发了疯，以致他时常拿起一把刀或者任何其他武器，不论它是一块石头或者一根棍棒。只要到手，就在一阵疯狂的暴怒中举着它去追人。最后，人们只好把他用链子锁起来，关在一间密室里面。在这种处罚下，他疯着过了两年，然后死去。

另一个隐士是波尔多的安纳托利乌斯，据说是个十二岁的男孩，曾为一个商人干活。他请求主人允许他过隐士的生活，可是主人认为这样做只会使孩子对世事变得冷淡，在如此轻的年纪，决不可能达到摆在自己前面的目的，因之在一段长时间里始终加以拒绝。但是最后他终于屈从了他的仆人的吁请，许可他去做他所祈求的事情。在这个城市里有一所古人所盖的穹隆形的古代地下墓窟，修建得很精致，墓窟的角上有一间用经过砍凿的石块砌成的很小的密室，它的内部几乎容不下一个直立的人。孩子进入这间密室，在里面呆了八年或者更长的时间，满足于最少量的饮食，把全部时间用于祈祷和守夜。但是后来他害了严重的恐怖症，开始喊
359 叫，说他受着内在痛苦的折磨。于是发生了下面的事情：他——我认为一定有一些魔鬼的喽罗的帮助——移开了他幽居的密室的一些方形石块，弄倒了墙壁，紧握双手，大喊上帝的圣徒们在将他周身烧透。有很长一段时间，他都在受着这种疯病的折磨。由于他时常呼喊神圣的马丁的名字，说这位圣徒折磨他比所有其他的圣徒都更加厉害，人们就把他带到都尔。我认为，恶魔由于受到神圣的马丁的威力和伟大精神的镇压，一点也不能伤害他。他在都尔呆了一年的时间，不曾再受到什么祸害，就回去了。可是后来他又重新陷入他已经摆脱掉的灾难之中。

三十五　西班牙的使臣们带着许多礼物来向贡特拉姆国王请

和，但是他们没有得到确切的答复。因为在上一年，[①]当国王的军队到塞普提曼尼亚作战的时候，有些从高卢驶向加利西亚的船只曾经由于柳维吉尔德国王的命令而遭到劫掠。船上的货物被抢走，水手们或伤或死，有些人当了俘虏，只有其中的几个人设法乘小船逃脱，把消息带回本土。

三十六　在希尔德贝尔特的朝廷里，马格诺瓦尔德不知为了什么缘故根据国王的命令以下述的方式被杀死了。国王正在他在梅斯的王宫里观看一只野兽四面受到一群狗的困扰的把戏的时候，下令把马格诺瓦尔德召来。他来了，并不知道即将发生什么事情，看到那只动物的情景，就毫无拘束地随同大伙哄笑起来。接着，一个事先奉到国王命令的人看到他的受害人在一心一意地观赏把戏，立刻抡起斧头，劈开他的头颅，他便倒地身死。尸体从宫室的一个窗户里被抛了出去，由他自己的人埋葬起来。他的财产遭到没收，凡是被找到的东西都收归国库。有些人认为他被杀的原因是，他在兄弟死后，残暴地虐待妻子，并且将她弄死，然后把兄弟的妻子弄来与他同居。 360

三十七　这些事情发生以后，希尔德贝尔特国王添了一个儿子，特里夫斯主教马格内里克把这个孩子从洗礼盆里接过来。孩子被命名为提乌德贝尔特。贡特拉姆国王对于这件事情极为喜悦，立时派遣使臣前往那里，带去许多礼品和下面的口信："只要他们父子能够相依为命，上帝定然会以他的慈爱通过这个孩子让法兰克人的国家振兴起来。"

---

① 公元585年。

三十八　希尔德贝尔特国王在位的第十一年，[①]西班牙使臣再度前来请和，但是他们还是没有得到确切的答复，便回去了。柳维吉尔德的儿子雷卡雷德最远到达纳尔榜，一度侵入法兰克领土，但是没有唤起人们的注意，就转回去了。

三十九　在这一年中，许多位主教死去了，其中有勒芒的巴德吉西尔主教，他确实是一个对待自己的人民极其残暴的人，他非法地夺走了许多人的财物。他的妻子[②]比他本人还坏，使他严厉而残酷的性情变本加厉，她总在用最恶毒的主意唆使他去犯新的罪恶。几乎没有一天、没有一刻，他不是出外抢劫居民并把他们带进新的纠纷之中。每天他都要同法官们辩论案件，专心致力于世俗的事务，对一些人大发雷霆，虐待另外一些人，甚至达到亲自挥拳相向的地步，同时还在喊叫："由于我当了教士，难道我就因而不许为自己所受的损害报仇了么？"他对于自己的兄弟们也不肯轻易放过，而是把他们选作掠夺的对象，因为他们在其父和其母的遗产问题上从来不能从他的手里得到公道，既然如此，那么我又何必把他的所作所为讲给局外人呢？在他任主教职务已经满了五个年头，正要进入第六个年头，并且为城里的居民安排了盛大的宴会，准备尽情欢乐的时候，他发起烧来，突然的死亡使他以这种方式为开始的这一年立刻全部结束了。巴黎副主教贝尔特拉姆受任接替他的位置。据说他曾经多次同亡人的寡妻发生争执，
361 因为她把巴德吉西尔在世的时候人们献给教堂的礼物留归己

① 公元586年。

② 巴德吉西尔曾任王室总管，他的妻子名叫马格纳特鲁德，见第10卷，第5章。

有，她硬说："这些财产是我的丈夫获得的。"然而她被迫归还了所有的一切，这件事极度地违反了她的本心。她是一个无法形容的坏女人。她时常把男人的阳物连同肚皮一起割了下来，用赤热的烙铁烧烫女人的阴部；她还干了许多其他的罪恶，关于这些，我认为以不说为妙。

阿尔主教萨鲍杜斯也故去了，贡特拉姆国王的秘书官利塞里乌斯得到许可继他后任。一场严重的疫病肆虐于普罗旺斯。维恩主教埃凡提乌斯也结束了他的生命。一个出身于元老家族的神父维鲁斯被国王选来补填他的主教职位。许多其他的主教也在这一年故去了，由于他们在自己的那些城市里都已经留下了有关本人的记载，我在这里就可以对他们略而不提了。

四十　都尔城中有一个佩拉吉乌斯，这是一个各种罪恶样样精通的人，由于他手下有看管王室马匹的人，①所以对于法官全然不惧。由此之故，他在陆地和水上不断地从事盗窃、公开和隐蔽的攻击、猛烈的偷袭和其他种种罪行。我屡次把他叫到我的面前，打算用危言恫吓或好话规戒使他抛弃这些邪恶的行径，但是正如《所罗门的智慧》里的箴言所讲的那样："责备愚蒙人，他必恨你。"②我从他那里得到的不是公正的报答而是怨恨。这个坏人对我恨得这样厉害，竟致屡屡殴打我们神圣的教会中人，打后就把他们撇在那里，以为已经打死，他还总是在寻找借口使大教堂和圣马丁教堂蒙

① 王室马匹分别交由各个王室领地看管，以备国王使用。

② 此语见于《圣经·箴言》，第9章，第8节，引文与经文有出入。(《所罗门的智慧》属于《经外书》。——译者)

受损失。有一次，我们的人在容器里带着一些海胆[①]走来，他便对他们足踢拳打，从他们的手里夺走那些容器。我一听到此事，立刻把他开除教籍，这倒不是为我自己所受到的损害作出报复，而是为了使他更好地改变这种疯狂状态。于是他挑选了十二个人，带着他们来发假誓以证明自己的无辜。我本来不愿意接受他的誓言，但是由于受到他本人和城市居民的逼迫，就打发走其余的人，单独地采纳了他的誓言，并且叫他重新回到教会中来。这件事情发生
362 在本年的头一个月里。[②] 但是到了本年的第五个月，[③]也就是收割的时候，他非法地强占了一片与他自己的土地相毗连的属于修女们的草地。但是在刚一开镰的时候，他突然发起烧来，到了第三天就断气了。他以前曾经在康德村的圣马丁教堂里为自己造下了一座坟墓，但是他的家人发现这座坟墓已经裂成碎块，后来他就被埋葬在这座教堂的门廊下面。过去构成他发伪誓的缘由的那个盛海胆的容器，在他死后从他的库房里被取了出来。这样，圣马利亚的济世的威力就得到了证明，这个坏人当时就是在她的教堂里发伪誓的。

四十一　这时候，普雷特克斯塔图斯被弗蕾德贡德杀害的流言传遍全国，她为了从这种指控中洗刷自己，就命令把一个奴隶抓起来，痛加鞭挞，并且喊道："就是你持剑袭击鲁昂主教普雷特克斯塔图斯，才把这种邪恶的攻讦弄到我头上来的。"然后她把他交给

① 原文作 ethymnus，意思不明确，或即 echinus 之意，而 echinus 可以理解为海胆、刺猬或栗子。

② 即 3 月。

③ 即 7 月。

了主教的侄子。但是他在受酷刑的时候，便和盘托出了全部事实真相。他说："我从弗蕾德贡德王后那里接受了一百枚金币来干这桩罪行，从梅兰提乌斯主教[①]那里接受了五十枚，从本城副主教那里又接受了五十枚；他们另外还答应释放我和我的妻子为自由人。"主教的侄子听了这些话，抽出佩剑，把这个受控告的人剁成碎块。弗蕾德贡德过去已经把鲁昂主教的职位授予了梅兰提乌斯，现在就委派他到那里的大教堂去。

四十二　贝波伦公爵被弗蕾德贡德折磨得非常苦恼，得不到适合于他的身份的待遇。他眼看自己这般地遭到轻视，就投奔了贡特拉姆国王。国王任命他为公爵，管辖属于希尔佩里克国王的儿子洛塔尔的那些城市。[②] 他带着盛大的仪仗前往这些地方，但是雷恩的居民拒绝接受他。他然后去到昂热，在那里做了许多坏事。他来到人们的家宅，不等拿到钥匙，就破门而入，毁掉谷物、干

草、酒和其他一切。他殴打和践踏了许多居民；他使多米吉塞尔心 363
惊胆战，虽然后来却又同他和好起来。当他进入市内，同许多人在楼房的顶层宴饮的时候，房顶突然坍塌下来，许多人受了伤，他本人也只是半死不活地逃得性命。但是他仍然坚持作恶，弗蕾德贡德使他在她儿子的国家里所拥有的很大一部分财产遭受损失。这时他回到雷恩，打算设法把居民收置在贡特拉姆国王的统治之下。因此，他将自己的儿子留在他们的中间，但在不久之后，他们对这个孩子进行袭击，将他连同许多地位显赫的人一起杀死。

---

① 见本卷第31章注。——译者

② 贡特拉姆因将洛塔尔收为继子，故要求管辖这些城市。

这一年出现了许多朕兆。树在第七个月里[①]开了花;许多已经结过果实的树现在又重新结了果,这些果子直到圣诞节还挂在树上。人们看到一道蛇形的亮光横过天空。

四十三　希尔德贝尔特国王在位的第十二年,[②]奥弗涅的尼塞提乌斯[③]受任为马赛地区和这一带当时处于这位国王统治下的其他城市的地方长官。

安特斯提乌斯被贡特拉姆派往昂热。他严厉地处罚了所有那些同内克塔里乌斯的妻子多姆诺拉之死有牵连的人。他没收了作为罪魁祸首的博伯伦的财产。他然后来到南特,开始找农尼希乌斯主教的麻烦。他说:“你的儿子是这件坏事的参与者,应该根据他的罪行受到惩处。”然而这个青年由于受到良心的责备而感到沮丧,逃到希尔佩里克的儿子洛塔尔那里去了。安特斯提乌斯在取得农尼希乌斯将去面见国王的保证之后,本人前往桑特去了。

大约这个时候,有一种流言传播开来,说弗蕾德贡德曾经秘密派遣使臣到西班牙去,还说桑特主教帕拉迪乌斯曾经秘密接待他们并送他们继续赶路。当时正值四旬斋期间,主教隐居在海里的一个岛上,以便把这段时间用于祈祷。当他按照自己的习惯回来
364 参加圣晚餐礼,[④]而人们正在等他到来的时候,安特斯提乌斯埋伏在半路上把他拦住。他根本不花费力气去证实案件的实际情况,就这样地说道:“你不得进入这座城,而应该被处以流放,因为你曾

① 即9月。

② 公元587年。

③ 见本卷第30章。——译者

④ 见第2卷,第21章注。——译者

经接待过我们国王陛下的敌人的使臣。”主教答道：“我不知道你说的是什么话。但是既然神圣的节日已经临近，且让我们进入城内；等到节日的神圣仪式举行过后，你愿意指控我什么都可以，我一定给你答复，因为你所认为的情况并无其事。”他回答说：“这样不行，你不许踏上你的教堂的门槛，因为你对待我们的国王陛下显然是虚伪的。”还有什么可说的呢？主教在半路上被捕了，在教堂的住所里开列了一张财产清单。当地居民甚至未能说服公爵把审问推迟到复活节以后进行，他们居间调停，公爵总是拒绝，最后他终于把内心的隐衷暴露出来。他说：“如果主教肯于把他在布尔日地区所拥有的房产以合法的形式转卖到我的手里来，我就可以做到你们所要求的事情；如其不然，他就逃不出我的手去，就要遭到流放。主教不敢拒绝，就写了一张卖产文契，签了字，出让了这块土地。于是，他在找到保人担保他去面见国王以后，便被许可进入该城。

复活节过了以后，他去到国王那里。安特斯提乌斯也在那里，但是 445
不能证实他对主教所作的任何指控，因此主教奉命回转本城，他的案件推迟到将来的一次宗教会议上去审理，以期到那个时候某些指控可以弄得更为确切。农尼希乌斯主教也在场，但在献给国王大批礼物以后，就被打发走了。

四十四　弗蕾德贡德以她儿子的名义派遣使臣去见贡特拉姆国王。使臣们提出请求，接到答复，在正式地告辞之后退了下来；但是他们出于这种或那种原因，在他们的住所又停留了一下。黎明的时候，国王在一支小蜡烛的前导下去作晨祷，发现一个像是喝醉了的人睡在小礼拜堂的角落里，他身上带着剑，长矛倚在墙上。国王见此景象，当即喊道，深夜之间发现有人睡在这样一个地方可真是一件怪事。人们把这个人打倒，用皮条绑起来，审问他这一切的意图何在，并且立刻施以刑讯，于是他招供是受使臣们的派遣来杀害国王的。弗蕾德贡德的使臣们随后也被逮捕，但是对于被审讯的问题任何一点也不肯服罪，只说："我们之来只是为了把我们已经上达的口信带给国王，别无其他目的。"于是那个人根据国王的命令痛遭鞭挞，被关在牢狱里；使臣们则被流放到不同的地方。事情很明显，他们是弗蕾德贡德派来谋害国王的性命的，这种事情为上帝的仁慈所不容。巴多被认为是他们中间的首领。

四十五　西班牙的使臣们屡次前来拜会贡特拉姆国王，但是未能在媾和一事上获得任何让步；与之相反，仇隙较前更加深了许多。贡特拉姆国王把阿尔比城归还给他的侄子希尔德贝尔特。[①]德西德里乌斯公爵曾经把他的大部分财产藏在该城所属地区之内。他一听到这种变化，深怕希尔德贝尔特为了清理旧仇而对他加以报复，因为他从前在这座城里曾使已故的西吉贝尔特的军队遭到不轻的打击。他带着由前奥弗涅伯爵尤拉利乌斯那里夺来的妻子提特拉迪亚和全部财产进入图卢兹地区。到了那里，据说他首先把他的财产在诸子和妻子中间进行分配；然后他征集起一支军队，准备去进攻哥特人。他带着奥斯特罗瓦尔德伯爵向卡尔卡松进发。当地居民由于已经接到通知，得悉这项消息之后，就做好抵抗的准备。但是一经开战，哥特人就转身逃跑，德西德里乌斯和奥斯特罗瓦尔德便追击他们的殿后部队。他们一直在奔逃着，德西德里乌斯迫近了这座城，身边只带着几个兵士，因为他的兵士们

① 公元587年。

的马匹都已经力尽筋疲了。当他来到城门前的时候，他遭到从城内出击的居民的包围，同差不多所有的伙伴一起被杀，几乎没有一个人能够设法脱逃，来讲述事情的经过。德西德里乌斯的噩耗传 366
出以后，奥斯特罗瓦尔德就转了回去，前往国王那里。不久以后，国王就委任他为公爵，接替那个亡人的位置。

四十六　西班牙国王柳维吉尔德这时生了病。有些人说：他懊悔自己过去信奉异端，接受了天主教的信仰，并且命令此后不得有人赞同阿里乌斯教派的错误。此后一连七天，他为自己过去所干下的一切触犯上帝的罪恶不断地流着眼泪，然后他就死了。[1]他的儿子雷卡雷德继他统治。

① 柳维吉尔德实际上死于前一年，即公元586年。

369

第 九 卷

第九卷各章自此开始

十六、雷卡雷德派到我们国王这里来的使团[①]

十七、这一年的荒歉

十八、关于布列塔尼人的情况和纳马提乌斯主教之死

十九、都尔居民西卡尔的被害

二十、为保持和平我奉命往访贡特拉姆国王

二十一、这位国王的施舍和善心

二十二、马赛的瘟疫

二十三、阿吉里克主教之死及其后任

二十四、弗罗米乌斯(普罗尼米乌斯)任主教

二十五、希尔德贝尔特进军意大利

二十六、英戈贝尔格王后之死

二十七、阿马洛之死

二十八、布隆希尔德赠送的珍贵物品

二十九、伦巴德人向希尔德贝尔特求和

三十、普瓦提埃和都尔的税官

三十一、贡特拉姆国王派军队前往塞普提曼尼亚

三十二、希尔德贝尔特和贡特拉姆之间的仇隙

三十三、修女英吉特鲁德去向希尔德贝尔特告发她的女儿 370

三十四、弗蕾德贡德和她女儿之间的仇隙

三十五、瓦多之死

三十六、希尔德贝尔特国王派其子提乌德贝尔特前往苏瓦松

三十七、德罗克提吉塞尔主教

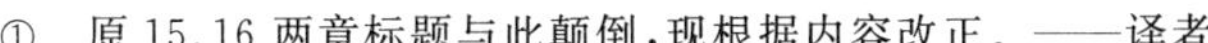

① 原15、16两章标题与此颠倒，现根据内容改正。——译者

目录结束

(本章所记自公元 587 年起,至 589 年止。)

① 即该章的提乌塔尔神父。

以基督的名义，第九卷自此开始，时为希尔德贝尔特国王在位的第十二年 371

一　西班牙国王柳维吉尔德死后，他的儿子雷卡雷德与父亲的遗孀戈伊斯温特订立契约，承认她是他的母亲。戈伊斯温特是希尔德贝尔特二世的母亲布隆希尔德王后之母。雷卡雷德是柳维吉尔德的另一位王后的儿子。他同继母商量之后，向贡特拉姆国王和希尔德贝尔特派出使臣，使臣们带去了下述音信："愿我们之间建立和平，让我们订立一项条约，这样，您可以用您的力量来支持我，如有需要，我亦将本着您我之间的友爱之情，对您同样出力相助。"派到贡特拉姆国王那里去的使臣得到命令在马孔城停止前进，国王派代表到那里去了解他们出使的目的，他自己则不肯接见他们。这个举动大大地加深了双方之间的仇隙，以致凡属贡特拉姆的臣民一概不能获准越境进入塞普提曼尼亚的城市。派到希尔德贝尔特国王那里去的使臣则受到友好欢迎，他们献上礼物，得到关于和平的保证，带着礼品离开国王回国。

二　这一年，最神圣的拉德贡德离开人世，在她所建立的修道院里，她留下了巨大的悲痛；我本人也出席了她的葬礼。她死于6月的第十三天[①]，三天以后安葬。在我写的《奇迹集》里，我把当天

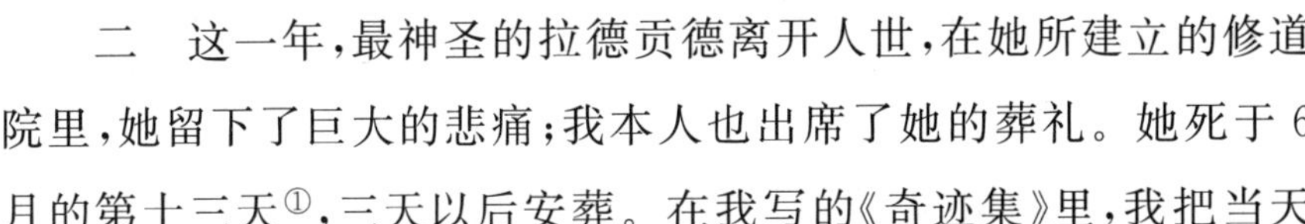

① 拉德贡德死于公元587年8月。

所出现的奇迹和她的葬仪作了更详细的记载，我认为这样做是恰当的。

三　这时，圣马尔塞卢斯的节日到了，它是在7月间在夏龙[①]举行庆祝的。贡特拉姆国王出席了这次庆祝仪式。作完弥撒以后，当他走近圣坛去接受圣餐的时候，有一个人来到他的跟前，好
372 像要来对他说点什么。可是当他正很快地向国王走去的时候，一把刀从他的手中滑了下来。他立即被抓住，人们发现他还带着另外一把出鞘的刀。他当即被押出教堂，捆绑起来，遭受酷刑，于是他承认是被派来暗杀国王的。他说："那就是派我来的那个人的计划。"国王十分了解许多人由于恨他而联合起来，他怀疑会受到袭击，因此已经命令他的侍卫总是紧紧地挨在他身边，从而使任何人都不能带着剑走近他。他唯一可能在其中遭到袭击的地方是教堂，因为人们认为他在教堂里很安全，可以没有拘束又毫无恐惧地站在那里。上述的那些人遭到逮捕，其中许多人被处死。但是那个行凶的人却只遭到鞭责，他活着被释放，因为国王认为杀死一个从教堂里被抓出来的人是不虔诚的。

四　这一年，希尔德贝尔特国王又添了一个儿子。他由卡韦荣主教韦拉努斯从洗礼盆中接过去，并取名为提乌德里克。这位主教当时赋有制造奇迹的巨大的威力，他在上帝的帮助下只要在病人的上方划一个耶稣的十字架的符号，病人就往往恢复健康。

五　这时候见到许多怪事。在各式各样人物的家里，人们发现器皿上刻上了不认识的字体，这些字怎么也刮不掉，擦不去。这

① 9月4日举行于索恩河畔夏龙。

桩怪事始于夏尔特尔地区，经过奥尔良，到达波尔多，中间连一个城市也没有越过。8月间，[①]葡萄收获以后，我们看到葡萄园里冒出了新枝，上面结着畸形的葡萄。其他树上也出现了新的树叶和新的果实。北边的天空中呈现出一道道的光。某些人说，他们曾经见到蛇从云层里掉下来，另外一些人断定说，整整一个村庄曾经在一次突如其来的毁灭中消失得无影无踪，房屋、住在里面的人以及一切统统都不见了。还出现了许多其他异兆，这种异兆往往是来预告国王的死或大片地区的废毁的。这年葡萄歉收，水量过多，连降暴雨，河水大大上涨。

六　这一年，都尔有个名叫德西德里乌斯的人自称比普通人
高明伟大，他硬说自己有能力制造许多奇迹。他尤其夸口说使者 373

们往来于他本人和彼得及保罗两位使徒之间。由于我不在场，一群群的乡民带着双目失明和身染疾病的人向他蜂拥而来。与其说他以其本身的神圣的威力治愈这些患者，不如说他假惺惺地教给他们一些妖术，以此进行欺骗。他命令强行把麻痹症患者或因其他疾病残废的人尽量抻长，做出一副样子，就像是用自己的力量来使那些他不能靠天赋的神力使之肢体伸直的人恢复健康似的。他的几名仆人抓住一个病人的双手和双脚，另外几名仆人抓住病人的其他部分，直到筋肉看来非得啪的一下断裂不可；要是没能治好，人也就半死地被打发走。这样治疗的结果，好些人在这种折磨下丧失了生命。这个无耻家伙狂妄到如此地步，竟而宣称神圣的马丁都不如他有威力，他把自己和众使徒并列起来。既然产生这

① 即10月

些坏事的罪魁祸首要在世界末日冒充基督，那么他把自己比作众位使徒，我们就无须奇怪了。我现在所讲的事情，如前所述，证明他充满了妖术。凡是见到他的人都说，要是有什么人偷偷地在老远的地方说他坏话，他就在大庭广众之前用下面的话申斥他：“你说我这样，说我那样，对我的圣洁进行诋毁。”那么，除了通过他所熟悉的魔鬼之外，他还能靠什么其他办法知道这回事呢？他身穿山羊皮紧身衣，头戴山羊皮兜帽，在公共场合对于饮食节制有度。但是在私下里，在客栈里，他是如此地狼吞虎咽，以致侍候他的仆人对于他的饕餮都供应不及。他的骗局被发现，他被老百姓抓住，从都尔城所属地区被驱逐出境。我们从来没有听说他到哪里去了，不过他常常称自己是波尔多居民。

七年前，出现了另一个大骗子，他用诡计蒙骗了许多人。他穿着一件没有袖子的长紧身衣，外面披着一件细麻布斗篷，身上佩戴着十字架，十字架上挂着若干小长颈瓶，照他的说法，瓶子里装着圣油。他冒充是从西班牙来的，而且带来了最神圣的殉教者文森
374 特副主祭和费利克斯的圣物。他在夜色降临的时分来到都尔的圣马丁教堂，当时我们正在吃饭，他派人捎进来口信：“出来迎接圣物。”由于已经为时太晚，我们答复他说：“让圣物先放在圣坛上，我们早上出来迎接。”但是这个人在破晓时分就起床了，对我也不稍作等候，就佩戴着他的十字架走过来，出现在我的屋子里。我大吃一惊，对他的冒昧表示惊异，我问他此举是什么意思。他傲慢地提高了嗓门回答说：“你的义务是以更尊敬的态度接待我们。我要把这一切报告给希尔佩里克国王，他会为我所受的侮辱报仇的。”然后他完全不把我放在眼里，走进我的小礼拜堂，大胆地朗诵起诗句

来，先读一句，再读一句，再读第三句，然后再读祷词，从头到尾读完以后，重新拿起他的十字架，扬长而去。他这个人语言粗俗，随便滥用低级和粗鄙的词语，甚至讲话毫无道理。他一直去到了巴黎，当时巴黎正在举行公众连祷，这种仪式通常是在基督升天的神圣节日之前举行的。当拉格内莫德主教带着他的信徒列队巡回访问各神圣处所的时候，这个人也捧着他那个十字架，披着一件人们十分生疏的外衣来了。他在身边聚集起一大群败类和乡村妇女，组成一支自己的行列，打算带着这支私人队伍巡回访问各个神圣处所。主教见到这种情况，派他的副主教去对他说："如果你身边带有圣物，请把它们暂时安放在教堂里，先和我们一起庆祝神圣的节日吧！节日一过，走你的路。"但是他对副主教的话毫不在乎，竟咒骂起主教来了。主教发现这个家伙是个骗子，命令把他关进一间小屋，对他所携带的全部东西进行检查。在他的身上发现了一只大口袋，里面装满了各种草本植物的根，还有鼹鼠的牙齿，老鼠的骨头和熊爪熊脂。主教一看这些东西都是用来搞妖术的，就命令把它们扔进河里，接着他把这个人的十字架拿走，下令把他赶出巴黎地区。然后这个家伙又做了一个新十字架，又照旧干起老行
当来了。但是他被副主教抓了起来，被套上了锁链，投入狱中。那 375
些日子我来到巴黎，住在殉教者圣尤利安的教堂里。当天夜里，这个坏蛋越狱而逃，带着全套锁链冲往教堂，当时他已不胜酒力，困倦不支，就恰恰倒在我平时在那里就位的铺砌地面上睡着了。我们一点也不知道所发生的情况。午夜我们起身去感谢上帝时，发现他睡在那里。从他身上发出这么重的一股臭味，它竟然比所有的阴沟、厕所里的臭气还要厉害，使得我们没有可能走进这座神圣

的教堂。有个教士走向前去，他捂住鼻子，设法弄醒他，可是弄不醒，这个不要脸的家伙让酒给泡透了。然后另外四个教士用手把他抬了起来，扔到教堂的一个角落里，接着他们取来了水，清洗了铺砌的地面，撒上了芳香的草本植物。于是我们出来举行仪式。可是我们一直没有把他唱醒，直到白昼重返大地，太阳在天空中高照时他才醒来，这时我又把他交给主教，要求宽恕他。当主教们在巴黎开会的时候，我在席上讲了这些事情，命令把他带到我们面前，以便把他训戒一番。他进来以后，比戈拉[①]主教阿梅利乌斯抬起两眼一看，认出这个人是他自己的一个逃亡仆人，就饶恕了他，把他带回自己的地区。有许多人靠着经营这种骗术，一直不断地把单纯的人引入歧途，我认为上帝在《福音书》里亲自谈到了这些人，他说最后“假基督、假先知将要起来，显大神迹、大奇事，甚至将选民带引到错误中去。”[②]这件事情说得够了，我还是言归正传吧！

七　恩诺迪乌斯担任都尔和普瓦提埃的公爵，现在他又得到埃尔和勒斯卡尔[③]的管辖权。但是都尔伯爵和普瓦提埃伯爵去找希尔德贝尔特国王，他们获得国王同意，让恩诺迪乌斯从他们的城
376 市里撤走。公爵一听说他被免除了职务，赶快去访问其他城市，但是当他正在那些地方的时候，他接到让他离开的命令。他赋闲归里，一心干自己的私事。

加斯康人这时从他们的山上出击，下山进入平原，破坏了平原

① 即雪塔，见第9卷，第20章注。——译者

② 《圣经·马太福音》，第24章，第24节。引文与经文有出入。——译者

③ 拉丁原文为Benarna urbs，该名称不见于六世纪以后的记载，据考证其地在今法国西南波城附近之勒斯卡尔。

上的田地和葡萄园，烧掉房屋，掳走许多俘虏和他们的牛羊。奥斯特罗瓦尔德公爵几次征伐他们，但是从他们身上逼不回多少东西来。哥特人为了对头一年贡特拉姆国王的军队在塞普提曼尼亚所造成的破坏进行报复，突入阿尔大主教管区，抢去大量战利品，掳走俘虏，一直深入到城外第十块里程碑的地方。他们劫掠乌格尔努姆要塞，[①]打败要塞里面的人，毁坏属于这些人的一切东西，没有遇到抵抗。然后他们返回本土。

八　已经招致王后愤恨的贡特拉姆·博索求助于主教和显贵们，想在倒霉之际求得宽恕，这是迄今为止他一直不屑于乞求的。希尔德贝尔特国王未成年的时候，他曾经时常嘲笑并谩骂布隆希尔德王后，加以攻击，他还曾经鼓励她的敌手对她大肆侮辱。国王为了替母亲所受的诬害报仇，命令将他追捕杀掉。贡特拉姆发现自己处境危险已极，就躲进凡尔登大教堂，相信通过阿吉里克主教的调停能使自己得到宽恕，阿吉里克主教在国王受洗礼时曾经是他的教父。主教赶紧到国王面前去为他说项，国王感到不能拒绝这项请求，就说："让他先来见我，提出保证人，然后让他去见我的伯父；伯父怎样决定，我就怎样执行。"因此该犯被押到国王所在的地方，他被剥夺了武器，套着手铐，就在这种状况下由主教交给国王。他俯伏在国王的脚下，说道："我没有听从您的命令，对您的意
愿和公共利益反其道而行之，我对您和您的母亲犯了罪，然而现在 377
我恳求您饶恕我对您所犯的罪恶。"国王令人将他从地上扶起来，把他交到主教手里，对主教说："神圣的主教，他由你去负责，直到

① 博凯尔。

他去面见贡特拉姆国王为止。”然后国王将他斥退。

九　劳辛和希尔佩里克的儿子洛塔尔的国内权贵勾结起来，他借口说这样做是为了和平，为了希望避免两国之间[①]的争端和侵犯国境事件。这个联盟实际上是一项谋刺希尔德贝尔特的阴谋。事成之后，劳辛将统治香巴尼，并挟持国王的长子提乌德贝尔特；乌尔西奥和贝尔特夫雷德将把出世不久的国王的幼子提乌德里克控制在自己的手里，并据有其余的国土，把贡特拉姆国王的权力排除出去。他们对布隆希尔德王后窃窃议论，想再一次叫她蒙受耻辱，就像在她早年居孀期间他们的所作所为那样。

劳辛对自己的巨大权势洋洋得意，打个譬喻说，他自吹自擂说有个王国就要到手。他为他的出行做好准备，他此行的目的是去进见希尔德贝尔特国王，然后执行他所筹划好的计划。但是上帝垂怜，使这个阴谋首先传到了贡特拉姆国王的耳朵里。贡特拉姆国王偷偷派遣使臣去警告希尔德贝尔特国王提防这个阴谋，然后又对他说：“我们赶快会晤一次，因为有紧急的事情需要讨论。”希尔德贝尔特问起告诉他的情况是怎么一回事，发现此事属实，就派人把劳辛找来。他刚一到，还没有获准进见国王，国王就下了命令，并且授权给几个仆人，让他们以国王的名义巡行各地，无论在什么地方发现劳辛的财产，就把它全部拿过来。然后他命令把公爵叫到寝室里来，谈论了各种各样的问题，随即叫他退下。他出来的时候，两个司阍抓住他的两腿，因此他倒在门槛上，他的身子一部分倒在寝室里，另一部分倒在寝室外。然后预先派定的人用剑

① 指希尔德贝尔特二世和洛塔尔二世之间。——译者

砍他,在他的头部一刀接一刀地乱砍了一阵,以致整个脑袋看起来
就像是一团脑浆。他当时就死了,尸体被剥光了衣服,扔出窗外埋 378
掉。此人性格轻浮,对别人财物的贪得无厌超过了一切人的限度,而且他的财富使他如此狂妄,乃至他临死的时候,竟把自己说成是洛塔尔国王的儿子。在他身上发现许多金子。他刚一被杀,他的一个仆人就以全速奔驰而去,把所发生的情况告诉死者的妻子。当时她正从苏瓦松的一条街上骑马而过,仆役前簇后拥,她身上装饰着精美的珠玉和宝石,缀满了亮晶晶的金子,正在前往圣徒克里斯平和克里斯皮尼亚努斯的教堂去听弥撒,因为那天正好是这两位神圣的殉教者的受难日。[①] 当她见到那个报信者的时候,她就从另一条街道折返,把珠宝甩到地上,躲进圣梅达教堂,相信靠着那位神圣的申信者的保护可以求得安全。国王派去查收劳辛财产的仆人们在他的财物中发现了如此之多的贵重物品,以致即使在国库里也找不到可以与之相媲美的东西。这些东西全部被送交国王过目。劳辛死的那天,国王身边站着一些都尔和普瓦提埃的居民,阴谋者曾经想利用他们,如果阴谋成功,这些人就要被捕受刑,下述罪名就要加到他们头上:“是你们当中的一个人把我们的国王弄死的。”接着他们还要受刑,而且遭到横死。然后阴谋者就宣称自己是为国王的被害报仇的人。但是由于他们罪孽在身,全能的上帝破坏了他们的计谋,应验了下面这句话:“给自己的兄弟挖陷坑的,自己必掉在其中。”[②]马格诺瓦尔德被派去代替劳辛为公爵。

---

① 10月25日。

② 《圣经·箴言》,第26章,第27节。引文与经文略有出入。——译者

乌尔西奥和贝尔特夫雷德确信劳辛能够执行他们合谋的计划，当时他们已经集合起一支军队，正在进发。但是他们一听到他
379 的死和他的死状的时候，就又向队伍里增加党羽，而且他们自知有罪，于是携带全部动产据守在弗埃弗尔地方的一个要塞里，这个要塞就在乌尔西奥的地产附近。他们下了决心：假如希尔德贝尔特认为应该对他们采取任何行动的话，就勇敢地抵抗他的军队，进行自卫。乌尔西奥是一切灾害的头子和祸根。布隆希尔德王后给贝尔特夫雷德送去消息，内容是："你要同我们的这个敌人分开，这样你就可以保住性命；如若不然，你就要与他同归于尽了。"因为王后是他的女儿的教母，因此很同情他。但是他回答说："我决不抛弃他，直到死亡把我们拆散。"

十　这些事情发生之际，贡特拉姆国王又第二次给他的侄子希尔德贝尔特送去信息，其措辞是："速来我处，不得延误，使我得以与你见面，我们亟需会晤，这是为了你本身的利益，也同样是为了我们的国土的福利。"于是希尔德贝尔特带着他的母亲、他的姊妹、他的妻子[①]出发，去和他的伯父会晤。[②] 在场的还有特里夫斯主教马格内里克和贡特拉姆·博索，凡尔登主教阿吉里克本人已经给后者当了保证人。可是他虽然身为保证人，却没有亲自出席，因为已经作了决定，贡特拉姆来到国王面前时，不得有任何辩护人，这样做是为了：如果国王判他死刑，主教就不能为他求免；反之，如果国王饶他一命，他就获得释放。两位国王共同判断他犯了

① 姊妹和妻子分别指克洛多辛德和法伊柳巴。

② 会晤地点在今法国东北肖蒙附近的昂德洛。

各种各样的罪行，命令处以死刑。这消息刚一传到他那里，他就飞也似地跑到马格内里克主教的住处，把所有的教士和仆人关在门外，扣上门，然后说道："最神圣的主教，我知道两位国王非常尊重你，现在我逃到你这里来，以便躲开他们。你看，要杀我的人就在大门口，因此你要十分明白，你要是不救我，我先杀你，再去接受死刑。这是千真万确的，要么就是你我两人同遭一死，要么就是我们共保性命。神圣的主教，我知道你对国王的儿子有如父亲，犹之国
王对他那样，你无论向国王要求什么，都会得到允准，神圣的你所 380
祈求的任何事情，他都不会拒绝。因此，要么你就去请求饶恕我，要么我们就同归于尽。"他一面说着这些话，一面手中握着出鞘的剑。主教对于他的这种威吓非常惊恐，就回答说："如果我被你扣留在这里，我怎么能干任何事情呢，放了我，我好去请求国王怜悯你，他或许会对你发慈悲的。"贡特拉姆回答说："不这么干，派你的修道院院长们和你所信赖的人们去把我对你讲的话说给国王听。"但是情况并没有如实地告诉国王，使者们只是说主教在保护贡特拉姆，因此国王生起气来，他说："要是主教拒绝走开，就让他和那个叛徒同归于尽。"这话被汇报给主教，主教又派别的使者前去，他们向国王讲述了真实情况。但是贡特拉姆国王大嚷道："烧房子！要是主教跑不出来，就叫他们两个一起让火烧死！"教士们听到这项答复后，破门而入，把主教拖了出来。不幸的贡特拉姆看到自己四面八方都被熊熊的火焰所包围，就束上宝剑向门口走去。但是就在他跨越门槛，把一只脚往外迈的一刹那间，人群中有个人投出标枪，刺进他的前额。他被这下猛刺弄得头晕眼花，怒发如狂，他要拔出佩剑，但是又被站在周围的人扔过来的许多投枪给刺中了，

他们把枪头扎进他的肋部，用枪柄把他抬了起来，因而他的身子连地也不能沾。他的为数寥寥的同伙也被杀了，他们的尸体和他的一样，露天摆在那里，好不容易才从两位国王那里获得许可将他们妥善埋葬。贡特拉姆·博索对自己所干的一切事情都是反复无常的，他贪得无厌，对别人的财货总是贪求无度，他对谁都发誓，对谁都不守信用。他的妻子和儿子被放逐，他的财产被没收。在他的财库里发现大堆金银财宝，就连他在犯了罪的良心驱使之下埋在
381 地底下的东西，也没有逃出搜查者之手。他时常去找占卜者算卦，玩弄妖术，想借此预知未来，但是他却一直受了骗。

十一　贡特拉姆国王和他的侄子及两位王后缔和，他们互换赠礼，在牢靠的基础上解决了国家的事务，然后一起坐下来吃酒席。贡特拉姆国王赞美上帝说："啊！全能的上帝啊！我最衷心地感谢你，承你赐惠于我，让我见到我的儿子希尔德贝尔特的儿子们，既然你让我这样地见到我儿子的诸子，我因此认为你没有完全把我抛弃"。然后希尔德贝尔特接受重返他手下的迪纳米乌斯和卢普斯公爵，把卡奥尔还给布隆希尔德王后。[①] 这样，他们在签订了条约，[②]对上帝一再表示感谢，彼此馈赠礼物，互赐祝愿平安的

---

① 卡奥尔为希尔佩里克送给加尔斯温特作为结婚赠礼的城市之一，后来她的妹妹布隆希尔德要求拥有其地。见本卷第 20 章。——译者

② 这个条约叫昂德洛条约，订于公元 587 年 11 月 28 日(见本卷第 20 章)。本章中上述两位王后指希尔德贝尔特之母布隆希尔德和他的妻子法伊柳巴。卢普斯公爵曾被贵族派逐出奥斯特拉西亚，避居于贡特拉姆处(见第 6 卷，第 4 章)，此时该派阴谋失败，暂时失势，卢普斯得以回去。迪纳米乌斯原为希尔德贝尔特驻马赛的地方长官，曾趋奉贡特拉姆。后来希尔德贝尔特拥有整个马赛，迪纳米乌斯受到贡特拉姆国王保护。

吻以后，就和好欢悦地返回各自的城里去了。

十二　这时候，希尔德贝尔特国王征集起一支军队，命令它开往乌尔西奥和贝尔特夫雷德闭门据守的地方。弗埃弗尔地方有一块地产，一座险峭的山俯临其地，山顶上建造着一座纪念圣马丁的教堂。传说这座教堂在老年间是设防的，但是今天它之所以强固与其说是由于人工设施，不如说是由于天然形势险要。两个人带着他们的妻子、他们的仆人和财产闭居在这座教堂里。希尔德贝尔特征集起他的军队以后，命令军队开向这个地方。但是战士们一路上只要能够找到乌尔西奥和贝尔特夫雷德的东西，无论是地上的房子或是其他财产，一概加以焚毁，抢劫。他们到达那个地点以后，攀山而上，以一支武装的军队包围教堂，他们的首领是卢普斯公爵的女婿哥迪吉塞尔。当他们未能把被围在教堂里的人弄出来的时候，他们就试图放火烧房。乌尔西奥眼看他们要这么干，就冲出来。他把围攻的人如此大杀一阵，以致凡是他力所能及的，没
有一个人能保住性命。宫伯特鲁杜尔夫和军队里的许多其他士兵 382
都阵亡了。但是后来乌尔西奥看来已经杀得精疲力尽，这时他的大腿被砍中了，他一筹莫展地倒在地上。他们向他一拥而上，把他杀死。哥迪吉塞尔看见这种情况的时候，喊道："现在就息兵吧！看呀！我们国王们的最大敌人已经死了，留贝尔特夫雷德一命吧！"说着说着，战士们正一心想掠夺积藏在教堂里的东西的时候，贝尔特夫雷德纵身上马，向凡尔登逃去，他相信在教堂住所的小礼拜堂里是安全的，何况又有阿吉里克主教住在那里。当贝尔特夫雷德逃走的消息传到希尔德贝尔特国王那里的时候，他心里很生气，说道："要是这个人活着逃走了，那么哥迪吉塞尔就逃不出我的

手掌。”他不知道贝尔特夫雷德已经藏进教堂住所，还以为他跑到国内其他什么地方去了。哥迪吉塞尔很惊慌，他又一次出动他的队伍，以武装的战士把主教的住所包围起来。主教不但宣布他不能把贝尔特夫雷德交出来，而且还要想办法保护他，于是战士们爬上屋顶，用瓦片和小礼拜堂顶上的覆盖物把贝尔特夫雷德砸死了，他和他的三个仆人一起丧生。主教忧愤满怀，不仅因为他未能予以保护，而且因为他见到他惯常在其中祷告的、集中着圣徒们的遗物的地方被人的鲜血玷污了。希尔德贝尔特国王给他送去礼物，以便排遣他的忧愤，但是他不能得到宽慰。当时有许多人因为害怕国王，跑到别处去了。有些公爵被剥夺了尊贵地位，别人则被提升上来取而代之。

十三　前面所提到的因叛逆罪系狱的巴多[1]奉贡特拉姆国王之命来到国王面前，然后被转送到巴黎。国王说：“如果弗蕾德贡德能够借助于有声望的人而使他洗刷掉对自己的控告，[2]就释放他，他愿意去哪里就去哪里。”但是当巴多来到巴黎时，弗蕾德贡德并未派来能够坚持他无罪的人。然后他被捆绑起来，套上镣铐，在
383 严密防范下送回夏龙。[3] 后来，使者们往来于两国之间，其中的主要人物是贝叶主教柳多瓦尔德，商谈结果，巴多得到释放，获准回家。

这时候，[4]梅斯惨遭痢疾的祸害。正当我匆忙赶路去会见国

① 见第8卷，第44章。

② 指起誓证明被告无罪。

③ 索恩河畔夏龙。——译者

④ 公元588年。

王的时候，我在兰斯的大路上遇到普瓦提埃的居民维利乌尔夫，他正发着高烧，拉着痢疾，病得厉害。他拖着极其虚弱的身子，由妻子前夫的儿子伴送着离开了兰斯城，到达巴黎地区，只不过是来立遗嘱，死在吕埃[1]的领地上罢了。那男孩身患同样的疾病，也死了。他们的尸体被一起运到普瓦提埃埋葬。维利乌尔夫的妻子又嫁了第三个丈夫，也就是贝波伦公爵的儿子。此人臭名远扬，他已经抛弃了两个妻子，她们都还活着。他是一个轻浮好色之徒，一味贪图淫欲。他为了和侍女们私通，遗弃了他的第一个妻子，他厌烦婚姻生活，总在追求其他欢乐。他曾经以同样的做法对待他的第二个妻子，现在他又照样对待他这第三个妻子。他不懂得：必朽坏的，不能承受不朽坏的。[2]

十四　兰斯主教埃吉迪乌斯被怀疑为与上述叛国案有牵连，[3]由于这个案件，上述那几个人业已丧失性命。这些事件之后，他带着优厚的礼物来到希尔德贝尔特那里，求他宽恕，事先他在圣雷米吉乌斯教堂里得到以宣誓为凭的保证，那就是在途中他不会遭到危害。国王接见了他，他平安地离开。他还和卢普斯公爵达成和解，如前所述，卢普斯公爵本来是由于他的怂恿才从香巴尼公爵辖区被驱逐出去的。为了这件事情，贡特拉姆国王非常苦恼，因为卢普斯曾经答应他决不和埃吉迪乌斯言归于好，后者是个以与国王为敌著称的人。

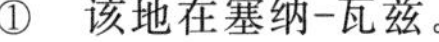

① 该地在塞纳-瓦兹。

② 出自《圣经·哥林多前书》，第15章，第50节。

③ 指与劳辛、乌尔西奥、贝尔特夫雷德之案有牵连。

十五　这时在西班牙，[1]雷卡雷德国王被上帝的怜悯所感动，
他把自己教派的主教们召集到一起，对他们说："在你们和那些自
384 称为天主教徒的主教们之间，为什么敌对行动的缘由总是没完没
了地在扩大呢？为什么奉他们的信仰的人做出许多奇迹，而你们
却不能像他们那样做？因此，我请求你们聚在一起，共同讨论双方
的教旨，让我们发现哪些是真的。然后，不是他们必须接受我们的
论点，相信你们所宣讲的东西，就是你们必须承认他们的教义的真
理，相信他们所传播的东西。"这件事照办了，在一次双方的主教会
议上，异端信仰者表明他们的信仰，这种信仰我已经在前面按照他
们自己的讲法几次加以记述；天主教的主教们也以同样方式用自
己的论点作了回答，在以前各卷里，我已说明阿里乌斯派的教徒常
常为这些论点所驳倒。国王坚持说，异端的主教们没有做出奇迹
来医治病人，他想起在他父亲的时候，他们当中有个主教夸耀自己
凭他那虚妄的信仰有力量使瞎子恢复视力，他把两手放在一个瞎
子身上，反而因此害得他永远双目失明，于是他狼狈而去，这件事
情我在《奇迹集》里作了详尽叙述。然后国王把上帝的主教们叫到
一边，询问他们基督教的教旨，他懂得了圣父、圣子、圣灵具有三位
之分，但要作为一个上帝加以崇奉；圣子并不低于圣父和圣灵，圣
灵也不低于圣父和圣子，我们要承认这同等而全能的三位一体是
真正的上帝。雷卡雷德明白了这个真谛以后，他结束一切争论，服
从了天主教的教规，接受了手划的神圣的十字符号，涂了圣脂，他
相信上帝的儿子我们的主耶稣基督与圣父和圣灵同等，他们统治

① 公元587年。

世界永无休止。阿门。然后他派信使们到纳尔榜大主教管区去述说他所采取的行动，好让那些地方的人民和他一起采取同一种信仰。那时，有个阿里乌斯教派的主教，名字叫做阿塔洛克。这个人以他的空洞无用的主张和对《圣经》的错误解释，给上帝的教堂惹了这么大的麻烦，以致可以认为他就是历史学家尤塞比乌斯笔下
所记的在厕所里内脏迸流而出的那个阿里乌斯。但是当他力求防 385
止他那派的门徒信仰真理，而只有少数几个谄媚之徒站在他那边的时候，他满腔痛苦，走进他的小屋，一头倒在床上，他那拗执的灵魂就这样离开了他。于是那个大主教管区之内的异端信仰者承认了不可分割的三位一体，摆脱了他们的错误信仰。

十六　然后雷卡雷德派遣使臣到贡特拉姆和希尔德贝尔特那里去求和，其根据是，如他所说，既然他们现在已经由同一种信仰联合起来，那么他们在友爱方面也应该如同一个人一样。但是贡特拉姆拒绝了他们，他说："他们把我的侄女英贡德交出去当俘虏，背信弃义地让她的丈夫遇害，而她本人又在途中丧生，他们还能保证什么信仰，他们还怎么能指望取得信任呢？因此我不接待雷卡雷德派来的使节，直到上帝让我在敌人身上报了仇为止。"使臣们听他这样说，就去见希尔德贝尔特。他友好地接待他们。使臣们对他的讲话如下："您的兄弟和我们的君主雷卡雷德很想澄清加在他身上的认为他与您的姐姐之死有牵连的罪名，他随时准备用发誓证明他的清白，如果您愿意他这样做的话；他还可以用其他任何方式来证明这一点。仁慈的国王，他然后将付给您一万枚金币，以期求得您的友谊，这样他就可以得到您的援助，而您本人万一有需要时，也可以反过来从他的援助中得到好处。"他们说完以后，希尔

德贝尔特国王和他的母亲发誓保证自己要和雷卡雷德维持牢不可破的和平友好关系。他们交换赠礼之后，使臣们又说："我们的君主还授命我们就有关您们的女儿和姊妹克洛多辛德的事情悄悄地向您们说上一句，那就是他请求娶她为妻，这样，双方所约定的和平就可以得到更大的保证。"他们回答说："就我们自己而言，可以立刻同意，但是我们不敢不和我们的亲属贡特拉姆国王商量一下就表示同意，因为我们已经发誓作了保证，未经与他商议，我们什么重大的事情都不做。"使臣们得到这项回答后就回去了。

十七　这年[①]春天下大雨，当树上和葡萄枝上已经抽出叶芽
386 的时候，一场大雪把一切都给压盖了。接着下了一场霜，使葡萄枝上的叶片和所有已经成形的果实都凋敝了。这年春季是如此地严寒，就连从国外飞来的燕子和鸟也都因寒气凛冽而冻死。事情很奇怪，这场霜在从未遭受过霜灾的地方毁坏了一切，而过去常受灾的地方，这次却没有遭到霜打。

十八　布列塔尼人侵入南特地区，侵犯了乡间的地产，进行抢劫，掳走俘虏。贡特拉姆国王一听到这个消息，就命令征集一支军队。他先派一名使者去传话，让他们最好还是为自己的犯罪行为作出赔偿，要不然，那就老实告诉他们，他们将在他这支军队的刀剑之下丧命。他们害怕了，答应为自己的冒犯作出赔偿。国王得到这项答复以后，就向他们派出一个使团，其中包括奥尔良主教纳马提乌斯、勒芒主教贝尔特拉姆，还有好多位伯爵和国内的其他要人。他们由希尔佩里克国王的儿子洛塔尔国内的显贵陪伴，进入

① 公元587年。

南特地区，在这里他们向瓦罗克和维迪梅尔传达了国王的命令。布列塔尼人回答道："我们也知道这些城市属于洛塔尔国王[①]的诸子，我们本身应该服从他们，因此，我们对做错的一切事情一定立即赔偿。"然后他们指定了保证人，签署了一份契约，答应付给贡特拉姆和洛塔尔两位国王每人一千枚金币作为赔偿，并且宣誓保证自己决不再侵犯这些城市所属的地区。在安排好这项解决办法之后，其他使臣都回去了，他们向国王说明了情况。但是纳马提乌斯主教留了下来，他已经收回了过去他家在南特地区丧失的某些土地。这时他的头上长出三个恶性脓疱，他由于疾病的缠绕而严重地衰弱下去，他急于回到自己的城里去，[②]但是在昂热地区就死了。他的遗体被运往奥尔良，埋葬在申信者圣阿尼亚努斯的教堂 387
里。帕斯托尔的儿子奥斯特里努斯接任他的教职。

瓦罗克忘记了他的誓言和所作的保证，置一切诺言于不顾。他强占了南特人民的葡萄园，收获了葡萄，把葡萄酒搬到瓦恩去了。其结果是贡特拉姆国王勃然大怒，他下令征集一支军队，但是后来他又使自己平静下来。

十九　我在前面曾经写到，都尔居民之间的仇杀已经结束，这时它又凶焰复炽，重新爆发。西卡尔杀害了克拉姆内辛德的亲属以后，又和克拉姆内辛德结成了亲密的友谊。他们变得如此相亲相爱，以致连饭菜也我吃你的，你吃我的，共同睡在一张床上。一天傍晚，克拉姆内辛德预备了一顿晚餐，邀请西卡尔来吃饭。他的

---

① 指洛塔尔一世。

② 奥尔良，自公元 581 年起，纳马提乌斯任该地主教。

朋友来了，他们共同入席。但是西卡尔喝醉了，酒上了头，他喋喋不休地说大话攻击克拉姆内辛德，据说最后还说：“亲爱的兄弟，你应该为杀掉你的亲属一事感谢我，由于他们的死而付给你的偿命金使你家里金银充盈。由于这个缘故，你过得颇为稳定，要不然，你今天就贫穷匮乏了。”克拉姆内辛德怀着悲痛的心情听他说这番话，他自忖道：“我要是不为我亲属的死报仇，我就不配被称为一个男子汉，而应该被称为一个懦弱的女人。”他立刻把灯火熄灭，用匕首把西卡尔的脑袋劈开。那人倒地而死，他断气时只发出微弱的声音。侍奉他的仆人们跑掉了。克拉姆内辛德剥去尸体上的衣服，把尸体挂在他家篱笆的一根柱子上，然后骑马去见国王。[①] 他走进教堂，俯伏在国王的脚下说：“最光荣的国王，我请求您饶我一命，因为我把偷偷害死我的亲属、抢走他们全部财产的人杀了。”然后他把事情经过从头到尾说了一遍。但是布隆希尔德王后对于在她保护下的西卡尔竟然如此遭到杀害非常生气，她对克拉姆内辛德大发雷霆。克拉姆内辛德看到她一心与自己作对，就前往布尔
388 日地区他的亲属所在的布日村，因为这个地方属于贡特拉姆的国土。西卡尔的妻子特兰奎拉把孩子和丈夫的财产留在都尔和普瓦提埃，自己搬到莫里奥普村的亲戚家里去了，在这里她又结了婚。西卡尔死的时候年纪大约二十岁。生前他是一个轻薄之徒，是个酒鬼、杀人凶手，他在喝醉了酒的时候对好多人犯过暴行。克拉姆内辛德又去找了一次国王，他被判必须证明是为了自己的荣誉才把西卡尔杀死的，这点他是能够做到的。但是布隆希尔德王后命

① 希尔德贝尔特。

令没收他的财产，因为她曾经把西卡尔置于自己的保护之下。虽然如此，这份财产后来又由总管弗拉维亚努斯还给了他，王后本来已把他的财产赐赠给弗拉维亚努斯了。克拉姆内辛德那时正前往阿让，他从弗拉维亚努斯那里得到了一张安全通行证。

二十　这一年，[①]即希尔德贝尔特在位的第十三年，我已经旅行到梅斯去会见那位国王。他派我为使者前往贡特拉姆国王那里，我在夏龙[②]见到了他。我这样说："威名赫赫的国王，您的最光荣的侄子希尔德贝尔特向您致以最衷心的问候，并且向您表示无限谢意，因为您始终规劝他去做为上帝所欣赏、为您所赞同、又合乎他的人民需要的事情。他保证全部执行您们所一致同意的各点，对于您们双方所签订的条约各款一项也不破坏。"国王答道："既然他对我所作的诺言如此明显地遭到破坏，我不能同样地回谢他。他扣留属于我的那部分桑利城，[③]他还没有交出我的敌人，而为了我的安全，我希望这些人从他的国土上被清除出去。既然如此，你怎么说我这个亲爱的侄子决不愿意违犯我们之间所订立的条约的条款呢？"我对此回答道："他并不想违背任何一项条款，他保证全部执行。如果您愿意派人去解决桑利的分割问题，您立刻会得到应该属于您的那份土地。至于您所抱怨的那些人，请把他们的名字写下来送给他。每项誓约都将兑现。"经我这样说明之后，国王命令当着全体在场的人之面再读一遍条文。

---

① 公元588年，本卷第13章所记格雷戈里前往梅斯即为此事。——译者

② 索恩河畔夏龙。——译者

③ 下面的条约中关于桑利的归属有两项不同的规定。贡特拉姆此语当指应有三分之一归他。

389 条约抄本

“两位最卓越的君主贡特拉姆国王和希尔德贝尔特国王，以及
最光荣的夫人布隆希尔德王后，为了亲善友爱，以基督的名义在昂
德洛会晤，以便进行充分讨论，消除可能引起彼此之间的敌对行动
的任何缘由。与会各方仰荷上帝之恩宠，本互爱之情谊，在各方主
教及首脑人物的参与下，兹已议定，认可，并且一致同意：在全能的
上帝所赐予的天年期限以内，各方须以纯正至诚之心同守信约，互
相友爱。由于贡特拉姆国王根据其与故西吉贝尔特国王所订立的
条约，[①]要求取得西吉贝尔特国王在卡里贝尔特的王国境内的全
份土地，[②]同时由于希尔德贝尔特国王要求收回其父亲拥有的全
部领土，各方经过最后考虑，业已作出如下决定：凡西吉贝尔特国

472 王根据条约得自卡里贝尔特的国土，即三分之一巴黎城及其所属
地区和居民，夏托顿、旺多姆两个城堡，以及该国王在埃当普地区
朝向上述地方的方向所拥有的土地，和在夏尔特尔所拥有的土地，
连同各处所属地区、居民在内，应永远归贡特拉姆国王合法治理与
管辖；贡特拉姆国王在西吉贝尔特国王在世时即已得自卡里贝尔
特的国土，亦仍归其所有。与此相同，自即日起，希尔德贝尔特国
王应辖有莫城、三分之二桑利、都尔、普瓦提埃、阿弗朗什、埃尔、圣
利齐埃、巴荣纳、阿尔比及各该城所属地区。附带的条件是：两位
国王中的任何一位如若死而无后，则仍然健在的那位国王当永远

① 指公元567年卡里贝尔特死后所订的条约。该约未得到遵守。

② 指在西吉贝尔特死后。

并全部继承该国王的国土，并仰荷上帝之助传之后人。

“各方特此决定，并应切实遵守无误：凡属贡特拉姆国王业已
赐予，或承上帝恩宠将要赐予其女克洛提尔德[①]的各类财产，或男 390
丁、城市、土地、税收，均应由她享有主权，归她支配；如若她愿将所属的任何一部分领地，或贵重物品，或钱财转让，或以之馈赠任何人，则所馈赠之物应仰荷上帝之助永远由受者保有，任何时候任何人均不得从受者手中夺走此等财产；她本人在希尔德贝尔特国王的庇护和保护之下，应无可争辩地、体面而尊贵地享有日后她父亲逝世时她所掌握的各种财产。同样，贡特拉姆国王同意：由于人寿无常，如若竟尔发生他在有生之年所不愿看到的，他相信上帝的仁慈会加以禁止的情况，亦即如若希尔德贝尔特国王竟尔先行离开人世，而他仍然留在世上的话，则他将如同生父一样地将希尔德贝尔特的儿子、身居王位的提乌德贝尔特和提乌德里克，以及上帝愿意赐给他的任何其他儿子接受到自己的庇护和保护之下，他将保证他们安全地拥有其父的国土。他将以高尚的敬爱庇护并保卫希尔德贝尔特国王的母亲布隆希尔德王后；对她的女儿，即希尔德贝尔特国王的姊妹克洛多辛德，只要她还住在法兰克境内，也将加以庇护和保卫；他将同样对待他的王后法伊柳巴，犹如对待自己的亲爱的姊妹一般，他还要庇护并保卫她的女儿；他将使她们安全地、平静地、体面而尊贵地享有她们的全部财物、城市、土地、税收和权利，即她们的全部财产，其中包括她们目前拥有的和在基督的指引下日后可能合法增殖的财产，因此，如其自愿转让所分到的那份领

① 贡特拉姆仅存之女。

地中的任何一部分土地,或各自的动产,或钱财,或将这种财产馈赠给任何人,则应确保受者永远安全地享有之,任何人在任何时候皆不得废除她们的愿望。至于波尔多、利摩日、卡奥尔、勒斯卡尔和雪塔[①]诸城,乃是布隆希尔德夫人的姐姐加尔斯温特来到法兰
391 西亚时获得的奁赠或丈夫的翌晨赠礼,[②]而且布隆希尔德夫人在希尔佩里克和西吉贝尔特两位国王在世期间业已经由贡特拉姆国王和法兰克人决定取得这些地方,[③]因此各方同意:布隆希尔德夫人应即将卡奥尔城及其所属土地、居民收归己有,上述其他有关城市在贡特拉姆国王在世期间应属于贡特拉姆国王,但当国王逝世之后,承上帝进一步施恩,这些城市即应转归布隆希尔德夫人及其继承人所有,土地范围不得有所减损。贡特拉姆国王在世期间,布隆希尔德夫人或其子希尔德贝尔特国王,或希尔德贝尔特国王的诸子,任何时候均不得以任何借口要求取得这些城市。各方同样同意:希尔德贝尔特国王应完整地拥有桑利,并应以他现在所辖有的三分之一雷松[④]划归贡特拉姆国王,作为按照主权应属于贡特拉姆国王的三分之一桑利的补偿。各方并且同意:根据贡特拉姆国王和已故的西吉贝尔特国王所议定的条约,随从[⑤]当中凡曾在洛塔尔国王死后先宣誓效忠于贡特拉姆国王,后来情况表明又转

① 拉丁文为 Begorra,即 Bigorra(比戈拉),其地点曾有人推断在今法国西南之塔布,朗尼翁则认为在雪塔。

② morgengabe,古时婚礼后第二天早上丈夫赠送给妻子的礼物。

③ 加尔斯温特死后,西吉贝尔特向希尔佩里克进攻,希尔佩里克战败,贡特拉姆出面调停,决定将这些城市转交给布隆希尔德。——译者

④ 雷松有二,一属贡比涅,一属苏瓦松,以前者可能性较大。

⑤ leudes,下同。见第2卷,第42章注。——译者

而效忠于他人者，即应从现在的居留地被遣回。同样，洛塔尔国王死后，先证明宣誓效忠于西吉贝尔特国王，后来又转而投效他人者，亦应同样地被遣回。凡属上述两位国王业已赠给教堂或其所亲信的部曲，或承上帝恩宠日后可能依法决定赠赐给他们的任何财产，应同样由受者安全地保有之。双方国王的任何亲信的臣属如正当地依法享有无论何种财产，则此人不得受任何侵害，并应获许享有此等份内之财；如任何人的任何财物在王位虚悬时丢失，而本人毫无过失时，则应进行查究，财物应予退还。关于直至故洛塔尔国王为止的历代先王所慨赠于各人的财物，应由各人安全地享有之。凡属彼时以后所取自忠实臣民的任何物品，应立即予以退 392
还。上述两位国王既已本上帝的名义彼此矢诚交好，和谐一致，因此各方同意：双方随从因公务或私事外出，任何一方任何时候皆不得拒绝其在本国自由通行。[①] 各方同样同意：任何一方皆不得将对方的随从招揽过去，或当其自动前来时加以收留。如若其中一方的某一个臣属由于某种过失而认为宜于逃往另一方时，应将该人引渡回国，但应根据过失的性质予以宽大处理。

“此外，各方决定在现行条约里加入下列一项条款：如一方在任何时候以任何巧妙的借口违犯以上规定，该方即应丧失目前所受赠的以及定于将来受赠的一切利益，此等利益只应由遵守上列各项规定者所享有，同时后者即应免于在各方面履行誓言。以上各点既经各方如此决定，缔约各方以全能的上帝和不可分割的三

---

① 公元 567 年卡里贝尔特死后的领土瓜分造成了各国的土地交错，有利于背离者的外逃，不利于旅行者的通行。国与国之间发生争端时，国王们又可能封锁国境，使某些地方处于隔离状态。条约中的有关规定系为改变此种情况而设。

位一体，以及一切圣物和可怖的审判日的名义宣誓，必将遵守上列各项约款，不得欺诈，不加破坏。

“本条约订立于12月1日的前四天，时为贡特拉姆国王在位的第二十六年，希尔德贝尔特国王在位的第十二年。”

当条约通读完毕以后，国王说：“我若违犯上述任何一项规定，愿遭天谴。”然后，他转过头去，向以使臣身份随同我们前来的费利克斯说：“费利克斯，请告诉我，你难道没有使我的姊妹布隆希尔德去和那神人共愤的弗蕾德贡德结成最完美的友谊吗？”费利克斯否认这桩罪名，我就说道：“请国王别怀疑多年以来一直维系着她们的那种友谊今天仍旧维持不变。[①] 您确实可以相信，好久以前就存在于她们之间的仇恨远非已见消失，而是仍在剧增。最光荣的
393 国王，您对那位王后要是少抱有一些好感，那就好了，因为我曾时常亲自见到，您接待她的使团比接待我们的使团的确还要体面。”国王对我的话回答道：“主教呀！你要知道，我对她的使臣的接待方式，决不能有损于我对我的侄子希尔德贝尔特国王的感情。我怎么能同一个时常派暗杀凶手来谋害我性命的人建立友谊呢？”他这样说过之后，费利克斯说道：“我想陛下一定听说过雷卡雷德曾向您的侄子派出一个使团，要求娶您的侄女、您弟弟的女儿克洛多辛德为妻。但是没有您的许可，希尔德贝尔特国王不想作出任何许诺。”国王答道：“我的侄女前往她的姐姐在那里被害的地方，这决不是好事。我的侄女英贡德身死而其仇不报，我也不能认为这是对的。”费利克斯答道：“西班牙方面，他们非常愿意用宣誓，或用

① 此处“友谊”是一种反义的说法。——译者

您可能提出的任何其他方式澄清自己的罪名，只请您按照他们的愿望，同意把克洛多辛德许配过去。”国王说：“要是我的侄子全部执行按照他的愿望所订立的条约中的各项规定，那么我这方面就满足他在这件事情上的愿望。”于是我们保证希尔德贝尔特将会全部执行，费利克斯还补充说：“他还请求您本着对亲属的忠诚，帮助他去攻打伦巴德人，以便把他们赶出意大利，让他的父亲生前所要求的地方回到他的手里。他很愿意见到通过您的帮助和他自己的力量，其余的地方被恢复到皇帝的领域以内。”国王答道：“不，我不能把我的军队送到意大利去，把他们毫无必要地投入毁灭之中，因为现在意大利正遭到最严重的瘟疫的蹂躏。”然后我说：“您已经向您的侄子表明，由于许多事情需要研究，您希望他国内的全体主教开一次会，但是按照我们的教规习惯，您的最光荣的侄子认为最好还是由各大主教与他那个管区的主教们一起开会，由这种宗教会议发布命令，改善本地区发生的混乱现象。有什么理由让这么一大堆人聚集在一处呢？教会的信仰并没有由于任何危险而发生动
摇，没有新的异端冒头，那么又有什么必要让这些主教统统到一起 394
开会呢？”国王答道：“有许多问题需要决定：不义之举已经犯下了好多起，不少人过着淫荡的生活，我们之间也有事情需要讨论。首先而且最关重要的，就是与上帝本身有关的问题；你们该追查一下普雷特克斯塔图斯主教怎么会在他的大教堂里死于剑下。可是关于那些被控告为道德败坏的人，也该讨论讨论，使他们或是在接受你们的制裁以后，改恶从善，或是经证明无罪后，由你们当众宣布其并无此种莫须有的罪行。”然后他命令将这次宗教会议延期到第

四个月的1日。[①] 他说完之后，我们前往教堂，因为那天是我主耶稣的复活节。作完弥撒以后，他叫我们和他同席饮宴，我们意兴之浓与席间菜肴之丰两相媲美，因为他滔滔不绝地谈论上帝，谈论建造新教堂，或者谈论保护穷人。但是他也不时打趣取笑，说些无损于宗教的诙谐的话，来使我们高兴，好让我们同他共享这种欢乐，其中他特别谈到："上天保证我的侄子遵守他的诺言，因为我所有的一切都是他的。可是如果他由于我接待我侄子洛塔尔的使臣而见怪，那么难道我真就愚蠢到了这种地步，以致不能为他们居间调停，防止产生这种争端的起因扩大么？我很了解，制止争端要比让它慢吞吞地拖下去好。要是我正式承认洛塔尔是我的侄子的话，我要从我领域内的某一部分划给他两三个城市，让他不要觉得自己什么也没有继承到，这样，希尔德贝尔特在他的堂兄弟所将接受的遗产问题上，就可以放心了。"他说了这番话，还说了许多别的事情，在非常友好地接待我们之后，他慨赠给我们许多礼物，然后叫我们退下，并且嘱咐我们永远向希尔德贝尔特进忠言，使他进一步繁荣昌盛。

二十一　我已多次讲到，贡特拉姆国王非常仁慈，喜好斋戒和守夜。这时报告传来，[②]说马赛被一种鼠蹊感染的疫病所蹂躏，这种病症很快就传播到里昂附近一个名叫奥克塔维斯的村子里。这
395 位国王就像个好主教给犯罪的人们提供办法治好伤疤一样，他命令人人都集合在大教堂里，以最大的虔诚举行连祷，除了大麦做的

① 6月。
② 公元588年。

面包和纯净的水以外，不能吃其他的东西作为营养，大家必须守夜，持之以恒。他的命令得到遵守。一连三天他施舍的财物大大超过往常的数量。他对全体人民是如此地关切，以致他可以被看作不仅是他们的国王，而且是上帝的一名主教。他的全部希望此时都寄托在上帝的慈悲上，他把所想到的一切都求之于上帝，他全心全意地相信靠上帝的威力这些事情都会得到好的结果。虔诚的信徒广泛地传诵着：有个妇女，她的儿子得了三日疟，很不舒服地躺在床上，这个妇女穿过人群，来到国王身后，偷偷地从国王斗篷的镶边上撕下一些碎片，把这些碎片泡在水里，拿这种水给她的儿子喝。儿子当即退烧，恢复健康。我不能怀疑这个传闻，因为我曾时常亲耳听说恶魔迫于国王的神奇威力，在附体的时候恳求国王，承认罪行。

二十二　我刚说过，马赛城被一种最严重的疫病所折磨，我认为最好是从头说说它遭受了多大的苦难。那时提奥多尔主教已经去到国王那里，去告勋贵尼塞提乌斯的状。[①] 希尔德贝尔特国王简直连听也不肯听，因此他准备回去。当时，有一艘装载着西班牙传统商品的船已经进港，这艘船上不幸装有燃起这场瘟疫的火种。许多居民从这批货物里选购了各式各样的物品，不多时候，一户八口之家都死绝了，他们每一个人都因感染疫病而死。这场瘟疫之火并不是一下子就蔓延到当地每一家的，其中曾有一段间歇，然后瘟疫遍及全城，犹如火烧稻田一般。然而主教还是回来了，他和身

① 见第4卷，第24章注。——译者

396 边所剩下的寥寥数人一起住在圣维克托教堂[①]的围墙以内。整个灾难期间，他在那里自始至终专诚祈祷和守夜，乞求上帝垂悯，以期这场毁灭告终，使人民得享和平与安宁。两个月以后，苦难中止了，人们以为危险已经过去，都回来了。但是瘟疫再度发生，所有回来的人都死亡了。马赛另外还曾几次遭受这种死亡的折磨。

二十三　凡尔登主教阿吉里克由于他为之作保的贡特拉姆·博索遇害，内心非常忧愤，苦恼满怀，日复一日，加以贝尔特夫雷德在教堂住所的小礼拜堂里被杀，使他更增痛苦；更糟的是他天天为仍旧收养在自己住处的贡特拉姆的儿子们伤心，这样，他病得很厉害。他常说："由于有人对我怀恨在心，你们才变成了遗孤。"由于这些事情的刺激，又由于上述的内心痛苦的压抑，更由于他厉行斋戒而耗尽了体力，他去世了，被放进了坟墓。修道院院长布科瓦尔德竞争他的主教职位，但是未告成功，因为居民一致同意推举秘书官卡里梅尔，他由国王下令被任命为主教，布科瓦尔德则被忽视过去。人们说此人傲慢过分，因此之故，有人给他起了一个外号，叫"厚脸皮"。阿尔主教利塞里乌斯也去世了，奥顿的修道院院长维尔吉利乌斯在西阿格里乌斯主教的支持下继任他的职务。

二十四　旺斯主教德乌特里乌斯也去世了，普罗米尼乌斯受命继任其职。这个普罗米尼乌斯曾经居住在布尔日，但是为了某种缘故迁居到塞普提曼尼亚。阿塔纳吉尔德国王死后，他在这里受到新国王柳瓦的隆重接待，并且被任命为阿格德主教。但是柳

① 维克托，马赛人，曾在罗马军中服役，戴克里先迫害基督教徒时被捕，公元303年7月21日被杀。

瓦死后，当柳维吉尔德陷入阿里乌斯教派的虚妄邪恶的异端而信
奉若狂的时候，当前面讲到的西吉贝尔特国王的女儿英贡德被送
往西班牙去成婚的时候，有人告诉国王这位主教曾经劝导过她，叫
她要永远避开这种异端的毒素。为了这件事情，国王一直心怀恶 397
感，他力图用不公正的手段使普罗米尼乌斯陷入圈套，以便把他赶出他的教区。但是他所设计的陷阱没有一个能抓住他，最后他派一名刺客去用剑谋害他的性命。但是有人从高卢来向普罗米尼乌斯报信，他离开阿格德，返回高卢，他在这里受到许多主教的接待和赠礼，并且前往进见希尔德贝尔特国王。这样，在旺斯的主教职位出现空缺的时候，他由于国王的恩宠接受了这个教职，这时是他被迫从阿格德出走以后的第九年。

这一年，布列塔尼人破坏了南特和雷恩的广大地区，他们抢走葡萄，糟踏已经耕耘的土地，把乡间地产上的劳动人手掠走为奴。他们一点也没有遵守过去的诺言，不但对自己的誓言置之不顾，甚至还抢走属于我们国王们的财产。

二十五　当伦巴德人来为他们的国王向希尔德贝尔特国王要求聘娶他的姊妹[①]时，希尔德贝尔特国王曾经接受了他们的礼物，答应了他们的请求。但是当负有同样使命的哥特人的使节来到时，他又把她许诺给他们，因为他听说哥特人已经皈依了天主教。他还派遣使团到皇帝那里去，[②]他要从事一项迄今尚未干成的事情，那就是与皇帝配合向伦巴德人作战，把他们赶出意大利。与此

---

① 克洛多辛德。

② 见第10卷，第2章。

同时，他派出军队去征服伦巴德人的土地。他的公爵们率领军队开进意大利，与敌人交锋。但是我方大败，许多人阵亡，另外一部分人被俘，而大多数人则好不容易才逃回自己的国土。法兰克军队遭到如此惨重的杀戮，以致人们记不起来过去有哪一次残杀可以与它相比。

二十六　希尔德贝尔特国王在位的第十四年，[①]卡里贝尔特的遗孀英戈贝尔格王后去世，她是一个非常审慎，专心过着宗教生活，坚持守夜、祈祷、布施的妇女。她由于得到上帝的预示，——我相信是这样，——派信使到我这里来，请求我帮助她完成为了她的
398 灵魂得救而正打算干的事情。她在等候我的到来，以便在同我商量之后，好让人把她希望完成的事情写成文字。我当然是到她那里去了，我发现她是个敬畏上帝的妇女。她友好地接待我，并且请来一位公证人。经过同我进行商议之后，她留给都尔大教堂和圣马丁教堂，还有勒芒大教堂各一笔遗产。几个月之后，她突然得病，离别尘世，我相信她当时是七十岁。她通过书立释放文契，使许多农奴获得了自由，她身后留下一个女儿，这个女儿嫁给了肯特某个国王的儿子。[②]。

二十七　阿马洛公爵派他的妻子到另一处地产上去给他监管业务去了。接着，他狂热地爱上了一个自由人出身的年轻女子。一天夜里他喝醉了，他叫仆人们去把这个女子架了来，带到他的床上。她同他们搏斗，被强行弄到他的住处。她挨了这么多的打，以

① 公元589年。

② 见第4卷，第26章，此处农奴应为王室奴仆。——译者

致鲜血从她的鼻孔里直往下流，沾了一身，公爵的床也染上了血迹。他在把她搂抱过来以前，还对她拳击掌打，又用别的办法揍她，使她受了重伤。但是酒力马上使他支持不住，他睡着了。于是她从他的头上伸过手去，摸到了他的剑。她拔剑出鞘，像尤迪特砍杀赫洛斐尼斯那样，[①]大胆地朝他的头上砍了一下。仆人们听到他的喊声，跑了进来。他们本来要杀死她，但是公爵喊道："我命令你们别这么干，是我企图奸污这个少女，犯了罪。她只不过是努力保全她的贞操而已。千万别让她遭到杀害。"他说完以后就死了。当全家都站在那里哀悼他的时候，这个女子靠上帝的帮助抽身逃了出去，她在夜间来到距离当地大约三十五里的夏龙城。[②]她走进那里的圣马尔塞卢斯教堂，俯伏在国王的脚下，把她所遭遇的一切说了一遍。国王心中为怜悯所感动，不但饶了她的性命，还命令为她起草一份御旨，说明她在他的保护之下，丝毫不得受到死者的
任何亲属的欺侮。我听说由于上帝的庇护，那个兽性的强奸者并 399
没有破坏她的处女膜。

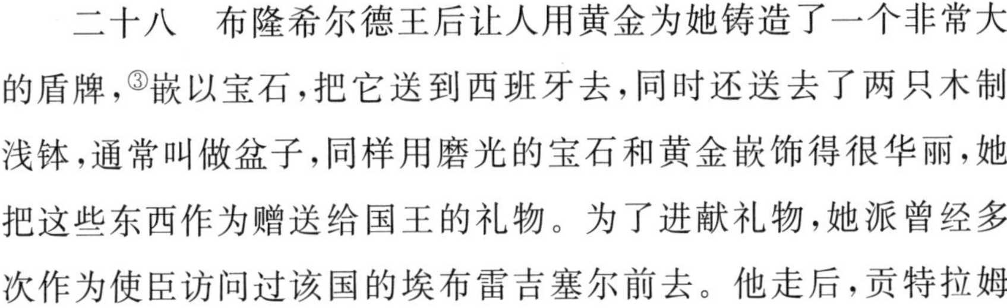

二十八　布隆希尔德王后让人用黄金为她铸造了一个非常大的盾牌，[③]嵌以宝石，把它送到西班牙去，同时还送去了两只木制浅钵，通常叫做盆子，同样用磨光的宝石和黄金嵌饰得很华丽，她把这些东西作为赠送给国王的礼物。为了进献礼物，她派曾经多次作为使臣访问过该国的埃布雷吉塞尔前去。他走后，贡特拉姆

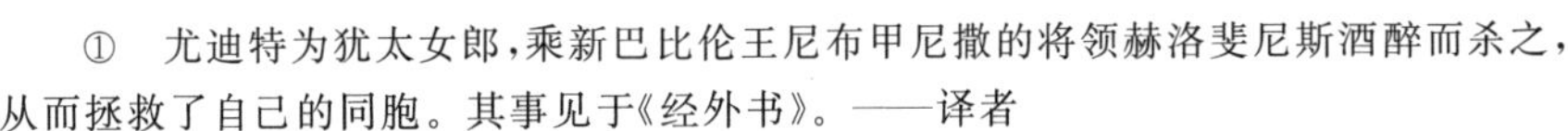

① 尤迪特为犹太女郎，乘新巴比伦王尼布甲尼撒的将领赫洛斐尼斯酒醉而杀之，从而拯救了自己的同胞。其事见于《经外书》。——译者

② 索恩河畔夏龙。——译者

③ 可能是圆盘或托盘一类的装饰品。

国王听到流言，说布隆希尔德王后正在给贡多瓦尔德的儿子们送礼。为此，国王命令对国内的各条大路严加监视，因而任何人不经搜查都不可能通行，甚至衣服和鞋，事实上是样样东西，都要检查，看其中是不是藏有信件。埃布雷吉塞尔带着他所负责的贵重物品到了巴黎，就被埃布拉卡尔公爵逮捕，被带到贡特拉姆国王的面前。贡特拉姆国王对他这样说："你这个最卑鄙的人，是你出的下流主意，把那个你们称之为贡多瓦尔德的、曾经因为图谋攫取我的王国的统治权而由我亲手降服的冒牌王子请了来，让他同她结婚，[1]你难道还嫌不够，现在还非得送东西给他的儿子们，好鼓动他们也进入高卢，来谋害我的性命吗？唯其如此，你不能到你打算去的地方去，而应该被处死，因为你的使命是有害于我的王族的。"埃布雷吉塞尔否认这桩罪名，他坚持说国王的指控对他不适用，礼物是送给希尔德贝尔特的姊妹克洛多辛德的未婚夫雷卡雷德的。国王相信了他的话，将他释放。于是他带着礼物继续踏上他奉命完成的旅程。

二十九　由于莫莫西亚库斯[2]主教西吉蒙德的邀请，希尔德贝尔特国王决定在这个城市里庆祝复活节。这时候他的大儿子提乌德贝尔特喉头长了一个瘤，非常难受，但是他康复了。

当时，国王征集一支军队，准备亲自随军进入意大利，去攻打伦巴德人。伦巴德人听到这个消息，就派使臣带着礼物捎来口信：
400 "愿我们之间保持友好，以期我们不致死亡，让我们向陛下交纳一

---

① 此事无从证实。

② 可能距斯特拉斯堡不远。

笔固定数量的钱,作为贡赋。无论什么时候只要您需要我们去攻打您的敌人,我们就立即前来相助。”希尔德贝尔特听了之后,就派这些使臣再去见贡特拉姆国王,去把伦巴德人提出的条件通知他。贡特拉姆国王并不反对这种处理办法,他提出自己的意见,赞成批准和议。然后希尔德贝尔特国王命令军队留驻原地不动,并派遣自己的使臣到伦巴德人那里去。他做的准备是,如果伦巴德人遵守诺言,就让战士们各自回家。但是事态却迥然不同。

三十　现在希尔德贝尔特国王应普瓦提埃主教马罗韦乌斯的请求,派他的王室总管弗洛伦提亚努斯和宫伯罗穆尔夫前往该地,去制定新的税册,好让人民像在他父亲的时候那样交税,因为原来税册上的好多人已经死亡,赋税的负担沉重地压在他们的寡妻和孤儿以及病弱者的身上。国王的代表们逐个审查情况,解除了穷人和病弱者的负担,让合理地负有纳税义务的人向国家交纳公共税款。他们在适当的时候来到都尔,但是当他们提出要向我们的人民抽税,说他们手边带有税簿,其中列有先王们在世时制定的纳税人名单时,我们回答他们说:“很清楚,洛塔尔国王统治时,登记过都尔城的纳税人,税簿被拿去呈交给国王。但是国王对神圣的马丁主教深感敬畏,他让人把税簿都烧掉了。洛塔尔国王死后,我们的人民向卡里贝尔特国王宣誓效忠,他同样庄严宣誓不制定对我们的人民具有约束力的新法律或新惯例,而要保证他们享受在他父亲统治期间所享有的那种生活条件。他还进一步答应不对他们施行会使他们蒙受损失的新法令。但是当时任伯爵的盖索把那份由以前的估税员制定的税册拿到手里,开始强行征税。他遭到尤夫罗尼乌斯主教的反对,可是他还是把非法征收来的款项拿走,

去到国王那里。他把上面载有应纳款数的条文拿给国王看。国王
401 叹了一口气，可是由于畏惧神圣的马丁的威力，他把条文投入火中，把业已勒索到手的金币交还给这位圣徒的教堂，宣布都尔居民一律不必向国库交纳任何赋税。他死后，西吉贝尔特国王据有这个城市，但是没有让它负担赋税。希尔德贝尔特现在正值在位的第十四年，同样未曾需索什么，这个城市也一直无须在任何赋税的压力下呻吟。现在，征不征这份税，大权在你们的手里；但是如果你们准备对国王的誓言反其道而行之，你们可得当心继之而来的危害。”他们对我的话回答道：“我们手里拿的就是税簿，其中登记着向都尔人民征收的赋税。”我反驳道：“这本税簿一直不曾从国库里出现，这些年它一直不曾生效。由于居民之间存在仇隙，如果它一直被保存在某个私人家里，这也没有理由值得惊奇。但是上帝将会审判那些为了掠夺我们这个城市，经过这么长的一段时间又把它拿了出来的人。”就在当天，奥迪努斯[①]的儿子——他就是实际上拿出税簿的人——发起烧来，第三天就死了。我们然后派人到国王那里去，请求国王把他关于此事的命令书面通知我们。国王立即送来了一封信，确认都尔人民免交一切赋税，以表示对圣马丁的尊敬。这封信宣读完毕以后，奉命前来征税的人回家去了。

三十一　贡特拉姆国王征集一支军队，要去侵犯塞普提曼尼亚。奥斯特罗瓦尔德公爵已经前往卡尔卡松，并且已经迫使被他收归国王统治的居民宣誓效忠。贡特拉姆这时又派博索偕同安特斯提乌斯去占领其他城市。博索来到以后，举止傲慢，以轻蔑的态

① 见第7卷，第47章。

度对待奥斯特罗瓦尔德公爵，斥责他竟敢抛开他而进入卡尔卡松。他自己率领着一支由佩里格、波尔多、阿让，甚至图卢兹人所组成的军队到卡尔卡松去了。当他以这种专横的作风一路行进时，哥特人听到了有关他的行径的情报，他们设下伏兵加以截击。他在
卡尔卡松城附近的一条小河[①]岸边扎下营寨，然后坐下来吃酒席， 402
纵情畅饮，对哥特人大肆嘲笑谩骂。但是敌人出其不意地向他和他的同伙进攻，当他们饮宴方酣之际不知不觉地向他们袭来。他们大叫起来，一跃而起，去抵抗进攻者。后者稍示抵抗，佯为逃跑。法兰克人追上前去，伏兵猛地跳出，向他们扑过来。他们受到两军前后夹攻，几乎被歼灭了。那些能够脱逃的人跨上马匹，好容易才跑掉，把他们的随身装备都遗落在战场上了。他们身边一点私人财产也没带走，认为自己能够保住性命，脱身而逃，还算是幸运的呢！追击的哥特人占领整个军营，肆行抢劫，把没能骑上马的人都俘获了。在这里阵亡的大约有五千人，[②]被俘的达两千人以上，但是许多被俘的人后来得到释放，回到本国去了。

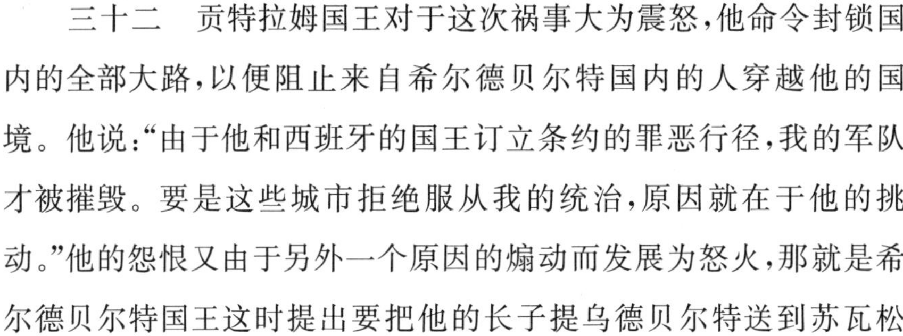

三十二　贡特拉姆国王对于这次祸事大为震怒，他命令封锁国内的全部大路，以便阻止来自希尔德贝尔特国内的人穿越他的国境。他说：“由于他和西班牙的国王订立条约的罪恶行径，我的军队才被摧毁。要是这些城市拒绝服从我的统治，原因就在于他的挑动。”他的怨恨又由于另外一个原因的煽动而发展为怒火，那就是希尔德贝尔特国王这时提出要把他的长子提乌德贝尔特送到苏瓦松

① 奥德河。

② 或谓约六千人。

去。这件事情在贡特拉姆国王的心中唤起了疑虑，因为他作了这样的推理："我的侄子要把他的儿子送到苏瓦松去，只不过是为了下一步他好进入巴黎，想方设法剥夺我的王国。"如果允许我这样说的活，我要说，这样一种想法从来没有进入过希尔德贝尔特的头脑。贡特拉姆国王进一步对布隆希尔德王后破口大骂，硬说在所有这些事情上，她的儿子是按照她的主意行事的，甚至还说她曾经一度想嫁给贡多瓦尔德的儿子。于是他命令主教们在 11 月 1 日举行宗教会
403 议。由于布隆希尔德王后用发誓来澄清了自己的罪名，许多从高卢最边远的地方赶来赴会的主教又回去了。贡特拉姆国王这时又让重新开放大路，允许所有想去进见希尔德贝尔特国王的人自由通行。

三十三　这时候，曾经在圣马丁教堂的前庭建立了一所女修道院的英吉特鲁德去向国王抱怨她的女儿。这所女修道院就是卡里贝尔特国王的女儿贝尔特夫蕾德在其中居住的地方，但是在英吉特鲁德走后，她离开这里，前往勒芒地区。她是个一味好吃懒做的女人，丝毫不关心宗教仪式。

关于英吉特鲁德和她女儿之间的事情，我认为还是从头说起好。如前所述，几年以前，英吉特鲁德在圣马丁教堂的前庭建立了这所女修道院，当时她给她的女儿送去一个信息，内容是："离开你的丈夫，到我这里来吧！我好让你给这些我召聚起来的信徒当院长。"她的女儿一接到这个愚蠢的主意，就偕同丈夫前来都尔，进了她母亲的女修道院，她对他说："你回去照料我们的财产和孩子，我不跟你一起回去，因为有了婚姻关系的人，谁也看不见上帝的天国。"但是这个丈夫找到了我，把他妻子的话一一向我说了。于是我到女修道院去，在那里朗读了尼西亚宗教会议上所制定的教规，

其中写道："如有妇女借口已婚女子对天国的光荣无份享受，因而遗弃她的丈夫，拒绝再过她一直贞洁地过着的婚姻生活，则此妇女应遭诅咒。"[①]当贝尔特贡德[②]听到这条教规之后，她唯恐在上帝的主教们的手下被开除教籍，因此她离开了女修道院，跟着丈夫回家。但是过了三四年，她的母亲又带信给她，要求她到自己这里来。于是她把自己的财物和丈夫的财物——当时他正离家外出——装到船上，带着一个儿子来到都尔。但是由于她的丈夫苦苦追踪，她的母亲不能把她留在女修道院里，同时由于她不忠实，已经使得她们母女二人面临指责，她的母亲又怕自己受到牵连，因此把贝尔特贡德送到波尔多主教贝尔特拉姆那里去，贝尔特拉姆 404
是她的亲生儿子、贝尔特贡德的兄弟。丈夫跟踪而来，主教对他说道："她不再是你的妻子了，因为你没有得到她父母的同意就娶了她。"说起来，这时候他们结婚已经差不多有三十年了。丈夫几次来到波尔多，但是主教总是拒绝把她交出来。当贡特拉姆国王访问奥尔良的时候，[③]——我在前面已经写到此事，——这个人对主教痛加谴责，他说："你把我的妻子从我的身边抢走，还抢走了她的仆人，你看看，你干的事是与一位主教不相称的，因为你和她的女仆通奸犯罪，而她又和你家里的男仆通奸犯罪。"国王闻罢，为之震怒，他强迫主教答应把妻子还给丈夫。他说："她是我的亲戚[④]，要是她在丈夫家里干了什么坏事，我会惩罚她的。可是要是她没有

① 格雷戈里此处所引语句实为冈格勒宗教会议上所制定的第十四条教规。

② 英吉特鲁德之女。

③ 见第8卷，第1、2章。

④ 见第8卷，第2章。——译者

干坏事，那为什么要让她的丈夫面临各种侮辱，把他的妻子从身边抢走呢？”然后贝尔特拉姆主教作出诺言，他说：“的确，我的姊妹在过了这么多年以后，来到我这里，我出于对她的友爱之情，把她留下，她愿意待多久就待多久。现在她已离开了我，让他去找她吧！他愿意带她到哪里去就到哪里去吧，我不妨碍他。”他说是这样说，但是还偷偷地给她捎去一个信息，叫她脱下俗装，进行忏悔，退避到圣马丁教堂里去。这一切她立即照办了。她的丈夫随后带着一大群人来到，要把她从这个神圣之地弄走。她身上穿着修女的服装，宣称自己已经誓行忏悔。因此拒绝跟他同去。在此期间，贝尔特拉姆主教在波尔多去世。她这时清醒过来了，说道：“我真伤心，竟然听从了一个心地邪恶的母亲的主意。我的兄弟死了，我被丈夫遗弃了，我同孩子们分开了。我处于悲痛之中，到哪里去好呢？我现在怎么办呢？”她沉思了一下之后，决心前往普瓦提埃。虽然她的母亲很想把她留在自己身边，却根本办不到。她们因此结了

405 仇，她们总是为着争财产来到国王面前；女儿要求得到从父亲那边继承的那份产业，母亲要求得到亡夫地产上的那份产业。贝尔特贡德拿出一张她兄弟贝尔特拉姆给她的赠产文契，说“某某东西是我兄弟赐赠给我的。”但是她的母亲力求全都收归己有，不肯承认这张文契，她派密使闯进女儿的家，抢走她的财产，其中包括那张文契。过了一段时间，她在女儿的要求下，被迫把其中的某些财产交还，从而证明此次行动错误在她一边。国王送信给我的兄弟马罗韦乌斯主教和我本人，敦请我们促其和解。当贝尔特贡德来到都尔，出现在我们的法庭上时，我们竭尽所能迫使她听从道理，但是我们无法使她的母亲屈服。她的母亲怒气冲冲地去找国王，目

的是不让她的女儿继承其父亲的任何财产。当她背着女儿在国王的面前申述了自己的情由以后，国王作了判决：女儿应得四分之一，其余的四分之三应该归她本人和她的几个孙子，也就是另一个儿子的孩子们。提乌塔尔神父——以前曾经当过西吉贝尔特国王的秘书官，但是后来入了教会，一直在当神父——奉王命前来处理析产事宜。但是女儿加以拒绝，没有分成，争执并没有平息下来。

三十四　希尔佩里克的女儿里贡特总是攻击她的母亲，[1]她宣称自己才是真正的女主人，她的母亲有义务侍候她。她经常对母亲横加谩骂，有时她们甚至达到动手殴打的地步。有一天她母亲对她说："我的女儿啊！你为什么要跟我作对呢！这儿有归我支配的你父亲的财物，你拿走吧！你觉得怎么处理好就怎么处理。"然后她走进珍宝室，打开一个箱子，里面满满装着项链和贵重的装饰品，一连好半天，她拿出一件又一件，交给站在旁边的女儿。最后她说："我厌倦了，你把手伸进来，把你翻到的东西拿出来吧！"里贡特把手臂伸进箱子去取出更多的东西，这时她的母亲一手抓住 406
箱盖，使劲地朝着她的脖子压下去，她用全身的力量往下压，直到这个女孩子脖子下面的箱子边缘紧紧地硌住了她的喉部，紧得连她的眼睛都似乎就要从她的面部鼓出来了。于是旁边的一个女仆扯足了嗓门大喊道："救命！救命！我的女主人此刻就要被她的母亲憋死了！"呆在外面、正在等候她们出来的侍役们闯进这间小室，把这个女孩子弄了出来，当她正濒临死亡的时候，他们就这样救了她的命。后来，母女之间的仇恨爆发得更加炽烈，在大多数情况下

① 弗蕾德贡德。

以怒骂和对打收场;其主要原因是里贡特的淫荡。

三十五　贝蕾特鲁德[1]在临终的病榻上指定她的女儿为继承人,但是她把一些财产遗赠给她所建立的那些女修道院,以及大教堂和神圣的申信者们的教堂。可是我在前面某一卷里曾经写到的瓦多这时抱怨贝蕾特鲁德的女婿夺去了他的马,因此他决定到她留给女儿的位于普瓦提埃地区的一块地产上去探看一番,并且去说:“这个人是从另一个王国来的,他把我的马拿走了,因之我要据有这块地产。”这时他又给当地的管家送去一道命令,要管家做好一切必要的准备,等他一到该地就招待他。但是管家在接到这道命令之后,就把家里的男人都集合在自己身边,准备战斗。他说:“只要我还活着,瓦多就不能踏进我主人的家。”瓦多的妻子听说正在进行激烈抵抗她丈夫的准备,就对他说:“我亲爱的老爷,别到那里去了,因为你要是去了,就要被杀,留下我和你的儿子受苦。”她伸出手来挽留他,他的一个儿子也哭喊道:“你要是去,我们就完蛋了,你会让我母亲成为寡妇,让我和我的兄弟们成为孤儿。”但是这些祈求完全没能把他留住,他对他的儿子怒火满腔,骂他是个胆小鬼,是个软蛋,他把斧头扔将过去,若不是他儿子跳到一旁,闪开了这一斧,他就会把他劈得脑浆迸裂。然后他们跨马启程,并且又给
407 管家送去消息,叫他打扫屋子,给长凳铺上罩单。然而管家无视这项命令,他带着一群男人和妇女站在主人房舍的大门前面,等候瓦多。但是瓦多来到的时候,直驱而入,到了房内,说道:“这些长凳

[1] 贝蕾特鲁德是劳内博德公爵的妻子,他们共同建造了图卢兹的圣萨图尔尼努斯教堂。

为什么没有铺上罩单？屋子为什么没有打扫？”他举起匕首，往管家的头上扎去，管家倒地而死。死者的儿子一见这种景况，就掷出投枪，冲向瓦多。投枪恰恰刺进他的胃部，从他的后背穿了出来。他倒在地下，集合起来的那群人一拥而上，开始用石头砸他。然后他的一个伙伴在一阵阵冰雹似的投石中硬挤过来，给他盖上一件斗篷。人们的愤怒缓和下来。他的儿子大声哀叫着，把他放在马上运回家里，他还活着。但是就在他的妻子和儿子们在他身旁哭泣的时候，他顿时断了气。父亲的一生就这样落得个悲惨的结局，儿子去到国王那里，取得对他的地产的所有权。

三十六　希尔德贝尔特在位的这一年，[①]他和王后、母亲正暂住在斯特拉斯堡城地区之内。苏瓦松和莫城[②]的一些比较有势力的居民前来见他，说道："把您的儿子给我们一个，我们好侍奉他，因为要是我们当中有一位您的宗支作为保证，我们就能够更好地抗拒敌人，防卫您的城市所属地区。"国王听了这个消息感到喜悦，他准备把自己的长子提乌德贝尔特送去，他还给他派定伯爵、总管、王室总管、监护人，还有其他为了保持王家体统所必需的全部人选。6月间，[③]他根据提出要求的那些人的愿望，把王子送去了。人们欣悦地迎接他，他们祈祷上帝，祝他和他的父亲长寿。

三十七　这些日子，德罗克提吉塞尔是苏瓦松主教。据说由于饮酒过度，他神智不清已经快四年了。许多居民坚决认为他之

① 公元589年。

② 希尔佩里克死后，莫城为希尔德贝尔特所占，苏瓦松可能也在此时并入奥斯特拉西亚。但此事不见记载。

③ 8月。

所以如此，是由于一个被他革了职的副主教对他施行了妖术。他在城里头脑尤其糊涂，离开了城，他还舒服一些。当国王[①]来到这
408 个城市时，尽管德罗克提吉塞尔当时的情况比较好，由于国王进入城里，他也没有获准进入城垣以内。他虽然是个饕餮而又好酒无度之徒，对于一个本该饮食适度的教士来说，是超过了限度，然而从来不曾有谁对他提出过通奸的指责。后来，主教们在索尔西领地上举行宗教会议的时候，作出决定，准许他进入他的城里。

三十八　希尔德贝尔特的王后法伊柳巴生了一个小孩，这个小孩好不容易才活着生下来。当她产后身体还很虚弱的时候，有个谣言传到了她的耳边，说有一项针对她本人和布隆希尔德王后的阴谋正在进行之中。她身体刚一康复，就去找国王，把她所听说的全部情况透露给他和他的母亲。情报是这样的，王室子女的保姆塞普提米娜图谋说服国王，叫他赶走母亲，遗弃妻子，另娶配偶。阴谋分子希望用这一招对他为所欲为，得到他们所要求的任何东西。要是国王不肯同意他们的计划，他们就用妖术将他置之死地，把他的儿子们扶上王位，由他们自己统治国家，而孩子们的祖母和母亲则将同样遭到放逐。法伊柳巴还揭发牵连在这桩阴谋中的有司马官松内吉西尔、秘书官加洛马格努斯和曾经同塞普提米娜交往、帮助她把年幼的王子们抚养带大的德罗克图尔夫。后面两人，即塞普提米娜和德罗克图尔夫被抓起来，四肢被吊在拷问台上痛遭鞭打，备受酷刑，于是这个妇女承认由于爱上了她的情夫德罗克

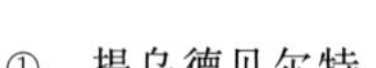

① 提乌德贝尔特。

图尔夫，用妖术杀害了自己的丈夫约维乌斯。他们两人都承认了我上面讲到的全部罪名，并且揭发我提到的那几个人暗中参与其事。于是立即搜捕这几个人，但是他们负疚的良心使他们产生了恐惧，他们离开原来的藏身处，跑进教堂躲避起来。国王亲自到教堂里去看他们，对他们说：“出来，经受对你们的审讯，好让我们知道对你们的揭发究竟是真是假。我们相信，若不是你们的良心使你们充满了恐惧，你们决不会逃到这所教堂里来躲避。虽然如此，我还是要答应你们，即使你们被发现有罪，我也要饶你们的性命， 409
因为我们是基督教徒，即便对于犯人，把他从教堂里抓出来加以惩处，也是被禁止的。”然后他们被领出教堂，和国王一起走过来，以便受审。在对他们进行审讯时，他们申明无辜，喊道：“是塞普提米娜和德罗克图尔夫向我们透露这桩阴谋的，但是我们听到这项计划就加以诅咒，并且避而远之，因为我们决不会同意这样一桩罪行。”国王说：“要是你们根本没有默许，你们肯定会把这件事情传到我们的耳边来。你们既然出于本心不让我知道，难道还不能肯定你们参与了这桩阴谋吗？”他们立即被赶出去，又一次逃进了教堂。塞普提米娜和德罗克图尔夫一起遭到重挞，她的面部被炽热的铁器烧灼。她所有的东西都被剥夺，她被遣送到马尔伦海姆领地[①]上去推磨，每天为妇女作坊里的妇女们准备食用面粉。德罗克图尔夫被剪掉头发，割掉耳朵，遣送到葡萄园里干活，但是过了几天他逃走了。管家进行搜寻，德罗克图尔夫被发现，又被带到国王跟前。国王让人将他狠狠地鞭挞了一顿，把他遣回他曾经离开

① 在阿尔萨斯。

的那个葡萄园。松内吉西尔和加洛马格努斯被剥夺了他们在领地[①]上所拥有的全部财产，并且遭到流放。但是贡特拉姆国王派出使臣，其中包括主教，去为他们说情，他们又从流放中被召了回来，不过除了私人财产以外，他们什么也没有剩下。

三十九　在普瓦提埃的修道院里[②]发生了一桩重大的丑闻。魔鬼勾引了克洛提尔德的心，她夸耀自己是卡里贝尔特国王的女儿。[③] 她仗着自己同王室的亲属关系，硬要修女们宣誓参加对女修道院院长柳博韦拉提出控告，这样，柳博韦拉就会被赶出修道院，而她本人就会被选为院长，取而代之。这时她带着四十个或者更多的修女离开了修道院，其中包括她的堂姊妹、希尔佩里克国王的女儿巴西娜，她说："我要去找我的王族亲属，去告诉他们我们所受的侮辱，我们在这个地方怎样受委屈，好像我们不是国王的女儿，而是低贱的侍女的后代。"这个轻率而不幸的女人，她不记得这
410 所修道院的创立人神圣的拉德贡德是如何以谦恭著称。她走出这所房子，来到都尔，向我问候，又对我说："神圣的主教，我恳求你俯予接受这些被普瓦提埃的女修道院院长贬低到十分屈辱的境地的贞女们，给以保护，加以赡养，而我本人则要去找我们的王族亲属，去向他们说明我们的全部遭遇，然后再来。"我回答她们说："要是女修道院院长有错，或者在任何方面违犯了任何教规，那就让我去找我的兄弟马罗韦乌斯主教，让我们一起判她的罪；然后，在事情作出安排以后，你要回到修道院去，要不然，神圣的拉德贡德以她

① 指国王赠给的只供受者生前享用的那种土地。

② 拉德贡德所建立的圣十字架修道院。

③ 克洛提尔德为玛尔科韦法或梅罗夫蕾德所生，见第 4 卷，第 26 章。

的不断的斋戒、祈祷和坚持不懈的善行所召聚起来的那些人，就会放荡不羁而散伙。”但是她回答说：“不行，我们要去找国王们。”然后我说：“你为什么拒绝理性的声音？你为什么缘故拒不听从我这个主教的告诫呢？我恐怕各教堂的主教们开会时会把你开除教籍。”因为，在神圣的拉德贡德办起修道院的最初的那些日子里，我们之前的那几位主教写给她一封信，里面就作了这样的规定。我认为把这封信的抄件插在这里是适宜的。

信件抄件

“尤夫罗尼乌斯、普雷特克斯塔图斯、日尔曼努斯、费利克斯、多米提亚努斯、维克托里乌斯和多姆诺卢斯等主教，[①]谨致书于基督教会最神圣的夫人和女儿拉德贡德。

“神圣的万物主宰向四面八方派遣人们去耕耘教会的产业，这些人以其信仰之犁在殷切劳动的热忱中耕种着它的土地，以期由于天意的调节，使基督的收成可以结实百倍，[②]因此，无所不在的上帝的赐人以健康的天祐始终在积极地关注着人类，无时无地离开其绵延不断的恩泽而去。他救世济人的仁慈是如此地广被各
处，以致无论何地，他对于所认为有利于众人之事从不拒绝。所 411
以，待到审判者出现时，他通过这些人的最神圣的事例，是不患得不到许多人可以施以荣耀的。因此，当天主教刚刚兴起，我们可尊敬的信仰的萌芽在高卢境内刚刚获得生存，而神圣的三位一体的

① 这些人分别是都尔、鲁昂、巴黎、南特、昂热、雷恩、勒芒的主教。

② 此处将教士的传教活动比喻为耕耘土地，将传教的成果比喻为耕作的收成。——译者

不可言传的秘义还不曾为多少人所了解的时候，他出于怜悯，俯遣出身异族的神圣的马丁为我们的土地带来光明，以期他在这里赢得的胜利不致亚于他凭借使徒们的布道而在世界其他各地取得的收获。尽管神圣的马丁不曾生活于使徒们的年代，但他并不缺乏使徒们所蒙受的天恩，他由于出生较晚而不曾遭逢的一切，已在其所获得的总和中得到补偿。这是因为，谁要是以德行见长，是决不会因其出生晚于别人而有所减损的。最尊敬的女儿，你由于承受了天恩而在自己身上复活了这种天国之爱的典范，我们为此对你表示喜悦，因为，尽管世老时衰，但信仰却由于你的心灵的殷切努力而重放鲜花，在时代的长期霜雪中日益冷却的东西也终于由于你炽热的意志的火焰而重发新光。但是，既然你是来自我们听说神圣的马丁所自来的几乎同一地区，那么你在一切行事中颇像是在模仿我们相信一直在引导着你的脚步的那个人，这也就不足为奇了。因此，由于一项幸福地赐给你的愿望，你达到了你一直在遵循着他的足迹行进的那个人的仪范，并使那位在众人之中最为神圣的人成为你的伙伴，那就是，同他一样，你对于尘世上的那份负担避而远之。他的教导的光芒从你的身上四向照射，你使所有那些聆听你讲话的人的内心如此地充满神圣之光，以致各个地方的贞女的心志都为圣火的火星所点燃而遵循这一召唤；她们热爱基督，因此每个人都抛弃她的亲属，选择了你而不是选择了自己的母亲，欣喜若狂地来吮吸你胸中的泉水解渴。这件事并非出自天性而是出自天恩。因此，看到她们献身的渴望，我们感谢上天的那种
412 把人的意愿和它自己的意愿连在一起的仁慈，因为我们相信它将把一切它曾吩咐向你们周围靠拢的人保存在自己的怀抱里。

“由于我们得知许多贞女因上帝的恩典而热情地成群结队离开我们的管区，去接受你的院规，并且由于我们考虑了你那封深受我们欢迎的信中的请求，现以我们的造物者和救世主基督的名义作出规定如下：举凡存心留在上帝之爱中间而聚集该处的一切人，一律必须使她们以最大的自愿所选定的志愿保持不变，因为败坏当着上天之面而向基督应许的信仰是不适宜的，而且玷污上帝的教堂，因而激起他的震怒，从而导致它的毁灭，也不是一行轻罪（上帝禁止这样）。因此我们第一件事就是做出规定：如前所述，如果一位贞女来自受天意委托而归于我们的教区管辖之下的地方，恪守已故的阿尔主教凯撒里乌斯的规章，[①]配得上成为一名你在普瓦提埃的修道院里的成员，鉴于她是出于自愿而来，那就如同院规所规定的那样，永远也不允许她离开该处，以免那种在大家看来是发出高尚的光泽的东西会由于一个人的卑贱罪行而转化为耻辱。因此，如果任何修女——但愿上帝禁止此事——因受某种狂乱意志的诱惑而冲动，故意将她的戒律、光荣和荣誉投向如此奇耻大辱的污秽之中，从而犹如当年夏娃之被逐出天堂一样，中了敌人的诡计，同意抛弃修道院——倒不如说是天国——的门栅，而被拖向街头的污泥中遭受践踏，那就让她同我们的团体割断关系，让她受到革除教籍的悲惨伤痛的打击吧。因此，既然基督如此遭到抛弃，如果她由于魔鬼的诡计，希望嫁人，那就不单她这个私奔者要被视为

① 凯撒里乌斯（公元470或471—542年），索恩河畔夏龙人，后来成为修道士，公元503年成为阿尔主教，曾为修道院制定院规。主要规定为恪守清贫、长期住在院内等；并针对修女们纪律松弛、讲求服饰、来客频繁等弊病，制定了专门的院规，要求修女一旦起誓，即须终生不离开修道院。

与人通奸，行为卑贱，而且连那个要娶她的人也复如此，与其说他是一个丈夫，倒不如说是一个亵渎圣物者。如果有人为了造成这一罪行而向她进了毒药而非忠告之类的东西，我们希望他将因天谴而受到同她一样的报应。等到她同她的伴侣分开，并作出符合她可恶的冒犯行为的忏悔之后，她才配重被接受为教徒，并由她所
413 逃离之地的团体所接纳。这里我们还要补充一点，将在今后接替我们的主教们必须把对于此类罪行施以同样惩处一事视为己任。如果有些主教——这是我们所不愿相信的——打算对我们所深思熟虑的内容放宽任何一点的话，那他们可要懂得有朝一日他们必须为其反对我们的行为在永世裁判者面前做出申辩；因为，一个人必须保证他对基督所做出的每项应许不受侵犯，这是我们获救的普遍法则。为了让我们这项决议和决定能够具备应有的权威，我们认为用我们的亲笔签字加以确定是适宜的，以期在基督的保护之下，它将永世得到遵守。”

读完这封信后，克洛提尔德说：“无论什么东西都不能阻挡我们到国王们的面前去，我们知道他们是我们的亲属。”她们是从普瓦提埃徒步走来的，一匹代步的马也没有，因此她们精疲力尽，一路上，谁也没有供给她们任何粮食。3 月 1 日，她们到达我们这个城市，当时正下着大雨，无穷无尽的倾盆大雨把道路都变成了泥沼。

四十　她们还毁谤她们的主教，[①]说是由于他的欺骗，她们才被迫离弃了修道院。但是最好还是更详尽地摆一摆这桩丑闻的起

① 马罗韦乌斯。

因。

洛塔尔国王在位期间，当神圣的拉德贡德建立修道院的时候，她和她的会众对于早年间的那些主教一贯恭顺服从。西吉贝尔特国王在位期间，当马罗韦乌斯获得了该教区的时候，神圣的拉德贡德为她的信仰和虔诚所驱使，派遣教士到东方去索取耶稣受难的十字架上的木块以及神圣的使徒们和其他殉教者的圣物。他们身边带着西吉贝尔特国王的信件，登上旅程，并且按时带着圣物回来。[①] 他们交出这些圣物，王后要求主教以全部应有的尊荣，并且伴以圣诗的吟唱，亲自把它们安置在修道院里。但是主教忽视她的建议，他跨上马离开这里，到一处乡间地产上去了。王后然后又给西吉贝尔特国王送去另外一个音讯，要求他命令一位主教依照
她的誓愿以全部应有的尊荣把圣物放在修道院里。国王于是责成 414
都尔主教神圣的尤夫罗尼乌斯完成这项任务。他偕同手下的教士来到普瓦提埃，在当地的主教缺席的情况下，他在圣诗的琅琅吟诵声里，在烛光闪烁和香烟氤氲所形成的盛大排场之中，把圣物送到修道院去。这件事情过后，拉德贡德有好几次想求得普瓦提埃主教的恩惠，但是没有成功，她不得不偕同她自己指定的女修道院院长[②]到阿尔去。在阿尔，她们接受了神圣的凯撒里乌斯和神圣的凯撒里亚[③]的院规。她们回来以后，就投身到国王的保护下，因为她们从主教的身上得不到对她们的安全的关怀，而主教本来是应

① 东罗马皇帝查士丁二世和皇后索菲亚赠给耶稣受难十字架上的一块木头，嵌在雕金的三折函中，函上并饰有珐琅，嵌有宝石。

② 她的女门徒阿格内斯。

③ 凯撒里乌斯的姊妹。

该充当她们的牧人的。当这种怨隙的起因还在日渐扩大的时候，神圣的拉德贡德辞世的时刻到了。她死后，女修道院院长再次要求自己的主教把修道院置于他的管理之下。起先，他倾向于拒绝，可是后来，他听了身边的人的劝告，答应给修女们当教父，因为这样做对他是相称的，他还答应每当有需要的时候，他要负责保卫她们。他因此前往希尔德贝尔特国王那里，领到一份准予他依例管辖该修道院的证书，其权限与他对本主教管区的其他修道院的管辖权一样。但是我相信，他心里还保留着一定程度的怒气，正像修女们说的那样，这种怒气促成了修道院里的纠纷。

如前所述，既然她们现在提出要求国王接见她们，我们就这样劝她们：“你们所提出的要求是违反理智的，你们想要由你们来摆布情况，从而使自己逃避谴责，这是不可能的。可是，依我说，如果你们忽视理智，听不进有益的劝告，至少也得把这句话记到心里，那就是最好等到目前这种冬天似的春季过了再说；然后，等到天气比较暖和起来，你们也就更能够旅行到你们打算前往的任何地方去了。”她们发现这番劝告讲得有理。当夏天来到的时候，克洛提尔德把其他修女委托给她的堂姊妹[①]照顾，自己离开都尔，去找贡特拉姆国王。她受到国王的接待，荣幸地接受了礼物，然后把布尔戈伦的女儿君士坦丁娜留在奥顿的修道院里，自己返回都尔。这
415 时，她等待着主教们的到来，国王下过命令要主教们前来访问这个城市，并调查修女们和女院长之间的争端。但是在她这次因事外出返回都尔以前，许多修女受到了坏人的勾引而与人结成了婚姻

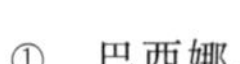

① 巴西娜。

关系。修女们一直在等待主教们到来，但是她们眼看没有人来，又折返普瓦提埃，走进圣希拉里教堂，以求安全。在那里，她们把一大帮盗贼、杀人犯、通奸犯以及各种罪犯集合在自己的周围，做好了抵抗的准备，因为她们说：“我们属于王族血统，除非把女院长驱逐出去，我们决不迈过我们修道院的门槛。”

当时，这所女修道院里有一个女隐士，几年以前，她从墙上跳了下来，躲进圣希拉里教堂。她对那位女院长大肆攻击，我们发现这些攻击全属不实之词。可是后来她又在当初跳墙的地方让人用绳子把自己拉了上去，进入修道院，她要求避居在一间隐蔽的密室里，她说：“我对上帝和我的拉德贡德夫人（因为当时这位王后还在世）犯了大罪，因此我愿意同修女们断绝一切往来，忏悔我的罪行。因为我知道，上帝是仁慈的，他宽恕那些悔罪的人。”然后她走进那间密室。但是当上述的动乱发生，克洛提尔德已经从贡特拉姆国王那里回来的时候，她在夜间推倒了密室的门，从修道院里逃出来，去找克洛提尔德，对那位女院长横加指责，就像她过去的所作所为一样。

四十一　这期间，波尔多主教贡德吉塞尔以大主教的身份，和昂古莱姆的尼卡西乌斯、佩里格的萨法里乌斯、普瓦提埃的马罗韦乌斯，来到圣希拉里教堂，来谴责这些修女们，希望把她们弄回她们的修道院里去，但是她们顽固拒绝。当主教们根据上文所引用的信件宣布开除她们教籍的判决时，我前面讲到的那帮暴徒群起攻击他们，而且就在教堂的四壁之内如此粗暴地对待他们，弄得他们倒在地上，简直起不来了，而那些副主祭和其他的教士身上沾满了鲜血，头被打破，走出教堂。他们陷入了极大的恐惧之中，—— 416

可以相信，这是魔鬼煽动出来的，——以至当他们从这个神圣之地出来的时候，竟而彼此之间连告别的话也没说，就回家了，人人都是碰上哪条路，就从哪条路回去。奥顿主教西阿格里乌斯的副主祭德西德里乌斯在发生这场灾难时正好在场，他甚至连过河的浅滩也没有去找，就在他刚一到达克莱因河岸的地方纵身跳进水中，让他的马游到了对岸的低地上。

现在克洛提尔德自己挑选管家，把修道院的土地攫取到自己手里，对于凡是她能够强行使其离开那所房子的男人，她都连捶带打，迫使他们为她服役。她还进一步恫吓说，要是她进得去修道院这所建筑物，她要把女院长从墙上扔下去。当这些动乱的消息被报告给希尔德贝尔特国王的时候，他派官方人士到马科伯爵[①]那里去，命令他以最大的力量加以镇压。贡德吉塞尔在同其他主教一道把这些修女们开除教籍，离开她们以后，他以个人和与他一起的弟兄们的名义给当时正在和贡特拉姆国王一同开会的主教们写了一封信，并且收到下面的回信：

信 件 抄 件

“埃特里乌斯、西阿格里乌斯、奥纳卡里乌斯、赫西希乌斯、阿格里科拉、乌尔比库斯、费利克斯、韦拉努斯、费利克斯及贝尔特拉姆[②]等主教谨向其亲爱的大人贡德吉塞尔、尼卡西乌斯和萨法里乌斯，使徒席位最称职的占有者致书如次。信使送到来函，我们一

---

① 普瓦提埃伯爵。

② 以上各人分别任里昂、奥顿、奥塞尔、格勒诺布尔、内韦尔、里埃、伯莱、卡韦荣、马恩河畔夏龙、勒芒主教。

则以喜，一则以忧；对于你们的平安无恙，我们感到欣喜，而对于你
们在信中讲述的所经受的暴行则是悲痛逾恒，因为不仅是教会的
清规遭到违犯，而且一切对宗教的崇敬都被忘却。你们使我们获
悉，那些倾听魔鬼声音而走出已故的拉德贡德的修道院的修女们，
既拒绝听从你们的告诫，又不肯回到她们逃离的女修道院的墙垣
以内去，更有甚者，他们竟以施加于你们和你们的人民的打击而向 417
我们的希拉里大人的教堂肆行强暴。你们还告诉我们，你们认为
对待这种罪行最好是暂停她们的教籍，并愿就此事征询我们的拙
见。对此，由于我们知道你们仔细研究过教规，而院规的全部要旨
又在于要求对陷入此种过火行动者不仅以开除教籍相制裁，还要
令其做出恰如其分的忏悔；更由于我们对你们的崇敬和最热烈的
兄弟友爱，彼此志同道合，我们在这里宣布，我们同意你们的裁决，
赞同你们的意见。此事暂且这样搁置起来，等我们同你们一道出
席即将于11月1日举行的宗教会议时，再一起细商如何对这种犯
罪者的胆大妄为加以管束，以期今后凡失足于这类诱惑中者不致
再有人为虚荣引向类似的犯罪。

“但是，由于我们的大人使徒保罗不断吩咐我们要一年到头以经常的告诫去纠正那些犯规的人，还由于他坚决主张崇敬上帝有益于一切事物，因此，我们敦促你们用连续的祈祷去祈求上帝的慈悲，以期他能对这些修女赋予启发其悔悟之心，以期她们能够在悔悟中为她们因其错误而犯下的一切过失做出真正的改正，以期通过你们的布道之功使这些在一定程度上陷入迷途的灵魂能够由于基督的恩典而被携归她们的修道院，以期那位用自己的双肩将一只迷途的羔羊带回羊圈的上帝能够为她们犯罪的收场而喜悦，犹

如获得整个羊群一样。尤其重要的是，我们请求你们不断地以你们的祈祷来支持我们，因为我们确实抱着希望，确信你们能够做到。你们的特别要好的朋友、罪人埃特里乌斯窃致问候；你们的门下士赫西希乌斯窃致尊敬的问候；爱你们的西阿格里乌斯以同样的尊敬向你们问候；对你们持有敬意的罪人乌尔比库斯恭谨地致候；尊敬你们的韦拉努斯主教敬谨致候；你们的仆人费利克斯窃致
418 问候；你们的卑下而忠诚的兄弟费利克斯窃致问候；你们的卑下而顺从的兄弟贝尔特拉姆主教窃致候意。”

四十二　女修道院院长还宣读了神圣的拉德贡德写给当时的主教们的信件。这时她又将信件的抄件送给邻近各城的主教们。信文如下：

信件抄件

“普瓦提埃的拉德贡德谨致书于崇奉基督的教父们和对使徒席位最称职的主教们。

“一项适宜的计划的最初步骤，只有在这一事情被传进我们共同的诸教父、医疗者和羊群牧人的耳中，并且同样地被托付给他们的内心时，才可能有力地走向全部实施，因为一切来自他们的仁爱的积极同情，来自他们的权力的明智劝导，来自他们的祈祷的支持汇合起来，推动着事情的实现。

“在过去的时候，我由于圣慈的意旨和启发而从世俗生活的枷锁中解脱出来，在基督的指引下，自愿地皈依教规，并且怀着热烈的心愿思考如何能够帮助他人前进，以期我的这一愿望能够在上帝的赞许下有益于人。因是之故，在最卓越的君主洛塔尔国王的

开创和资助下，我在普瓦提埃建立起一所女修道院；建立之后，我本人向该修道院以赠礼的形式捐献了我得自王室慷慨厚赐的全部财产。我还为这个聚集在基督的佑护之下的团体确定了院规，这一院规曾是神圣的凯撒里亚立身行事的依据，是神圣的阿尔主教凯撒里乌斯出于关注，为了适应她的需要而采自神圣教父们所规定的章则，并加以编撰而成的。在普瓦提埃和其他教座的最神圣的主教们的同意下，通过我们本团体的选择，我任命我的姊妹[①]阿格内斯为女修道院院长，她是我一向喜爱并从小抚养起来的，我甘愿按照常规服从她的权威——仅次于上帝的权威。当我们进入修道院时，由于害怕重蹈亚拿尼亚和撒非喇的遭遇，[②]我本人和我的姊妹们遵循使徒的先例，立下文契转让掉我们在尘世上所有的财

产，自己毫无保留。但是由于人的时运无常，由于世界日益走向末 419
日，并由于有人只图满足个人欲望，而不愿满足上天的意志，我愿 507
在此有生之年，用我全部应有的忠诚，以基督的名义向你们，使徒式的教父们，奉上这包含着我对你们的请求的一页。

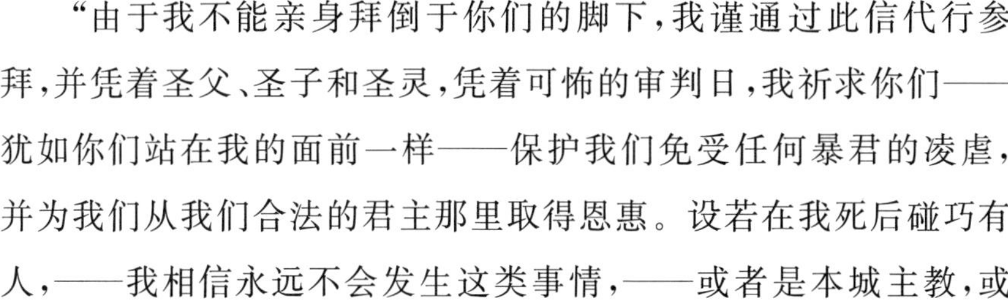

"由于我不能亲身拜倒于你们的脚下，我谨通过此信代行参拜，并凭着圣父、圣子和圣灵，凭着可怖的审判日，我祈求你们——犹如你们站在我的面前一样——保护我们免受任何暴君的凌虐，并为我们从我们合法的君主那里取得恩惠。设若在我死后碰巧有人，——我相信永远不会发生这类事情，——或者是本城主教，或

① 当指宗教意义上的姊妹。

② 亚拿尼亚和他的妻子撒非喇卖了田产，私自留下一部分价银，把其余的放到使徒脚前，因而犯了欺哄圣灵之罪，结果二人相继死亡。见《圣经·使徒行传》，第5章，第1—10节。——译者

者是王室官员，或者是其他任何人，不论是出于坏人挑拨，还是根据法律行事，向修女们找麻烦，或破坏院规，或撇开我那曾由最神圣的日尔曼努斯当着其弟兄们之面亲口祝福委以圣职的阿格内斯姊妹而另外委派院长时；设若这个团体本身——我相信是不可能的——口出怨言，寻求变化时；设若有人——纵使他是本城主教——运用他超出其前任或与我同时代的其他人所享有的新的特权，设法对本修道院的权力或财产提出要求时；设若有人违反院规，试图从这里出走时；设若任何君主、主教或其他有权势者，或我们姊妹中的任何人，怀着窃取圣物的意图来减损或挪用我们的财产，——这些财产是最卓越的君主洛塔尔或他的诸子、最卓越的诸王赠赐给我，而我又根据他的敕令和许可转交修道院持有的，关于这项转移，我曾从最卓越的君主卡里贝尔特、贡特拉姆、希尔佩里克、西吉贝尔特诸位国王亲自立誓和签字的信件中得到肯定，——或前来减损或挪用其他的人为了灵魂的好处而捐赠的财产，或姊妹们从自己的产业中施赠的财产时；如果发生这类情况，就让他们因我的祈祷和基督的意旨而遭到上帝如此般的震怒，也遭到你们以及你们的继任者如此般的震怒，从而他们将被作为穷人的抢劫者和掠夺者而被排除出你们的恩泽之外。要这样地进行抵制，以
420 期永远不致有人乘机对我们的院规或修道院的产业有所减损或变更。我还祈求下面一点：当我的姊妹、上述的阿格内斯一旦因上帝的意旨而去世时，新的院长应从我们修道院的会众中任命，她要取得上帝的恩宠，要安全地捍卫院规，要丝毫无损于过圣洁生活的意愿；不要容忍她自己的意志和别人的意志毁灭她们本身。如果任何人——这是上帝所禁止的——违反上帝的命令和国王们的权

威，做出任何违反在前面所引用，并且通过在上帝及其圣徒们面前的祈祷而委托你们加以保护的那些条文的事，或者做出任何有损于修道院的福利的事，无论是关于其居住者还是其产业；或者以任何方式向上述的我的姊妹阿格内斯院长进行捣乱；那就让他招致上帝、神圣的十字架和神圣的马利亚的审判，让他受到神圣的申信者希拉里和马丁的敌视和追逐，这后面的两位，我已将我的姊妹们在托付给上帝之后又托付给他们加以护佑。

“再者，神圣的主教和你的后继者们，——我急于把你们当作我在上帝利益方面的保护者，——如果发现有任何人妄图（上帝是禁止这样做的）反对我的这些意愿，请千万不要畏缩不前而不肯代表在上帝面前被委托给你们保护的一切去向当时君临这一地区的国王，或向普瓦提埃城市当局提出申述，也不要不肯为捍卫或保护正义、反对他人不正义的攻击而操劳，以便使上帝的敌人狼狈不堪 509
地被赶回去。这样，一切信奉天主教的国王们在其统治时期便不会容忍这类恶行，也不会容忍一切根据上帝的意志、我的愿望和国王们本人的意旨而牢固地建立起来的东西遭到破坏。我还要向那些生活在我之后受上帝之命君临万民（其时我已化为乌有）的君王们以上帝的名义——上帝的统治将永世不绝，各个王国均赖其认可而存在，历代君主的生命和疆土都由他赋予——提出恳求：我恳请他们将阿格内斯院长和这所修道院置于他们的保护之下，这所修道院是我在他们的父亲和祖父各位君主的许可和帮助下修建起来，并加以充分整顿和资助的。请他们不要容忍下述现象，那就是，文中已这么多次提到的我们这位院长会受到任何男人的折磨或干扰，有关我们修道院的任何事物今后会受到减损或任何形式 421

的改变,而请他们注意使所有一切都受到保护和防卫。为了上帝的缘故,并按照我向各族人的救世主的祷告,我已将此事托付给同君主们一起工作的各位主教大人,以期他们在永恒的王国里能与那位穷苦人的护卫者和贞女们的丈夫永远结合在一起,他们正是为了敬奉他而保护上帝的侍女们的。我还凭着你们曾为之领洗的天主教信仰向你们、神圣的主教们、我们最卓越的君主们和全体信奉基督教的人们,提出如下恳求:一旦上帝命我离开人世的光明时,请允许将我可怜的身体埋在那个长方形教堂里面,不论其届时完工与否;那座长方形教堂曾是我为了崇奉基督之母神圣的马利亚而开始建造的,已经有我的许多姊妹葬在里面安息了。愿任何打算或试图反对此事的人将因基督十字架和神圣的马利亚而遭到天谴,愿我能由于你们的斡旋而被视为配得上在这个教堂里,在我的众姊妹中间获得一席安息之地。我饱含热泪祈求:由我亲手签字的这份请求书能够保存在大教堂的档案之中;如果出现恶人以行动迫使我的姊妹阿格内斯或其会众去向你们祈求救助和保护,她们得到你们慈悲之心的虔诚慰藉和善良牧人所具有的及时帮助,那么,既然上帝已为她们在你们的恩荫下准备了庇护,她们就不会宣称自己是被我舍弃了。

"基督曾从他光辉的十字架上将他的童贞女母亲托付给神圣的使徒约翰。我凭着他的恩惠将这份请求请你们过目,毫无隐讳,希望就像主的托付之为约翰完成一样,我以我微不足道的身份向你们各位大人、具有使徒称号的教父们所托付的一切,也能同样完成。当你们保持我留给你们的这项符合你们崇高身份的委托时,你们就成为你们为之完成使徒职责的基督的圣德的分享者,并且

当之无愧地再现他的范例。”

四十三　此后，马罗韦乌斯主教听说这些修女在谴责他，就派圣希拉里教堂的修道院院长波尔卡里乌斯到贡德吉塞尔主教和他的大主教管区的其他主教那里去，要求他们在给予修女们教籍以 422
后，准许他前去向他们面诉情由。但是他的要求遭到彻底的拒绝。希尔德贝尔特国王受到两方面的没完没了的烦扰，一方面是修道院，一方面是弃修道院而去的修女们。他派提乌塔尔神父去制止双方之间继续不断的互相控告。提乌塔尔叫克洛提尔德和她的一伙人去见他，但是她们说：“我们不来，因为我们被暂停了教籍；如果我们再一次被接纳到教会里，我们立刻就出现在你的面前。”他听了她们的回答之后，又回到主教们那里，同他们就这件事情进行讨论。但是由于对她们的教籍问题讨论不出结果，他回到普瓦提埃去了。这时修女们分散了，有的回到亲戚家里，有的回到自己家里，其他的人回到她们过去所归属的修道院里，因为柴薪缺乏，她们聚在一起受不了冬天的严寒。有少数几个人留在克洛提尔德和巴西娜身边，但是即使在这些人当中也存在着很大的分歧，因为其中每一个人都想凌驾于其余的人之上。

四十四　这年，当复活节期之末，大雨滂沱，夹以冰雹。在两三个小时之内，即使是在比较小的蜿蜒曲折的河谷中，好像也有大河流贯而过。秋天树木开花，结出了第二批果实。河水过度上涨，远远地溢出两岸，淹没了往常洪水从来没有到达过的地方，给已经播种的田地造成了很大的破坏。

第九卷至此结束

424 # 第 十 卷

以基督的名义，第十卷各章自此开始

十八、被派去谋刺希尔德贝尔特国王的凶手

十九、兰斯主教埃吉迪乌斯被放逐

二十、在这次宗教会议上修女们和教会取得和解

二十一、瓦多的儿子们的遇害

二十二、萨克森人希尔德里克的遇害

二十三、朕兆和奇迹，关于复活节日期的疑议

二十四、安条克城的被毁

二十五、一个自称为基督的人被杀

二十六、拉格内莫德和苏尔皮西乌斯两位主教之死

二十七、弗蕾德贡德令人杀害的人们

二十八、她的儿子洛塔尔受洗礼

二十九、利摩日的修道院院长神圣的阿雷迪乌斯皈依基督教，他的奇迹和去世

三十、这一年的天气

三十一、都尔主教简介

（本卷所记自公元589年起，至591年止。）

425

以我们的主耶稣基督的名义，第十卷自此开始

一　希尔德贝尔特国王在位的第十五年，[1]我们的副主祭带着圣徒们的遗物从罗马回来了。他说，在头一年 9 月，[2]台伯河的洪水淹没了罗马城，洪水如此凶猛，竟连古代神殿也倒塌了，教会的谷仓也被冲毁了，还损失了几千蒲式耳的小麦。一大群蛇顺流而下，游入大海，其中还有一条大龙，大得像一根粗壮的梁木。但是一切都覆没在汹涌澎湃的海洋的咸水波涛之中，被冲刷到岸上去了。紧接着发生了瘟疫，人们称之为鼠蹊疫病。疫病在 11 月中发生，按照先知在《以西结书》里写的“从圣所起全都杀尽”，[3]它首先侵袭到佩拉吉乌斯教皇[4]的身上，而且很快就摧毁了他的生命。他死后，这场瘟疫又毁灭了许许多多的人。既然上帝的教会不能没有首脑而存在，人们一致推举副主祭格雷戈里为教皇。这位格雷戈里的先世属于第一流的元老家族之一，他从青年时代起就敬畏上帝，曾经自己出资在西西里修建了六所修道院，另外又在罗马

① 公元 590 年。

② 即 11 月。

③ 《圣经・以西结书》，第 9 章，第 6 节。

④ 即佩拉吉乌斯二世，于公元 578 至 590 年(一作 579—590 年。——译者)任教皇。

城里建立了第七所。他赠给修道院足够的土地，为修道士提供日用口粮，其余的财产，乃至他所有的家用什物，他全都卖了，把收入分发给穷人。以前他常常穿着达官贵人穿的那种饰有闪闪发光的宝石的丝绸服装招摇过市，现在却穿上了简陋衣装，献身于上帝的圣坛职务，并且被任命为协助教皇的第七位副主祭。[①] 他对饮食这样节制有度，对祷告这样专诚，对斋戒这样热衷，以致他那衰弱下去的胃都几乎难以维持他的躯体了。他对文法、辩论术、修辞学这样精通，以致大家认为他在全城是首屈一指的。他殷切地设法 426
推辞教皇这种荣誉很高的职位，唯恐自己担任这个高职以后，那种他久已摈弃的尘世上的傲慢情绪又会在某种程度上暗中重新滋长起来。为了这个缘故，他写了一封信给摩里斯皇帝(摩里斯皇帝的儿子领洗以后，格雷戈里把他从神圣的洗礼盆里接受过来)，一再恳求皇帝千万不要批准人们对他的推举，或允许把他提升到这种尊贵而掌权的地位。但是罗马的行政区长官日尔曼努斯截获了信使，销毁了信件，叫信使带着一份宣布人们的推举的公文到皇帝那里去。皇帝对副主祭很友好，他现在有机会把他擢升到这样尊贵的地位，就为此感谢上帝，并且颁发了委任状，下令让他登位。但是当人们正在为他的就职进行准备的时候，瘟疫还蹂躏着那个城市，他用下列的一席话来劝谕人们进行忏悔：

〔格雷戈里对大家的讲话〕[②]

“最亲爱的弟兄们，上帝降下来的那些惩罚，当它们还没有来

① 罗马分为七个区，每个副主祭分管一个区。

② 该标题为后人所加。

临之前,我们是应当恐惧的,但是当惩罚降临在我们头上,当我们已经体会到它的威力的时候,我们就更应当畏惧。愿我们的悲哀为我们开辟皈依上帝之路,愿我们所受的这场处罚软化我们的铁石之心,因为先知的确有过预言:'其实刀剑害及性命了。'[①]看一下吧!所有的人是怎样遭受着天谴之剑的袭击。他们一个接着一个猝然死亡,死亡之前,他们未曾缠绵病榻,而正如你们见到的那样,死亡比一步步慢慢进展的疾病走得更快。灾祸降临了,受害者还没有来得及为他的罪恶哀痛,还没有来得及忏悔,就被攫取去了。因此,想一下吧!他既然没有机会来痛悔他的所作所为,那么他又以什么样的姿态去出现在众人的严厉的审判者之前呢?我们的居民并不是仅仅死了一部分,而是大家一起匆匆走向死亡。房屋空空荡荡,犹然存在,父母们看到了孩子们的葬礼,他们的后嗣倒比他们先进了坟墓。因此,在灾祸降临之前,当我们还有时间哭

427 泣的时候,让我们每个人都来痛悼和忏悔吧!让我们在内心深处回想一下过去我们走入歧途和犯错误的一切情况吧!让我们用眼泪为我们的一切罪恶行为而自我谴责吧!让我们到上帝面前去悔罪吧!让我们像先知所规劝的那样,把心归向上帝,把手举向上帝吧!只要我们以修好行善来提高祈祷时的热诚,这就是把心归向上帝,把手举向上帝。上帝对我们的敬畏之心是确实信任的,他通过先知之口说道:'我断不喜悦恶人死亡,惟喜悦恶人转离所行的道而活。'[②]谁也不要由于罪孽深重而失望,因为,曾经沉坠在罪恶

① 《圣经·耶利米书》,第 4 章,第 10 节。

② 《圣经·以西结书》,第 33 章,第 11 节。——译者

里的尼尼微人进行了三天的忏悔，就得到了赦免。[①] 悔罪的贼在
临死的关头也获得了生命。因此，我们要回心转意，并且要认为我
们已经达到了所期望的目的。如果恳求者本人已经悔罪，那么审
判者的心就会更快地被他的请求所转变。既然如此严厉的惩罚之
剑悬在我们头上，那就让我们立即哭泣吧，因为强求固然往往不为
人们所喜，却可以取悦于真理的审判者。上帝是满怀慈悲和仁爱
的，他的意旨就是让人通过祈祷求得他的宽恕，上帝的愤怒也不会
以我们功过的大小为转移，因为上帝通过《诗篇》作者的声音说：
‘要在患难之日求告我，我必搭救你，你也要荣耀我。’[②]因此他为
自己作了见证，证明他是愿意怜悯那些向他呼求的人们的，他自己
规劝我们这样向他求告。因此，最亲爱的弟兄们，让我们用忏悔之
心，从善之行，专诚流泪涕泣，按以下的序列集合起来，在本星期第
四天[③]晨光初熹的时候，举行七列连祷，[④]使这位严厉的审判者在
看到我们如何为自己的罪行进行自我谴责的时候，会亲自把我们
从为我们准备好的惩处下解脱出来。因此，教士们要偕同第六区
的全体神父从两位神圣的殉教者科斯马斯和达米安的教堂列队出
发。全体修道院院长要偕同众修道士从两位神圣的殉教者格尔瓦
西乌斯和普罗塔西乌斯的教堂列队出发。全体女修道院院长及其 428
会众要偕同第一区的神父们从两位神圣的殉教者马尔塞利努斯和
彼得的教堂列队出发。全体儿童要偕同第二区的神父们从两位神

① 见第3卷，第29章注。——译者

② 《圣经·诗篇》，第50篇，第15节。

③ 星期三。

④ 罗马分为七个区，每区列为一队，共七队。

圣的殉教者约翰和保罗的教堂出发。全体世俗人士要偕同第七区的神父们从第一位殉教者斯蒂芬的教堂出发。全体寡妇要偕同第五区的神父们从神圣的尤费米亚的教堂出发。已婚妇女要偕同第三区的神父们从神圣的殉教者克利门特的教堂出发。大家都要念着祷词，带着眼泪，从上述各教堂前往我们的主上帝耶稣基督之母、永世贞女圣马利亚的长方形教堂会合，以期在教堂里用悲吟和哀痛久久地向上帝祈求之后，我们可以获得对我们的罪恶的宽恕。”

说完这些话之后，他把不同列队的教士们召集拢来，下令唱三天圣诗，祈求上帝垂怜。在第三时，所有的歌唱队都唱着圣诗来到教堂，他们高声吟诵“上帝垂怜我们”，祈求之声响遍街衢。当时，我们的副主祭也在场，他宣称，当人们向上帝倾吐恳求的声音的时候，一个小时之内，就有不少于八十人死亡，但是主教[1]始终不停地劝大家不要中断祈祷。我在前面写到，我们的副主祭曾经从他的手里接受圣徒们的遗物，当时他自己也还不过是个副主祭。当他正准备跑到什么可以隐遁的地方去的时候，他被人抓住了，曳走了，被带到圣彼得教堂去了。在这里他被授任为主教，并且成为罗马城的教皇。[2] 我们的副主祭一直不能平静下来，直到他从奥斯蒂亚[3]回来，亲眼看到授任仪式是怎样举行的为止。[4]

① 即格雷戈里。——译者

② 公元 590 年 9 月 3 日。

③ 奥斯蒂亚应作波尔图斯，后者在台伯河北岸，与奥斯蒂亚隔岸相望。

④ 布雷豪特译本此句作“我们的副主祭在格雷戈里从港口回来，当了主教，他亲眼看到他的授任仪式之前，一直没有离开那里。”——译者

二　格里波从摩里斯皇帝那里出使归来了。[①] 他说，在头一
年他和他的同伴所乘的船在非洲的一个港口靠岸，他们进入了广
袤的迦太基城，在那里等候驻在当地的行政区长官下达准许他们 429
前往觐见皇帝的命令。这个期间，使团成员之一埃凡提乌斯带去的一个仆人抢走了某一个商人的一件贵重物品，把它带回住所。原主跟踪而来，要求把东西还给他。但是仆人把他撵走了。争执越闹越凶。有一天，商人在街上遇见了这个仆人，他一把抓住他的外衣，想扣留他。他说："在你把用暴力抢到手的财物还给我以前，我不放你走。"仆人拼命想从那人的手里挣脱出来，在这场挣扎中，他鲁莽地拔出佩剑，把商人刺死了。于是他立即返回住所，始终未向他的那些伙伴谈起所发生的事情。这时在这个住所里住着三位使臣：博德吉西尔，他是苏瓦松的穆莫伦的儿子；埃凡提乌斯，他是阿尔的迪纳米乌斯的儿子；还有这位格里波，他是一个法兰克人。当时他们刚好饭后离席，已经躺下来睡觉和休息。城里的长官一得到这次事件的消息，就集合起一队兵士，派他们和全体有武器的居民一同前往客人们的住所。三位使臣突然从睡梦中惊醒，他们看到这种情形，恐慌万分。这时候兵士的领队喊道："放下武器，到我们中间来，好让我们用和平的方式查明这次杀人事件是怎样发生的。"他们还丝毫不知道发生了什么事，对此感到恐惧。因此他们请求外面的人发誓，如果他们不带武器而走出去，那就要保证他们的安全。那些人发了誓，但是激动使得他们没有遵守诺言。首先，当博德吉西尔走出去的时候，他们用剑把他刺死，其次，又以同

① 见第9卷，第25章。

样方式刺死了埃凡提乌斯。两具尸体就躺在住所的门前，这时格里波抓起他的武器，和身边的仆人一起出来，走向人群。说道："发生了什么事，我们毫无所知。看哪！你们已经用剑刺死我的旅伴，也就是要去朝见皇帝的我的使臣同僚。你们这样屠杀和平地来到你们当中的无辜者，上帝必将审理我们所受的冤屈，并以你们的毁灭来抵偿他们的死。经过这次事件以后，我们的国王们和贵国皇
430 帝之间决不可能再和平相处了。因为我们是为和平而来，是来向帝国提供援助的。我请求上帝作证，如果双方君主之间不能保持所约许的和平的话，其原因就在于这次冒犯行为。"格里波说完这些话，又说了更多的类似的话以后，迦太基人的队伍涣散了，每个人都回家去了。后来行政区长官去看望格里波，竭力使格里波平息对这件事情的愤怒，并且为他前往觐见皇帝的旅程作了一切安排。格里波到达后，首先履行他的使节任务，然后述说同行者的死难情况。皇帝为此感到不安，他保证为他们报仇，而且凡是希尔德贝尔特国王所宣布的必要措施，他都照办。于是格里波带着皇帝的礼物，和好地回国了。

三　格里波向希尔德贝尔特作了汇报以后，国王当即下令兴兵，立即进军意大利。这支军队由二十位公爵统率，要去进攻伦巴德人。关于这些公爵的名字，我认为不需要依次一一细述。奥多瓦尔德公爵协同温特里奥一起行动，他在香巴尼征集军队，进军途中抵达梅斯，一路上干下的残暴行为和屠杀事件是如此之多，以致可以认为他是带着一支敌军来攻打自己的国家来了。其他公爵和他们的军队也这样干。当他们对克敌制胜还无所作为的时候，却先蹂躏了自己的土地，抢掠了留下来的居民。

他们逼近意大利的时候，奥多瓦尔德和六位公爵开向右翼，来到米兰。军队驻扎在离城有一段距离的旷野上。奥洛公爵轻率地前进到靠近贝林佐纳的地方，贝林佐纳是米兰所属的一个要塞，位于卡尼尼低地上。奥洛公爵胸部下方中了一支标枪，受伤身死。他的部下由于抢劫物资，处处被进攻的伦巴德人大量杀戮。在米兰城所属地区有个塞雷西乌姆湖，①从湖里流出来一股窄而深的
溪水。消息传来，说伦巴德人正屯驻在小溪岸旁。法兰克人逼近 431
小溪，但他们还没有渡过去时，对岸就站出来一个伦巴德人，顶盔贯甲，手执长矛。这个人向法兰克军队大声喊道：“今天便见分晓，看上帝究竟让哪一方取得胜利。”这句话料必是伦巴德人约好的信号。这一来，几个法兰克人横渡小溪，同这个伦巴德人交锋，把他打死。看呀！伦巴德军队全部逃窜，撤走了。法兰克军队渡过小河以后，一个人也找不到，只看见军营的痕迹，这里过去是点篝火，搭帐篷的地方。这样，法兰克人毫无掳获，又回到自己的营地去了。皇帝的使臣也来到营地，他们送来消息，说有一支军队已经准备就绪，要来支援法兰克人。他们说：“三天之后，我们就要带着军队回到这里，这将是传给你们的信号，等到你们看见山上那个村庄的房子着了火，烟雾冲天的时候，你们就会知道那是我们带着所许诺的军队来了。”法兰克人按照这个协议等了整整六天，可是一直没有看见有一个人出现。

塞迪努斯和十三位公爵在进入意大利的时候进向左翼。他们

① 即卢加诺湖。

攻下五个要塞，[①]并且迫使当地居民宣誓效忠。由于战士们对当地的气候很陌生，在习惯上不能适应，痢疾在军队里流行得很厉害，其中许多人病死了。但是刮起了风，风带来雨，使空气清凉了一些，有助于健康，解除了病情。没有多少其他事情可谈。他们在意大利往来横行达三个月左右，但是一事无成，并没有从敌人身上得到满足，因为敌人据守在防御得特别坚固的地方。他们也没有能够俘获国王，在国王的身上报仇，因为他平安地呆在帕维亚的城墙以内。我在上面已经谈到：由于空气有碍健康，粮食缺乏，军队的人数已经减少了。他们迫使原先希尔德贝尔特的父亲所拥有的
432 土地上的居民宣誓效忠于希尔德贝尔特国王，把俘虏和其他战利品都随身带走，然后准备回家。在归途中，他们如此饥饿难熬，以致在还没有到达本土之前，他们不得不卖掉武器和衣服，换取粮食。

可是伦巴德人的国王阿普塔卡尔[②]派使团给贡特拉姆国王带来信息。他说："最虔诚的国王，我们愿意对您和您这一系的诸王表示真诚、顺服，就像我们过去对您的祖辈们那样；我们也并没有背弃我们的祖先对您的祖先发过的誓。因此现在请您停止迫害我们，让我们彼此和平相处，和谐一致。这样，在需要的时刻，我们就向您提供援助，抗击敌人，保证您我双方之间的人民的安全，而在我们边境上进行骚扰的敌人，看到我们和平相处，倒要感到恐惧，而不会因为我们的不和而一齐高兴了。"贡特拉姆宽宏大量地接受

① 保罗副主祭(瓦尔内夫里德)所著《伦巴德人史》中谓这支军队进抵维罗纳。

② 即奥塔里。奥塔里于公元584年至公元590年9月在位。——译者

了他们带来的信息，并且派他们到他的侄子希尔德贝尔特那里去。当他们转达了这个信息，但还停留在希尔德贝尔特国王的宫廷里的时候，又有一批使臣来到了，他们宣布阿普塔卡尔国王已经去世，保罗已经即位，但是重申上文所提到的和平建议。希尔德贝尔特国王先叫他们退下，答应还要接见他们，宣布他所要采取的政策。

四　这时候，摩里斯皇帝把在头一年杀害使臣们的迦太基人送到希尔德贝尔特国王这里来了，一共有十二人，都被套着手铐，系着锁链。这就是说：如果希尔德贝尔特愿意杀死他们，他完全可以这样做；如果与此相反，他想释放他们，接受一笔赎金，那么他将得到每人三百枚金币的赎款，以后就别再提起这件事。因此请他选择能够使他最满意的做法，以便争端得以平息，双方再也没有理由产生仇隙。但是希尔德贝尔特国王不肯不先加询问，就把这些套着锁链的人立刻接受下来。他说："我认为还不能证实你们交来的这些人真的就是凶手。他们可能是无辜的人，也许是什么人的奴隶，而在贵国被杀害的我的臣属却是出身高贵的自由人。"何况当时格里波也在场，在谋杀的时刻，他曾经是使臣之一。这时候他说道：
433
"迦太基的长官召聚暴徒两三千人，他们攻击我们，杀死我的同僚。若不是我拿出男子汉的勇气进行自卫，自己也逃脱不了灭亡。要是现在我在当地的话，我能认出罪人，如果贵国皇帝有意同我们的君主保持和平，如同你们所肯定的那样，那就应该将这些人明正典刑。"国王因此叫这些人退下，他已经决定随后再派一个使团到皇帝那里去。

五　在这些日子里，曾任希尔佩里克国王的司马官的库帕侵

扰都尔地区，他像强盗一样，企图抢劫畜群和其他财产。但是居民怀疑他的意图，他们大量集合起来，一直跟在他的后面。他们硬把他掠获的东西夺了过来，他仅仅是靠着把样样东西都丢下不要，才逃出了性命。另有两名贼伙被杀，两名被俘。两个俘虏被绑着押解到希尔德贝尔特国王那里。国王命令把他们投进监狱，加以审问，直到他们供出是谁帮助库帕逃脱，因而使得追赶的人没有把他捉住为止。他们回答说这件事情的发生是由于伯爵代理，即掌握当地的司法权的官吏阿尼莫杜斯的默许的缘故。于是国王立即派人赍信给该城的伯爵，命令他把此人绑送到国王面前来；而且，由于他珍惜国王的恩宠，他必须当此人刚一表示抗拒，就要将他制服并且杀死。阿尼莫杜斯并没有抗拒，而是找了保证人，遂即遵命前往。然后他去找总管弗拉维亚努斯，接着偕同库帕一起出庭[1]。他被认为无罪，当即奉命退下，并且接到命令叫他回家。可是他先去向总管送了礼物。

库帕又一次聚集了一些党徒，企图劫走已故的勒芒主教巴德吉西尔的女儿做自己的妻子。他带领手下的一群党羽，乘夜闯入马雷伊地方的乡间住宅，以便实现他的计划。但是那个姑娘的母亲、主妇马格纳特鲁德预先得到有关他和他的阴谋的消息，她带着众仆役冲出迎击，狠狠地把他打退了。他有几个党徒被杀。他丢了脸，退了回去。

六　由于上帝的命令，在夜间，镣铐从克莱蒙监狱里的罪犯们
434 的手脚上落了下来，监狱的大门也打开了，因此这些罪犯走出大

[1] 国王法庭。

门，走进教堂。尤拉利乌斯伯爵下令再给他们套上新的镣铐，但是刚一套上，镣铐立刻就像脆玻璃一样地破裂。于是，通过阿维图斯主教出面调解，罪犯们被释放，又成了自由人。

七　在克莱蒙，希尔德贝尔特国王以仁厚的虔敬之忱，豁免了教堂、修道院、教会所属教士以及服务于教会的每一个人所应该缴纳的一切赋税。[①] 在漫长的代代相传的过程里，财产几经剖分，几乎没有办法收税，收税人员已经承担了重大的损失。国王受到天意的感召，命令改革税收制度，从而使国库在这方面的需求既不致让收税人员蒙受损失，也不致让为教会服役的任何人在履行纳税义务时蒙受损失。

八　在奥弗涅、热沃当和鲁厄格的边境举行了一次宗教会议，审理德西德里乌斯的孀妇提特拉迪亚的案件。她曾经从尤拉利乌斯伯爵的家里挟货私逃，伯爵要求偿还这些东西。但是这件事情最好还是从更早的时候说起，先谈谈提特拉迪亚是如何终于抛弃了尤拉利乌斯，并且躲到德西德里乌斯那里去的。

年轻的尤拉利乌斯就像一般青年一样，行为常常放荡不羁。他的母亲总是申斥他，直到最后，他对她的正常的爱转化为恨。她有一种习惯，时常在家中的小礼拜堂里祈祷，时常在全家安睡的时候彻夜祷告，带着眼泪祈求上帝。有一天，人们发现她穿着祈祷时穿的那件粗毛衫被勒死了。谁也不能断定这桩事情是谁干的，但是大家普遍认定儿子是谋害母亲的凶手。当克莱蒙主教考提努斯闻悉这件事情的时候，他就剥夺了尤拉利乌斯的教籍。但是在神

① 赋税主要指土地税，此次所豁免者可能指拖欠之税而言。

圣的殉教者尤利安的节日那天，当居民和他们的主教聚会在教堂
435 里的时候，这个尤拉利乌斯扑在主教的脚下，口发怨言，说他没有经过审问，就被排除在教会团体之外。于是考提努斯容许他和会众一起去作弥撒。但是等到要举行圣餐式，尤拉利乌斯走近圣坛的时候，主教说道："人们普遍在说你的母亲是你杀死的，我不知道你是不是犯了这桩罪行，因此我把这件案子留给上帝和神圣的殉教者尤利安去审判。你一口咬定你是无辜的，若是这样的话，你就走过来，拿起你的那份经过祝福的面包，放到嘴里。上帝是看得透你的内心的秘密的。"尤拉利乌斯拿起圣餐物，受了圣餐，走了。这就是娶提特拉迪亚为妻的那个人。提特拉迪亚的母亲门第高贵，父亲出身比较低贱。尤拉利乌斯同家里的女仆们姘上，因而渐渐不把妻子放在心里。当他荒淫一阵回来以后，常常很残暴地打她。另外，他的许多放荡行为使他债台高筑，为了债务，他常常盗取她的钱财和首饰。这位夫人被弄得极为窘迫，在丈夫的家里，她已经失去了她的体面的地位。这时他离开她到朝廷里去了，他的一个名叫维鲁斯的侄子爱上了她。维鲁斯已经丧偶，企图娶她为妻。他怕他的叔父怀恨在心，就把她送到德西德里乌斯公爵那里去，打算在适当的时候同她结婚。提特拉迪亚把丈夫的一切金银财物、衣服，还有全部动产一起带走，还带走了她的长子，却把小儿子留下了。尤拉利乌斯在外出归来以后，才知道发生了什么事。当他的气有点消了下去，等待了一段时间之后，他就去袭击他的侄子维鲁斯，在奥弗涅的一条狭小的溪谷里把他杀死。德西德里乌斯也在新近丧偶，他一听说维鲁斯被杀害，就自己同提特拉迪亚结了婚。尤拉利乌斯后来从里昂的一所修道院里拐走了一个女孩子作

为妻子。但是，他的那些姘妇出于通常所说的那种嫉妒，用妖术迷惑了他的理智。过了一阵子，他偷偷地去袭击并杀死新妇的堂兄弟埃梅里乌斯，又以同样方式杀死他父亲的一个姘妇生的异母姊妹的兄弟索克拉提乌斯。他另外还干了许多坏事，说起来可是太 436
长了。他的儿子约翰是同母亲一起走的，他从德西德里乌斯的家里逃了出来，来到了奥弗涅。那时候，英诺森提乌斯是罗德兹主教的候补者。尤拉利乌斯送消息给他：希望能够通过他的帮助，收回他在罗德兹地区的若干财产。但是英诺森提乌斯却说："如果你送给我一个儿子，让我能够使他成为一个教士，把他留在我这里扶助我，我就按照你的愿望去办。"尤拉利乌斯于是把约翰送去，因而收回了他的财产。英诺森提乌斯接受这个孩子以后，给他剃去头发，把他交给教堂的副主教。这个孩子变得很能苦修禁欲，竟而只吃大麦，不吃小麦；只喝水，不饮酒；只骑驴，不骑马；穿的只是最粗陋的衣服。

于是主教和显贵们聚集在上述各城的边境。提特拉迪亚由阿京代表，尤拉利乌斯则亲自出席，对她进行反驳。他要求收回当她逃奔德西德里乌斯的时候从他家里带走的财物。会上决定她应当按四倍偿付所带走的东西，她和德西德里乌斯所生的儿子们应当被认为是私生子。会上并进一步规定：如果她已经按照命令全部偿付给尤拉利乌斯，她就可以自由地返回奥弗涅，并且享用她父亲的遗产，不受任何阻碍。后来就是这么做的。

九 当时，布列塔尼人大肆蹂躏南特和雷恩两个地方。贡特拉姆国王因此下令征集一支军队去打他们，并派贝波伦和埃布拉卡尔两位公爵担任指挥。但是埃布拉卡尔恐怕他们取得一次胜利以后，贝波伦可能要剥夺他的公爵地位，因此他先挑起口角。一路上，他们互相辱骂，嘲笑，诅咒。每过一处地方，他们就烧，杀，抢，种种罪行无所不犯。他们这样来到了维兰河，渡河以后，抵达乌斯
437 特河。在这里，他们拆毁附近一带的房舍，架起桥梁；这样，全体军队都过了河。这时候，有个神父加入到贝波伦方面来。他对贝波伦说："如果你跟我来，我就领着你到瓦罗克那里去，同时指给你看聚集在一处的全体布列塔尼人。"贝波伦远征的消息传到弗蕾德贡德耳边的时候，她命令贝叶地方的萨克森人把头发剪成布列塔尼人的发式，叫他们穿上布列塔尼人的服装，前往支援瓦罗克，因为她老早就怀恨贝波伦了。贝波伦和愿意跟从他的人们刚一来到，他就发起进攻，两天之内，把这些布列塔尼人和萨克森人大杀一阵，但是埃布拉卡尔已经带着大部分军队撤退，他在听说他的对手阵亡以前，一直拒绝回来。交战的第三天，贝波伦的那些伙伴已经被杀，他虽然受了伤，还在用矛自卫。但是最后瓦罗克和他的上述盟军冲了进来，把贝波伦杀死，因为他被夹在羊肠小道和沼泽之间了。他的兵士死在沼泽里的比被剑刺死的还多。

这时，埃布拉卡尔进军到瓦恩，因为雷加利斯主教已经派遣他的教士捧着十字架，唱着圣诗出来迎接他。他就这样地被拥入城内。当时据说瓦罗克打算到岛屿之间去避难，他让人把他的金银以及其他财产装在船上，但是他在大海上的时候，风暴发作，有几只船沉了下去。他损失了其中所装载的全部财产。这时他来找埃布拉卡尔乞和，交纳了人质和厚礼，保证决不再干危害贡特拉姆国王的事情。他走后，雷加利斯主教偕同他下面的神父和城里的居民宣誓效忠，他们宣称："他们在任何方面都没有对他们的君主们，

也就是国王们犯过罪，也没有悖逆地做过不利于他们的事情；他们是被布列塔尼人所胁迫，是处在沉重的桎梏之下的。”埃布拉卡尔和瓦罗克这样讲和之后，后者说道：“现在返回你的国家去吧！告诉国王，我将会自愿地全部执行他的命令。为了让你可以完全信 438
赖我的话，我要把侄子交给你作为人质。”他照做了，战争遂告结束。在战争里死了许许多多的人，既有国王的兵士，也有布列塔尼人。

于是军队从布列塔尼回来了。但是比较强壮的人能渡过维兰河，比较衰弱的人和同他们在一起的穷人却渡不了，只好留在西岸。于是瓦罗克就不顾他的誓言和交纳的人质，派遣他的儿子卡纳奥带领一支军队去到那里。卡纳奥俘获并绑缚了他在西岸发现的那些人，杀死了一切抗拒者。有些人想骑在马背上游过去，却被水流冲到海里去了。有些这样被俘的人后来由瓦罗克的妻子用小蜡烛和牌子的仪式加以释放，[①]因此回到自己家里。已经先渡过河去的埃布拉卡尔的军队害怕顺着来时的那条路回家，唯恐人民会以当初他们对待人民的那种方式来对待他们，因此他们取道昂热，向马延河[②]上的桥头进发。但是先过桥的一小批人被剥去了衣服，遭到殴打，受尽各种侮辱。在经过都尔地区的时候，军队到处掠夺，抢劫了许多人，因为居民是突然受到袭击的。许多参加这次远征的人去找贡特拉姆国王，他们宣称埃布拉卡尔公爵和维利

① 自君士坦丁时代起，有的释放仪式在圣坛前举行，奴隶手执小蜡烛，由神父带领绕圣坛三周，然后领取证件，获得自由。这种证件往往写在木板上。

② 卢瓦尔河支流。

阿卡尔伯爵[1]曾经受了瓦罗克的贿赂，给军队带来了这种灾难。当埃布拉卡尔去朝见国王的时候，国王痛斥了他一顿，命令他从面前离开。维利阿卡尔伯爵逃走了，躲藏起来。

十　希尔德贝尔特国王在位的第十五年，亦即贡特拉姆国王在位的第二十九年，[2]当贡特拉姆国王在孚日山脉的森林里打猎的时候，他发现了一只已被杀死的野牛的足迹。他严厉地盘问森林的管理员，是谁擅敢在王室领地上杀害野兽。管理员说这是宫廷管事人员孔多干的，因此国王下令逮捕孔多，并且将他套上镣
439 铐，解往夏龙。[3] 管理员和孔多在国王的面前互相争辩。既然孔多坚持他没有犯被控告的放肆行为之罪，国王就命令用决斗的办法来判决。那个宫廷管事人员推出一个侄子来替他进行决斗，两名斗手在原野上站了出来。那孩子把投枪向森林管理员抛去，投枪射穿了他的脚，他立刻向后跌倒在地。然后那孩子抽出系在腰间的刀，力图割断管理员的咽喉，但是他自己的胃部却中了投过来的刀。两个人就这样一起被杀，同归于尽。但是孔多见到这个结局之后，就向圣马尔塞卢斯教堂奔逃而去。国王大喊大叫，叫人一定要在他的脚接触到神圣的门槛之前，把他擒获。他被抓到，被绑在一根桩柱上，被石头砸死了。后来国王深自后悔，因为他曾经使自己受制于一时的冲动，以致为了区区之罪，就轻率地杀死了一个他难以割舍的忠实的臣仆。

十一　先王希尔佩里克的儿子洛塔尔病得很厉害，他被认为

① 即第 7 卷，第 13 章的维拉卡尔。

② 公元 590 年。

③ 索恩河畔夏龙。——译者。

毫无希望，以致他快死的消息都已经被通知给贡特拉姆国王了。贡特拉姆国王自夏龙起程前往巴黎，已经来到桑斯地区。然而此时他听说那孩子已经康复，他就中途作罢，又回去了。洛塔尔的母亲弗蕾德贡德眼看孩子病势危殆，曾经向圣马丁教堂许了一大笔钱的愿。为了这个缘故，他的病情开始好转。她还派使者到瓦罗克那里去，要求他为了保住她儿子的性命，释放全部仍然被拘禁在布列塔尼的贡特拉姆国王的部下。瓦罗克听从了，这就证明这个女人是杀戮和毁灭贡特拉姆的军队的同谋者。

十二　我在前面已经讲到，虔信者英吉特鲁德在圣马丁教堂的前庭修建了一所女修道院。这时她的健康开始衰退，她指定她的侄女接替她当女修道院院长。修女们对这项措施窃窃私议，但是经过我们申斥之后，争议遂告终止。英吉特鲁德和她的女儿关系很坏，她的女儿已经把她的财产拿走。这时她恳求我们不得容许这个女儿在她所建立的修道院里或她的墓前祈祷。我相信她是

在八十岁那年去世的，她于3月8日殡葬。可是她的女儿贝尔特 440
贡德却来到都尔，她没有被接见，又去找希尔德贝尔特国王，请求国王允许她接替她的母亲管理这所女修道院。国王已经忘记他过去所作的支持她母亲的决定，这时又发给她一份由他亲笔签署的新证书，其中说明她可以拥有曾经属于她父母的一切财产，可以取走英吉特鲁德遗留给女修道院的一切东西。她带着这份新证书重回女修道院，把其中的家具掳掠一空，一件不剩，四壁空空。后来她聚集了一群不三不四、什么不法勾当都能说干就干的流氓，让他们去抢运虔诚的人捐赠给修道院的其他土地上的一切物产。她做了这样多的坏事，以致简直不能一件一件把它们写下来。她拿到

了上述一切东西以后，就回到普瓦提埃，对女修道院院长肆行诬告，虽然她是她的最亲近的亲属。

十三　在这些日子里，我们的神父当中有一个人冒了出来。他受了撒都该人[①]的邪心恶念的毒害，否认耶稣复活将会来临。当我们坚持说这既在《圣经》里有教导，又有使徒们口头流传的教义作为权威加以证实时，他却答道："确乎如此，这是当前流行的信念，但是我们不能得到证明，说明它是否真个如此，既然上帝在对由他神圣的手所塑造的第一个男人发怒时，这样说过：'你必汗流满面才得糊口，直到你归了土，因为你是从土而出的。你本是尘土，仍要归于尘土。'[②]我们尤其感到无从证明这点。既然上帝没有作出许诺，说人一旦归了尘土还会复活，那么你这个宣讲复活将会到来的人，对此又如何回答呢？"我回答说："我认为，凡是天主教徒，没有人不知道我们的主和救世主，以及我们以前的教父们就这个问题所讲的话，因为在《创世记》里写着，当始祖们死的时候，上帝说：'你要归到本民那里，寿高年迈死而安葬。'[③]他又同样对该
441 隐说，'你兄弟的血，有声音从地里向我哀告。'[④]由此可以十分肯定，灵魂离开躯体之后仍然活着，而且在殷切地等待着以后的复活。关于约伯也是这样写的：他要在死者复活中再生。再说先知大卫，虽然他是借上帝的名义来说话的，然而当他说出'他已躺卧，

① 据传，撒都该人是犹太人中的一个政治宗教派别，因犹太人的祭司长撒督而得名，其成员多为贵族，曾参与反对耶稣。他们不信复活，不信天使和鬼魂。见《圣经·撒母耳记下》，第8章，第17节；《使徒行传》，第23章，第8节。——译者

② 《圣经·创世记》，第3章，第19节。

③ 同上书，第25章，第8节。引文与经文有出入。

④ 同上书，第4章，第10节。

难道以后就不会复活吗’[①]这句话的时候，他是预见到复活的，这句话的意思是说，被死亡这种睡眠压抑着的人，难道不会活过来吗？以赛亚也教导说死者将从他们的坟墓里出来。同样，先知以西结最明白易懂地教导说复活将会来临，他讲到枯骨如何被包上表皮，裹上筋肉，贯以脉络，通以圣灵之气使之生气勃勃；他还讲到整个的人如何重新形成起来。[②] 一个尸体接触了以利沙的四肢，靠着一种神奇的力量而活了过来，[③]这也是复活的一个明显的迹象。而我们的主耶稣的复活也说明了这点，耶稣是从死里首先复活的人，[④]他消灭了死亡，他又从坟墓里为死者重新创造了生命。”那个神父对我的话答道：“我不怀疑耶稣被造成人，死了，又复活了；但是我不承认别的死人也会复活。”然后我说：“除了上帝不愿意让自己塑造的人沦于永久的死亡这唯一的原因以外，还有什么必要让上帝的儿子自天而降，具有肉身，蒙受死难，进入地狱呢？在耶稣受难之前被幽禁在地狱的牢房里的正直的人，当耶稣一到，他们的灵魂就获得了自由。因为当耶稣下到地狱里，使黑暗浸满了新的光明的时候，他把这些灵魂带领出来，以便他们不再在期待中遭受折磨，这有经书为据：‘死者从他们的坟墓里起而复生。’[⑤]”但是神父说道：“那么已经化为灰烬的骸骨，难道还能再度被赋予生命，还能从灰烬中长出活人来吗？”我回答说：“我们相信，若是人

① 见《圣经·诗篇》，第41篇，第8节。引文与经文有较大出入。

② 见《圣经·以西结书》，第37章。

③ 见《圣经·列王纪下》，第4章，第34—37节。

④ 见《圣经·启示录》，第1章，第5节。

⑤ 此句不见于《圣经》。

化成了尘埃，无论尘埃是多么微小，也无论它已经被最猛烈的风吹散在水面或陆地上，即使如此，对于上帝来说，使这种尘埃恢复生
442 命并不是困难的事情。”那神父答道：“你用流畅悦耳的语言，硬要维护最粗俗刺耳的教义，你断言凡已被野兽衔走，或已沉入水中，或已被鱼口所吞噬，或已化为粪便排出体外，或已被流水所冲积，或已烂在地里因而消灭了的东西，都能复活。在这点上，我认为你尤其错了。”我回答他的话说：“看来你是忘了《福音书》作者约翰——他倚在耶稣的胸膛上，探索到了神圣的秘诀之奥秘——在《启示录》里所讲的话了。他说：‘于是海交出其中的死人。’[①]由此可见，人身上无论哪一部分为鱼所吞，或为鸟所食，或为野兽所噬，也会被上帝再一次接合起来，恢复原状，以便复活。因为上帝从虚无之中创造了原来并不存在的东西，他就不会感到使丢掉的东西复原是件难事。他要修复有固定形体的东西，使之完整如前，使曾经生活在这个世界上的肉体可以根据它的功过分别受到惩罚或荣耀。因为耶稣亲自在《福音书》里说：‘人子要在他父的荣耀里，同着众使者降临。那时候，他要照各人的行为报应各人。’[②]再说马大，当她怀疑她的兄弟拉撒路会立即复活的时候，说道：‘我知道在末日复活的时候，他必复活。’[③]耶稣回答她说：‘复活在我，路途在我，真理在我，生命也在我。’[④]”神父答道：“那么，《诗篇》里为什么

① 《圣经·启示录》，第 20 章，第 13 节。

② 《圣经·马太福音》，第 16 章，第 27 节。

③ 《圣经·约翰福音》，第 11 章，第 24 节。

④ 同上书，第 25 节。引文与经文有出入。——译者

要说‘当审判的时候，恶人必站立不住’呢？”[①]我答辩说：“他们复
活，不是为了审判别人，而是为了接受审判，因为最高审判者也不
能同坏人一起坐在法庭上来说明自己的行动。”于是他回答道：“上
帝在《福音书》里说：‘不信的人，罪已经定了。’[②]意思是说这种人
不得复活而生。”我回答道：“由于他不信仰上帝的独生子，他被判
处永远遭受惩罚；然而他的肉体却要复活，他曾经寄寓于那个肉体
之中而犯罪，现在就叫他寄寓于那个肉体之中来受惩罚。除非死
者先复活，否则也不会有审判。因为，上天保佑以圣洁之身而死的
人们，从他们的坟头真的发出一股力量，它使盲人得到光明，跛子 443
能够走路，麻风病患者变得洁净，还对有求于他们的病人给予其他
治疗作为厚赐。同样地，我们相信地狱的牢房也把犯罪的人关在
里面，一直关到审判。”那个神父说道：“可是我们在《诗篇》里读到：
‘灵魂离开了人，人就死去，他再也不认识自己的原处了。’[③]”我回
答道：“下面就是我们的主亲自借用比喻对在地狱的火焰里受罪的
财主说的话：‘你生前享过福，拉撒路也受过苦。’[④]因为这个财主，
当他在火焰里受罪时，就再也穿不上他的紫色袍子、他的细麻布衣
服，也不再能享受大地、天空和海洋供献给他的饮宴之乐；而拉撒
路，当他安息在亚伯拉罕的怀里，同时那个财主却在火焰里受罪的
时候，他也并不感到他躺在财主的门口时所忍受的烂疮的疼痛。”

① 《圣经·诗篇》，第1篇，第5节。此处“站立”与后句中的“复活”英文均为rise。“站立不住”系据《圣经》中译本译出。——译者

② 《圣经·约翰福音》，第3章，第18节。

③ 见《圣经·诗篇》，第103篇，第16节。引文与经文有较大出入。——译者

④ 《圣经·路加福音》，第16章，第25节。

神父继续说道："在另一篇诗篇里，我们读到：'他们的气一断，就回归尘土。他们所打算的，当日就消灭了。'[①]"我回答道："你说得好，你说人一到断了气，他的躯体已死，躺在那里的时候，他就不考虑遗留在尘世上的事物了，例如，他不考虑从事修建，不考虑在他的土地上从事种植、栽培；他不考虑积攒金银或世上的其他财富。但是，既然使徒保罗明确地讲到复活，而他又说基督是通过他来讲话的，那么你为什么怀疑复活呢？保罗说：'所以我们借着洗礼归入死，和他[②]一同埋葬。正如他从死里复活一样，我们一举一动也有新生的样式。'[③]他还说：'我们都要复活，但是不会都改变。号筒要响，死人要复活成为不朽坏的，我们也要改变。'[④]又说，'这星和那星的荣光，也有分别。死人复活也是这样。'[⑤]在同一个地方

444 他又说：'因为我们众人，必要在基督台前显露出来，叫各人按着本身所行的，或善或恶受报。'[⑥]在向帖撒罗尼迦人讲话时，他最为明白地指出将来的复活：'论到睡了的人，我们不愿意弟兄们不知道，恐怕你们忧伤，像那些没有指望的人一样。我们若信耶稣死而复活了，那已经在耶稣里睡了的人，上帝也必将他与耶稣一同带来。我们现在照主的话告诉你们一件事。我们这活着还存留到主降临的人，断不能在那已经睡了的人之先。因为主必亲自从天降临，有

① 《圣经·诗篇》，第146篇，第4节，其中的"他们"均作"他"。——译者

② 基督。——译者

③ 《圣经·罗马书》，第6章，第4节。引文与经文略有出入。

④ 《圣经·哥林多前书》，第15章，第52节。引文与经文有出入，经文中无"不会都改变"之语。——译者

⑤ 同上书，第15章，第41、42节。

⑥ 《圣经·哥林多后书》，第5章，第10节。

呼叫的声音，和天使长的声音，又有上帝的号吹响。那在基督里死了的人必先复活。以后我们这活着还存留的人，必和他们一同被提到云里，在空中与主相遇。这样，我们就要和主永远同在。所以你们当用这些话彼此劝慰。'[1]有许多证据来证明这种信仰。但是至于你，我不懂得你为什么怀疑复活，对于复活，圣徒由于他们具有美德而期待它，犯罪的人由于他们有罪而惧怕它。我们所见到的自然界的事物的的确确向我们证实了复活。夏天覆盖着叶子的树木，等到冬天来临，就枝条毕露，而当春天接踵而至时，它们似乎复苏过来，又一次披上了它们以前披过的那层叶子。撒在地里的种子也证明同样一种情况，这些种子被托付给垄沟，纵或它们曾经死过，它们却复活了，而且结出好几倍的果实，正如使徒保罗所说：'无知的人哪！你所种的，若不死就不能生。'[2]所有这些事物都被显示给世界，从而使世人相信复活，因为，如若没有复活，那么正直的人行善又复何益？犯罪的人作恶又复何害？如若没有审判到来，所有的人都会为所欲为，人人都会认为怎么好就怎么干。坏人啊！难道你对我们的主亲自向神圣的使徒们所说的话不害怕吗？他说：'当人子在他荣耀里，同着众天使降临的时候，要坐在他荣耀的宝座上，万民都要聚集在他面前，他要把他们分别出来，好像牧 445
羊的分别绵羊山羊一般，把绵羊安置在右边，山羊在左边。于是他要向那右边的说：你们这蒙我父赐福的，可来承受王国；又向那左边的说：你们这些犯罪的人，离开我。'[3]《圣经》还进一步教导说：

① 《圣经·帖撒罗尼迦前书》，第4章，第13—18节。

② 《圣经·哥林多前书》，第15章，第36节。

③ 《圣经·马太福音》，第25章，第31—34、41节。引文与经文略有出入。

‘这些人要往永刑里去，那些义人要往永生里去。’[①]既然我们的主要做这些事情，你还怀疑死者会复活，对他们的行事会进行审判吗？让使徒保罗像回答其他不信上帝的人那样地回答你吧，他说：‘若基督没有复活，我们所传的便是枉然，你们所信的也是枉然。’[②]”那神父听了这些话，被感动得悔悟了，他从我们眼前离开，答应根据我在上面所引用的《圣经》段落里的内容相信复活。

十四　这时候，巴黎教堂有个副主祭，名叫提乌杜尔夫，他凭空想象自己是一个消息灵通人士，因此经常挑起争论。此人离开巴黎，前往昂热，去依靠奥迪奥韦乌斯主教，因为从他们一块儿住在巴黎的时候起，他们之间就有着老交情。他曾经多次被巴黎主教拉格内莫德开除教籍，因为他不肯回到他被委任为副主祭的那个教堂里去。他对上述这位昂热主教是如此紧紧地缠住不放，以致这位秉性和善、与人相交以诚的主教发现没有可能把他这个纠缠不休的朋友甩掉。事情凑巧，主教曾经在城墙上面给自己造了一间屋子，一天晚上，晚饭后他正从这间屋子往下走，把一只手搭在副主祭的身上来支撑自己。副主祭已经醉得几乎都不能走路了，他又正好为了点什么事心中烦恼，就往走在前面、手持照灯的仆人的后脖子上一拳打去，打的劲头如此之猛，以致连自己都收不住了。他由于自身的冲劲，倒栽葱地从城墙上翻落下来。他一把抓住挂在主教腰带上的围巾，要不是有个修道院院长立刻曳住了

446 主教的脚，主教肯定随着他一起摔下去了。副主祭掉在一块石头

① 《圣经·马太福音》，第 25 章，第 46 节。

② 《圣经·哥林多前书》，第 15 章，第 14 节。

上，骨头和肋骨都摔断了，血和胆汁涌流出来，随即丧命。他是个酒徒兼奸夫。

十五 这阵子，由于魔鬼在普瓦提埃的女修道院里播下祸种而发生的丑闻，越发展越卑鄙，日甚一日。克洛提尔德一心要造反，她在身边聚集起来一群杀人凶手、为非作歹之徒、奸夫、逃犯，以及犯有各种罪行的人。此时她命令这些人在夜间闯入女修道院，去把那位女院长用暴力拖出来。但是女院长听到了他们走近的声音，就请求把她抬到装有神圣的十字架的神龛[①]那里去，当时她正身患痛风，她希望这将是她在危险时刻的盾牌。那些人进了修道院，点燃了一支小蜡烛，手执武器，在房子里到处走来走去找她，直到他们走进一间小礼拜堂，发现她俯伏在装有耶稣受难的十字架的神龛前面的地上。然后，其中一个比别人都更加凶狠、本来是要干出剑劈女院长这种罪恶勾当的家伙，却被一个同伙的匕首砍死了。我认为这未尝不是神明之助。他摊开着四肢躺在地上，血流不止，始终没有完成他的疯狂计划。这时候，女副院长查士丁娜[②]和其他修女们吹灭蜡烛，用耶稣受难的十字架前面的圣坛上的罩单盖在这位女院长的身上。可是这时全体暴徒手执投枪和出鞘的剑涌向前来。他们砍穿修女们的长袍，险些儿把她们的手给砍伤了。然后他们抓住女副院长，在昏黑中，把她当成了女院长。他们掀掉她的面纱，放下她的头发，把她拖往圣希拉里教堂去监押起来。但是当他们接近教堂时，天空里射出了一道微弱的晨曦，他

① 见第9卷，第40章。——译者

② 格雷戈里的外甥女。

们发现她不是女院长。于是他们又叫这位修女回到修道院去，他们自己也回去了。他们抓到了女院长，把她拖了出来，监禁在圣希拉里教堂附近，也就是巴西娜住的地方。他们在门口设了看守，防
447 止任何前来救助的人到达这被监禁的人身边。当黑夜降临时，他们回到修道院去，由于没有找到任何照明之物，就从贮藏室里拿来一个空桶，这个桶曾经装满了松脂，可是现在已经干了。他们把桶点着，因此形成一团熊熊篝火。在火光的照耀下，他们把这所建筑物里的东西都抢走了，只剩下他们搬不走的东西。这件事发生在复活节以前七天。

主教为这一切暴行大为震怒，但是他无法把这次穷凶极恶的造反行为镇压下去。他给克洛提尔德送去了这样一个音信："你要释放女院长，别让她在这个时节被关在监狱里，要不然，我就不庆祝主的复活节，在你命令将女院长从目前所处的禁锢状态中释放出来以前，任何新入教者都不得在这个城里接受洗礼。但是如果你拒绝释放她，我就亲自召集居民把她劫走。"克洛提尔德收到这个音信的时候，就派暗杀凶手前去，并且命令说：任何人如试图把她抢走，那就将她用剑砍死。但是不久以前被任命为总管的弗拉维亚努斯，这时候刚巧在普瓦提埃，由于他的帮助，女院长被平安地送进圣希拉里教堂，脱离险境。这期间，在神圣的拉德贡德的坟墓所在的地方人们正在遭到杀戮，有几个人就在那神圣的耶稣受难的十字架的神龛前在一阵乱杀中被砍倒了。随着日子一天天地过去，这种疯狂也由于克洛提尔德的傲慢自大而不断增长，我讲到的那种凶杀事件和其他暴行不断地由这些凶狂的暴徒干出来。她的狂妄竟然膨胀到这种高度，以致对她的堂姊妹巴西娜，她也要从

她那高高在上的地位俯加蔑视，弄到后来，后者开始懊悔起来，她说："我跟从了这个傲慢的克洛提尔德，我犯了罪。看呀！她瞧不起我，而我却在造我的女院长的反。"于是她悔改了，她到女院长面前低声下气地求和，她们两人变得志同道合。但是这时又发生了一场新的争执。女院长的侍役们在抵抗克洛提尔德的一伙暴徒所挑起的一次暴乱的时候，砍倒了巴西娜的一个仆人，这人倒地而死。这些侍役逃去找女院长，以便到那位申信者的教堂[1]里避难，
于是巴西娜离开女院长，走了。但是侍役们再一次逃走，这两个女 448
人又像过去那样地和好相处，虽然后来在双方你一群我一伙的仆从之间仇恨总要爆发。几乎没有一天不发生点杀人事件，几乎没有一小时不发生争吵，几乎没有一瞬间不流眼泪，在这样的时候，又有谁真能把所有的暴行、所有的凶杀事件、所有的干出的坏事都讲一遍呢？

希尔德贝尔特国王听到这些事情的消息的时候，他派使臣去见贡特拉姆国王，建议各王国的主教们开一次会，通过宗教法规的制裁来制止这些丑行。希尔德贝尔特国王怀着这个目的，命令卑微的我出席会议，此外还有科隆主教埃布雷吉塞尔、普瓦提埃主教马罗韦乌斯。贡特拉姆还指定波尔多主教贡德吉塞尔和他的大主教管区的各主教出席，因为贡德吉塞尔是大主教，普瓦提埃又在他的管区以内。但是我们开始表示反对，我们说："我们不到开会的地方去，除非先由法官出面干涉，把克洛提尔德所引起的野蛮暴动平定下去"。于是当时担任普瓦提埃伯爵的马科接受王命前往，要

① 即圣希拉里教堂。

是他遇到任何抵抗，就用武力镇压暴动。克洛提尔德听说后，就吩咐她的刺客们全副武装，在小礼拜堂的门前站好，要是法官诉诸武力，就以暴力还击暴力。因此伯爵需要带领一支武装人员到那里去镇压暴徒，他们对有些人用棍子打，对有些人用长矛把他们刺穿，对顽抗得最凶的人用剑把他们砍倒。克洛提尔德看到这种情况的时候，就拿起了耶稣的十字架，——直到那时为止，她一直蔑视它的威力，——前往会见伯爵。她对他说："我请求别对我施加暴力，因为我是一位王后，是一位国王的女儿，又是另一位国王的堂姊妹；别这么干，免得哪一天时候一到，我要找你报仇。"但是人们对她的话置若罔闻，如前所述，他们一拥而入，向仍在抵抗的人冲去，把他们绑了起来，拖出修道院。其中有些人被绑在柱子上痛遭鞭挞，有些人被剃了头发，有些人被砍掉了手，还有一些人丧失了耳朵和鼻子。就这样，暴乱被平息了，和平又恢复了。

449 出席这次审判的主教们在大教堂的内殿就座以后，克洛提尔德来到了他们面前。她对女修道院院长横加谩骂和责难，一口咬定她在修道院里有个男人，他穿着女人的服装，人们把他当成女人，然而他却最明显不过地是个男性；她又说这个人按照常例伺候女院长。"他就站在那里，"她用手指头指着他说道。真的，他当着所有在场者之面站在那里，像我说的那样，穿着女人的衣服。这时他宣布他干不了男人的事情，由于这个缘故，他才穿上这种服装。至于那位女院长，他只知道她的名字，从来没有见过她，一个字也没有和她交谈过，因为他住在离普瓦提埃四十多里的地方。克洛提尔德想拿这项控告来给女院长定罪的企图失败了，她接着说道：

"这个女院长按照皇宫里的习惯，[①]让男人当宦官，把他们留在自己身边，她能自称圣洁到哪儿去呢？"女院长受到诘问。她回答说：她对这些事情毫无所知。克洛提尔德这时说出了一个宦官的名字，这时，御医雷奥瓦利斯走上前来，作了如下的说明："当这个人还是个男孩子的时候，他的鼠蹊部得了病，被认为无可救治。他的母亲去找神圣的拉德贡德，请求她让人给他检查病情。这位圣徒召我前去，叫我就自己力所能及全力相助。我于是切除了他的睾丸，这种手术我过去在君士坦丁堡看见外科医生做过。就这样，我把这个恢复了健康的男孩子交还给他那焦急的母亲。我从来没听说过女院长了解其中的任何情况。"因此，在这项控告上，不能证明女院长有罪，这样一来，克洛提尔德又开始对她提出进一步的凶恶诽谤。她所咬定的话和对这些话的答辩都包括在对修女们作出的判决书里。我认为最好还是把这份判决书抄录下来公诸读者，而不是把这些话重述一遍。

判 决 书 抄 件

十六　出席会议的各主教谨致书于我等的君主、最光荣的国
王陛下。[②] 教会仰荷天恩，最公正地将其案件进呈于奉天承运治
理万民的虔诚而正统的国王御前。教会深知，凭借圣灵之助，它以 450
参与制定国家治理者的法令而受到肯定。因此之故，我等遵照陛
下命令，聚会于普瓦提埃城，审查已故的拉德贡德所建立的修道院

① 指东罗马宫廷而言。

② 贡特拉姆和希尔德贝尔特，下同。

的状况，并听取双方亲口述说发生于修道院的女院长及由于听从了有害意见而脱离团体的修女们之间的争端的各种起因。我等召集双方人员前来，并讯问克洛提尔德和巴西娜，为何竟如此鲁莽地不服从修道院的院规，闯开修道院的大门，扬长而去，因而给统一的团体造成分裂。她们答称她们对于缺食少衣已经忍无可忍，而且对于面临粗暴待遇之虞也已无法忍受。她们接着说，各种各样的人都来用过修女们的浴室，这是违反一切规定的，又说女院长常常玩棋子游戏，招待俗界人士，她们甚至说在修道院的围墙以内还举行过一次订婚典礼。更有甚者，这个女院长竟敢擅自剪用罩在圣坛上的绸子给她的侄女做外衣，而且，她丝毫不考虑怎样才合乎体统，把这块绸子边上的金箔取了下来，挂在她侄女的脖子上，此种行为实堪指责。尤有甚者，当修道院内举行假面具演出时，她给她的侄女制就了一条饰金的发带，此举实属最无必要。女院长被叫来对这些控告进行答辩，这时她说：“关于她们对挨饿所作的控诉，如果考虑到当前食物匮乏的情况，则她们的斋戒从来不曾过分。”关于她们的衣服，她说，任何人如果去翻一翻她们的箱子，将会发现她们所有的衣服超过需要。关于浴室问题的控诉，她说明她们所反对之事系发生于四旬斋期间。当时浴室尚新，因其墙壁刚刚砌就，灰泥湿冷未干，拉德贡德夫人唯恐有害于修女们的健康，遂下令由修道院内的仆役们普遍使用浴室，直至不利于健康的灰泥气味消失为止，因此在四旬斋直至五旬斋期间，浴室交由仆役们使用。克洛提尔德针对这些话回答说：“即使在该日期之后。许
451 多人仍不时照样使用浴室。”女院长说，如有其事，则她对于这种事情并不赞同，但她并不知道曾发生过此事。然后她反过来责备那

些修女，如果她们曾经目睹这些事情，为何当初不向她们的女院长揭露。关于棋子游戏，她是在拉德贡德夫人尚在的时候玩的，此事在她并无大错，在院规中和教规中均未明文规定禁止。但若如今各位主教禁止这项游戏，她同意俯首听命于主教们的决定，并根据其要求进行任何形式的忏悔。关于饮宴，她并未引入任何新做法，只是继续按照拉德贡德的惯例进行而已；她曾向信奉基督教的人供给圣餐面包，但不能被定为犯有曾亲自与他们共同饮宴之罪。关于订婚典礼一事，她曾当着本城主教、教士以及最显贵的人士之面，代表她的孤身侄女接受过聘金，此事如果包含任何危害的话，她声明愿随时公开请求恕罪，然而即使在那种场合，修道院内也不曾举办过招待仪式。关于她们就绸罩单一事所进行的暗讽，她提出了一个出身高贵的修女来作证人，这个修女曾把一件得自自己家里的绸斗篷赠送给她。她先从上面剪下来一块，供自己随意使用，又拿其余部分按照圣坛所需要的大小为它制做了一张珍贵的罩单。她把剪下来的那块绸子用紫色的丝线镶饰在她侄女的一件紧身衣上。但是她把那张罩单整幅送给了修道院，这正是它最合用的地方。送给她罩单的迪迪米亚在每项细节上都证明她的申述属实。关于金箔和金发带问题，她提出您们的臣仆马科作为证人，证明她当初是通过他从这个女孩子的未婚夫那里接受了二十枚金币，装饰品就是用这笔钱公开买来的。一切属于修道院的东西与之完全无关。

然后又问克洛提尔德和巴西娜，她们是否对女院长提出犯有私通行为的控告，——上帝禁止此事，——或是否控告她曾经杀人，或曾经施行妖术，或宣布她曾经犯有任何重大罪行，应由

452 法律制裁。她们答称除了在告发她的行为违反院规时所陈明的那些之外,别无其他可控告的事由。最后,她们断言某几个我们相信其清白的修女已经怀孕。这几个修女的错误系由于大门洞开,许其为所欲为,因而她们得以在这许多个月之内不受女院长的纪律的限制。这些事件依次经过调查,未发现女院长行为堕落的情由。关于那些情节较轻的指控,我们像父亲对子女那样对她进行告诫,严格要求她不要重犯这种行为,以免招致进一步的斥责。

然后我们审问所犯的过失要严重得多的另一方。她们蔑视主教叫她们别离弃修道院的忠告,而且把主教踩在脚下,把他丢在院墙以内,受到最屈辱的对待。她们闯开锁和大门,鲁莽地走出了修道院,影响所及,还把别人也拉过来参与自己一起犯罪。此外还有,当贡德吉塞尔主教遵照两位国王叫他处理这件事的命令,带着他的大主教管区的其他主教来到普瓦提埃,召集这些修女到修道院里去见他时。她们置这项命令于不顾,而当这些主教亲自到她们所在的圣希拉里教堂里去找她们,以审慎的牧羊人应有的态度对她们进行告诫时,她们大声鼓噪,用棍子殴打主教和他们的侍从人员,在教堂里把副主祭们打得流血。还有,当令人尊敬的提乌塔尔神父奉我们两位君主的派遣前往进行干预,并已由他指定开审的日期时,她们不肯等到那个日子,竟而粗暴地袭击修道院,在院子里利用木桶点起火来;她们用撬棍和斧头打掉门柱,还给点上了火;她们在修道院范围以内,甚至在小礼拜堂里殴打并且打伤其他修女,抢劫了整个修道院;她们剥去女院长的衣服,扯乱她的头发,把她当作任人嘲笑的对象拖着穿街过巷,又把她扔进一个地方,在

这里，她虽然没有被绑起来，却仍然是个被禁闭的人。当永世庆祝的复活节来临时，主教提供了一笔钱，为的是至少能够让她获得允许目睹洗礼，但是一切劝说或请求都毫无用处。克洛提尔德答复 453
说她们并不知道这次暴行，也未给以指示，她坚持说只是由于她给了个信号，女院长才从她的会众之手逃出性命。从这一切现象看来，可以十分肯定她们的用心何在，这从后来她们的又一桩残暴行为上可以推断出来，那就是她们在神圣的拉德贡德的墓前杀死了一名躲在那里的修道院的奴隶。她们从来不曾以任何形式的忏悔来减弱有增无已的、从不间断的暴行。相反，她们自己倒走进并据有了修道院，拒绝服从令她们把手下那帮造反者交出来受审的王命，非但根本不交，反而比以前更为坚决地要以武装抗拒王命。她们无礼地力图用箭和长矛来抗拒伯爵和居民。当她们再次走出来去接受公开审判时，她们秘密而又非法地把最受敬仰的神圣的十字架带了出来，因而给她们自己带来耻辱和罪责。后来她们被迫在大教堂里把十字架交了出来。凡此一切皆属大罪，然而她们非但不肯停止，反而不断地罪上加罪。当我们命令她们去请求女院长恕罪，赔偿因她们的邪恶而造成的破坏时，她们拒不执行，反而如她们所扬言，竭力策划置她于死地。因此，在翻开并查阅了教规之后，现在我们认为公正的处理是剥夺这些修女的教籍，直至她们做出恰如其分的忏悔为止，而且应将女院长永久恢复其职位。在这一切方面，我们自认为都是根据陛下的各项命令和宗教的典据，对教规进行了慎重考虑，毫不夹杂个人关系而行事的。至于其他方面，则须仰赖虔诚的陛下运用王权，迫使修女们将其抢自修道院的财产，以及她们业已拿走，现在又无视我等的命令公然扣留，拒

454 不自动交还的陛下父王们的赠产文契归还原处，庶几陛下及先王们的恩典得以传诸永世，赐地亦得交还原主。此外，还须仰赖陛下不准她们返回，并使他们没有希望返回她们如此大逆不敬、亵渎神明地糟践了的地方，以免发生更糟的事。如此，庶几仰荷上帝恩宠，使全部物品得以归还，以期在天主教国王治下，将上帝的东西全部复归上帝，使宗教信仰不受损失。要让教父们制定的准则和教规保存不变，使之有益于我们的信仰，增进陛下的幸福。愿我们的主基督支持并指引陛下，愿他赐陛下以长治久安，并赐陛下永生。

十七　后来，当宣布判决书之后，修女们被停止教籍，女院长回到修道院担任原职。于是修女们去见希尔德贝尔特国王，她们错上加错，向他揭发某些人不仅与女院长有肉体关系，而且甚至每天给他的敌人弗雷德贡德通风报信。国王听说之后，就派人去把这些人套上锁链押解前来。但是他们经过审查未经发现犯有罪行之后，奉命离去。

十八　在这以前不久，当国王正前往马尔伦海姆府邸内的小礼拜堂时，他的侍从看见一个素不相识的人站在一边，就对他说："你是谁？打哪儿来？你是干什么的？我们不认识你。"他回答说："我是你们当中的一员。"但是话音未落，他们就把他推出小礼拜堂加以拷问，不多时他就招供了，承认是受弗蕾德贡德的派遣来谋刺国王的，还说："她派来了十二个人，六个人已经到达，另外六个人还在苏瓦松，准备把国王的儿子[①]诱入圈套。至于我，我正在等待时机，准备在小礼拜堂里刺杀希尔德贝尔特国王。但是一阵恐惧

① 提乌德贝尔特。

笼罩了我，我再也不想执行计划。”他一招供，就立刻遭到残酷的惩罚。他把同谋者的名字供了出来。于是在各处搜索他们。有些人被投入监狱，有些人被砍去双手然后释放，有些人被割掉耳鼻以后放走，去让世人耻笑。有几个在押的人由于害怕这些各式各样的 455
酷刑，用自己的刀自杀了。其他的人受刑而死，这样，国王的报复遂得以完成。

十九　松内吉西尔[①]再次被提去受刑，每天挨到长棒和皮条的挞笞。他的伤口溃烂了，可是脓疮刚一消退，伤口刚开始愈合，它们就又被打裂，让他重新受罪。在这些严刑折磨之下，他供认自己不仅犯了图谋行刺希尔德贝尔特[②]之罪，而且犯了其他多种罪行。他甚至在这些口供中添油加醋，说兰斯主教埃吉迪乌斯曾经是劳辛、乌尔西奥和贝尔特夫雷德谋刺希尔德贝尔特国王的同谋犯。[③] 当时这位主教由于久病缠绵已经十分虚弱，尽管如此，他还是当即被抓了起来，押往梅斯。他一面被监禁在梅斯，国王一面下令召集主教们前来对他进行审查。他们将于 10 月初在凡尔登开会。国王由于不经审问就下令将埃吉迪乌斯从他的城里押走，加以监禁，受到其他主教的指责。于是国王容许埃吉迪乌斯回到他的城里去，但是如前所述，他向国内的全体主教发出信件，要他们在 11 月中到上述城市来出席会议，讨论这件事情。那是个连降大雨的季节，寒冷难忍，道路泥泞很深，河水溢出两岸，但是对于国王的命令则不得不从。他们碰到一起开会，接着又不得不前往梅斯。

① 见第 9 卷，第 38 章。

② 在拉丁文本中，希尔德贝尔特为希尔佩里克，显系错误。

③ 见第 9 卷，第 14 章。

上述的那位埃吉迪乌斯也前来出席。

国王然后宣布埃吉迪乌斯是他的敌人，是国家的叛徒，他把审讯工作委托给前任公爵恩诺迪乌斯去执行。公爵的第一个质问就是："主教，告诉我，你在我们国王的城市里享受了主教的尊荣，那么你是怀着什么目的舍弃了我们的国王，去屈从于希尔佩里克的恩宠的呢？而希尔佩里克一向证明是我们君主的敌人，他杀死我们君主的父亲，流放他的母亲，蹂躏他的王国。就在我所说的那些他以非正义的入侵强行夺去的城市里，你从他的手里接受了领地
456 的赏赐，[①]这又是怎么回事呢？"埃吉迪乌斯回答道："我不否认我是希尔佩里克国王的朋友，但是这种友谊从来没有发展到有损于希尔德贝尔特国王的地步。你所说的地产，我是根据赠产文契从我的这位国王手里接受过来的。"说着，他当众拿出这些文契，但是国王否认有过赐赠之事。于是把当时的秘书官奥托叫来。文契上有一个有意模拟的签字，奥托来到以后，否认这个名字是他写的，这就是说在签署这个文件时，他的笔迹被别人模仿了。经他这一告发，发现这个主教犯有欺骗之罪。接着，他写给希尔佩里克的那些信被拿了出来，其中包含对布隆希尔德王后的许多攻击之词；希尔佩里克给这个主教的那些信也被拿了出来，其中特别写着下列的一段话："任何东西，只要根没有被铲除，从土地里抽出来的茎就不会枯萎。"这话里，写信人的意思显然是说一定要先制服布隆希尔德，然后再打倒她的儿子。主教否认曾经以自己的名义送过任何这类信件，也没有收到过希尔佩里克的任何这类回信。但是他

① 指由王室领地中赐赠的土地。

的一个心腹仆人被叫了来，这个仆人把这些信件的速记抄件保存在主教的一叠叠的文件中间，这样，法官们的心里就毫无怀疑之余地，认为这些信是被告发出的。还有，又拿出来一些声称是以希尔德贝尔特和希尔佩里克两位国王的名义订立的契约，上面写着在推翻贡特拉姆国王以后，他们要共同瓜分他的王国和他的城市。[①]国王否认他与任何这类契约有过秘密牵连，他大叫大嚷道："你确曾使我的父辈们彼此敌对，以便挑起内战，害得当时出动军队，而布尔日城、埃当普地区和夏托梅扬镇都被夷为废墟，遭到破坏。在这场战争里许多人阵亡了，我相信，上帝的判决将会是从你的手里索还他们的亡魂。"主教对于这个控告无法反驳，因为这些文件是在希尔佩里克国王的契据保存室的一只文件箱里一起被发现的，当希尔佩里克死后希尔德贝尔特国王提取从巴黎地区的谢尔王庄上运来的财宝时，[②]它们转到他的手里。关于这些问题的讨论久 457
久拖延不决，令人厌烦。最后，圣雷米吉乌斯教堂的修道院院长埃皮法尼乌斯出面了，他证明埃吉迪乌斯曾经接受过两千枚金币和许多贵重物品，为的是让他归附于希尔佩里克这一方而不变心。当初奉命随同主教一起到希尔佩里克国王那里出使的几位使臣也作了证，他们说："他离开我们，和国王单独谈了好久，我们原来一点也不知道他们会谈的内容，直到后来我们听说发生上述那场破坏时才知道。"主教否认这些控告，而修道院院长却一向了解他的秘密谋划的底细，他说出了交付金币的地点和送交金币的人。他

① 见第6卷，第3、31章。

② 见第7卷，第4章。

按照事情的经过详详细细地谈出了全部情况，揭露了要消灭贡特拉姆国王本人和他的王国的阴谋。埃吉迪乌斯在这些方面被证明犯了罪，于是他现在承认了罪行。当奉召前来审判他的那些主教听了这些情况，又看到上帝的一个主教已经使自己变成了这么多的重大罪行的教唆犯，他们心中非常痛苦，要求给以三天时间，以便共同研究。他们希望埃吉迪乌斯在醒悟过来以后，或许会找出点办法来澄清对他提出的控告。第三天的早上，他们集体到教堂去，要求这个主教如有任何申辩，就把它讲出来。但是他心烦意乱，回答道："赶快给一个犯了罪的人判罪，别再拖了。我承认我因犯了叛国罪应处死刑，因为我总是在反对国王和他的母亲的利益，而且由于我的主意，一而再，再而三地发生战争，使高卢的许多地方遭到破坏。"主教们听了他的话以后，他们为落到自己的一个弟兄身上的耻辱感到伤心，虽然他们做到了保全他的性命，但是在查阅了教规中有关他的罪状的制裁办法以后，还是撤销了他的圣职。他立刻被解往阿尔根托拉图姆（现名斯特拉斯堡），被判流放，而卢普斯公爵的儿子、当时已经担任神父的罗穆尔夫接替了他的尊贵
458 职务。埃皮法尼乌斯被撤销了圣雷米吉乌斯教堂的修道院院长之职。在埃吉迪乌斯的财宝中发现了大量的金银。凡属于靠他的罪恶谋划所得来的财物，一概转给国库，但凡属于教会应得之款和其他来源的教会税收，则均原封不动。

二十　在同一次宗教会议上，希尔佩里克国王的女儿、已经和克洛提尔德一起被开除了教籍（已如前述）的巴西娜，俯伏在主教们的面前，请求他们宽恕，并且答应回到修道院里去和女院长友善相处，不再违犯院规。但是克洛提尔德坚决表示，只要柳博韦拉还

在当修道院的女院长，她的脚就决不跨进修道院的围墙。国王要求对双方都予以宽恕，因此她们取得教籍，并奉命返回普瓦提埃。我在前面已经讲到，巴西娜要再度进修道院；克洛提尔德要住在国王赐赠给她的一块地产上，这块地产以前是属于我在前面讲到的瓦多的。

二十一　就是这同一个瓦多的儿子们这时正在普瓦提埃地区闯来闯去，在当地犯下了各种各样的罪行，包括许多抢劫和杀人案件。前些时候，他们袭击了一些商人，趁着天黑，用剑把他们刺死，把他们的商品抢走。他们还伏击了一个身居治安官地位的人，杀了他，抢了他的财物。马科伯爵力图制止这些暴行，但是这些人却想方设法去见国王。当伯爵按照惯例来向国库缴纳他应该上交的那笔钱的时候，他们也出现在国王面前。他们送给国王一条装饰着金子和宝石的长长的饰带，还送给他一把奇剑，剑柄满满地镶嵌着金子和西班牙宝石。但是当国王确信他们最明显不过地犯了他已经听说的那些罪行之后，他命令把他们用锁链绑起来，处以刑罚。在施刑过程中，他们供出了他们的父亲从贡多瓦尔德的财产中偷来的财宝藏在什么地方，有关情况在本书的前面部分曾经讲到。于是立即派人前去搜查，他们发现了数量巨大的金子和银子， 459
还有镶金嵌宝的华丽的贵重物品，他们都拿来交给国库。两兄弟中哥哥被斩首，弟弟被流放。

二十二　这时候，犯有杀人、暴动等多种罪行，并干下了许多其他坏事的萨克森人希尔德里克到奥什城去了，他的妻子在这里有一笔财产。国王闻悉他的罪恶行径以后，命令将他处以死刑。但是一天夜里他把自己灌得如此酩酊大醉，以至于不能再呼吸了，

他被发现死在他的床上。据说，他就是前面所讲的按照克洛提尔德的命令在圣希拉里教堂里虐待主教们的罪魁祸首。要真是那样的话，上帝就这样替他的仆人们所受的虐待报了仇。

二十三　同一年，在夜长的季节，一道如此明亮的异彩照射到地面上，简直你都可以认为正是日丽中天；同样地，人们经常看见一团团的火球横空而过，照亮大地。当时对复活节的日期存在疑议，因为在维克托里乌斯所编的周期表[①]里写着新月以后的第十五天是复活节，但是由于基督教徒不可以和犹太人在同一个月内庆祝这个节日，他又补充说明："对拉丁人来说是第二十二天。"因此，许多住在高卢的人在第十五天举行庆祝，而我们这方面则在第二十二天举行庆祝。[②] 我们做了最周密的调查，发现在我们选定的那天，现已奇迹般地堵塞了的西班牙水泉那时却涨满了流水。[③] 6月14日，[④]星期三一大早，天刚蒙蒙亮，就发生了一次强烈地震。10月中出现日食，[⑤]太阳的光辉大大减弱，以至它所发出的光并不比第五天的如钩新月为强。秋天，下了最大的暴雨，雷声大作，河水上涨泛滥。瘟疫猖獗于维维埃尔和阿维尼翁城。

二十四　希尔德贝尔特国王在位的第十六年，也就是贡特拉姆国王在位的第三十年，一个名叫西门的主教从海外来到都尔。

① 见第1卷序言部分注。——译者

② 分别相当于公元590年3月26日和4月2日。六世纪时狄奥尼西乌斯所编的周期表被广泛采用后，本文所谈之分歧遂告结束。

③ 见第5卷，第17章。——译者

④ 拉丁原文为XVIII Kalendas mensis V，die IIII。（罗马古历4月14日，星期三。——译者）

⑤ 可能指公元590年10月4日发生的日食。

他给我们讲述安条克被毁灭的情况，[1]他明确地告诉我们他曾经 460
从亚美尼亚被俘虏到波斯，因为波斯人的国王曾经入侵亚美尼亚，抢走东西，烧毁教堂。这个主教是和他的全体人民一起被掳走的。波斯人在这次入侵时要想烧掉四十八位神圣殉教者的那个教堂，这四十八位殉教者曾经在这个地方受过苦难，[2]我在《奇迹集》的某一卷里[3]讲到过他们的情况。波斯人在教堂里放满了一堆堆的掺和着松脂和猪油的木块，用熊熊燃烧的火把加以点燃。但是这种易燃物质哪儿也点不着。他们从中看到上帝的神奇之功，就离开了这个地方。另外有个主教听说上述那位主教被掳走了，就派几个手下人员带着一笔赎款去见波斯人的国王。国王接受了这笔赎款，把囚犯从奴役的桎梏下释放出来。这位主教因此离开那个地方，来到高卢，他在虔诚的信徒当中寻求支持，我就是从他那里听到我前面所讲的这件事情的。

在安条克有一个人，他有妻子孩子，为人极其仁慈。在他的一生中，从他开始自己拥有财产的时候起，他从来不肯让一天过尽而没有请个穷人来跟他同桌用餐。有一天，他在城里兜来兜去，直到傍晚，但是未能找到一个需待救济、可以分享他的饭菜的人。当夜晚来临时，他走出大门，发现有个穿着白色衣服的人和另外两个人一起站在那里。他一见这个人的神态，敬畏之心油然而生，就像古时《圣经》里所讲的罗得那样，他说："说不定我的大人是位陌生的远客，让他枉驾光临他仆人的家吧！让他吃吧！让他在床上休息

① 见第 4 卷，第 40 章。

② 这些殉教者曾在亚美尼亚的一个冰湖上遭受苦难。

③ 《荣列殉教真福录》。

吧！到了早上，他愿意去什么地方，就让他上路吧！”[①]站在最前面的那个人手里拿着一条围巾，回答道：“侍奉上帝的人啊！你就不能和你的西缅[②]一块儿救救这座城，使它免遭毁灭吗？”然后，他把那只手往上一举，振臂一挥，把拿在手里的围巾朝着半座城的方向甩了出去。所有的建筑物顿时倾覆，其中的每一件构架也都塌了，
461 老头子和婴儿、丈夫和妻子、男的女的都被砸死，大家同归于尽。那人见到这种情景，又被远客的出现和房屋塌毁的响声弄得头晕目眩，他栽倒在地上，变得像个死人一般。那位远客又一次举起他那只手，围巾甩向另外半座城的上方。可是和他在一起的两个同伴一把将他拉住，他们用可怕的誓言恳求他赦免这半座城，使之免于废毁。于是他的怒气平息了。他收住手，把倒在地下的那个人扶起来，对他说道：“回家去吧！别害怕，因为你的妻子、儿子们和全家大小都很平安，一个也没有死。你坚持不懈的祈祷和你每天对穷人的施舍救了你。”他一面说着，他们一面从他的视线中消逝了，此后他再也没有见到他们。他返回城里，发现半个城已经被破坏摧毁，这里所有的人和所有的动物一起被消灭了，其中有许多人后来从废墟里被挖了出来，已经身死，只发现为数寥寥的人还活着，伤势惨重。但是那位远客对这个人所作的诺言却不是空话，可以说，这个诺言是通过上帝的一个天使之口许给他的，因为他来到家里时，发现全家大小平安无恙，他们只是在哀悼当时正在别的房子里的亲属们的死亡。他们虽然处在一群不义之徒当中，上帝的

① 罗得把两位天使请到自己的家里，预备筵席接待他们。见《圣经·创世记》，第19章。——译者

② 见第8卷，第15章注。

最得力助手对于他和他全家却是一种保护，他从死亡的危险下得救，就像上面说的那个罗得以前在索多姆得救一样。[①]

二十五　在高卢，我如此经常讲到的瘟疫侵袭马赛地区，昂热、南特、勒芒遭到严重的饥荒。按照耶稣在《福音书》里所说的，这是忧愁的开始，耶稣说："多处必有饥荒、地震。因为假基督、假先知，将要起来，显神迹奇事。倘若能行，就把选民迷惑了。"[②]这次发生的事情正是这样。

布尔日有个人，后来他亲口对别人说，他走进了一块林间空地去砍伐木材，他需要用它来完成一件制品。这时候一大群苍蝇把他团团围住，这一来，他变得像个疯子一般，这样过了两年。从这 462
件事情上显然可以看出这是魔王要的鬼招。这以后，他周游邻近各城，来到阿尔大主教管区。在这里他披上毛皮，像个圣洁的人一样一心祈祷。恶魔为了欺骗他，给予他卜知未来的能力。接着，他犯了更大的错误，他离开所在的地方，走出阿尔大主教管区，进入雅沃尔地方。他自称是个大人物，并且无所忌惮地声言自己就是基督。他身边带着一个女人，假充他的姊妹，他让人称她为马利亚。一群人向他围过来，把病人送到他的面前，他把手放在病人身上，使病人恢复了健康。那些为了治病一起来找他的人送给他金子、银子和衣服。但是为了更容易地欺骗他们，他把这些东西分给穷人，又和我前面讲到的那个女人一块儿俯伏在地，口诵祷词；然

① 索多姆即《圣经·创世记》第19章中的所多玛。上帝派遣两名天使去毁灭该城，天使预先通知罗得离开，使免于难。——译者

② 前一句出自《圣经·马太福音》，第24章，第7节；后两句出自《圣经·马可福音》，第13章，第22节。

后他又站起身来，再一次要站在周围的人崇拜他。他预卜未来，对有些人，他宣称疾病即将来临；对另外一些人，他宣称将要遭受损失；他只对没有几个人许以好运。所有这些事情他都是靠耍弄穷凶极恶的伎俩干出来的，我不知道它们是什么诡诈的骗术。一大群人被他引入歧途，其中不仅包括没有受过教育的人，甚至还包括教会的神父，有三千多人跟随他。这个期间，他开始抢劫和掠夺许多途中碰到的人，把掠夺到手的东西随意送给没有财产的人。主教们和居民如果拒绝崇拜他，他就以死相威胁。他进入勒弗雷地区，前往叫做昂尼西乌姆[①]的地方。他和整个队伍都停驻在邻近的各个教堂的附近，他像对待军队一样地部署他手下的群众，好像是要去袭击该教区的主教奥雷利乌斯。然后他派赤身露体的人作为信使先去向这个主教宣布他的到来，这些人一路跳跃，一路古里怪气装腔作势。主教对他们的所作所为大吃一惊，就派一些身强力壮的人去问他这样做的用意何在。走在最前面的那个人先是躬下身去，似乎是要吻他的双膝，这就妨碍了他的行动；接着这个人命令把他抓起来，剥去他的衣服，然后顷刻之间拔出佩剑，将他碎

463 尸万段。这个基督，或毋宁称之为基督的反对者，就这样倒地而死了，他的徒众也散伙了。那个女人马利亚被交付刑讯，这时她吐露了他的全部虚幻的诡计和骗术。那些被他那魔鬼般的狡诈弄得神智错乱，因而信仰了他的人，一直没有完全恢复理智，一直宣称他是基督，宣称这个马利亚也分沾了他的神性。遍及高卢各地都出现了许多这样的人，他们使用这种欺骗手法把意志薄弱的妇女引

① 即勒普伊。

诱到自己方面来，这些妇女一阵发狂就宣称他们是圣徒。这样，他们就在人们当中自吹自擂。我亲自见过其中的许多人，我对他们进行最尖锐的谴责，力图把他们从错误当中拉回来。

二十六　巴黎主教拉格内莫德去世了。他的兄弟法拉莫德神父成为他的主教职位的候补者。但是有个叫做尤塞比乌斯的叙利亚商人为了谋取这个职位，进献了许多礼物，于是得到任命，接替了他。这个主教职务一旦落到他的手里，他就把在前任主教家里供职的人全部解聘，派自己的叙利亚亲属到主教家里来执役。布尔日主教苏尔皮西乌斯也去世了，奥顿的副主祭尤斯塔西乌斯获得了他主管的教区。

二十七　在图尔内的法兰克人当中发生了来势不小的仇杀。有个法兰克人的儿子时常怒斥另一个法兰克人的儿子，因为后者娶了前者的姊妹而又轻薄地去迷恋别人，对她态度冷落。当犯了错误的一方不肯改弦易辙时，双方之间的恶感竟发展到如此严重的地步，以致女方的兄弟对他进行了袭击，把他杀掉，同时还杀死了许多他这一边的人。他自己却又被对方的跟随者杀死了。最后，除了一个没有留下对手的仅存者之外，双方都没有人剩下。由于这场纷争的结果，双方的亲属继续挑起仇杀。他们不止一次受到弗蕾德贡德王后的告诫，弗蕾德贡德叫他们停止仇恨，互相和解，免得由于这场固执的纷争而引出更大的坏事来。但是当她未能用自己的好言劝解使他们平息下来时，她就用斧头把双方都除掉了。她邀请许多客人来赴宴，席上，她把三个仇人安排在一条长凳上。这餐饭时间拖得很长，一直吃到夜色笼罩大地。按照法兰
克人的习惯，餐桌被撤走了，留下他们坐在被安置在那里的长凳 464

上。他们继续喝酒，一直喝到不仅他们自己，而且连他们的仆人都酩酊大醉，这些仆人无能为力地倒在一个角落里睡着了。然后有三个人，遵照王后的命令，手执斧头，站到这三个仇人的身后。正当这三个人继续交谈的时候，站在背后的人抡起斧头，动作齐得像一个人似地砍将过去，把受害者砍倒在地，筵席就这样散了场。被害者的名字是哈里瓦尔德、柳多瓦尔德和瓦尔丁。被害者的亲属获悉这个消息以后，他们就严密监视弗蕾德贡德，并且派遣信使去见希尔德贝尔特国王，要求把弗蕾德贡德逮捕处死。香巴尼的人被召集起来，但是由于国王拖拖拉拉，她靠着自己人的帮助被送走了，逃到了另外一个地方。

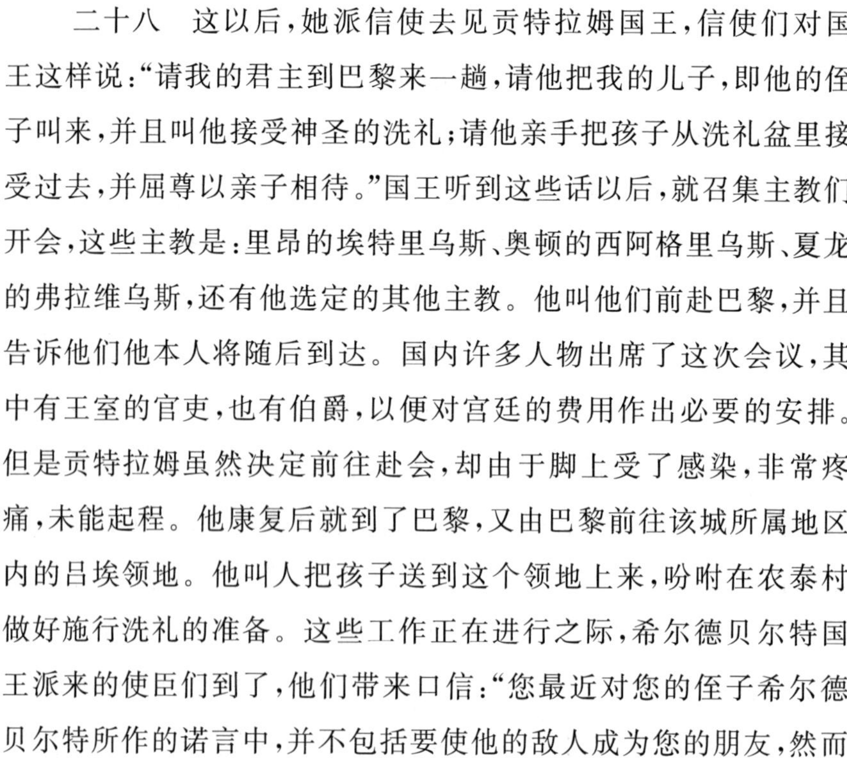

二十八　这以后，她派信使去见贡特拉姆国王，信使们对国王这样说："请我的君主到巴黎来一趟，请他把我的儿子，即他的侄子叫来，并且叫他接受神圣的洗礼；请他亲手把孩子从洗礼盆里接受过去，并屈尊以亲子相待。"国王听到这些话以后，就召集主教们开会，这些主教是：里昂的埃特里乌斯、奥顿的西阿格里乌斯、夏龙的弗拉维乌斯，还有他选定的其他主教。他叫他们前赴巴黎，并且告诉他们他本人将随后到达。国内许多人物出席了这次会议，其中有王室的官吏，也有伯爵，以便对宫廷的费用作出必要的安排。但是贡特拉姆虽然决定前往赴会，却由于脚上受了感染，非常疼痛，未能起程。他康复后就到了巴黎，又由巴黎前往该城所属地区内的吕埃领地。他叫人把孩子送到这个领地上来，吩咐在农泰村做好施行洗礼的准备。这些工作正在进行之际，希尔德贝尔特国王派来的使臣们到了，他们带来口信："您最近对您的侄子希尔德贝尔特所作的诺言中，并不包括要使他的敌人成为您的朋友，然而

就我们所见的情况而论，您却毫不遵守您的保证，反而置诺言于不顾，将孩子安置在巴黎城的王座上。上帝将会作出裁决，因为您忘却了您自己随便作出的诺言。”[①]国王对他们的话回答说：“我不会 465
不忠于我对我的侄子希尔德贝尔特所作的诺言。如若我从神圣的洗礼盆里把他的堂弟弟、我的亲弟弟的儿子接受过来，他也不该为此生气。对于执行这项任务的请求，每一个基督教徒都不应该拒绝。至于我，上帝最了解我力求行为端正无邪，心地纯洁朴实，因为若不如此，我怕招致天怒。如果我接受这个孩子，这对于我们的王族来说毫无屈辱之处。因为，既然主人尚且在洗礼盆旁边接受他们的仆人，那么我接受一个与我有如此亲近的血缘关系的人，通过施行洗礼这种精神上的恩惠使他成为我的儿子，这怎么会不合法呢？所以，你们走吧！去对你们的君主说：我打算使我和他之间订立的条约保持完整无损，如该条约不因他的任何过失而遭废弃，它也决不致由我作废。”

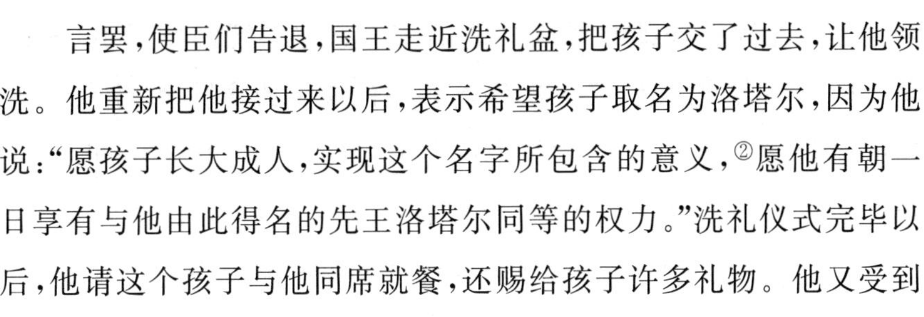

言罢，使臣们告退，国王走近洗礼盆，把孩子交了过去，让他领洗。他重新把他接过来以后，表示希望孩子取名为洛塔尔，因为他说：“愿孩子长大成人，实现这个名字所包含的意义，[②]愿他有朝一日享有与他由此得名的先王洛塔尔同等的权力。”洗礼仪式完毕以后，他请这个孩子与他同席就餐，还赐给孩子许多礼物。他又受到他侄子的回请，然后满载各种赠品而归，他决定回到夏龙去。

---

① 指昂德洛条约中的有关规定。希尔德贝尔特唯恐贡特拉姆不仅将他的堂弟扶上巴黎王座，而且让他君临希尔佩里克在奥斯特拉西亚曾长期据为己有的诸城市。

② 洛塔尔(Lothar)一词的词根与现代德语的lauter有关系，lauter意为“纯洁、高尚”。

二十九　现在我必须谈一谈修道院院长阿雷迪乌斯的奇迹和去世。这一年他辞别人世，奉上帝的召唤归天了。他是利摩日人，出身于自由人家庭，父母的身份都不低。青年时候，他就被送到提乌德贝尔特国王那里，成为依附于王室的少年贵族之一。那时候，尼塞提乌斯主教在特里夫斯，此人圣洁卓著，由于他在布道时的令人钦羡的滔滔不绝的口才，也同样由于他所做的好事和奇迹，他在居民中间享有盛名。他在宫廷里见到了这个孩子，从孩子的脸上看出了一种我无以名之的灵性，他就叫孩子跟他走。于是阿雷迪
466 乌斯离开宫廷，跟在他的后面。他们走进主教的住室，共同谈论有关上帝之事。这个青年然后要求主教纠正他，教导他，影响他，教给他《圣经》的知识。后来他和主教住在一起，以强烈的热情进行这项研究，连人都消瘦了，他还接受了剃发式。有一天，教士们正在教堂里唱着圣诗，这时候有一只鸽子从天花板上飞下来，绕着他轻轻地拍翅膀，然后栖息在他的头上，依我之见，这是一个信号，说明他已经充满了圣灵的恩赐。他不无困惑地想把鸽子轰走，但是它盘桓了一会儿之后，又一次停落在他的头上或肩膀上，不仅在教堂里如此，就是当他走进主教那间住室的时候，它也一直不断地伴随着他。这种现象历时数日，使主教感到很诧异。后来这个充满了圣灵的教士返回自己的国家，好使他的母亲佩拉吉亚得到安慰，这时他的父亲和兄弟已经亡故，他的母亲除了这个儿子以外，没有任何其他亲人可以指望了。现在他把全部时间都用于斋戒和祈祷，他请求她负责照料家务，无论是有关仆人的管束，田地的耕种，或葡萄园的耕耘等事，全部归她料理，好让他的祈祷不致间断。他只为自己要求一样东西，那就是在修建教堂时进行监督之权。还

有什么必要说下去呢？他修建了上帝的教堂，用来敬奉圣徒，他寻得了圣徒们的遗物，他叫自己家里的人剃发当修道士，还修建了一所修道院。在这所修道院里不仅奉行卡西安的院规，还奉行巴西尔的院规[①]以及为修道院生活立下制度的其他院长们所制定的院规。他的圣洁的母亲为每一个修道士准备食物和衣服，但是这项繁重的劳动并不足以妨碍她歌颂上帝。即使当她干着任何一件事的时候，她总是坚持不懈地向上帝作祈祷，好像这就是深得上帝喜爱的焚香的芳馨之气一样。在此期间，疾病患者开始从四面八方源源来到神圣的阿雷迪乌斯这里，他用手在他们身上比划十字，使他们恢复健康。我要是试图分几次来讲这些病人的话，我也永远不能把他们的数目从头到尾写全，把他们的名字全都记载下来。我就知道这么一件事情，那就是不论是谁带病而去，必然痊愈而
归。我只把某几桩关于他的比较巨大的奇迹写在这里。 467

有一次他和他的母亲结伴旅行，前往殉教者神圣的尤利安的教堂。傍晚时分，他们来到某地，这个地方由于缺乏活水，非常干燥贫瘠。他母亲于是对他说："儿啊！我们没有水，这一来，我们今天夜间怎么能够住在这里呢？"但是他俯伏着祈祷，久久地向上帝祈求。然后他站起来，把手里拿着的拐杖插到地里，把拐杖旋转两三次之后，又十分满意地把它拔出来，不多时候，一股流水随之涌出，水流之大使得他们不但自己先拿来喝，而且后来还能饮他们的牲口。前不久，有一次他正在旅行途中，这时一片乌云很快地飘过

① 约翰·卡西安（公元 360－435 年）和巴西尔（约公元 330－379 年）曾为修行团体制定过规章制度。——译者

来。他一见到这片乌云，就把头低下去，垂到只比他所乘的那匹马稍高一点的地方，把手伸向上帝。他祈祷完毕后，看啊！乌云被分成了两片，他们周围一带大雨倾盆而下，但是他们身上几乎一滴雨点也没有淋到。都尔居民维斯特里蒙德，别名塔托，牙疼得很厉害，疼得连齿龈都肿了。他向这位神圣的人诉苦，后者把手放到患处，这样一来，病痛立即被驱除了，后来再也没有复发，再也没有因此引起更大的烦恼。这件事情就是病人亲口告诉我的。至于上帝通过神圣的殉教者尤利安和神圣的申信者马丁的威力，假手于他而创造的奇迹，我已将大部分按照他的口述记录在我的《奇迹集》里。

他在基督的帮助下完成了这些和许多其他奇迹，然后在圣马丁节日活动结束后，来到都尔，在都尔居住了很短一段时间之后，他对我们说，他不应该再长久地被留在这个世界上，他的死期肯定已经迫近。他感谢上帝在他去世之前赐准他前来吻一吻这位神圣的主教的坟墓，随即向我告辞而去。他回到自己的住室里，立了遗
468 嘱，把事情一一料理得井井有条，并指定神圣的马丁和神圣的希拉里为他的继承人。[①] 然后他开始得病，患了痢疾，患病的第六天，一个时常被污秽的魔鬼缠身，而这位神圣的人又未能使她解脱的妇女，将自己的双手反缚，开始大叫起来，说道："居民们啊！跑吧！人们啊！高兴地跳跃吧！出来迎接各位殉教者和申信者吧！他们是为神圣的阿雷迪乌斯的辞别人世而一同到来的。看啊！来自布里乌德的尤利安、来自芒德的普里瓦图斯在这里，来自都尔的马

---

① 指将遗产赠给这两个教堂。——译者

丁、来自阿雷迪乌斯的家乡城市的马尔提亚尔在这里，还有，来自图卢兹的萨图尔尼努斯、来自巴黎的德尼斯，[①]以及现在在天堂里的、你们把他们作为上帝的申信者和殉教者向他们祈祷的许多其他的人也在这里。”当她在夜幕降临时这样喊叫着的时候，她的主人把她绑了起来，但是无法使她就范。她挣开了枷锁，奔向修道院，照样这么大喊大叫。不久之后，这位神圣的人死去，他被天使接到天上去了，关于这点，是不乏真凭实据的。在为他举行殡礼的时候，当坟墓封合时，他使这个妇女解除了缠着她的魔鬼的毒害，同时使另一个被更恶毒的魔鬼所缠附的妇女解脱出来。我相信，他在生前未曾治好这两个妇女，这是出于上帝的意旨，这是为了以这个奇迹来使他的殡仪益增光彩。殡仪完毕之后，又有一个嘴豁得很大的哑巴女人来到他的墓前吻它，这个女人以后就获得了说话的能力。

三十　这一年4月，[②]一场可怕的瘟疫毁灭了都尔地区和南特地区的人。每个患者得病之后接着就感觉有点头疼，不多久就死了。但是人们举行了连祷，严格实行斋戒，还对贫苦待赈之人进行施舍，因而避开了强烈的天怒，人们因而得救。

在利摩日城里，许多人由于不遵奉主日，[③]在这天经营业务，因而毁于天火。因为这是个神圣的日子，在这一天开始的时候首先见到霞光出现，成为耶稣复活的见证。因此基督教徒应该忠实地遵守规定，在这一天不得操业。在都尔地区，也有一些人被这场 469

① 即第1卷第30章的狄奥尼西乌斯。——译者

② 公元591年。

③ 即安息日。——译者

火灾烧死，但不是在主日烧死的。

当时发生大旱，无法放牧牲畜，结果一场严重的疾病在牛羊当中流行开来，只有极少的牛羊活下来，繁殖后代，接续畜种。这正如先知哈巴谷所预言的："田地不出粮食，圈中绝了羊，棚内也没有牛。"[①]这种疫病不仅在家畜中大肆猖獗，而且甚至在野兽中也复如此，因为在林间空隙地带，人们遍地发现公鹿和其他野兽死在荒无蹊径的地方。干草被雨水和洪水浸泡，被糟踏了。谷物歉收，但是葡萄收成丰富，橡子结了出来，可是没有成熟。

三十一　以基督的名义，都尔历任主教行述自此开始。

虽然在前面各卷里我多少谈到过都尔主教，然而此处再回过头来讲一讲，从而使我可以从《福音书》的第一个传布者来到都尔的时候起，把他们的顺序和数目写下来，这样做看来是合适的。

第一任主教加提亚努斯，是在德西乌斯皇帝在位的第一年由罗马教皇派来的。当时在都尔居住着一大批一心崇拜偶像的异教徒。通过传教，他使其中的一些人皈依上帝。可是有时他不得不躲避一下，以免遭到有势力的人的攻击，这些人要是找到他，就常常要叫他挨他们的奚落和谩骂。为了这个缘故，到了主日，他经常偷偷地在地下墓窟里和其他藏身之处同那少数几个基督教徒一起举行神圣的秘密宗教仪式，我已经讲过，这几个基督教徒就是因他而改宗的。他是一个十分虔诚而又敬畏上帝的人，要是他不是这样一个人，他就决计不会为了敬爱上帝而离弃他的那些房子、他的亲属和他的国家。他根据自己做出的抉择，在都尔城里这样地生

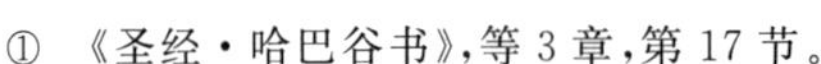

① 《圣经·哈巴谷书》，等3章，第17节。

活了五十年，然后善终，[①]被安葬在属于基督教徒住区的公墓里。此后都尔主教的席位空缺了三十七年。

君士坦斯皇帝在位的第一年，利托里乌斯被授任为第二任主教，他是都尔居民，为人十分虔诚。在都尔城里建立的第一座教堂，就是他修建的，因为这时基督教徒已经很多了。他把某个出身 470
于元老家族的人的房子改为第一座长方形教堂。在他任职期间，神圣的马丁开始在高卢传教。他就任都尔主教三十三年，然后善终。他被安葬在上述那座长方形教堂里，这座教堂今天就是以他的名字命名的。

神圣的马丁是在瓦伦斯和瓦伦提尼安在位的第八年被授任为第三任主教的，他是潘诺尼亚的萨巴里亚城人。出于对上帝的敬爱，他先在意大利的米兰城建立了一所修道院。但是由于他大胆地宣讲神圣的三位一体之说，异端信仰者用棍子打他，把他赶出意大利，这样他就来到高卢。他使许多信仰异教的人皈依基督教，他拆毁他们的神殿和神殿中的偶像，他在人民当中做出了许多奇迹。在成为主教之前，他曾经使两个男人死而复生，在当了主教之后，他又使一个死人复活。他迁葬了神圣的加提亚努斯的遗体，把他迁葬到以神圣的利托里乌斯的名字命名的上述那座教堂里，安葬在后者的坟墓附近。他阻止了马克西穆斯把刀锋指向西班牙去屠杀异端信仰者，他认为把他们赶出各个教堂，不许他们参加天主教徒的团体，也就行了。当他跑完人世间的赛程以后，他在都尔地区的康德村去世，享年八十一岁。他由水路从康德被运往都尔安葬，

① 可能死于公元 301 年左右。

埋葬地点就是今天受人们崇奉的他的坟墓的所在地。我们读过三卷苏尔皮西乌斯·塞韦鲁斯所写的有关他的生平的书。[①] 即使在当今的时代，他仍然通过许多奇迹显现自己。在当今被称为“大修道院”那所修道院里，他修建了一座教堂，用来敬奉神圣的使徒彼得和保罗。在许多村庄里，——我的意思是指朗热埃、松内、安布瓦斯、锡朗、图尔农和康德[②]——他摧毁了异教徒的神龛，给异教徒施行洗礼之后，又建立起教堂。他就任主教二十六年零四个月又二十七天。这个职位接着空缺了二十天。

471 在阿尔卡迪乌斯和荷诺里乌斯联合当政的第二年，布里斯被授任为第四任主教。他是都尔居民，在他任职的第三十三年，他被本城居民控告犯有通奸行为。他们把他驱逐出去，任命查士丁尼取代其位。布里斯去找罗马教皇，查士丁尼跟踪而去，但是死在维切利城。都尔居民仍旧对他持有恶意，又选择阿尔门提乌斯为主教。布里斯在教皇那里呆了七年，这时他被证明并未犯有归在他身上的罪行，又奉命回到他的城里去。他在圣马丁的遗体上方建立了长方形小教堂，他自己后来也入葬其中。当他一面从一座城门进城的时候，已经死去的阿尔门提乌斯正好从另一座城门被抬出去。在安葬了阿尔门提乌斯之后，他收回了他的主教席位。据说他曾在克利翁、布雷什、吕昂、布里泽和希农等村庄里建立教堂。他的主教任期是四十七年。他死后被安葬在他在神圣马丁的遗体上方所造的那座教堂里。

---

① 苏尔皮西乌斯·塞韦鲁斯在马丁任都尔主教时为其门徒。见第1卷，第7章注。

② 均在都尔地区。

尤斯托西乌斯被授任为第五任主教，他是个圣洁的敬畏上帝的人，出身于元老家族。据说他曾在布雷、伊泽、洛什和多吕等村庄建立教堂。他还让人在城里修建教堂，在其中安放殉教者神圣的格尔瓦西乌斯和普罗塔西乌斯的圣物，这些圣物是神圣的马丁从意大利带出来的，这件事情在神圣的保利努斯的一封信里作了叙述。他任主教十七年，被安葬在布里斯主教在神圣马丁的遗体上方所造的那座教堂里。

第六任被授任的主教是佩尔佩图乌斯，[①]据说他也出身于元老家族，而且是前任主教的亲戚。他很富有，在许多城市里拥有财产。他拆除了布里斯主教在神圣马丁的遗体上方所建造的原来那座长方形教堂，另外又修建了一座规模更大、工艺奇佳的长方形教堂。他把这位可敬的圣徒的神圣遗体迁移到教堂的半圆形后殿中去。是他规定了一年当中应该奉行斋戒和守夜的日子，今天我们还保存着一份书面的日期表，顺序如下：

斋　　戒 472

圣灵降临节[②]以后，每周的第四天和第六天，直至圣约翰诞辰。[③]

自9月1日至10月1日，每周斋戒二次。

自10月1日至我们的马丁大人安葬之日，[④]每周斋戒二次。

---

① 以下好几任主教的任职序数与前面有关各章中所列者不同。——译者

② 见第5卷，第11章注。——译者

③ 6月14日。

④ 11月11日。

自我们的马丁大人安葬之日至我们的主耶稣的诞辰，每周斋戒三次。

自神圣的希拉里的诞辰[①]至2月中，每周斋戒二次。

守　　夜

主耶稣诞辰，在大教堂。

主显节，[②]在大教堂。

圣约翰诞辰，在圣马丁教堂。

圣彼得就任主教周年纪念日，[③]在他自己的教堂。

3月27日，纪念我们的主耶稣基督复活，在圣马丁长方形教堂。

复活节，在大教堂。

基督升天节，[④]在圣马丁长方形教堂。

圣灵降临节，在大教堂。

圣约翰受难日，[⑤]在长方形教堂的洗礼堂。

使徒彼得和保罗的节日，[⑥]在他们自己的教堂。

神圣的马丁的节日，[⑦]在他自己的教堂。

---

① 1月13日。
② 1月6日。——译者
③ 2月22日。
④ 见第2卷，第34章注。——译者
⑤ 8月29日。
⑥ 6月29日。
⑦ 7月4日。

神圣的辛福里安的节日，[1]在圣马丁教堂。

神圣的利托里乌斯的节日，[2]在他自己的教堂。

神圣的马丁的节日，[3]在他自己的教堂。

神圣的布里斯的节日，[4]在圣马丁教堂。

神圣的希拉里的节日，[5]在圣马丁教堂。

佩尔佩图乌斯修建了圣彼得教堂，他把圣马丁的原先那座教 473
堂的天花板放在这里，这块天花板今天还保存着。他还在蒙路易建立了圣劳伦斯教堂，并且在埃斯弗、穆贡、巴鲁、巴莱斯姆和韦努等村庄修建教堂。他在立遗嘱时，把分散在许多城市里的全部财产都遗赠给这些教堂，其中有不小的一部分留归都尔。他任主教三十年，被安葬在圣马丁教堂里。

被授任的第七位主教是沃卢西亚努斯，他出身于元老家族，是个圣洁的人，非常富有，和前任主教佩尔佩图乌斯有亲戚关系。在他任职期间，克洛维已经统治着高卢的某些城市。由于这个原因，主教受到哥特人的怀疑。哥特人恐怕他有意使他们隶属于法兰克人的统治，因此把他判处流刑，放逐到图卢兹去，他死在那里。在他任职期间，建立了芒特朗村，并且在马尔穆提埃修建了圣约翰教堂。他任主教七年零两个月。

第八位被授任的主教是韦鲁斯。由于他对上述事业十分热

① 8月22日。

② 9月13日。

③ 11月11日。马丁每年有两个节日。

④ 11月3日。

⑤ 1月13日。

衷，他也受到哥特人的怀疑，被流放出去，在流放期间他结束了生命。他把财产遗赠给教堂和德高望重的人。他任主教十一年零八天。

第九任主教是利西尼乌斯，他是昂热居民，由于敬爱上帝，他到东方去朝拜神圣处所。从东方回来后，他在昂热地区自己的一处地产上修建了一所修道院，后来他在这所修道院里(神圣的修道院院长韦南提乌斯就埋葬在这里)执行院长之职，最后被选任为主教。在他任职期间，克洛维在打败哥特人之后作为胜利者回到都尔。他任主教十二年零两个月又二十五天，被安葬在圣马丁教堂里。

提奥多尔和普罗库卢斯因神圣的克洛提尔德王后之命被任命为第十任主教，他们当初是跟随克洛提尔德从勃艮第来的。他们在勃艮第已经当了主教，但是被他们的仇人从所在的城里赶了出
474 去。他们两位都已年迈，共同管理都尔教堂两年，被安葬在圣马丁教堂里。

第十一任主教是迪尼菲乌斯，他也是从勃艮第来的。他是通过上述那位王后的选择才就任主教的。王后从王室领地中赐给他一定的财产，允许他对这份财产有权自由处理。他采取了更好的处理方式，把大部分留给他的教堂，把一定的份额送给当之无愧的人。他任主教十个月，被安葬在圣马丁教堂里。

第十二任主教是奥马提乌斯，出身于元老家族，是克莱蒙居民，拥有特别多的土地。他立下了遗嘱，凡在他拥有财产的各个城市里，他的财产都赠给当地的教堂。他在都尔城里靠着城墙建造了一座奉献给神圣的格尔瓦西乌斯和普罗塔西乌斯的遗物的教堂。他开始在城内修建圣马利亚教堂，但是未及建成。他任主教四年零五个月，然后去世，被安葬在圣马丁教堂里。

第十三任主教利奥，在被授任为主教以前是圣马丁教堂的修道院院长。他擅长木工，用木头制作了几个角塔形的包金盒子，[①]其中有些今天还保存在我们中间。他对其他工艺也很精通。他任主教六个月，被安葬在圣马丁教堂里。

第十四位被授任的主教是弗兰西利奥，他属于元老家族，是普瓦提埃居民，有个妻子，名叫克拉拉，但是没有儿子。他和他的妻子都拥有非常多的土地，他们把大部分土地赠送给圣马丁教堂，虽然有些土地由他们留给了亲属。弗兰西利奥去世时已在任两年零六个月，他被安葬在圣马丁长方形教堂里。

第十五任主教是英尤里奥苏斯，他是都尔居民，身份低下，但
系自由人出身。克洛提尔德王后就死于他的在任期间。他建成了 475
都尔城内的圣马利亚教堂，圣日尔曼努斯教堂也是在他任职期间
造的。这时候建立了纳伊村和吕齐耶村。他作出了在第三时和第
六时[②]在大教堂里举行祈祷式的规定，这个惯例一直以上帝的名
义沿袭至今。他任主教十六年零十一个月又二十六天，被安葬在
圣马丁教堂里。

第十六任主教鲍丁在被授任以前是洛塔尔国王的秘书官。[③]他有儿子，对慈善事业非常热心。他把前任遗留下来的钱分给穷

① turres olocriso tectas，可能指形似角塔的木盒，在举行弥撒时用以将面包从圣器室携往圣坛。

② 第三时大致相当于上午九时，第六时大致相当于中午。——译者

③ 第4卷第3章谓鲍丁原系总管。——译者

人，这笔钱为数在二千枚金币以上。在他任职期间，建立了第二个纳伊村。他为大教堂的教士规定了同桌用餐的制度。他任主教五年零十个月，死后被安葬在圣马丁教堂里。

第十七任主教贡塔尔在被授任以前是圣韦南提乌斯修道院的院长。他在任这项职务期间，为人十分谨慎，经常奉派出使于法兰克诸王之间。但是被授任为主教以后，他非常爱喝酒，直到后来他看上去几乎成了一个头脑迟钝的人。这个缺点对他的智力影响如此之大，以致他连自己所熟悉的客人都不认识，经常对他们侮辱谩骂，加以攻击。他任主教二年零十个月又二十二天。他死后被安葬在圣马丁教堂里，然后都尔主教职位空缺了一年的时间。

第十八位被授任的主教是尤夫罗尼乌斯神父，属于我在上文中称之为元老家族的那种家族之一，此人圣洁卓著，从早年时候起就当了教士。在他任职期间，都尔城及其所有的教堂在一场大火中被烧毁了。其中两座教堂后来由他亲自加以修复，第三座，也就是最古老的那座，荒无人居。后来，在克拉姆起来造反以后，当维利卡尔躲到圣马丁教堂里去时，这座教堂本身也被他所烧毁。[①]到了以后，这位主教得到洛塔尔国王的帮助，给教堂顶上铺上了锡。他在任职期间，修建了圣文森特教堂，还在蒂雷、塞雷和奥比
476 尼村建造了教堂。他任主教十七年，死时年逾七十。他被安葬在圣马丁教堂里。都尔主教职位空缺了十九天。[②]

第十九任主教是我、不胜其任的格雷戈里。在我接任都尔大

① 见第 4 卷，第 20 章。——译者

② 据称尤夫罗尼乌斯死于 8 月 4 日，如此则格雷戈里当就任于 8 月 24 日。

教堂的职务——神圣的马丁和上帝的其他主教们曾在其中被授予主教职位——的时候，这座教堂已经完全被那场大火所焚毁。我加以重建，把它修得比从前那座更加高大。在我受任以后的第十七年，我把它献上。我从年事已高的神父们那里了解到，阿戈恩的殉教者们留下来的圣物曾经在老年间由人们安放在教堂里。[①] 我在圣马丁教堂的珍贵物品中发现了圣物箱，其中的圣物已经严重腐坏。它们是由于具有神奇的力量而被转存到这里来的。在为了对它们表示崇敬而举行守夜时，一种奇想驱使我借着一支小蜡烛的微光再一次去探视这些圣物。我正在仔细地加以检查，这时教堂的圣器保管人对我说："这儿有一块中间凿空的石头，上面盖着盖子，可是里面放着什么东西，我根本不知道。我听说，我以前的历任圣器保管人也照样不知道。我把它拿来，你好仔细研究它里面的东西。"他把它拿了来，我当然就把它打开了，这时我发现里面有一个银匣子，匣子里面不仅装着神圣军团[②]的见证者的圣物，还有其他许多圣徒的圣物，其中有殉教者，也有申信者。我们还发现中间同样被凿空的其他石头，其中放着神圣的使徒们和其他殉教者们的圣物。我对这种上天的赠赐惊异不置，我感谢上帝，在守完夜，作过弥撒以后，我把它们全部安置在大教堂里。[③] 我把科斯马

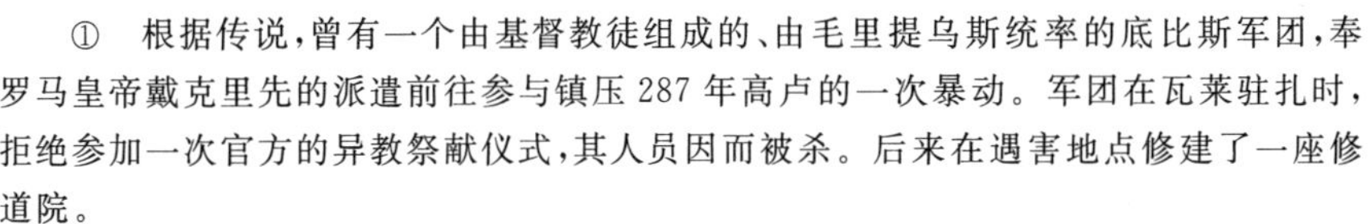

① 根据传说，曾有一个由基督教徒组成的、由毛里提乌斯统率的底比斯军团，奉罗马皇帝戴克里先的派遣前往参与镇压287年高卢的一次暴动。军团在瓦莱驻扎时，拒绝参加一次官方的异教祭献仪式，其人员因而被杀。后来在遇害地点修建了一座修道院。

② 即上述底比斯军团。——译者

③ 这些圣物曾由大教堂移置到圣马丁教堂。格雷戈里将之取回，放在他所在的大教堂内。

斯和达米安的圣物安放在大教堂附近圣马丁的室内。我发现神圣的长方形教堂的墙壁被烧坏了，就命令用我们工匠的手艺将它们粉饰装潢得富丽堂皇，可以与以前的规模媲美。我让人在长方形教堂附近建立了一个洗礼堂，把圣约翰和殉教者塞尔吉乌斯的圣物安放在里面；在原先那个洗礼堂里，我安放殉教者贝尼格努斯的
477 圣物。我在都尔地区内的许多地方奉献教堂和小礼拜堂，用圣徒们的圣物来丰富它们，可是如果我逐个地讲述一番的话，那就太长了。

我写过十卷《历史》、七卷《奇迹集》、[①]一卷《教父列传》；我编撰过一卷《诗篇》注释；我还写过一卷关于教会祈祷仪式的书。这些著作或许写得有失文雅。但是，继我这个微不足道的人之后主管都尔教堂的上帝的主教们！凭我们的主耶稣基督的降临，凭一切犯罪者感到可怕的审判日，若是你们不愿意狼狈不堪地从审判席前离开，去和魔鬼一同定罪，那我就请求你们大家千万不要从这几卷书里挑选某些部分，略去其他部分，因而使它们遭到损害或被改写，而应该使它们在你们任职期间保持完整无缺，就像我亲自留下的一模一样。但是，上帝的教士啊！不管你是谁，若是我们那位马尔提亚努斯[②]教给了你七艺，那就是说，通过语法，他教你读；通过辩论术，他教你讨论各种主张，进行争辩；通过修辞学，他教你懂得不同的韵律；通过几何学，他教你计量面积和线长；通过天文学，

① 包括《荣列殉教真福录》一卷，《记殉教者圣尤利安的蒙难和德操》一卷，《记真福马丁主教的德操》（即《圣马丁的奇迹》）四卷，《荣列精修圣人录》一卷。——译者

② 马尔提亚努斯·卡佩拉，四世纪后半期至五世纪前半期时人，他的著名著作（*Satiricon*）共九卷，其中大部分讲七艺，此书在中世纪的学校中用为教材。

他教你观察星球的运行；通过算术，他教你计算数目；通过音乐，他教你把音韵甜美、声调抑扬的歌曲组成一篇和谐的乐章。若是在诸艺方面你都如此精通，乃至认为我的文体并不优美，即使如此，我仍然恳求你一点也别去掉我所写的东西。如果其中有任何内容为你所喜爱，那我并不拒绝同意你将它改为韵文，但是要使我的作品保持完整。这几卷书我完成于就任后的第二十一年。虽然在前面部分我记下了都尔主教的名单，包括他们的任期，我并没有像编年史那样把总数计算出来，因为我未能确切地查出有几任主教之间的职位空缺时间。

下面是世界的年代的总数。

自初始至洪水，二千二百四十二年。

自洪水至以色列人渡过红海，一千四百零四年。

自渡红海至我们的主复活，一千五百三十八年。 478

自我们的主复活至神圣的马丁去世，四百十二年。

自神圣的马丁去世至上述之年，意即我就任主教的第二十一年，也就是罗马教皇格雷戈里就任的第五年、贡特拉姆国王在位的第三十一年、小希尔德贝尔特在位的第十九年，一百九十七年。总计五千七百九十二年。[①]

以基督的名义，《历史》的第十卷至此结束

① 年代推算有出入。——译者

墨洛温王朝世系表（与本书有关部分）

- 克洛吉奥
  - 墨洛维
    - 希尔德里克（公元？—481年）
      - 克洛维（公元481—511年）
        - 提乌德里克一世 史称梅斯王（公元511—534年）
          - 提乌德贝尔特一世 梅斯王（公元534—548年）
            - 提乌德巴尔德 梅斯王（公元548—555年）
        - 克洛多梅尔 史称奥尔良王（公元511—524年）
        - 希尔德贝尔特一世 史称巴黎王（公元511—558年）
        - 洛塔尔一世 史称苏瓦松王（公元511—561年）（公元558—561年统一）
          - 卡里贝尔特 巴黎王（公元561—567年）
          - 贡特拉姆 勃艮第王（公元561—592或593年）
          - 希尔佩里克（娶弗蕾德贡德）苏瓦松王（纽斯特里亚王）（公元561—584年）
            - 洛塔尔二世 纽斯特里亚王（公元584—629年）（公元613—629年统一）
          - 西吉贝尔特（娶布隆希尔德）奥斯特拉西亚王（公元561—575年）
            - 希尔德贝尔特二世，奥斯特拉西亚王（公元575—595年）兼勃艮第王（公元592或593—595年）
              - 提乌德贝尔特二世 奥斯特拉西亚王（公元595—612年）
              - 提乌德里克二世，勃艮第王（公元595—613年）兼奥斯特拉西亚王（公元612—613年）

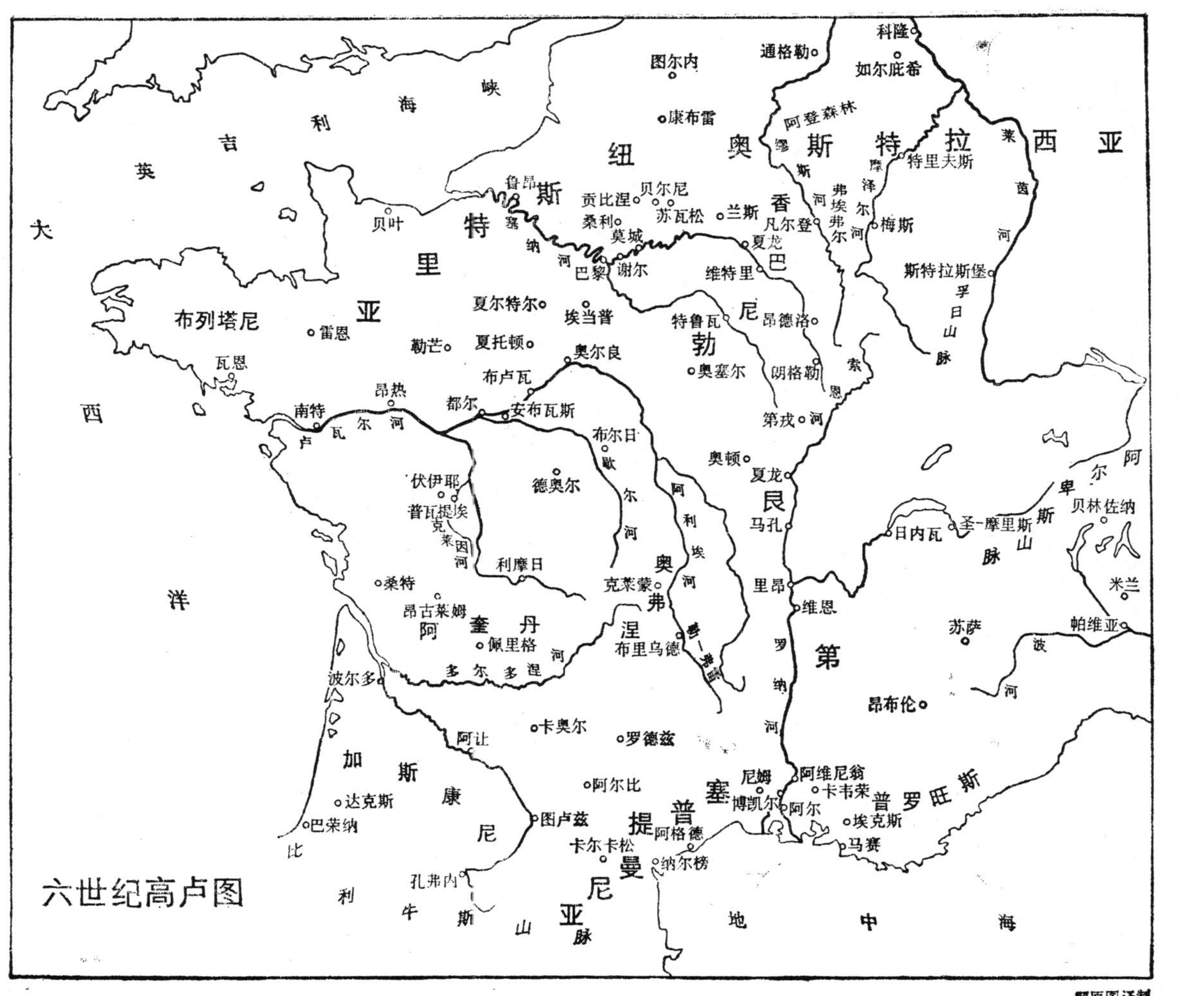

六世纪高卢图

照原图译制

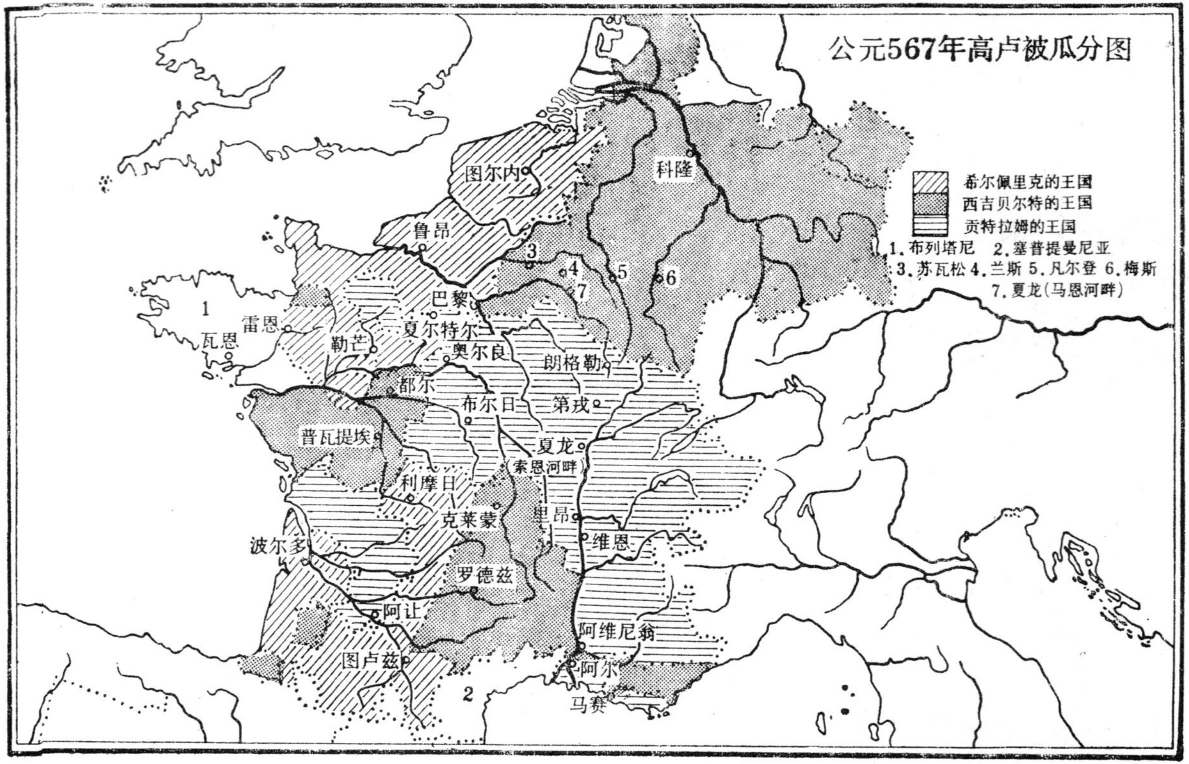
公元567年高卢被瓜分图
希尔佩里克的王国
西吉贝尔特的王国
贡特拉姆的王国
1. 布列塔尼　2. 塞普提曼尼亚
3. 苏瓦松 4. 兰斯 5. 凡尔登 6. 梅斯
7. 夏龙(马恩河畔)
科隆
图尔内
鲁昂
巴黎
雷恩
瓦恩
勒芒
夏尔特尔
奥尔良
朗格勒
都尔
布尔日
第戎
普瓦提埃
夏龙
(索恩河畔)
利摩日
克莱蒙
里昂
维恩
波尔多
罗德兹
阿让
阿维尼翁
图卢兹
阿尔
马赛
1
2
3
4
5
6
7

照原图译制

人 名 索 引

（索引中的页码为原书页码，即本书边码。）

D

E

F

H

N

Q

R

S

T

U

V

地名和民族名索引

A

B

C

D

E

F

G

H

R

S

T

图书在版编目(CIP)数据

法兰克人史/(法)格雷戈里著;寿纪瑜,戚国淦译.—北京:商务印书馆,2017
(汉译世界学术名著丛书:120年纪念版:珍藏本)
ISBN 978-7-100-14416-2

Ⅰ.①法… Ⅱ.①格… ②寿… ③戚… Ⅲ.①法兰克王国—历史 Ⅳ.①K565.3

中国版本图书馆CIP数据核字(2017)第153137号

汉译世界学术名著丛书
(120年纪念版·珍藏本)
法 兰 克 人 史
〔法兰克〕都尔教会主教格雷戈里 著
〔英〕O. M. 道尔顿 英译
寿纪瑜 戚国淦 译

商 务 印 书 馆 出 版
(北京王府井大街36号 邮政编码100710)
商 务 印 书 馆 发 行
北京通州皇家印刷厂印刷
ISBN 978-7-100-14416-2

2017年12月第1版 开本710×1000 1/16
2017年12月北京第1次印刷 印张39
定价:200.00元